통치와 생존의 인구학

지피지기의 관점에서

이성용 지음

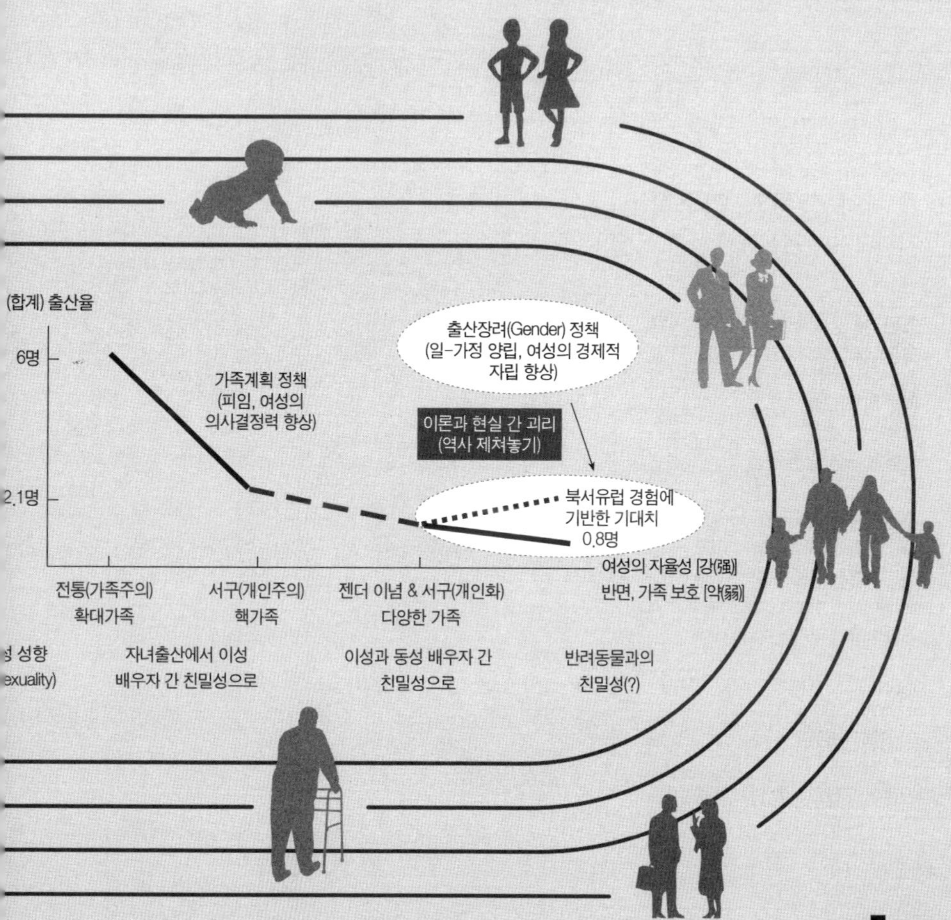

도서출판 해남

통치와 생존의 인구학

지피지기의 관점에서

초판1쇄 인쇄 2022년 10월 4일
초판1쇄 발행 2022년 10월 11일

지은이 이성용
발행인 노현철
발행처 도서출판 해남

출판등록 1995. 5. 10 제 1-1885호
주 소 서울특별시 마포구 마포대로8길 9 영명빌딩 405호
전 화 739-4822 **팩스** 720-4823
이 메 일 haenamin30@naver.com
홈페이지 www.hpub.co.kr

ISBN 978-89-6238-171-9 93330

다사다난한 삶을 함께 살아준 아내 Eunice H. Chu와
아들 해민에게 이 책으로 작으나마 고마움을 표한다.

머리말

우리에게는 비서구(한국)적 교재(학술서)가 필요하다.

미국의 저명한 사회과학 교재(학술서) 머리말에서 흔히 접하는 말이 있다. "유럽의 사회과학 교재에는 미국 현실에 합당치 않은 내용이 많아, 미국 현실에 맞게끔 개작하였다." 불행히도 우리나라 대학의 교재와 강의 대부분은 우리의 현실에 대한 고민은 생략한 채, 서구의 최신 이론을 수입해 소개하기 바쁘다. 이제라도 비서구 사회 곧 한국의 교재(학술서)가 필요하다. 그렇다면 우리는 왜 그리고 어떻게 그것을 저술해야 하는가?

저자의 생각에, 인문사회과학은 '우리와 후손이 우리나라에서 어떻게 살아야 할지'를 고민하고 연구하는 학문이다. 그리고 그 대상은 우리나라 '사람들' 곧 '인구'이다. 인구는 사회학, 경제학, 경영학, 정치학, 사회복지학, 철학, 인류학, 역사학, 지리학 등의 인문사회과학 분야뿐 아니라 수학과 통계학 등의 자연과학 분야에서도 핵심 연구 대상이다. 인구학은 자연스럽게 사회학의 특정 분과가 아니라 다양한 학문 전공자들이 함께 연구해야 하는 종합학문이다. 이러한 점에서, '비서구(한국) 인구학' 교재(학술서)는 '비서구 학문' 교재(학술서)의 출발점이 된다.

우리 현실에 관한 이야기와 고민은 우리의 삶의 방식에 관한 것이므로, 서구가 아닌 우리의 역사와 현실에 근거해야 한다. 남이 아닌 '우리'를 이야기하고 고민하는 대중교육과 매체는 자연스럽게 우리 사회의 전통과 문화에 대한 자부심과 정체성을 심어 줄 것이다.

비서구 사회의 대학 교육에서, 세계의 보편기준(global standard) 혹은 보편원칙을 지향하는 서구 근대성의 인문과학 지식에는 간과하기 쉬운 매우 중요한 사실이 내포되어 있다. 그것은 바로 인구학을 포함한 많은 인문사회과학이 200년 전 제국주의가 전 세계에 막대한 힘을 떨쳤던 시기의 서구 사회에서 탄생하였다는 역사성이다. 그 역사성은 서구 제국주의의 지배 체제에 우월성을 제공함은 물론, 과학이란 명목하에 그 우월성을 객관화함으로써 비서구인에 대한 서구인의 통제와 지배를 합리화하였던 유럽 중심주의 시각을 의미한다. 유럽 중심주의 시각은 21세기에도 여전히 인문사회과학에 깊숙이 스며들어 있을 뿐 아니라, 우리의 일상생활에서도 이러한 경향을 엿볼 수 있다.

"선진국처럼," "선진국 사람(서구인)들은 그렇게 안 해, 우리가 문명인이 되려면 그들처럼 행동하고 사고해야 해." 이런 유형의 말들은 저자를 포함한 다수가 학교와 언론매체, 그리고 주변 사람들에게서 자주 들었던 교훈(?)일 것이다. 이러한 교훈(?)을 들었을 때, 대부분 사람들은 아무런 답변도 하지 못하고 상대방의 잔소리를 그대로 수용하곤 한다. '선진국 혹은 서구인'이라는 단어는 오늘날 우리 사회에서 여전히 우리의 행동과 사고를 바꾸고 상대방의 주장을 강제하는 강력한 무기로 작동하고 있다.

어떻게 이런 유럽 우월주의 식민주의 사고가 우리의 머릿속에 깊숙이 박히게 되었을까? '학교 교육'이 그 과정에서 큰 역할을 하였다는 사실은 부정하기 어렵다. 이런 연유로 비서구 사회의 전통적 삶의 방식과 역사에 대한 자부심과 정체성을 심어 줄 비서구 교재가 절실하다.

'이해'를 위한 지피지기 관점의 '빨간 실 글쓰기'로

저자가 박사학위를 취득하고 귀국하였던 1990년대, 우리나라 (특히, 우파) 언론과 지식인들 사이에서 유행하던 말은 "변해야 산다"는 것이었다고 이건희 삼성 회장은 사장단 회의에서 "배우자와 자식만 빼고 다 바꿀 것"을 주문하였다. 공교롭게도 오늘날 우리 사회과학에서 주류 이념(ideology)은 진보주의이다. 그런데 한국의 진보 지식인들은 변화와 진보만 강조할 뿐, '우리의 현실에 비추어, 어떻게 변화하고 진보해야 하는지'에 관한 구체적인 논의는 없다. 고양이 목에 방울을 달아야 한다는 말만 무성할 뿐, '누가 어떻게' 고양이 목에 방울을 달아야 하는지에 대해서는 묵묵부답이다.

물론 우리의 일부(최고) 지식인들은 침묵하지 않았다고 항변할 수 있다. 그들은 서구의 사회 이론을 통해 변화와 진보에 관한 '방법'을 제시하곤 하였다. 우리 사회의 병을 처방하고 치료할 능력은 없었지만, 그 병을 수습할 '약'은 수입해 놓았다. 그들은 수입한 '약'(서구 지식)을 우리 사회에 홍보하고 판매하였다. 만일 대박이 나면, 그들은 부와 명예는 물론 권력마저 획득하곤 하였다. 게다가 그들은 약의 부작용에는 아무런 책임을 지지 않는 특권을 지녔다. 솔직히 말해, 수입상인 그들은 제조업자와 달리 약의 제조 과정을 몰라, 부작용의 원인은 물론 처방책을 제시할 역량이 없다. 이런 연유로 약의 부작용은 온전히 약을 복용한 비서구 사회의 몫이 된다. 이제 비서구 (인구학) 교재는 그 부작용을 밝혀내는 작업, 즉 지피지기 관점의 작업을 수행해야 할 것이다.

지피지기면 백전백승이 아니라 백전백태(白戰百態)이다. 상대방을 알고 나를 알면, 경쟁에서 승리하는 것이 아니라 나를 지킬 수 있다는 뜻이다. 이러한 의미에서 저자의 지피지기는 상대방(서구)을 부정하는 것이 아니라(강자의 부정은 커다란 위험을 감수해야 한다), 날로 국가 간 상호 교류와 상호 의존이 심화되는 세계화 과정에서 우리의 삶의 방식에 대한 자부심과 정체성을 지키고 유지하는 데 그 목적이 있다. 우리 민족(비서구 사회)의 '혼'을 지키고 계승시키고자 함이다. 하지만 그 혼은 우리 홀로 부르짖는 것이 아니라 '그들'(서구)도 인정해야 한다. 요컨대, 약자인 비서구 목소리는 강자인 서구가 인정하지 않으면 무용지물이 되기 쉽다.

나의 목소리를 타인에게 전달하여 설득하는 글쓰기는 두 가지 방식이 있다. 한 방식은 윗사람(강자)의 뜻을 아랫사람(백성이나 대중)에게 알리는 왕의 교서 혹은 대통령의 글쓰기이고, 다른 방식은 약자가 강자(왕)의 타당하지 못함을 이야기하는 형태의 상소문 혹은 간언의 글쓰기이다. 지피지기 관점의 학문은 후자를 지향한다. 왜냐하면 지피지기의 목적이 강자의 지배 담론으로부터 우리를 지키는 데 있기 때문이다. 대통령의 글쓰기와 달리, 간언의 글쓰기는 지배 담론에 역행하는 의견을 제시하는 것이기 때문에 상당한 위험을 수반할 수 있다. 위험을 최소화하려면 '빨간 실 글쓰기'가 요구된다. '빨간 실 글쓰기'는 자신의 독창적인 사고를 논리적으로 전개함으로써 상대방(독자들)이 그 내용을 이해하고 받아들이게끔 하는 학자의 글쓰기이다. ('빨간 실 글쓰기'는 저자가 번역한 『학자의 글쓰기』 역자 서문 "창의적 실용지식의 발상과 학문창조 패러다임으로의 전환을 가능하게 하는 '빨간 실' 글쓰기" 참조.)

불행히도 우리나라의 학술서나 교재들은 일반적으로 서구 학자들의 사고를 요약·정리하여 학생과 독자들에게 주입하는 경향이 있다. 이는 윗세대보다 나은 아랫세대를 양산할 수 없는 교육 방식일 뿐 아니라, 우리 삶의 방식을 서구에 의존시키는 '학문의 식민화' 현상을 나타낸다. 반면 '지피지기'의 교재는 세계화 속에서 비서구 삶의 방식을 지키고 향상시키기 위해 서구와 비서구 모두를 비판하고 고민하게 하는 '이해'의 저서이어야 한다. 이해의 지피지기 교재는 '빨간 실' 글쓰기 방식으로 집필될 수 있다.

이 책의 주된 내용

서구 사회 이론과 정책은 그것이 우리(비서구) 사회에 적용되었을 때 발생할 수 있는 혜택은 크게 홍보하지만, 그 반대급부인 비용과 부작용에 대해서는 거의 언급하지 않는다. 서구 학자뿐 아니라 서구 이론을 수입하여 홍보하는 바나나 지식인 – 겉은 황인이지만 속(정신)은 백인 – 도 비용과 부작용에 대해서는 아무런 책임을 지지 않는다. 단지 혜택의 열매만 얻고자 한다. 비용과 부작용은 서구 이론과 정책의 실험 대상이 된 오로지 우리의 몫이다.

우리(비서구) 학자들은 지피지기 입장에서, 서구 사회 이론과 정책이 비서구 사회에 적용되었을 때 초래할 수 있는 혜택은 물론 비용과 부작용도 '폭로'(debunk)해야 한다. 하지만 그 폭로는 서구(강자)의 관점에서 논리를 전개하고 경험적 증거를 제시해야 할 것이다. 저자는 이러한 학문적 작업을 '한국(비서구 사회) 사회 이론'이라 정의하였다. 이 책은 이러한 한국(비서구) 사회 이론 혹은 지피지기 관점에서 저술되었다.

이 책의 주된 내용을 요약하면 다음과 같다. 제1장과 제2장은 서구 이론이 제공할 수 있는 혜택 곧 '생존'의 측면에서, 우리나라 인구학 수업과 교재에서 대부분 간과하였지만, 세계화와 제4차 (빅데이터) 산업에서 일자리를 창출할 수 있는 비즈니스 인구학과 인구학 (빅)데이터들을 논의하였다. 실제로 글로벌 기업 AC 닐슨은 각국의 인구학 (빅)데이터들을 활용한 비즈니스 인구학에 근거하여 각국에 적합한 마케팅 전략을 제공하고 있다.

윤석렬 정부의 인구 정책은 인구 정책의 패러다임을 사회인구학에서 응용인구학(혹은 비즈니스 인구학)으로 전환한 것이라 할 수 있다. 인구 현상은 사회인구학에서는 설명 대상이 종속(결과)변수이지만, 응용인구학에서는 (미래의) 사회경제적 변동을 야기하는 독립(원인)변수가 된다. 이전의 일-가정 양립 정책은 종속변수인 저출산 현상을 극복하기 위한 방안에 초점을 맞추었다. 반면 윤석렬 정부는 '미래 정해진(독립변수)' 값의 인구 현상에 발맞춰 (종속변수) 교육·노동·연금의 3대 개혁을 기획하고 추진하는 데 중점을 둔다.

그러나 과거를 알지 않으면 현재를 정확하게 이해할 수 없고, 잘못된 현재의 판단은 미래를 잘못 예측할 수 있다. 응용(응용인구학)은 기본(사회인구학)에서 근거해야 하므로, 이전 정부의 인구 정책과 윤석렬 정부의 인구 정책은 분리된 별개의 것이 아니라 상호 보완되어야 하는 것이란 사실을 이 책을 통해 알 수 있다.

지피지기의 관점은, 인구학을 포함한 서구 사회 이론에 내포된 서구의 선험가정들이 구체적으로 무엇이며 또 어떻게 그것들이 변형·유지되어 왔는지를 분석할 것을 요구한다. 그러므로 제3장은 인구가 통치의 대상이 될 때, 통치 담론을 제공하였던 서구의 주된 인구 사상들 – 맬서스 이론, 마르크스 이론, 푸코 이론, 신맬서스주의, 자유 페니미즘과 탈식민 페미니즘 등 – 의 지적 얼개가 형성되는 과정을 역사적으로 고찰하였다. 서구 인구 사상의 주된 가정들은 그 당시 서구의 역사적 경험과 세계관(철학)과 밀접한 관계를 가진다.

제4장은 서구 인구학의 보편원칙을 비서구 사회에 적용할 때 나타나는 이론과 현실 간의 모순을 보여 주고자 시도하였다. 이를 위해 1950년부터 2020년까지 UN의 출산율과 사망률 원자료를 사용하여 세계 각 지역과 국가들의 인구변천을 분석하였다. 그 분석 결과는 인구학에서 보편원칙으로 가정하는 인

구변천의 원칙들이 세계 각 지역에서 심지어 유럽에서조차 보편적이지 않다는 사실을 보여 주었다. 한국의 출산 정책도 서구 인구 이론을 보편법칙으로 간주하고 우리의 역사와 현실을 간과한 상태에서 수립함으로써, 의도치 않은 부작용을 낳았다. 북서유럽 경험에 근거한 일-가정 양립 정책은 여성의 경제적 자립이란 혜택을 부각하여 강조하지만, '아내됨'과 '어머니됨'으로 얻는 여성의 정체성과 자부심을 폄훼 혹은 부정하는 비용과 부작용을 동반하였다. 그리하여 정부가 의도하였던 출산율 상승이 아니라, 오히려 의도하지 않았던 출산율 하강에 영향을 미친 것처럼 보인다.

제5장은 서구의 보편법칙 곧 근대성이 비서구 사회에 적용되었을 때 나타났던 역사적 비용들을 비판적으로 고찰하였다. 대부분의 인구학 교재는 세계인구가 산업혁명 이후 급증하였다는 사실을 강조한다. 이와 달리, 산업혁명 이후 인구가 급증한 곳은 유럽뿐이며, 다른 대륙의 인구는 침체하거나 심지어 감소하였다. 대분기 이론과 탈식민주의 이론의 주된 주장들과 유사하게, 저자는 산업혁명 이후 급증한 유럽의 부(富)는 만일 신대륙(특히, 아메리카)의 자원과 원주민과 아프리카 노예들의 노동력이 부재하였다면 축적되기 어려웠을 것이란 사실을 지적한다. 서구의 근대성과 산업혁명은 구미의 인구증가와 부(富)에 긍정적인 영향을 미쳤지만, 자율성을 상실한 다른 대륙의 인구에는 부정적 영향을 미쳤다. 인구감소(사망)처럼 근대성의 비용을 적나라하게 보여 주는 것은 없다.

이러한 역사적 사실은, 근대성에 근거한 서구 인문사회과학 이론과 주장들을 경제 발전을 위해 우리(비서구 사회)에게 무비판적인 수용과 적용을 강제하는 바나나 지식인들이 주도하는 교육이 얼마나 무모하고 위험한 시도인지를 함축적으로 보여 준다. 바나나 지식인의 주입식 암기 교육은 서구 사회 이론과 정책들이 우리 사회에 적용되었을 때 발생할 수 있는 비용과 부작용을 비판적으로 고찰할 수 있는 우리의 지적 역량을 키울 싹 자체를 아예 없앨 수 있기 때문이다. 그러면 우리는 서구와 바나나 지식인들에게 전적으로 의존하게 되어, 우리의 지적 식민성과 바나나 지식인의 입지는 더욱 강화될 것이다. 이런 까닭에, 에드워드 사이드는 제2차 세계대전 이후 서구의 식민 지배 방식이 '무력의 지배'에서 '인식의 지배'로 바뀌었다고 주장한다.

고마움의 말

무모할 정도로 도전적인 이 책의 저술에는, 30년이란 긴 세월이 소요된 까닭에, 많은 지인들의 조언과 도움을 받았다. 가장 먼저 저자에게 학문적 정체성의 중요성을 일깨워 주었던 석사학위 지도교수 홍승직 선생님 그리고 박사학위 지도교수 H. H. Winsbough 선생님께 감사드린다. 만일 두 분의 지도편달이 없었더라면, 서구 주류 인구학에 반하는 '지피지기 관점의 인구학'은 결코 탄생하지 못하였을 것이다. 또한 두 번의 인구대사전 작업은 저자에게 '인구학이란 무엇인지'에 대한 안목 확장에 커다란 도움을 주었다. 그 작업에 참여하였던 김태헌, 전광희, 김민경, 조영태, 이윤석, 계봉오, 김중백, 최슬기, 황선재 선생님께 감사드린다. '한국인구학회'의 회원 여러분들의 조언은 저자의 학문 발전에 커다란 자극이 되었다. 박상태, 권태환, 이승욱, 김두섭, 이혜경, 정성호, 김한곤, 김승권, 이삼식, 은기수, 김정석, 박경숙, 황명진, 김석호, 이상림, 신일철 선생님께 감사드린다. 특히 박상태 선생님의 고려대 대학원 강의에서 저자는 인구학을 처음으로 접하였다. '한국이론학회'의 소모임 참여는 저자의 '지피지기 인구 이론' 형성에 많은 이론적 도움을 제공하였다. 김상준, 정수복, 조주연, 김봉석, 하홍규 선생님께 감사드린다. 김봉석 선생은 이 책을 발전시키는 십수 년 동안 수많은 도움을 주었다. 그리고 아울러 수십 년간 학문적 동료가 되어 어려움을 겪을 때마다 힘이 되어 주었던, 유홍준, 고성호, 윤정구, 이정환, 김상욱, 정기선, 문용갑, 이완수, 박형신, 이철우 선생님께 감사드린다. 강남대의 다양한 전공자들인 박경철, 이원숙, 윤희환, 강경락, 유제민, 임헌규 선생님과 십수 년에 걸친 학문적 논쟁은 저자에게 사회학 고유의 관점에서 벗어나 다양한 학문 분야의 관점들을 수용하게 하는 계기가 되었다.

그러나 이 책의 저술에서 누구보다도 아내와 아들에게 가장 큰 빚을 졌다. 저자는 수십 년간 자신의 일에만 관심을 가지고 가족생활을 등한시하였던 남편이자 아버지이었다. 그럼에도 불구하고, 아내와 아들은 끊임없이 나의 작업을 격려하고 북돋워 주었다. 마지막으로 우리나라 주류 학계의 목소리와는 동떨어진 비주류의 목소리를 제시하는 이 책을 출판해 준 도서출판 해남의 노현철 대표님과 정성껏 교정·편집해 주신 김태임 실장님께 감사드린다.

2022년 9월

이성용

차례

제 3 장

인구 사상: 인구는 통치의 대상

제 4 장

인구 변천과 인구 정책: 보편원칙과 현실

제 5 장

세계의 인구: 현재와 미래 그리고 역사적 경험

1 인구학은 실용 지식

만일 우리 사회에서 먹고 살 수 있는

(현장의 실용) 지식을 교육하였으면,

우리 아이를 결코 유학 보내지 않았을 것이다.

인구학은 생존 지식이 될 수 있다.

그런 생존의 교육을 받은 젊은 세대는

윗세대에게 고마움을 표할 것이고,

우리 사회에 정체성과 자부심도 가질 것이고

그리고 결혼도 출산도 할 것이다.

1.0. 왜 우리는 인구를 공부해야 하는가?

여러분은 아마 첫 강의에서, 수강생은 몇 명인지, 강의실은 어디인지, 강의실이 수강생 수에 비해 좁지 않는지, 남학생과 여학생의 비율, 학년별 구성비 등을 살펴보았을 것이다. 이를 통해, 내가 경쟁하고 같이 공부해야 할 학생들이 누구인지, 어떤 방식으로 공부해야 할지도 가름하였을 것이다. 그렇다면 여러분은 인구학을 공부한 것이다. 왜냐하면 특정 인구 – 이 수업을 수강한 특정 '학생(개인)들의 집단' – 에 대한 인구 크기, 지리적 분포 및 밀도, 인구 구성 등을 분석하였기 때문이다.

학생과 마찬가지로, 교수도 수강생들의 집단인 인구를 분석한다. 수강생들의 수와 분포를 분석함으로써 한 학기 수업을 어떻게 진행할지 판단한다. 만일 수강생 수가 적다면, 대규모의 수강생 집단에서는 거의 불가능한 자유로운 토론과 발표 방식으로 수업을 진행하고 그리고 시험 문제도 객관식보다 주관식(논술이나 서술)으로 낼 수 있다. 이처럼 교수(통치자)가 학생들의 교육(인도) 방식을 분석·판단하는 행위에서 볼 수 있듯이, 미셸 푸코(Michael Foucault)의 이야기와 같이(제3장 참조), 인구는 통치의 대상이 된다.

인구는 변한다. 인구는 특정 시점에 정적 집단이지만, 시간이 지나면서 동적 집단이 된다. 매학기 인구학 수업의 수강생 집단이 변하는 것과 마찬가지로, 시간이 흐르면 특정 인구의 구성원들도 변한다. 교수는 자신의 강의를 계속 유지하기 위해, 현재 그리고 미래의 수강생들을 관리해야 할 것이다. 인구고령화 시대, 정부와 대학은 미래에 감소할 대학 신입생 인구에 맞추어 교육정책과 입학 정책을 수립하고 있다. 이와 유사하게, 인구를 통치의 대상으로 삼는 통치자(국가와 시장)도 인구 변동 – 인구고령화 추세 – 을 인지하고 분석함으로써 통치 전략(이를테면, 복지 혹은 마케팅 전략)을 수립해야 할 것이다.

인구 변동을 야기하는 주된 세 성분은 그 집단 차원에서 이루어지는 출생, 사망, 이주(혹은 인구 이동)이다. 특정 집단에서 개인들이 이전보다 아이들을 더 많이 낳으면 그 인구가 증가하고, 더 많이 사망하면 감소하고, 그 집단의 개인들이 다른 집단으로 이주를 하면 인구는 감소한다(반면 이주한 다른 집단의 인구는 증가한다). 특정 인구의 출생률, 사망률, 이주율은 일반적으로 개인들의 자발적 행위들로 인해 변동이 초래된다고 가정되고 있지만, (이를테면, 정부의) 개입을 통해서도 인구가 조절되고 관리될 수 있다. 후자에서 인구는 통치의 대상이 된다.

〈표 1-1〉은 지난 70년간 우리나라에서 일어났던 인구 변동과 인구학적 행위들의 추세가 우리를 얼마나 다른 세상으로 인도하였는지를 잘 보여 준다. 인구와 인구 관련 요인들은 우리 삶의 변동에서 핵심 역할을 하였다. 정치인과 사업가들은 인구 변동에 근거하여 정부 정책과 사업계획을 수립하곤 한다. 가족계획과 인구고령화 정책에서 볼 수 있듯이, 그들의 정치경제학 이해관계에 근거하여 인구를 관리·조절하였다.

한국 인구는 1950년 2,000만 명에서 오늘날 5,000만 명 이상으로 증가하였다. 한국의 인구 성장은 세계의 인구 성장과 거의 유사한 속도로 이루어졌다. 하지만 인구가 지난 70년간 모든 지역에서 균등하게 성장한 것은 아니다. 이를테면 경기도 용인 인구는 1970년 96,000명에서 2020년 100만 명이 넘어, 용인은 수원, 고양, 창원과 함께 인구 100만 명 이상 대도시를 뜻하는 특례시로 승격되었다. 또한 지난 50년간 균등하게 인구가 성장한 것은 아니다. 1996년에서 2012년 사이에 27만 명에서 91.5만 명으로 급증하였다. 지난 50년간 10배 이상으로 증가한 용인 인구는, 현재 용인에서의 삶의 방식 – 개인이건 지방자치정부이

〈표 1-1〉 인구 변동과 세상 변동: 과거는 전혀 다른 세상

	1950(1955)	1970	2020
세계 인구	25.19억 명	36.91억 명	77.73억 명
아시아 인구	14.3억 명	21.29억 명	46.26억 명
한국 인구	2,000만 명	3,224만 명	5,184만 명
세계 인구 중 한국 인구(2010년)	0.79%	0.87%	0.71%
아시아 인구 중 한국 인구(2010년)	1.4%	1.5%	1.12%
기대수명 한국	47.9세	62.3세	83.5세
영아사망률(한국, 1,000명의 출생아당)	138명	39명	2.8명
한국의 합계출산율	6명	4.5명	0.84명
경기도 인구, 한국 인구의 (%)		330만(10.2%)	1,341만(25.9%)
용인 인구, 경기도 인구의 (%)		9만 6,000(2.9%)	109만(8.2%)
한국의 국제결혼			7.6%
한국의 도시화	21.4%	40.7%	81%
한국의 자동차		100가구당 1대	10가구 중 9.4대(2007)
한국의 전화		1,000명 중 2명 일반전화 41,000대	전화 가입자 비율 100명당 161개(무선전화 7,051.3만 유선전화 1,285.9만)
한국의 15세 인구의 비율	41.2%	42.5%	12.2%
한국의 65세 이상 노인인구의 비율	3.3%	3.1%	15.7%
한국의 중위연령	19세(1960년)	18.5세	43.7세
한국의 평균 가구원 크기		5.5명	2.34명
한국의 대학 진학률(%, 남, 여)		26.9[1)]	72.5
한국의 일인당 국민소득[2)]	67달러(1953)	254달러	31,881달러
한국의 농업인구 비중(농가인구)	71.4%	50.4%(1,442만)	7.9%(341만)[2005년]

주: 1) 1970년 당시 초등학교 졸업자 중 중학교 진학률은 66.1%, 중학교 졸업자 중 고등학교 진학률은 70.1%이었다. 따라서 당시 18세가 되는 고등학교 졸업자 중 대학 진학률은 26.9%이지만, 그 코호트(1952년생) 중 대학에 진학한 비율은 12%에 불과하다. 반면 2020년 72.5%는, 대부분이 고등학교에 진학하였던 2002년 출생코호트의 고등학교 졸업자 중 72.5%가 대학에 진학하였다는 사실을 말한다. 흥미롭게도, 2010년 이후에는 1970년대와 달리 여성이 남성보다 대학 진학률이 높다. 이를테면, 2012년 대학 진학률은 남 68.6%, 여 74.3%로 여성이 5.7% 높다. 이러한 추세는 계속되어 2013년에서 2019년 사이에는 7% 이상을 보였다가 2020년 6.8%로 감소하였다.

2) 일인당 국민소득(GNI)은 1953년 67달러에서 1977년에 1,000달러, 1989년에 5,000달러, 1995년에 10,000달러를 넘어 2007년 20,045달러로 20,000달러 시대로 진입하였다.

건 혹은 비즈니스 운영방식이건 – 을 과거의 것과 매우 상이하게 만드는 데 결정적 기여를 하였을 것이다.

인구 성장에는 출산율과 사망률 및 이주(인구 이동)율이 영향을 미친다. 한국 여성 합계출산율(평균 자녀 수)은 1960년대 6명에서 2020년 세계에서 가장 낮은 수준인 0.84명으로 급감하였다(2021년 0.81명으로 또 다시 감소하였다). 흥미롭게도 출산율은 감소하였지만 인구수는 증가하였다. 이는 상당 부분 사망률이 감소한 덕택이다. 출생 시 기대수명은 1950년 47.9세에서 1970년 62.3세(남 58.7세, 여 65.8세)로 그리고 2020년 83.5세(남 80.5세, 여 86.5세)로 급증하였다. OECD 평균 기대수명은 1970년 남 65.8세, 여 73.0세, 2020년 남 77.9세, 여 83.2세이다(통계청, 2021.12b). 1970년대 이전 기대수명은 OECD가 우리나라보다 훨씬 높았지만, 오늘날에는 역전되었다. 역전 시점은 여성 2003년, 남성 2007년이다(통계청, 2015). 한 나라의 사망력은 사회경제적 수준과 밀접한 관계가 있음을 감안하면, 이는 한국의 급성장한 사회경제적 발전을 나타낸다. 기대수명의 향상은 노인의 노후 삶은 물론 젊은 세대의 취업방식과 은퇴설계에 유의미한 영향을 미쳤고, 정부와 가족은 개인의 삶을 과거와 매우 상이한 방식으로 설계할 것을 요구한다.

출산과 사망뿐만 아니라, 평균 가구원 수의 변동도 우리의 생활방식을 변하게 한다. 평균 가구원 수는 1970년 5.5명에서 1980년 4.5명, 1990년 3.7명 그리고 2020년에는 2.34명으로 감소하였다(〈그림 1-1〉 참조). 평균 가구원 수와 가구원 수의 분포 변동은 아파트 구조에도 영향을 미쳤다. 〈그림 1-2〉에서 1970년대 건축된 대형 아파트인 여의도 서울아파트와 압구정동 현대아파트를 2000년대 건축된 대형 아파트인 여의도 대우트럼프와 서울 도곡동 타워펠리스에 비교하면, 방의 수가 5개에서 3개로 줄어든 것을 알 수 있다. 이는 1980년대와 1990

〈그림 1-1〉 평균 가구원 수와 가구원 수별 가구 분포의 변동: 1980~2020

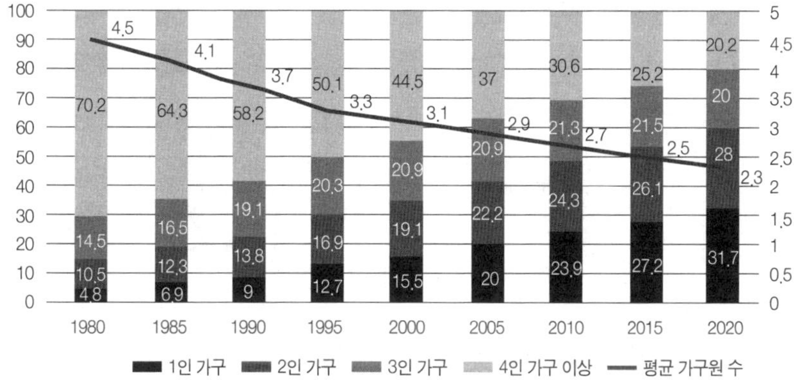

자료: 통계청, 2010년, 2015년, 2020년 인구주택총조사: 표본집계 결과(가구주택 부문), www.nso.go.kr.

년대 일어났던 가구원 수의 변동을 반영한다. 〈그림 1-1〉에서 볼 수 있듯이, 1980년대 전체 가구 중 4인 이상 가구의 비중은 70.2%를 차지하였지만, 그 후 계속 감소하여 2000년 44.5% 그리고 2020년에는 20.2%로 감소하였다. 반면 1인 가구의 비중은 1980년 이후 계속 증가하여 2020년 31.7%를 차지한다. 이러한 추세에 병행하여, 최근 나 홀로 사는 사람을 주된 고객으로 하는 비즈니스와 주거산업이 날로 번성하고 있다.

〈그림 1-2〉에서 1970년대 말 여의도 서울아파트와 압구정동 현대아파트의 도면을 자세히 살펴보면, 부엌 옆에 작은 방이 위치해 있음을 볼 수 있다. 그 방은 주로 그 당시 주인집에 거주하였던 가정부를 위한 곳이다. 1960년대 후반부터 1970년대 수많은 어린 여성들이 일자리를 찾아 서울로 상경하였고, 그 여성들 상당수가 부잣집에서 가정부로 일을 하였다. 이와 같이 공간과 시간 그리고

〈그림 1-2〉 1970년대와 2000년대 건축된 아파트들의 구조 변화

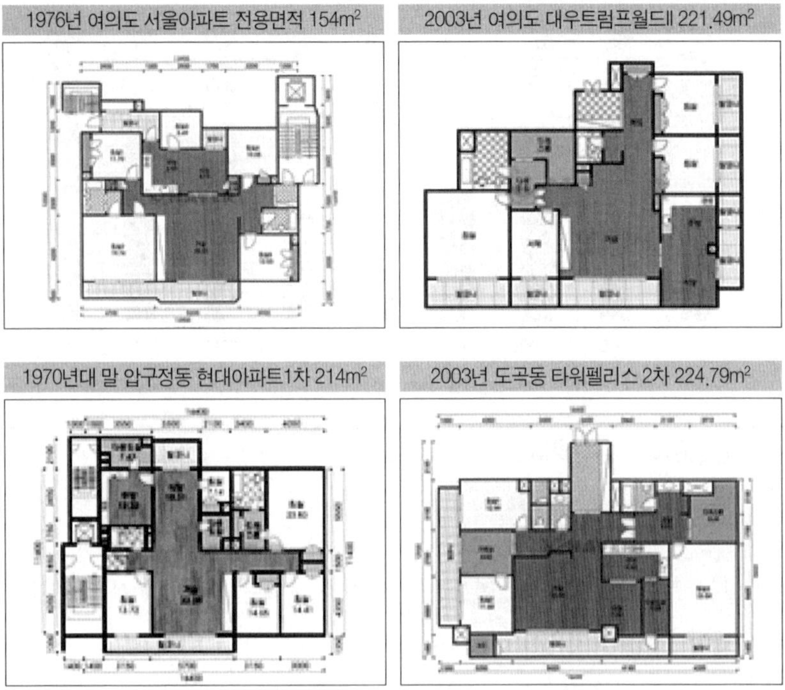

인구 현상을 연계하면, 공간이 배제된 기존의 인구학 연구보다 많은 것을 알고 이해할 수 있다. 이런 까닭에, 최근 공간인구학은 그 중요성이 점점 대두되고 있다.

우리나라는 단기간에 출산율과 사망률이 매우 급격하게 변동한 까닭에 인구고령화(인구 변동)도 급격하게 진행될 것으로 전망된다. 2020년 우리나라에서 전체 인구 중 65세 이상 노인이 차지하는 비율은 15.7%이다. 하지만 그 비

중은 2030년 25.5%, 2040년 34.4%, 2050년 40.1%, 그리고 2070년 46.4%로 급증할 것으로 예상된다. 이와 더불어 중위연령도 2020년 43.7세에서 2040년 54.6세, 2050년 57.9세 그리고 2070년 62.2세로 증가할 것으로 추계된다. 2050년이 되면 인구의 절반 가까이가 60세 이상 노인이 될 것으로 전망된다(통계청, 2021. 12). 이는 젊은 세대와 노인세대 간의 상호 관계 방식이 미래에는 오늘날과 매우 달라질 수밖에 없음을 의미한다. 유사하게, 오늘날 베이비붐 세대와 그 이후 세대는 그 이전 세대와는 매우 상이한 방식으로 삶을 살아왔다. 미래 세대의 삶을 설계하는 데 있어, 과거 세대가 살았던 삶의 방식이 도움을 줄 수 있어도 정답은 될 수 없다.

세계화는, 특히 20세기 후반 이후, 세계 각국 사람들 간의 상호 의존성과 연계는 점점 확대되면서 긴밀하게 진척되고 있다. 이는 우리의 삶을 예기치 못한 방향으로 인도한다. 국제 이주 혹은 국제 결혼과 같은 인구 과정(demographic process)은 세계화의 부산물이자 세계화를 진척시키는 구성 성분으로 나타난다(Hayes, 2006). 1990년 후반 이후 우리나라에서 국제 결혼과 해외 노동자의 수는 급증하였다. 2020년 전체 결혼 중 국제 결혼 비중은 7.7%를 차지한다(코로나 이전 2019년에는 10.3%였다). 이러한 현상은 한편으로는 세계화에 영향을 받은 것이지만, 다른 한편으로는 우리나라에 유입된 이주자들로 인해 과거 어느 때보다 그들의 사회(혹은 본국)와 긴밀한 상호 의존 관계를 형성하고 유지하는 데 기여하였다. 국제 이주자들의 증가는 우리나라가 단일민족이라는 국가 정체성과 개인 정체성에 영향을 미쳤다. 국제 결혼 부부의 자녀는 한국인이란 특정 국가의 정체성만을 가지지 않는다. 이처럼 과거 우리의 역사에서 전혀 경험하지 못하였던 새로운 사회 문제들이 부각되고 있다.

푸코(2011)에 의하면, 18세기 근대국가 이후 '인구'는 통치 대상이 되어 왔다. 18세기 정치경제학이 부상하게 된 근본적 이유는, '경제(살림살이)'의 규모가 '가족'에서 '국가 곧 인구'로 확대되었기 때문이다. 경제의 단위가 국가이면, 정치는 경제에 필연적으로 개입할 수밖에 없다. 맬서스, 애덤 스미스, 마르크스 등의 정치경제학 담론들은 모두 경제(나라의 살림살이)를 개인이나 가족 차원이 아니라 국가의 사람들 곧 '인구'와 관련시켜 이야기하고 있다.

인구가 통치의 대상이라 함은, 인구학은 통치술을 형성하고 통치 권력을 정당화하는 데 필수요건이라 할 수 있는 '현장에 대한 정보와 지식'을 제공하는 학문이란 사실을 함축한다. 인구학은 정부의 정책 수립에 필요한 그 당시의 '현장 정보'를 제공할 뿐만 아니라 그 정책이 현장에 적용되었을 때 나온 '현장 결과물에 관한 정보와 지식'을 이야기한다. 인구 통계(수리인구학)는 현장 정보와 정부 정책이 현장에서 적용되어 나타난 결과물을 숫자로 나타낸 것이다.

〈표 1-1〉에서 보는 바와 같이, 인구학(인구 통계)은 우리 삶의 설계에 있어 가장 기본이 되는 현장 정보 혹은 사상(事象, event)들 – 출산, 결혼, 이혼, 질병과 건강, 사망, 이주, 실업과 고용 등 – 에 대한 지식과 정보를 제공한다. 정부는 이러한 인구학 정보와 지식에 근거하여 정부 정책을 형성한다. 이를테면, 코로나 시대 정부 정책은 코로나 확진자의 수, 코로나 발병률과 사망률 등과 같은 인구학적 정보에 근거하여 그 내용을 설정한다. 또한 코로나 관련 인구학 정보의 변동에 근거하여 정부 정책의 타당성과 효율성을 평가한다. 이와 유사하게, 정부의 고용 정책도 실업자 수나 실업률 등과 같은 인구학 정보에 근거해 수립되고 평가받는다. 이런 까닭에, 인구학은 현실과 동떨어진 학문이 아니라 우리의 삶과 현실에 실용적 혹은 정책적 학문을 지향한다.

전통적인 인구학 – 형식인구학과 사회인구학을 포함한 기초인구학 – 은 인구가 통치의 대상이 되는 정부 정책과 밀접한 관계를 가져왔다. 하지만 20세기 후반 들어, 최근 인구학은 통치를 위한 학문으로만 더 이상 머물지 않고, 우리의 생존(비즈니스)을 위한 학문으로 진전하였다. 바로 응용인구학, 특히 비즈니스 인구학의 등장이다. 응용인구학에서 인구는 더 이상 통치의 대상으로 국한되지 않는다. 사람들은 자신들의 생존을 위해, 그들 곧 인구에 대한 정보를 활용하여 주체적으로 삶의 방식을 설계한다. 글로벌 기업 AC 닐슨은 각국의 인구학 정보를 활용하여 각국에 적합한 마케팅 전략을 제공한다.

1.1. 인구와 인구학 정의

인구학은 사람 인구(human population)에 관한 학문이다. 인구는 시간적 그리고 공간적으로 특정화된 개체(개인)들의 집합체를 의미한다. 이를테면, 2020년 서울 인구는 2020년 서울에 거주하는 개인들의 집합체(aggregation)를 말한다. 인구학은 개인의 특성이 아니라 인구라는 집단의 특성에 관심을 가진다. 인구학의 연구 대상은 특정 개인의 자녀수나 혼인연령이 아니라 특정 인구에서의 평균 자녀수 혹은 평균 혼인연령이다. 그래서 인구학자는 자신의 발견을 특정 인구에서 전형(평균)적인 개인들의 행위라고 기술한다(Ryder, 1964).

인구학은 인구의 정태적·동태적 측면 모두에 관심을 가진다. 인구학은 인구의 정태적 측면 – 특정 시점에서의 인구 크기, 지리적 분포와 밀도, 인구 구성 – 과 동태적 측면 – 시간의 흐름에 따른 인구 변동과 인구 과정(인구 변동의 구성 성분인 출산력, 사망력, 이주) – 에 관심을 가진다. 인구의 정태적·동태적 측면은 그 인구의 사회경제적 요인과 이념(ideology)에 밀접한 관계를 가지기 때문에, 인구학은 인구 동태에 영향을 미치는 사회경제적 요인들과 이념을 연구·

분석한다. 그래서 인구학은 "인구의 다섯 가지 측면, 즉 (1) 크기, (2) 분포, (3) 구성, (4) 인구 과정, 그리고 (5) 인구 변동 혹은 인구 과정에 영향을 미치는 사회경제적 요인들에 관심을 가진다"(Siegel and Swanson, 2004: 1).

위의 정의는 단지 기본인구학 입장을 대변한다(〈표 1-2〉 참조). 기본인구학은 형식인구학과 사회인구학으로 이분된다. 형식인구학은 수량적 측면에서 인구의 (1) 크기, (2) 분포, (3) 구성, (4) 인구 변동과 인구 과정에 관심을 가진다. 형식인구학은 인구 특성들을 수량적으로 기술하는 인구 지표들의 개발 및 그 지표들 간의 연관성을 분석하는 연구들을 주된 작업으로 한다. 이를테면, 형식인구학 전문가는 장래인구 추계에서 사용할 미래의 출산율과 사망률을 수리적으로 먼저 계산한 다음, 그 출산율과 사망률에 기초하여 미래의 인구 크기와 구성 및 인구 변동을 전망한다. 이런 작업에서 새로운 수리적 모형을 개발하기도 한다. 형식인구학은 인구 분석(demographic analysis), 순수인구학(pure demography), 수리인구학(mathematical demography)으로도 불린다.

사회인구학 – 앞의 (5)를 의미하는 – 은 출산, 사망, 이주와 같은 인구 현상들을 그 인구의 사회경제적 조건 및 이데올로기와 연관시켜 분석·연구하는 데 관심을 가진다. 인구의 수리적 측면에 주로 초점을 맞추는 형식인구학과 달리, 사회인구학은 인구의 이론적 측면에 훨씬 많은 관심을 가진다. 인구 현상은 사회 변동의 직접적 결과물이지만, 그와 동시에 중대한 사회 변동을 야기하는 주된 요인이 되기도 한다. 사회인구학은 후자보다 전자, 사회 변동에 따른 인구 현상에 관심을 가진다. 반면 응용인구학은 전자보다 후자, 인구 변동에 따른 사회 변동에 초점을 맞춘다. 사회인구학은 인구학적 현상들이 전반적인 사회경제적 환경의 맥락 속에서 파악되어야 한다는 인식에서 출발한다. 사회인구학은 인구 연구(population studies) 혹은 인구 문제(population problems)와 동일

〈표 1-2〉 인구학의 정의와 (하위)분과: 기초인구학과 응용인구학

	기초인구학		응용인구학
	형식인구학	사회인구학	
개념 정의	인구 현상을 수량적인 측면에서 연구	인구 현상을 사회경제적 맥락에서 연구	인구 변동이 영향을 미치는 사회경제적 환경의 변동 연구
연구 대상	인구 지표의 작성과 인구 지표 사이의 연관성 분석	인구 현상의 원인과 결과에 대한 포괄적 이해와 해석	인구 변동에 따른 사회경제적 변동의 이해와 해석
방법론	수학, 통계학적 접근	사회학, 경제학, 인류학, 심리학 등 사회과학적 접근	경영학, 미래학 접근
동의어	인구 분석 순수인구학 수리인구학	인구 연구 인구 문제의 연구	비즈니스 인구학 (소)지역 인구학

자료: 이성용(2016a: 614).

한 의미로 사용되곤 한다.

20세기 후반 이후 인구 성장이 급격하게 진행되었고, 그 결과 인구 구조도 급격하게 변동하였다. 정부와 기업은 이러한 인구 변동에 발맞추어 정부 정책과 기업 전략을 꾀할 필요성이 대두되었다. 인구 현상과 인구 변동에 기초하여 현재의 사회 정책 혹은 비즈니스에 대한 의사결정을 행하는 데 그리고 미래를 전망하는 데, 필요한 새로운 접근방식의 인구학이 요구되었다. 그리하여 오늘날에는 〈표 1-2〉에서 보는 바와 같이, 형식인구학과 사회인구학을 기본인구학(basic demography)으로, 그리고 새로운 인구학 접근방식을 응용인구학(applied demography)으로 분류하는 경향이 있다(Siegel and Swanson, 2004).

인구 현상을 설명해야 할 종속변수(결과변수)로 간주하는 기본인구학과 달리, 응용인구학은 인구학적 변수를 독립변수(원인변수)로 간주한다. 응용인구

학(혹은 비즈니스 인구학)에서 연구 주제는 전통 인구학 영역 밖의 사람들이 관심을 가지는 실질적인 질문들 가운데서 선정되며, 청중들도 인구학 관련 전문가뿐 아니라 사업가나 정부의 행정 공무원들 – 이전에는 인구에 거의 관심이 없었던 사람들 – 에게까지 확대된다. 오늘날 이들 청중에게 인구는 점점 자신들의 실질적인 문제를 해결하는 데 있어 절대적인 관건이 되고 있다.

기본인구학과 응용인구학은 모두, 비록 서로의 지향점은 다르지만 인구학의 개념, 방법론, 자료들에 대한 기본 교육을 요구한다. 따라서 인구학 교재와 전문서적 및 강의는 인구학을 전공하려는 학생뿐 아니라 인구에 관심이 있는 청중들로 그 대상을 확대해야 한다. 그래야 기본인구학과 응용인구학의 청중들은 별 어려움 없이 서로에게 의사소통을 할 수 있을 것이다. 이 단원에서 기초인구학(형식인구학과 사회인구학)을 먼저 논의한 후, 응용인구학에 대해 이야기할 것이다.

1.2. 형식인구학

1) 인구 크기와 지리적 분포

인구 크기는 세 측면을 가진다(Lundquist et al., 2015). 첫째 측면은 절대 크기(absolute size)로, 주어진 시점에 주어진 지역에 있는 사람들의 수를 말한다. 2021년 세계 인구는 78.4억 명이고, 2050년에는 96.9억 명으로 증가할 것으로 예측된다. 2021년 현시점에서 가장 인구가 많은 나라는 중국으로 인구 크기는 14.12억 명이고, 그 다음은 인구 크기가 13.93억 명인 인도이다. 하지만 2035년이 되

〈표 1-3〉 세계의 10대 인구 강국에서의 인구 크기와 인구 밀도

나라	인구 크기(억 명)	인구 밀도(km²)
중국	14.12	1,182
인도	13.93	893
미국	3.32	211
인도네시아	2.75	1,046
파키스탄	2.25	739
브라질	2.13	382
나이지리아	2.11	622
방글라데시	1.72	2,155
러시아	1.46	120
멕시코	1.29	664

자료: Population Reference Bureau(PRB), *2021 World Population Data Sheet*.

면 인도 인구는 15.53억 명, 중국 인구는 13.84억 명이 되어, 인도가 세계에서 가장 많은 인구를 가진 나라가 될 것이다(PRB, 2021). 한국 인구는 2021년 5,180만 명이다. 〈표 1-3〉은 세계에서 인구 크기가 10위 안에 드는 국가, 그 국가의 인구 크기 및 인구 밀도를 보여 준다.

이처럼 한 나라의 인구 크기는 그 자체로서 중요성을 가진다. 이런 이유로 인구 크기가 절대적으로 큰 중국과 인도에서 센서스 집행은 세계적인 관심사가 된다. 인구 크기는 일상생활에서도 중요성을 가진다. 예를 들어, 수강학생의 수가 30명 또는 120명인 경우를 생각해 보자. 전자는 토론식 수업이 가능하지만 후자는 토론식 수업보다 강의식 수업이 적합할 것이다. 인구수가 1,000만 명이 넘는 대도시와 5,000명 이하의 마을은 서로 상이한 사회 문제들을 가질 것이다.

인구 크기의 둘째 측면은 상대 크기 혹은 분포이다. 〈표 1-3〉을 보면, 중국과 인도의 인구를 합치면 28억 명으로 세계 인구의 1/3 이상을 차지하고 있다. 10대 인구 강국의 인구들을 모두 합치면 약 45.1억 명으로 세계 인구의 절반이 넘는다. 미국 인구 크기는 3위를 차지하지만, 그 수는 중국이나 인도 인구의 1/4에 불과하다. 한편, 한국의 인구는 미국의 1/6, 10위인 멕시코의 1/2도 안 된다.

이러한 상대 크기는 지리적 분포(geographical distribution), 즉 인구가 특정 시간에 특정 지역에 퍼져 있는 방식을 말한다. 한국에서도 지리적 분포는 중요한 관심사가 된다. 이를테면, 수도권의 인구는 전체 인구의 절반을 차지하고 있다. 그런데 지리적 분포는 변한다. 예를 들어, 유럽 인구는 1950년에는 세계 인구의 약 21%를 차지하였지만 현재는 10%에 불과하며, 미래에는 그 비율이 더 감소될 것으로 예상된다. 이와 같이 지리적 분포는 인구 크기와 마찬가지로 그 자체로서 중요성을 가진다.

셋째 측면은 인구 밀도(population density)이다. 지구상에서 그리고 대부분 나라들에서 인구는 균등하게 분포되어 있지 않다. 어떤 곳은 인구가 밀집되어 있고 다른 지역에는 인구가 드문드문 퍼져 있다. 중국과 미국은 땅의 크기는 비슷하지만, 인구 크기는 엄청난 차이가 난다. 밀도는 이런 한계점을 극복해 준다. 인구 밀도는 특정 시점에 특정 장소에 있는 특정 인구에 대한 인구 크기와 그 인구가 위치하고 있는 공간 사이의 관계를 언급하며, 주로 $1km^2$당 인구 크기로 나타난다. 〈표 1-3〉의 인구 밀도는 경작지 $1km^2$당 인구 크기를 나타낸다. 방글라데시는 러시아보다 인구 크기가 2,600만 명 많지만, 인구 밀도는 18배가 됨을 알 수 있다(만일 경작지가 아니라 비경작지까지 합치면 약 130배가 넘는다). 방글라데시에서는 좁은 지역에 매우 많은 사람들이 밀집하여 살고 있다.

인구 밀도 역시 그 자체로 의미를 가진다. 인구 밀도가 높은 서울 지역의 땅값은 인구 밀도가 낮은 강원도 지역의 땅값보다 매우 비싸다. 앞에서 언급한 수강생 수를 이용하여 밀도를 이야기하자면, 30명이 앉아서 수업 듣기에 적당한 크기의 강의실에 만일 120명이 수업을 들어야 한다면, 강의실의 책상들은 걸어 다닐 수 없을 정도로 빽빽하게 들어찰 뿐 아니라 일부 학생들은 서서 수업을 수강해야 할 것이다. 여기서 우리는 '과잉인구'(overpopulation)의 개념으로 강의실의 매우 높은 밀도를 언급하고 있다.

이와 같이 인구 밀도는 인구가 공간에 분포되어 있는 방식을 나타낸다. 최근 인구의 공간 분포를 분석·연구할 기법, 즉 지리 정보 체제(Geographic Information System: GIS)가 개발되었다. 지리 정보 체제는 지역들에서 수집한 각종 공간 정보들을 수치화하여 컴퓨터에 입력·저장·처리하고, 이를 사용자의 요구에 따라 다양한 방법으로 분석하고 체계화하여 제공하는 정보처리 시스템을 말한다. 미국에서는 1980년대 이미 센서스의 효율적인 수행을 위해 지리 정보 체제가 도입되었다. 우리나라에서도 2000년 이후 인구 센서스에 수치지도(Digital Map)를 연계하여 센서스 관련 공간 정보, 즉 GIS를 구축하고 있다(이종열·류제정, 2016). GIS가 제공하는 지도 제작(mapping) – 특정의 지리적 공간과 시간 속에서 인구 정보를 전시하는 – 기법의 주된 혜택은, 연구자가 GIS에서 특정 지역을 지정하면 인구 정보, 지리 정보, 토목공학 자료 등 여러 유형의 정보들을 중첩시켜 컴퓨터 화면에서 동시에 볼 수 있다는 점이다(Weinstein and Pillai, 2016: 98). 비록 GIS의 주된 목적을 인구 정보의 지도 제작이라고 말할 수는 없지만, 인구학을 포함한 여러 분야(예, 도시계획)에서 GIS는 매우 중요하게 사용되고 있다(이종열·류제정, 2016; Cockings et al., 2013; United Nations, 2002).

2) 인구 구성

인구 구성(population composition)은 성, 연령, 출생지, 교육 수준과 같은 인구학적 범주들로 분류된 사람들의 수를 언급한다. 인구 구성은 인구의 절대 크기가 아니라 각 범주의 상대 크기에 초점을 맞춘다. 이를테면, 만 65세 이상의 인구가 전체 인구 중 몇 %인지, 혹은 65세 인구 중 남성과 여성 노인의 비율이 어떻게 되는지에 관심을 가진다.

인구학자가 인구 구성을 분류하는 특성들은 무수히 많다. 하지만 어떤 것은 다른 것보다 높은 유용성을 가진다. 이를테면, 잘 변화하지 않거나 예측 가능한 방식으로 변화하는 특성 – 성, 연령, 교육 수준 – 들은 그렇지 않는 것 – 몸무게나 대통령 만족도 혹은 자동차 소유 – 보다 높은 유용성을 가진다. 인구 구성에서 가장 보편적으로 사용되는 범주는 연령과 성이다. 왜냐하면 성과 연령은 예측 가능한 방식으로 변동하고, 출산, 사망, 인구 이동과 같은 인구학적 행위들과 연관되고, 교육, 직업, 소득과 같은 사회경제적 지위들도 긴밀한 관계를 가지기 때문이다.

3) 인구 변동

인구는 출생, 사망, 이주가 서로 결합하여 증가하거나 감소한다. 이런 방식으로 인구 성장을 분석하는 것을 구성성분 방법(components method)이라 부른다. 인구 변동의 구성성분은 출산, 사망 및 이주와 같은 동태 사상(vital event)이다. 참고로 인구학 문헌들은 인구 변동(population change)을 인구 성장(population growth)과 동일시하는 경향이 있는데, 그것은 산업혁명 이후 인구 성장이 인구 변동을 의미하였던 서구의 역사적 경험에 근거한다.

(1) 인구 변동과 그 구성성분들

인구 크기와 그 구성성분들이 시간의 흐름에 따라 변한다는 사실은 분명하다. 인구학자는 특정 인구 – 세계 인구이건 한국 인구이건 – 의 크기 및 그 구성성분의 변동에 큰 관심을 가진다. 그것은 "인구학이 변하기"(Lundquist et al., 2015: XV) 때문이다.

인구 변동을 즉각적으로 야기하는 요소들은 무엇인가? 인구수를 P_t에서 P_{t+n}으로 변동시키는 것은 무엇인가? 일반 상식선에서 그 질문에 응답해 보자. 세계 인구를 고려할 때, 세계 인구는 단지 두 요소에 의해 변동한다. 하나는 출생하여 세계 인구에 더해지는 것이고, 다른 하나는 사망하여 세계 인구에서 빠지는 것이다. 세계 인구와 같이, 사람들이 타지(외계)에서 들어오거나 타지로 나갈 수 없는 인구를 폐쇄인구(closed population)라고 부른다. 폐쇄인구는 출생과 사망에 의해서만 변동한다. 등식으로 표현하면 다음과 같다.

$$P_{t+n} - P_t = B_{(t,\, t+n)} - D_{(t,\, t+n)}.$$

초기 시점과 후기 시점 사이에 일어난 폐쇄인구의 인구 변동은 두 시점 사이에 발생한 출생들의 수에 의해 증가하고 사망들의 수에 의해 감소한다. 출생들과 사망들 간의 차이는 그 집단의 자연증가(natural increase)로 불린다. 폐쇄인구에서 인구 성장은 자연증가이며, 그것은 출생들과 사망들 간의 차이(B–D)이다.

〈표 1-4〉는 2015년 1년 동안 세계, 선진국, 개발도상국에서 발생한 출생아

〈표 1-4〉 자연증가: 세계, 선진국, 개발도상국

	출생	사망	자연증가
세계 인구: 73.66억 명			
년	145,973,000	57,052,000	88,921,000
일	399,926	156,306	243,620
분	278	109	169
선진국: 12.54억 명			
년	13,760,000	12,283,000	1,477,000
일	37,700	33,653	4,047
분	26	23	3
개발도상국: 59.89억 명			
년	132,213,000	44,769,000	87,444,000
일	362,226	122,654	239,573
분	252	85	166

자료: Population Reference Bureau, *2015 World Population Data Sheet*, available from www.prb.org.

수(*B*), 사망자 수(*D*) 및 자연증가(*B*-*D*)를 나타낸다. 선진국에 비해, 개발도상국에서 출생아 수, 사망자 수 그리고 자연증가가 훨씬 많음을 보여 준다.

그러나 세계 대부분 지역의 인구는 폐쇄인구가 아니다. 한 지역에서 일부 사람들은 다른 지역으로 나가고 또 다른 지역에서 일부 사람들이 들어온다. 이러한 인구는 개방인구(open population)라고 불린다. 개방인구는 특정 인구에서 태어난 사람들, 사망한 사람들, 그리고 이주 온 사람들과 이주 간 사람들을 더하고 빼는 방식으로 인구 변동을 계산할 수 있다. 이 경우 인구 성장 등식(growth equation)은 약간 복잡해진다.

$$P_{t+n} - P_t = B_{(t,\, t+n)} - D_{(t,\, t+n)} + M_{(t,\, t+n)}.$$

개방인구의 인구 성장(혹은 인구 변동)은 특정 기간 동안 태어난 출생아 수(*B*)를 더하고, 그 기간에 사망한 사망자 수(*D*)를 뺀 뒤, 그 기간 동안 일어난 순이주(net migration)의 수를 더하는 것으로 계산된다. 순이주는 그 지역에 이주하여 온 사람들(mover-in)의 수와 그 지역에서 이주하여 나간 사람들(mover-out)의 수 사이의 차이를 말한다. 그 차이가 '양'이면 이주하여 온 사람이 이주하여 간 사람보다 많다는 뜻이고, '음'이면 그 반대이다.

(2) 인구 성장과 인구 과정

지금까지 인구 성장의 원인을 사상들의 발생으로 이야기해 왔다. 출생, 사망, 어떤 경계선을 넘은 이동은 개인적 차원에서 일어나는 인구 사상(population event)이다. 그러나 인구학은 개인적 차원에서 일어나는 인구 사상이 아니라, 인구 크기와 인구 변동을 결정하는 인구 과정, 즉 집합적 과정으로서 일어나는 출생, 사망 혹은 이동들의 수준이나 추세에 관심을 가진다. 인구학은 특정 시점의 특정 인구에서 발생하는 출생들의 수를 그 인구의 출산력(fertility)으로, 사망들의 수를 사망력(mortality)으로, 경계선을 넘어오고 넘어간 이동들의 수를 이주(migration) 과정으로 표현한다.

가장 간편한 인구 과정의 잣대는 조율(crude rate)이다. 일어난 사상들의 총수(total number) 대신, 굳이 그것을 비율(rate)로 만들어 과정의 잣대(measure of the process)로 나타낼 필요는 무엇일까? 그 대답은 예로 설명하는 것이 좋을 듯하다. 이를테면, 1910년과 2010년에 한국에서 사망자들의 수가 동일하다고 가정하자. 그러면 우리는 2010년과 1910년의 사망력이 동일하다고 결론을 내려야 하는가? 무언가가 잘못되었다. 지난 100년간 한국 인구는 4배로 증가되었다. 이는 사망할 위험소지(risk)가 있는 사람들의 수가 4배로 증가되었다는 것을 뜻한다. 인구학자들은 사망과 같은 인구 사상이 일어날 가능성을 측정할 때 그 사상의 위험소지에 있는 특정 시점의 특정 인구 – 사람들의 집합체 – 를 반드시 고려해야 한다.

여기서 기본 전략은 주어진 시간 동안 일어났던 사상들의 수를 그 사상의 위험소지가 있는 그 시점의 특정 인구로 나누는 것이다. 이는 인구학자들이 사용하는 기본 측정치인 비율을 산출하는 방식이다. 분모는 위험소지 인구(population at risk)이고 분자는 인구 사상들의 수이다. 일반적으로, 비율은 특정 위험소지에 있는 인구의 성원들이 특정 사상을 경험할 확률을 말한다.

조율은 사상들의 수를 추정된 전체 인구로 나누어 생산한다. 주어진 기간에 인구 크기는 변화하기 때문에 [중앙이란 특정 시점의] 중앙인구를 사용한다.

$$\frac{E}{P_m} \times n.$$

E는 특정 연도의 특정 장소에서 일어난 사상들의 수를 말하며, P_m은 특정 연도에 추정된 총인구수를 말한다. 특정 연도에 총인구수는 계속 변하기 때문에, 그 해의 중앙 시점 – 한국의 경우는 11월 1일 – 의 인구를 사용한다. 대부분의 조율은 특정 숫자, 즉 기수(基數, base) n을 곱하는데, 그 이유는 n명 중 몇 명이 그 특정 사상을 경험하는지 나타내기 위해서이다. 가장 흔히 사용되는 기수는 1,000이지만, 나타내고자 하는 특정 사상이 발생할 가능성이 낮은 경우 – 이를테면, 40대 여성의 위암 – 에는 100,000과 같은 큰 기수를 사용하기도 한다.

앞에서 절대수(absolute number)로 표현되었던 성장 등식(growth equation)은 조율로 치환될 수 있다(Lundquist, Anderson, and Yaukey, 2015). 즉, 좌변과 우변을 중앙

인구(P_m)로 나누면 다음의 등식을 얻을 수 있다.

$$\frac{P_{t+n}-P_t}{P_m}=\frac{B_{(t,\,t+n)}}{P_m}-\frac{D_{(t,\,t+n)}}{P_m}+\frac{M_{(t,\,t+n)}}{P_m}.$$

양변에 1,000을 곱함으로써 각 항을 조율로 바꿀 수 있다.

인구성장률 = 출생률 − 사망률 + 순이주 비율.

여기서 출생률은 조출생률(crude birth rate)을, 사망률은 조사망률(crude death rate)을 나타낸다. 그리고 출생률과 사망률 간의 차이는 자연증가율(the rate of natural increase)을 말한다. 〈그림 1-3〉을 보면, 조출생률은 1960년대 중반까지 높은 수준을 유지하다가 1965년에서 1980년대 중반 사이에 급격히 감소하였고 그 후에도 계속 감소하는 현상을 보인다. 조사망률은 1910년 이후 한국전쟁 전까지 서서히 감소하였다. 전쟁기간 동안 급증하였다가 전쟁 후 약 10년 동안 급감하였고 그 후에도 계속 감소하는 현상을 보인다. 자연증가율은 1955~1970년 사이, 즉 베이비붐 세대가 태어난 시기에 가장 높은 수준을 보인다(1960~1965년 27). 그 후 자연증가율은 급격하게 감소하였다. 특히 2020년 이후 양(+)에서 음(−)으로 바뀌었다. 우리나라는 2020년 이후 인구감소의 시대에 진입하였다. 2020년과 2021년 출생아 수와 사망자 수를 비교해 보면, 출생아 수는 27만 2,300명과 26만 500명, 사망자 수는 30만 4,900명과 31만 7,800명이다. 두 해 모두 출생아 수보다 사망자 수가 많다(통계청, 2022. 2).

〈그림 1-3〉 한국의 조출생률, 조사망률, 자연증가율

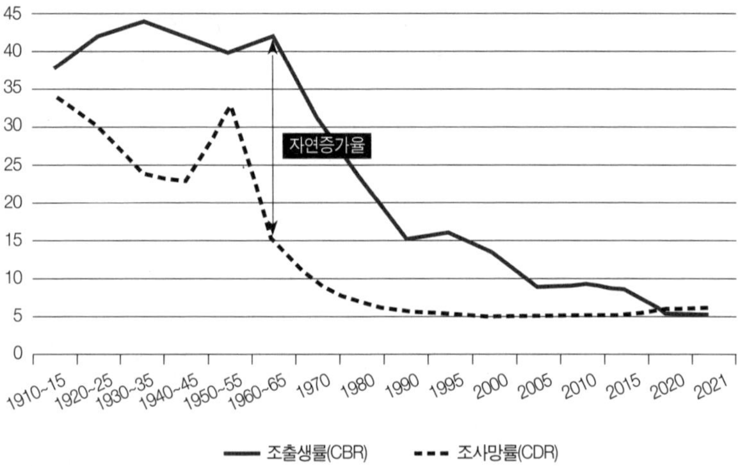

자료: 1910~1915년에서 1960~1965년까지는 Kwon et al.(1974: 12, 23). 조출생률 1970~2005년까지는 통계청(2008년 8월 15일), "통계로 본 대한민국 60년의 경제·사회상 변화." 2010년 이후는 통계청 출생·사망 보도자료 참조.

(3) 인구 변동: 성장과 재분류

지금까지 우리는 인구 성장, 즉 인구 크기(size)의 변동만을 다루어 왔다. 때때로 인구학자는 인구 구성의 변동도 연구한다.

인구 성장의 네 구성 성분 – 출생, 사망, 이입, 이출 – 들은, 전체 인구의 크기와 마찬가지로, 인구 범주 혹은 하위인구의 크기에 영향을 미친다. 예를 들어, 다문화가족 인구수는 다문화가족들에서의 출생과 사망들 그리고 이들 가족 구성원의 국제 이주(한국으로 이주오거나 타국으로 이주하는 것)에 반응하여 성장한다. 인구 범주의 성장은(예, 도시 인구의 증가), 전체 인구의 성장과 달리 또 다른 과정, 즉 재분류[1]에 의해 영향을 받을 수 있다. 이를테면, 만일 조선족과

의 결혼을 동일 민족 간의 결혼으로 분류하거나 혹은 탈북자와의 결혼을 다문화가족으로 분류하는 식으로 다문화가족을 재분류한다면, 다문화가족 인구의 범주와 크기는 달라질 것이다. 분류 과정은 많은 경우 정치적 함의를 내포하기 때문에 사회적 쟁점이 되기도 한다.

1.3. 사회인구학: 인구에 대한 다양한 학제적 접근방식

지금까지 인구 크기, 지리적 분포, 인구 성장, 인구 과정 등의 인구 현상들을 단지 수량적 측면에서 분석·연구하는 형식인구학(formal demography)에 초점을 맞추었다. 그러나 인구학은 인구 현상의 수량적 측면뿐만 아니라 인구와 인구 현상들에 영향을 미치는 삶의 방식 혹은 사회적 환경에도 관심을 가진다.

제2차 세계대전 이후 제3세계에서 인구가 급증하고 그리하여 가족계획 정책이 실행되면서, 인구의 사회경제적 결정 요인들에 대한 관심이 증폭되었다. 이런 관심사는 1950년대 이후, 인구학의 정의와 범위에 형식인구학뿐 아니라 사회인구학도 포함하게 하였다(Bogue, 1969; Hauser and Duncan, 1959). 사회인구학(social demography)은 인구 현상이나 인구학적 행위에 영향을 미치는 사회·경제·정치·문화적 요인들이 무엇인지를 분석하고 설명한다. 사회인구학은 그 명칭으로 말미암아 – 게다가 인구학은 사회학의 한 분야로 간주되곤 한다 –, 인구 현상과 사회·경제·정치·문화적 요인 간의 인과성(혹은 상관성)을 사회학 접근방식으로 분석·연구하는 학문 분야로 오인하기 쉽다. 하지만 인구의 결

1 도시화에 관련된 재분류는 행정구역의 변경이다. 1950년대 서울 강남은 경기도 광주 그리고 서울 수색은 경기도 고양에 속하였었다. 만일 그 당시 행정구역이 그대로 유지되었다면, 서울의 인구는 크게 감소할 것이다.

정 요인들은 사회학 접근방식뿐 아니라 다양한 접근방식들 – 경제학, 인류학, 진화론적, 정치학, 역사학 접근방식 등 – 에서 분석·연구되고 있다(이성용, 2006a; Caldwell, 1996; Preston, 1987). 특히 미국과 유엔은 제2차 세계대전 이후 제3세계에서 가족계획 정책을 실시하기 위해 막대한 연구자금을 조성하였다. 이는 분명 사회학과 경제학을 포함한 다양한 학문 분야에서 인구에 대한 관심을 유발할 수 있는 충분한 유인 여건을 형성하였다.

인구학은 '정책'과 '학문'이란 이중적 의미를 지니지만, 인구학의 역사적 발달 과정에 비추어 보면 학문보다 정책 지향의 특성을 띤다는 평가를 받는다(푸코, 2011; Presser, 1997; Riely and McCarthy, 2003). '정책 지향'이라 함은 인구 이론이나 인구 사상이 시공간을 초월한 보편 원칙의 가치중립적 특성이 아니라, 특정한 역사적 시공간에서 배태된 교리(doctrine) 혹은 목적론적 – 아리스토텔레스가 주창하였고 서구 정치에서 유구한 역사를 가진 '텔로스'(telos) – 특성을 가진다는 사실을 함축한다. 호지슨(Hodgson, 1983)은 제2차 세계대전 이후 유엔과 각국(특히, 미국) 정부의 경제적 지원이 증가함에 따라, 인구학이 점차 '학문'에서 '정책' 지향으로 변하였다고 말한다. 미국과 유엔에서 연구 지원을 받은 인구학 연구들 중 상당수는 제3세계에서 가족계획 정책을 성공리 수행할 수 있는 방안들을 제공하였다.

푸코(2011)에 의하면, 인구 연구의 정책 지향성은 이보다 훨씬 이전에 시작되었다. 그는 19세기 후반 '인구'가 통치의 대상이 되면서 정치경제학이 부상하였다고 주장한다. '정치경제학'이라 함은 정치, 즉 국가가 경제를 운용·관리하는 학문을 말한다. 18세기 이전에는 가족이 경제(살림살이)를 관리하였지만, 그 이후 경제는 가족에서 국가로 넘어갔다(Donzelot, 1977). 국가가 경제를 떠맡으면서 인구는 통치의 대상이 되었고, 정치경제학은 국부의 증진을 위해 인구를 통치·조정하는 지식과 담론을 제공하였다. 한 예로, 맬서스의 인구론은 경제 성장(국부)을 위해 '어떤 방식으로 인구를 통제해야 하는지'를 언급하고 있다.

그럼에도 불구하고 오늘날 주류 인구학자들은 여전히 학문(과학)으로서의 인구학을 강조한다. 그들은 근대성 접근방식에서 실증주의적 – 특히, 통계 분석에 근거한 – 연구를 지향한다. 실증주의적 학문(즉, 과학)은 가치중립성 혹은 객관성을 가정한다. 우리는 학교에서 '실증주의의 글이 과학적, 객관적, 가치중립적'이라는 인식을 (주입식) 교육받았다. 이런 교육을 받은 정책 대상자들은 자연스럽게 실증주의 학문인 인구학에 근거한 인구 정책을 객관적(과학적)이며 가치중립적인 것으로 인식하고, 그 정책에 무조건적으로 순종할 것을 대상자에게 강요할 가능성이 높다. 불행히도 그들이 인식하지 못하는 문제는 숫자를 생산하는 통계 모형들이 서구의 이론과 인식론 – 정책 지향의 인구 담론 – 에 정초하고 있다는 사실이다. 이는 '과학(학문)으로서의 인구학'이 바로 곧 '정책으로서의 인구학'이 되는 이 둘 간의 불가분 관계를 말해 준다.

인구학의 정책 지향성은 사회의 '변혁'을 동반한다. 그 변혁은 국부 증진, 경제 성장, 근대화를 뜻하는 사회적 진보를 함축한다. 국부를 증진하려면 개인의 욕망을 장려해야 한다는 애덤 스미스의 주장에서 보듯이, 경제 성장을 위한 사회적 진보는 개인의 자율성이란 근대성 혹은 근대정신(modernism)에 기초해야 한다.[2] 인구학을 포함한 인구 관련 학문들은 전통적으로 '근대성' 인식론에 토대하고 있고, '실증주의'와 '보편주의'를 지향한다. 그런데 근대성 인식론은 1970년대 이후, 푸코를 포함한 많은 포스트모더니즘주의자들에 의해 강

2 개인의 이해와 탐욕을 인간의 본성으로 보고 장려하는 서구 담론과 달리, 불교와 유학은 타인을 배려하지 않는 개인의 탐욕을 가장 경계하였다.

력한 비판을 받고 있다. 이에 최근 인구학 연구들 중 일부는 인식론을 포스트모더니즘(postmodernism)으로 전환을 꾀하고 있다(Riely and McCarthy, 2003).

결론적으로, 인구학 연구뿐 아니라 인구 정책도 연구자의 접근방식과 인식론에 따라 연구의 초점과 관심, 연구 결과의 해석과 결론, 인구 정책의 방향이 상이할 수 있다. 이 단원에서는 인구 문제가 다양한 학문적 접근방식에서 다루어져 왔던 방식들, 그리고 그 방식들이 주로 근대성 인식론(특히, 경제학과 사회학)에서 이루어졌다는 사실을 이야기할 것이다.

1) 경제학적 접근방식

경제학 접근방식은 거시경제학과 미시경제학으로 대별된다. 거시경제학은 인구 성장과 경제 발달 간의 관계 – 인구 성장이 경제 발달에 긍정적 혹은 부정적인지 – 에 대해 오랜 논쟁을 하여 왔다. 콜과 후버(Coale and Hoover, 1958)는 분석한 인도 자료들에 기초하여 경제 성장과 인구 성장 간의 부적 관계를 주장하였다. 그들이 보여 준 '인구성장률을 얼마 낮추면 얼마의 일인당 국민소득이 증가한다'는 시나리오 방식의 연구 결과는 제2차 세계대전 후 제3세계 지도자들에게 가족계획 정책을 수립하고 실행하게 할 강력한 유인책을 제공하였다. 반면 사이먼(Simon, 1977)은 인구 성장과 경제 발달 간에 부적 관계가 존재하지 않으며, 오히려 많은 인구는 경쟁을 통해 생산성 향상에 기여할 '창의성'(imagination)을 의미하므로 인구 성장이 경제 발달에 정적 영향을 초래할 수 있다고 주장하였다. 20세기 후반 급속한 경제 성장을 보였던 한국, 일본, 대만은 사이먼의 주장을 지지하는 경험적 증거가 되었다(Preston, 1987).

미국 시카고학파의 신가구경제학(new household economics) – 혹은 신자유주의 경제학 – 의 합리적 선택 모형은 대표적인 미시경제학 접근방식이다. 합리적 선택 모형은 합리적(자율적) 개인은 자신의 이해에 근거하여 혼인과 출산 등의 행위를 선택하고 결정한다고 가정한다. 여성은 출산의 비용과 혜택을 저울질하여 출산행위를 결정한다. 만약 경제적 계산에서 혜택보다 비용이 높으면 출산을 포기할 가능성이 높고, 반대이면 출산을 할 가능성이 있다(Becker, 1991).

근대성은 사회적 차원의 진보(進步)와 개인의 자율성을 뜻한다. 거시경제학의 경제 성장은 사회의 진보를, 미시경제학의 합리적 선택 모형은 경제적 합리성을 저울질하는 개인의 자율성을 기본 전제로 깔고 있다. 거시경제학과 미시경제학 접근방식은 모두 통계 모형의 분석 결과로 이론적 주장의 타당성을 입증함은 물론, 자신들의 분석 결과와 주장이 보편성을 가진다고 가정한다.

제4장에서 언급한 발달이상주의 – 〈이야기 상자 6〉 참조 – 에 근거하여, 거시경제학적 접근방식의 인구 변천 이론은 경제 성장이란 진보의 의미에서 역사(시간)적 진보를 지역(공간)적 진보로 대체시켰다. 유럽 사회의 특수한 역사적 경험 – 그것도 서유럽, 하지만 영국과 프랑스에서도 일치하지 않은 – 을 정점에 놓고, 전 세계의 각 지역을 일련의 발달단계에 위치·정렬시킨 공간적 보편이론으로 전환시켰다. 문화와 역사와 같은 특수성을 배제하고 물질적 측면의 보편원칙을 강조하는 경제학적 접근방식은 출산(Coale and Hoover, 1958)뿐 아니라 인구고령화 논쟁에서도 볼 수 있다. 최근 경제학자들은 인구고령화가 초래하는 경제적 결과물에 많은 관심을 갖지만, 그들의 접근방식은 단지 보편성을 지향한다(매그너스, 2010).

2) 사회학적 접근방식

경제학의 합리적 선택 모형은 개인적 차원의 경제적 합리성에 초점을 맞춤으로써 사회적 차원의 영향력을 간과하였다는 비판을 받는다(Caldwell, 1996; Kreager, 1982; McNicoll, 1980). 사회학적 접근방식은 출산과 혼인 같은 인구학적 행위가 개인적 차원이 아니라 사회적 차원에서 결정된다고 가정한다. 밀스(Mills, 2004)의 '사회학적 상상력'에서 말하듯이, 사회학적 접근방식은 개인의 행위를 개인적 차원을 뛰어넘어 다양한 사회적 차원들에서 분석·연구할 것을 요구한다.

데이비스와 블레이크(Davis and Blake, 1956)는 그들의 고전적 논문인 "사회구조와 출산력"(Social Structure and Fertility)에서 특정 사회의 출산력과 사회경제적 요인들 사이에서 매개하는 개인적 차원의 중간변수들을 밝혔다. 중간변수는 크게 세 유형의 변수들 – 성교, 임신, 출산 – 로 구분된다. 개인적(미시) 차원의 중간변수가 출산력 – 개인의 출산행위 – 에 미치는 영향은 사회적 차원 – 특히 문화적 요인 – 에 따라 상이하다. 이를테면, 성교연령(혹은 초혼연령)이 개인의 출산행위에 미치는 영향은 사회마다 상이하다. 대가족 제도와 정혼이 보편화된 동양은 혼인이 독립된 가구 형성을 의미하는 잉글랜드보다 조혼 – 이른 나이에 성교연령을 맞이하는 – 을 하는 경향이 있다. 근대성 접근방식의 서구 인구학자들은 흔히, 맬서스 이론에 입각하여, 조혼의 동양 여성이 만혼의 서양 여성보다 가임기간이 길어 더 많은 자녀를 출생한다는 주장을 펼치곤 한다. 그러나 역사적 자료에 의하면, 인구변천 이전 서양 여성들은 오히려 비서구 여성들보다 많은 자녀를 출산하였다. 왜냐하면 비서구 여성들이 서구 여성에 비해 수유기간 – 임신 과정 중간변수 – 이 훨씬 길었기 때문이다(리·펑, 2012; 이성용, 2103). 가족문화는 혼인연령과 수유 등의 중간변수와 밀접한 관계를 가진다. 이처럼 개인적 차원의 중간변수와 출산행위 간 관계는 보편적이 아니라, 사회문화나 사회경제적 환경에 따라 다르므로 특수적(specific)이다.

어떠한 개인의 행위가 합리적 혹은 정상적인지는 그 개인이 속한 사회의 규범이나 문화에 따라 상이할 수 있다. 인구에 대한 사회학 접근방식의 연구들은 주로, 사회학의 주된 특성인 '폭로하기'(debunking) 방식에 근거하여, 서구의 개인주의 관점에서 개인의 자율성을 저해하는 비서구 사회의 사회문화적 혹은 제도적 특성들을 밝혀내는 작업을 해왔다. 이를테면, 출산력 연구들은 주로 서구 사회와 달리 개인(특히, 여성)의 자율적인 출산결정권을 저해하는 비서구 사회의 사회문화적 기제가 무엇인지를 밝히는 데 초점을 맞추어 왔다. 데이비스와 블레이크 연구 역시 서구의 보편 원칙에 근거하여 출산 변천을 위해 바꿔야만 하는 비서구 사회의 특수성을 '폭로'하였다. 그러나 이러한 계몽주의 '폭로하기' 작업은 비서구인들에게 그들의 오랜 전통문화에 대한 자부심과 그 전통 속에서 형성하였던 그들의 정체성을 상실시키는 엄청난 위험과 비용을 초래할 수 있다(이성용, 2020; Smith, 1999). 비서구인들은 전통을 상실한 까닭에 서구의 사회 담론에 의존하여 자신의 삶을 설계해야만 할 것이다. 결과적으로 계몽주의 폭로하기 작업은 서구의 지배 체제를 굳건히 하는 데 기여할 수 있다(Coghe and Widmer, 2016). 게다가 폭로하기 작업에서 비합리적이라 폭로하였던 비서구 사회의 특정 행위는 현실에서 합리적일 수 있고 또 합리적이라 간주하였던 다른 특정 행위는 현실에서 비합리적일 수 있다(이성용, 2015). 계몽주의 폭로하기 작업은 비서구 사회를 무슨 행위가 정상 혹은 합리적인지를 혼란스럽게 만드는 '아노미' 상태에 빠뜨릴 위험이 다분히 있다.

3) 인류학적 접근방식

인류학적 인구학(anthropological demography)[3]에 대한 관심은 1970년대 근대화론, 서구의 역사적 경험에 근거한 고전 인구 변천 이론이 비서구 사회에 적용되었을 때 드러난 한계를 설명하는 과정에서 일어났다(Greenhalgh, 1995). 서구 사회와 상이한 비서구 사회의 문화적 특성을 고려해야 하였다. 그러기 위해 먼저 문화에 대한 개념과 정의를 재정립해야 하였다.

함멜(Hammel, 1990)은 문화를 '사람을 위한 문화'(culture for people)와 '사람들에 의한 문화'(culture by people)로 구분한다. 전자는 문화를 가치로 보는 견해로, 독일의 사회과학자 막스 베버(Max Weber)에서 시작되었다. 베버에 의하면, 인간은 관념적 이해와 물질적 이해에 의해 동기화된다. 관념적 이해는 지옥의 불구덩이에서 구원을 받고자 하는 소망과 같은 목적 지향적이다. 제3장에서 살펴보겠지만, 맬서스의 이론도 이러한 관념 곧 신정론(神正論)에 입각하고 있다. 베버에게 이해(interest)는 행위를 추동하는 엔진이지만, 관념은 인간이 도착하고자 추구하는 목적지(예, 천국)와 그곳에 다다르게 하는 수단(예, 신비주의나 금욕주의)을 제공한다. 이 견해에서 사람들은 자신들에게 전수되어 내려온 가치나 규범을 준수하는 '문화적 꼭두각시'(cultural dopes)에 불과하다.

불행히도 많은 인구학 연구들 – 특히, 근대성의 구조기능주의와 자유주의 접근방식 – 은 이러한 화석화된 개념의 문화를 사용하고 있다(Hammel, 1990: 456). 가장 대표적인 예는 1970년대 우리나라를 포함한 아시아 5개국에서 실시하였던 '자녀의 가치'(value of children) 연구이다. 이 연구는 베버의 전통에 따라

3 김흥주·이성용(2016)의 글에 상당 부분 의존하였다.

문화를 행동지침으로 가정한다. 개인들을 문화와 사회 규범에 완벽하게 순종적으로 가정하는 문화의 개념은 본질적으로 사회의 규범과 개인의 행위 간의 불일치를 설명하지 못한다.

그래서 오늘날에는 문화인류학자를 포함한 많은 사회과학자들은 전통적(구조기능주의) 개념의 문화를 거부하고, 문화를 '행동의 전략들'(strategies of action)로 간주하는 접근방식인 '사람들에 의한 문화'의 개념을 채택한다. 삶의 전략은 상황에 따라 매우 다양한 방식으로 수립된다. 근대성 혹은 막스 베버가 가정하는 하나의 보편적 삶의 원칙은 존재하지 않는다. 오히려 사람들은 자신들의 삶의 역사에서 구축한 '행동의 전략들'을 습관, 기술, 양식 등의 레퍼토리나 '공구상자'(tool kit)로 만든다. 레퍼토리 혹은 공구상자는 문화를 나타낸다(Swidler, 1986). '사람들에 의한 문화'에서의 행위자는 주어진 목표나 가치에 순종하는 수동적인 인간이 아니라, 상황에 따라 목표를 수정하는 능동적 행위주체자(active agent)이다.

인류학적 접근방식과 사회학적 접근방식은 모두 미시-거시 관계에 초점을 맞추지만, 그 관계를 해석하거나 추론하는 인식론(혹은 세계관)에서 주된 차이가 있다. 근대성의 사회학적 접근방식은 보편성을, 인류학적 접근방식은 특수성을 지향한다. 인식론의 차이는 방법론의 차이를 동반한다. 사회학적 접근방식은 연역적인 실증주의 방법론을, 인류학적 접근방식은 귀납적인 현장 연구를 선호한다.

한 예로 성 선호(gender preference) 연구를 통해 두 방식 간의 차이를 살펴보자. 근대성의 사회학적 접근방식은 성 선호의 원인을 아들에 대한 여성의 (경제적) 의존성을 지지하는 가부장적 가족제도와 성차별에서 찾는다. 이 접근방식에서 남아 선호에 관련된 행위와 태도들은 연구자들이 기본적으로 가지고 있는 인식론인 근대성에서 발견되고 해석된다. 성 선호에 관련된 경험적 증거들은 주로 설문조사의 통계 분석 결과를 통해 제시된다. 설문조사의 설문 내용 역시 연구자의 인식에 근거하여 작성되기 쉽다. 이와 같이 근대성의 사회학적 접근방식은 설문조사와 통계 분석이란 실증주의적 연구를 통해 연구자의 '발견'을 연역적으로 추론하고 보편성을 지향한다.

인류학적 접근방식은 보편성보다 특수성을 지향한다. 여성의 종속성을 가정하는 서구의 근대성 이론은 여아 선호를, 그리고 가부장 가족문화에서 여성의 행위 주체(agency) 측면을 설명하는 데 한계를 가진다. 만일 가부장 가족문화가 여성에게 아무런 혜택을 제공하지 않고 희생만을 강제하였다면, 비서구 사회에서 수백 년 이상 유지되는 것은 불가능하였을 것이다. 아들 선호는 단기적 차원에서 보면 희생이나 불이익으로 간주될 수 있지만, 장기적으로 보면 혜택이 될 수 있다. 이러한 장기적 차원의 혜택은 그 사회의 고유한 문화나 가족제도에 의해 보장된다(이성용, 2007; Coleman, 1988). 서구 여성들과 마찬가지로, 비서구 사회 여성들도 행위 주체로 간주한다면 가부장적 제도가 비용 못지않게 혜택을 제공하였다는 사실을 밝힐 필요가 있다. 즉, 아들 선호와 딸 선호 모두는 개인이 가족을 이용하여 자신의 이해를 극대화하는 가족전략의 차원에서 형성되었다(이성용, 2007, 2016c).

인류학적 접근방식에서 볼 때, 제3세계 여성은 가부장적 제도나 가치에 마냥 순종하는 수동적 인간이 아니라 행위주체자(agent)이다. 이와 같이 인류학적 접근방식은 서구의 근대성에서 볼 때 보편적 혹은 정상적이지 않은 개인의 행위를 발견하고, 그 행위의 합리성이 유지되게 하는 사회적 기제들을 추론하는 귀납적 방식을 취한다.

피케와 그의 동료들(Fricke et al., 1986)은 파키스탄 연구에서 교육과 결혼연령

간 정적 관계를 발견하였지만, 졸업을 하지 않고 중퇴하였던 여성들의 상당수도 학교를 전혀 다니지 않았던 여성들보다 늦은 나이에 결혼을 하였다. 그들은 교육변수의 의미를 지역적 이해와 관행들에 근거하여 재해석함으로써, 교육이 그 세계에서 상징적인 지위를 나타내는 지표들 중 하나라는 사실을 제안하였다. 자녀를 학교에 보냈다는 자체가 그 자녀의 가족 지위에 위세를 부여하고 또 이는 결혼 협상에서 중요한 자리를 차지한다. 정혼의 사회, 즉 집안과 집안과의 결혼을 의미하는 파키스탄 사회에서, 여성의 교육은 여성 개인의 자율성보다 여성 집안의 지위를 의미하였다. 여성의 교육과 자율성 간의 관계는 이차적이었다. 이와 같이 그들은 교육과 결혼연령 간의 정적 관계를 서구의 근대성 이론에 끼워 맞춰 연역적으로 해석하는 대신, 파키스탄 사회에서 그 관계가 유지된 상징적 의미를 추론하는 귀납적 방식을 취하였다. 귀납적 방식을 통해, 피케 외의 연구는 파키스탄 사람들을 자신들의 고유한 삶의 전략 내에서 자신들의 옵션을 추구하는 능동적인 행위주체자로 재배치하였다.

귀납적 방식의 인류학적 접근방식은 고고학 연구에도 활용된다. 이를테면, 유적지에서 발견되는 사람의 뼈를 활용하여 그 당시 사람들이 얼마나 살았는지, 신장은 얼마였는지, 무엇을 먹었는지 등 다양한 정보를 알아낸다. 이러한 유형의 연구를 고인구학(paleodemography)이라 칭한다.

4) 진화론적 접근방식[4]

진화론적 접근방식은 동물과 사람들의 사회적 행동이 자연선택에 기초한

4 "진화론적 접근방식" 부문은 이성용(2016b)의 글을 거의 전적으로 의존·인용하였다.

진화 과정에서 형성된다는 사고에 기초한다. 사회생물학(sociobiology)과 인간행동생태학(human behavior ecology) – 혹은 인간진화생태학(human evolutionary ecology) – 에서 활용되어 인간 행동의 내재된 동기를 탐구한다.

진화는 적응과 자연선택의 논리와 인과성에 의해 전개된다. 진화생물학에서 말하는 적응은 새로운 환경 조건에 서서히 익숙해지는 과정이 아니라, 그로 인해 생물체가 생존하고 번식할 수 있게끔 해주는 유전적 특성을 말한다. 적응은 개체가 환경에 대한 적합성(fitness)을 향상시키는 방향으로 진화된다는 것을 의미하며, 그렇게 잘 적응한 개체들이 자연선택되는 과정을 통해 진화한다. 자연선택의 결과 유형은 궁극적인 번식과 생존의 성공이다.

자연선택은 개체가 아니라 개체의 유전자에 의해 작동한다. 진화의 관점에서 볼 때, 개체는 자신을 위해 사는 것이 아니라, 번식을 통해 자신의 유전자를 다음 세대로 전달하기 위한 '생존기계' – 도킨스가 그의 저서 『이타적 유전자』에서 언급한 – 에 불과하다. 번식의 중요한 기능은 개체의 재생산이 아니라 유전자의 재생산이다. 개체는 유전자의 임시 운반자로서 역할을 할 뿐이다.

진화는 개체의 유전자와 그 개체가 살고 있는 환경이 상호작용하는 과정에서 이루어진다. 따라서 한 생물 혹은 유기체는 행동의 유전형(genetype)과 표현형(phenotype)을 갖는다. 유전형은 그 개체가 가지고 있는 유전적 형질을 말하는 반면, 표현형은 유전형 유전자가 특정 환경과 상호작용하는 과정에서 생겨나는 것을 말한다. 즉, 표현형은 적응의 결과물이다.

사회생물학은 진화론적 접근방식에 기초하여 "모든 (인간을 포함한 동물의) 사회 행동의 생물학적 기초에 관해 체계적으로 연구하는 학문"(윌슨, 1992: 22)이다. 사회생물학의 핵심 가정 중 하나는 유전자와 번식을 통한 유전자의 전달이

동물(인간을 포함한) 세계에서 생존경쟁을 유발하는 핵심 요인이기 때문에 개체는 단순히 유전자를 보관하고 전달하는 매개체에 불과하다는 것이다. 따라서 동물들은 자신의 유전자를 다음 세대에 이전하는 기회를 극대화하는 방식으로 행동해 왔고, 그 결과 오늘날 인간과 동물들은 수백만에 걸쳐 유전자와 환경 간의 상호작용에서 이루어진 진화의 산물이다(윌슨, 1992). 이와 같이 사회생물학은 윌슨(2011)의 저명한 진술인 "문화는 유전자에 얽매여져 있다"(genes hold culture on leash)에서 보듯이, 유전자 결정주의 입장을 취한다.

반면 인간행동생태학은 인간의 행동이 유전적으로 결정된다는 사회생물학의 유전자 결정론을 거부한다. 그 입장은 알랜 그래펜(Alan Grafen, 1984)이 언급한 표현형 책략(phenotypic gambit)의 개념에서 잘 나타난다. 표현형 변이(혹은 개체들 간의 차이)는 개체의 유전형이 유전적이 아닌 다른 요인 – 문화적, 환경적 – 들과 상호작용하는 과정에서 형성된다. 따라서 행동의 다양성은 개체들이 주어진 환경적 조건하에서 자신들의 포괄 적합성을 극대화하려는 반응들이다.

인간행동생태학에서 전략은 방법론적 개인주의 입장을 취한다(Roth, 2004). 사람들은 자신의 목표를 성취하기 위해 집단, 문화 혹은 사회적 환경을 조정한다. 기본 단위는 개인이며, 집단의 속성은 그 집단에 속한 개인들의 행동들의 단순한 합이라고 가정한다. 따라서 사회생물학과 달리, 인간행동생태학은 다차원 선택(multilevel selection)의 개념을 도입한다.

부모 투자 이론은 인간행동생태학 접근방식을 잘 보여 준다. 부모 투자 이론은 특정 성(性)의 개체의 출산과 양육을 선호하는 행위를 진화론적 접근방식(인간행동생태학)에서 설명한다. 이 이론의 기본 가정에 따르면, 부모는 자신의 적합성을 향상시키는 방식으로 자녀들에게 자원을 투자한다. 부모는 다른 자녀들을 희생시키면서 특정 자녀를 선호하는데, 왜냐하면 그러한 전략이 장기적인 측면에서 부모에게 보다 큰 적합성으로 되돌아오기 때문이다. 이를테면, 사회경제적으로 열악한 지위에 있는 모(母)는 딸을 선호하는 반면 좋은 지위에 있는 모는 아들을 선호한다. 좋은 조건에 있는 부모들은 더 많은 자원을 제공하는 까닭에 아들을 통해 미래에 더 높은 적합성을 가져오고, 나쁜 조건의 부모는 적은 자원을 제공하는 까닭에 딸을 통해 더 나은 적합성을 가져온다(Trivers and Willard, 1973).

하지만 부모 투자 이론은 한쪽 성의 자녀에게 부모 돌봄을 치우치게 하는 특정 사회의 내재된 사회문화적 환경을 구체화하지 않는다. 성 선호(특히, 여아 선호)에 대한 인류학적 접근방식의 연구들은 아들보다 딸에게 부모 보호를 치우치게 하면서 아들에의 부모 투자가 바람직하지 못한 결과를 초래할 수 있는 특정 사회의 가족문화, 모 중심(matrifocal) 가족제도를 밝히고 있다(이성용, 2016c).

진화론적 접근방식에서 배우자 선택은 재생산과 밀접한 관계를 가진다. 역사적으로 남성은 자원 – 부나 지위 – 의 사용을 통해 재생산에서 이득을 보았다. 복혼제는 남성에게 그러한 재생산 혜택을 제공하고, 남성의 자원과 관련된다. 자원이 많은 남성은 더 많은 부인을 두어 더 많은 자녀들을 생산한다. 스웨덴의 역사적 기록에서 지주 남성은 90%가 혼인한 반면 평민의 혼인율은 30%에 불과하였고, 또 전자는 후자보다 1.5명의 자녀를 더 출산하였다(Clarke and Low, 2001). 배우자 선택 이론도 부모 투자 이론과 마찬가지로, 배우자 선정과 자녀의 재생산에 관한 문화적 차이를 고려하지 않는다. 북서유럽과 달리, 동양에서는 배우자 관계보다 부모와 자녀 간의 관계를 중시하며, 혼인은 선택이 아니라 보편이었다(맥팔레인, 2014; 이성용, 2013).

5) 정치학적 접근방식

정치학은 예로부터 인구 크기를 국력(national power)의 지표로 간주하여 왔다. 『군주론』의 저자인 마키아벨리는 인구가 통치자의 힘의 원천이라는 사실을 밝혔고, 정치산술학자로 알려진 윌리엄 페티(William Petty)는 강한 국력과 많은 인구를 동일시하였다. 인구가 국력을 나타낸다는 인식은 20세기에도 지속되었다. 중화인민공화국의 초대 주석 마오쩌둥은 건국 초기에 사람이 자연자원과 땅과 같이 사회 자산이라는 인식하에 출산을 적극적으로 장려하였다(이성용, 2006a). 그러나 1970년대 이후, 중국 정부는 신맬서스주의를 받아들여 강력한 인구 억제 정책, 특히 한 자녀 갖기 운동으로 노선을 선회하였다.

인구 크기뿐만 아니라 지리적 분포와 인구 구성도 정치(특히, 국가안보)에서 주요 관심사가 된다(김병조, 2016; Weiner and Teitelbaum, 2001; Yoshihara et al., 2011). 스탈린은 정치적 이유들 – 일본 첩자의 활동을 미연에 방지, 고려인의 인구 성장으로 자치구 요구, 중앙아시아 지역의 농업생산력 증대 – 로 극동 지역에 거주하는 고려인을 중앙아시아로 강제 이주시켰다. 이 과정에서 인구 1,000명당 42명이 사망하였고, 특히 유아사망률은 1,000명당 200명에 달하였다(정성호, 1997). 1981년 소련의 총리이었던 브레즈네프(Leonid Brezhnev)는 1981년 소련 백인 여성들에게 국한된 출산장려 정책을 펼쳤는데, 그것은 만일 소련의 슬라브계 백인 여성들이 그 당시의 낮은 출산율 수준을 유지하고 다른 인종들은 계속 높은 출산율 수준을 유지한다면, 그 당시까지 슬라브계 백인들이 장악해 왔던 정치적, 군사적 힘이 약 20년 후에는 약화될 것을 우려하였기 때문이다(Feshbach, 1982).

최근 정치인구학(political demography)은 정치가 인구에 미친 영향뿐 아니라 인구 변동이 초래한 정치 결과에도 관심을 가진다(정성호, 2016; Goldstone et al.,

2011). 인구고령화 혹은 인종별 인구 구성의 변동은 정치적 변동을 초래한다. 노인인구의 비율이 증가함에 따라, 정치인들은 유소년 복지보다 오히려 노인 복지를 강조함으로써 세대갈등, 연령차별주의(ageism)를 초래할 수 있다. 인구 구성이나 지리적 분포의 변동은 그 지역을 대표할 정치인의 선거에도 영향을 미칠 수 있다. 미국의 경우 인종 분포 변동, 즉 히스패닉 인구 비율의 증가는 2008년 오바마(Barack Obama) 대통령 당선에 결정적인 역할을 하였다. 또한 인구가 감소(증가)하는 지역에서는 그 지역을 대표할 정치인의 수가 감소(증가)하고 그리고 그 지역에 할당될 복지예산도 감소(증가)하기 쉽다.

경제 성장 혹은 정치적 목적을 위해 펼쳤던 인구 정책은 생각하지 못하였던 사회 문제를 낳기도 한다. 우리나라의 경우, 1960년대 가족계획 정책의 성공은 오늘날 세계에서 가장 빠른 인구고령화란 결과를 초래하였다. 유럽에서 1960년대 노동력 증가를 위해 장려하였던 해외이주 노동자 이입 정책은 오늘날 테러리즘과 인종갈등 등 많은 정치적 문제를 낳고 있다(Martin and Zucher, 2008).

6) 지리학적 접근방식

지리적 접근방식은 인구 현상들을 '공간 측면'에서 설명하는 인구학 – 혹은 지리학 – 의 한 분야로 간주한다. 지리적 접근방식은 인구 현상 그 자체보다 인구 현상과 그것이 일어나는 장소(공간) 간의 관계를 분석하는 연구방법을 말한다(이희연, 2016; 한주성, 2015). 지리 정보와 인구 정보를 결합한 자료들을 분석하고 연구하는 학문은 공간인구학(spatial demography) 혹은 지리인구학(geodemography)이라 불린다.

지리적 접근방식의 인구학은 '유유상종'(類類相從, Birds of a Feather Flock Together)의 속담이 보여 주는 바와 같이 유사한 인구 통계학적 특성들을 가진 사람들이 가까이 모여 산다는 사고에서 출발하였다. 토블러(Tobler, 2004)는 이를 지리학의 제1법칙으로 간주하였다. 지리인구학은 특정 지역의 사람들이 살고 있는 공간의 특성을 파악하려면 그곳 사람들의 인구 통계학적 정보들에 대한 분석이 필요하다는 접근방식에 근거하여 발달하였다(Harris et al., 2005).

그러나 거시 차원에서 그 지역 사람들의 인구 통계학적 특성들을 일반화하는 것 – 단지 그 지역 내의 사람들은 유사한 인구 통계학적 특성을 지닌다는 유유상종의 가정 – 은 생태학적 오류(ecological fallacy)를 범할 위험이 있다. 생태학적 오류는 거시 차원의 자료들을 분석한 결과로 미시적 차원의 개인 행위들을 해석하고 이야기할 때 발생하는 오류이다. 분석한 지역에는 상이한 인구 통계학적 특성들을 지닌 사람들도 상당수 있을 수 있다.

더불어 우리는 동양과 서양에서 유유상종이 의미하는 바가 상이할 수 있다는 사실, 즉 문화 차이를 인식할 필요가 있다. 동양에서 유유상종은 유사한 사고와 행동을 하는 사람들을 벗으로 삼는 것을 의미하므로, 부자와 빈자는 친구가 될 수 있고 또 같은 마을에 이웃으로서 살 수 있다. 그러나 서양의 유유상종은 정신적 측면이 아니라 물질적(경제적) 측면이 유사한 사람들이 이웃으로 산다는 것을 뜻한다. 따라서 유유상종의 의미가 서양의 것을 거부한 채 동양 전통의 것으로 여전히 유지하는 지역(공간)에서는 이러한 지리적 접근방식의 인구 연구는, 특히 시장경제가 덜 발달되고 전통적 삶의 방식이 여전히 강한 상태로 남아 있는 곳에서는, 그 효용성이 취약할 수 있다. 이러한 지리적 접근방식이 타당성이 있으려면, 개인들이 자신의 물질적(경제적) 조건에 따라 그에 걸맞는 공간(지역)으로 이주한다는 자본주의 문화가 전제되어 있어야 한다.

여하튼 간에, 인구학은 20세기 전반까지 공간과학(spatial science)이었다. 그런데 20세기 후반 개인을 행위주체자로 간주하는 개인주의 이데올로기 기반의 인구학 이론의 발달과 센서스와 설문조사를 통해 획득한 개인적 차원의 미시 자료들이 급증하면서, 인구학 연구에서 '공간'은 잠시 사라졌었다. 하지만 최근 인구학뿐 아니라 많은 학문 분야에서 공간은 새로운 방식으로 그 중요성이 부활하고 있다. 그 주된 이유들은 다음과 같다. 첫째, 지리공간 자료(geospatial data)들이 과학기술의 발달에 따라 위성항법 시스템, 지리 정보 체제, 원격탐사(remote sensing: RS) 등 다양한 방식으로 산출되어, 그것의 획득 가능성이 점점 용이해지고 있다. 둘째, 지리공간 자료들을 분석할 수 있는 공간 통계 기법들 – 이를테면, 공간계량경제학, 지리가중 회귀분석(geographically weighted regression), 다차원 분석 모형, 공간 패턴 분석 – 이 발달하였고, 그 기법들을 탑재한 공간 통계 소프트웨어들이 널리 보급되고 있다(오규식·정승현, 2018; Brunsdon and Comber, 2015; de Smith et al., 2018; Matthews and Parker, 2013). 공간 데이터와 그 활용에 관해서는 다음 장에서 좀 더 다룰 것이다. 셋째, 인간의 행위에 영향을 미치는 '공간'의 중요성이 사회학, 지리학, 경제학, 경영학 등 여러 학문 분야에서 급속도로 인식되고 확산되고 있다(Voss, 2007).

불행히도 우리나라에서는 지리학을 제외하고는, 인구학을 포함한 많은 학문 분야에서 공간의 중요성은 널리 인식되고 있지 않은 듯하다. 인구학에서 공간이 인구학적 행위에 미치는 영향을 분석한 연구는 드물다. 신인철(2009)은 공간효과 분석을 통해, 전남 지역에서는 자녀출산 계획에 미치는 지역의 구조적 효과는 정적인 반면 서울·경기와 부산·대구·경남 지역에서는 부적이란 사실을 밝혔다. 그런데 불행히도 그의 연구는 통계 분석을 통해 지역의 구조적 효과를 밝힐 뿐 그것이 구체적으로 무엇인지 밝히지 않는 한계가 있다.

만일 지리 정보 체제(GIS)와 공간 통계 기법을 사용하면, 우리는 출산행위에 영향을 미치는 지역의 구조적 효과가 구체적으로 무엇인지를 밝힐 수 있다. 이를테면, 지도와 위성항법 시스템(global positioning system: GPS)에서 획득한 공간 자료들과 설문조사(혹은 센서스나 행정 자료)에서 획득한 사회인구학 자료들을 결합하고 그 자료를 다차원 분석 – 공간 연결망 기법(spatial network analysis) – 함으로써, 여행시간(예, 이웃 마을로의 이동시간), 이동 도로와 그 패턴들 혹은 특정 공공기관의 위치와 같은 구체적인 지리적 특성들이 가족계획의 피임사용 접근성에 미치는 영향을 분석한다(Entwisle et al., 1997).

1.4. 응용인구학: 인구 지식과 정보의 실용화

지금까지 다루어 왔던 기초인구학은 인구 현상과 인구 문제를 주로 수리적 측면에서 분석·예측하고, 그것을 다양한 학제적 접근방식에서 해석하고 논의하는 학문적 특성을 가진다. 반면 응용인구학은 인구학 자료와 방법론[5]을 현실에 적용하여 실질적인 사회 문제들을 해결하려는 '실용' 측면 – '학문' 측면보다 – 에 관심을 가진다. 그러나 응용인구학은 (순수학문이라 일컫는) 기초인구학에서 개발된 인구학 이론과 방법론을 이용한다는 점에서, 기초학문에 근거한 응용학문이라 할 수 있다.

사회인구학이 1950년대에 인구학의 정의에 포함된 것과 유사하게, 응용인

5 인구학에서 자주 사용되는 인구방법론으로는 인구균형방정식, ACP 분석, 생명표 분석(다차원 분석(multi-level analysis)), 코호트 자료에 기반한 생존 분석, 인구 추계 등을 들 수 있다. 최근에는 GIS에 이러한 인구방법론을 연계시켜 분석한 공간 통계 기법이 발달하였다. 이를테면, 미시 시뮬레이션 모형이나 공간확산 모형이 새로운 인구학 방법론이다.

구학의 발전도 20세기 후반 인구학 지식과 정보의 필요성이 현실에서 절실하게 된 급격한 인구·사회경제적 변동을 반영한다. 푸코(2011)가 지적한 바와 같이, 학문과 지식은 그 시대의 통치기술(권력)과 불가분의 관계에 있다. 미래학자 드러커(Durcker, 2002)도 인구학 정보와 지식이 미래 삶의 설계에서 기본 정보로 사용되어야 한다고 주장한다. 20세기 후반 인구 변천에 따른 인구고령화 현상이 발생하기 시작하였고, 이에 인구 변동에 따른 정부 정책과 비즈니스 전략을 새롭게 수립해야 할 필요성 곧 응용인구학의 유용성과 필요성이 대두되었다.

인구학은 1950년대 초까지만 해도 인구 구성보다 인구 크기에 관심을 두었다. 그런데 우리나라를 포함한 세계의 많은 국가들에서, 베이비붐 세대의 생애주기 변동은 기존의 정부 정책과 비즈니스 전략의 기축을 흔들어 놓았다(Merrick and Tordella, 1988; Russell, 1984). 베이비붐 세대가 성장하면서 초등학교, 중학교, 고등학교, 대학으로 진학할 때마다 입학 경쟁률이 매우 치열해졌다. 이에 정부는 기존 학교들을 증축하거나 신설 학교들을 설립함으로써 입학 경쟁률을 완화하는 정책을 펼쳐야 하였다. 비즈니스도 베이비붐 세대의 생애주기가 바뀜에 따라 생산과 서비스의 방식도 그 세대에 걸맞게끔 변화해야만 하였다. 최근 베이비붐 세대가 노년기에 접어들면서, 정부는 연금과 노동 정책을 개편하고 그리고 비즈니스도 노인용 시장을 확대하는 전략으로 전환해야 하였다. 인구 크기보다 오히려 (연령별) 인구 구성이 사회경제적 변동의 핵심 축으로 등장하였다. 최근 인구학자들은 인구 크기 못지않게 인구 구성에 관심을 가진다.

응용인구학은 이러한 배경하에서 탄생하였다. 베이비붐 세대가 초래하였던 급격한 사회 변동을 경험한 탓에, 오늘날 인구학 정보와 지식은 인구학자뿐만 아니라 인구에 관심을 가지는 다양한 분야의 전문가들은 물론 일반사람들에까지도 관심사가 되고 있다. 인구 관심사는 인구의 변동에 따라 우리 미래의 삶을 어떤 방식으로 바꾸거나 설계해야 한다고 진술하는 많은 응용인구학 관련 교양서적들에서 엿볼 수 있다(나이토 노부히로, 2017; 덴트, 2015; 로렌, 2016; 마스다 하로야, 2015; 박경숙, 2003; 전영수, 2014; 조영태, 2016a, 2018).

응용인구학의 발달은 또한 인구학 자료의 방출 그리고 그 자료를 분석할 통계 소프트웨어의 발전과 긴밀한 관계가 있다. 응용인구학(특히, 비즈니스 인구학)은 1970년대 미국 정부가 컴퓨터로 읽을 수 있는 형태의 센서스 자료들을 대중에게 방출하면서 발전의 계기를 맞이하였다. 1980년대 이후 컴퓨터는 센서스 자료를 계산하고 저장할 수 있도록 역량이 크게 개선되었다. 컴퓨터 발전은 학자들에게 센서스와 같은 빅데이터를 분석할 수 있는 새로운 통계 기법들을 개발할 기회를 제공하였고, 비즈니스 업계는 개발된 통계 분석용 소프트웨어들을 시장에 내놓았다. 그리하여 학자뿐 아니라 일반인들도 정부에서 방출한 센서스 자료들을 통계 소프트웨어로 손쉽게 분석할 수 있는 사회적 환경이 조성되었다. 이러한 환경을 통해, 사람들은 인구학 자료를 통계 분석하여 얻은 많은 정보들이 자신과 타인의 비즈니스 의사결정에 중요한 정보를 제공할 수 있다는 사실을 인식하게 되었다. 응용(비즈니스)인구학의 실용성 곧 경제적 효율성이 부각되었다. 특히, 1990년대 이후 방출되기 시작한 지리 정보 체제는 기존의 인구학 정보에 '공간' 개념을 보태줌으로써, 비즈니스 의사결정에 활용될 수 있는 인구학 지식과 정보의 가치를 한층 끌어올리는 데 기여하였다.

더욱이 20세기 말 인터넷과 SNS의 발전은 비즈니스와 정치 분석에 매우 유용한 정보들을 제공할 수 있는 빅데이터들의 생성과 방출에 큰 기여를 하였다. 이전에는 센서스가 주된 빅데이터로 간주되었지만, 오늘날에는 오히려 페이스북, 구글 등에서 방출한 사물인터넷(Internet of Thing: IoT) 자료들이 오히려 주된 빅데이터로 이야기되고 있다. 페이스북에 가입할 때 우리는 자신의 인적 사항과 같은 주요한 인구학 정보를 제공한다. 인터넷 기업은 가입한 회원들의 정보를 취합하여 빅데이터로 만들고, 그것을 필요로 하는 기업이나 기관들에게 판매한다. 오늘날 SNS의 빅데이터는, 센서스보다 기업과 기관들이 우리의 행위와 태도를 통치하는 데 필요한 정보를 훨씬 효율적으로 제공하고 있다. 중국의 인터넷 기업 화웨이가 도화선이 된 미중 무역전쟁도 뒤집어 보면, 세계의 빅데이터에 대한 주도권 싸움이라고 할 수 있다. 페이스북은 2018년 미국 대선 당시 도널드 트럼프에게 승리에 필요한 선거 정보 – 5,000만 명의 개인 정보 – 를 제공하였다는 비판을 받았다.

1) 응용인구학의 정의: 공공 부문과 소지역 인구학

응용인구학은 인구학 자료와 방법들의 실질적인 적용에 초점을 맞추는 인구학의 하위 분과로, "비즈니스, 정부 및 다른 기관에서의 실질적인 문제에 인구학 자료, 방법 및 접근방식을 적용함으로써 이들 기관의 의사결정 수립과 정책 수행에 도움을 주는 데 관심을 가진다"(Siegel and Swanson, 2004: 752~753). 응용인구학은 시간과 장소를 매우 중시한다. 그것은 응용인구학이 전형적으로 특정한 지리적 지역, 그리고 현재와 미래 시점에 관심을 가지기 때문이다. 반면 기초인구학은 미래보다 현재와 과거에 관심을 가진다. 응용인구학자는 특정 지역에서 현재의 인구 추세를 분석하고 미래의 인구를 예측하는 일에 종사한다(Siegel, 2002: 2).

응용인구학이 인구학 개념, 그리고 과거보다 현재와 미래에 관심을 두기 때문에, 추정, 추계, 예측의 세 개념은 구분될 필요가 있다. 추정(estimate)은 전형적으로 인구 변동의 징후 지표들(symptomatic indicators)에 근거해 현재 인구 혹은 과거 인구를 계산한 숫자 결과물을 말한다. 추계(projection)는 특정한 일련의 가정들하에서 산출한 미래 인구 추세의 숫자 결과물을 의미한다. 예측(forecast)은 미래 인구를 예측하는 데 가장 정확하다고 간주되는 추계 숫자를 말한다.

응용인구학이 적용되는 분야는 공적 부문과 사적 부문으로 나뉜다. 공공부문과 사적 부문에서 사용되는 인구학 자료들과 방법론은 동일하지만, 사적 부문의 인구학 즉 비즈니스 인구학은 이윤 추구 작업이라는 점에서 차별성이 있다.

공공 부문 응용인구학은 오랜 역사를 가지며, 공적 비즈니스를 위해 인구학 자료와 방법론이 사용되는 형태의 공적 인구학으로도 볼 수 있다. 그 사례의 하나는 특정 지역의 인구 크기에 비례하여 그 지역을 대표할 국회의원들의 수를 할당하는 것이다.

도시계획(urban planning)도 공공 부문 응용인구학의 한 분야이다. 지하철 건설과 같은 교통시설이나 신도시 건설 혹은 병원이나 학교 같은 공공건물의 건축을 계획할 때, 계획입안자는 관련 지역 인구의 크기, 이동 규모(예, 출퇴근), 지리적 분포 등에 관한 인구학 정보 – 특히, 그 지역 인구들에 대한 추정치와 추계치들 – 에 근거하여 프로그램이나 기획안을 만든다. 도시계획자들은 아마 인구고령화와 저출산 등과 같은 인구 변동 추세를 감안하여 가까운 미래에 노인 연령이나 학령 연령에 진입할 코호트들에 특별한 주의를 기울여 기획안을 수립해야 할 것이다. 인구 자료를 GIS와 결부시켜 공간 통계 기법으로 분석하면, 그 기획안은 한층 업그레이드될 수 있다.

응용인구학의 적용과 분석은 지역적·국가적·국제적 차원에서 이루어질 수 있다. 지역인구학(local demography) 혹은 소지역 인구학(small-area demography)은 인구 자료와 방법론의 적용이 지역(local) 혹은 지방(regional) 차원에서 이루어지는 경우를 말한다. 소지역이 무엇인지는 정확하게 정의되고 있지 않지만, 일반적으로 전국 조사에서 추출된 표본으로는 표본 크기가 너무 작아 신뢰하기 어려운 추정치들을 제공할 정도로 소규모인 지방 지역을 말한다(Smith and Morrison, 2006). 우리나라는 인구 5만 명 미만의 읍·면·동 수준의 지역을 소지역으로 칭할 수 있다. (통계청에서 국민에게 공표하는 1% 센서스에서 이들 지역의 표본 크기는 500명이 안된다.)

소지역 인구학은 공적 부문과 사적 부문 모두에서 적용될 수 있다. 소지역 분석은 한편으로 정부기금 할당, 복지후생 계획, 소방서나 기차역과 같은 공공시설 등 공공 부문 정책에서 중요한 의사결정 정보를 제공한다.[6] 다른 한편으로는 사업체 위치 선정, 마케팅, 판매전략 수립 등 비즈니스 의사결정에 도움을 준다(Smith and Morrison, 2006).

GIS와 공간 통계 기법은 공공 부문 소지역 연구에서 유용하게 사용될 수

6 2021년 코로나 재난시기, 경기도 5개 시장 – 고양, 광명, 안성, 구리, 파주 – 은 정부의 재난지원금을 소득 하위 88%까지 선별지급하는 것은 대상 선별에 드는 행정비용으로 인해 100% 보편복지보다 비용이 더 클 수 있다고 주장하였다. 그리하여 경기도의 많은 도시들은 행정비용과 형평성을 이유로 보편지급을 택하였다. 복지 대상자를 선정하는 행정비용은 응용인구학의 비용을 뜻한다. 가구 유형, 소득, 교육, 주거지, 연령, 성별, 주거 형태 등 다양한 인구 통계학 변수들은 선별복지를 위한 의사결정 기준 변수로 사용될 수 있다. 2015년 이후 정부는 센서스와 다양한 행정자료들을 활용하여 등록 센서스를 생성하고 있다. 만일 5개 도시의 시장과 공무원들이 센서스 자료와 다양한 인구학 정보들을 가진 행정 자료들 – 이를테면, 국민건강보험과 국세청 자료 – 을 활용하여 그 (소)지역의 복지 대상자를 선별할 수 있다는 정보와 지식을 알았고 또 그런 작업을 일상화해 왔더라면, 과다한 행정비용 주장은 어쩌면 자신들의 직무유기를 호도하는 바와 다름없다는 사실을 인식하였을 것이다. 만일 기업이었더라면, 직원들의 인적 정보를 몰라 전 직원에게 동일한 성과급을 지불하거나 모든 직원을 형평성에 맞게 원하는 부처에 배치해야 한다는 형평성의 보편인사 결정은 결코 행하지 않았을 것이다. 현장 곧 통치의 대상인 시민들(곧 인구)을 모르면, 시장과 공무원은 결코 선별복지를 수행할 수 없다. 오직 책상머리의 행정인 보편복지가 정답일 뿐이다. 복지 형평성에 대한 민원제기가 오면, '통치의 대상인 인구'를 몰라 민원에 적합한 대답을 할 수 없다. 응용인구학의 교육은 시장과 공무원들에게 더 이상 직무유기를 꾀하지 않고, 인구(소지역 시민들)에 적합한 선별복지 정책을 수행할 수 있는 역량을 키워 줄 수 있다.

있다. 이를테면, 수도권의 지방단체 자치장이 인구 밀도가 낮은 특정 소지역에 대규모의 아파트 단지를 건설할 계획이 있다고 가정하자. 그 계획은 단지 대규모의 아파트 건설만을 의미하지 않는다. 그 지역에 유입된 인구, 학교 및 도로와 같은 공공시설의 건설, 그리고 시장 형성 등등도 고려해야 한다. 계획 수립자는 그 계획의 타당성도 일반사람들에게 입증해야 한다. 이때 GIS와 공간확산 모형 – 소지역의 장래인구 추계를 하는 공간 통계 기법 – 이 유용하게 이용될 수 있다(조영태, 2016a, 2016b). 미시 시뮬레이션 모형을 통해, 대규모의 아파트 단지가 들어서면 그 지역의 인구 크기와 분포가 어떻게 변하고, 도로 및 여러 다양한 시설의 확충으로 그 지역의 지리적 분포가 어떻게 변모할지 등을 보여 줄 수 있다.

2) 비즈니스 인구학

비즈니스 인구학(business demography)은 "비즈니스 의사결정에 인구학적 개념, 자료 기법들을 적용하는 분과"(Smith and Morrison 2006: 106)라고 정의할 수 있다. 그 목적은 인구학 자료, 방법 및 이론을 사용하여 효율적인 상품판매 전략을 수립·수행하는 데 있다.

비즈니스 인구학은 비교적 최근에 발달되었다. 앞에서 말한 바와 같이, 정부의 센서스 방출, 컴퓨터와 통계 소프트웨어의 발달, 그리고 급격한 인구 변동으로 말미암아 비즈니스 의사결정에서 인구학 지식과 정보에 대한 요구 등이 비즈니스 인구학을 발전시키는 계기가 되었다. 특히, 인터넷을 통한 컴퓨터 연결망(network)의 발달은 세계 각국의 인구학 자료와 정보들을 공유할 수 있는 기회를 마련해 주었고, 그것들의 분석 결과는 해외 비즈니스 의사결정에서 매우 중요한 역할을 하였다.

비즈니스 인구학은 오늘날 전 세계 100여 개국에 진출해 있는 AC 닐슨(Nielsen)과 같은 초국적 마케팅 리서치 기업의 탄생에 큰 기여를 하였다(Week, 2012). 초국적 기업들이 세계 각국에 시장을 개척하거나 공장을 해외로 이전하는 비즈니스 의사결정에 있어, 대상 국가의 인구학 자료들을 분석한 시장조사 결과들은 유의미한 역할을 할 수 있다. 우리나라의 경우, "베트남 소비자들이 점점 더 바빠지는 라이프스타일을 개선할 수 있는 제품 및 서비스에 관심을 보이기 시작하였고, 편의점, 온라인 쇼핑과 같이 편의성을 갖춘 유통 채널이 조만간 크게 성장할 것"이라는 닐슨의 시장조사 보고서는 CU, GS25, 이마트24 등 한국 편의점의 해외 시장 진출에 영향을 미쳤다[7](비즈니스포스트, 2018년 8월 23일). 서구의 다국적 기업들도, 우리 기업과 마찬가지로, 한국의 시장 진출 및 지점 설치 등과 같은 비즈니스 의사결정에서 한국에 대한 비즈니스 인구학의 분석 결과를 이용할 것이다.[8]

이 밖에도 비즈니스에서 인구학 정보와 지식이 이용될 수 있는 부문들은 다양하다(Lazer, 1994; Martins, Yusuf, and Swanson, 2012; Pol, 1987; Pol and Thomas, 1997; Siegel, 2002). 비즈니스 인구학은 상품의 표적이 될 소비자들을 구분하고 그들이 집단적으로 거주할 가능성이 높은 지역을 찾는데, 특정 상품을 판매할 점포나

7 비즈니스포스트, 2018년 8월 23일, "CU, GS25, 이마트24, 편의점 시장 정체에 해외에서 활로 찾아."

8 불행하게도, 닐슨과 같은 초국적 마케팅 리서치 기업의 한국 진출은 기존의 시장조사 방식 – 비즈니스 인구학 접근방식이 아니라 단지 설문조사와 단순 통계 기법에 의존하였던 – 을 고수해 왔던 한국의 많은 마케팅 리서치 회사들의 몰락을 가져왔다. 오늘날 세계 각국의 인구학 자료들 중 상당수는 인터넷을 통해 공유되고 있다. 관건은 그 자료들을 사용하여 부가가치를 산출할 수 있는 지적 역량이다. 따라서 인구학을 포함한 우리 학계의 지적 역량 – 인구학은 학제적 학문이다 – 은 적자생존의 시장경제 체제(세계 마케팅 시장도 포함한)하에서 우리가 '주인'(주체) 혹은 '곰'(타자 혹은 식민지) 중 무엇이 될지에 결정적 역할을 한다(이성용, 2015, 2020). 만일 우리는 인구학 자료들을 생산만 하고 외국 마케팅 리서치 업체는 그 자료들을 분석 연구하여 우리 기업에 컨설팅을 한다면, 이는 "재주는 곰이 넘고 돈은 주인이 받는"(One man sows and another reaps) 꼴이 된다.

분점의 적합한 입지를 선정하는데, 회사나 공장의 인적 자원을 계획하는데 등 많은 비즈니스 부문에서 활용될 수 있다(이성용, 2006b).

(1) 시장의 세분화: 대중 마케팅에서 표적 마케팅으로

우리나라는 40~50년의 짧은 기간에 동질성(집단 구성원들 간의 일체성)을 강조하는 집단주의(가족주의) 사회에서 이질성(개인의 개성)을 중시하는 개인주의 사회로 변화하였다. 시장의 특성도 동질성에서 이질성으로 변하였고, 그리하여 마케팅 전략은 대중 마케팅(mass marketing)에서 표적 마케팅(target marketing)으로 전환해야 하였다(Pol and Thomas, 1997: 36~37).

전통적으로 우리 삶의 방식들은 거의 완벽한 동질성을 추구하는 집단주의(가족주의) 문화에 의해 형성되고 유지되어 왔다. 불과 몇십 년 전만 해도, 음식점의 단체손님들이 하나의 음식(예, 짜장면이나 설렁탕)으로 통일하여 주문하곤 하였다. 대부분의 남성들은 양복의 색깔을 검정색이나 감색으로 제한하곤 하였다. 집단에서 튀는 개인의 행위는 금기시하였던 것이다.

이런 동질성 문화에서 소비자들은 비교적 동일한 소비 패턴과 관행, 생활양식(lifestyle), 가치관을 보이기 때문에 대중 마케팅이 적합하다. 비즈니스 업체들은 일반 소비자들이 선호할 것으로 가정되는 유형으로 표준화한 상품과 서비스를 불특정 다수에게 판매하는 전략, 대중마케팅 전략을 꾀하였다. 불특정 다수는 일반적으로 우리 국민 전체를 의미하였기 때문에, 회사들은 애국심에 호소하여 상품을 홍보·판매하는 전략을 꾀하기도 하였다.

그러나 오늘날 우리 사회와 시장은 더 이상 동질적이지 않다. 이질적이다. 그 선봉에는 베이비붐 세대가 있다(Merrick and Tordella, 1988; Russell, 1984). 우리나라에서 베이비붐 세대는 남녀 모두 그 이전 세대보다 높은 수준의 교육을 받았다. 하지만 교육 수준보다 중요한 것은 교육 내용이었다. 우리의 전통적인 집단문화 – 집단 구성원들 간의 일체성(동질성) – 를 거부하는 개인주의 문화는 근대화를 위해 반드시 수용해야 하는 것으로 학교에서 교육받았다. 이러한 개인주의와 개인화(individualization) 교육은 1997년 외환위기 이후 신자유주의 경제가 도입되면서 더욱 강화되었다. 개인주의와 개인화 교육을 받은 베이비붐 세대와 그 이후 세대들이 사회에 진입하면서 우리 사회의 거의 모든 부문에서 급격한 변화의 바람이 일어났다.

서구의 개인주의 문화는 개인의 경제적 독립성, 그리고 선택과 책임을 중시한다. 베이비붐 세대와 그 이후 세대의 여성들은, 그 이전 세대와는 달리 노동 시장에 적극적으로 참여하였다. 경제적 활동을 통해 획득한 여성의 경제적 독립성은 여성에게 상품과 서비스를 구매할 수 있는 물질적 자원을 마련해 주었고, 구매 의사결정권도 크게 증진시켜 주었다. 여성과 마찬가지로 남성도 개인주의적 사고와 행위로 점차 전환하였다. 젊은 세대일수록 개인주의적 물질적 사고에 더 매몰되었고, 그리하여 시장의 이질성은 더욱 분화되었다.

비록 개인주의 사회가 개인의 자유와 권리 그리고 개성적인 삶의 방식을 중시하지만, 사람들은 유사한 삶의 양식과 사회경제적 지위를 가진 사람들과 유유상종하는 경향이 있다. 사회에서 사람들이 유사한 부류의 사람들과 유유상종 집단을 만드는 작업은, 그들 집단과 다른 부류 사람들 집단 간의 사회적 경계를 짓는다. 부르디외(Broudieu, 1996)는 이러한 사회적 경계를 '구별짓기'(distinction)라고 부른다. 사람들은 자신의 문화적 자본과 경제적 자본에 근거하여 구별짓기를 형성한다. 구별짓기에서 생활양식(lifestyle)은 매우 중요한 역할을 하는데, 왜냐하면 특정 부류의 생활양식이 특정 사회집단을 특징짓거나 정의하기 때문이다. 특정 부류의 생활양식은 어떤 상품을 소비하느냐와 밀접한 관계를 가진다.

이런 의미에서, 오늘날 소비사회에서 특정 상품의 구매는 그 상품 자체가 아니라 그 상품의 의미를 사는 것이라 할 수 있다(코리건, 2002). 명품의 구매는 명품의 우수한 질이나 기능이 아니라 명품이 제공하는 의미를 구입하는 것이다. 이를테면, BMW를 타면 내가 어떤 특정 집단에 속한 것처럼 느끼고 다른 사람들도 내가 마치 그런 사람인 양 취급하곤 한다. BMW의 구매는 제품 이상의 것, 즉 BMW라는 브랜드가 주는 사회적 의미를 제공한다. 이와 같이 소비사회에서 "내가 누구인가"라는 정체성은 내가 사용하는 상품과 그것을 구매할 수 있는 경제적 역량에 의해 결정되곤 한다. 개인이 정신세계와 같은 비물질적 특성이 아니라 상품과 같은 물질적 특성에 근거하여 자신의 정체성과 소속 계층을 결정하면 할수록, 생활양식에 근거한 구별짓기 그리고 비즈니스 인구학의 입지는 더욱 강화될 것이다.

표적 마케팅은 이질화된 시장에서 잠재 고객들을 선정한 후, 그들을 표적으로 하여 집중적인 마케팅을 행하는 전술이다. 핵심 문제는 잠재적인 고객들(표적)을 어떻게 선정하느냐이다. 표적 마케팅의 기본 전제는, '유유상종'의 언급처럼, 사람들이 개인의 경제적 자본과 문화적 자본에 근거하여 상이한 부류의 사람들과 사회적 경계선(즉, 구별짓기)을 긋고 유사한 부류의 사람들과 근린에 사는 경향이 있다는 것이다. 그 경계선은 주로 인구 통계학 변수들을 활용하여 밝혀낸다. 실제로 우리는 성별, 연령, 교육 수준, 소득 수준, 주거 지역 등에 근거하여 다른 사람들과 구분을 짓고 상이한 생활양식을 보이곤 한다.

시장 세분화는 다음 가정들에 기초한다. 첫째, 소비 시장은 이질적이다. 둘째, 소비자들은 세분(segregated) 시장들에 따라 서로 상이한 수요를 갖는다. 셋째, 소비 시장은 전체로 보면 이질적인 소비자들로 구성되지만 세분 시장

내의 소비자들은 동질성을 갖는다. 전체 시장을 세분화하는 사회적 경계선은 소비 패턴과 인구 통계학 변수들을 활용하면 상당 부분 밝혀질 수 있다.

전체 시장을 세분 시장들로 구획화하거나 경계선을 긋는 세분화 변수들의 선정은 매우 중요하다(Tsai and Chiu, 2004). 어떤 변수들을 세분화 변수들로 선정하였는지에 따라, 전체 시장은 상이한 패턴으로 세분 시장들을 구획화하거나 경계선을 그을 것이다. 많은 경우, 세분화 변수의 선정은 일차적으로 기업이 상품을 판매하는 과정에서 획득한 고객 정보[9]의 분석을 통해 이루어진다. 상품마다 그것을 선호하는 고객들의 인구 통계학적 특성들은 상이할 수 있고, 그 상이성은 각기 다른 패턴으로 시장 세분화를 할 것이다. 인구학 정보를 탑재한 지리 정보 체제(GIS)는 생활방식(lifestyle)이나 소득에 따라 세분 시장들을 구획화 혹은 군집화(clustering)하는 데 큰 도움을 제공할 수 있다(Walter, 1997).

1974년 미국 클라리타스(Claritas)사(www.claritas.com)는 미국 인구 센서스 데이터의 우편번호와 소비에 관한 설문조사들을 짝짓기(matching)하여 새로이 형성한 자료들을 분석하였다. 그 분석 결과에 기초하여, 미국의 3만 6,000 우편 지역을 40개의 생활양식 군집(lifestyle cluster)으로 분류하였다. 여기서 표적 시장 체제(target-marketing system)가 고안되었고, 그것은 PRIZM(Potential Rating Index for ZIP Markets)이라 명명되었다. PRIZM 체제는 오늘날 세계에서 가장 성공한 비즈니스 인구학 회사인 닐슨(Nielsen Chartis)을 존재하게 만들었다(Week, 2012: 24). 닐슨의 핵심 원칙은 '사는 곳'(*where* you live)을 알면 '사는 방식'(*how* you live)을 예측

9 오늘날 은행, 신용카드, 여행사, 인터넷 쇼핑몰과 서점 등 각종 기업들은 소비자들에게 회원이 되면 마일리지 등 특혜를 제공한다고 선전하거나, 심지어 상품을 구입하려면 회원이 될 것을 강요하기도 한다. 회원가입 시 기록한 성, 연령, 교육 수준, 거주지, 취미 등은 주요한 고객 정보가 되며, 이들 회원들을 대상으로 한 설문조사 역시 주요한 고객 정보가 된다. 표적 마케팅 분석자들은 이러한 고객 정보들을 수집 · 분석함으로써, 특정 상품에 대한 세분화 변수들을 선정한다.

할 수 있다는 것이다(Weiss, 2001). 지리학의 제1법칙인 '유유상종'에서 보듯이, 유사한 인구학적 특성과 생활양식을 지닌 사람들이 모여 살 가능성이 높다. 따라서 비즈니스 인구학(표적 마케팅) 종사자들의 주된 업무 중 하나는 우선적으로 기업이 수집한 고객 정보들을 분석하여 잠재적 소비자들이 누구인지 – 그들의 생활양식과 인구 통계학 특성들이 무엇인지 – 를 정의하고, 그러한 고객들이 가장 모여 살 가능성이 높은 근린들(neighborhood)을 찾아 그곳에 비즈니스를 차리라고 조언하는 것이다.

우리나라에서도 시장 세분화 연구들이 활발하게 이루어지고 있다. 그런데 그 연구들은 미시–거시 연계 차원이 아니라, 미시 혹은 거시 차원에서만 이루어지고 있다. 대부분의 연구들은 미시적 차원에서, 고객들의 인구 통계학적 특성들과 소비 정보들 – 주로 설문조사를 통해 획득한 – 을 분석하는 경향이 있다. 우현지·김영훈(2009)은 거시적 차원에서, 인구주택총조사 자료와 GIS를 결합한 자료를 활용하여, 서울시를 여러 인구 통계학적 변수들 – 인구 구성, 교육 수준, 주택 유형, 주택 규모, 재산세 – 에서 유사한 특성을 보이는 13개의 지역들로 분류하였다. 불행히도, 이들 연구들은 미시 차원의 정보와 자료 – 설문조사나 고객 정보 – 를 거시 차원의 자료 – 센서스나 GIS – 에 연계하여, 전국 혹은 특정 지역을 세분화하는 작업을 하지는 않았다. 표적 마케팅 혹은 비즈니스 인구학 연구들이 업그레이드되고 활성화되려면, 점포에서 수집된 고객 정보나 고객 대상의 설문조사 정보를 인구학 정보를 탑재한 지리 정보 체제에 연계시켜 분석할 필요가 있다.

(2) 입지 분석

입지 분석(site analysis)의 관심은 두 가지이다. 하나는 새로이 비즈니스를 할 사업체의 위치 선정이고, 다른 하나는 기존 사업체(혹은 점포)를 둘러싼 조건들에 대한 평가이다.

입지 선정에서, 임대료와 같은 비인구학적 요인의 결정적 역할을 결코 부인할 수 없지만, 인구 통계학적 요인들도 중요한 정보를 제공한다. GIS는 사업체의 위치 선정에서 큰 도움을 줄 수 있다(Siegel, 2002). 인구 통계 자료들과 결합한 GIS 자료의 분석은 표적화(targeting)를 통해 주 고객들의 인구 통계학적 특성들뿐만 아니라 그 특성들을 가진 잠재적 고객들이 많이 모여 살 가능성이 있는 지리적 위치를 시각적으로 보여 준다.

우리나라에서도 GIS를 활용한 점포의 입지 선정에 관한 연구들이 활발하게 이루어지고 있다(예, 김선철·임병준, 2016; 손동욱·이연수, 2012; 이명호·홍상기·신동빈, 2019). 이들 연구들은 주로 기존 연구에서 점포 매출액의 주요 결정 요인들로 가정되는 거시 차원의 입지 특성 변수들을 GIS 자료에 공간 분석을 행함으로써 최적의 입지를 찾는다. 거시 차원의 입지 특성 변수에는 대상 지역의 인구수, 연령별 인구 구조 등과 같은 인구 변수들과, 공공시설의 위치, 점포에의 접근 가능성 등의 지리적 변수들이 포함된다. 불행히도 이 연구들은 점포나 회사에서 수집한 미시 차원의 고객 정보를 활용하지 않은 탓에, 단지 거시 변수들 간의 분석에 초점을 맞추었다. 그 결과 비즈니스 인구학의 주된 특징인 미시-거시 연계 자료를 분석하는 다차원 분석을 행하지 않고 있다. 바람직한 입지 선정 분석은 아마 먼저 고객 정보를 통해 고객들의 인구학적 특성과 소비 패턴 특성들을 파악한 – 고객 개인들의 인구학적 특성들을 분석하여 표적 마케팅 대상을 파악한 – 후, 그 분석에 근거해 잠재적 소비자들이 많이 거주할 가능성이 있는 지리적 위치를 찾아야 – 인구학적 특성을 탐재한 GIS를 분석함으로써 – 할 것이다.

예를 들어, 우리는 어느 지역에 모모피자 지점이 세 곳인데, 본사는 그곳에 지점을 하나 더 낼지의 여부를 고려하고 있다고 가정하자. 모모피자 본사는 먼저 기존 세 지점의 고객 정보들을 취합해 고객들의 주문 패턴, 인구 통계 특성들 및 주소 등에 대한 데이터를 만들 것이다. 그 다음, 데이터 분석을 통해 주된 고객들의 소비 성향과 인구 통계학적 특성들 – 표적 마케팅 대상자들의 특성들 – 을 파악할 것이다. 마지막으로, 표적 마케팅 대상자로 파악된 사람들이 많이 거주할 것으로 기대되는 곳들을 지역 지도에 점들로 표시하여 하나의 도면으로 만든다(이성용, 2006b). 마지막 단계에서 인구 통계학 자료를 탑재한 GIS 자료는 매우 유용하게 이용될 것이다. 입지 분석은 신설 지점의 타당성 여부뿐 아니라 그 지점의 적합한 위치 선정에 유용한 정보를 제공한다.

입지 분석은 판매 전략의 수립 – 피자 점포의 경우, 배달을 전문으로 할 것인지 아니면 고객이 와서 먹는 곳으로 할 것이지 – 에도 유용한 정보를 줄 수 있다(이성용, 2006b). 기존 점포의 경우, 그 점포가 위치한 지역의 인구 통계학적 특성을 알면 상품판매 전략의 수립에 도움을 받을 수 있다. 그 지역의 인구 센서스를 분석하면, 그 지역 인구에 대한 성·연령 분포를 파악할 수 있다. 만일 혼자 사는 젊은 여성들의 비율이 높거나 노인들의 비율이 높으면, 그들의 선호에 맞게끔 상품들을 점포에 전시해야 할 것이다. 이와 유사하게 건물주도, 그 지역의 인구 분포를 알면 자신의 건물에 어떤 유형의 병원을 입주시키는 것이 좋은지를 판단할 때 도움을 받을 수 있을 것이다. 만일 노인이 많이 살면 노인 병원을, 어린아이들이 많으면 소아과 병원을 자신의 건물에 입주시켜야 것이다.

(3) 인적 자원 관리

인적 자원 관리(human resource management: HRM) 분석은 일반적으로 두 범주에 적용된다. 하나는 어느 지역 내에서 현재와 미래에 필요로 하는 전반적인 노동력 공급을 평가하는 것이고, 다른 하나는 특정 사업체에서의 고용인 수와 구성을 평가하는 것이다. 후자는 기업인구학(corporate demography) 혹은 조직인구학(organizational demography)이라 불리며, 기업(조직)의 현재와 과거 노동자들의 자료를 분석한다. 전자는 사업체가 신설 혹은 이전될 곳의 인구 통계와 지리학적 자료들(혹은 인구 통계 정보가 탑재된 GIS 자료)을 분석한다. 하지만 입지 분석과 유사하게, 사업체 위치 선정의 분석에는 미시 자료와 거시 자료 모두가 이용되곤 한다(Pol and Thomas, 1997: 245~246).

사업체의 위치 선정에서 채용 가능한 노동력에 대한 평가는 필수적이다. 새로이 설립된 사업체이건 이전한 사업체이건 간에, 새로이 노동자들을 고용할 필요가 있다. 노동자들은 때로는 특정한 자격의 사람들로 제한될 수 있다. 이를테면, 방직공장은 새로이 고용할 노동자들을 문자해독 능력이 있는 젊은 여성들로 자격을 제한할 수 있다. 만일 사업체가 요구하는 인적 자원이 부재하다면, 그 지역은 사업체를 신설하거나 이전할 곳에서 제외될 수밖에 없다.

사업체의 입지 선정을 위한 인적 자원 분석은 국내뿐만 아니라 해외에서도 유용하게 활용될 수 있다. 한 전자부품 회사가 공장을 A국가 혹은 B국가 중 하나를 선택하여 이전할 계획이 있고, 이전한 곳에서 많은 여성 노동자들을 새로이 고용할 필요가 있다고 가정해 보자. 그런데 인구 통계는 여성의 교육 수준이 A국가가 B국가보다 훨씬 높다는 사실을 보여 준다. 이는 B국가보다 A국가에서 적은 교육 훈련 비용으로 공장에서 작업을 할 수 있게끔 여성 노동자들을 훈련시킬 수 있다는 사실을 반영한다. 공장의 이전 비용이 매우 차이가

나지 않은 한, 그 회사는 아마 유용한 인적 자원이 풍부한 A국가로 공장의 이전을 계획할 것이다.

사업체를 이전할 곳의 노동자의 조직 문화를 아는 것도 중요하다. 서구의 비즈니스 이론은 개인주의에 기초하지만, 비서구의 많은 나라들은 주된 문화가 집단주의이거나 개인주의와 집단주의가 혼재한 문화이다. 따라서 만일 사업주나 공장 관리 책임자가 서구의 개인주의 방식으로 집단주의(혹은 집단주의와 개인주의가 혼재한) 문화에 익숙한 노동자들을 관리한다면, 상이한 문화에서 성장한 사업주와 노동자들은 일하는 과정에서 상당한 갈등을 야기할 수 있다. 따라서 사업체의 장기간 성공을 위해서는 인구와 문화 간의 상호작용을 관리하는 작업이 필요하다(Harrison and Carroll, 2005; Clark and Ghent, 2010). 홉스테드(Hofstede, 1996)는 개인주의와 집단주의 문화를 분석하여 세계 조직과 문화를 분류하였다. 그의 연구는 완벽하지 않을지라도 어느 정도는 다국적 기업의 제3세계 진출에 중요한 정보를 제공할 것이다.

(4) 비즈니스 인구학 종사자

비즈니스 인구학에 관심이 있는 사람은 세 집단으로 나누어진다. 첫 번째 집단은 사기업에 고용된 분석가들로, 자신이 속한 사기업의 비즈니스에 필요한 소비자 프로필, 추세 분석, 위치 선정과 같은 것을 분석하는 일에 종사한다. 두 번째 집단은 인구 추정이나 라이프스타일과 소비 수준에 따른 군집(cluster) 구성 등을 위한 인구학 데이터베이스를 구축하는 회사에 근무하는 분석자들이다. 세 번째 집단은 개인 고객들이 요청하는 특정 프로젝트를 수행하는 개인 컨설턴트들이다.

이들 종사자 모두가 정식으로 인구학 교육을 받은 것은 아니다. 그들의 전공 분야는 경제학, 지리학, 마케팅, 통계학, 부동산학 등 참으로 다양하다. 이들의 인구학적 지식은 학교보다는 일하는 과정에서 습득하였다. 그들이 사용하는 자료들은 공적으로 획득 가능한 센서스, 설문조사, 행정 기록(건축 허가, 유권자 등등), 회사 기록 등이다. 이런 자료들의 획득 가능성과 신뢰도는 나라 혹은 기관에 따라 다르다(Pol, 1987; Pol and Thomas, 1997).

(5) 비즈니스 인구학의 미래

비즈니스 의사결정에서 인구학적 분석이 기여할 수 있는 정도는 광범위하고 막대하다. 미래에도 인구학 분석은 비즈니스 의사결정에 크게 기여할 것인데, 그 근거는 다음과 같다. 첫째, 비즈니스 의사결정이 사업가의 직감보다 자료에 근거한 과학적이고 객관적인 증거에 의해 이루어지는 경향이 있다. 둘째, 비즈니스 인구학 분석에서 사용될 수 있는 자료들이 점점 많이 생산되고 축적되고 있을 뿐 아니라, 자료들을 축적하고 분석하는 기술적(technical) 역량 – 특히, 컴퓨터의 발달을 통해 – 또한 향상되고 있다. 마지막으로, 자료의 가치를 인정하고 이를 공유하려는 조직 문화가 형성되고 있다. 특히, 오늘날 인터넷 빅데이터는 비즈니스와 정부 정책, 심지어 선거에서조차 그 가치를 크게 인정받고 있다. 앞에서 언급한 바와 같이, 페이스북의 트위터 자료 분석은 미국 트럼프 대통령의 선거 전략에 큰 기여를 하였다. 인구학 정보가 비즈니스 의사결정에 큰 기여를 한다는 인식이 팽배함에 따라, 소규모 사업체들도 마케팅 전략을 인구학적 정보에 근거하여 형성하고 있다. 이러한 모든 사실은 앞으로 비즈니스 인구학의 필요성이 확대될 것이란 사실을 의미한다.

1.5. 요약 및 함축

인구는 시간적 그리고 공간적으로 특정화된 개체(개인)들의 집합체를 의미한다. 인구학은 사람들의 집단인 인구에 관한 학문이므로, 개인의 개별적 속성보다 개인들 집단의 집합적 속성에 관심을 가진다.

인구학은 인구의 정태적 측면과 동태적 측면 모두에 관심을 가진다. 특정 시점에서의 인구 크기, 지리적 분포와 밀도, 인구 구성은 인구의 정태적 측면을, 시간의 흐름에 따른 인구 및 출산력, 사망력, 이주 변동 등은 인구의 동태적 측면을 나타낸다. 인구의 정태적·동태적 측면은 그 인구의 사회경제적 요인 및 이데올로기와 밀접한 관계를 가진다. 그래서 인구학은 인구의 다섯 가지 측면, 즉 (1) 크기, (2) 분포, (3) 구성, (4) 인구 과정, 그리고 (5) 인구 변동 혹은 인구 과정에 영향을 주거나 받는 이데올로기와 사회경제적 요인들에 관심을 가진다.

인구학은 기본인구학과 응용인구학으로 구성된다. 기본인구학은 다시 형식인구학과 사회인구학으로 이분된다. 형식인구학은 수량적 측면에서 인구의 크기, 분포, 구성, 그리고 인구 변동과 인구 과정에 관심을 가진다. 사회인구학은 출산, 사망, 이주와 같은 인구 현상에 유의미한 영향을 미치는 사회경제적 조건과 이데올로기를 분석하고 연구한다. 인구의 수리적 측면에 주로 초점을 맞추는 형식인구학과 달리, 사회인구학은 인구 현상과 변동에 관한 이론적 설명들에 초점을 맞춘다.

따라서 사회인구학은 인구 이론의 형성에서 다양한 접근방식들을 취한다. 인구학에서 가장 널리 사용되는 방식은 경제학과 사회학 접근방식이다. 경제학 접근방식은 거시경제학과 미시경제학 접근방식으로 이분된다. 거시경제학은 경제 성장을 인구 크기 및 연령별 인구 구성의 변동에 연관시키는 거시적 차원의 이야기에 초점을 맞춘다. 미시경제학은 출산과 혼인과 같은 인구학적 행위가 개인의 경제적 이해 혹은 합리성에 근거한다는 주장을 내세운다. 사회학 접근방식은 사회학적 상상력 혹은 폭로하기에 근거하여, 출산이나 혼인 등과 같은 개인의 자율적 행위를 저해하는 (특히, 제3세계의) 사회문화적 기제가 무엇인지를 밝히는 데 초점을 맞춘다. 경제학과 사회학 접근방식의 인구 연구들은 맬서스주의 혹은 근대화론 관점에 입각한 탓에, 제3세계의 인구 현상을 계몽 혹은 개혁의 대상으로 간주하는 경향이 있다.

유럽인의 관점에서 제3세계의 인구 현상을 연구하는 경제학 접근방식과 사회학(의 폭로하기) 접근방식과 달리, 인류학적 접근방식은 제3세계의 관점에서 제3세계의 인구 현상을 연구·분석할 것을 요구한다. 제3세계의 사람들은 더 이상 개혁의 대상자가 아니라, 출산과 혼인과 같은 문화 혹은 삶의 전략을 주체적으로 형성하는 행위 주체자들이다. 제3세계의 인구학적 행위들은 제3세계 사람들의 이해와 관점에서 논의되어야 한다. 따라서 보편원칙을 지향하는 경제학과 사회학 접근방식과 달리, 인류학적 접근방식은 특정 사회의 삶의 전략에 근거한 특수성을 지향한다.

진화론적 접근방식은 인간의 행위가 동물과 마찬가지로 자연선택이란 진화 과정에서 형성된다는 사고에 기초한다. 이것은 사회생물학과 인간행동생태학에 활용되어 인간 행동의 내재된 동기를 탐구한다. 사회생물학은 생존경쟁을 개체의 유전자를 다음 세대로 전달하는 기회를 극대화하는 방식으로 간주함으로써, 유전자가 문화를 결정하는 유전자 결정주의 입장을 취한다. 인간행동생태학은 유전자 결정주의를 거부하고 개체들이 주어진 환경(문화) 속에서 자신의 포괄 적합성을 극대화하는 전략을 펼친다고 가정한다. 하지만 사회

생물학과 인간행동생태학은 모두 다양한 삶의 전략들 곧 문화들이 존재한다는 사실을 간과하고 있다.

정치학 접근방식은 과거, 거시경제학과 유사하게, 인구수와 국력 간의 관계에 초점을 맞추었다. 하지만 최근 들어 인구 크기뿐 아니라 지리적 분포와 인구 구성의 변동이 선거와 같은 정치적 결정과 테러리즘에 미치는 영향에 보다 관심을 가진다.

최근 들어, 인구학에서 지리적 접근방식이 각광받고 있다. 그것은 20세기 중반 인구학에서 사라졌던 공간이 지리 정보 체제의 발달 덕택으로 새로운 방식으로 복원되고 있기 때문이다. 지리적 접근방식은 유유상종이 의미하는 바와 같이, 유사한 인구 통계학적 특성을 가진 사람들이 가까이 모여 산다는 사고에서 출발한다. 지리적 접근방식은 빅데이터와 응용인구학의 발달로 인해 그 유용성이 더욱 부각되고 있다.

응용인구학은 20세기 후반 인구 구조, 특히 연령별 인구 구성의 변동으로 말미암아, 정부 정책과 비즈니스 의사결정에서 인구학적 정보의 필요성이 점점 요구되면서 나타났다. 이와 유사하게, 사회인구학도 미국과 유럽에서 제3세계의 인구를 통제할 필요성이 부각되면서 나타났다. 사회인구학의 부상으로 인해, 형식인구학과 동일시되었던 1950년대 당시의 인구학의 정의에 사회인구학의 내용이 포함되었다. 따라서 오늘날 인구학의 정의에, 특히 인구학이 학문적 측면보다 실용적 측면에서 정의되어 왔던 역사적 특성을 감안하면, 응용인구학 내용이 포함되어야 할 것이다.

인구 현상은 사회 변동의 직접적 결과물이지만, 그와 동시에 중대한 사회 변동을 야기하는 주된 요인이기도 하다. 사회인구학은 사회 변동에 따른 인구 현상에, 응용인구학은 인구 변동에 따른 사회 변동에 관심을 맞춘다. 사회인구학은 인구 현상을 설명해야 할 종속변수로 간주하지만, 응용인구학은 인구학 변수들을 독립변수로 간주한다. 응용인구학과 사회인구학은 서로의 지향점은 다르지만, 모두 인구학의 개념, 방법론, 자료들에 대한 기본 교육을 요구한다.

응용인구학은 인구학 자료, 방법 및 접근방식을 활용하여 정부 정책과 비즈니스 의사결정에 실질적인 도움을 제공하는 것을 목적으로 한다. 응용인구학이 적용되는 부문은 공적 부문과 사적 부문으로 나뉜다. 공적 부문은 정부 정책에 관련되며, 대표적인 예로는 도시계획과 소지역 인구학을 들 수 있다.

응용인구학이 보다 활성화된 부문은 사적 부문, 비즈니스 인구학이다. 비즈니스 인구학은 비즈니스 의사결정에 인구학 개념, 자료 기법들을 적용하는 인구학의 하위 분과이다. 비즈니스 인구학을 가장 잘 활용한 곳은 오늘날 전 세계 100여 개국에 진출해 있는 초국적 마케팅리서치 기업인 AC 닐슨이다.

비즈니스 인구학은 무엇보다 시장의 세분화에 대한 주요한 정보를 제공할 수 있다. 인구·경제적 특성이 유사한 사람들이 근린에 거주한다는 유유상종 법칙에 근거하여, 시장을 세분화함으로써 특정 기업이 마케팅에서 주된 표적으로 삼아야 할 고객들을 분류할 수 있다. 세분화된 시장들은 상이한 수요를 가지므로, 상이한 마케팅 전략을 펼쳐야 한다. GIS와 같은 공간 자료는 시장 세분화 전략의 수립에서 매우 유용하게 사용될 수 있다. 시장의 세분화 이외에도, 비즈니스 인구학은 입지 분석, 인적 자원 관리와 같이 다양한 비즈니스 의사결정들에서 매우 실용적인 정보를 제공할 수 있다. 이런 까닭에 응용인구학(비즈니스 인구학)의 전망은 밝다.

푸코가 말한 바와 같이, 근대국가 이후 인구는 통치의 대상이 되어 왔다. 인구학은 바로 통치 대상에 관한 학문이라 할 수 있다. 통치의 대상 곧 현실을 모르면, 그에 적합한 통치 곧 정부의 정책을 펼칠 수 없다. 사회인구학의 시대, 인구 곧 사람들은 단순히 통치의 대상이 되어 왔지만, 오늘날 응용인구학의 시대 인구 곧 사람들은 단순히 통치의 대상에 머물지 않고 주체가 되어 삶의 방식을 스스로 설계하고 있다. 다음 장에서는 그러한 설계에 사용되는 원자재 곧 인구학 (빅)데이터에 대해 살펴보자.

2

인구학 (빅)데이터

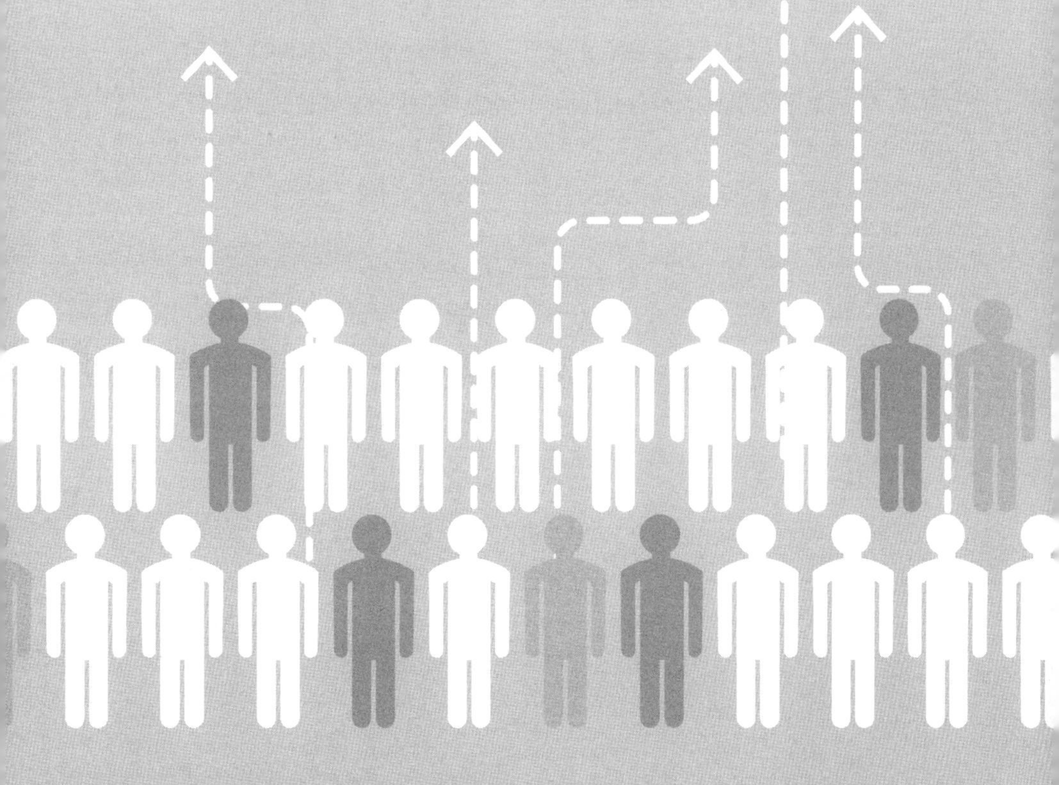

세계는 (빅)데이터 전쟁.

우리의 삶을 인도하는 사회과학 진술은 경험적 증거를 요구한다.

인구학의 (빅)데이터는 그 경험적 증거에 사용되는 원자재이다.

세계화 시대, 우리는 그 원자재를 세계 각국에서

그것도 거의 무료로 얻을 수 있다.

이제 우리에게 필요한 것은 그런 인구학적 자료들을 획득하고

그 자료들을 분석하는 방법론과 해석하는 이론적 지식이다.

인구학 공부는 제4차 산업 시대에 필요한 무수한 일자리들을 생성해 준다.

2.0. 들어가기

인구학의 정의에서 보듯이, 인구학은 인구의 크기, 분포, 구성 그리고 변동을 숫자로 기술하는 데 관심을 가진다. 인구학 정보는 흔히 인구주택총조사,[1] 시민 등록 체제, 표본조사 등의 인구 자료 수집 체제를 통해 획득된다. 세 체제는 근본적으로 다르지만 서로 보완적이다.

인구주택총조사, 곧 인구 센서스(census)는 특정 시점에 전체 국민에게 실행하는 전수조사로, 인구 크기, 지리적 분포, 인구 구성 및 인구 특성에 대한 정보를 제공한다. 인구 센서스 정보는 과세, 병역, 교육, 교통, 노동, 복지 등의 다양한 정부 정책들, 그리고 기업의 판매 전략들을 수립하는 데 유용하게 사용된다. 따라서 센서스 정보는 객관성과 정확성이 요구된다.

시민 등록 체제(civil registration system)는 법규에 따라 동태 사상의 발생과 특성을 연속적, 영구적, 강제적으로 등록하는 체제를 말한다. 동태 통계는 주로 특정 지역에서 정해진 기간에 출생, 사망, 혼인, 이혼, 입양, 거주지 이주 등과 같은 동태 사상들이 발생한 비율을 나타낸다.

인구 등록(population register)은 특정 지역에서 개인들이 각자에게 일어난 동태 사상들을 연속적으로 강제 등록해야 한다는 점에서는 시민 등록 체제와 유사하다. 하지만 연속적으로 등록된 인구 동태 사상들은, 집단별로 보관하는 시민 등록 체제와 달리, 개인별로 기록되어 보관된다. 우리나라의 주민등록제도가 이에 속한다.

표본조사는 전수조사인 센서스와는 달리 어떤 인구 집단에서 일부만을

1 우리나라에서는 1990년 조사 이후부터 인구 센서스를 인구주택'총조사'라는 용어로 대체하여 사용하고 있다.

추출하여 조사하는 것을 말한다. 표본조사는 과거 개발도상국들이 비용과 같은 경제적 이유로 센서스를 시행하지 못하거나 시민 등록 체제가 미비한 곳에서, 특히 출생과 사망에 관한 인구학 자료를 수집하기 위해 사용되었다. 표본 설문조사는 센서스에 비해 많은 질문들을 함으로써 심층적인 정보를 얻을 수 있는 장점이 있다.

이 밖에도 인구학은 현장 연구를 통한 질적 자료, 호적과 족보 등의 역사적 자료, 그리고 최근에는 인터넷 플랫폼에서 형성된 사물 빅데이터를 사용하기도 한다. 인구학 연구에서 문화의 중요성이 대두되면서 질적 자료 연구가 활발하게 이루어지고 있다. 역사인구학은 역사적 자료의 평가와 사용에 관심을 가진다. 증가되는 응용인구학의 효용성은 빅데이터 분석의 활성화를 요구하고 있다.

2.1. 인구 센서스

1) 센서스에 대한 인식과 그 유용성

한국을 포함한 동양과 마찬가지로, 서구에서도 인구 센서스는 정부가 사람들(인구)을 통치하려는 정치적 목적으로 시도되었다. 인구에의 관심은 과학적 호기심이 아니라, 정부가 얼마나 많은 사람들을 세금, 부역, 병역에 동원할 수 있는지를 파악하려는 목적에서 생겨났다.

'센서스'(census)란 용어는 라틴어 'assessing' 혹은 'taxing'에서 나온 것이다. 고대 로마에서 센서스는 성인 남성 시민들의 기록을 통해 그들 중 얼마만큼이 세금을 내고 병역 의무를 수행할 수 있는지를 파악하고, 그럼으로써 그들의 정치적 지위를 결정하는 것을 의미하였다(Starr, 1987). 로마뿐만 아니라, 이집트, 바빌로니아, 중국, 팔레스타인 등에서도 일찍부터 센서스를 실시하였다(Bryan, 2004). 로마 시민들은 수백 년 동안 세금 징수와 군사적 목적을 위해 정기적으로 집계되었다.

19세기 말 서구의 근대국가 성립은, 정치경제학이 함축하는 바와 같이, 정치와 경제(혹은 비즈니스)란 두 가지 일을 동시에 이해하고 해결하려는 통계적 접근방식을 발전시켰다(푸코, 2011; Cassedy, 1969). 센서스는 사람들의 수와 거주지 등의 단순 정보가 아니라, 그 이상의 것을 발견하고 말할 수 있는 잠재력을 보여 주었다. 이에 정부는 연령, 혼인 상태, 취업과 직업, 문맹 등과 같은 문항들을 점차 센서스에 첨가하기 시작하였다. 센서스의 분석 결과는 (때로는 다른 자료에서 산출한 통계 숫자와 결합하여) 세상을 바라보는 렌즈를 만들어 주었고, 우리에게 기존 삶의 방식을 반성하고 재구축하게끔 하였다. 만약 1970년대와 2015년 인구 자료에서 출산율, 이혼율, 일인가족의 비율 등을 비교해 보면, '오늘날 가족의 삶의 방식이 기존의 것과 왜 달라야 하는지'에 대한 우리의 생각을 확증시켜 준다. 윈스턴 처칠의 말처럼, "먼저 우리는 우리의 빌딩을 형성하고, 그 다음에는 그 빌딩이 우리를 형성한다. 동일한 것이 우리의 통계치(statistics)에서도 진술되어질 수 있다"(Alonso and Starr, 1982: 30).

센서스의 잠재적 힘은 때로는 부정적인 공적 반응을 일으키기도 한다. 그 한 예는 개인의 사적 생활권(privacy) 침해이다. 네덜란드는 센서스의 역사가 오래되었지만 – 1795년에 최초의 센서스를 실행하였고 1971년 이전까지 17번 –, 1971년 이후 전통적 의미의 센서스를 실행하지 않고 있다. 네덜란드에서 센서스 반대 운동은 제2차 세계대전 당시 독일 나치 군대가 인구 센서스 자료를 사용하여 유태인 학살 명부를 작성하였다는 좌파의 주장에 큰 영향을 받았다. 하지만 그 당시 센서스 반대 운동가이었던 라우 마젤(Lau Maziel)은 센서스가 아니라 인구등록부가 나치군의 유태인 학살 명부 작성에 사용되었다는 사실을 밝혔다.[2] 그럼에도 만일 전쟁과 같은 위기가 발생하면 센서스가 크게 악용될 수 있다는 위험 의식은, 센서스가 개인의 사적 생활권을 침해할 수 있다는 사고를 일반인들이 수긍하는 데 큰 기여를 하였다(Katus, 1992). 아이러니하게도, 네덜란드는 유태인 학살 명부의 작성에 사용되었던 인구 등록은 오늘날에도 유지하고 있다. 네덜란드는 2001년 인구 등록 자료(행정 자료)를 준거 틀로 삼고 여기에 표본조사 자료를 결합하여 만든 '가상 센서스'(virtual census)를 생성하였다.

센서스 옹호자의 주장에 따르면, 인구 자료는 더 이상 국가의 국방력이나 경제력을 말하는 국가 기밀 혹은 개인 통제에 사용되는 정치적 도구가 아니라, 일반시민들에게 각종 혜택을 줄 수 있는 공공재(public good)가 되어야 한다(Kelman, 1985). 중요한 것은 '누가 어떻게 사용하는지'와 '사용자가 얼마나 많은지'이다. 센서스는 정부의 정책 수립뿐만이 아니라 일반인의 비즈니스 계획 수립에서도 사용될 수 있다. 센서스의 사용이 정부 관료와 같은 일부 성원들에서 일반인들로 확대되면, 센서스는 자연스럽게 공공재가 될 것이다. 센서스가 공공재라는 인식이 널리 퍼지면, 사람들은 센서스 계수인(enumerator)과 종사자들에게 적극적으로 협조함으로써 센서스의 성공적인 수행에 동참할 것이다.

캐나다에서 센서스 주기는 1951년 이후 매 10년에서 매 5년으로 축소되었다. 그 발단 배경에는 일차적으로 1950년대 전반에 일어났던 급격한 인구 성장

2 제2차 세계대전 당시 네덜란드 유태인 중 73%가 나치에 의해 학살당하였다. 반면 이웃 국가인 벨기에는 27%, 프랑스는 24%, 오스트리아는 35%의 유태인 인구가 학살당하였다.

이야기 상자 1

미얀마 센서스

미얀마는 2014년 센서스를 실시하였다. 그 전의 것은 1983년 센서스로 30년 만에 실시되었다. 2014년 센서스에서 미얀마 인구는 5,140만 명으로 집계되었다. 남성 인구는 2,480만 명, 여성 인구는 2,670만 명으로 집계되어 여성 인구가 남성 인구보다 많았다. 가구의 총수는 1,090만 명이며, 평균 가구원 수는 4.4명이다. 미얀마 센서스는 2015년 5월 방출될 예정이다(Spoorenberg, 2014).

미얀마 인구에 대해, 미얀마 정부는 2010년 6,000만 명, 유엔(United Nations Population Division)은 2013년 5,300만 명에 근접할 것으로 추정하였다(May and Brooke, 2014). 센서스와 추정치들 간의 차이는 주로 이주에 기인하는 것으로 해석된다. 한 연구(Spoorenberg, 2013)에 의하면, 정치적 불안정과 높은 실업률로 인해 약 300만 명의 미얀마인들이 이웃 국가에서 (대개 불법) 이주노동자로 일하고 있다. 2009년 태국에서 일을 하는 미얀마 노동자들의 수는 백만 명에 달하는 것으로 보고되었다.

미얀마는 다양한 인종들로 구성되어 있다. 미얀마인은 가장 지배 인종집단으로 전체 인구의 68%를 차지한다. 샨(Shan), 카렌(Karen), 몬(Mon), 중국인, 인도인, 그리고 로힝야(Rohingya) 등 다양한 인종들이 미얀마를 구성한다. 하지만 이러한 엄격한 인종 구분에는 많은 문제점이 있다. 왜냐하면 여러 인종의 유전자들이 결합되어 있는 사람들이 많기 때문이다. 미얀마 인구의 89%가 불교도이며, 4%가 기독교와 이슬람을 믿는다. 인종과 종교의 다양성은 미얀마의 센서스 집계에서 문제를 야기할 수 있다. 이를테면, 미얀마 정부는 자신을 '벵갈리'(Bengalis)로 등록하지 않은 로힝야족 사람들에게는 시민권을 부여하지 않는 까닭에 센서스 집계에 포함되지 않는다(May and Brooke, 2014). 미얀마 정부의 중앙집권이 영향력을 미치지 못하는 지역의 많은 사람들이 미얀마 센서스 인구 집계에서 누락될 수 있기 때문에, 미얀마 인구가 과소 추정되었다는 주장은 어느 정도 설득력이 있다.

과 인구 이동, 그리고 농업경제의 급격한 변동이 있었다. 이러한 급격한 변동으로 인해, 센서스가 단기간(이를테면, 매년)에 정확한 통계 추정치를 제공할 필요성이 캐나다 사회에서 요구되었다. 캐나다는 광활한 영토에 비해 인구 밀도가 낮은 까닭에, 인구 밀도가 낮은 소지역의 정보는 센서스에 의존할 수밖에 없다. 처음 시도하였던 5년 주기의 1956년 센서스는 중앙정부가 각 지역의 재정지원금을 결정하고 또 비즈니스와 산업체가 생산품 판매 전략을 수립하는 데 큰 도움이 된 것으로 판명되었다. 그런 판명과 더불어 센서스 사용자들은 센서스 주기의 5년 규정화에 거센 압력을 가하였다. 특히, 센서스 자료(인구학적, 주거 주택, 사회경제적 정보에 관한)로부터 자신의 비즈니스에 도움을 받았던 사업체들의 압력은 매우 거셌다(Pryor, 1992). 비즈니스 인구학의 활성화는 센서스 이용자의 수를 급증시켜 센서스 주기를 5년으로 고착화하는 데 결정적 역할을 하였다.

유엔은 제2차 세계대전 후 많은 국가(특히, 제3세계)에게 센서스에 대한 재정·기술적 지원을 제공함으로써 각국의 인구 집계를 장려해 왔다. 2012년 유엔통계국(United Nations Statistics Division)에 의하면, 세계의 각국 중 97%가 센서스에 참여하여 세계 인구의 99%를 집계하고 있다. 단지 7개국만이 센서스를 시행하지 않고 있다. 이들 국가는 매우 소국(eritrea)이거나 분쟁 지역에 있는 나라들(레바논, 이라크, 파키스탄, 소말리아, 우즈베키스탄)이다. 오랜 동안 센서스를 실시하지 않았던 미얀마도 2014년 센서스를 실시하였다(〈이야기 상자 1: 미얀마 센서스〉 참조). 인구가 가장 많은 나라인 중국과 인도의 경우, 중국은 2010년, 인도는 2011년에 센서스를 실시하였다. 비주기적으로 센서스를 실시하는 중국과 달리, 인도는 1881년 영국의 감독하에 최초의 센서스를 실시한 이래 매 10년마다 주기적으로 실시하고 있다.

2) 센서스의 기본 원칙

유엔(UN, 1998: 3)은 센서스의 기본 원칙을 ① 개인 계수(individual enumeration), ② 규정된 영토 내에서의 보편성(universality within a define territory), ③ 동시성(simultaneity), 그리고 ④ 규정된 주기성(defined periodicity)으로 규정하였다. 첫 번째

이야기 상자 2

한국의 호구조사와 인구조사

우리나라 인구조사의 역사는 삼한 시대까지 거슬러 올라간다. 삼국 시대를 거쳐 고려, 조선까지 인구조사가 시행되었고, 명칭은 '호구조사'였다. 현재까지 발견된 것 중 가장 오래된 호구문서는 신라 경덕왕 14년(755년)의 것으로 추정되는 신라 촌락장적(村落帳籍)이다(〈그림 2-1〉 참조). 호구조사와 오늘날 인구조사는 구분되어야 한다. 그것은 기본 단위가 다르기 때문이다. 센서스와 같은 오늘날 (서구식) 인구조사에서 기본 단위는 '개인'이지만, 과거 (동양의) 호구조사에서 기본 단위는 '호'(戶)이다. 호구에서 호(戶)는 가구를, 구(口)는 호의 구성원인 개인을 뜻한다. 따라서 호구조사에서 일차적인 것은 호이고, 이차적인 것이 호에 포함된 개인(口)이다. 인구학자들은 전통 동양 사회의 인구를 추정할 때 호구조사에서 집계된 호구들의 수에 호의 평균 인원수를 곱하는 방식을 택하곤 한다. 중국 전통 사회에서 호의 평균 구성원 수는 6명으로 가정된다.[3]

호구는 두 방식으로 파악된다. 하나는 "법제로 가족을 설정하여 개별 호별로 호 대표자와 구성원들의 가족관계 및 인적사항을 일일이 기록하는 호적(戶籍)을 몇 년마다 정기적으로 작성하는 것"(손병규, 2016a: 889)이다. 호적은 국가 운영 – 국역 부과 – 에 관련된 호구파악의 산물이라 할 수 있다. 따라서 호구조사는 납세와 징병을 직접적으로 담당할 대상, 즉 '정'(丁)의 개념으로 파악될 수 있는 남성(이를테면, 16세 이상의 장정)이 주요 대상이었다(박명규·서호철, 2003: 61). 세금 납부와 징병의 의무가 없는 여성, 10세 이하의 아동과 60세 이상의 노인, 노비, 유랑민들은 호구조사의 대상이 아니었다. 양반을 제외한 신분층 구성원들의 다수도 누락되었다. 이런 까닭에 호구조사에 근거한 조선의 인구는 실제 인구의 절반 수준에 불과할 수 있다(정진영, 2001). 다른 하나는 "일정한 행정구획을 설정하여 호마다 구성원과 국역(國役)의 통계적 파악을 나열하거나, 해당 구역 전체 호구수를 집계하는 '호구부'(戶口簿)를 작성하는 것이다. 호적에는 성명, 성별, 나이, 가족관계 등 인구학적 요소가 기록되고, 호구부는 일종의 인구 통계라 할 수 있다"(손병규, 2016a: 889).

인구 통계는 주로 군주(정부)의 통치 대상인 인구를 통제하기 위한 수단으로 사용되기 때문에, 강력한 중앙집권을 원하는 군주(정부)는 전국 단위의 인구 통계를 요구하였다. 가난한 집안의 출신이었던 명 태조 주원장은 원말 귀족과 호족들이 서민과 평민들을 수탈하는 행위를 목격하였고, 그런

3 중국 송나라(960~1276) 시절 공식적인 평균 가구원 수는 1.5~2.5명 수준이다(Banister, 1987; Durand, 1960). 이 가구원 수에는 여성과 노비가 빠져 있다. 두란드(Durand, 1960)는 이러한 점을 감안하여 송나라 시절 평균 가구원 수를 약 6명으로 가정한다. 하지만 전란과 기근 등으로 먹고 살기가 어려워지는 경우, 많은 평민들이 조세와 부역 및 병역의 부담을 덜고자 노예로 전락하는 경우가 많았다. 심한 경우에는 노예의 비중이 30%에 달하였다. 이러할 때 호의 수는 줄어들게 된다(Banister, 1987; Durand, 1960).

행위를 막고자 전례 없는 강력한 전제주의 통치를 펼쳤다. 그 통치 과정에서 나온 것이 1391년 편찬된 황책(黃册)이다. 황책은 명의 전체 인구를 파악하고 그것을 근거로 삼아 조세행정 정책을 펼치기 위한 작업이었다. 황책을 통해 그 당시 명나라 사람들의 나이·성·직업을 간략하게 기록하였던 인구 수치가 등장하였다(허핑티, 1994).

조선도 국가 운영을 위해 호구조사에 공을 많이 들였다. 조선 초기 1406년 태종은 전국 호구조사와 호패법을 시행하였다. 새로 건국한 국가로서 조선은 국가 중요 자원인 인구의 정확한 파악은 중요하였다. 『태종실록』을 보면 당시 인구가 가장 많았던 지역은 경상도로 4만 8,993호에 9만 8,915명이 거주하였다. 이어 서북면(평안도)에 3만 3,890호, 6만 2,321명이 거주하였다. 세종은 한성에 대한 호구조사를 하였다. 『세종실록』을 보면 1435년 한양 호구는 성 안은 1만 9,552호, 성 밖 10리는 2,339호로 집계되었다. 성종은 『경국대전』을 통해 호구조사는 3년마다 하도록 못 박았다(경향신문, 2015년 9월 11일).

비록 일부 인구학자와 경제학자들은 조선의 호적을 사용하여 조선 인구를 추정해 왔지만(제4장 3절 〈그림 4-7〉 참조), 최근 역사학자들(권내현, 2006, 2016; 손병규, 2016c)은 호적 혹은 호적대장이 조선의 인구를 추계하는 데 적합한 자료가 아니라고 주장한다. 이런 주장에 근거하면 호적은 인구수와 사회경제적 요인 간 관계를 설명하는 서구 인구학 패러다임(특히 맬서스주의)의 연구에 적합한 경험적 증거가 되지 못한다. 왜냐하면 호적상의 호는 인구수를 추정하는데 적합한 자연호가 아니라 국역 부과를 위한 편제호이기 때문이다. 조선의 호적(호적대장)은 "수많은 호구의 누락, 등재된 인구의 비균질적인 성비나 연령 분포, 일정하게 유지된 호당 구수와 직역자 수, 일정한 호구 출입 규모, 인위적인 분호나 합호 등의 현상이 배정된 호총(戶摠)과 구총(口摠)을 맞추고 국역자를 확보하는 과정에서 나타난 결과물"(권내현, 2016: 305)이다.

조선에서 호구는 두 가지 원칙, 즉 관법(寬法)과 핵법(覈法)에 의해 파악되었다. 핵법은 호(戶)와 구(口) 하나하나 철저히 파악하여 사소한 누호(漏戶), 누구(漏口)도 허용하지 않는 강력한 호구집계 방식을 말한다. 반면 관법은 호구를 샅샅이 수괄하지 않고 마을이나 지방관청이 자체적으로 요역과 부세를 할당하고 호구 총수를 충당하는 방식이었다. 조선왕조의 호구 정책은 법적으로 일체의 누호·누구를 허용하지 않는 핵법을 표방하였지만 실제 운영은 이와 달랐다.

한국이나 중국의 왕권은 왕이 백성을 직접 통치하는 절대왕조의 형태이기보다, 왕이 지방의 귀족이나 호적을 통해 백성들을 통치하는 느슨한 지방분권 체제라 할 수 있다. 지방의 수령은 개인들의 수를 나타내는 인구수가 아니라 그 지역에서 집계한 호들의 수에 근거해 군역과 납세를 징수하여 왕에게 바쳤다. 군역과 조세를 왕에게 내야 하는 지방의 토호들은 지역의 호수를 낮추어 보고하곤 하였다. 게다가 왕의 선정은 백성들의 병역과 조세의 부담을 덜어주는 것을 의미하였기에, 왕은 실제보다 낮게 산정된 호의 수에 근거하여 백성들에게 조세와 병역을 부담하였다. 호구수를 현실에 가깝게 파악하는 것은 불가능하였을 뿐 아니라 인정(仁政)에 위배되는 것으로 인식하였다. 지역사회에 부과된 호구의 파악은 철저히 관법으로 운영되었다. 관법에 입각한 호총산정으로 실제 가호수의 일부가 호적에 등재되었고, 이 과정에는 국가의 세원확보 의지와 민(民)의 부세부담 역량이 감안되었다.

원칙인 개인 계수는 개인을 하나하나 세는 방식이다. 개인들은 구체적 특성에 따라 목록화(list)될 수 있다. 개인 계수와 대조되는 방식은 집단 집계이다. 대표적인 것은 한국과 중국의 전통 사회에서 행해졌던 '호'(戶) 집계이다(〈이야기 상자 2: 한국의 호구조사와 인구조사〉 참조). 집단 집계는 특정 집단(이를테면, '호')의 성인 남성들을 모아서 계산하는 방식이다. 따라서 집단(호)의 특성이 아니라 개인별 특성에 따라 개인들을 도표화할 수 없는 한계를 가진다(Bryan and Hauser, 2004: 43). 두 번째 원칙은 센서스는 이상적으로 특정 국가에 거주하거나 있는 사람 모두를 포괄해야 한다는 것이다. 불행히도 이것은 이상으로는 가능할지라도 현실에서는 거의 불가능하다. 세 번째 원칙은 센서스에서 각 개인의 특성과 주거지는 특정 '센서스 시점'(census moment)에서 구체화되어야 한다는 것이다. 2015년 우리나라 인구주택총조사의 센서스 시점은 11월 1일이다. 네 번째 원칙은 센서스가 일정한 주기로 규칙적으로 실시되어야 한다는 것이다. 한국은 매 5년마다 실행하고 있다. 센서스의 주기를 규칙화하면, 인구 사상들의 추세를 용이하게 비교·기술할 수 있다. 유엔은 국제 간 비교를 위해 0으로 끝나는 해(이를테면, 2020년)에 실행할 것을 권고하고 있다.

정부는 이 원칙들에 근거하여, 이를테면 집계방식에서 융통성을 발휘할 수 있다. 미국에서는 센서스 계수원이 각 가구를 일일이 방문하는 면접조사 대신 대부분의 가구에게 설문지를 보내는 우편조사를 활용하고 있다. 사실 센서

〈그림 2-1〉 신라 촌락장적

한국학중앙연구원에 신라 촌락장적(신라 민정문서)의 사진이 전시되어 있다. 1933년, 일본 나라현 동대사 정창원에서 일본 쇼소인 소장의 유물을 정리하다가 화엄경론의 질(帙) 속에서 이 문서가 발견되었다. 통일신라 시대인 경덕왕 14년(755)으로 추정되는 이 문서는 「신라장적」(新羅帳籍)이라고 불리는 일종의 '호적문서'다. 이 문서에는 호구(호수), 토지(전답), 뽕나무 · 잣나무 · 호두나무(과일나무)의 수, 우마(가축)의 감소 등이 기입되어 있는데, 그중 노동력을 가장 중시해 인정(人丁, 정남과 정녀)의 많고 적음에 따라 9등호로 나누어 호구를 조사하였고, 성별로 나누어 역역 징발을 위한 기준으로 연령별로 6등급을 나누어 인구조사를 하였다.

자료: 통계청, 2015년 인구주택총조사 홍보 자료.

스 실행에서 가장 많은 비용을 차지하는 것이 센서스 계수원 비용이다. 그래서 한국은 2010년에는 면접조사와 인터넷조사를 병행하였고, 2015년부터는 등록 센서스로 대치하였다.

3) 센서스 항목

(1) 센서스의 항목 결정

센서스 항목은 인구 관련 기본 항목들의 기술적 범주와 정치적 범주로 구성된다. 성, 연령, 출생연도, 배우자 유무, 총출생아 수 등의 인구 관련 기본 항목들은 기술적 범주에 속한다. 이러한 기본 항목들은 국제 간 비교에서 유용한 정보를 제공함은 물론, 특정 국가에서의 시계열 혹은 추세 분석에서도 유용하게 사용될 수 있다. 이를테면, 우리는 총출생아 수를 이용하면 각 나라들 간 출산 수준을 비교할 수 있고, 또는 지난 50년 혹은 100년간 특정 국가의 출산 추세를 분석하고 파악할 수 있다.

정치적 범주의 항목들은 정치적 측면에서 결정되는 경향이 있다. 항목들의 선정은 해당 국가의 공적 관심에서 결정된다. 이를테면, 인구고령화가 진행됨에 따라 정부는 노인복지 정책에 필요한 정보를 얻기 위해 노인의 사회경제적 상황 혹은 건강에 관련된 항목들을 센서스에 포함시킬 수 있다. 또한 해당 국가의 공적 관심 못지않게 국제적 요구에 따라 특정 항목들이 센서스에 포함될 수 있다. 이를테면, 20세기 중반 UN과 서구 선진 국가들은 비서구 사회에서의 가족계획 정책 수행에 필요한 기본 정보를 얻기 위해 각국에 '총출생아수'를 센서스 기본 항목으로 첨부할 것을 요구하였다. 이처럼 센서스 항목들의 결정은 국제적 요구가 해당 국가의 공적 관심보다 우선시되는 경향이 있다. 우리나라에서도 센서스 항목은 그 당시 국내 그리고 국제적 정치적 관심사에 따라 선정되어 왔다.

우리나라 최초의 센서스는 1925년에 실시되었다. 그 당시 센서스의 항목수는 다섯 개에 불과하였다. 항목은 성명, 성별, 출생연도와 월, 배우자 관계, 국적 등이었고, 주된 관심사는 그 당시의 인구수와 연령 분포를 파악하는 것이었다. 그 후 센서스 항목들은 계속 추가되었다. 1940년에는 병역과 지정 기능(지정 직업과 지정 학력) 항목이, 1944년에는 직업 항목에 특수 기능을 첨가하고 지정 기능 항목은 학력 항목으로 대체하였다. 이는 일제가 센서스의 목적을 전시 인력동원을 위한 자료로 사용하고자 하였기 때문이다(김민경, 2002: 35).

정부 수립 직후 실시한 1949년 센서스에서는 출생연월일, 성별, 배우자 관계, 학력, 직업과 특수 기능, 해방 시점에서의 거주지, 군사 경험, 징용 경험 등 11개 항목을 조사하였다. 해방 시점의 거주지는 최초로 조사된 이주 항목으로, 1945년 8.15 해방 이후의 국내 귀환 이주와 국내 이주 실태를 파악하기 위해 첨가되었다. 군사 경험과 징용 경험은 일제의 강압으로 인한 학병과 징병·징용으로 끌려갔다가 귀환한 사람들의 숫자를 파악하기 위한 항목이었다(김민경, 2002: 36).

정부 수립 후 두 번째로 실시한 1955년 센서스는 기본 인구 항목 외에 장애 상태와 전입 시기 및 이전거주지 항목, 주거점유 형태의 가구 관련 항목, 농가와 비농가 구분 항목 등 12개의 항목으로 구성되었다. 1960년 센서스는 주택 부문을 처음으로 조사함으로써 조사 항목의 수가 35개로 크게 증가하였다. 인구 부문에는 '총출생아 수'가 처음 출산 관련 항목으로 포함되었다. 1966년 센서스에서 표본 기법이 처음으로 도입되었다. 표본 기법의 도입은 센서스를 통해 보다 많은 정보를 얻고자 하는 사회적 요구를 반영한다. 두 가지 형태의 조사표가 사용되었다. 하나는 전체 인구가 조사 대상이 되는 전수조사표이며, 7개의 인구 관련 항목들로 구성되었다. 다른 하나는 전체 인구의 10%로 구성된 표본에서 조사되는 표본조사표이며, 전수조사표의 항목에다 7개의 경제활동 관련 항목들이 첨가되어 구성되었다. 1970년 센서스에는 주택 부문 항목이 다시 포함되어 조사 항목의 수는 31개로 증가하였다. 도시화로 인한 이주 문제가 사회 문제로 대두됨에 따라, 1970년 센서스에서 5년 전 거주지 항목이 새로이 도입되었다. 1975년 센서스는 불완전취업자 파악에 주안점을 둔 까닭에 경제활동 상태, 취업 여부, 종사상 지위, 직업 항목 등이 추가되었고, 초혼연령 항목이 새로이 포함되었다. 교통난이 심각해짐에 따라 1980년 센서스에서는 교통실태 파악을 위한 통근/통학 항목이, 1985년 센서스에는 성씨와 본관이 조사 항목으로 첨가되었다(김민경, 2002: 37).

1990년 이후 센서스들에 포함된 조사 항목들은 〈표 2-1〉에 나타나 있다. 광역시 교통 정책의 수립이 필요한 까닭에, 통근/통학 항목이 1990년 센서스에서

〈표 2-1〉 한국 센서스의 [인구 부문] 조사 항목들: 1990~2015

(○: 전수조사, ●: 표본조사)

	1990	1995	2000	2005	2010	2015
성별	○	○	○	○	○	○
생년월일(연령)	○	○	○	○	○	○
국적(현재, 출생지)					●	●
입국연월					●	○
출생지	○	●	○	●	●	
가구주와의 관계	○	○	○	○	○	○
본관						○
혼인 상태	○	○	○	○	○	●
초혼연령(혼인연월)	●			●	●	●
자녀 출산시기						●
출산자녀 수	●		●	●	●	●
추가계획 자녀 수				●	●	●
생존자녀 수, 사망자녀 수	●			●	●	
결혼 전 취업 여부						●
경력단절						●
거주지: 1년 전	●		●		●	●
거주지: 5년 전	●	●	●	●	●	●
종교		○		●		●
교육 수준(학력)	○	○	○	●	●	●
전공 학과(계열)			●			●
경제활동 상태	●	●	●	●	●	●
구직활동			●	●	●	
종사상 지위	●	●	●	●	●	●
산업, 직업	●	●	●	●	●	●
근로장소				●	●	●
현직업 근무연수			●		●	●
개인소득						
노인의 생계수단(생활비 원천)			●	●	●	●
동거 및 비동거 자녀의 수				●		
활동 제약			●	●	●	●
일상생활 및 사회활동 제약						●
아동보육			●	●		●
컴퓨터 및 인터넷 활용			●			
통근/통학 여부, 통근/통학 장소	○	●	●	●	●	●
통근/통학 소요시간	○	●	●	●	●	●
이용 교통수단	○	●	●	●	●	●
사회활동					●	●

는 전수조사표로 조사되었다. 가구소득 항목이 처음으로 설문지에 포함되었지만, 응답들이 부실한 까닭에 그 결과물은 발표되지 않았다(김민경, 2002: 37). 2000년 센서스에서는 인구고령화가 주요한 사회 문제로 부각됨에 따라 노인의 생계수단, 노인부양 및 노인의 일상생활 장애에 관한 항목들이 포함되었다. 정보 사회의 도래로 인해 컴퓨터와 인터넷에 관한 항목이 센서스 설문지에 첨가되었다. 조사 항목의 수가 무려 50개로 늘어났다. 2005년 센서스에서는 구체적인 일상생활 장애 항목들이, 2010년 센서스에서는 사회활동 항목이 첨가되었다. 2010년 센서스에서는 국적과 출생국가, 그리고 입국연도 항목이 추가되었다. 1990년대 이후 우리나라에서 해외노동자와 국제결혼 이주자의 수가 급증하였던 사회현상이 반영되었다. 2000년대 이후 저출산이 우리 사회에서 공적 쟁점으로 부상하게 됨에 따라, 2015년 센서스에서는 저출산 정책에 중시되는 여성 취업과 양육 항목이 첨가되었다. 반면 이전 센서스에서 조사되었던 출생지, 생존자녀 수, 사망자녀 수 항목은 제거되었다.

이상과 같이, 한국 센서스의 항목들은 시대적 요구에 따라 새로이 추가되거나 제거되어 왔다. 조사 항목의 추가와 제거는 그 당시의 사회경제적·정치적 상황과 밀접하게 관련된다. 따라서 조사 문항의 선정에서 기본 원칙이 필요하다. 이에 대해 거의 평생을 센서스 관련 업무에 종사하였던 김민경(2002: 47)은 다음과 같이 말하고 있다.

> "기본 항목을 필수 항목으로 하여 매 센서스마다 고정시키고, 일정한 범위 안에서 선택적으로 추가할 수 있게 하는 것이다. 이때 표본 항목 또는 전수 항목으로 할 것인가, 그리고 항목별로 조사주기를 어떻게 할 것인가에 대한 원칙도 필요하다. 한편, 센서스에서 조사가 어려운 항목이나 다른 표본조사로 작

성하여도 결과 이용에 큰 문제가 없는 항목은 신규 항목 선정 시 배제할 필요가 있다. 물론, 동일 항목에 대해서는 개념과 기준을 변경하고자 할 경우 시계열 비교의 가능성을 전제하도록 하여야 한다.”

(2) 내용오차

일단 항목들이 결정되면, 그것을 질문할 문항들로 전환하고 각 문항의 응답 범주들을 구성해야 한다. 이 과정에서는 질문지 작성법과 같은 기술적 측면을 고려해야 한다.

센서스의 질은 포함오차(coverage error)와 내용오차(content error)에 관련되어 평가된다. 포함오차는 센서스 집계 과정에서 누락되거나 두 번 이상 집계된 사람들로 인해 일어난다. 내용오차는 센서스 계수인이 응답자의 응답을 잘못 기록하거나 응답자가 잘못된 정보를 제공하는 과정에서 일어난다. 포함오차는 ‘누가 어떻게 계수되었는지’에 관한 집계 과정에서 일어나는 오차인 반면, 내용오차는 응답자가 센서스 질문지에 응답하는 과정, 면접자가 응답자의 응답을 기록하는 과정, 혹은 응답자의 응답을 코딩하는 데이터 가공 과정에서 일어나는 오차이다. 센서스 항목을 질문 문항과 응답 범주로 전환하는 기술적 측면에 관련되는 것은 내용오차이다. 포함오차는 다음 단원에서 다룬다.

내용오차는 응답자가 설문내용을 정확하게 이해하고 이에 합당한 응답을 제시하였는지에 관한 문제이다. 정부와 센서스 집행자는 흔히 응답자가 연령과 같이 생물학적으로 명백한 사실에는 정확한 정보를 제공할 것이라 가정한다. 그러나 그렇지 않을 수 있다. 비서구 사회 사람들은 서구와 다른 방식으로 자신의 나이를 말하곤 한다. 전통 한국 사회에서도 서구의 만 나이로 자신의 나이를 말하지 않았다. 심지어는 정확한 나이의 개념이 없을 수도 있다.[4] 정확한 서구의 만 나이보다 0이나 5로 끝나는 숫자로 자신의 나이를 대답하는 경향도 종종 있다. 과거 1960년대 필리핀과 베네수엘라에서는 29세 혹은 31세의 사람들이 30세라고 응답하는 경향이 많았다(이흥탁, 1994: 86). 인구학자는 이를 연령편중(age heaping)이라고 부른다.

사회 환경이 바뀌어, 기존의 설문 문항이 타당성을 상실할 수도 있다. 미국에서는 센서스의 인종 문항에 대한 응답 범주의 설정을 놓고 격렬한 논쟁이 있어 왔다. 백인, 흑인, 인디언 사이의 혼혈아인 아버지와 태국인 어머니 사이에서 태어난 프로골퍼 타이거 우즈의 사례에서 보듯이, 미국에서 상이한 인종적 배경을 지닌 부모들에서 태어난 자녀들의 수가 점점 증가하고 있다. 만일 인종 문항에 대한 응답 범주들이 '백인', '흑인', '아시아인' 등과 같은 단일 인종으로 구성된다면, 이들은 자신의 인종을 응답하는 데 매우 어려움을 겪을 것이다. 전통 방식의 인종 응답 범주는 당연히 타당성을 상실한다(Hirschman et al., 2000; Snipp, 2003). 이에 2000년 미국 센서스에서는 인종에 관한 응답 범주들에 보다 포괄적인 다인종(multiethnic)을 포함시켜야 한다는 요청이 제기되었고, 2010년 센서스에서도 그런 요청은 계속되고 있다.

일반적으로 내용오차는 특정 문항에 대한 무응답 혹은 응답자가 질문을 이해하지 못한 상황에서의 부정확한 응답에서 초래될 것이다. 교육 수준이 낮은 사람이나 문맹자들이 잘못된 응답을 하거나 무응답을 할 가능성이 크다(Iversen, Furstenberg, and Belzer, 1999). 따라서 교육 수준이 높은 나라에서는 센서스 정보가 타당할 가능성이 높지만, 낮은 나라에서는 타당성과 신뢰성의 문제가

4 저자가 2010년 캄보디아와 2012년 미얀마에서 하였던 설문조사에서 자신의 나이를 정확하게 알지 못하는 응답자들(특히, 농촌 지역에서의)이 상당수 있었다. 저자는 응답자가 자신의 연령을 부정확하게 응답할 가능성을 고려하여 만 연령과 띠 연령을 동시에 물어보았으나, 이 두 나라의 응답자들 상당수는 띠 연령도 몰랐다.

소지될 수 있다.

한편, 센서스 문항들은 기술적 측면에서 비교 가능한 데이터의 생성을 요구한다. 국가들은 기준연도(0으로 끝나는 연도)에 센서스를 실행하고, 동일한 주제(topic)를 포괄하고 동일한 정의를 사용함으로써 국가들 간 비교의 역량을 향상시킬 필요가 있다. 한편, 일련의 센서스들에서 동일한 주제를 반복하여 조사하면, 시간에 따른 측정 주제(예, 출산율)의 변화를 연구하는 추세(trend) 분석이 가능하다. 또한 유엔이 칭하는 '적합성'(suitability) 기준이 요구된다. 센서스는 응답자에게 응답 불가능한 질문들을 질문해서도 안되며, 합법적이지 않은 방법이나 절차를 사용하여 센서스 자료를 수집해서도 안된다(Lundquist et al., 2015: 21).

4) 센서스의 조사 대상

(1) 센서스 인구 개념

이론상 보면, 센서스는 모든 사람을 계수하여 정보를 획득해야만 한다. 그러나 그것은 불가하다. 따라서 센서스 작업자들이 일차로 대답해야만 하는 질문은 '센서스에 포함되어야 하는 사람들은 구체적으로 누구인가?' '외국에서 온 방문자도 포함되어야 하는가?' '센서스 시점에 우리나라에 없는 사람은 집계(count)에서 빼야 하는가?' 등과 같은 것이다.

센서스는 주로 상이한 두 가지 인구 개념에 근거하여 계수하며, 각 개념은 상이한 총수의 인구를 나타낸다. 하나는 현존인구(de facto population)의 개념으로, 센서스 날에 주어진 영토에 존재하는 사람들을 계수한다. 다른 하나는 상주인구(de jure population)로, 센서스 날에 주어진 지역에 법적으로 '속하는'

(belong) 사람들을 계수한다.[5] 해외이주자의 수가 적거나 이동이 거의 없는 경우라면 현존인구와 상주인구 간의 차이는 거의 없을 수 있다. 그러나 해외이주가 활발한 세계화 시대에는 차이가 날 수 있다. 자국에서 해외로 나가는 이출자보다 해외에서 자국으로 들어오는 이입자가 많은 나라에서는 상주인구보다 현존인구가 많은 반면, 이출자가 이입자보다 많은 나라 – 대표적인 나라의 하나는 해외로 많은 노동인구를 송출하는 필리핀 – 에는 현존인구가 상주인구보다 적을 것이다.

우리나라는 1925년부터 1955년까지 현존인구의 개념을 사용하였지만, 1960년 센서스부터는 유엔의 권고를 받아 상주인구의 개념을 채택하였다. 그 주된 이유는 1955년 센서스에서 현역 군인들을 그 부대가 위치한 지역의 인구에 포함시켜 경기도와 강원도 인구가 상대적으로 많게 나타나는 결과를 초래하였기 때문이다. 경기도와 강원도 인구의 과다 집계는 정부의 각종 정책과 행정 처리에 문제를 야기할 수 있었다(김민경, 2002: 31).

많은 나라들(미국, 캐나다, 멕시코 등)에서는 상주인구와 현존인구 사이에 있는 개념인 평상거주지(usual residence)[6] 개념의 인구를 센서스에서 사용한다. 평상거주지는 사람들이 일상적으로 잠을 자는 곳으로 대략적으로 정의된다. 예를 들어, 고향을 떠나 대학 기숙사에 살고 있는 대학생들은 부모의 집이 아니라 대학 주소에 포함된다. 평상주거지가 없는 사람들(이를테면, 부랑아나 거리의 노숙자 등)은 발견된 곳에서 계수된다. 타국에서 온 방문자와 여행자들 – 다른

••••••••

5 한국에서는 상주의 개념을 3개월로 한정하여 ① 3개월간 계속 살았거나, ② 3개월을 살지 않았어도 앞으로 그곳에서 살 기간과 이미 살아온 기간을 합쳐 3개월 이상이 되거나, ③ 역시 3개월을 계속 거주한 일이 없지만 앞으로 3개월 이상을 계속 살 것으로 예상되는 장소를 상주지로 규정하였다(네이버).

6 'place of usual residence'를 상주지라고 번역하는데, 이는 저자가 번역한 평상거주지와는 다른 개념처럼 보인다. 네이버에서 상주지(place of usual residence, 常住地, じょうじゅうち)를 "조사 시점을 기준으로 하여 동일한 장소에서 계속 살고 있거나 계속 살 것이 예상되는 거주 장소"라고 말한다.

어느 곳에 법적으로 '속하는' – 은, 비록 그들이 센서스가 시행되는 나라에 존재하고 있지만, 센서스 계수에는 포함되지 않는다. 반면 불법이주자는 평상거주지의 개념에 근거해 센서스에 포함된다(Weeks, 2012: 121).

'속하는'은 때로 정치적 쟁점이 될 수 있다. 상주인구 개념의 센서스는 해외에 근무하는 군인과 공무원들, 그리고 기업의 해외주재원들을 계수한다. 미국에서 각 주를 대표하는 하원의원들 수는 센서스에서 집계된 각 주의 인구수에 의해 결정된다. 2000년 센서스에서 타지에 파견된 유타(Utah)주의 모르몬교(Mormon) 선교사들이 유타주에 속한 것으로 집계되지 않아, 유타주는 하원의원들의 수가 줄어드는 상황을 맞이하게 되었다. 유타 정부는 이를 연방법원에 탄원하였다(Weeks, 2012).

한국은 다른 방식으로 정치적 쟁점을 야기할 것이다. 소지역의 주민들은, 자기 지역을 대표할 국회의원을 배출하기 위해, 타지에 사는 고향 사람들을 자기 지역의 주민등록 인구에 포함시키고자 노력할 수 있다. 반면 평상거주지 개념의 인구 센서스는 타지에 살면서 고향의 주민등록부에 등록된 사람들을 그 지역의 인구로 계수하지 않는다. 이런 불일치는 주민등록 인구와 센서스 인구 간의 불일치를 야기할 것이다.

(2) 포함오차

센서스는 모든 사람을 계수하도록 기획되지만, 누락되는 사람이 항상 있고 또 두 번 이상 계산되는 사람들이 있다. 과소집계(undercount)와 과대집계(overcount)는 항상 나타나기 마련이다. 과소집계와 과대집계를 합쳐 포함오차로 칭한다. 과소집계는 정치적 쟁점이 될 수 있다. 여성보다 남성이 그리고 열악한 사회경제적 위치에 있는 사람들이 센서스에서 누락될 가능성이 높다.

2005년 한국 센서스에서 순누락률은 2.42%(1,138,000명)이었다. 하지만 누락률은 남성 – 3.17%(743,000명) – 이 여성 – 1.68%(395,000명) – 보다 훨씬 높았다(박유성·김기환·김성용, 2010: 77). 미국의 경우, 흑인이 백인보다 과소집계되는 경향이 있다. 또한 부랑아나 노숙자들이 일반인에 비해 누락될 가능성이 높다. 사회경제적 지위가 열악한 사람들의 과소집계는 때로 정치적 쟁점으로 부각될 수 있다. 왜냐하면 누락된 사람들이 일반적으로 복지 대상자가 될 가능성이 높기 때문이다.

포함오차는 정치·문화적 현상으로도 일어날 수 있다. 2000년 중국 센서스는 만 10세 이하의 어린이 3,700만 명이 누락되었다고 추정되었다(Goodkind, 2004). 놀랍게도 그 누락은 센서스 집행자가 그 아이들을 발견하지 못한 것이 아니라 숨겨준 탓에 기인하였다. 중국 정부의 한 자녀 정책은 강제적이었고, 위반 시에는 엄격한 처벌을 받았다. 남아선호 사상이 강하였던 중국인들은 딸을 출산할 경우에는 아들을 낳고자 출산신고를 꺼려하였고, 관료들은 이를 암묵적으로 용인하였다. 게다가 신고 누락 처벌은 부모뿐 아니라 그 지역의 관료도 함께 받았기 때문에, 부모와 관료들은 누락된 아이들의 정보를 감추는 데 공범이 되었다.

(3) 센서스 집계에 대한 평가

센서스 집계의 오차는 일반적으로 인구학적 분석(Demographic Analysis: DA)과 사후집계 설문조사(Post-Enumeration Survey: PES)에 의해 평가된다. 인구학적 분석 접근 방식은 인구균형 방정식(demographic balancing equation)을 사용하여 가장 최근의 인구수를 추정한 뒤, 추정된 인구수를 실제 집계된 인구수와 비교하는 것이다. 인구균형 방정식은

$$P_2 = P_1 + B_{(1, 2)} - D_{(1, 2)} + IM_{(1, 2)} - OM_{(1, 2)}.$$

만일 이전 센서스에서 사람들의 수(P_1)를 안다면, 그 시점 이후 태어난 사람들의 수($B_{(1, 2)}$)를 더하고, 사망한 사람들을 빼고($D_{(1, 2)}$), 이입자들을 더하고($IM_{(1, 2)}$), 이출자를 빼면($OM_{(1, 2)}$), 실제로 있어야만 하는 인구수(P_2)를 추정할 수 있다. 이 추정 인구수를 실제 센서스에서 집계된 인구수와 비교를 하면, 센서스의 정확성을 판단할 수 있다.

역으로 또한 추정 인구수(P_2)와 센서스 인구수 사이의 차이는 출생과 사망에 대한 과소 혹은 과대의 추정치를 산출하는 데 이용될 수 있다. 모든 연령, 성별, 인종집단에 이런 방식의 계산을 행함으로써, 인구의 다양한 집단들에서 과소 혹은 과대 추정치를 추정할 수 있다. 한국의 경우, 1970~1975년 센서스 자료를 이용하여 한국의 사망등록률이 62~65%에 불과하다는 사망등록 시스템의 후진성을 지적하였던 외국 학자의 연구가 있었다(Bennett and Horiuchi, 1981; Hill, 1987). 이에 대해, 전세봄·김성용·박유성(2012)은 1985년부터 2010년까지의 센서스를 분석한 결과(외국 학자는 폐쇄인구에 초점을 맞추었지만, 이들의 방정식은 개방인구로 확대하였다), 외국 학자의 지적과 달리 한국의 사망자 자료가 완성도가 비교적 높음을 밝혔다. 앞에서 언급하였던 중국 센서스에서 3,700만 명의 아이들 누락은 1990년과 2000년 중국 센서스를 사용한 인구균형 방정식을 통해 밝혀졌다(Goodkind, 2004).

사후집계 설문조사는 센서스 결과의 정확성과 포함오차를 평가하기 위해, 센서스 실시 후 센서스에서 구축된 표본을 대상으로 하여 조심스럽게 실시한 설문조사이다. 포함오차는 사후집계 설문조사의 응답자들이 센서스에서 계수되었는지를 짝짓기(matching) 분석을 통해 평가된다. 가구와 가구 내 개인들이 센서스와 사후집계 설문조사 모두에서 집계되었다면, 이는 이상적이다. 센서스에는 없지만 사후집계 설문조사에는 있다면, 이는 과소집계를 나타낸다. 혹은 잘못된 장소에서 계수되었을 수도 있다. 혹자는 센서스에 있지만 사후집계 설문조사에는 없는 사례들을 분석하고자 할 수 있다. 이런 사례들은 이론상으로 가능할 뿐 사후집계 설문조사가 준거가 되는 분석에서는 나올 수가 없다. 불필요한 분석이다.

5) 센서스의 미래

20세기, 특히 20세기 후반 이후 센서스는 세계의 대부분 나라에서 정부 정책의 수립에 필요한 공식 통계들을 제공하여 왔다.[7] 그런데 센서스는 최근 그 존재를 위협받고 있다. 위협 요인은 크게 네 가지이다. 막대한 비용, 사적 생활권의 침해, 응답률의 감소, 그리고 유용한 시기에 필요한 자료의 제공이다. 그 중 가장 논쟁이 되는 것은 비용이다.

한국에서 인구주택총조사의 비용은 1995년 539억 원에서 2010년 1,808억 원으로 급상승하였다. 미국에서도 2010년 센서스 비용은 1조 3,000억 달러로, 2000년 비용의 두 배로 증가하였다(Fienberg and Prewitt, 2010). 센서스의 막대한 비용으로 인해, 세계 각국 정부들은 인터넷이나 웹(web) 등의 최신 기법 등을 이

7 정부의 공식 통계는 변수 간 교차표(cross-tabulation)들을 수록한 인쇄물로 발표되는 경향이 있다. 공무원이나 전문가 혹은 비즈니스인들이 일을 하다 보면, 정부의 응용인구학 혹은 비즈니스 인구학 작업을 위해, 정부의 인쇄물에 포함되지 않은 새로운 정보들을 필요로 할 때가 많다. 센서스 원자료(raw data)를 분석해 새로운 통계치(이를테면, 교차표)들을 산출할 필요가 있다. 만일 복지 수혜자 기준 원칙이 바뀌면, 관련 정부 공무원이나 전문가들은 원자료에 있는 변수들을 조정하여 새로이 복지 수혜자를 산출할 필요가 있다. 통계청은 이러한 응용인구학 작업을 위해 센서스 표본 자료들을 방출하고 있다. 학생이나 민간인들도 센서스 표본 자료를 활용하여 비즈니스 인구학 사업을 할 수 있는 사회적 여건이 조성되어 있다.

이야기 상자 3

IPUMS: 세계 각국 센서스 데이터들의 창고

공적 사용 마이크로데이터 통합 시리즈(Integrated Public Use Micro-data Series: IPUMS)는 미국의 미네소타 대학 주도하에, 세계 각국에서 개인별 인구 관련 정보가 탑재된 마이크로데이터들을 수집하여 만든 세계 최대의 인구 데이터베이스이다. 많은 나라에서 센서스의 공적 사용을 위해 센서스 표본 – 5%, 10%, 한국은 1% 혹은 2% – 이라 불리는 공적 사용 마이크로데이터 표본(Public Use Micro-data Sample)을 방출한다.

IPUMS는 미국을 포함한 세계 각국의 센서스 표본과 표본 설문조사(survey) 자료들로 구성되어 있다. 미국 미네소타 인구센터는 수집한 자료들의 유용성을 높이기 위해, 그 자료들에서 사용된 변수들의 정의를 유사하게 만들어 표준 소프트웨어 포맷으로 제공하고, 지리 정보 체제(GIS)에도 연결시켰다. 미국의 경우는 1790년부터 2010년까지의 센서스가, 그리고 아시아, 아프리카, 라틴아메리카와 유럽에서는 1960년 이후 실시된 센서스들이 포함되어 있다. 따라서 나라 간 비교뿐 아니라 시기별 비교도 가능하다. IPUMS는 2022년 4월 현재 세계 103개국의 547개 센서스들을 보유하고 있다. 이곳 마이크로 데이터들에는 10억 명 이상 개인 정보들이 기록되어 있다. 자료들은 무료로 다운 받을 수 있다(참조: https://international.ipums.org/international/).

IPUMS가 만들어진 배경에는, 데이터의 가공과 저장 비용을 급감시킨 기술적 발달도 기여하였지만(Bohon, 2018) 세계 각국의 인구 관련 마이크로 데이터에 대한 (특히, 미국) 학계의 요구가 결정적 역할을 하였다(Ruggle, 2014; Ruggle et al., 2015). IPUMS의 마이크로 데이터들은 세계와 세계 각국의 인구학적 과정을 연구하고 사회경제적 모델을 검증하는데, 특히 실증주의 관점에서 하나의 거대한 실험실을 제공한다. 미국 인구학은 어느 나라, 어느 사회학문보다 근대성과 실증주의 패러다임이 지배적이다.

센서스 집계 후 발간되는 센서스 인쇄물의 도표들은 인구학과 다른 사회과학 연구에서 필요한 정보를 제공하는 데 한계가 있다. 연구자와 비즈니스 종사자들은 자신의 입맛에 맞게끔 데이터를 조작하여 자신의 주장에 적합한 통계 분석 결과를 제공할 필요성을 느꼈다. 더욱이 GIS와 연계된 마이크로 데이터는 개인 혹은 가족 특성에 따른 거주지 분리를 측정 가능하게 한다. 1990년대 이후 인터넷의 발달로 세계화가 급속히 진척됨에 따라, 제1세계의 학자들과 비즈니스 종사자들은 제3세계 국가들의 인구학 연구들에 대한 필요성을 더욱 절감하였다. IPUMS의 마이크로 데이터들은, 특히 비즈니스 인구학과 국제 마케팅 컨설팅에서 기본 작업인, 세계 각국에서 시장 세분화 작업에 필요한 기본 정보들을 제공한다. IPUMS 데이터들을 잘 이용하면, 우리가 잘 모르는 타국의 인구 현상을 분석함으로써 그들의 삶의 방식을 이해하는 데 유용한 정보와 지식을 얻을 수 있다.

불행히도, 우리나라를 포함한 제3세계 국가들은 자국의 자료들을 생성하는 데 충실할 뿐 자국과 타국의 데이터를 활용하는 데는 미약한 측면이 있다. 최근 한국 통계청에서도 동남아 각국의 데이터를 수집하려는 노력을 하고 있다. 불행히도 통계청이 수집한 자료들은 과거 1970~1980년대 미국이 수집하였던 자료들이 대부분이며 최근 자료들은 미미한 실정이다. 자료의 수집에만 열성을 보일 뿐, 그 자료들을 연구자들에게 방출하고 또 그 자료들을 분석하고 활용하는 측면은 취약한 실정이다. 하지만 빅데이터 시대(4차 산업 시대)에 필요한 것은 자료의 수집이 아니라, 그 자료들을 활용한 지식과 정보 획득이다. 우리나라의 통계청과 인구학의 패러다임 혁명이 요구된다.

용하여 센서스를 경제적으로 시행할 필요성을 느꼈다. 2012년 에스토니아(Estonia, 발트해에 있는 국가)에서는 인구의 2/3가 온라인 센서스를 실행하였다. 뉴질랜드에서는 2013년 센서스의 35%가 온라인으로 실행되었고, 2018년에는 그 목표를 70%로 상향 조정하였다(Kukutai et al., 2014). 우리나라는 2010년 처음으로 온라인 센서스를 전통 센서스와 병행하여 실시하였고, 2015년에는 등록 센서스와 표본조사로 전환하였다. 그 결과 2015년 인구주택총조사의 비용은 1,257억 원으로 절감할 수 있었다. 만약 전통 방식을 고수한다면 그 비용은 2,712억 원이 예상되었었다.

전통 센서스의 막대한 비용은 또 다른 대안을 요구한다. 순환 센서스(rolling census)와 등록(행정 자료 기반) 센서스(register based census)가 그것이다. 순환 센서스는 전국을 n등분으로 나눈 뒤, 한 해에 1/n씩 n년을 계속 조사하는 것이다. n해가 누적되면 전국을 총조사하는 결과가 된다(정남수·정광희, 2016). 프랑스는 대표적인 순환총조사 국가이다. 프랑스의 순환주기는 5년으로, 5년마다 프랑스 전국이 새로이 총조사된다(김규성, 2009). 등록 센서스 혹은 행정 자료 기반 센서스는 덴마크, 핀란드 등 북유럽 국가들에서 실시되고 있다. 이들 나라들은 전통적으로 인구 등록이 잘 정비되어 있어 등록 센서스로의 이행이 비교적 용이

하였다.

등록 센서스로의 전환은 급변하는 인구 변동을 자주 그리고 적합한 시기에 파악할 수 있는 장점이 있다. 한국은 세계에서 가장 빠른 속도로 인구고령화가 진행되고 있는 나라이다. 2015년 이후에는 베이비붐 세대가 은퇴 혹은 점진적 은퇴에 본격적으로 진입함은 물론, 출산아 수와 출산율이 급격히 떨어졌던 1990년대 후반 이후 코호트들이 대학을 진학하고 병역을 수행해야 한다. 우리나라처럼 인구 변동이 매우 급격하게 변화하는 사회에서는, 5년 주기의 센서스조차 사회에서 요구하는 인구 정보를 제공하는 데 한계가 있을 수 있다. 더구나 최근에는 국내 이주와 국제 이주마저 이전보다 훨씬 활발하게 일어나고 있다. 등록 센서스는 5년 주기의 센서스보다, 급격히 변화하는 인구 변동에 맞추어 적합한 인구 정보를 신속하게 제공할 수 있는 장점이 있다.

2.2. 동태 통계

센서스는 센서스 시점에서 인구의 크기, 구성, 지리적 분포 등에 관한 정태적 정보를 제공한다. 따라서 연속된 센서스 시점 사이 – 이를테면, 2010년과 2015년 센서스 사이 – 에 일어난 인구수나 인구 구성의 변동에 대해 아무런 정보를 제공하지 못함은 물론, 그 변동을 야기한 인구 사상들 – 이를테면, 출산율과 사망률 – 에 대한 정보도 부재하다. 동태 통계는 이런 센서스의 약점을 보완해 준다.

여러분은 태어났을 때 부모님이나 다른 어떤 사람이 출생신고를 했을 것이고, 사망하면 어느 누군가 여러분의 사망증명서를 작성할 것이다. 그리고 이주, 혼인, 이혼을 해도 그에 대해 신고한다. 출생·사망·혼인·이혼 등의 인구 사상이 바로 동태 사상들(vital events)이다. 이러한 동태 사상들은 시민 등록 혹은 인구 등록 체제에 등록되며, 정부는 그것들을 집계하여 동태 통계들로 편찬한다. 한국에서는 인구 등록을 주민 등록이라 부른다. 동태 통계는 광의로 보면 출생·사망·혼인·이혼뿐만 아니라 전입과 전출 혹은 이입과 이출 등의 이주도 포함하지만, 한국에서는 이주를 뺀 출생·사망·혼인·이혼 등 네 개의 사상들을 대상으로 작성한다.

1) 동태 통계의 역사

출생·사망·혼인·이혼 등의 동태 사상들에 대한 기록은 그 역사가 오래되었다. 한국과 중국은 족보나 호적에서, 일본은 사찰 자료에서, 유럽은 교구 자료에서 그러한 기록들을 발견할 수 있다. 하지만 그 기록들은 특정 가문이나 사찰 혹은 교구의 단위로 한정되며 기록내용도 불완전한 경우가 많다. 동태 사상 등록이 국가 차원에서 최초로 정비된 것은 스웨덴이며, 1608년에 등록을 강제하였다. 18세기 중반 스웨덴 정부는 동태 사상의 자료들을 전국적으로 집계하여 공표하였다(김동회, 2016).

근대화와 서구화는 서구의 등록 체제를 오늘날 비서구 사회로 확산시켰다. 과거 한국과 중국에서는 개인 생애에 경험하는 출생·사망·혼인·이혼 등을 족보에 기록하였지만, 오늘날에는 그 기록들이 인구 등록이나 시민 등록 체제에 등록된 상태로 남겨져 유지되고 있다. 시민 등록 체제는 동태 사상들이 발생하면 그것들을 계속적, 영구적, 의무적 그리고 보편적으로 신고하게끔 하는 제도이다. 그 체제하에서 사람들이 각 주거 지역에서 발생한 출생 혹은 사망들을 등록하면, 각 지역의 담당기관은 등록된 동태 사상 증명서들을 수집한 후 중앙정부에 보낸다. 중앙정부는 각 지역의 동태 사상 증명서들을 일괄 집계하여 동태 통계로 공표한다.

동태 통계는 주로 등록에 의해 수집되며, 출생·사망·혼인·이주 등의 동태 사상들에 대한 등록은 법으로 강제하고 있다. 이러한 법적 조치는 동태 사상들을 법적 기록들로 남겨놓아야 한다는 공적·사적 요구에 근거한다. 더불어 공공 보건, 생명보험, 의학연구 및 인구 분석의 분야들도 유용한 동태 통계들을 요구하고 있다.

2) 동태 통계 체제와 인구(주민) 등록 체제

동태 통계 체제를 효율적으로 유지하기 위해서는 상당한 경제와 행정 발달이 뒷받침되어야 한다. 센서스는 센서스 조사기간에 일시적인 대규모의 인력(특히, 단기의 비정규직)들과 비용이 요구되는 반면, 시민 등록 체제는 전국의 각 지역에서 인구 사상들의 기록과 보존을 위해 장기간 일을 해야 하는 정규직 인력들을 요구한다. 게다가 출생과 사망 증명서를 작성하기 위해서는 국민 대부분이 글을 읽고 쓸 수 있어야 하고 또 담당 공무원과도 의사소통이 되어야 한다. 이러한 근거로 센서스보다 등록 체제에서 획득한 정보를 더 신뢰할 수 있다. 하지만 많은 나라에서 발생한 출생과 사망들이 시민 등록 체제에 등록되지 않을 수 있다. 시민 등록 체제는 상당 수준의 경제와 행정 발달을 요구하는 까닭에, 세계 인구의 25%만이 높은 수준의 출생·사망 등록 체제의 혜택을 보고 있다(WHO, 2012).

한국을 포함한 많은 나라들에서 이주를 제외한 출생·사망·혼인·이혼 등의 동태 사상이 시민 등록 체제에 기록된다. 그러나 시민 등록 체제가 반드시 인구 등록(population register)이 될 필요는 없다. 그렇지 않은 나라도 많다. 미국은 시민 등록 체제는 유지하지만, 우리나라처럼 전국적인 인구 등록이 없다(Poston and Bouvier, 2010). 영국도 마찬가지다. 이는 개인을 통제하는 국가 권력에 부정적인 개인주의 문화를 반영한다. 우리나라에서는 인구 등록 대신 주민 등록이란 용어를 사용한다. 한국의 주민등록제도는 1962년 주민등록법이 제공·공포되면서 확립되었지만, 주민등록제도는 대폭 개정된 1968년 주민등록법이 발휘된 이후에 공신력을 가지게 되었다(최봉호, 2016).

인구 등록은 이름, 주소, 생년월일, 개인의 고유번호 등을 포함하고 있는 개인들의 목록(등록)부이다. 유엔의 정의에 따르면, 인구 등록은 "특정 나라나 지역에서 거주인구의 개개 성원들에 관한 정보들을 계속하여 기록하는 기제이며, 특정 시점에서 인구의 크기와 특성들에 관한 정보를 최신의 것으로 만드는 것을 가능하게 한다"(UN, 2001: 75). 인구 등록은 사람들의 통제뿐 아니라 행정 목적을 위해서도 사용된다(Østby, 2003). 인구학자는 인구 등록에 관심을 가지는데, 그 이유는 출생과 사망 기록, 때로는 이주 기록까지 포함되고 있기 때문이다. 결과적으로, 인구 등록은 인구 정보를 효율적으로 이용할 수 있는 장점도 있지만, 앞에서 언급한 네덜란드 유태인 사례에서 보듯이 잘못된 보안으로 인해 개인의 사적 정보가 누출될 수 있는 위험도 있다.

인구(주민)등록제도가 성립되려면 다음의 세 가지 선결조건이 갖추어져 있어야 한다. 우선적으로, 지역에 거주하는 주민 개개인에 대한 출생연월일, 성별, 혼인, 출생지, 주소, 국적 등과 같은 주민 개개인의 속성 정보들이 파악되어야 한다. 둘째, 개개인의 속성 정보, 즉 출생·사망·혼인·이혼·전입과 전출 등의 인구 동태 사상들이 발생하면 신고를 받아 갱신·관리해야 한다. 셋째,

개개인에게 고유번호(이를테면, 주민등록번호)를 발급해야 한다. 일반적으로 개인의 고유번호는 출생 시 부여되며 평생 사용된다. 고유번호는 교육, 세금, 선거, 운전면허, 여권발급 등 거의 모든 행정 업무에서 효율적으로 사용된다(최봉호, 2016).

주민등록부는 또한 기본적인 인구 통계를 제공하는 주요한 출처가 된다. 첫째, 주민등록부는 주기적으로 주민의 특성별 인구 자료를 제공한다. 우리는 용인시의 성·연령 인구 구조에 대한 정보를 얻을 수 있다. 1992년부터 시군구 단위의 성별, 연령별 주민등록인구 통계가 연말 기준으로 작성되고 있다. 둘째, 주민등록부는 이주사항이 계속 기록되기 때문에 지역 간 이주 통계를 작성할 수 있다. 셋째, 주민등록부는 인구 사상들과 이주가 계속 기록되므로, 종단 분석(longitudinal analysis)에 적합한 자료를 제공할 수 있다. 이를 통해 우리는 2000년대 들어 급증한 용인의 인구가 어느 지역들로부터 어떤 유형의 사람들이 주로 유입되었는지를 파악할 수 있다. 넷째, 주민등록부는 센서스를 대체할 수 있는 등록 센서스를 만드는 데 사용될 수 있다(최봉호, 2016).

3) 동태 통계의 장·단점 및 질

등록 혹은 신고에 의한 동태 사상의 작성에는 장점과 단점이 있다. 인구 사상이 발생 직후 등록이 신속히 이루어진다면 그것에 대한 기록의 완전성과 정보의 정확성이, 그 사상이 발생한 후 상당한 기간이 지난 후에 행한 설문조사의 응답에서 획득한 정보에 비해, 월등할 것이다. 한편, 등록 체제의 운영에는 신고서를 작성하는 사람들, 이를 접수하는 관련 공무원 등 많은 사람들의 협력이 필요하다. 그런데 이들은 인구 사상의 등록 그 자체보다 그에 관련된

다른 무엇 – 이를테면, 등록에 관련된 행정 업무 – 을 더 중시할 수 있다.[8] 그 결과 동태 사상 등록의 기입에 오류나 취급 오류가 발생할 가능성이 있다(김동회, 2016; Bryan and Hauser, 2004: 57).

동태 통계의 질은 완전성(누락 혹은 중복)과 기입의 정확성에 달려 있다. 개발도상국에서는 종종 등록의 완전성이나 정확성에 상당한 문제가 발생할 수 있다(Cleland, 1996). 이를테면, 유니세프(United Nation International Children's Emergency Fund: UNICEF)에 의하면, 2000년에 태어난 출생아의 2/5에 해당하는 5,000만 명의 아이들이 등록되지 않았다(UNCEF, 2001). 개발도상국에는 자녀의 등록을 저해하는 정치적, 경제적 장애물들이 존재한다. 남아 선호 사회에서는 여아의 출생이 출생 등록에서 누락될 수 있다(Hudson and den Boer, 2004). 유니세프는 2000년에 태어난 아이들 가운데, 사하라아프리카 70%, 아시아 63% 이상이 등록되지 않았다고 지적하고 있다. 남아시아에서 등록하지 않은 출생아 수가 무려 2,250만 명에 달해, 세계에서 가장 많은 수를 나타내고 있다(UNCEF, 2001). 한국에서도 2000년에는 5,706명의 출생아들이, 2005년 2,791명의 출생아들이 지연 신고를 하여 출생아 수가 과소집계되었다(박유성·김기환·김성용, 2010: 77). 사망에 관해서도 사망 등록의 불완전성이 존재할 것이다. 특히, 영아사망에서 낮은 등록률이 나타날 수 있다. 1990년대 초 이집트에서는 단지 유아사망 중 57%만이 등록되었다(Becker et al., 1996; Poston and Bouvier, 2010: 28).

한국에서 주민 등록은 거주지 관련 항목의 부정확성을 문제점으로 지적

8 유럽에서 동태 사상들에 대한 등록은 교회의 잡일로서 시작되었다. 성직자는 세례, 혼인, 사망 등을 기록하였다. 인구학자는 후에 이런 기록들을 이용하여 유럽의 역사를 재구성하였다. 교회 서기에게 떨어진 중요한 인구학적 일은 전염병으로 인한 장례 기록이었다. 16세기 초 런던시는 각 교구에 사망자의 수를 기록하도록 명령하였다. 사망에서 수집된 최초의 정보는 사망원인이었고, 후에 연령을 기록하였다. 19세기 중반까지는 출생과 사망의 등록은 강제사항이 아니었고, 사망 통계 등록은 출판되지 않았다. 20세기에 이르러서야 출생과 사망 증명서가 미국에서 표준화되었다(Week, 2012: 131~133).

받는다. 이를테면, 좋은 학군에서 교육을 받기 위해 혹은 지역의 유권자 수를 늘리기 위한 위장전입이나, 주민 등록 말소, 주민 등록 미발급, 행정 오류 등으로 인해 주민 등록 자료의 정확성에 문제점을 야기할 수 있다.

우리나라에서 인구 센서스와 주민등록인구는 상당한 차이를 보여 준다. 하지만 어느 것이 더 정확하다고는 말할 수 없다. 2000~2005년 출생아 수를 주민등록인구와 통계청 발표에서 비교하면, 관찰치가 가장 작은 2005년생을 제외하면 2000~2004년생 모두 통계청의 출생아 수보다 주민등록인구의 수가 큰 것으로 나타났다. 행정안전부의 사망 통계와 통계청의 사망 자료를 비교해 보면, 행정안전부의 사망자 통계가 통계청의 사망자 동태 자료보다 항상 크게 나타났다(박유성·김기환·김성용, 2010: 79). 출생과 사망 모두 주민등록인구가 통계청 발표 인구보다 많았다.

4) 등록 센서스

현장조사의 전통 센서스는 막대한 비용, 응답률 감소, 사적 생활권 침해, 그리고 적절한 시점에 자료를 효율적으로 제공해 달라는 요청으로 인해 '여명기'(twilight)에 접어들고 있다는 주장이 대두되고 있다(Coleman, 2013). 우리나라는 2015년 전통 센서스를 등록 센서스(register based census)로 대체하고 등록 센서스의 결과를 매년 발표하고 있다.

우리나라에서 등록 센서스는 "주민등록부, 건축물대장 등 이용 가능한 행정 자료들을 활용하여 별도의 현장조사 없이 인구·가구·주택에 관한 자료를 수집하여 통계를 작성하는 방식"(통계청, 2010, 2016)이라 정의되고 있다. 등록 센서스에서 가장 기본이 되는 행정 자료는 인구(주민)등록부이다. 왜냐하면 인구

(주민)등록부는 사망·혼인·이혼과 같은 인구 동태 사상 및 이주에 관한 개인 정보를 지속적으로 갱신·기록함으로써, 특정 시점 및 지역의 인구 규모는 물론 출생연월, 성, 혼인 상태, 출생지, 거주지, 국적 등 인구의 기본 특성 파악이 가능하기 때문이다. 게다가 직업이나 교육 수준 같은 사회경제적 정보도 포함될 수 있다.

그런데 우리나라에서 센서스 인구와 주민등록인구는 상당한 차이가 난다. 지역 수준에서 주민 등록과 인구 센서스 간의 인구수를 비교한 한 연구에 의하면(이건, 2007), 주민 등록의 인구수는 센서스의 인구수보다 174만 명이 많았고 그 차이는 전체 인구의 3.6%에 해당하였다. 지역별로 보면, 대지역에 비해 소지역에서 더 큰 차이를 보였다. 연령별로 인구 센서스와 주민 등록 간의 인구 차이를 분석한 연구에서도, 15~24세 연령층 사람들이 대학 진학과 경제활동 등으로 이주하였음에도 불구하고 주민 등록을 이전하지 않은 까닭에 주민 등록과 인구 센서스 간에 큰 차이를 보였다(서우석·이명진, 2008). 등록 센서스는 주민등록인구와 센서스 인구 간의 차이가 적을 때 전통 센서스의 대체가 가능하다.

인구 센서스와 주민등록인구 간의 차이를 극복하기 위해, 주민 등록뿐 아니라 건축물대장, 외국인 등록, 출입국 자료, 주택공시 자료 등 다양한 행정 자료들이 등록 센서스의 형성에 사용된다(통계청, 2010, 2016). 2019년 등록 센서스는 15개 기관의 주민등록부를 포함한 25종의 행정 자료들을 연계하여 생성하였다. 이처럼 등록 센서스는 각 가구를 방문하는 완전 현장조사 없이 인구 등록부와 각종 행정 자료들을 연계함으로써 전통적 센서스와 유사한 결과물을 생성하는 것을 목표로 한다(하봉채, 2016).

등록 센서스는 크게 세 가지로 구분된다. 첫 번째 방식은 현장조사 없이

〈표 2-2〉 인구 센서스 조사방법

<table>
<tr><th rowspan="2">현장조사</th><th colspan="3">행정 자료 사용 형태</th></tr>
<tr><th>행정 자료 미사용</th><th>인구등록부
(인구, 가구, 주택)</th><th>통합 행정 자료
(인구등록부+기타 행정 자료)</th></tr>
<tr><td>완전 현장조사</td><td>① 완전 현장조사
(전통 센서스)</td><td>④ 인구등록부 + 완전 현장조사</td><td>⑤ 통합 행정 자료 + 완전 현장조사</td></tr>
<tr><td rowspan="2">순환조사
(계속조사)</td><td>② 완전 현장조사 + 순환조사</td><td rowspan="2">⑥ 인구등록부 + 순환조사</td><td rowspan="2">⑦ 통합 행정 자료 + 순환조사</td></tr>
<tr><td>③ 순환 센서스</td></tr>
<tr><td>특별 표본조사</td><td></td><td>⑧ 인구등록부 + 특별 표본조사</td><td>⑨ 통합 행정 자료 + 순환조사</td></tr>
<tr><td>기존 표본조사</td><td></td><td>⑩ 인구등록부 + 기존 표본조사</td><td>⑪ 통합 행정 자료 + 기존 표본조사</td></tr>
<tr><td>현장조사 미실시</td><td></td><td></td><td>⑫ 완전등록 센서스</td></tr>
</table>

자료: UN(2015), 여기서는 강창익(2016: 136).

순수하게 행정 자료만으로 센서스를 생성하는 완전등록 센서스이다. 완전등록 센서스(〈표 2-2〉의 ⑫)는 인구, 가구, 주택에 대한 기본 정보를 갖고 있는 인구등록부(population register)에 사업체, 세금, 교육, 고용 등 다양한 행정 자료를 연계하여 센서스 결과를 작성하는 방식이다. 덴마크(2011), 핀란드(2010), 안도라(2011), 노르웨이(2011), 스웨덴(2011), 슬로베니아(2011), 오스트리아(2011) 등이 실시하고 있다.

두 번째 방식은 기존 표본조사 자료와 행정 자료를 이용하는 방식으로, 〈표 2-2〉의 ⑩과 ⑪이다. 새로이 표본조사를 하지 않고 경제활동조사 등 기존의 표본조사 자료를 개인별 수준에서(이를테면, 주민등록번호에 근거하여) 다양한 행정 자료들과 연계함으로써 센서스, 소위 '가상 센서스'(virtual census)를 형성한다. 비용이나 응답부담 경감이라는 장점이 있지만 기존의 표본조사가 전수조사가 아닌 탓에 인구 전반의 세부 자료들을 제공하는 데는 한계가 있을 수 있다. 가상 센서스는 네덜란드(2011), 벨기에(2011), 아이슬란드(2011) 등에서 생산되고 있다.

세 번째 방식은 행정 자료와 특별 표본조사를 병행하는 방식으로, 〈표 2-2〉에서 ④~⑨가 여기에 해당된다. 이 방식은 두 가지로 나눠진다. 하나는 이탈리아(2011), 체코(2010), 포르투갈(2011), 라트비아(2011), 에스토니아(2011), 리투아니아(2011)처럼 인구등록부를 포함한 행정 자료와 전수조사 자료 – 전통 혹은 순환 센서스 자료 – 를 병합하는 경우이다. ④~⑦번이 이에 해당한다. 다른 하나는 이스라엘(2008), 대만(2010), 독일(2011), 스페인(2011), 스위스(2010), 싱가포르(2010), 튀르키예(2011), 리히텐슈타인(2010) 등에서 행정 자료들을 활용하여 전수 결과를 생산하고 특별 표본조사도 병행하는 방식이다. ⑧과 ⑨가 이에 속한다. 우리나라의 2015년 등록 센서스는 다양한 행정 자료들을 활용하여 전수 결과를 생산하고 특별 표본조사(표본은 전체의 20%)를 병행하는 후자의 방식으로 생성되었다(강창익, 2016).

전통적인 센서스를 등록 센서스로 대체하는 장점은 우선적으로 비용절감에 있다. 우리나라처럼 인구등록부와 다양한 행정 자료들이 잘 구비되어 있고 그리고 주민등록번호와 같은 개인의 고유번호를 활용하여 각종 행정 자료들을 쉽사리 연계할 수 있는 경우, 전통 센서스보다 훨씬 적은 비용으로 등록 센서스를 생성할 수 있다.

그런데 문제는 다양한 행정 자료들이 개인이나 가구, 거처, 사업체에 대한 고유 식별번호를 통해 연계된다는 점에 있다. 이는 한편으로 고유 식별번호(혹은 개인의 프라이버시)에 대한 철저한 보안이, 다른 한편으로 각종 행정 자료들에 대한 접근과 이들 자료들의 통합에 고유 식별번호를 활용할 수 있게 하는 법적·제도적인 장치가 요구된다. 통계청과 같은 국가 기관은 고유 식별번호에 대한 철저한 보안과 통제를 행한다. 개인의 사적 정보가 누출될 위험소지가 있는 곳은, 통계청과 같은 국가 기관이 아니라, 오히려 은행을 포함한 다양한 사적 기관들이 될 수 있다. 우리는 거의 모든 곳에 가입할 때 주민등록번호를 제시하거나 컴퓨터에 입력한다. 만일 신문에 보도된 것처럼 은행, 국민연금 등에서 우리 국민의 수백만 혹은 수천만 명의 개인 정보가 누출되어 있다면, 이들 자료들을 주민등록번호로 연계하여 등록 센서스와 유사한 자료를 쉽사리 생성할 수 있다. 우리나라 국민 수백만 혹은 수천만 명이 포함된 '센서스 급의' 자료 – 소위 빅데이터 – 는 비즈니스 인구학이나 마케팅 전략의 수립에서 더할 나위가 없는 훌륭한 자료가 될 것이다. 그러나 이 자료에 포함된 수백 혹은 수천만 명의 개인들은 자신의 비밀스런 사적 정보가 누출되어, 전혀 생각하지 못한 위험 – 심지어 독일 나치정권하의 네덜란드 유태인처럼 – 에 처할 수 있다.

등록 센서스는 5년 혹은 10년 단위로 실시하는 전통 센서스와 달리, 연 단위 혹은 월 단위로 인구학적 분석 결과를 생성할 수 있다. 우리나라는 인구고령화가 세계에서 가장 급속하게 진행되는 나라 중 하나이다. 이는 5년 단위가 아니라 1년 혹은 그보다 짧은 단위로 인구 변동에 관한 정보가 필요하다는 사실을 의미할 수 있다. 등록 센서스는 다양한 행정 자료들을 연계함으로써, 전통 센서스보다 훨씬 다양한 유형의 통계 분석을 행할 수 있다. 이를테면 주기적으로 실시하는 행정 자료들을 연계하여 패널 자료를 구축하여 분석할 수 있다.

행정 자료의 주된 단점의 하나는 행정 자료의 수집에서 행정이 일차 목적이고 통계 자료 수집은 이차 기능이란 사실에 있다. 행정규칙과 행정우선성이 통계의 기준과 규제를 압도할 수 있다(Kukkutai et al., 2014). 따라서 각 행정 자료들은 그 목적에 따라 각기 상이한 개념과 정의를 사용할 뿐만 아니라 표본추출의 방식과 시점도 상이할 수 있다.

2.3. 표본 설문조사

센서스 혹은 동태 통계 등록 체제에 의해 수집된 자료를 사용하는 데는 두 가지 중요한 문제점이 있다. 첫째, 그 자료들은 대개 인구 분석이 아닌 다른 목적들을 위해 수집된다. 둘째, 많은 사람들이 다양한 방법들을 사용함으로써 다양한 오차들을 가져올 수 있다. 이런 이유들로 인해, 표본 설문조사(sample survey)가 인구학적 자료들을 수집하는 데 자주 사용된다. 인구학적 사건들이 왜 존재하고 일어나는지를 이해하는 데 필요한 심리적, 사회적, 경제적, 신체적 요인들에 대한 다양한 정보들을 표본 설문조사는 제공한다. 표본 설문조사의 주된 한계점은 센서스나 동태 통계보다 덜 포괄적인 지리적 포함을 제공한다는 것이다.

겨우 수천 명의 표본을 이용하여, 많은 연구자들은 인구학적 사건들의 기술적 측면의 '무엇'(what)이 아니라 인과성이나 상관관계 측면의 '왜'(why)를 밝혀내고자 한다. 하지만 센서스와 표본 설문조사의 주된 관심은 인과성이 아니라 인구 분포와 같은 '기술'(description) 측면에 있다(Riley and McCarthy, 2003). 게다가 표본 설문조사와 같은 관찰 자료(특히, 횡단 자료)는 인과성을 추론하는 데 커다란 한계가 있다(Lieberson, 1987).[9)]

9 우리는 흔히 연구(research)와 조사(survey)를 혼동하는 경향이 있다. 경험적 증거를 제시하는 사회연구 방법은

이 단원에서는 유엔개발계획(United Nations Development Programs)의 후원하에서 세계 각국에서 조사된 세계 출산력 조사와 그것의 후신인 인구보건조사, 그리고 국내의 인구 표본조사들에 대해 간략히 살펴보겠다.

1) 세계 출산력 조사

세계 출산력 조사(World Fertility Survey)는 1974년부터 1986년 사이 42개의 개발도상국과 20개국의 선진국에서 행해졌던 세계의 인구조사이다. 각 나라에서 평균적으로 약 5,000명의 여성들이 면접을 통해 조사되었고, 그 총수는 약 35만 명에 달하였으며 그들 표본은 세계 인구의 약 40%를 대표하였다(최순, 2016a).

세계 출산력 조사의 주된 목적은 세계 각국의 출산력을 측정하고 각국의 출산행위에 영향을 미치는 결정 요인들을 밝혀내는 데 있었다. 따라서 설문지에 포함된 주된 내용은 결혼, 피임 지식과 사용, 수유, 출산 선호도, 출산 역사, 자녀의 성과 같은 가족 형성 과정에 관한 내용과 사회경제적 특성들로 구성되었다. 세계 출산력 조사의 설문내용은 세계 공통적으로 조사되는 일반 설문 항목과 나라의 문화에 따라 특별히 조사되는 특정 설문 항목들로 구분되었다. 이를테면, 아프리카 지역에서는 일부다처제, 자메이카에서는 독특한 결혼 양식 – 방문혼(visiting union), 관습혼(common-in-law Union), 법적혼(marriage union) 등(이성용, 2004; Lee, 1995) –, 한국은 남아 선호에 대한 특정 설문 항목 등이 일반 설문 항

실험, 설문조사(survey), 질적 연구의 현장조사, 신문과 역사적 자료들을 사용한 제2차 자료방법 등으로 이루어진다. 요컨대 설문조사(survey)는, 실험이 불가능한 상황에서 실험 결과를 관찰(observation)하고자 설문조사의 결과로 대체한 연구방법론(research methodology)의 하나이다. 따라서 설문조사 결과는 실험 결과와 달리 인과성을 추론하는 데 커다란 한계가 있을 수밖에 없다.

〈표 2-3〉 세계 출산력 조사 자료들

나라	1981년 중반 인구수(백 만)	조사 연도	표본의 수 (여성)	나라	1981년 중반 인구수(백 만)	조사 연도	표본의 수 (여성)
A. 개발도상국				에콰도르	8.2	1979/80	6,800
아프리카				파라과이	3.3	1979	4,600
베냉	3.8	1981/2	4,000	페루	18.1	1977/8	5,600
카메룬	8.7	1978	8,200	베네수엘라	15.5	1977	4,400
가나	12.0	1979/80	6,100	코스타리카	2.3	1976	3,900
코트디부아르	8.5	1980/1	5,800	도미니카	5.6	1975	3,100
케냐	16.5	1977/8	8,100	멕시코	68.2	1976/7	7,300
레소토	1.4	1977	3,600	파나마	1.9	1975/6	3,700
나이지리아	79.7	1981/2	9,700	가이아나	0.9	1975	4,600
세네갈	5.8	1978	4,000	아이티	6.0	1977	3,400
모리타니	1.7	1981	3,500	자메이카	2.2	1975/6	3,100
모로코	21.8	1980	5,800	트리니다드 토바고	1.2	1977	4,400
수단(북부)	19.6	1978	3,100	**B. 선진국**			
탄자니아	6.6	1978	4,100	벨기에	9.8	1975/6	4,900
중동 아시아				불가리아	8.9	1976	6,900
이란	39.8	1977	4,900	체코슬로바키아	15.4	1977	3,000
이집트	43.5	1978	8,800	덴마크	5.1	1975	5,200
요르단	3.3	1976	3,600	핀란드	4.8	1977	5,400
시리아	9.3	1978	4,500	프랑스	53.9	1977/8	3,000
튀르키예	46.2	1978	4,400	헝가리	10.7	1977	4,000
예멘	5.4	1979	2,600	이스라엘	3.9	1973/4	6,000
태평양 아시아				이탈리아	57.2	1979	5,500
방글라데시	92.8	1975/6	6,500	일본	117.8	1974	2,900
네팔	14.4	1976	5,900	네덜란드	14.2	1975	4,500
파키스탄	88.9	1975	5,000	노르웨이	4.1	1977/8	4,100
스리랑카	15.3	1975	6,800	폴란드	36.0	1977	9,800
피지	0.6	1974	4,900	포르투갈	10.0	1979/80	5,100
인도네시아	148.8	1976	9,200	루마니아	22.4	1978	10,100
대한민국	38.9	1974	5,400	스페인	37.8	1977	6,300
말레이시아	14.3	1974	6,300	스웨덴	8.3	1981	5,000
필리핀	48.9	1978	9,300	스위스	6.3	1980	1,800
태국	48.6	1975	3,800	영국	55.9	1976	6,600
남미와 중남미				미국	229.8	1976	8,600
콜롬비아	27.8	1976	5,400	유고	22.5	1976	7,500

목과 더불어 특별히 첨가되었다.

2) 인구보건조사

인구보건조사(Demographic Health Survey)는 세계 출산력 조사의 후속 작업으로, 가장 대규모로 그리고 가장 오랜 기간 동안 지속적으로 조사한 가족인구학 관련 설문조사이다. 2022년 현재, 1984년에 시작한 이래 90개국이 넘는 곳에서 300개 이상의 표본 설문조사들이 실시되었다.

인구보건조사는 조사 항목이 주 조사 대상인 여성(15~49세)과 가구에 관한 내용으로 구성된다. 가구조사표의 핵심 내용은 가구원 명부, 가구의 특성(이를테면, 방이 몇 개인지, 수도의 사용 여부, 가전제품 등), 가구원 구성, 그리고 가구원의 영양 상태와 빈혈 등을 들 수 있다. 개인조사표에는 응답자와 배우자의 사회경제적 특성들, 피임, 출산 관련 사항들(출산아 수, 자녀 구성 등), 모유수유와 영양, 자녀의 건강 상태, 여성의 지위, 감염성 성질환 등이 포함된다. 때로는 조사된 나라의 특성에 따라 HIV/AIDS, 모성사망, 여성할례 등에 관한 질문 항목 등이 추가되기도 한다. 이 조사에 참여하는 나라들은 평균 5년 주기로 전국을 대표하는 대규모 표본의 가구조사(표본의 수는 대략 5,000명에서 30,000명)를 실시한다. 하지만 그 중간에도 약 2,000~3,000가구의 설문조사를 행하기도 한다(최순, 2016b).

최근 조사된 모든 나라의 인구보건조사에는 지리 정보 체제(Geographic Information Systems: GIS)가 탑재되어 있다. 따라서 연구자들은 도로와 강 그리고 환경적 조건과 같은 지역 하부 구조가 사람들의 건강, 영양 상태, 그리고 보건 서비스의 사용에 미친 영향을 분석할 수 있다. 각국의 인구보건조사 자료들은 인구보건조사 홈페이지뿐만 아니라 IPUMS의 홈페이지에서도 조사된 각국의 데이터들은 무료로 다운받을 수 있다. 인구보건조사 자료들은 Stata, SPSS, SAS 그리고 텍스트 파일 형태로 제공된다. 〈표 2-4〉는 2022년까지 세계 각국에서 조사된 인구보건조사와 자료들을 보여 준다.

세계화가 진행되면서, 우리는 세계 각국의 사람들과 적극적으로 상호 교류하면서 살게 되었다. 타국의 사람들과 교류하고 또 비즈니스를 성사시키려면 그들의 문화를 반드시 알 필요가 있다. 이를테면, 종교적 이유로 소고기를 먹지 않는 곳에 소고기 햄버거를 수출할 수는 없다. 보다 중요한 것은 가족 문화이다. 가족 문화를 알아야 비즈니스 파트너와의 친밀성과 신뢰를 보다 쉽게 쌓을 수 있다. 가족 문화를 모르면, 의도치 않은 커다란 실수를 범할 위험이 있다. 그러므로 특정 나라의 가족을 연구하는 것은 그 나라 사람들의 교류와 비즈니스에서 가장 필요한 핵심 사항을 연구하는 바와 다름없다.

세계 출산력 조사와 인구보건조사 그리고 각국의 센서스들을 분석하면, 세계 각국 사람들과의 교류 및 비즈니스에서 매우 유용한 도움을 제공하는 각국의 독특한 가족 문화와 가구 및 여타 인구학 정보를 획득할 수 있다. 세계화가 진행되면 될수록, 우리는 우리에게 생소한, 그리하여 정보가 거의 없는 나라의 사람들과도 교류하고 비즈니스를 할 가능성이 높다.

다행히도 IPUMS에는 회원가입만 하면, 〈표 2-4〉에 언급된 수많은 인구보건조사와 각국의 센서스 자료들을 다운받을 수 있다. 우리에게 생소한 나라들의 인구학 자료들을 다운받아 분석하면, 그들 나라 사람들과의 교류와 비즈니스에 필요한 인구학 정보를 얼마든지 생성할 수 있다. 세계 각국의 사람들과 교류하거나 비즈니스를 하는 우리나라의 사람들은 교역 국가에서 사업체를 운영하고 또 비즈니스 파트너와 교분을 쌓는 데 도움을 줄 그들 나라의 가족

〈표 2-4〉 세계 인구보건조사 및 연관 자료들

사하라 아프리카

가봉(Gabon, 2000, 2012, 2019~20)

가나(Ghana, 1988, 1993, 1998, 2003, 2009, 2011, 2014, 2016, 2017, 2019, 2022)

기니(Guinea, 1992, 1999, 2005, 2012, 2016, 2018, 2021)

감비아(Gambia, 2013, 2019~20)

나미비아(Namibia, 1992, 2000, 2009, 2013)

나이지리아(Nigeria,1990, 1993, 2003, 2009, 2011, 2013, 2015, 2018, 2021)

남아프리카공화국(South Africa, 1998, 2003, 2016)

니제르(Niger, 1992, 1998, 2006, 2012, 2021)

라이베리아(Liberia, 1986, 2007, 2009, 2011, 2013, 2016, 2019~20)

레소토(Lesotho, 2004, 2009, 2014)

르완다(Rwanda, 1992, 2000, 2005, 2007~08, 2010, 2011, 2013, 2014~15, 2017, 2019~20)

마다가스카르(Madagascar, 1992, 1997, 2003/04, 2008~09, 2011, 2013, 2016, 2021)

말라위(Malawi, 1992, 2000, 2004, 2010, 2012, 2013~14, 2017)

말리(Mali, 1987, 1995/96, 2001, 2006, 2010, 2012~13, 2015, 2018, 2021)

모리타니(Mauritania, 2000~01, 2003~04, 2019~21)

모잠비크(Mozambique, 1997, 2003, 2009, 2013, 2018, 2022)

베냉(Benin, 1996, 2001, 2006, 2011~12, 2017~18)

보츠와나(Botswana, 1998)

부르키나파소(Burkina Faso, 1992/93, 1998/99, 2003, 2010, 2017~18, 2021)

부룬디(Burundi, 1987, 2010, 2012, 2016~17)

상투메 프린시페(Sao, Tome and Principe, 2008~09, 2014)

세네갈(Senegal, 1986, 1992/93, 1997, 1999, 2005~06, 2008~09, 2010~11, 2012~13, 2016, 2017, 2020~21, 2022)

수단(Sudan, 1990)

시에라리온(Sierra Leone, 2008, 2013, 2016, 2019)

앙골라(Angola, 2006~07, 2011, 2015~16, 2022)

에리트레아(Eritrea, 1995, 2002)

에스와티니[스와질란드](Eswatini[Swaziland], 2006)

에티오피아(Ethiopia, 2000, 2005, 2011, 2016, 2019, 2022)

우간다(Unganda, 1988, 1995, 2000/01, 2006, 2007, 2009, 2011, 2016, 2022)

적도기니(Equatorial, Guinea, 2011)

짐바브웨(Zimbabwe, 1988, 1994, 1999, 2005/06, 2010~11, 2015)

잠비아(Zambia, 1992, 1996, 2001/02, 2005, 2007, 2013~14, 2018)

차드(Chad, 1996/97, 2004, 2014~15)

〈표 2-4〉 계속

카메룬(Cameroon, 1991, 1998, 2004, 2011, 2018, 2022)
케냐(Kenya, 1989, 1993, 1998, 2003, 2008~09, 2010, 2014, 2015, 2018, 2020, 2022)
코모로 이슬람 연방(Comoros, 1996, 2012)
코트디부아르(Cote d'voire, 1994, 1998/99, 2011~12, 2016, 2021)
콩고(Congo Brazzaville, 2005, 2009, 2011~12)
콩고공화국(Congo Democratic Republic, 2007, 2013~14, 2017~18)
탄자니아(Tanzania, 1992, 1996, 2004, 2006, 2007~08, 2010, 2011~12, 2015~16, 2022)
토고(Togo, 1988, 1998, 2013~14, 2017)
CAR(Center African Republic, 1994/95)

북아메리카, 서아시아와 발칸반도 국가
모로코(Moroco, 1987, 1992, 2003/04)
몰도바(Moldova Republic, 2005)
아르메니아(Armenia, 2000, 2005, 2010, 2015~16)
아제르바이잔(Azerbaijan, 2006)
알바니아(Albania, 2008~09, 2017~18)
예멘(Yemen, 1991/92, 1997, 2013)
요르단(Jordan, 1990, 1997, 2002, 2007, 2009, 2012, 2017~18, 2022)
우크라이나(Ukraine, 2007)
이집트(Egypt, 1988, 1992, 1995, 1997, 1998, 2000, 2003, 2005, 2008, 2014)
튀르키예(Turkey, 1993, 1998, 2003, 2013, 2018)
튀니지(Tunisia, 1988)

중앙아시아
우즈베키스탄(Uzbekistan, 1996, 2002)
카자흐스탄(Kazakhstan, 1995, 1999)
키르기스스탄(Kyrgyz Republic, 1997, 2012)
타지키스탄(Tajikistan, 2012, 2017)
투르크메니스탄(Turkmenistan, 2000)

남아시아와 동남아시아
네팔(Nepal, 1996, 2001, 2006, 2011, 2016, 2022)
동티모르(Timor-Leste, 2009~10, 2016)
라오스(Lao People's Democratic Republic, 2011~12, 2017)

〈표 2-4〉 계속

몰디브(Maldives, 2009, 2016~17)
미얀마(Myanmar, 2015~16)
방글라데시(Bangladesh, 1993~94, 1996~97, 1999~2000, 2004, 2007, 2011, 2014, 2017~18, 2022)
베트남(Vietnam, 1997, 2002, 2005)
스리랑카(Sri Lanka, 1987, 2006~07, 2016)
아프카니스탄(Afghanistan, 2010, 2015, 2018~19)
인도(India, 1992/93, 1998/99, 2005/06, 2015~16, 2019~21)
인도네시아(Indonesia, 1987, 1991, 1994, 1997, 2007, 2012, 2017, 2022)
캄보디아(Cambodia, 2000, 2005, 2010, 2014, 2021)
파키스탄(Pakistan, 1990~91, 2006~07, 2012~13, 2017~18)
필리핀(Philippines, 1993, 1998, 2003, 2008, 2013, 2017, 2022)
태국(Thailand, 1987)

오세아니아
사모아(Samoa, 2009)
파푸아뉴기니(Papua New Guinea, 2016~18)

라틴아메리카와 캐리비언
가이아나(Guyana, 2004, 2005, 2009)
과테말라(Guatemala, 1987, 1995, 1998/99, 2014~15, 2022)
니카라과(Nicaragua, 1998, 2001)
볼리비아(Bolivia, 1989, 1994, 1998, 2003, 2008)
브라질(Brazil, 1986, 1991, 1996)
콜롬비아(Columbia, 1986, 1990, 1995, 2000, 2005, 2010, 2015)
도미니카 공화국(Dominican Republic, 1986, 1991, 1996, 1999, 2002, 2007, 2013)
에콰도르(Ecuador, 1987)
엘살바도르(El Salvador, 1985)
아이티(Haiti, 2000, 2005, 2012, 2013, 2016~17, 2017~18)
온두라스(Honduras, 2005, 2011~12)
멕시코(Mexico, 1987)
파라과이(Paraguay, 1990)
페루(Peru, 1986, 1992, 1996, 2000, 2004~06, 2007~08, 2009, 2010, 2011, 2012, 2013, 2014)
트리니다드 토바고(Trinidad & Tobago, 1987)

문화와 비즈니스 인구학 정보의 필요성을 절실하게 느낄 수 있다. 인구학 자료의 분석은 그들에게 매우 유용한 정보들을 제공할 수 있다. 세계 각국의 인구학 자료를 분석하는 인구학 작업은, AC 닐슨처럼 세계 각국의 사람들과 교류하거나 비즈니스를 하는 사람들에게 매우 요긴한 정보와 지식을 제공함으로써, 세계화에서 요구하는 창의적인 일자리들을 수많이 창출할 수 있다.

불행하게도 대학을 포함한 우리 사회는 이러한 창의적인 인구학 일거리 창출에 관심을 거의 보이지 않는다. 하지만 저자는 우리의 젊은 세대들이 이 책의 정보를 통해, AC 닐슨처럼 인구학 정보와 지식에 기초한 창의적인 인구학 일자리들을 많이 창출해 낼 수 있을 것으로 믿는다.

3) 한국의 인구 관련 표본조사

(1) 경제활동인구조사

경제활동인구조사는 "한 국가의 경제활동에 종사하는 사람들(인구) 규모와 그 특성을 파악하기 위해 실시하는 가구 표본조사"(김민경, 2016: 50~51)이다. 통계청은 이 조사를 매월 실시하여 '고용동향'으로 공표하고 있다. 경제활동인구는 15세 이상 인구 중 취업자와 실업자들의 합계로 규정된다. 취업자는 수입을 목적으로 1시간 이상 일을 한 사람들과 18시간 이상 일한 무급 가족종사자 및 일시휴직자로 구성된다. 실업자는 다음 둘 중 하나에 해당하는 사람이다. 하나는 조사 대상 주간에 수입이 되는 일을 하지 않았고, 조사 대상 주간 중(1주 구직실업자) 또는 조사 대상 주간을 포함한 4주 내(4주 구직실업자)에 적극적으로 구직활동을 하였으며, 일이 주어졌다면 일을 즉시 할 수 있었던 사람이다. 다른 하나는 과거에 구직활동을 계속하였으나 일기불순, 구직결과 대기,

일시적인 병, 자영업 준비 등의 불가피한 사유로 조사 대상 주간 중 구직활동을 적극적으로 못한 사람이다. 비경제활동인구는 만 15세 이상 인구 중 경제활동에 속하지 않는 사람들을 말한다. 이들은 주로 가사, 육아, 통학, 연로, 심신장애 등의 사유로 취업하지 않은 사람과 구직단념자 등을 포함한다(김민경, 2016).

(2) 보건사회연구원의 전국 출산력 및 가족보건실태조사

이 조사는 세계 출산력 조사의 일환으로 실시한 1974년 한국 출산력 조사가 기초가 되어 매 3년마다 실시되고 있는 횡단조사이다. 명칭도 1982년에서 2000년까지는 '전국 출산력 및 가족보건실태조사'로, 2003년 이후에는 '전국 출산력 및 가족보건·복지실태조사'로 바뀌었다. 주 조사 대상은 전국 표본 지역 가구의 15~49세 기혼여성이다. 하지만 1997년 조사는 65세 이상 노인들을 포함하였다. 그리고 2006년부터는 남성이 출산에 미치는 영향을 고려하기 위해 남성도 포함하고 있다.

조사내용을 살펴보면, 1970~1980년대에는 현존 자녀수, 자녀 선호관, 출산간격, 성 선호, 피임, 인공임신중절, 그리고 모자보건 내용 등 출산 억제에 관련 항목들이 주된 설문 문항으로 선정되었다. 2000년대 초저출산 시대에 접어들면서, 저출산의 원인 및 대책강구 방안을 모색하기 위해 여성 취업과 자녀양육 실태 등 가족복지 관련 항목들이 추가되었다. 특히, 2009년 조사는 여성 취업과 남성 취업 그리고 출산력 간의 관계를 생애주기 측면에서 분석할 수 있는 자료를 형성하는 데 초점을 두었다. 2012년 조사부터는 기혼자의 출산뿐만 아니라 미혼남녀의 혼인에 대한 정보까지 제공한다.

(3) 보건사회연구원의 노인 실태조사

이것은 1994년, 1998년, 2004년의 "전국 노인생활실태 및 복지욕구조사"의 후속 조사이며, 2008년, 2011년, 2014년, 2017년, 2020년에 실시되었다. 노인 실태조사 자료를 사용하고 싶으면, 연구계획서에 사용할 변수들을 한국보건사회연구원에 제출하면 된다. 그러나 사용할 데이터 용량에 따라 자료이용 금액이 부과된다(https://data.kihasa.re.kr/index.jsp).

(4) 한국종합사회조사(KGSS)

한국종합사회조사(Korean General Social Survey)는 미국 시카고대학교의 NORC (National Opinion Research Center)에서 실시되고 있는 종합조사(GSS)의 한국판이라 할 수 있다. 이 조사는 2003년에 최초로 실시되어 2014년까지 총 12회가 실시되었다. 설문지는 매년 반복되는 반복 핵심 질문과 ISSP(International Social Survey Program)의 연차적 주제 모듈로 결정된다. 연차적 주제 모듈은 매년 바뀐다. 이를테면, 2013년의 주제 모듈은 '공정성'(justice)에 관한 것이었다. 또한 동아시아의 4개국은 격년주기로 주제를 바꾸어 공동조사하고 있다. 따라서 이 조사는 주제 모듈에 관해 회원국인 다른 여러 국가들(2010년 회원국의 수는 48개국)과 비교연구를 할 수 있다는 장점을 가진다.

(5) 노동연구원의 노동패널 조사

한국노동패널조사(Korean Labor & Income Panel Study)는 1998년 비농촌 지역에 거주하는 한국의 가구와 가구원을 대표하는 패널표본 구성원(5,000가구에 거주하는 13,321명 가구원)을 대상으로 추적 조사를 시작하였다. 2009년에 1998년부터 조사된 표본(98년 원가구 3,657가구와 98년 원가구에서 분가한 가구 1,415가구)에다 새로이 1,415가구를 첨가하여 새로이 통합표본가구를 형성하였다. 노동패널 조사는 1998년(1차)부터 2021년(23차) 현재까지 추적 조사를 진행하고 있는 종단 조사(longitudinal survey)이다. 설문지는 가구용과 개인용 설문(예, 가구원의 인적 사항, 가족관계와 부모와의 경제적 교류 관련 문항, 교육 및 소득 문항), 임금노동자와 비임금노동자 유형 설문 등으로 구성되어 있다. 이외에도 때로는 청년 – 3차와 19차 연도 – , 중고령자 – 6차 연도 – , 노동조합과 노사관계 – 8차 연도 –, 삶의 인식 – 18차 연도 – 등과 같은 부가 설문 등을 첨가하여 조사하기도 하였다.

(6) 여성가족패널 조사

한국여성정책연구원에서 실시하는 여성가족패널(Korean Longutidinal of Women and Families) 조사는 여성의 생애주기별 경제활동 지위 변화와 일자리 경험을 비롯하여, 가족과 관련한 가치 변화, 가족관계의 변화, 가족 형성과 사상(event)의 변화, 가족 구조의 변화 등을 종단적으로 추적하는 것을 목적으로 한다. 여성가족패널은 2007년 전국 대표성을 갖는 9,068가구에 거주하는 만 19세 이상 만 64세 이하 여성 9,997명을 대상으로 하여 출발하였다. 주요 설문 항목들은 가족 관련 항목 – 가족 구성원 관계, 부부간 가사분담, 의사결정권, 보육 및 노동 실태 –, 일 관련 항목 – 일자리 특성, 일 만족도, 차별 사항, 모성보호제도 –, 일상생활 관련 항목 – 가족과 가구 사항, 교육 사항, 소득과 자산 사항 – 그리고 가족 가치와 의식, 성 역할 태도 등과 관련된 항목들로 구성되어 있다. 2022년 현재 1차에서 8차 데이터까지 STATA, SPSS 등 통계프로그램용 데이터로 제공하고 있다(참조: http://klowf.kwdi.re.kr).

2.4. 기타 인구학 자료들

1) 공간 (빅)데이터

앞 단원에서 언급한 지리학(생태학) 접근방식은 인구학 연구에서 오랜 전통을 가지고 있다. 그 한 예가 스노(John Snow)의 콜레라 연구이다(존슨, 2020; Freedman, 1991; Week, 2012). 스노는 콜레라 발병 원인을 생태학적 접근방식으로 추적하였다. 먼저 그는 콜레라 발병률이 높은 지역과 낮은 지역을 지도상에서 찾았다. 콜레라의 발병 원인이 오염된 상수도 물에 의한 것임을 밝히기 위해 발병률이 높은 지역과 낮은 지역에 상수도 물을 제공하는 회사들을 추적하였다. 스노 발견 이전까지는, 콜레라의 발병 원인을 오염된 물이 아니라 공기로 간주했었다. 이와 같이 지도를 이용하여 지역별 콜레라 감염률을 추적함으로써, 그는 콜레라가 템즈강 하류 지역에서 수원을 끌어오는 회사의 물 소비자들이 더 높은 감염률을 보인 반면, 템즈강 상류에 수원이 있는 회사의 물 소비자는 낮은 감염률을 보인다는 사실을 발견하였다(Snow, 1936). 이와 같이 질병과 사망 원인에 관한 분석들은 일찍부터 특정 사망과 질병 원인 장소를 보여 주는 지도에 많이 의존하였다(Cliff and Haggett, 1996).

어느 지역이 발병률이 높고 낮은지를 시각적으로 보여 주는 지도 곧 주제도(thematic map)를 손쉽게 생성될 수 있다. 여기서 주제도는 주제인 콜레라 발생률을 시각적으로 보여 주는 지도를 말한다. 그 지도(주제도)에 각 지역에 물을 공급하는 회사들도 표시할 수 있다. 오늘날 인구학자는 지리 정보 체제(GIS)를 활용함으로써, 스노가 하였던 생태학적 접근방식의 아이디어를 훨씬 쉽게 재현할 수 있다. 런던의 각 지역별 콜레라 발병률 통계를 지리 정보 체제에 연결시키면, 어느 지역이 발병률이 높고 낮은지를 시각적으로 보여 주는 지도를 손쉽게 생성시킬 수 있다. 그 지도에 각 지역에 물을 공급하는 회사들도 표시할 수 있다. 이처럼 지리 정보 체제는, 기존 지도와 달리, 지도와 인구학 자료(발병률과 사망률 같은 인구 통계)들을 연계시킴으로써 연구자의 입맛에 맞는 공간 데이터를 생성시켜 준다. 그러나 GIS가 보급되기 이전에는 그럴 수 없었다(de Castro, 2007; Reibel, 2007).

지리 정보 체제는 관심의 대상이 될 수 있는 다양한 지리적 공간 현상들을 공간 정보와 속성 정보로 나누어 제시한다. 공간 정보는 공간 현상의 지리적 위치와 범위를 취급하는 부문이고, 속성 정보는 공간 정보가 제시하는 실세계의 공간 속에서의 인문·사회 및 자연 현상을 다루기 위한 부문이다. 이를테면, 위에서 언급한 런던 각 지역의 공간 정보는 지리적 위치가 참조된 선분으로 둘러싸인 일정한 범위의 다각형(polygon)으로 나타내고, 그 다각형에 인식자를 부여한다. 이 인식자를 이용하여 그 지역의 콜레라 발병률, 수돗물 공급 회사, 인구수, 주택 수 등 속성 정보를 데이터베이스로 구축하고 공간 정보와 연계한다. 이렇게 연계한 데이터베이스는 각종 지리적 개념을 도입한 공간 분석에 사용할 수 있다. 지리 정보 체제는 지리적 공간 정보를 다룸으로써 분석에 지리적 공간의 분석을 도입할 수 있다는 장점이 있다(이종렬·류제정, 2016).

공간 자료와 속성 자료 그리고 공간 통계기법은 사망과 질병뿐만 아니라 출산행위에 영향을 미치는 지역의 구조적 효과를 밝히는 데도 사용할 수 있다. 이를테면, 지도와 위성항법 시스템(Global Positioning System: GPS)에서 획득한 공간 자료에 설문조사(혹은 센서스나 행정 자료)에서 획득한 사회인구학 특성들(속성 자료)을 결합시킨 자료들에 대해 다차원 분석 – 공간 연결망 기법(spatial network analysis) – 을 행함으로써, 이동 시간(예, 근처 보건소로의 이동 시간), 이동 도로와 그 패턴들 혹은 특정 공공기관의 위치와 같은 구체적인 지리적 특성들이 가족계획의 피임사용 접근성에 미치는 영향을 분석한다(Entwisle et al., 1997; Entwisle, 2007).

GIS, GPS, 그리고 원격 탐사(Remote Sensing: RS)의 발달은 공간 자료의 수집과 분석을 용이하게 해줌으로써, 인구표본조사에서 공간 표집(spatial sampling) 설계에 큰 기여를 하였다. 왜냐하면 표집틀(sampling frame)의 획득이 불가능한 개도국에서, 공간 표집은 대표성이 있는 표본의 추출을 가능하게 해주기 때문이다(Kumar, 2007). 공간 표집 방법은 주로 농업과 같은 자연 환경 맥락에서 사용되어 왔는데, 인문사회과학 분야의 연구에 적용된 것은 비교적 최근의 일이다(Sahoo et al., 2006; 박선일 외, 2015; 이연수 외, 2014).

공간 표집은 표본이 지리학적 위치나 지리학 관련 특성에 근거해 추출된다는 점에서 일반(비공간) 표집과 다르다. 전통 표집에서 모집단의 요소(element)인 사람과 달리, 공간 표집에서 지리좌표와 기타 속성(attribute) 정보를 포함한 공간 정보는 독립성이 유지되지 않는다. 반면 단순무작위 표집(simple random sampling), 계통 표집(systematic sampling), 층화 표집(stratified sampling)에서 표집 단위(sampling units)를 선택할 때는 독립성 가정을 전제로 한다. 따라서 이러한 전통 표집 방법을 공간 자료에 적용할 때는 독립성 가정이 위반되므로, 공간 표집에서는 공간 자료에 내재된 공간 의존성(spatial dependency)을 고려해 기존 전통 표집 방법을 변형해 사용해야 한다(Sahoo et al., 2006; 박선일 외, 2015).

인공위성, 항공기, RS, GPS 등의 다양한 센서들을 통해 수집된 공간 정보들이 누적되어 저장된 데이터의 양이 방대해지면서 나타난 것이 공간 빅데이터이다. 위치 정보를 가지고 있거나 위치성을 부여하는, 즉 지오코딩(geocoding)을 통해 위치성을 부여할 수 있는 빅데이터를 말한다(김동환·김다윗, 2018).

공간 빅데이터는 비록 그것의 정의에 대한 합의가 이루어지지 않고 있지만 두 유형으로 나뉘어질 수 있다. 하나는 GIS를 연계한 센서스 데이터와 같이 모집단을 추론할 수 있는 공간 빅데이터이다. 다른 하나는 다양한 센서들을 활용할 수 있는 IT 기술이 발달하면서 다양한 (특히, 상업) 사용자들이 각자의 관심 영역에 적합한 공간 데이터들을 생산하고 이것이 누적하여 형성된 공간 빅데이터이다.[10] 이는 주로 학문적 연구가 아닌 일시적 목적을 위해 일시적으로 생산된 데이터들이며(Horrigan, 2013), 스마트폰 데이터, 교통카드 데이터, 신용카드 데이터 등이 여기에 해당한다. 러글스(Ruggels, 2014)는 전자를 모집단 추론이 가능한 '깊은'(deep) 유기체 데이터로, 후자를 모집단을 일반화할 수 없는 '얕은'(shallow) 유기체 데이터로 구분한다.

일반적으로 인구학을 포함한 사회과학 연구에서 자료와 통계 분석 결과들은 연구자의 이론이나 주장이 타당함을 보여 주는 경험적 증거로 사용되어 왔다. 따라서 공간 빅데이터들을 포함한 빅데이터 사용에서 우선적으로 수행해야 했던 작업은 연구자의 입맛에 맞게끔 필요한 데이터들을 추출하고 가공하는 데이터마이닝(data-mining) 작업이었다. 인구학 자료를 포함한 대부분의 사회과학 자료들은, 근대성과 실증주의 전통에 따라 논리 연역적인 이론–추동 모형화(deductive theory-drive modelling) 작업으로 사용되어 왔다.

그러나 최근 '얕은' 공간 빅데이터의 사용과 분석은 비즈니스에서 뿐만 아니라 인구 관련 연구(심은영 외, 2015; 이건학·김감영, 2016; 정재훈·남진, 2019)에서도 급증하고 있다. 그런데 이러한 '얕은' 빅데이터들의 분석들은 기존 이론에서 생각하지 못하였던 발견들을 제시하고 있다. 하지만 많은 경우, 연구자들은

10 무인 자동차는 바로 이러한 공간 빅데이터를 사용해 자율적으로 운전된다.

이러한 예상하지 못하였던 발견들을 설명할 이론들을 생각해 낼 수 없어 학술지 논문의 저술에서 저버리는 경향이 있다. 하지만 칼 포퍼(Karl Popper)의 '반증가능성'(falsifiability)이 언급한 것처럼, 과학적 지식은 그것을 반증할 수 있는 경험적 증거가 나타날 때까지 참이 되는 잠정적 지식이다(이성용, 2003). 공간 빅데이터 – 얕은 빅데이터와 깊은 빅데이터 모두 – 의 분석에서 발견되는 기존 이론이 설명하지 못하는 새로운 경험적 증거들은, 포스트모더니즘이란 인식론과 함께, 우리가 세상에 대해 생각하는 방식(패러다임)에 급격한 변화를 초래하고 있다(Kitchin, 2014). 요컨대, 인류학적 접근방식과 유사하게, IT 발달로 인한 공간 빅데이터의 생산과 효용성은 빅데이터 분석모형을 연역적인 이론–추동 모형화에서 귀추적인 – 관찰(빅데이터 분석)을 통해 결과의 원인을 추론하는 – 데이터–추동 모형화(abductive data-drive modelling)로 패러다임 전환을 요구하고 있다(Bohon, 2018; Kitchin, 2014).

2) 역사 자료

유럽에서 성직자들이 세례, 혼인, 사망 등을 기록하였던 교구 자료들이 발견되었다. 한국과 중국의 호적 및 일본의 사찰 자료에서도 동태 사상에 대한 역사적 기록들이 발견되었다. 그러나 그것의 기능은 특정 지역에서의 인구 통계로 제한되었다(Bryan, 2004: 25). 그 자료들은 동태 사상의 자료들을 연속적으로 수집하지 않았다. 그럼에도 불구하고 인구학자는 이러한 역사 자료들을 이용하여 과거의 역사를 재구성하는 작업을 행하였다.

인구 과정의 연구는 현재의 추세뿐만 아니라 과거 역사적 사건들에 관한 이해도 요구한다. 역사인구학은 글자 그대로 과거 세대의 사망력, 출산력, 이주 패턴에 관한 정보들을 검토·분석하고 해석(이론화)해야 한다. 라슬렛(Laslett, 1971)이 언급하였던 "잃어버린 세상"(the world we have lost)을 재구성하는 작업을 수행해야 한다. 한국과 중국에서의 호적과 족보 혹은 유럽에서의 교구대장(parish register)과 같은 과거의 인구 자료를 수집·분석함으로써 과거의 인구 현황을 추정·해석하는 것을 목적으로 한다. 따라서 역사인구학은 과거의 인구 자료 그 자체보다 오히려 그것의 분석방법에 관심을 가진다. 이를테면, 족보나 교구대장에 수록된 정보를 통해 가족 구성원은 어떻게 형성되었고, 그들은 어떤 방식(출산, 사망 혹은 혼인)으로 변화되는지를 분석함으로써 과거의 가족관계를 복원하는 데 관심을 가진다. 인구학자는 이런 분석·복원 방식을 가족재구성법(family reconstruction method)이라 부른다. 프랑스 국립인구연구소의 앙리(Louis Henry)와 고티에(E. Gautier)가 최초로 사용하였다. 영국 케임브리지대학의 역사인구학연구소 학자들은 앙리의 가족재구성법을 한층 보완·발전시켜 새로운 역사인구학 기법인 역추계(back projection)와 수정역추계(generalized inverse projection)를 개발하였고, 이를 통해 1541~1871년의 장기간에 걸친 잉글랜드의 인구 변동 양상을 추정하였다(손병규, 2016b; Wrigley and Schofield, 1989; Wrigley et al., 1997).

중국과 한국에서 주된 역사인구학 자료는 호적과 족보이다. 리와 캠벨(Lee and Campbell, 1996)은 1774~1873년 중국 심양 근처 다오이 마을에서 매 3년마다 작성되었던 호적 자료를 이용하여 하류층 서민들의 가구 구조 변동 양상, 출산력, 혼인력, 그리고 그 당시의 여아살해 실태를 분석하였다. 차명수(2009)는 네 개 가문의 족보를 이용하여 18~19세기 남성의 출생 시 기대수명이 23세, 양반 여성의 합계출산율은 6.8명, 그 당시의 인주증가율이 0.62%이었다는 사실을 추정하였다. 일본의 역사인구학 자료의 하나는 불교사원에 보관되어 있던

"가꼬조" 사망대장이다. 야나타와 프레스턴(Jannetta and Preston, 1991)은 1771~1969년 사이의 오겐지 등록부를 이용하여 조출생률과 조사망률의 변동을 분석하였다.

3) 질적 자료

질적 연구의 자료도 양적 연구의 자료와 마찬가지로 관찰이나 인터뷰에 근거해 수집된다. 하지만 질적 연구에서 수집되어 경험적 증거로 제시되는 자료들의 형태는 숫자로 국한되지 않는다. 오히려 현장 노트(field notes)에 기록된 면접자의 서사(narratives)들이 압도적이다. 현장 노트는 연구자가 참여한 현장(field)에서 관찰한 것 – 자료와 정보들 – 을 지속적으로 기록함으로써 만든다.

상이한 자료는 상이한 방식으로 연구의 일반화와 객관성을 나타낸다. 인과성을 말할 때, 양적 방법론은 통계 모형의 분석을 통해 변수들 간의 인과성을 추론하지만 질적 방법론은 어떤 원인이 특정 결과를 반복적으로 도출하는 현상이 반복될 때 두 변수 간에는 인과성이 있다고 말한다. 대표성과 일반화에서도, 양적 방법론은 표본이 모집단에서 확률 표집을 통해 추출되었는지로 대표성을 논하지만 질적 방법론은 관찰된 부분이 그것이 속하는 전체를 얼마나 잘 이야기하는지 – 즉, 제유 – 와 같은 수사학적 도해로 대표성과 일반화를 나타낸다. 또한 양적 방법론은 모집단을 잘 나타내는 보편 부분에 초점을 맞춘다면, 질적 방법론은 기존의 일반화 진술에 속하지 않은 예외 부분에 더 관심을 가진다. 관찰 자료를 해석하고 이론화하는 작업에서도, 양적 방법론은 근대성이란 하나의 패러다임에 정초하지만 질적 방법론은 다양한 패러다임 – 근대성보다는 포스트모던 패러다임 – 하에서 관찰 자료를 해석하고 이론화하는 경향이 있다(베커, 2005).

인구학에서 현장 연구는 설문조사와 같은 양적 연구가 갖는 한계들을 극복하는 데 이용되어 왔다. 그 한계들은 주로 양적 방법론의 근대성 인식론에 관련된다. 가구 빈곤을 분석할 때, 근대성 패러다임(인식론)하에서 가구는 경제적으로 독립된 가구이며 가구의 구성원은 특정 가구에 속하는 사람이다. 노인과 같은 병약자나 빈민들에 대한 국가 지원이 미약한 곳(이를테면, 아시아와 아프리카)에서, 가구는 그들에게 일차적으로 경제적 지원을 행하는 집단이다. 센서스나 표본 설문조사 자료를 사용해 가구의 빈곤을 분석하면, 중요한 변수는 가구 구성원의 수, 가구소득 등이 될 것이다. 서구의 맬서스 혼인 체제 특성에서 보듯이(맥팔레인, 2014; 이성용, 2013), 근대성 패러다임에서 각 가구는 경제적으로 독립된 가구로 가정되는 경향이 있다. 특정 국가에서 빈민 가구의 비율도, 가구의 총소득을 가구의 구성원 수로 나누었을 때의 결과 값이 특정 수준 미만으로 나타난 가구들이 전체 가구에서 차지하는 비율로 나타날 수 있다.

그러나 아프리카의 현장조사에 따르면(Randall and Coast, 2015), 근대성(곧 북서유럽의 근대 가족)이 가정하는 바와 같이 가구는 경제적으로 독립된 개별 단위가 아니다. 가구 구성원 중 일부는 고정적이지 않으며(돈을 벌기 위해 계절이주를 하는 구성원이 있다), 두 가구에서 경제적 지원을 받는 구성원들도 있고, 그리고 송금을 해주는 (센서스 혹은 표본 설문조사에서 정의하는 독립된) 가구에 속하지 않는 가구 구성원들도 있었다. 이러한 현장 연구의 자료들은 센서스나 설문조사 자료에 근거한 빈민가구 분석의 한계를 여실히 잘 보여 준다. 우리나라를 포함한 많은 가족주의 문화의 비서구 국가들에서, 가구는 경제적으로 독립된 개별 단위가 아님에도 불구하고 빈민복지를 포함한 대부분의 복지 정책은 서구 근대성의 가구 곧 가구는 경제적으로 독립된 단위라는 개념하에서 수행되고 있

다.[11]

2.5. 요약과 함축

인구 센서스, 시민 등록 체제(인구등록부), 표본 설문조사는 전통적으로 대표적인 인구학 자료들로 간주되어 왔다. 하지만 최근 인구 연구에는 이들 자료들 외에 공간 빅데이터, 역사적 자료 그리고 질적 자료 등도 사용되고 있다.

인구 센서스, 즉 인구주택총조사는 특정 시점에 전체 국민에게 실행하는 전수조사를 뜻하며, 인구 크기, 지리적 분포, 인구 구성 및 인구 특성에 대한 정보를 제공한다. 센서스는 원래 정부가 통치 대상인 인구를 통제하려는 정치적 목적에서 출발하였다. 세금, 부역, 병역에 동원할 수 있는 인원을 파악하는 데 목적이 있었다. 특히, 18~19세기 유럽 제국주의 국가에서 경제(살림살이)의 단위가 가족에서 인구로 이전되면서 인구 통제의 필요성이 크게 부각되었다. 이에 유럽 각국들은 점차 센서스를 실행하기 시작하였다. 이러한 역사적 특성으로 인해, 센서스를 포함한 인구 자료들은 개인의 사적 생활권을 침해할 위험소지가 있다. 그럼에도 불구하고 센서스는 정부 정책과 비즈니스 의사결정

11 최근 미국에서 경제적으로 독립된 가구라는 근대 가족 개념에서 벗어난 복지 정책이 수행되곤 한다. 이를테면, 따로 사는 가족 구성원(이를테면, 자녀)으로부터 생활비 지원을 받는 사람(특히, 노인)들은 그렇지 않은 사람들과 구분하여 차별화된 복지혜택을 제공하곤 한다. 자신의 소득이 빈곤 수준 미만일지라도, 자녀를 포함한 친인척으로부터 재정적 지원을 받는 노인은 빈곤 수준 혹은 평균 소득 이상의 다른 노인들보다 높은 수준의 경제적 삶을 살 수 있다. 따라서 가족 구성원의 재정적 지원에 상관없이, 단지 개인의 소득을 기준으로 하여 복지혜택 수여자를 결정하는 정책은 형평성에 위배될 수 있다. 오히려 차별화된 복지혜택이 형평성의 원칙에 부합될 것이다. 미국은 주 6에서 언급한 경기도 5개 도시의 시장들과 달리, 과다한 행정 비용과 형평성을 근거로 한 보편복지 – 노인복지나 재난지원금 지원 – 를 지향하지는 않는다. 아마 정부가 응용인구학을 알고 활용하기 때문일 것이다.

에서 가장 기본이 되는 인구학적 정보를 제공하는 커다란 장점이 있다. 이러한 효율성으로 인해 오늘날 세계의 대부분 국가들은 센서스를 실시하고 있다. 또한 개인의 사적 생활권 침해는 개인의 고유번호를 철저히 보안·통제함으로써 해결될 수 있다.

센서스는 정의된 지역 내에서 특정 시점에 개인계수를 하는 것을 기본 원칙으로 한다. 개인계수와 대조되는 방식은 집단계수이다. 한국과 중국에서 행해졌던 '호' 집계는 집단계수이다. 개인계수 방식에서 중요한 질문은 센서스에 포함되어야 할 사람들은 구체적으로 누구인가에 대한 센서스 인구 개념의 문제이다. 인구 개념은 센서스 날에 주어진 영토에 존재하는 사람들을 의미하는 현존인구와 주어진 지역에 법적으로 속하는 사람들을 의미하는 상주인구로 구분된다. 우리나라는 1960년 이후 상주인구의 개념에 근거해 센서스에서 개인계수를 집행하고 있다. 하지만 최근에는 많은 나라들에서 상주인구와 현존인구 사이에 있는 평상거주지 개념의 인구를 센서스에서 사용한다.

센서스 항목은 우리나라 최초의 1925년 센서스에서는 그 수가 다섯 개에 불과하였지만 그 후 점차 증가하여 2000년 이후에는 50개 이상이 되었다. 센서스 항목에서 인구 관련 기본 항목을 제외한 나머지 항목들은 대개 그 당시 정치적 관심사에 의해 결정되는 경향이 있다. 2000년대 센서스에서는 인구고령화와 저출산 관련 항목들이 첨가되었다.

시민 등록 체제는 법규에 따라 동태 사상의 발생과 특성을 연속적, 영구적, 강제적으로 등록하는 체제를 말한다. 인구 등록은 특정 지역에서 개인이 각자에게 일어난 동태 사상을 강제로 신고·등록한다는 점에서는 시민 등록 체제와 유사하지만, 등록된 동태 사상들이 집단별이 아니라 개인별로 기록된다는 점에서는 시민 등록 체제와 차이가 있다.

최근 전통 센서스는 막대한 비용, 응답률 감소, 사적 생활권 침해, 그리고 적절한 시점에 인구학 정보의 효율적인 제공에 대한 요청으로 인해 여명기에 접어들고 있다. 이에 우리나라를 포함한 많은 나라는 전통 센서스를 대체할 새로운 유형의 센서스를 요청하고 있다. 그 하나가 우리나라에서 2015년 이후 실시하고 있는 등록 센서스이다. 등록 센서스의 생성에서 중심이 되는 것은 인구등록부이지만, 그 밖에도 건축물대장, 외국인 등록, 출입국 자료, 주택공시 자료 등 다양한 행정 자료들이 사용된다. 2019년 우리나라 등록 센서스는 인구(주민)등록부를 포함한 25종의 행정 자료들이 사용되었다. 그리고 2015년 이후 매년 등록 센서스 결과가 발표된다.

표본 설문조사는 특정 지역의 인구 전체를 조사하는 것이 아니라, 일부만을 추출하여 조사한다는 점에서 센서스와 차이가 있다. 표본조사는 전수조사에 비해 설문지에 인구 정보뿐만 아니라 인구에 관련된 사회적, 경제적, 문화적 요인들에 대한 다양한 문항들을 조사 항목으로 포함시킬 수 있다. 이러한 표본조사 자료는 인구학적 사건의 기술적인 측면뿐 아니라 인과성이나 상관관계를 추론하는 데 중요한 정보를 제공할 수 있다. 인구 관련 표본 설문조사는 국제적인 것과 국내적인 것으로 구분될 수 있다. 국제적인 표본조사로는 세계 출산력 조사와 인구보건조사가 있다. 우리나라의 인구 관련 표본조사로는 경제활동인구조사, 보건사회연구원의 전국 출산력 및 가족보건실태 조사 그리고 노인실태조사, 한국종합사회조사, 노동연구원의 노동패널, 한국여성정책연구원의 여성가족패널 등을 들 수 있다.

기타 인구학 자료들로는 공간 자료, 역사 자료, 현장 연구 자료 등이 있다. 특히 GIS, GPS, 원격 탐사의 발달은 공간 자료의 수집을 용이하게 해줌으로써, 공간 빅데이터의 형성에 결정적인 역할을 하였다. 공간 빅데이터는 이론(연구자의 주장)에 적합하게끔 데이터를 가공하는 연역적인 이론-추동 모형화 방식에서 데이터에서 연구자의 발견과 주장을 도출해 내는 귀추적인 데이터-추동 모형화 방식으로 패러다임의 전환을 이끌어 내고 있다. 이는 기존 인구학 이론의 한계를 밝혀내는 데 결정적인 정보를 제공하곤 한다. 또한 비서구 사회의 역사 자료와 현장 연구 자료 역시 서구의 근대성 인구학 이론의 한계를 지적하고 비서구 사회의 특수성을 밝히는 데 결정적 역할을 하고 있다.

요약컨대, 인구학 (빅)데이터들은 우리나라뿐 아니라 세계 각국에서 우리의 삶과 세계화 속의 경쟁에 필요한 다양한 정보와 지식들을 제공할 수 있다. 우리에게 남은 과제는 이러한 (빅)데이터를 획득하여 분석하고, 분석한 결과들을 해석하는 작업이다. 다음 장에서는 서구 인구학자들이 인구학 (빅)데이터를 분석한 결과들을 해석할 때 근거가 되어 왔던 인구학 패러다임 곧 인식론들을 살펴보자.

3

인구 사상:
인구는 통치의 대상

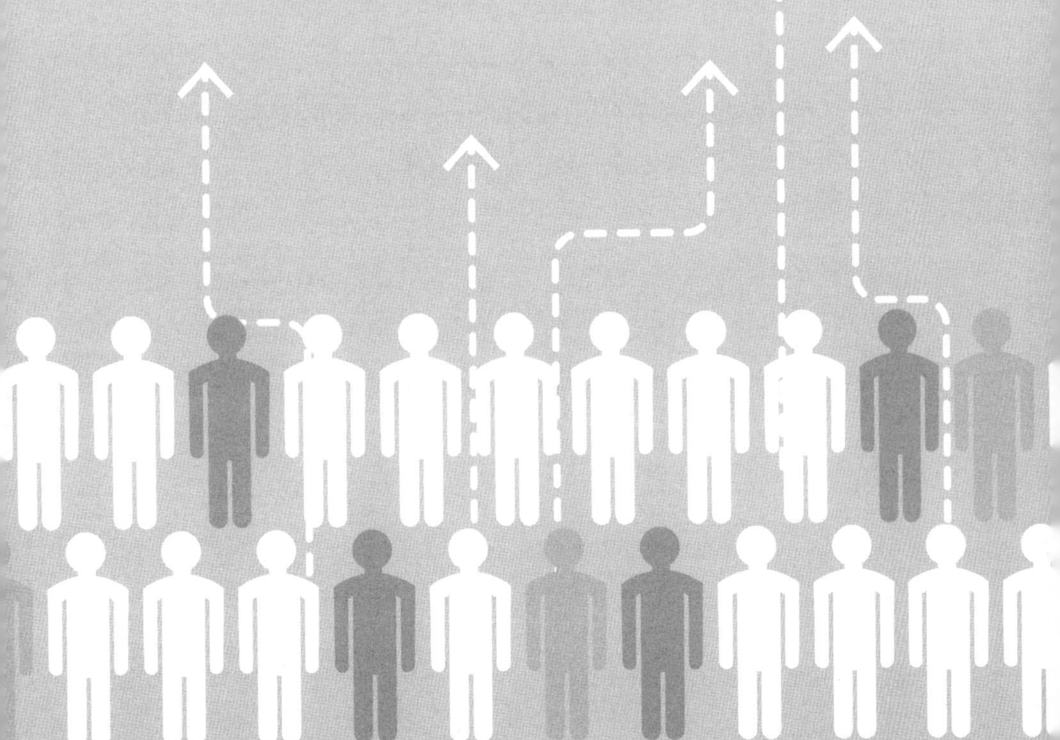

에드워드 사이드는 그의 저서 『오리엔탈리즘』에서 서양은 식민 지배 이후
동양을 '인식'으로 지배한다고 주장한다. 푸코에 의하면,
근대국가 이후 인구는 통치의 대상이 되었다.
그렇다면 우리(비서구 사회)의 인구를 통치하는 서구 인구 사상의 기본
가정(곧 인식론)은 구체적으로 무엇이며 어떻게 계승·발전되어 왔나?
인구학을 포함한 사회과학은 '우리가 어떻게 살아야 할지'에 관한
'삶의 방식'에 관한 학문이다.
이제 우리는 우리의 '삶의 방식'을 더 이상 수입하지 않고 제조하는
지피지기 학문에 진입해야 하지 않을까?

3.0. 들어가기

일반적으로 인구학은 연구자의 가치가 개입되지 않은 가치중립의 객관적인 과학으로 인식된다. 출생률과 사망률, 세계 인구와 같이 숫자(인구 통계)로 연구 결과물을 제시하는 수리인구학은 특히 더욱 그렇다. 숫자 그 자체가 우리(일반인 그리고 대중)에게 인구학의 결과물이 사실-발견에 근거한 객관적인 과학적 지식이란 이미지를 확 불어넣는 힘을 갖고 있다. 그러나 대부분의 인구 통계는 연구자가 직접 발견한 (가치중립의 객관적인) 결과물이 아니라, 앞 장에서 언급한 바와 같이, 인구학 자료에 통계 모형을 접목하여 추론한 (약간의 주관성과 창의성이 개입된) 연역적인 이론-추동 모형화의 결과물이다. 만일 연구자가 통계 모형에 사용한 독립변수를 바꾸면, 결과물인 종속변수(숫자)는 자동적으로 바뀌어 나타나게 마련이다. 게다가 통계 모형에 어떠한 변수들을 선정하고 어떤 식으로 사용할지는 전적으로 연구자의 선택(생각)에 달려 있다. 이런 연유로 유엔과 미국 인구조회국(Population Reference Bureau)의 상이한 연구자들 – 그리하여 상이한 인구 통계 모형을 설정한 – 이 매년 발표하는 세계 인구와 세계 각 지역과 나라 인구수는 약간의 차이가 난다. 그럼에도 불구하고 일반인은 물론 많은 인구학자들조차 단지 결과물인 숫자에만 관심을 보일 뿐 그 숫자를 도출한 인구 통계 모형, 특히 그 모형을 만든 연구자의 인식론과 패러다임이 갖는 중요성을 간과하는 경향이 있다.

20세기 후반 특히 제3세계의 가족계획 정책 이후, 인구학의 특성은 학문 지향에서 정책 지향으로 바뀌었다. 정책 지향 학문은 특정 목적(예를 들면, 출산하강)을 추구하는 정책에 그 목적의 성공적인 달성을 위해 요구되는 정보와 지식을 제공하는 학문이라 할 수 있다. 연구자는 가치중립적이고 객관적인 연구 결과물 대신, 정책의 성공적인 수행에 요구되는 (목적론적인) 연구 결과물을 생산해야 한다. 그러한 정책 지향의 목적론적 연구 결과물은 일반 대중에게 정책의 필요성과 타당성을 제시하고 설득함으로써, 정책수립자의 입지를 한층 강화하는 주요한 경험적 증거가 된다. 이런 연유로, 인구학자는 정부와 국기기관 정책자의 '하수인'으로 전락하였다는 비판을 받기도 한다(Demeny, 1988).

불행하게도 서구의 인구 이론은 그것에 근거한 인구 정책이 우리나라를 포함한 비서구 사회에서 수행되었을 때 나타날 수 있는 혜택 – 이를테면, 가족계획 정책을 통해 이룩한 출산 하강이 가져올 수 있는 일인당 경제소득의 성장 – 은 강조하고 부각하여 말하지만, 부작용과 비용에 대해서는 거의 아무런 말을 하지 않는다. 20세기 중반 거의 모든 비서구 사회에서 가족계획 정책을 수립하고 실시하기 시작하였던 당시, 서구 인구학자들은 신맬서스주의에 입각한 가족 정책이 초래할 수 있는 부작용 – 이를테면, 급격한 인구고령화 – 에는 아무런 언급이 없었다. 그리고 서구 이론에서 이야기된 혜택이 일어나지 않았을 때도 아무런 책임을 지지 않는다. 비용과 부작용은 오로지 비서구 사회의 몫일 뿐이다. 이제라도 서구 인구 이론에 입각한 인구 정책이 비서구 사회에 적용되었을 때 나타날 비용과 부작용을 지적하고 제시할 수 있는 '비서구(한국) 인구 이론', 달리 말해 우리를 지킬 수 있는 지피지기의 학문을 생성해야 할 것이다.

우리의 인구학이 지피지기 학문으로 발전하려면, 우선적으로 상대방을 알기 위해 우리 인구 정책의 전반적인 내용들을 인도하고 있는 서구 인구 이론들의 본질을 과학지식 사회학(sociology of science knowledge) 접근방식에서 분석·연구해야 할 것이다. 달리 말해, 서구 인구 이론들이 서로 공유하거나 주된 반박 대상이 되는 기본 전제가 무엇이며, 그것이 확립된 계기의 역사적 배경은 무엇이며, 그런 기본 전제에 근거한 지식 권력이 우리 사회에 적용될 때 나타날 수 있는 혜택과 비용(부작용)은 구체적으로 무엇인지를 파악할 필요가 있다.

이 장은 먼저 우리나라와 중국을 포함한 비서구 사회의 인구 사상 및 맬서스 이전의 서구 인구 사상을 이야기할 것이다. 그런 다음 과학지식 사회학의 관점에서 서구 고전 인구 이론들 – 맬서스, 마르크스, 푸코, 신맬서스주의, 페미니즘 등의 고전 인구 이론 – 이 발달되고 전개된 역사적 흐름과 지적 얼개(intellectual framework)를 고찰할 것이다. 얼개는 어떤 사물이나 조직의 전체를 이루는 짜임새나 구조를 일컫는다. 인구 이론의 지적 얼개는, 출산·혼인·이주 등 인구 현상에 관련된 다양한 (각론의) 인구 이론들이 정초하는 (총론의) 고전 인구 이론들이 서로 각자의 위치에서 공유하거나 파생된 가정들이 무엇인지를 총체적 시각에서 파악할 수 있는 짜임새나 구조를 말한다. 지적 얼개의 고찰은, 인구학자와 인구 정책 수립자에게 특정 패러다임하에서 연구를 하거나 정책을 수립할 때 발생할 수 있는 혜택과 비용의 측면을 함께 사고할 수 있는 총체적 시각을 제공할 수 있다. 단순히 특정 이론가의 나무(주된 주장)들이 아니라 그 나무들의 지적 얼개 곧 숲을 보게 함으로써 인구학의 총체적 흐름을 파악하는 데 도움을 줄 수 있다.

3.1. 근대 이전의 고전 인구 관념들

인구 사상은 특정 사회의 역사적 산물이다. 그것은 인구 사상가들이 자신이 살았던 시대의 사회경제적 요인들을 그 당시 지배 이념(ideology)하에서 자신의 인구 사상을 체계화하였기 때문이다(Charbit, 2010: 5). 이를테면, 우리나라와 중국은 인구 문제를 민본 사상, 그리스나 로마는 주로 정치적 문제, 유럽의 중세학자들은 종교, 그리고 오늘날 인구학자들은 경제적인 것에 연관시켜 논의하는 경향이 있다. 지배 이념이 변동하면 인구 관련 사고도 변동할 수 있다. 유럽에서는 18~19세기 부국강병의 제국주의가 부상하면서, 인구 사상은 자연스럽게 살림살이(경제)의 대상이 인구(국민)가 되는 정치경제학 관념과 연관되었다. 민본 사상과 종교 및 정치 이념 등은 흔히 인구 사상이 인도하는 인구 크기 혹은 인구 구조의 변동과 무관한 독립적인 것처럼 보일 수 있다. 그러나 인구 사상은 통치 담론으로서, 어떻게 인구 변동을 해석하고 인구 문제를 해결하는지를 의사결정하는 주요한 교리적(doctrinal) 단서를 제공하곤 한다.

1) 동양의 인구 사상[1)]

중국에서 인구에 대한 관심은 매우 오랜 역사를 가지고 있다. 약 3,000년 전인 기원전 9세기에 주나라 선왕이 군사적 목적을 위해 채원지방의 인구수를 헤아렸던 인구 기록이 존재한다. 춘추 전국 시대(722~221 B.C.), 특히 전국 시대(403~221 B.C.)에 인구 사상은 활발하게 논의되었다. 대부분의 인구 사상들은 인구증가를 통해 국부를 증진하고자 하였다. 이를테면, 공자(孔丘, 551~479 B.C.)와 맹자(孟子, 372~289 B.C.)는 많은 인구를 선호하였고 다산을 바람직한 것으로 여겼다. 반면 공자와 맹자보다 앞서 중국에서 인구에 대한 입장을 최초로 밝혔던 노자(老子, 604~531 B.C.)는 자신의 도덕경에서 소국과민(小國寡民)을 주장하였다.

1 중국과 한국의 인구 사상 부분은 박상태(2004, 2007, 2016)의 글에 전적으로 의지하였다.

국가의 규모를 작게 하고 백성의 수를 적게 유지하면 잘사는 나라를 만들 수 있다.

묵자(默子, 468~376 B.C.)는 중국에서 최초로 인구 사상을 거론하였던 학자로 일컬어진다. 놀랍게도 인구증가가 군사 목적보다 사회 생산 발전에 필수라고 역설하였다. 땅에 비해 인구가 적은 이유는 봉건 제후들이 끊임없는 전쟁으로 수많은 사람들을 사망시키고 무거운 조세부담으로 백성들을 빈곤에 빠뜨린 때문이다. 군주의 잘못된 정치는 인구를 감소시킨다. 군주는 어진 정치를 행함으로써 인구와 토지 간의 불균형을 해소해야 한다. 어진 정치가 국부의 원천이다.

중국을 포함한 동양에서, 백성의 민심을 나라의 근간으로 삼고 백성을 잘 살게 해야 한다는 군주의 어진 정치는 매우 오래전부터 강조되었다. 어진 정치는 백성의 민심을 근본으로 해야 한다는 민본주의를 뜻한다. 동양에서 백성은 인구를 뜻한다.

상앙(商鞅, 390~338 B.C.)은 나라의 힘이 백성에 근거한다는 민본주의 입장에서, 인구와 토지 간의 균형을 중시하는 견해를 펼쳤다. 그는 민승기지(民勝其地)와 지승기민(地勝其民)을 주장하였다. 민승기지는 백성(인구)의 수가 땅(농지)의 크기를 앞서면 새로운 땅의 개간에 힘써야 한다는 사실을, 지승기민은 반대로 땅의 크기가 백성의 숫자보다 클 경우 인구 이입에 적극적이어야 한다는 사실을 함축한다. 상앙은 그 당시 진나라를 유휴지 – 사람들(인구)이 부족하여 경작되지 않고 있는 땅 – 가 많은 지승기민으로 인식하였다. 그는 식량증산을 위해 우선적으로 토지개혁을 통해 귀족의 유휴지를 빼앗았다. 그 유휴지를 개간할 백성의 수를 파악하게 위해, 진국의 출생과 사망을 등록하게 함으로써 성인남녀와 노약자의 수를 집계하고자 하였다. 자연증가로 인한 인구증가는 많은 시간이 소요되기 때문에, 상앙은 주변 국가의 사람들을 받아들일 것 곧 인구 이입 정책을 주장하였다. 상앙의 지승기민 정책은 그 당시 토지를 빼앗긴 많은 귀족들의 강한 반발을 일으켰지만 많은 백성들에게 삶의 터전을 제공함으로써 국력을 크게 증진시키는 데 결정적 기여를 하였다. 훗날 진시황이 중국 통일을 할 수 있는 진국의 정치·경제적 토대를 마련해 주었다.

관자(管子, 300? B.C.)는 인구와 토지의 균형 상태를 고려하여 과잉인구와 과소인구를 판단하였다. 그는 지만(地滿)과 인만(人滿)의 두 개념을 사용하였는데, 전자는 과소인구를 후자는 과잉인구를 뜻한다. 지만은 인구가 적어 넓은 땅이 천명을 제대로 수행을 못하는 사실을, 인만은 인구에 비해 땅이 적어 천명을 제대로 수행하지 못하는 사실을 나타낸다. 관자는 중국 역사상 최초로 과잉인구의 폐해를 언급한 최초의 인구 사상가이다.

한비자(韓非子, 280~233 B.C.)는 전국 시대 말기 인구 사상가로 많은 인구가 재난의 근원이 된다고 주장을 펼쳤다. 토지에 비해 인구가 적음을 이야기하였던 그 당시의 인구 사상가들과 반대로, 한비자는 인구가 너무 많다고 보았다. 더욱이 그는 토지를 재화의 부분으로 간주함으로써, 인구를 보다 확대된 개념인 재화의 관계에서 파악해야 한다고 주장하였다.

진한(秦漢) 시대[2](221 B.C.~A.D. 220)에 주목해야 할 인구 사상가는 서간(徐幹, A.D. 171~218)[3]이다. 그는 인구조사를 정무의 가장 기본 사항으로 여기고, 이를

••••••••

2 2세기 중국 인구는 6,000만 명으로, 그 수는 14세기 중엽까지 기록된 인구 중 가장 많은 인구이었다.

3 이 시대 인구 사상가들 대부분은 과소인구로 인해 징집할 군인의 수가 적고 또 경작할 수 있는 땅도 놀려 세금도 제대로 걷지 못한다고 보았다. 전국 시대의 많은 제후들은 인구증가에 역점을 두었고, 수용 능력이 넘치는 과밀 지역의 사람들을 수용 능력이 못 미치는 과소한 지역으로 강제 이주시켰다는 기록이 있다. 이런 기록들은 제후들이 적절한 인구 배분을 통해 적정인구(optimum population)를 추구하였던 인구학적 사고를 반영한다. 적정인구의 개념은 기원전 10세기 주(周)나라 정전법(井田法) – 농업용 토지에 대한 이상적 인구 배분 – 에서도 찾을 수 있다(Sauvy, 1978).

나라의 모든 정책과 조치(정치, 경제 등)에서 기본으로 삼아야 한다는 사실을 강조하였다. 인구조사가 잘못될 경우, 호구(戶口)가 누락되고 그러면 역(役)을 기피하는 사람, 버려진 사람 그리고 유랑민들이 생긴다. 여기서 모든 부패가 생긴다. 이와 같이 서간은 인구를 독립변수로 하여 인구가 사회의 전반적 현상에 영향을 줄 수 있다는 사실을 밝혔다(박상태, 2007: 116~120).

그 후 중국에서 인구 사상은 상당기간 침체되었다. 송대에 이르러 소식(蘇軾, 1037~1101)과 마단림(馬端林, 1254~1313)이 인구 사상을 펼쳤다. 소식은 소동파이다. 소식은 중국이 생산수단인 토지가 충분한데도 많은 백성들이 빈곤한 이유가, 많은 사람들이 유휴지를 적극적으로 활용하여 생산하지 않고 단지 식량만 소비하기 때문이라고 생각하였다. 이전의 인구 사상가들은 인구를 단지 생산자로 간주한 반면, 소식은 인구를 소비자(비경제활동인구)와 생산자(경제활동인구)로 구분하였다. 인구가 많더라도 소비자 비율이 높으면 백성들은 전반적으로 빈곤 상태에 처할 수밖에 없다. 그러므로 그는 개간 가능 지역으로 인구 이주의 필요성을 강조하였다. 마단림도 소식과 마찬가지로, 단지 인구의 다과로 국부를 평가하지 않았다. 인구의 수 못지않게 인구의 질을 중시하였다. 이처럼 소식과 마단림은 국부의 원천으로 인구의 동질성을 내포하는 인구수보다 인구의 이질성을 의미하는 인구의 질을 강조하였다. (유럽의 중상주의 학자들은 값싼 임금과 많은 노동인구를 국부의 원천으로 간주하였던 윌리엄 페티에서 보듯이 인구의 동질성을 가정하였지만, 맬서스는 그의 빈곤관에서 엿볼 수 있듯이 인구의 이질성을 이야기하였다.)

홍량길(洪亮吉, 1704~1804)은 맬서스에 비견될 수 있는 근세 중국의 인구 사상가이다(박상태, 2004). 그는 동양의 관습에 따라 인구의 분석 단위를 호(戶)로 간주하였다. 개인주의가 발달되었던 잉글랜드에서는 기본 생활 단위가 개인이지만, 가족주의 삶을 지향하는 많은 비서구 사회에서 기본 생활 단위는 호이다. (기본 생활 단위가 개인이 아니라 '가족(호)'으로 여전히 유지되고 있는 많은 비서구 사회에서, 개인을 기본 단위로 전제하는 서구의 인구학 이론과 방법론의 인구교육은 비서구 사회의 현실과는 동떨어진 내용일 수 있다.)

홍량길은 태평성대가 지속되면 호구가 토지와 가옥(즉, 자원)보다 훨씬 증가한다고 주장한다. 이를테면, 100년간 호구는 5~10배, 혹은 20배로 증가하지만, 자원은 기껏해야 3~5배 증가하였다. 앞에서 언급하였듯이, 인구 사상은 그 당시 사회경제적 환경과 지배 이념을 반영한다. 홍량길이 살았던 강희·옹정·건륭제 치하의 18세기는 중국(청나라)이 세계에서 최강의 국가였다. 18세기 중국의 농업 작물의 수확량은 유럽과 비교할 수 없을 정도로 훨씬 생산적이었고, 17세기 중엽부터 18세기 말 사이 중국의 농토는 3.2배로 확산되었다. 그리하여 동기간 중국 인구는 2배 이상으로 증가하였다(이성용, 2018a; Jin et al., 2015). 홍량길이 살았던 청조와 유사하게, 맬서스가 살았던 18세기 말과 19세기의 잉글랜드도 식민지 개척과 산업혁명을 통해 경제와 인구가 급성장하였었다(5장 '세계의 인구: 현재와 미래 그리고 역사적 경험' 참조).

홍량길은 인구 조절 방법으로 천지조제법(天地調製法)과 군상조제법(君相調製法)을 제안하였다. 천지조제법은 장마와 가뭄 혹은 역병 등으로 인구가 조절되는 과정, 즉 자연의 위험에 대항하지 못하고 자연에 의해 인구가 조절되는 과정을 뜻한다. 이는 맬서스의 적극적 억제와 유사하다. 그러나 홍량길은 중국과 인도와 같은 비서구 국가에서는 사망과 같은 적극적 억제를 통해 인구와 자원 간의 균형 상태를 유지하여 왔다는 맬서스의 주장과 달리, 천지조제법이 중국의 인구 조절에 미친 영향력은 미미하였다고 주장하였다. 중국이 자연의 위험을 극복함으로써 보다 나은 삶으로 향상시켰고 그리하여 인구수를 증가시켰다는 사고하에서, 홍량길의 이러한 주장은 극히 당연한 것처럼 보인다.

군상조제법은 백성들을 새로운 경작지로 옮겨 살게 하여 잉여 노동력을 줄이고, 이중과세를 없애 과세를 경감하며, 수해나 가뭄의 피해자와 질병을 얻은 사람들을 나라가 구휼한다는 것을 말한다. 개인의 책임을 중시하는 개인주의 관점에서 빈곤 문제를 빈민들의 출산율을 낮추어 해결하려 하였던 맬서스 견해와 달리, 홍량길은 중국의 집단주의 관점에서 백성에게 먹고 살 터전을 마련해 주고 구휼을 통해 수해와 가뭄의 피해자 및 병약자들의 폐해를 없애거나 줄여주는 나라 정책을 통해 해결할 것을 주장하였다. 인구증가로 인한 인구와 자원 간의 불균형의 문제를 인구 억제보다 식량증가를 통해 해결할 것을 강조하였다. 하지만 홍량길은 인구증가가 물가상승과 그로 인한 생활 수준의 저하 현상을 가져올 수 있는 점도 지적하였다. 이러한 지적은 과잉인구의 개념을 사용하지 않았지만 그 내용을 함축하였다고 볼 수 있다.

2) 한국의 인구 사상

조선 초 삼봉 정도전은, 비록 과전법에 밀려 실패하였지만 토지개혁으로 계민수전(計民授田), 즉 백성(호구)의 수를 헤아려서 각 호구에 토지를 골고루 분배하는 원칙을 주장하였다. 그는 계민수전을 통해 백성이 편안하고 행복하게 살 수 있는 민본정치를 구현하고자 하였다(조항덕, 2012).

17세기 실학자들 대부분은 인구 자료의 중요성을 인정하였다. 특히, 반계 유형원(1622~1673)과 다산 정약용(1762~1836)은 인구조사의 간격, 조사할 대상, 자료의 보존과 활용방법 등을 자세히 언급하였을 뿐만 아니라, 인구 통계에 위법을 저지른 관원이나 호주(가구주)에게는 엄격한 처벌의 필요성도 주장하였다.

임진왜란(1592~1598)과 병자호란(1636~1637)으로 인한 많은 인명피해는 인구 감소를 가져왔고, 이는 노동력의 부족을 초래해 많은 유휴 토지를 양산하였다. 유휴 토지의 경작을 위해 인구증가가 필요하였다. 그렇지만 실학자들은 인구의 양 못지않게 경작활동이 가능한 인구의 효율적 활용을 강조하였다. 유형원은 남자가 16세가 되면 토지를 급여하고 60세가 되면 반환해야 한다고 주장하였다. 연암 박지원은 너무 많은 사람들이 과거에 응시함으로써 토지경작에 유용한 많은 노동력을 무용으로 만든다고 개탄하였다. 실학자들은 결혼을 당연시하였고, 임신에 대해서는 간혹 언급하였으나 불임은 남녀 모두의 책임이라 여겼다. 출산을 적극 장려하고 영유아의 보호를 중시하였다. 결혼의 당위성을 간주하는 보편혼과 이혼에 대한 강한 제도적 규제는 다산을 지지하는 것처럼 보이나, 여성의 재혼 금지는 출산을 억제하는 효과가 있다. 따라서 조선의 혼인제도는 출산을 지지하는 측면과 억제하는 측면을 동시에 가지고 있었다(박상태, 2016).

3) 그리스와 로마의 인구 사상

그리스는 중국과 함께 가장 오래된 인구 사상을 가지고 있다. 그리스의 대표적인 인구 사상은 플라톤의 『법』(*Laws*)과 아리스토텔레스의 『정치학』(*Politica*)에서 볼 수 있다. 도시 국가의 형태를 취하였던 그리스에서 적정인구의 아이디어는 일찍부터 발전되었다. 플라톤(Plato, 427~347 B.C.)의 인구 사상은 이상적인 도시의 인구학이라 할 수 있다(Charbit, 2010: 13). 그는 참다운 민주주의의 실현을 위해 이상적인 도시 – 5,040명의 특정화된 도시 시민들로 형성된 – 의 필요성을 주장하였다. 5,040명은 개개인에게의 균등한 재산을 위해서도 바람직한 인구이다. 이러한 적정인구의 개념은 적절한 도시 인구수를 유지하기 위해 출산을 권장하거나 억제하는 조치를 취하게 하고, 또 이출이나 이입을 통해 인구수를 조절하는 인구 정책을 장려한다. 인구의 안정성 개념인 적정인구 개념은 아리스토텔레스(Aristotle, 384~332 B.C.)도 지지하였다. 비록 플라톤처럼 적정인구의 수를 명시하지 않았지만 강력한 인구 조절 정책을 요구하였다. 왜냐하면 만일 적정인구를 유지 못하면 빈곤이 초래될 것이고, 빈곤은 사회정치적 무질서의 근원이라고 생각하였기 때문이었다(권태환, 2016; 이홍탁, 1994; Charbit, 2010).

로마제국의 사상가들은 인구에 별로 관심이 없었다. 그럼에도 불구하고 그들이 쓴 글을 통해서 보면, 중국과 비슷하게 대제국의 관점에서 인구 문제를 바라보았다. 기원전 50년경, 키케로(Cicero)는 인구 성장이 전쟁의 인명피해를 복구시켜 줄 뿐 아니라, 식민지의 개척과 지배에서 요구되는 군사적 목적을 충족시켜 준다는 입장을 취하였다. 그는 다산을 통한 인구 성장을 지향하였기 때문에, 플라톤의 집단혼을 반대하고 일부일처제를 선호하였고 독신을 불허하고 기혼자에 특권을 부여하는 법률과 제도를 주창하였다(권태환, 2016). 그런데 흥미롭게도 로마제국이 쇠퇴기로 접어드는 2세기경 로마의 출산율은 하강하였다(Weeks, 2012: 71).

4) 이슬람 사회의 인구 사상

튀니지의 이븐 할둔(Ibn Khaldum, 1332~1406)은, 적정인구 혹은 안정인구의 필요성을 정치적 입장에서 논의하였던 그리스의 철학자들과 달리 인구증가의 혜택을 경제적 요소, 특히 분업과 관련시켜 이야기하였다. 그에 따르면, 인구가 증가하면 직업의 전문화 혹은 분업화의 필요성이 일어난다. 노동 분업은 자원의 효율적인 개발과 이용을 가능하게 하여 생활 수준을 향상시키고, 강력한 군대와 정치적 안정도 이룰 수 있다. 나라는 호황기와 쇠퇴기를 반복하며, 그 주기에 병행하여 인구 증감도 반복한다. 경제적 조건이 좋고 정치적으로 안정된 호황기에는 출산이 증가하고 사망이 줄어 인구가 증가하지만, 이런 시대가 지속되면 과소비와 사치풍조를 조장하고 세금도 올라가 몇 세대 후에는 다시 경제 불황과 정치적인 불안정을 초래하게 되며, 그러면 출산율이 감소하고 사망률이 증가하는 인구감소 현상을 맞이하게 된다. 이와 같이 그는 경제 변동에 따른 인구 변동의 주기설을 제시하였다(권태환, 2016; 이흥탁, 1994; Weeks, 2012).

3.2. 유럽 근대의 인구 사상: 맬서스 이전

14세기 말 흑사병이 물러나고, 1492년 신대륙을 발견하고, 16세기 스페인에서 이슬람과 유대인이 쫓겨나면서 유럽은 번영기를 맞이하였다. 제5장에서 살펴보겠지만, 16세기 이후 유럽 제국주의의 식민통치하에 있었던 아프리카와 북·남미 지역에서 원주민 인구는 크게 감소하는 현상이 나타났지만, 유럽의 인구는 크게 성장하였다. 유럽 제국주의의 식민지 개척 과정에서 유럽 상인들은 유럽 국가들 그리고 대륙들 간의 국제무역을 크게 활성화시켰다. 유럽 상인의 활발한 무역활동은 국부 곧 국민 국가의 경제적 이해로 직결되었다. 이 과정에서 중상주의가 태동하였고, 중농주의는 중상주의의 비판으로 나타났다.

1) 중상주의

1492년 콜럼버스의 신대륙 발견 이후, 유럽과 다른 대륙(특히, 아메리카와 아프리카) 간의 교역이 급증하는 역사적 현상, 곧 크로스비(Crosby, 2006)가 일컬은 '콜럼버스 교환'(Columbus Example)이 발생하였다. 콜럼버스 교환은 17~18세기 유럽 제국주의 국가의 후원하에서 유럽 상인들이 중상주의 교리에 입각하여 수행하였던 세계무역을 말한다. 이것은 한편으로 유럽에 막대한 국부를 가져다주었지만 다른 한편으로 아메리카와 아프리카에서 막대한 자원과 노동력을 착취하였던, 이른바 베커트(2018)가 일컬은 무력자본주의(war capitalism)를 수반하였다. 그러므로 중상주의 교리는, 만일 식민지에서 착취한 막대한 자원과 노동력이 없었다면, 유럽의 막대한 부를 가져다주었을지 의문시되는 경제 이론이라 할 수 있다(이성용, 2018b).

중상주의(mercantilism)는 한 나라의 국익은 다른 나라의 희생으로 생성된다고 가정한다. - 제로섬(zero-sum) 원칙을 전제한다. 국가 간의 경쟁을 강조하며, 경쟁은 전쟁으로 나타난다. 전쟁의 승리를 위해 국가는 부를 축적해야만 한다.[4] 국부는 은본위제인 까닭에 소유한 은의 양(量)으로 결정되었다. 은은 수입한 것보다 수출한 것이 많을수록 더 많이 축적할 수 있다. 국부의 증진은 수출 확대가 절대적이다.

일할 노동자가 많으면 더 많은 상품을 수출할 수 있고 더 많은 은을 확보

4 손자병법에서 엿볼 수 있듯이, 동양은 병사의 사기와 전술과 같이 무형적 요인을 전쟁의 승리 조건으로 이야기하는 경향이 있다. 반면 서양의 전쟁사를 보면, 무형적 요인보다 화력과 같은 유형적 요인을 전쟁 승리의 조건으로 강조하곤 한다. 게다가 돈으로 구매할 수 있는 용병들을 주요 전투에 투입을 하곤 한다. 19세기 아편 전쟁에서 투입된 영국군들은 대부분 인도 용병들로 구성되어 있었다. 오늘날 미국과 이라크 전쟁, 그리고 영국과 아르헨티나 전쟁에서도 미국과 영국은 여전히 주된 전투 요원으로 용병들을 활용한다. 자본주의 사회에서 돈은, 무형의 애국심보다 전쟁 승리에서 절대적 요인이다.

할 수 있다. 윌리엄스(2014)가 주창하였던 유럽 제국주의 시대 '유럽-아메리카-아프리카 간의 삼각무역'에서 보듯이, 원자재를 헐값으로 무제한 생산하여 유럽에 제공할 식민지와 유럽이 생산한 완제품을 판매할 식민지가 이미 확보되어 있다. 이런 점에서 볼 때, 유럽의 부(富) 형성에는 유럽의 정신 - 산업혁명을 일으킨 근대성 - 보다 오히려 식민지의 자원과 노동력이 큰 기여를 하였을 수 있다(이성용, 2018b). 유럽에 필요한 것은 단지 식민지에서 수탈한 막대한 원자재를 가공하여 완제품으로 생산하는데 필요한 노동력뿐이다. 노동력, 즉 노동인구가 많을수록 국부는 증진된다. 이런 까닭에 인구 성장은 국부 증진과 동일시되었다.

중상주의 교리(doctrine)에서 중요한 것은 인구의 수이지 인구의 질이 아니었다. 아동노동은 생산단가의 절감을 위해 당연한 것이라 간주되었고, 심지어는 장려되기까지 하였다. "한 예로 프랑스의 한 도시에서 모든 주민은 자녀들이 6세에 이르면 공장으로 보내야 하며 이를 위반할 때에는 벌금을 지불하여야 한다고 규정하였다"(권태환, 2016: 487). 낮은 생산단가에 기반한 수출장려 정책과 이를 통한 국부 증대를 당연시하였기 때문에, 중상주의자들은 노동자의 임금은 겨우 생계를 유지할 정도면 된다고 생각하였다. 대표적인 중상주의 인구학자의 한 명인 윌리엄 페티(W. Petty)는 노동자의 임금은 "생존하고 노동하고 어린애를 낳을 수 있을 뿐"이어야만 하며, "만일 (임금이) 2배가 된다면 노동자는 자신이 할 수 있는 일의 반만 할 것이다. 반면 임금이 올라가지 않는다면 전력을 다할 것이다"라고 말하였다.

급격한 인구 성장은 부랑자와 범죄의 증가로 나타난다. 이에 대한 중상주의자의 해결책은 자연스럽게 국부 증진과 관련되어 나타난다. 부랑아와 범죄자들을 식민지로 이주시켜 제2의 중상주의를 실현하자는 것이다. 식민지에서 경제 성장을 위한 인구(노동력)증가를 촉진하는 정책이다. 식민지의 부는 본국의 부로 직결된다. 교도소에서 풀려난 여자 죄수들, 때로는 농촌 처녀들을 가득 배에 실어 해외 식민지로 보냈고, 이들을 그곳의 주둔 병사들과 강제 결혼을 시키곤 하였다(권태환, 2016; 이홍탁, 1994).

사람을 국부 증진이란 목표(부)를 위한 도구로 간주하는 중상주의 인식은 유럽뿐만 아니라 식민지로도 퍼져나갔다. 그러나 사람을 도구 곧 상품으로 보는 중상주의 인식은 유럽보다 식민지에서 훨씬 분명하게 나타났다. 이를테면, 남미의 많은 유럽인 노예주들은 아프리카 출신 노예들의 결혼을 반대하였는데, 그 이유는 시장에 공급되는 노예의 수가 충분하고 그 가격이 낮게 형성된 까닭에 노예의 출산과 자녀양육에 드는 비용이 새로운 노예의 구입 비용보다 훨씬 비싸기 때문이다(리비-바치, 2009: 84~86). 또한 유럽의 식민주의자들은 (특히, 은) 탄광 작업에 박차를 가해 보다 많은 부를 쌓기 위해, 노동력 효율성이 떨어지는 아메리카 원주민을 노동력 효율성이 뛰어난 아프리카 노예로 인력을 대체하였다(리비-바치, 2009). 유럽 제국주의 시대, 비서구 사회의 사람들은 유럽의 국부를 위한 도구에 불과하였다.

사람을 도구 곧 경제적 재화로 인식하는 중상주의 교리는 오늘날, 특히 신자유주의 경제에서 그 전통을 계승하고 있는 것처럼 보인다. 신자유주의 경제의 본거지라 할 수 있는 시카고학파의 태두인 게리 베커(Becker, 1960, 1991)는 자녀를 '소비재'(consumer goods)로 간주한다. 이러한 경제 제국주의 인식은, 근대성(modernity)이란 미명하에 오늘날 전 세계에 널리 퍼져 서구인뿐만 아니라 비서구인의 도덕적 삶마저 지배하고 있다(Wolfe, 1989). 이를테면, '연봉'의 개념에서 보듯이 우리는 인간의 능력(결국은 인간 자체)을 경제적 재화로 평가하는 인식을 극히 당연한 것으로 받아들이곤 한다.

2) 중농주의

중상주의 시대 유럽에서 국부와 인구수는 증가하였지만, 모든 사람의 삶이 나아진 것은 아니었다. 오히려 빈곤인구가 증가하였다. 중상주의가 취하였던 국가 후원하의 해외 교역 – 수입과 경쟁을 금지하였던 국가 독점 체제의 형태에서 진행되었던 – 은, 국민 전체가 아니라 소수의 엘리트 지배층에게만 막대한 부를 가져다주었다(Week, 2012). 이러한 (프랑스) 상황에서 중농주의가 탄생하였다. 중농주의는 18세기 후반 단지 20년간 지속되었음에도 불구하고(박윤덕, 2012), 그 사상은 맬서스의 『인구론』, 애덤 스미스의 『국부론』, 마르크스의 이론, 푸코의 통치성 이론 등 다양한 정치경제학 사상에 유의미한 영향을 미쳤다.

17~18세기 프랑스는 중상주의에 근거한 저가격 곡물 정책을 펼침으로써, 곡물의 판매와 구매가격, 농민의 이익을 철저히 관리하였다. 이로 인해 농부는 흉년일 때 이윤을 남길 수 없었음은 물론 심지어 풍년에도 곡물의 저가격으로 인해 파산할 수 있었다. 정부의 곡물가격 통제 정책은 농민들에게 희생을 강요하였을 뿐 아니라, 농업투자 감소로 이어져 농업의 생산 잠재력을 약화시켰다. (수)공업을 중시하였던 영국과 달리, 프랑스는 국가의 재정수입의 거의 전반을 농업이 떠맡고 있었던 농업국이었다. 농업의 약화는 국왕의 조세수입을 정체 혹은 감소하게 하였을 뿐만 아니라 사회의 불안정마저 야기하였다. 더욱이 그 당시 프랑스는 영국과의 전쟁에서 연전연패를 함으로써, 식민지 쟁탈전에서 패퇴하였고 유럽의 패권을 상실하였다. 전쟁의 패배는 자국은 물론 상대 승리국의 전쟁 비용까지 떠맡을 수 있어, 패전국 정부는 막대한 부채를 지게 된다. 18세기 후반 계속된 전쟁 패배로 인해, 프랑스는 1803년 오늘날 미국

의 1/3에 해당하는 광활한 땅인 루이지애나 – 미국 최초의 13주 서쪽에 있는 오늘날 미국의 중서부 지역 – 를 미국에 헐값으로 팔아야만 하였다.[5)]

중농주의의 대부인 케네(François Quesnay, 1694~1774)는 (국)부의 원천을 인구(노동인구)수가 아니라 토지라고 주장하였다. 케네는 국부가 인구수에 의존한다는 중상주의에 제동을 걸었다. 인구수는 생계수단에 의존하므로, 국부의 진정한 원천은 인구가 아니라 토지라는 것이다. 달리 말해, "인구는 사회의 변동을 야기하는 독립변수에서 사회의 변동으로 야기된 종속변수로 이동하였다"(Weeks, 2012: 75). 인구는 관리의 대상이 되었다. 맬서스도 그의 항상성 인구법칙에서 엿볼 수 있듯이, 인구를 노동력 총합과 같은 정적인 것이 아니라 사회경제적 변동에 의해 변화하는 동적인 것으로 보았다.

케네는 자본축적과 자유거래(free trade)를 중시하였다. 그는 노동력 부족이 농업 파탄을 초래하였다는 중상주의 주장을 반박하면서, 잘못된 곡물거래 정책, 부적절하게 조성된 사치품 산업, 농업투자를 위축시키는 조세 정책 등 정부의 잘못된 규제 정책이 진정한 원인이라고 적시하였다. 케네는 저서 『농부』에서 "말과 소 중 어느 것이 경작에 더 유용한가?"라는 질문에 대해 말을 선택하였다. 소는 소작농 중심의 소작농을, 말은 차지농 중심의 대경작농을 함축한다. 그에게 농부(특히, 부농)는 자기 땅을 스스로 경작하는 노동자가 아니라, 지성과 재산으로 자기 사업을 경영하고 증식하는 사업가이다. 농부는 토지 경작의 비용을 자발적으로 책임질 수 있는 자유인이므로, 정부가 규제 대신 양성해야 하는 사람들이다. 이런 판단에 근거하여 농업 발전과 부국강병으로 가

5 그 당시 프랑스의 식민지였던 최대의 설탕수수 산출 지역인 산토도밍고(오늘날 아이티와 도미니카 공화국으로 구성된 섬)마저 1804년 독립을 쟁취하였다. 산토도밍고의 독립에는 1789년 프랑스 혁명이 영향을 미쳤지만 절대적인 것은 아니다. 어쨌든 식민지의 독립은 프랑스의 재정을 더욱 어렵게 만들었다. 18세기 말 산토도밍고는 유럽에서 소비되는 설탕의 40%, 커피의 60%를 생산하였던 프랑스 최고의 보고(寶庫) 식민지였다.

는 길은 인구증가가 아니라 '자본축적'이라는 결론을 내렸다(박윤덕, 2012).

또한 중상주의의 정부규제 방식이 아니라, 자유거래가 국부의 원천인 농업생산의 증대를 유발할 수 있다는 주장을 펼쳤다. 케네의 자유거래 혹은 '자유방임주의'(laissez-faire) 개념은 개인의 이기적 행동이 최고의 국부를 인도한다는 애덤 스미스의 경제 이론으로 연계되었다. 이러한 자본축적 개념은 마르크스의 자본론에도 유의미한 영향을 미쳤다. 하지만 마르크스와 애덤 스미스 모두 케네와 달리, 부는 토지 그 자체가 아니라 토지(자본)에 투여한 '노동'에서 나온다는 주장을 펼쳤다(Week, 2012).

18세기에 이르러 곡물의 자유거래를 강조하는 중농주의가 수용되기 시작하였다. 이러한 변화로 인해 곡물 부족과 가격상승이 하나의 '자연 질서'로 인식되기 시작하였고, 비축이나 수출을 통해 가격이 조절될 수 있게 되었다. 가격상승을 자연적 소여(所與)로 내버려둔다면 총체적 차원에서 식량난을 조절할 수 있다(김영희, 2015). 애덤 스미스의 '보이지 않은 손'이 함축하는 바와 같이, 국가는 개인의 이해를 규제하는 대신 개인이 스스로 이해를 조절할 수 있도록 방치하고, 이를 통해 국가는 만인에게 유익하게 해야 한다. 이러한 중농주의의 자연적 소여에 대한 인식은 자연의 본질이 균형과 조화에 있으므로, 인간의 모든 질서는 자연에 부합해야 좋은 질서를 이룰 수 있다는 생각을 기반으로 한다. 맬서스가 주장한 인구 성장과 경제 성장 간의 균형과 조화는 이러한 자연주의 인식(신화)에 영향을 받았다(포스터, 2016; Charbit, 2009).

케네와 중농주의자들은 부의 원천으로 토지(자본)를 강조하였지만, 그럼에도 인구증가를 장려하였다. 케네는 『곡물』에서 다음과 같은 견해를 전개한다. "지출은 상업과 공공사업을 확대하여 많은 사람들에게 이익을 주기 때문에 인구를 증가시킨다. 많은 인구가 주는 가장 중요한 이점은 생산과 소비가 왕국의 금전적 부를 증대하거나 움직이게 한다는 것이다. 좋은 토지와 다루기 쉬운 상업을 가진 국가는 인구가 많으면 많을수록 더 부유하고, 부유하면 할수록 더 강하다”(박윤덕, 2012: 335, 재인용). 요컨대, 중농주의자들도 중상주의자와 마찬가지로 인구증가에 찬성표를 던졌다.

3) 계몽주의

유럽에서 18세기는 계몽주의 시대이다. 계몽은 인간의 이성에 절대적인 신뢰를 보내며, 그 이전까지 지배하여 왔던 전통적 사고와 권위 체제를 비판적 시각으로 바라봄으로써 미신과 무지의 구렁에서 벗어나야 한다는 사실을 일깨워준다. 계몽주의는 인간의 이성이 군주의 요구보다 우선시되며, 인간의 권리와 자유를 중시한다. 계몽주의 사상은 프랑스 혁명(1789~1794)과 미국 독립(1776)에 의해 더욱 확고하게 자리를 잡았고, 근대 유럽의 인구 사상 형성에 깊은 영향을 주었다. 계몽주의 시대의 대표적인 인구 사상은 프랑스의 콩도르세(Marquis de Condorcet, 1743~1794)와 고드윈(William Godwin, 1756~1836)에서 볼 수 있다.

콩도르세는 프랑스의 혁명적 이상주의자이면서 낙관론자이다. 콩도르세의 낙관론은 기술 진보가 한계를 가지지 않는다는 믿음에 근거하였다. 산업과 복지가 진보하면, 우리의 후세대는 더 많은 것을 소유할 것이고, 그리하면 인구도 증가할 것이다. 이처럼 콩도르세는 번영과 인구증가는 서로 손을 마주 잡고 가는 것으로 보았고, 성장의 한계에 도달하면 출산 통제가 최종 해결책이 될 것으로 보았다. 요컨대, 그는 인간은 인구 통제 능력이 있기 때문에 인구증가는 걱정할 필요가 없다고 가정하였다(Weeks, 2012: 76).

고드윈도 콩도르세와 유사하게 유토피아적인 낙관론 견해를 영국에서 펼쳤다. 고드윈은 사람들이 이성을 가지고 무절제한 행동을 하지 않는다면 급격한 인구증가는 일어나지 않을 것으로 보았다. 과학이 진보함에 따라 식량공급은 점점 원활하게 될 것이고, 그러한 번영은 사람들에게 심사숙고하게 만들어 자신들의 성관계와 번식을 제한하게 할 것이기 때문에 과잉인구를 인도하지 않을 것이다. 그는 빈민의 문제를 과잉인구가 아니라 사회제도의 불평등, 특히 부자의 탐욕과 축적에 의한 불평등에 기인한다고 보았다(이홍탁, 1994).

3.3. 근대 인구 이론: 맬서스, 마르크스, 푸코[6]

인구학 접근방식 혹은 패러다임들은 인구학자들이 자신의 연구 주제를 선택하고 관찰 결과를 해석하는 방식에 대한 세계관이다. 서구 이론이 배태된 그들의 세계관(인식론)을 알면, 그들의 이론적 진술을 이해하는 데 결정적 도움을 받을 수 있다. 이해를 하면, 굳이 그들의 이론적 주장들을 암기할 필요도 없다. 또한 그들 이론에서 논리적 결함이나 우리 현실과의 불일치를 발견한다면 우리의 것을 새로이 창조할 수도 있다(이성용, 2015).

우리는 간혹 다음과 같은 의문을 제기할 수 있다. 어떻게 매춘부와의 접촉이 부재한 여성학자들이 매춘 연구를 하고 성매매 방지와 같은 매춘 정책에서 주도적인 역할을 할 수 있을까? 한국이나 아프리카 지역에 전혀 살아본 적이 없는 서구의 저명한 학자들이 어떤 근거와 세계관에서, 한국과 아프리카 사람들의 이러저러한 삶의 방식은 중대한 문제가 있으니 무엇을 어떻게 고치라는

6 이후의 3장은 이성용(2021)의 글을 약간 수정한 것이다.

진술을 단오하게 할 수 있을까? 그런데 놀랍게도, 우리 – 특히, 학계와 언론에 종사하는 지식인들 – 는 이러한 여성 학자와 서구 학자들의 진술을 정답인양 간주하고 존경심을 보내기도 한다. 하워드 베커(Howard Becker, 2005)는 이러한 학자들의 세계관을 집합심상(imaginary)이라 부른다. 집합심상은 학자가 직접 경험이 없음에도 불구하고 자신이 연구하고자 하는 것을 머릿속에 그림을 그려주는 심상(image)이며, 그 심상은 그 학자가 속하는 학문공동체가 공유하고 있다. 따라서 어떤 학문공동체의 구성원들이 공유하고 있는 특정 집합심상(세계관)은 그들의 특정 패러다임이라 할 수 있다.

그렇다면 인구학자의 집합심상 혹은 패러다임에는 어떤 것들이 있을까? 아마 맬서스, 마르크스, 푸코, 신맬서스주의 그리고 페미니즘 – 자유 페미니즘과 탈근대페미니즘 패러다임으로 대별될 수 있다. 다행히도 이들 다섯 패러다임들은 경쟁적이지만, 이들 관계는 상호 배타적이기보다 상호 의존적이다. 패러다임들 간 연계를 이어주는 실마리 정보들이 있다. 그것은 서구의 인구학 이론과 패러다임들이 그들의 역사적 경험 속에서 정반합(正反合)의 변증법 논쟁들에 의해 생성되어 왔기 때문이다. 달리 말해, 인구학의 패러다임은 무(無)에서 유(有)가 아니라, 역사적 흐름하에서 이전의 패러다임 – 구유(舊有) – 에서 새로운 패러다임 – 신유(新有) – 을 생성하여 왔다. 그러므로 만일 구유와 신유 간 변증법 논쟁에서 실마리를 제공하였던 핵심 사항의 기본 전제들을 안다면, 그것에 근거하여 인구학 패러다임들이 발달·전개되어 온 역사적 흐름 곧 인구학 패러다임들의 지적 얼개를 파노라마 방식으로 펼칠 수 있다. 〈표 3-1〉은 그 파노라마에서 장면 전환의 주춧돌 역할을 수행하는, 인구학 패러다임들 간 논쟁에서 실마리를 제공한 두 가지 기본 전제와 각 패러다임에서 그 전제들의 수용 여부를 알려준다.

〈표 3-1〉 인구학 패러다임들의 지적 얼개

	맬서스	마르크스	푸코	신맬서스주의	자유 페미니즘	탈근대 페미니즘
선험가정으로서의 '자율적 개인'	수용	수용	거부	?	수용	거부
설명 대상으로서의 '인구'	정	부	정	정	부	부

두 가지 기본 전제 중 하나는 '자율적 개인'과 경제적 자립의 '적소'가 선험가정인지 여부이다. 이는 근대성(modernity)과 탈근대(post-modern) 이론 간의 주된 차이를 나타낸다. 전자는 선험가정으로 수용하고, 후자는 거부한다. 다른 하나는 각 패러다임의 인구 연구에서 인구를 주된 설명목표 곧 정(正)으로 삼는지 아니면 그들의 주된 관심사를 설명하는 주된 원인 곧 부(副)로 삼는지이다. 우리는 이러한 지적 얼개의 두 요소가 각 인구학 패러다임에서 어떻게 수용되고 거부되었는지를 역사적으로 고찰할 것이다.[7]

1) 맬서스의 인구 이론

맬서스(Thomas Robert Malthus, 1766~1834)의 기본 사고를 이해하려면 먼저 그의 가족 배경과 주요 경력을 살펴보는 것이 도움이 된다. 그의 아버지 대니얼 맬

7 만약 확률표집의 정의 – 모든 요소들이 0이 아닌 알려진 확률로 추출 – 를 정확하게 알면, 비확률표집과 확률표집 표본들이 무엇이고 그 특성들을 굳이 외울 필요가 없다. 이를테면, 길거리에서 실시하는 비확률표집의 편의 표본 요소들은 그것이 추출될 확률을 계산할 수 없다(이성용, 2020). 이와 유사하게, 인구학 패러다임들 간의 주된 차이를 말하는 〈표 3-1〉의 두 가지 기본 전제들을 확실히 이해하면 서구의 다양한 인구 이론들이 말하는 바를 이해하는데 커다란 도움을 받을 수 있을 것이다.

서스(Daniel Malthus)는 데이비드 흄(David Hume), 장 자크 루소(Jean Jacques Rousseau), 윌리엄 고드윈(William Godwin) 등 저명한 계몽주의 사상가들과 친분이 두터웠다. 그의 부친과 루소는 영국과 프랑스에 위치해 있는 서로의 집을 방문하였다는 기록이 있다. 맬서스는 18세(1784)에 케임브리지대학의 지저스 칼리지(Jesus College)에 입학하여 수학을 전공하였으나 1788년에 결국 성직에 몸을 담았다. 하지만 1803년 2판 『인구론』(*An Essay on the Principle of Population; or a View of its Past and Present Effects on Human Happiness; With an Inquiry into Our Prospects Respecting the Future Removal or Migration of the Evils Which it Occasions*)을 발간한 10개월 뒤, 그의 먼 사촌동생인 헤리엇 에커설(Harriet Eckersall)과 결혼함으로써 성직을 떠났다. 1805년 그는 영국의 동인도회사가 설립하였던 서비스 칼리지(Service College)의 역사학과 정치경제학 교수로 부임하였고, 그 후 사망할 때까지 그곳에서 봉직하였다(이흥탁, 1994).

맬서스는 1798년 익명으로 『인구론』 초판을 출간하였다. 맬서스는 이 저서에서 당시 서구 사회를 지배하고 있던 중상주의와 계몽주의 이념이 고수하였던 인구증가에 대한 긍정적 입장을 정면으로 반박하였다. 이러한 맬서스의 반박은 인간의 이성 혹은 과학의 합리성이 자연적 소여(즉, 신의 섭리) 내에 존재해야 한다는 자연주의 신학에 정초한다(포스터, 2016; Charbit, 2009). 맬서스의 주장은 당시 영국의 계몽주의자 고드윈과 끊임없는 논쟁을 불러일으켰다. 두 사람 사이에 오랫동안 전개한 학문적 논쟁을 통해, 맬서스는 고드윈의 의견을 수용하여 초판의 주요 내용을 대폭 수정하였다. 1803년 맬서스는 자신의 이름으로 『인구론』 제2판을 출간하였다. 그 후에도 『인구론』 개정은 계속되었고, 맬서스 사후인 1872년에도 제7판이 출간되었다. 하지만 오늘날 우리가 널리 받아들이고 것은 1803년 개정판(맬서스, 2011)이다.

맬서스 인구론에서 일반적으로 주목받는 핵심 사항은 인구와 식량(자원) 간 균형에 관한 인구 항상성(demographic homeostasis) 원칙과 그 원칙의 유지에 기여하는 두 유형의 억제 – 적극적 억제와 소극적(예방적) 억제 – 에 관한 것이다. 인구 항상성 원칙은 다음의 두 가지를 전제한다. 첫째, 식량은 인간의 생존에 절대적이다. 둘째, 남녀 간 욕정은 필연적이며, 미래에도 현재와 유사한 수준으로 지속될 것이다. 남녀 간 욕정에서 초래되는 인구증가 속도는 인간 생존에 필요한 식량증가 속도를 앞지른다. 왜냐하면 억제되지 않은 인구는 기하급수적(1, 2, 4, 8, 16, …)으로 증가하지만 식량은 산술급수적(1, 2, 3, 4, 5, …)으로 증가하기 때문이다. 예컨대, 5세대가 지나면 인구는 16배로 증가하는 반면 식량은 겨우 5배로 증가한다. 그 결과 일인당 식량은 16분의 5로 감소한다. 환언하면, 인구 억제가 이루어지지 않으면 식량(자원)과 인구 간 균형 – 자연 질서 혹은 자연적 소여(所與) – 이 파괴되고, 빈민 혹은 사망자가 급격히 양산될 것이다. 그러나 장기적 측면에서 볼 때, 인류는 인구 억제를 통해 인구와 자원 간 균형 상태를 유지해 왔다. 이런 의미에서 맬서스 이론은 흔히 '인구 항상성 이론'이라 일컬어진다.

맬서스의 항상성 이론은 그 당시 유행하였던 신정론(theodicy)[8] 혹은 자연주의 신학에 근거한다(포스터, 2016; Charbit, 2009). 맬서스는 인구법칙이 야기한 악(이를테면, 빈곤)과 그런 악을 통해 인간의 잘못을 일깨워 줄 것이라는 신의 은총

••••••••

8 신정론은 신의 선함과 올바름을 현세의 악과 고통에 관한 관찰 가능한 사실과 조화시키려 한다. 신의 섭리(자연적 소여)를 위반하였기 때문에 고통(예, 빈곤)이 따른다. 고트프리트 빌헬름 라이프니츠(Leibniz)는 『신정론』(1710)에서 악이 존재함에도 불구하고 신은 올바르다고 변호하였다. 라이프니츠에 의하면 신은 논리적으로 가능한 일을 할 수 있다는 의미에서만 전능하다. 어떤 요소들은 따로따로는 가능한 것이지만 상호 양립할 수는 없는 경우가 있는데, 신은 이런 제한된 상황에서 세계를 창조하였기 때문에 이 창조된 세계는 '최선의 가능한 세계'이다. 신정론은 대부분 악이라는 신학 문제를 해결하는 것이 목표이다(Daum 백과, https://100.daum.net/encyclopedia).

에 대한 절대적 확신 – 맬서스의 신정론 – 간의 모순을 분석하고자 하였다(Charbit, 2009: 42~43). 아리스토텔레스의 텔로스(telos: 목적, 목표, 본질)와 중농주의에서 태동한 자연주의에 의하면, "자연에는 객관적이고 절대적인 진리가 존재하고 … 그 본질은 '비례 균형과 조화'에 있으므로, 인간의 모든 질서는 자연에 부합해야 좋은 질서가 된다"(오수웅, 2017: 189). 좋은 삶이 추구해야만 하는 '텔로스' 혹은 목적론적 사고(teleological idea)는 자연과 조화로운 이성적인 삶을 목표로 하는 것이다. 맬서스가 『인구론』을 출간한 주된 목적은, 인구법칙의 발견이 아니라, 이성(과학)의 한계 – 인구법칙을 통해 – 를 일깨워 줌으로써 신의 섭리, 즉 자연주의란 인구학적 교리를 정당화하는 데 있었다. "맬서스는 자신의 작업이 조물주 설계(the Creator's design)의 완성에 기여한다는 주장을 결코 멈추지 않았던 앵글로 성직자였다"(Charbit, 2009: 5). 18세기 계몽주의와 고전 정치경제학은 자연주의 세계관(인식론)에 정초하여, 자연의 질서를 인식할 수 있는 능력으로서 '이성'을 강조하곤 하였다. 루소의 일반 의지와 사회계약론에서, 종교(신의 섭리에 의한 자연적 질서)는 개인의 무제한적 자유(악)를 제한하는 시민사회의 역할을 하고 있다(Wolfe, 1989).

맬서스에 의하면, 인구 성장은 두 기제에 의해 억제된다. 두 기제는 인구와 자원 간의 균형 상태, 즉 자연 질서를 유지하려면 반드시 고려해야만 하는 개인의 합리적 행위 혹은 이성을 함축한다. 한 기제는 '적극적 억제'(positive checks)로, 기근, 전쟁, 전염병 등 개체의 사망에 관련된 요인이 포함된다. 다른 기제는 출산 통제와 관련된 '소극적 혹은 예방적 억제'(preventive checks)이며, 이는 도덕적 자제(moral restraint)와 악덕(vice)으로 구분된다. 도덕적 자제는 자녀를 부양할 수 있는 경제적 역량을 확보할 때까지 혼인을 연기하는 것과 혼전 성생활을 삼가는 것으로 구성되며, 악덕에는 혼음, 간통, 동성애, 출산 통제(피임, 정관수술, 인공임신중절) 등이 포함된다.

맬서스는 『인구론』 초판에서 인류도 동물과 마찬가지로 개체 수와 식량의 균형이 적극적 억제에 의해 이루어져 왔다는 주장을 하였다. 하지만 제2판에서 고드윈의 의견을 수용하여 유럽은 소극적 억제, 특히 도덕적 자제에 의해 균형이 유지되어 왔다고 자신의 주장을 수정하였다. 그는 혼인 연기와 같은 개인적 행위의 자율성을 수용하였지만, 그것의 정당성과 합리성은 인구와 자원 간의 균형, 즉 자연적 소여하에서 인정하였다.

이와 같이 맬서스는, 고전 정치경제학자들과 마찬가지로 개인의 이해가 사회적으로 바람직한 결과물에 의해 제한되고 인도되어야 한다고 생각하였다(Denis, 2006). 맬서스 역시 38세까지 결혼을 연기하였는데, 그 주된 이유는 그때까지 사회적으로 바람직한 결과물, 즉 '혼인 후 안락한 생활을 할 수 있는 충분한 수입'을 마련하지 못하였기 때문이다. 혼인 연기라는 도덕적 자제를 실천하였다. 오늘날 신자유주의 경제학과 달리, 맬서스와 고전 경제학자들은 개인의 의사결정에서 개인의 경제적 이해관계를 일차적 요소가 아니라 이차적 요소로 가정하였다. 개인의 경제적 이해는 신의 섭리 혹은 자연적 소여하에서 합리화되고 정당화되었다.

맬서스(2011)에 의하면, 북서유럽을 제외한 중국과 인도를 포함한 대부분의 국가들에서는 적극적 억제에 의해 인구와 자원 간의 균형이 유지되어 왔다. 더욱이 중국과 인도에서는 소극적 억제책인 출산 통제마저 도덕적 제약이 아니라 영아살해와 같은 악덕에 의해 이루어졌다고 주장하였다. 그 결과 영국의 인구학적 항상성은 출산력이 지배적인 '저압 체제'(low-pressure regime)에서 유지되어 왔지만, 영국 등 북서유럽 국가를 제외한 대부분 나라들에서 인구학적 항상성은 사망력이 지배적인 '고압 체제'(high-pressure regime)에서 이루어졌다

(Wrigely et al., 1997: 451). 맬서스주의자 가정에 따르면, 만일 인구가 자원(식량)이 감당할 수 없을 수준(즉, 고압 체제)으로 급증하면 사람들(특히, 야만인)은 부족한 자원을 놓고 전쟁을 하여 상대방을 죽임으로써 자원과 인구 간의 균형 상태를 이루게 된다. 반면 도덕적으로 자율적인 개인들은 (저압 상태의) 불균형 상태를 감지하면 출산력을 통제하여 균형 상태를 유지한다. 실제로 잉글랜드에서는 1541~1871년의 지난 3세기 동안 경기 변동에 따라 혼인연령과 출산율이 오르락내리락 하였다(Smith, 1981). 그런데 맬서스가 도덕적 자제로 언급하였던 혼인 연기, 그리고 자신도 실천하였던, 경제적으로 자급자족 혹은 안락한 삶을 할 수 있는 '적소'(適所, niche)에 도달할 때까지 혼인을 연기하는 행위는 잉글랜드 특유의 문화이었다(맥팔레인, 2014; 이성용, 2013; Hajnal, 1965, 1982). 헤이널(Hajnal, 1982)은 저압 체제를 서유럽과 서유럽을 제외한 기타 지역을 구분짓는 핵심 요소라고 주장하였다. 영국의 저압 체제는 높은 비혼율과 만혼을 특징으로 하는 '서유럽 가구 형성 규칙' 혹은 '맬서스주의 결혼 체제'를 통해 형성되고 유지되었다(이성용, 2013). (〈이야기 상자 4: 맬서스주의 결혼 체제〉 참조).

맬서스에게 도덕적 자제는 장기적 측면에서 사람들이 자발적으로 인구와 자원 간의 항상성을 유지시키는 이성적 산물이다. 이러한 맬서스의 가정에 의하면, 유럽인은 자신의 행위를 이성적, 자발적으로 통제할 수 있는 문명인 곧 행위주체자(agents)이지만 중국인과 인도인 등 비서구인은 (문명인의) 통제를 받아야 하는 수동적 인간으로서 야만인에 불과하다. 이는 그 당시 유럽 제국주의의 유럽 우월주의 시각을 보여 준다. 그러나 중국의 역사인구학 연구에 의하면(리·펑, 2012), 중국의 전통 사회는 유럽과 마찬가지로 적극적 억제보다 예방적 억제를 통해 인구와 자원 간의 균형 상태가 유지되어 왔다. 중국인은 야만인이 아니고 문명인(행위주체자)이었다. 물론 차이점은 있다. 주된 예방적 억제수단이 유럽에서는 개인적 차원에서 행해진 혼인 연기였다면, 중국을 포함한 많은 비서구 사회에서는 가족이란 집합 차원에서 이루어진 유배우 출산율 통제 – 이를테면, 유럽에 비해 훨씬 장기간의 수유기간을 통해 – 이었다(이성용, 2013).[9]

맬서스의 인구론은 인식론적은 물론 경험론적으로도 모두 서구 유럽 특유의 역사적 산물이다. 그의 이론은 인식론적으로는 기독교의 자연주의 신학에, 그리고 경험론적으로는 그 당시 프랑스와의 전쟁 승리를 통해 유럽의 패권은 물론 광대한 식민지를 찬탈하였던 유럽 최강 제국주의의 역사적 경험과

이야기 상자 4

맬서스주의 결혼 체제

맬서스주의 결혼 체제의 주된 특징은 '자신의 가족을 부양할 수 있는 독립적인 생계수단을 획득할 때까지 혼인을 연기하는 것이 필수적'이라는 점이다. 영국에서 결혼은 자신의 노력으로 결혼자금을 마련한 젊은이들의 특권이었다. 서번트 체제는 대다수의 젊은이들에게 결혼 후 독립된 생활기반을 마련하는 데 결정적인 역할을 하였다.

서번트 체제는 13~19세기 잉글랜드를 포함한 북서유럽에서 널리 퍼져 있던 독특한 문화이다. 근대 영국에서 젊은이들의 60~70%가 자신의 일생에서 한 번은 서번트 생활을 경험하였다. 라슬렛(Laslett)은 '삶의 과정 서비스'(life-cycle service)를 언급하면서, 서번트(servant)들을 "혼인을 기다리는 성적으로 성숙한 미혼의 젊은이들"이라 칭하였다. 서번트는 하류 계층에 국한되지 않았다(오늘날에도 서구의 거부들은 종종 자신의 어린 자녀들에게 자신의 용돈을 벌도록 아르바이트를 시

9 맬서스에 의하면, 남녀 간 욕정은 통제할 수 없는 것으로 가정된다. 부모와 자녀의 관계보다 배우자 간 관계가 중시되는 맬서스 결혼 체제에서 배우자 간 성관계는 매우 중요하다. 부모와 자녀 간 관계가 중시되는 가족주의 확대가족 문화에서는 불임이 주된 이혼 사유가 되었지만, 배우자 간 관계가 중시되는 개인주의 핵가족(잉글랜드의 맬서스주의 결혼 체제)에서는 성불능이 주된 이혼 사유였다(맥팔레인, 2014). 부부간 성적 욕구의 통제 불가는 유배우 출산율의 통제가 불가능하다는 사실을 뜻한다. 이런 까닭에 맬서스는 출산율 통제가 유배우 출산율보다 혼인 연기나 독신과 같은 혼인력 변동에 의해 이루어진다고 가정하였다. 그러나 우리나라와 중국 및 일본에서는 북서유럽에 비해 훨씬 긴 수유기간을 통해 유배우 출산율을 통제하였다. 동아시아 여성들은 전통적으로 북서유럽 여성보다 일찍 결혼을 하였지만, 긴 수유기간으로 인해 평균 자녀 수는 훨씬 적었다(리 · 펑, 2012; 이성용, 2013).

키곤 한다).

대다수 젊은이가 결혼자금을 서번트 생활에서 받은 임금을 저축하여 마련한다면, 임금 수준은 결혼자금의 마련기간에 결정적 요소이므로 결혼연령과 밀접한 관계를 가진다. 경제적 상황이 악화되어 임금이 떨어진다면, 결혼자금 마련기간이 연장되어 결혼연령이 올라가고 출산율은 하강한다. 반대로 호경기의 높아진 임금은 그 기간을 감소시켜 결혼연령이 내려가고 출산율은 상승한다. 이상과 같이 영국에서 자녀의 결혼연령 변동은 경제적 상황에 따른 서번트 임금(실질임금) 추세에 따라 결정되었다. 그래서 영국에서 결혼연령의 추세는 부모나 친족의 영향이 아니라 그 당시 경제적 상황(임금 수준)과 관련되었다. 서번트 체제는 혼인력(결혼연령과 독신율)의 통제를 통해 경제적 자원과 인구 사이의 균형 상태를 유지시켰던 영국 고유의 항상성 기제이었다.

자녀의 독립적인 결혼자금 마련은 서번트 임금이란 경제적 요인과 더불어 자녀의 그런 행위를 뒷받침해 주는 가족문화가 존재하였음을 의미한다. 우선적으로 서번트 생활에서 획득한 자녀의 소득은 부모에게 이전되지 않는 자녀의 것이다. 자녀는 이러한 소득을 저축하여 결혼 후 경제적 독립된 가구(생활 단위)를 마련할 수 있는 결혼자금으로 사용되었다. 서번트 체제는 매우 어릴 때부터 자녀의 삶을 소비와 생산을 공유하는 가족 단위에서 추출하여 부모 세대와 자녀 세대를 분리시켰다. 영국에서 부모 세대와 자녀 세대는 개별적인 독립된 경제 단위이었던 것이다.

영국의 독특한 결혼관은 자녀 출산을 위해서가 아니라 반려자를 얻기 위해 결혼을 하는 '반려자'(companionate) 결혼이다. 한국과 중국과 달리, 영국에서는 전통적으로 배우자 간 관계가 부모와 자녀 간 관계보다 우선시되었다. 반려자 결혼의 큰 특징은 부모가 아니라 결혼 당사자가 자신의 배우자를 선택하는 것이다. 영국에서 자녀가 배우자를 선택할 수 있는 자율성(자유)에는 당연히 자녀의 경제적 독립 역량에 의해 뒷받침되었다. 자녀는 자신이 결혼 결정에 있어 부모의 승낙을 필요로 하지 않았고, 부모가 반대할지라도 결혼 당사자 간 합의만 있으면 그 결혼은 합법적으로 인정되었다.

반려자 결혼은 당연히 자녀 생산을 위한 결혼과는 상이한 사회규범을 생산한다. 결혼은 결혼 당사자 간의 결합일 뿐, 신랑의 가족 · 친족과 신부의 가족·친족 간의 결합이 아니다. 부부 간의 관계가 부모와 자식 간의 관계보다 더 중시되었기 때문에 불임은 개인의 불운으로 간주된 반면 성행위 불능은 결혼 무효의 근거가 되었다. 게다가 간통에 대한 너그러운 태도가 널리 퍼져 있었다.

결론적으로, 맬서스주의 혼인 체제에 근거한 영국의 혼인력 변동의 기저에는 많은 젊은이들에게 경제적 독립의 터전을 마련해 준 서번트 체제, 부모에게 자녀가 혜택이 아니라 비용이라는 가치관 및 자녀들에 대한 대안들, 그리고 부부관계를 가장 중요한 가족관계로 간주하는 반려자 결혼관 등이 깔려 있었다. 이러한 영국의 독특한 문화가 맬서스 인구학적 항상성 모델에서 혼인력 변동이란 항상성 기제의 역할을 수행하였던 것이다(이성용, 2013).

맬서스주의 결혼 체제라는 북서유럽의 특유 문화에 정초하였다. 맬서스의 인구론은 식민지 찬탈을 통해 막대한 국부를 형성하였던 유럽 제국주의와 유럽 제국주의 국가들에게 막대한 자원과 노동력을 찬탈당하였던 식민지 경험의 비서구 세계를 동일시하고 보편화하는 일반화 오류를 범하고 있다. 이런 사실은 비서구인인 우리들로 하여금 맬서스 이론을 맬서스주의 패러다임으로 계승·발전시킨 서구 학자의 다양한 이론들을 비판적으로 고찰할 필요성을 절감하게 한다.

2) 마르크스의 인구 이론: 맬서스의 빈곤관

'푸코의 통치성과 인구' 단원에서 보다 구체적으로 이야기하겠지만, 18세기 이후 인구는 정치경제학 담론에서 본질적 부분이 되었다. 맬서스 인구 이론은 자연신학과 잉글랜드 특유의 맬서스주의 결혼 체제 관점하에서, 인구(출산, 혼인연령)와 경제(소득, 빈곤) 간의 관계를 논의하였다. 칼 마르크스(Karl Marx, 1818~1883)의 인구 이론은 19세기 중반 잉글랜드의 산업·자본주의를 경험하면서 맬서스와 상이한 인식론의 경제 관점을 취하였다(Charbit, 2009: 4). 자신들이 직접 경험하였던 19세기 잉글랜드의 급격한 사회경제적 변동을 목격하고 고찰하면서, 맬서스는 자연신학 패러다임에서, 마르크스는 유물론적 역사관에서 자신의 이야기를 전개하였다.

마르크스의 이론은 흔히 계급 이론 혹은 자본론으로 불리어지며, 그 호칭은 맬서스의 인구론보다 우리에게 훨씬 익숙하다. 따라서 마르크스의 인구 이론이란 호칭은 대부분의 독자들에게 매우 생소할 수 있다. 하지만 마르크스와 엥겔스의 전 생애에 걸친 협력 작업은 맬서스의 자연신학관을 비판하였던

1844년 『정치경제학 비판 개요』에서 출발하였다. 우리에게 익숙한 마르크스의 '프롤레타리아' 개념도 맬서스 이론을 공격하는 과정에서 나왔다(포스터, 2016).

마르크스 이론에서 맬서스 이론은 항상 핵심 비판의 대상이 되었다. 맬서스의 주장을 '성직자의 광신'으로 부른 마르크스의 혹독한 비판에서 보듯이, 그는 맬서스의 인구론이 본질적으로 종교적 자연관에 토대를 두고 있음을 지적하였다. 흔히 우리는 계몽주의를 반종교적이라고 생각하기 쉽지만, 19세기 서구의 주류 세력은 계몽주의 전망 안에서 종교의 재정립을 강력하게 시도하였다(Charbit, 2009). 그 일환의 하나가 자연신학이다. 자연신학은 과학혁명에 절대적인 기여를 하였던 프랜시스 베이컨(Francis Bacon, 1561~1626)의 정의에서 보듯이, "신의 피조물에 대한 심사숙고를 통해 획득될 수 있는 신에 관한 지식이나 원리"(포스터, 2016: 193, 재인용)를 뜻한다. 18~19세기 서구의 주류 세력들은 자연, 과학, 종교, 국가, 경제 등 다양한 분야들을 '신의 섭리'라는 단일한 목적론 안에 재정립시킴으로써, 그들의 자본 소유와 권력 체계를 강화하고자 하였다(포스터, 2016).[10]

앞에서 언급하였듯이 맬서스의 인구 항상성 법칙은 신정론에 근거하고 있다. 이 법칙에 따르면, 자원(식량)은 산술급수적으로, 인구는 기하급수적으로 증가하므로 자원과 인구 간 균형 상태가 깨지며, 외부 요인 – 이를테면, 사망과 기아 등의 자연 재앙 – 에 의해 인구가 감소되어 다시 균형 상태에 이르

10 흥미롭게도, 오늘날 경제결정론 관점을 가장 강력하게 옹호하고 있는 집단은 좌파가 아니라 우파인, 시장경제를 가장 옹호하는 게리 베커(Gary Becker)를 중심으로 한 시카고 경제학파이다. 반대로 마르크스 후계자임을 자처하는 좌파들은 시장경제의 경제결정론을 제한하는 정부의 규제를 옹호하고 있다. 경제결정을 제어하는 기제(시민 사회)는 과거(계몽주의 시대)의 종교에서 오늘날에는 국가로 바뀌었다. 이런 뒤바뀜 현상은 정치에서도 나타난다. 과거 독재정권에 저항하며 개인의 자율성(자유)을 주창하여 왔던 좌파는 오늘날 개인의 삶을 스스로 책임지는 대신 국가에 의존하고 책임을 지게 하는 복지국가를 옹호하고 있다(Wolfe, 1989).

게 된다. 이렇듯이, 빈곤과 사망 등의 자연 재앙을 일깨워주는 자연적 소여는 신의 섭리 곧 "기독교 덕성"(포스터, 2016: 202)이다. 신의 섭리는 개인의 출산과 사망에 영향을 미치는 특정 사회의 역사적·사회경제적 특성을 전혀 고려하지 않는다. 단지 유일신의 보편진리(원칙)만이 존재할 뿐이다.

이러한 이유로, 마르크스는 시공간을 초월한 보편 자연법칙에 반대하였다. 마르크스는 1867년 발간된 『자본론』 제1권에서 맬서스의 이론이 각 사회의 역사성을 무시한 획일적인 추상법칙에 근거하였음을 지적하였다. "역사를 보면 모든 특수한 생산 양식들은 그들 나름대로의 각기 상이한 인구법칙을 가지고 있으며, 그 법칙은 그것이 적용되는 특수한 역사적 상황에 한해서만 유효한 것이다. 보편 인구법칙이란 인간의 힘이 미치지 않는 동·식물 세계에서만 존재할 뿐"(이홍탁, 1994: 66)이라고 주장하였다. 마르크스의 기본 견해는 어느 사회든 특정 역사 시점에 그 당시 인구 성장의 결과를 결정하는 특정의 인구법칙을 가진다는 것이다. 이를테면, 자본주의와 봉건주의 사회에서 인구 성장에 영향을 미치는 요인들이 상이하다. 마르크스의 견해에서 볼 때, 몰역사적 입장에서 인구와 자원 간 균형 상태를 강조하는 맬서스의 보편 인구법칙은 역사적 특수성을 무시하였다.

이처럼 마르크스는 봉건사회와 자본주의 사회라는 진보의 측면에서 나타나는 '시간의 변이'(차이)를 지적함으로써 맬서스 보편법칙의 한계를 지적하였다. 하지만 준거집단을 유럽에 두는 유럽주의 근대화론에 근거한 탓에, 발달이상주의에서 지적된 역사 제쳐놓기(history sideway)처럼(Thornton, 2001), '공간의 변이'(차이)가 보편법칙에 미치는 영향을 간과하였다. 제3세계의 관점에서 볼 때, 만일 마르크스 이론을 준거 틀(목표)로 삼고 제3세계의 현상을 (도구로 활용하여) 해석하고 이론화한다면, 시간만큼 중요한 공간 – 서구와 비서구 간의 지역(문화) 차이 – 의 측면을 놓칠 수 있다. 시간에 따라 특정 행위의 합리성이 다를 수 있듯이, 공간에 따라 합리성이 차이가 날 수 있다(이성용, 2015). 마르크스 이론은 기본적으로 유럽 중심주의적 진화론(근대화론) 입장을 취하고 있기 때문에, 서구와 비서구란 공간의 차이에서 발생하는 현상들에 대한 설명과 해석에 치명적 한계를 내포할 수 있다(Riely and McCarthy, 2003).[11)]

맬서스와 마르크스 간의 훨씬 첨예한 이론적 대립은 그들의 '빈곤관'에서 볼 수 있다. 맬서스는 신정론에 입각하여 개인의 나태와 무책임성에 대한 엄격한 훈계를 옹호하고 개인의 자율성 – 신중한 자제 혹은 도덕적 자제 – 을 중시하는 빈곤관을 제시하였다. 맬서스의 빈곤관은 1834년 영국 신구빈법(新救貧法, New Poor Law, 정식 명칭은 Poor Law Amendment Act 1834)의 형성에 결정적인 지적 토대가 되었다. 신구빈법의 핵심 사상은 "빈민에게 물고기를 주지 말고 물고기 잡는 법을 가르쳐 주라"는 말로 표현할 수 있다. 맬서스는 인구 성장의 결과를 빈곤의 탓으로, 빈곤은 가족부양 능력도 없으면서 다자녀를 생산한 빈민 개인의 탓으로 돌렸다. 맬서스와 그 당시 고전 정치경제학자들은 빈곤을 단지 일을 하지 않는 나태하고 게으른 개인들의 도덕적 타락 결과로 생각하였다.[12)] 맬서

....

11 마르크스 접근방식의 사회 이론을 보편원칙(혹은 정답)으로 간주하는 한국의 좌파 지식인들은, 서구의 역사성과 한국(동양)의 역사성을 동일시하는 오류를 범함으로써 한국의 역사적 특수성을 고려하지 않는 오류 – 마르크스가 지적하였던 맬서스의 보편법칙 오류 – 를 범하곤 한다. 손턴(Thornton, 2001)은 사회과학자의 이러한 작업 유형을 발달이상주의(developmental Idealism)라 칭한다(4장의 〈이야기 상자 6: 발달이상주의〉 참조). 이를테면, 한국의 자유 페미니즘 운동가와 지식인들은 서구 가부장제(개인주의 핵가족)와 한국의 가부장제(가족주의 확대가족)를 동일시함으로써, 우리의 가족주의 가부장제가 개인의 임금 착취(경제적 독립을 저해하는)에 관련된 서구의 가부장제와는 매우 상이한 토대를 가졌다는 역사·문화적 사실을 간과하는 치명적 오류를 범하곤 한다.

12 이러한 생각은 1888년 찰스 부스(Charles Booth)가 실시한 런던 빈민조사에 의해 직격탄을 맞았다. 부스가 2년 동안 런던에서 400만 명이 넘는 100만 가구를 대상으로 한 사회조사 결과에 의하면, 런던 인구 중 1/3이 빈곤선 이하에 살고 있었다. 이 사회조사는 빈민의 수가 전체 인구의 3%에도 못 미친다는 빈민 당국의 공식 통계에 문제를 제기하는 것은 물론, 빈곤이 도덕심 결여와 같은 빈민들의 특성이 아니라 당시의 사회경제적 특성에 의해 형성될 수 있다는 사실을 보여 주는 경험적 증거가 되었다(이성용, 2003: 55). 또한 빈민에 대한 맬서스의 공리주의 사고(Charbit, 2009)가 잘못되었음도 보여 주었다. 빈민은 다수를 위해 희생해도 될 소수(인구)가 아니었다.

스는 공적 구제를 반대하였는데, 공적 구제는 빈민들의 거지 근성을 자극하여 근로의욕을 저하시키고 경제적 의존성만 증대시킬 수 있다고 생각했기 때문이다. 개혁은 빈민들에게 정신적으로 타락하지 않게끔 중산층의 가치관 – 근면과 경제적 독립성 – 을 불어넣어 줌으로써, '물고기 잡는 법'을 습득한 '경제적 자립인'으로 그들을 개조시키는 작업이어야 한다. 맬서스주의자 그리고 서구의 보수주의자들에게 근면과 경제적 독립성, 자율성은 그들의 정체성과 자부심을 유지하고 품위 있는 삶을 영유하기 위한 핵심 요소이다(이성용, 2016d).

'개인의 자율성'이 맬서스 결혼 체제(맥팔레인, 2014)와 맬서스의 빈곤관에서 무엇보다 중시되었던 가치관이었고, 18~19세기와 오늘날에도 전 세계를 "맬서스 세상"(Worlding of Malthus)(Greene, 1999: 112)으로 만든 보편원칙이라 할 수 있다. 맬서스 세상을 가장 잘 보여 주는 사례들은 아마 신자유주의 경제와 가족계획 정책일 것이다(이성용, 2016d).

불행히도, 맬서스의 빈민관은 18~19세기 자원통제력을 상실하였던 비서구 사회에게 엄청난 비용을 지불하게 하였다. 경쟁과 제로섬의 원칙에서 볼 때, 비서구(식민지) 사회의 엄청난 비용은 서구(유럽 제국주의)의 막대한 부(혜택)로 환원되었다. 영국의 식민지였던 아일랜드에서 1840년대 감자 대기근 당시, 맬서스의 빈곤관에 근거한 영국의 구호 정책은 수백만 명의 아일랜드 사람들을 아사시키거나 신대륙으로 대량 이주를 하는 데 결정적 기여를 하였다(Donnelly, 2001). 유사하게 인도와 중국에서도 엄청난 해악을 미쳤다(이성용, 2018a). 19세기 후반 청나라에서 중국 최악의 기근들이 여러 차례 일어났다. 1870~1890년 사이 기근으로 사망한 중국인 수는 2~3천만 명으로 추정된다(데이비스, 2001). 중국 왕조는 전통적으로 민본 사상에 근거하여 기근의 근원을 통치자의 무능으로 간주하고, 피해 난민에 구호를 제공하여 왔다. 그런데 그 당시 서구 제국주의자들은 '빈곤은 개인의 나태 탓'이라는 '맬서스 빈곤관'을 청나라에 조언하였고, 개인의 자립을 형성하는 방식이 서구와 중국이 상이하였음에도 불구하고(이성용, 2013, 2020), 그 조언을 받아들인 청나라 관료들은 빈민구호금을 군사비로 대체하였다. 그리하여 18세기까지만 해도 세계 최강의 국가였던 청나라는 19세기 말 대혼란의 소용돌이 속으로 빠져들었고 결국에는 망국의 길을 자초하였다(이성용, 2018a).

마르크스는 빈곤 원인을 무책임성 – 책임을 질 수 없도록 많은 자녀를 출산하는 다산 행위가 보여 주듯이 – 과 같은 빈민의 개인적 특성이 아니라 자본주의 발달과 관련된 사회적 특성으로 설명한다. 맬서스가 빈곤 문제를 하류 계층 사람들의 탓으로 돌리고 상류 계층의 사람들(부르주아)의 착취[13]로 인한 빈민증가라는 사회구조적 결함의 문제를 도외시하였다고 비판한다. 마르크스 입장에서 보면, 빈곤이 자신의 생계를 책임지지 않으려는 게으른 빈민의 나태와 같은 개인의 본질적 특성에 연유한다는 맬서스의 주장은, 빈곤이란 인구문제를 개인의 탓으로 돌리는 것과 다름없다. 인구 성장이 계속되어 왔던 인류역사적 상황에서 볼 때, 빈곤을 과잉인구의 탓으로 돌리는 맬서스 이론은 노동자들의 노동력을 낮은 임금으로 착취함으로써 많은 빈민을 양산하지만 자본가의 부를 축척하는 자본주의의 영속성을 주장하는 것에 불과하다. 빈곤은 과잉인구의 필연적인 결과물이 아니라, 자본주의 발달에서 생성된 자본축적의 필연적인 결과물이다(Ross, 1998: 6). 따라서 맬서스 이론은 노동자의 노동력 착취를 행하는 자본주의 사회의 부르주아(bourgeois) – 이데올로기적으로는, 주

13 영국 보수당의 전통을 만든 벤저민 디즈레일리는 "오두막이 행복하지 않으면 궁전도 안전하지 않다"는 말을 하였다. 이 말은 빈민(약자)에 대한 책임의식과 배려를 함축한다. 따라서 마르크스의 계급론은, 단지 프롤레타리아를 착취하는 부르주아의 '행태'뿐 아니라, 영국 고유 전통인 '노블레스 오블리주'(Noblesse Oblige)를 지키지 않는 부르주아(상류 계층) '인식'에 대한 비난도 함축한다고 볼 수 있다.

류 세력의 자연신학 – 를 옹호하고 있다고 할 수 있다(이홍탁, 1994; Charbit, 2009; Weeks, 2012).

어떤 점에서 보면, 마르크스와 엥겔스는 인구가 어떻게 그리고 왜 증가하는지에 그다지 관심이 없었다고 볼 수 있다. 그들은 인구수보다 오히려 '분배' 차원에서 인구 문제를 고려하였다. 그들은 인구증가가 자원의 수요를 증가시키며, 증가된 수요는 기술 진보를 가져와 사회 변동을 초래한다고 주장한다. 이러한 주장은 자원(식량)이 인구만큼 빨리 증가하지 못한다는 맬서스의 인구법칙을 반대하는 근거가 되었다. 빈곤은 자본가의 착취에서 생성된 것이므로 자원을 공평하게 분배하면 빈곤이란 인구 문제는 사라지게 마련이다(이홍탁, 1994; Weeks, 2012).

18세기 후반 산업혁명 이후, 임금노동으로 자신을 부양하였던 프롤레타리아 인구는 급증하였다(Levine, 1984, 1987; Tilly, 1984). 1524~1525년에서 1850년 사이 영국의 인구는 240만 명에서 1,800만 명으로 7배가 되었다. 반면 프롤레타리아와 그들의 부양가족의 수는 16세기 초 인구의 25%인 60만 명에서 1850년 인구의 78%인 1,400만 명으로 증가하였다. 프롤레타리아 인구는 무려 23배로 증가하였다(Levine, 1984). 자원(옥수수) 생산량은 19세기 전반 6배로 증가하였다. 신대륙 미국에서도 황무지 – 특히, 미시시피 계곡 – 개발로 식량 생산과 인구가 급증하고 있었다. 이런 현상은 맬서스에게는 『인구론』 제2판에서 고드윈의 계몽주의 사상을 수용하게 만들었고, 마르크스와 엥겔스에게는 과학과 교육을 통해 인구와 자원 간의 불균형 상태를 해결할 수 있다는 믿음을 심어주었다(Charbit, 2009).

하지만 잉글랜드 프롤레타리아 인구의 증가에는, 마르크스가 주장하였던 자원의 분배 문제보다, 오히려 농촌경제에서 산업경제로 바뀌면서 잉글랜드에서 '경제적 자립의 가구' 혹은 '적소'(niche) 형성 방식의 변동 및 그로 인한 출산율과 자연증가율 증가가 결정적 기여를 하였다(이성용, 2018b). 적소 형성방식의 변경에는 15세기 중엽과 18세기 중엽에 일어났던 두 차례의 인클로저가 막대한 영향을 미쳤다. 인클로저는 농업의 목적을 생계경제에서 이윤 추구 경제로 전환하였다. 인클로저가 정점에 달하면서, 토지로 경제적 자립을 도모하였던 생계경제의 소작농들은 대량으로 프롤레타리아 – 농촌과 도시에서 임금노동자 – 로 전락하였다. 마르크스는 인클로저의 법제화가 봉건주의에서 자본주의로의 혁명적 전환에 결정적 역할을 하였다고 주장한다. 하지만 그는 인클로저가 단지 영국의 상황이 아니라 세계 경제 체제 상황 – 특히, 신대륙에서 부의 유입(즉, 아메리카 화폐) – 에서 이루어졌던 사실을 놓치고 있다(이성용, 2018b).

마르크스에 따르면, 프롤레타리아는 자본주의 경제 체제하에서 생산수단(자본)에서 분리된 노동자로 경제적 자립 역량을 상실한 사람을 말한다. 산업구조의 변화와 자본가의 노동 착취로 인해 대량의 프롤레타리아들이 양산되었다는 마르크스의 주장에는 프롤레타리아 인구의 자연증가가 초래하였던 프롤레타리아 인구의 증가를 도외시하는 한계가 있다. 1800년 이후, 프롤레타리아 인구증가에는 인클로저나 기술혁신 등의 사회구조적 변동보다 자연증가율이 큰 영향을 미쳤다(이성용, 2018b; Levine, 1984).

프롤레타리아는 농부보다 더 일찍 결혼하였고, 평생 비혼 비율이 낮았고 유배우 출산율은 높았다. 농부 인구 모형에서는 25세에 결혼하여 평균 4.75명을 출산하였지만, 프롤레타리아 인구 모형에서는 23세에 결혼하여 5.12명을 출산하였다. 평생 비혼 비율도 프롤레타리아 인구 모형(5%)이 농부 인구 모형(10%)보다 낮다. 또한 조혼은 세대기간(the length of generation)을 단축시켜 인구증가를 가속화한다. 그러므로 봉건 사회에서 산업 사회로의 전환, 즉 농부 인구 모형에서 프롤레타리아 인구 모형으로의 전환은 16세기 이후, 특히 1780년 이후 급격한 인구 성장을 가져왔다(Levine, 1984, 1987).

두 차례 인클로저는 자신의 노동력만이 유일한 자산인 프롤레타리아들을 대량으로 양산하는 사회적 발판이 되었다. 부르주아는 임금을 지급함으로써 프롤레타리아들을 고용하였고 노동력을 통제하였다. 프롤레타리아들은 생산수단에서 분리되어 경제적 자립 역량을 상실하였기 때문에, 부르주아가 제공하는 임금에 의존하여 생계를 유지해야 하였다. 프롤레타리아 인구학 모형은 농부 인구학 모형과는 다른 방식으로, 맬서스 결혼 체제에서 경제적 자립, 즉 '적소'를 마련해야 하였다. 반면 맬서스와 마르크스 이론에서 언급된 '경제적 자립' 혹은 '적소'는 농부 인구학 모형에 근거한다. 프롤레타리아 인구학 모형에서 '적소'는 토지나 점포와 같은 생산수단이 아니라 임금노동에 의해 획득된다. 생계수단이 토지나 점포가 아니라 임금노동으로 바뀌면서, 프롤레타리아들은 혼인 전 경제적으로 독립된 가구의 형성을 위해 혼인을 연기할 인센티브가 없어졌다. 그리하여 그들은 일찍 결혼을 하고 더 많은 자녀를 낳았다.

가족 형성과 혼인의 전제조건이 재산(property)이 아니라 소득(earning)이 되면서, 부(父)가 가족의 소득을 총괄하는 가부장적 가족경제가 부상하였다. 남편의 소득뿐만 아니라 아내와 (어린) 자녀의 소득도 가족 생계에 매우 중요한 소득이 되었다. 특히, 1780년대 이후 임금노동자들을 본격적으로 고용하였던 면직물 자동화 공장의 확산은 모든 가족 구성원의 소득으로 가족경제를 꾸리는 프롤레타리아 인구학 모형을 공고히 만들었다(Levine, 1987: 147).

프롤레타리아 인구학 모형의 가부장적 가족경제에서, 더 많은 임금 소득자들은 더 많은 가족소득을 의미한다. 한 명(즉, 가장)의 임금소득만으로는 가족 전체 구성원을 부양할 수 없었다. 여성과 자녀의 소득은 대부분의 가족에서 주요 가족소득원으로 부상하였다. 여성과 자녀는 많은 돈을 벌었을 뿐 아니라 일도 많이 하였다. 여성과 어린이의 고된 노동[14]은 영국 산업혁명 시대의 악명 높은 특징이었고, 이는 많은 문헌들에서 보여 주고 있다. 이런 까닭에, 프롤레타리아들은 일찍 결혼을 하였고 많은 자녀들을 출산하였다(이성용, 2018b).

3) 푸코의 인구 이론

(1) 진리 해체와 주체 예속화

푸코(Michel Foucault) 이론의 주된 특징은 (근대화론 관점의) '진리 – 찾기'보다 (포스트모더니즘 혹은 해체주의 관점의) '진리 – 해체' 혹은 '진리 진술의 역사'에 초점을 맞추는 데 있다. 초기 근대화론 이론가이었던 맬서스와 마르크스는 당연히 근대성에 근거해 '진리–찾기' 인구 이론에 관심이 있었다. 맬서스는 자신의 보편법칙인 인구 항상성 원칙에 근거해 인구와 자원 간의 관계 및 빈민인구의 발생 원인을 이야기하였고, 마르크스는 빈민인구 곧 프롤레타리아 인구의 증가가 인구 항상성 원칙이 아니라 자본주의 체제의 불평등한 분배에 기인한다고 주장하였다. 그럼에도 불구하고 맬서스와 마르크스는 공통적으로 '도덕적(경제적)으로 자율적인 개인'을 이상적인 선험가정으로 전제하고 있다. 개인이 (경제적) 자율성을 상실한 까닭에 대해, 맬서스는 빈민인구의 증가를 자신이

14 서구 페미니즘이 전제하는 '가부장적 가족'은 이 당시 프롤레타리아 인구의 가족 이미지를 상정(想定)하는 것처럼 보인다. 그 당시 공장제 생산은 남성 노동보다 여성 노동을 선호하였고 어린 자녀의 노동 수입도 가족의 주된 수입이 되었다. 많은 프롤레타리아 가족의 남성 가장들은 아내를 포함한 자녀들의 소득을 총괄하였을 것이다. 그런데 이런 현상은 남성 가장이 가족이란 공동체 운명이란 명목하에, 다른 가족 구성원의 사적 재산(소득)을 착취하는 가부장적 가족 이미지를 낳는 결정적 토대를 제공할 수 있다(이성용, 2018b). 달리 말해, 페미니즘이 일관되게 '가부장적 가족'을 타파해야 하는 제도로 전제하지만, 서구의 핵가족 가부장제와 비서구의 확대가족 가부장제는 상이할 수 있다는 점을 우리는 인식하고 고민할 필요가 있다. 게다가 비서구의 확대가족 가부장제 권력은 개인의 사적 재산이 아니라 가족 전체 성원의 공유재산에 물질적 토대를 둔다(이성용, 1997).

경제적으로 책임질 수 없는 많은 자녀를 출산한 빈민의 탓으로, 마르크스는 자본주의(봉건주의)[15] 체제하에서 많은 노동자(농민)들을 돈의 노예로 만들어 그들의 노동력을 무자비하게 착취하는 자본가(지주 혹은 영주)의 탓으로 설명하고 있다. 만일 개인이 '도덕적·경제적 자율성' – 서구의 이성이자 보편진리인 근대성(modernity) – 을 추구하고 획득하면, 빈민에서도 프롤레타리아에서도 벗어날 수 있다. 그런데 놀랍게도, 푸코는 근대성이 18~19세기 근대 사회의 산물이지 인류역사를 종단한 보편진리가 아니라고 주장한다. 그의 주장에 따르면, 특정 시기에 무엇이 도덕적으로 자율적인 행위가 되는지는 그 당시 지배 담론인 에피스테메(episteme)에 의해 결정된다. 이러한 연유로, 개인의 자율성 회복에 초점을 맞추었던 맬서스와 마르크스 및 그 계승자 근대화론자들과 달리, 푸코의 주된 관심사는 '주체의 예속화' 과정에 있었다(강미라, 2019; 도승연, 2011, 2013; 안현수, 2014). 푸코에게 개인의 자율성(자유)이란, 실체적인 것이 아니라, 외부에 존재하는 에피스테메 혹은 통치성에 기대어 주체(개인)가 실천하는 '자기 – 생성' 행위를 뜻한다(안현수, 2019).

푸코의 주된 관심사의 하나는 "무엇으로부터 특정 행위에 대한 정상성 혹은 합리성이 가능하게 되었는가?"이다. 그 대답은 두 유형의 상이한 인식론,

15 칼 포퍼(Karl R. Popper)는 마르크스의 역사주의를 비판한다. 포퍼는 저서 『열린사회와 그 적들』에서 마르크스의 결정론적 역사주의와 전체주의 아래에서 개인의 자유가 얼마나 파괴되는지를 폭로하였다. 역사주의는 역사 흐름의 토대에 어떤 규칙이나 경향 – 마르크스의 경우, 변증법적 유물론이란 하나의 보편법칙 – 이 있고 이를 통해 역사발전을 전망할 수 있다는 이론이다. 이러한 결정론적 역사주의는 그 이론이 토대한 특정 패러다임(인식론)에서 벗어난 의견들의 개입을 막아, 자유로운 토론과 비판이 활발하게 이루어지는 열린 사회가 아니라, 닫힌 사회로 인도할 수 있기 때문이다. 열린 사회는 이성의 오류 가능성을 인정하고, 내가 틀리고 상대방이 맞을 수 있다는 사고를 수용하고, 보편원칙과 같은 절대 진리를 거부함으로써, 개인의 자유와 권리를 보장하는 사회이다. 반면 닫힌 사회는 역사주의와 전체주의에 기초한 사회로, 불변의 금기 속에서 개인은 자발적(무의식적)으로 전체에 의해 규제당하고, 유럽 우월주의와 같은 존재하지도 않은 역사의 법칙과 운명의 틀에 의해 인간의 자유로운 사고가 봉쇄된 사회이다(이한구, 2014; 장대익, 2008). 푸코 역시 역사주의를 보편법칙의 가정에서 출발해 역사를 그러한 보편적인 것으로 변조시키거나 변형시키는 일종의 역사 분쇄기로 보았다(푸코, 2012).

칸트가 말하고 맬서스와 근대화론자들이 공유한 '역사적 아 프리오리(a priori)'와 푸코 및 포스트모더니즘 이론가들이 선호하는 특정 역사 속에서 만들어지는 '인식론의 장' 곧 '에피스테메'(episteme)에 관한 것이다. '아 프리오리'는 시공간에 걸친 경험들을 초월하는 선험적 가정을 뜻한다. 선험적 가정 – 특히, '도덕적으로 자율적 개인'이란 하나의 보편 만능잣대 – 에 정초해, 칸트 이후의 서구 근대화론자들은 르네상스와 중세 및 근대를 걸친 서구 – 나중에는 비서구 사회도 포함하여 – 전반의 역사적 경험들을 해석하고 이야기하여 왔다. 시공간의 역사적 경험들을 초월한 '아 프리오리'의 개념은, 마치 이론이 목표가 되고 현실이 수단이 된 주객전도의 비서구 인구 정책에서 모순들을 드러내는 보편법칙의 맬서스 인구론에서 잘 나타나듯이(이성용, 2015), 특정 사회의 구체적인 역사들을 고려하지 않는 형용모순(形容矛盾)[16]이 될 수 있다(허경, 2007). 아 프리오리 개념의 서구 이론(근대화론) 형용모순은 서구보다 비서구에서 훨씬 극명하게 나타날 수 있다. 유럽에서는 단지 역사(시간성)의 특수성을, 비서구 사회에서는 시간(역사)과 공간(문화) 특수성 모두를 고려하지 않기 때문이다. 푸코가 강조한 바와 같이, 지식(담론)과 권력은 밀접한 관계가 있다. 이론은 이론으로 끝나지 않는다. 현실에 막대한 위험을 초래할 수 있다. 주객전도의 비서구 정부 정책은, 서구 담론의 형용모순 특성과 힘을 합쳐, 우리(비서구인) 머릿속에서 서구와 상이한 진보(근대화)의 길은 물론 그런 사고 자체를 아예 배제시키거나 소멸시킬 수 있다(이성용, 2020).

16 형용모순은 상반된 어휘를 결합시키는 수사법을 뜻한다. '둥근 사각형'이나 '유리로 만든 철기'에서 보듯이 꾸미는 말과 꾸밈을 받는 말이 날카롭게 맞서는 경우를 나타낸다. 형용모순의 영어 단어(oxymoron)는 '날카로운 혹은 예리한'을 의미하는 'oxy'와 '저능아'를 의미하는 moron을 합친 것이다. 결국 똑똑한 바보를 나타낸다. 학계의 똑똑한 바보는 하나의 잣대(서구의 보편가정)로 우리의 모든 것(구체적 현실들)을 설명할 때 나타나는 모순을 잘 드러내 줄 것이다.

에피스테메는 특정 시대를 지배하는 인식의 무의식적 체계, 특정한 방식으로 사물들에 질서를 부여하는 무의식적인 관념 체제를 말한다. 에피스테메는 사람의 사고를 구조화하는 특정 시점의 권력과 지식 관계를 표상한다. 푸코는 에피스테메 개념을 통해 사람의 사고와 인식이 수동적으로 구조화되고 있다는 사실을, 통치성 이론에서 그런 개인의 주체 예속화 과정을 그 당시 지배담론 지식(에피스테메)과 그 지식에 근거한 권력 기술이 인도한다는 사실을 언급하였다.[17] 에피스테메 개념은 아 프리오리 개념과 달리 모든 역사를 관통하지 않는다. 통치 담론의 불연속성을 뜻한다. 쿤(Kuhn)의 패러다임(paradigm) 개념과 유사성을 가진다. 이런 까닭에 에피스테메들은 패러다임들과 마찬가지로 비교 불가능성(공약 불가능성)의 특성을 가지며(허경, 2007), 포스트모더니즘이 강조하는 차이와 다양성을 나타낸다.

푸코에 의하면, 우리가 시공을 초월하는 보편과학으로 간주하는 오늘날 서구의 인간(사회)과학은 실제로는 17~18세기 유럽 근대의 에피스테메의 산물이다(하상복, 2009). 우리(비서구) 사회에서 주체 예속화를 인도하는 외부(서구)의 보편 지식은 불변의 유일한 정답이 아니다. 이처럼 푸코의 주체 예속화 이야기는 우리에게 한편으로 주체로서 개인을 예속화하는 것이 무엇인지를 비판적으로 심사숙고하게 만들지만, 다른 한편으로 개인이 무엇에 근거하여 자기 생성을 해야 할지에 대한 명료한 언급이 없다. 구체적인 대안을 제안하지 않은

17 한국 사회에서 곧 노인이 될 많은 베이비붐 세대 남성들은 그들의 '젊은 오빠' 행위를 자율적으로 추구하고 있다. 그러나 '젊은 오빠' 행위는 신체적 젊음(경제적 자립을 유지하는데 필요한)을 찬양하는 서구의 신노년 담론에 자신을 예속화하고 그 행위를 '자기-생성'시켰을 때 발현되는 것이다. '젊은 오빠'란 주체의 예속화를 나타낸다. 노인의 신체적 젊음보다 노인의 정신적 고양이 우선시되었던 우리의 전통 사회에서 '젊은 오빠'는 찬양이 아니라 '탐욕'의 추한 행위였다. 노인의 에피스테메가 변화하면, 도덕적으로 자율적인 행위는 물론 사회에서 정상적인 행위도 바뀐다. 유사하게 오늘날 많은 젊은 여성들은 '섹시'(sexy)를 크게 자랑스러워하는 경향이 있다. 그러나 부모와 자녀 간 관계를 배우자 간 관계보다 중시하였던 우리 전통의 가족주의 문화에서, 섹시한 여자는 그 문화에서 가장 치욕스러운 말인 '헤픈 여자'를 뜻할 것이다.

이야기 상자 5

'효' 에피스테메와 '항문 성교와 동성애' 권력 기술 그리고 이론화 방법론

효는 부모와 자식 간의 관계를 무엇보다 우선시하는 동양의 '무의식적인 관념 체제'라고 할 수 있다. 부모와 자식 간의 관계는 배우자 관계보다 우선시된다. 따라서 자녀의 생산은 무엇보다 중요하다. 성행위는 배우자 간의 사랑을 확인하는 애정행위이기보다, 자녀의 생산을 위한 성스러운 행위이다. 권력 기술은 이러한 에피스테메 하에서 정상 혹은 비정상 행위를 장려 혹은 금지하는 것으로 나타날 것이다. 항문 성교는 자녀 생산과는 상관이 없고, 오히려 자녀 생산 곧 '효' 에피스테메를 저해하는 행위로 인식될 것이다. 효 에피스테메 하에서 항문 성교 혹은 동성애는 비합리적이고 비정상적 행위, 개인의 자율성을 인정할 수 없는 행위가 된다.

그러나 부모와 자식 간의 관계보다 부부 간 혹은 배우자 간의 사랑 곧 친밀성이 우선시되는 '맬서스 혼인 체제' 에피스테메에서 항문 성교와 동성애는 달리 해석될 수 있다. 배우자 간 사랑이 자녀 생산보다 우선시된다. 만일 항문 성교가 배우자 간 사랑을 확인하는데 도움이 된다면 이는 정상적이고 합리적인 행위, 자율성이 인정될 수 있는 행위가 될 것이다. 동성애도 마찬가지다. 단지 배우자가 이성에서 동성으로 바뀌었을 뿐이다. 자녀 생산은 배우자 간 사랑보다 차선이다. 따라서 맬서스 혼인 체제 에피스테메에서는 항문 성교를 개인의 자율적인 행위로 인정하는 권력 기술이 전개될 수 있다. 이처럼 무엇이 정상이고 자율적인지는 에피스테메, 즉 문화 이념에 따라 상이해질 수 있다.

여성의 자아실현도 마찬가지다. '효' 에피스테메에서는 개인의 이해나 욕망보다 자녀의 생산과 양육이 우선시되므로, 결혼이나 자녀출산보다 우선하는 여성의 자아실현은 '비정상'이 된다. 자연스럽게 자아실현을 위한 독신을 금지하는 권력 기술이 전개될 것이다. 반면 개인의 자율성이 중시되는 '맬서스 결혼 체제' 혹은 젠더 에피스테메에서, 여성의 자아실현은 그것을 장려하는 권력 기술이 전개될 것이고 '정상'이 된다.

이처럼 무엇이 '정상'(normal), '합리적'(rational), 혹은 '옳은지'(right)는 개인(연구자)의 인식론 곧 에피스테메에 따라 상이해질 수 있다. 그러므로 특정 사회학자의 이론에 접할 때, 단순하게 그의 주장이나 연구 결과를 수용할 것이 아니라 그의 주장을 도출해 내는 데 사용된 연구 과정 - 인식론, 논리 전개방식, 경험적 증거 - 을 먼저 점검해야 할 것이다.

연구자가 도출한 '결과'의 '이론적 진술'과 그것을 도출해 내는 '과정'의 '이론화 방법론'(method of theorizing)은 구분될 필요가 있다(이성용, 1997: 91, 주 1). 우리의 사회과학자들은 흔히 서구 학자의 이론적 진술을 준거 틀로 삼고 우리의 사회현상을 해석하고 설명하는 경향이 있다. 그런데 서구 학자의 이론적 진술은 서구의 역사적 경험이 배태된 에피스테메 - 특히, 개인주의 세계관 – 에서 형성된다. 서구 학자의 이론적 진술 혹은 에피스테메의 관점에서 보면, 서구와 상이한 에피스테메 – 가족주의 혹은 집단주의 세계관 – 에서 형성된 우리의 전통 행위와 태도들은 비합리적이거나 비정상적으로 해석되고 설명되기 쉽다. 진보와 근대화의 길로 가려면, 개혁하거나 타파해야만 하는 대상이 된다. 여기서 우리의 전통과 역사에서 생성되었던 자부심과 정체성은 사라진다. 이런 연유로 블라우트(2008a)는 제2차 세계대전 이후 서구 사회는 서구인의 세계관(인식론)에서 형성된 지적 문화 또는 사회 이론들을 보편원칙인양 만들어 수출함으로써 비서구 사회를 식민화하였다고 주장한다.

우리는 서구 사회 이론에서 '결과'보다 '과정'에 관심을 가져야 한다. 서구 사회 이론의 커다란 장점은, 최소한 저자가 생각하기에는, '도출된 결과'보다는 결과를 이끌어 내는 '이론 전개 과정'에 있다고 본다. 서구 사회이론가들의 탁월한 업적은 그들의 주장을 도출하기 위하여, 다양한 가정들을 합리적이고 논리적으로 전개하였다는 데 있다. 예를 들어, 마르크스(Karl Marx)의 자본주의 사회의 전개 과정에 대한 결과론적 주장은 입증되지도 않았고 소련의 붕괴로 인해 결정적인 반박을 받았지만, 아직도 많은 사회학자들이 그의 이론을 연구하는 것은 결론의 도출 과정에서 그가 사용한 가정들과 이론적 전개 과정에 있다고 할 수 있다. 만일 서구 이론의 '과정'을 사용하여 우리 전통문화의 특정 생활양식의 인과관계를 분석하고 연구하여 전통 사회의 특정 생활양식이 존재하고 유지되어야 할 합리성을 부여한다면, 우리 전통문화의 당위성은 서구식 교육을 받고 서구식 생활양식을 선호하는 사람들도 인정할 것이다. 이러한 의미에서, 저자는 사회 이론의 우선적 목적은 '이론화 방법'에 있다고 주장한다. 서구의 사회 이론은 우리 사회가 나가야 할 방향을 안내해 주는 '이정표의 이론적 진술'이 아니라, 우리의 현실을 해석하고 설명하는 데 사용되는 '도구' 곧 '이론화 방법론'으로 간주되어야 한다(이성용, 2015, 2020).

해체주의에 불과할 수 있다. 어느 시대의 사회를 지배하는 '에피스테메'로부터 해방되려면 그것을 파괴해야 하지만, 단지 그런 파괴가 새로운 에피스테메를 가져오지는 않는다. 우리가 진정한 주체가 되려면, 서구의 에피스테메에서 탈피함은 물론(안현수, 2019), 우리의 행위와 사고가 정초할 새로운 제3의 인식론(에피스테메)이 필요하다(이성용, 2020; Harding, 2019).

(2) 통치성과 인구

푸코는 성소수자였다. 그래서 그는 자신을 정상인이 아니라 '비정상인'으로 만드는 것, 곧 지식과 권력의 속성에 대해 평생 탐구하였다. 자신의 박사학위논문에 근거한 푸코의 저서 『광기의 역사』는 광기로 불리는 심리 현상이 정신병이 되어 가는 역사를 탐구하였다. 비정상으로 간주되어 이성의 치료와 통제 대상이 된 광기는 근대적 사유(이성)의 산물일 뿐, 유럽 역사를 관통하는 보편 사유가 아니었다. 이러한 그의 발견 – 즉, 보편진리의 해체 작업 – 은 어쩌면 동성애가 비정상이란 인식도 근대 이성에 근거한 특정 시대의 산물일 뿐, 인류역사를 관통하는 보편 사유가 아니라는 것을 말하기 위한 시도처럼 보인다. 이처럼 푸코는 에피스테메 개념을 통해 자신을 비정상으로 만드는 지식(인식론)의 속성을 역사적으로 탐구하였고, 또 통치성과 인구 개념에 근거하여 그런 지식과 연계한 권력의 작동방식을 근대 유럽의 역사에서 고찰하였다.

푸코에게 통치성(governmentality)은 주체를 예속화하는 권력 기술 혹은 통치 합리성을 말한다. 주체는 지식과 권력의 결합을 통해 예속화되는 존재이다. 지식은 특정한 권력 기술을 정당화하는 진리 담론을 제공한다. 주체 형성 과정에서 개인의 개별성과 자율성은 철저히 배제되지만, 개인은 자신을 그렇게 만드는 지식과 권력의 결합을 인식하지 못하고 오히려 스스로 그 결합이 말하는 보편적 인간상을 내면화한다. 푸코에게 권력 곧 통치는 무엇을 금지하는 것이 아니라, 진리 담론에 근거하여 정상 혹은 합리성으로 만들고 그것을 개인에게 스스로 내면화하도록 만드는 전략이다. 이처럼 근대 통치성은 개인의 품행을 지도하고 인도하는 사목 권력 – 영혼을 지도하는 오래된 기독교 전통에서 배태된 – 의 특성을 띠고 있다.

17~18세기 자유주의 이념이 유럽 사회에 확산되면서, 군주의 통치방식도

바뀌어져야만 하였다. 국가는 더 이상 개인(시민)의 자유(자율성)를 강제로 억제하는 방식으로 통치하면 안되었다. 군주는 개인의 자유를 침해하지 않으면서 국가의 목표 곧 국부를 달성할 수 있는 새로운 통치방식, 즉 자유주의 통치성이 요구되었다. 그것은 개인의 자유를 국가 통치(실천) 내부에 통합하는 새로운 통치성이다. 여기서 인구가 등장하였다. 인구는 표면적으로는 개인의 자유를 침해하는 않는 탈정치적 영역으로 간주되지만, 실제로는 국가의 목표 달성을 위해 개인의 자유를 제한할 수 있는 명분을 제공한다. 인구가 관리 대상이 되면, 인구는 '많은 사람들'과 같은 정태적 속성이 아니라 동태적 속성을 가지게 된다. 그래서 푸코는 인구를 관리해야 하는 생명체 특성을 가진 사회적 몸으로 비유한다. 생명체인 인구를 관리 조절하려면, 어쩔 수 없이 인구의 구성 성분인 생명 존재(개인)를 통제해야 하며 또 유기체의 생존을 위해 부품인 생명 존재의 이해보다 전체인 인구의 이해를 우선시해야 한다. 정치경제학은 국부 증진이라는 국가의 목표를 달성하기 위해 인구라는 하나의 독립된 생물체를 관리하고 개인의 자율성을 통제하는 데 필요한 경제적 성찰과 실천 담론을 제공하였다.

푸코의 통치성 이론은 국가가 인구 관리를 통해 개인의 자율성을 제한하는 방식을 역사적으로 고찰한다. 개인의 자율성은 특정 행위를 금지하는 법규 혹은 무엇을 정상 혹은 비정상으로 만드는 인식론에 의해 결정된다. 푸코(2011)는 전자를 규율 체제로, 후자를 안전장치 체제로 명명한다. 규율 체제에서는 규범이 정상(normal)을 결정한다. 규범에 합당한 것은 정상적·자율적 행위가 되고, 규범에 위배되는 것은 비정상(이탈)적·금지 행위가 된다. 안전장치 체제에서는 정상에서 규범이 연역된다. 통계학의 발달은 안전장치 체제를 일반화하고 실천 가능하게 만들었다. 우리는 통계 분포를 통해 무엇이 정상이고 비정상인지를 파악할 수 있다. 안전장치 체제에서는 분포가 무엇이 정상인지를 유도하기 때문에 분포가 정상 그리고 규범을 결정한다.

천연두나 코로나 같은 전염병 발생 시 규범 체제에서 그 목표는 전염병에 걸린 병자들을 치료하는 것이다. 전염병 환자들을 격리함으로써 전염병에 걸리지 않은 사람들을 보호한다. 반면 안전장치 체제에서 목표 대상은 전염병에 걸린 사람들과 걸리지 않는 사람들 모두의 총체집단인 인구가 된다. 목표는 분포에 근거해 발병률과 사망률을 계산하고, 발병률과 사망률이 높은 분포의 집단은 비정상 그리고 낮은 분포의 집단은 정상으로 구분하여, 비정상적 분포(인구)를 정상적 분포(인구)로 되돌리는 것이다. 2020년 코로나 사태에서, 정부는 코로나 감염환자뿐 아니라 코로나 감염 가능성이 높은 장소를 통제(격리)하는 보건 정책을 펼쳤다. 코로나 환자 수가 증가하여 코로나 방역 정책이 격상됨에 따라, 코로나 전염 가능성이 높은 곳은 물론 점차 낮은 곳까지 통제(격리)하는 정책을 전개하였다. 안전장치 체제의 정책은 코로나에 걸린 사람들뿐만 아니라 걸리지 않는 사람들까지 포함한 전체 구성원들 곧 인구와 그것의 구성 성분인 생명 존재들의 자율성을 통제한다. 요컨대, 규율 체제에서 안전장치 체제로 바뀜에 따라 개인의 행위에 영향을 미치는 지식과 권력이 변화하였고, 그리하여 자율성이 제한되는 행위들은 물론 그 대상 – 특정 개인들에서 인구로 – 도 바뀌었다.

통계, 즉 과학성은 개인들의 이해관계에서 중립적인 객관성을 보장하는 것처럼 보인다.[18] 통계 분포에 근거하여 정상과 비정상을 분류하는 안전장치

....

18 통계에 대한 객관성과 중립성을 보장하는 것은 통계 자체가 아니라 통계에 대한 우리의 인식이다. 통계 결과를 산출하는 연구자의 통계 모형은 연구자의 사고 그리고 그 사고가 배태된 패러다임(인식론)에서 생성된다. 만일 통계 모형에서 변수 – 연구자가 자신의 사고와 패러다임에서 선정하고 포함시킨 – 를 다른 것(형태)으로 바꾸면(변형시키면), 통계 결과물은 얼마든지 상이하게 나올 수 있다.

체제는 개인의 자율성을 저해하는 법과 질서의 이율배반적 한계(규율 체제의 특성)를 극복할 공식을 제공하는 것처럼 보인다. 또한 강제적인 법률 담론의 규율 체제 접근방식과 달리, 안전장치 체제 접근방식은 우리의 미시적 생활 곳곳에 깊숙이 침투되어 있는 인간과학 지식과 결합하여 우리의 행위(몸)와 정신을 특정 방향으로 (주체 예속화시켜) 자발적으로 인도하는 (지식)권력 속성을 가진다. 이처럼 안전장치 체제의 근대 자유주의 통치성은 사람들에게 "가능한 행동 모델을 제시·제한함으로써, 개인이 자신의 특정한 의지를 자신에게 부과된 목적에 맞추고 그에 따라 행동하게 만드는 것"을 말한다(버첼, 2014). 푸코는 '통치성'을 삶과 생명에 관한 통계학적 계산(출생률과 사망률, 건강·수명·장수 등)을 통해 사람들을 '인구' 단위로 관리하는 동시에 사람들의 행위와 품행에 개입해 '개인' 단위로도 관리하는 형태의 권력이라고 말한다(고든 외, 2014).

(3) 경제는 가족에서 인구로: 정치경제학의 부상

푸코에 따르면, 단위에 따라 달리 적용되는 세 가지 유형의 통치가 있다. "자기 자신에 대한 통치는 도덕에, 가족을 적절히 통치하는 기술은 경제에, 마지막으로 국가를 잘 통치하는 것의 (과)학은 정치에 속한다"(푸코, 2014: 139). 경제는 원래 "가족 모두의 공공선을 위해 가정을 지혜롭게 통치하는 것"(푸코, 2014: 140)으로 지칭되었다. 그런데 인구가 통치 대상이 되면서, 국가의 통치는 국가 수준에서 경제(활동)를 활용하는 것이 되면서, 정치의 실천에 경제가 도입되었다. 중농주의자 프랑수아 케네는 이를 "경제적 통치"로 불렀다. 18세기 자유주의 시대 이후 통치술은 경제의 모델에 따라 권력을 행사하는 기술이 되었다. 요컨대, 경제가 가족에서 국가로 이전한 까닭에 경제는 자연스럽게 정치가 되었고, 18~19세기 정치경제학 담론이 등장하게 되었다. 정치경제학은 경제 모델에 관련된 권력 기술에 관한 학문(과학)이다. 애덤 스미스의 『국부론』은 물론이고, 맬서스의 『인구론』과 마르크스의 『자본론』 모두 인구와 국가(정치) 차원에서 발생하는 부와 경제에 관한 제반 문제들을 이야기하고 있다.

인구를 통치 대상으로 간주하는 자유주의 정치는 자연스럽게 경제와 분리될 수 없게 된다. 앞에서 언급한 바와 같이 인구는 사회적 몸인 까닭에, 생명(존재)이 정치경제학과 연결되어 정립되며, 이런 과정에서 특수한 형태의 통치 곧 생명정치가 나타난다. 생명정치에서의 통치는 "경제와 인구의 장에 대한 개입"으로써 "인구, 영토, 부의 연속적이고 다양한 관계망을 포착함으로써 구성"된다(푸코, 2011: 159~160). 푸코는 생명정치 개념을 통해 18세기 이래 건강, 위생, 출생률, 수명, 인종 등의 통치행위를 수행한 정치적 변화를 분석하는 것이 목적임을 명확히 하고 있다(푸코, 2012: 435). 우리나라의 저출산·고령화 정책에서도, 육아휴직제도와 여성 취업 장려 및 정년 제한 등의 통치행위를 통해 인구(노동력)를 관리하고 있다. 이처럼 사회적 몸인 인구 관리는 경제에 관련된다. 경제를 활성화시키는 방향으로 인구를 관리하고 통제해야 한다.

(4) 자유주의와 신자유주의 통치성

그렇다면 인구 관리의 방식, 생명 존재인 사람들의 행위와 품행에 개입하는 권력 기술과 그것을 정당화하는 진리 체제(에피스테메)의 근원은 무엇인가? 푸코는 그 해답을 유럽의 자유주의 역사 속에서 찾았다.

자유주의에서 인구는 '욕구와 열망의 주체'이면서 동시에 '통치의 목표이자 수단으로 등장'한다. 인구가 욕망의 주체라는 인식은 중농주의 사고와 그 역사적 경험에서 나왔다. 17~18세기의 프랑스 사회는 곡물의 판매와 구매 가격, 농민들의 이윤을 철저히 관리함으로써 곡물 가격을 조정하는 (규율 체제의)

중상주의 전략을 펼쳤다. 중상주의 아래에서 농민들은 가격 제한으로 인해 흉년에 이윤을 남길 수 없었음은 물론, 심지어 풍년에도 곡물 가격이 떨어져 파산할 수 있었다. 18세기에 이르러 곡물의 자유로운 순환을 주장하는 중농주의가 수용되기 시작하였다. 이러한 변화로 인해 곡물 부족과 가격 상승이 하나의 자연적인 현상이나 사건으로 인식되었고, 곡물의 비축이나 수출을 통해 가격이 조절될 수 있었다. 가격 상승을 내버려 둠으로써 곡물 순환이 자유롭게 이루어지면, 시장 혹은 인구라는 총체적 차원에서 식량난을 조절할 수 있다. 여기서 인간은 자기 이해 혹은 욕망의 주체, 곧 '경제인 혹은 호모 에코노미쿠스(Homo Economicus)' 개념이 출현하게 된다. 경제인 개념은 근대 이전의 서구는 물론 비서구 사회에서도 전혀 존재하지 않았었다.[19]

중농주의 경제학자와 애덤 스미스 등 고전 경제학자들은 시장과 인구가 규율 체제가 아닌 안전장치 체제하에서 관리가 되어야 하는 '자연적 소여'라는 인식을 탄생시켰다. 이런 인식은 개인의 욕망을 자극함으로써 전체(인구)의 부를 이루어야 한다는 애덤 스미스의 국부론에서 명료하게 나타난다. 국가는 매순간 개인이 해야 할 바를 정하거나 금지하는 대신, "각 개인의 이익이 스스로 조절되도록 방치하고, 이를 통해서 국가가 만인에게 유익할 수 있게 해야 한다"(푸코, 2011: 469). 비록 자유주의 통치는 개인의 이해나 자기 이해 추구가 국부를 증진시킨다는 공리주의를 수용하였지만, 개인의 자유(자율성)가 가능

19 '청빈낙도'의 삶에서 보듯이, 동양에서 물질적 빈곤은 비난 받을 행위가 아니었다. 부와 권력, 즉 탐욕에서 벗어나 자유로운 삶을 추구하였기에 물질적 빈곤보다 오히려 정신적 빈곤이 비난의 대상이 되었다. 반면 서구에서 탐욕(욕망)은 인간의 본성 곧 자연적 소여이었다. 이는 동양과 서양이 상이한 진보의 길을 추구하였다는 사실을 함축한다. 서구는 개인주의적 관점에서 개인의 물질적 욕구를 우선적으로 충족시키는 도덕적 자제를 통한 진보의 길을, 동양은 공동체 관점에서 개인의 물질적 욕구보다 타인과 더불어 사는 곧 상호 부조의 공동체 삶에서 절대적인 정신적 측면을 우선시하는 진보의 길을 갈 수 있다. 이처럼 에피스테메가 상이하면, 출산을 장려하는 인구 정책의 내용도 상이할 수밖에 없다. 출산 장려 정책에서 개인의 경제적 지원보다 부모와 자녀 간 가치관과 배우자 간 가족가치관에 대한 인식 개혁이 우선시될 필요가 있다.

한 영역을 규제하는 방식으로 행사하였다. 시민 사회는 개인의 자유를 제한하는 역할을 떠맡았고, 국가는 시민 사회들의 관리를 목표 대상으로 삼았다. 그 결과 자유주의 통치하에서는 시장과 사회 간의 경계가 존재하였고, 시장과 사회 간의 영역구분은 인간이 욕망이나 자기 이익을 추구하는 데 있어 필수불가결한 것으로 간주되었다(푸코, 2012; Wolfe, 1989).[20] 그러나 신자유주의 통치에서는 시장과 사회 간 영역 구분이 없어진다(이문수, 2012; Wolfe, 1989).

신자유주의는 자유주의와 마찬가지로 경제인 개념을 수용하지만, "본질적인 인식론 변동"(푸코, 2012: 313) 곧 상이한 형태의 통치 합리성을 동반한다. 노동의 의미가 변동한다. 자유주의 관점에서 인간은 본능적으로 노동과 임금을 교환한다. 이해관계의 주체 곧 경제인으로서 노동자는 자신의 노동을 팔고 그 대가로 시장 가격의 임금을 받는다. 반면 신자유주의에서 노동은 한편으로 자본 곧 (개인의) 능력이 되고 다른 한편으로 (개인의) 소득 곧 임금이 된다. 노동은 수량과 같은 정적인 것이 아니라 동적인 것이다. 노동자의 노동이 자본이란 점은 노동이 미래의 소득이 되어 되돌아온다는 사실을 뜻한다. 노동은 미래 소득을 위한 현재 능력의 투자이다. 이런 사고는 인적 자본(human capital) 개념이 잘 보여 준다. 신자유주의 경제인은 단지 자기 욕망을 추구하거나 교환하는 인

20 애덤 스미스 등의 고전 자유주의 경제학자와 신자유주의 경제학자들 모두는 개인의 욕망(자기 이해) 추구와 경쟁이 국부 혹은 상호적 부유화를 가져온다고 가정한다. 즉, 윈윈(win-win) 게임을 가정한다. 하지만 현실에서는 제로섬(zero-sum) 게임이 더 많을 수 있다. (자본주의 사회에서 공짜 점심은 없다.) 한쪽에서 이득을 보면 다른 쪽에서는 그만큼 손해를 본다. 푸코(2012, 제3강)에 의하면, 유럽의 상호적 부유화는 집단적인 경제주체로서의 유럽에 국한된 사고방식이다. 세계 경제의 관점에서 볼 때, 자유주의 경제하에서 유럽의 생산물이 교환되어 부를 창출하려면 유럽과 무역을 하는 다른 지역(아시아, 아프리카, 아메리카)들이 있어야 한다. 20세기 이전 유럽 제국주의 시대, 유럽만을 보면 유럽 국가와 상인들은 경쟁을 통해 부를 크게 증진시켰다. 하지만 그 경쟁 과정에서 제물이 되어야 하였던 비서구 국가들은 그만큼 막대한 희생을 치루어야만 하였다(이성용, 2018a, 2018b). 베커트(Beckert, 2018)에 의하면, 유럽 제국주의 국가들의 국부는 상당 부분 그들 식민지에서 막대한 노동력과 자원을 경쟁적으로 착취하였던 유럽 상인들의 행위와 부를 가능하게 하였던 무력자본주의(war capitalism)에 기인한다.

간이 아니라 '자기 자신의 사업가(entrepreneur)'(푸코, 2012: 319)이다. 따라서 신자유주의 통치성은 사업가인 인적 자본으로서의 인구를 그 통치 대상으로 삼는다.

모든 개인이 '경쟁과 사업가'란 통치 합리성을 받아들인다면, 우리의 모든 의사결정은 그러한 경제적 합리성에 종속되며 그리고 시장의 논리가 우리의 모든 생활 영역 – 결혼과 자녀 출산과 같은 시민 사회 영역까지 포함하여 – 에 침투하는 것은 극히 자연스러운 일이다. 인간 곧 경제인은 경쟁을 해야만 하는 존재로 그려진다. 그런데 욕망이나 자기 – 이해와 달리, 경쟁은 인간의 본래적 속성 곧 자연적 소여가 아니다. 신자유주의는 경쟁이란 통치 합리성 혹은 시장 합리성을 우리 일상생활의 모든 영역에 침투시켜 영속적으로 작동하게 만들어 낸다. 신자유주의 정부는 모든 사람들에게 개인은 경쟁을 필수적으로 해야만 하는 존재라는 인식을 내면화시킨다.

시장과 인구를 자연적 소여로 간주하였던 자유주의에서는 사회와 문화에 대한 정치적 개입의 최소화 – "통치의 간소성"(푸코, 2012: 55) – 를 추구하였지만, 신자유주의에서는 사회와 문화에서의 일상생활을 경제적 합리성에 종속시키고 인도한다. 신자유주의 정부는, 시장을 규제하는 시민 사회들을 관리하였던 자유주의와 달리, 시장에 직접 개입함으로써 시장과 정부 및 사회가 균형을 맞추어 왔던 삼각편대에서 사회를 제거시켜 버린다. 신자유주의 통치에서 정부는, 시장을 규제하는 시민 사회들을 관리하는 대신, 시장 곧 경제적 합리성이 우리 생활의 모든 영역에서 작동할 수 있게끔 제도적·문화적 조건들을 인위적으로 만들어 준다. 시장을 관리해 왔던 시민 사회의 역할은 정부(복지국가)가 떠맡는다.

신자유주의 통치성하에서는, 개인의 경제적 타산보다 다른 무엇 – 이를테면, 사랑과 도덕적 책무 – 이 우선시되었던 혼인과 자녀 출산 등과 같은 시민사회 행위들이 점점 개인의 경제적 이해관계에 의해 합리적으로 효율적으로 결정되고 있다. 개인들은 이러한 자신의 행위를 주체적으로 의사결정하는 것이라고 생각하지만, 푸코의 통치성 이론에 의하면, 그런 주체행위는 사실상 신자유주의 지식(진리 체제)과 그것에 근거한 신자유주의 권력에 예속화되어 있는 바와 다름없다. 신자유주의 진리 체제와 권력에서 벗어나 우리의 인식론(세계관)과 현실에 정초할 때, 우리 사회와 개인들은 진정한 주체 – 자율적인 행위와 의사결정을 행할 수 있는 – 가 된다(이성용, 2015, 2020).

경제적 합리성으로 정상과 비정상 그리고 자율적 행위를 결정하는 통치성은 과거 전통과 관행에 근거한 권선징악의 진리 체제를 해체하기 쉽다. 과거에는 악으로 규정되었던 행위일지라도, 상대방과의 경쟁에서 승리를 하게 함으로써 자신의 이해를 충족시킬 수 있다면, 그 행위는 신자유주의 패러다임하에서 정상적이고 합리적인 행위가 될 수 있다. 그리고 안전장치 체제에서는 정상이 규범을 만든다. 안전장치 체제의 신자유주주의 통치하에서, 진리와 규범은 '자기–이해'에 근거한 경제적 합리성과 그것에 의해 정상과 비정상으로 구분된 인구(통계의 분포)에 의해 결정되고 만들어진다.

3.4. 인구 정책과 인구 이론

1) 신맬서스주의와 페미니즘의 연맹

미국의 사회학자 하이메스(N. E. Himes, 1899~1949)는 영국의 철학·경제학자존 스튜어트 밀(John Stuart Mill, 1803~1873)을 신맬서스주의자로 일컬었다(Stack, 2018). 하지만 '신맬서스주의'(Neo-Malthusian) 용어는 밀의 사망 후 4년 뒤인 1877년 처음 나타났다. 신맬서스주의자는 맬서스 인구법칙의 과잉인구 문제에는 동의하지만, 피임을 과잉인구에 대한 최적의 해결책이라 주장한다. 맬서스는 성직자 교리에 근거하여 혼외사정과 같은 출산 억제 방식을 악덕으로 간주하였다. 맬서스는 배우자 간의 성관계를 통제할 수 없는 열정으로 가정하였기 때문에 유배우 출산율(marital fertility)은 통제될 수 없는 것이다. 따라서 결혼 연기나 독신과 같은 혼인력 변동을 통해서만 출산력 통제가 가능하다. 반면 신맬서스주의자는 과잉인구 문제의 해결에 혼인 연기(혼인력 변동)보다 피임을 통한 출산 통제(유배우 출산율 통제)가 효율적이라는 입장을 표명한다. 과잉인구 억제라는 대의명분(즉, 공공선)하에서, 효율성이 도덕적(성경) 교리를 압도하였다. 과잉인구를 방지하는 출산억제책으로, 결혼 연기와 같은 혼인력(nuptiality) 통제를 선호하였던 맬서스와 달리, 신맬서스주의자는 피임 곧 유배우 출산율 통제가 더 효율적이라고 주장한다.

밀은 인구 성장이 식량증가를 초월할 수 있다는 맬서스의 인구법칙을 공리(公理, axiom)로 받아들인다. 인구에 관련된 밀의 저명한 조언의 하나는 "과잉인구로 인해 벌을 받는 것은, 사회의 부정의가 아니라 자연의 인색함 때문"(Week, 2012: 88, 재인용)이라는 것이다. 그는 맬서스의 인구법칙에는 동조하지만 맬서스 덫(Malthusian trap)의 불가피성은 부정한다. 맬서스의 덫은 인구가 가파르게 성장하여 개개인에게 할당되는 식량이 최소 생계 수준 이하로 떨어진 상태를 말한다(이성용, 2013). 맬서스 덫은 인구와 자원 간의 균형 상태가 깨져 자급자족할 수 없는 빈민들을 양산한다. 밀은 맬서스에 비해 낙관적이다. 만일 개인들이 '신중한' 도덕적 자제의 방식으로 스스로 출산아 수를 통제하면 인구와 자원 간의 균형을 이룰 수 있다고 밀은 믿었다(조남훈, 2016). 밀은 그의 저명한 저서 『자유론』에서 국가교육 체제는 빈민아동들에게 장차 혼인 후 자신들이 경제적으로 감당할 수 없을 정도로 많은 자녀를 낳으면 안된다는 것을 "일반 상식"(common sense)으로 가르쳐야 한다고 말하였다(Week, 2012).

(신)맬서스주의의 과잉인구론은 19세기 후반 신대륙으로의 대량 인구이주로 인해 20세기 초까지 유럽 사회에서 관심을 끌지 못하였다. 그런데 동기간 과잉인구 개념은 남반부(South), 특히 유럽 제국의 식민지 인구 통제 정책에 적용되고 있었다(Wilson, 2017). 20세기에도 (신)맬서스주의 사고는, 서구 사회의 인구 정책보다 오히려 비서구 사회의 유색인종 인구 통제에서 훨씬 막대한 영향을 미쳤다(Grime, 1998; Wilson, 2017). 요컨대, 과잉인구와 자원 간의 연계에 관한 (신)맬서스주의 사고가 발현된 곳은 서구이었지만, 적극적으로 적용된 곳은 제3세계이었다.

여하튼 서구에서, 신맬서스주의는 1920년대 마거릿 생어(Margaret Sanger)의 여권운동(Feminism)과 동맹을 맺으면서 세력의 발판을 마련하였다. 그 당시 신맬서스주의는 유아적 단계였다(Hodgson and Watkins, 1997). 생어는 20세기 초 뉴욕에서 많은 빈민여성들이 원하지 않는 임신으로 받는 고통과 공포 그리고 그녀들의 비위생적인 낙태를 목격하면서, 산아제한의 필요성을 절감하였다. 그녀는 산아제한연맹을 설립하고, 그 당시 산아제한에 우호세력이었던 우생학과 신맬서스주의와 동맹을 맺고 함께 피임을 합법화하는 산아제한운동으로 펼쳤다. 신맬서스주의는 출산억제운동 그리고 빈곤계층 여성들의 보건과 복지를 위한 이론적 담론을 제공하였다. 생어는 국가가 여성의 임신을 강제하는 우생학의 원칙에는 동의하지 않았지만, 국가가 적절하지 않은 출산을 제한해야 한다는 우생학과 신맬서스주의의 출산억제운동에는 동의하였다.

맬서스는 개인의 출산행위가 자연적 소여 곧 종교란 시민 사회에 의해 조절될 수 있다는 자연신학의 패러다임에서 이론을 전개하였지만, 신맬서스주의는 자연이 아니라 국가에 의해 제한될 수 있다는 현실적인 주장을 적극적으로 펼친다. 현실적 측면이 신학의 도덕적 교리를 압도할 수 있었던 배경에는, 개인의 자유와 이해추구가 타인의 자유와 이해를 저해하지 않는 범위 내에서 추구해야만 하고 또 국가는 개인들 간의 이해를 조절하는 최종 중개자라는 황금 규칙(golden rule)이 서구의 윤리 체제에 깊이 뿌리잡고 있다(Preston, 1987). 신맬서스주의자는 서구의 황금 규칙에서 한걸음 더 나아가, 유엔이 전 세계 인류가 맬서스 덫에 빠지지 않도록 제3세계의 자녀 수를 제한해야 한다는 교리하에서 제3세계의 가족계획 정책에서 실행되었던 인간의 기본권 침해를 정당화하였다. 그러나 1984년 멕시코시티 유엔 인구협의회에서 이런 서구 특유의 황금 규칙은 인간의 기본권을 침해하는 것으로 선언되었다(Preston, 1987).

신맬서스주의의 입지는 제2차 세계대전 이후 인구 변천 이론이 가족계획 정책에 토대를 제공하면서 크게 강화되었다. 제2차 세계대전 직후 유엔을 비롯하여 미국을 위시한 서구 각국의 정부들, 록펠러재단과 포드재단 등 여러 사설 재단 등은 제3세계에서 가족계획 정책을 수립하고 실행하도록 막대한 재정지원을 하였고, 이는 국제 사회에서 신맬서스주의의 입지 강화에 결정적 역할을 하였다(조은주, 2018). 하지만 그 반대급부로, 신맬서스주의 인구학은 돈의 권력하에서 국제 인구 정책 프로그램의 단기간 이해에 이바지하는 연구와 작업에 전적으로 매달려야 하였고, 그리하여 연구의 객관성에 대한 회의적인 비판은 물론 가족계획 정책의 '하수인'으로 전락하였다는 냉혹한 비판마저 받아야 하였다(Demeny, 1988).

이러한 염세적 비판들에도 불구하고, 신맬서스주의는 1950~1960년대 인구가 급격히 성장하는 제3세계에서 출산율을 낮춰 인구 성장을 더디게 하는 것을 목적으로 하는 가족계획 정책에 정당성을 제공하였다(Lundquist et al., 2014: 70). 1950년 당시 제3세계의 인구 성장률은 3%에 육박하고 있었다. 제3세계 나라들이 그 당시의 생활 수준보다 나은 삶을 유지하려면 최소 3% 이상의 경제 성장을 요구하는 것처럼 보였다. 신맬서스주의자들은 출산율을 낮춘 만큼 일인당 국민소득의 증가란 실질적 혜택이 돌아간다는 것을 수식으로 보여 주는 시뮬레이션 모델(Coale and Hoover, 1958)을 통해 제3세계 지도자들에게 가족계획 정책의 수립과 실행을 설득하였다.

1970년대 이전에는 신맬서스주의가 페미니즘과의 동맹에서 주도권을 장악하였다고 할 수 있다. 신맬서스주의와 페미니즘 모두 출산 억제라는 인구학적 목표를 공유하였지만, 인구 폭발이라는 인구 문제의 해결이 페미니즘 의도를 압도하였다(Hodgson and Watkins, 1997). 이를테면, 그 당시 신맬서스주의 교리에 입각한 "정부의 인구 정책에서 제3세계 여성의 재생산 권리를 침해한다는 우려[21]는 그 어디서도 찾아볼 수 없었다"(Hodgson and Watkins, 1997: 484). 오히려 서구의 근대성을 전파하기에 급급하였던 신맬서스주의와 페미니즘은 계몽과 진보라는 미명(혹은 대의명분)하에 제3세계 여성들에게 그들의 전통적 삶의 방식에서 탈피하여 서구의 선진화된 개인의 자율적 행위를 받아들여야 한다는 사실을 대중교육과 대중매체를 통해 세뇌·교육시켰다.

이 과정에서 페미니즘은 자유(liberal) 페미니즘과 탈식민(decolonial) – 혹은

21 공공재와 인권의 개념을 강조하는 신맬서스주의는 서구인의 권리 측면 – 비서구인의 높은 출산율로 인해 서구인들이 피해를 볼 수 있다는 – 을 강조하였다. 하지만 제로섬 혹은 동전의 양면 원칙하에서, 서구인의 권리 주장으로 인해 침해 받을 수 있는 제3세계 사람들의 재생산 권리에는 거의 침묵으로 일관하였다. 예를 들어, 중국에서 한 자녀 정책의 수립과 실행 당시, 대부분 신맬서스주의자들은 경제 성장의 측면만 이야기하였을 뿐 중국인의 재생산 권리(기본권) 침해에는 거의 언급조차 하지 않았다.

흑인(black) – 페미니즘으로 분리되었다. 서구 페미니즘의 주장과 달리, 비서구 사회에서 가족은 여성의 자율성을 저해만 하는 제도가 아니다. 비서구 사회의 가부장제는 서구의 개인주의 관점에서 보면 여성의 자율적 삶을 저해하는 제도로 비추어질 수 있지만, 비서구의 가족주의 관점에서 보면 (특히, 경제적 자립 역량이 부재할 때) 보호막을 제공한다. 칸디요티(Kanddiyoti, 1988)는 아시아에서 여성들이 남편에게 의존하여 자신들의 생활 보장을 받는 체제를 '가부장적 거래'(patriarchal bargain)라고 불렀다. 요컨대, 서구의 정책과 이론이 나타내는 제3세계 여성들 삶의 '이미지'는 '현실'과 상이하였다(이성용, 2015). 탈근대 이론가들은 '이미지가 현실을 지배'하는 것을 우려하였다.

앞에서 언급한 황금 규칙에서 엿볼 수 있듯이, 서구 개인주의에서 개인의 자율성과 더불어 중요한 하나의 개념은 공공재(public goods)이다. 공공재는 개인들이 특정 비용을 지불하지 않고도 여러 사람들이 공동으로 이용하는 재화를 말한다(Preston, 1987). 하딘(Garrett Hardin)은 그의 글, "공유지의 비극"(The Tragedy of the Commons)에서 모든 목동이 다 함께 자신의 소들에게 풀을 먹이는 목초지, 즉 공유지를 상상할 것을 제안한다. 공유지는 사람들이 다 함께 공유해야 할 특정 자원을 의미한다. 합리적인 존재로서 목동은 각자 자신의 이익을 극대화하고자 한다. 목초가 공유물이기 때문에, 목동은 각자 소떼의 수를 늘려 최대한의 이윤을 추구하려 할 것이다. 그런데 문제는 개별 목동의 이해추구 계산에서 맬서스 덫 – 소떼 수가 증가하면서 목초의 적정 역량(carrying capacity)을 초월하게 되는 – 에 대한 사고가 빠져 있다는 점이다. 여기서 비극이 발생한다. 소떼 크기가 어느 한계를 뛰어넘는 것을 막는 강제 조치가 필요하다. "모든 사람이 공유지에서의 자유(freedom)을 믿고 자신의 최대한의 이윤을 추구하는 사회의 종착지는 파멸이다. 공유지에서의 자유는 모두에게 파멸을 가져온다"

(Hardin, 1968: 1244). 공유지는 지구의 환경과 자원을 말한다. 이와 같이 신맬서스주의는 관심 영역을 출산에서 환경으로 확대하였다(Lundquist et al., 2014: 71~77).

(2) 여성(개인)의 재생산 권리에 정초한 인구 정책: 자유 대 '탈' 근대 페미니즘

1994년 카이로 국제인구회담은 인구 정책 프로그램의 목적을 여성의 재생산(reproduction) 건강과 권리를 진척시키는 것으로 정의하였다. 여성의 재생산 권리와 건강 및 복지가 세계의 인구 정책에서 가장 우선되는 규범으로 부상하였다. 국가는 더 이상 여성의 재생산 행위를 통제하기 위해 유인책이나 강제력을 사용해서는 안된다(Eager, 2004). 인구 정책이 여성의 재생산 권리와 자율성에 정초해야 한다는 카이로 회담 선언은 출산 억제의 가족계획 정책뿐 아니라 우리나라 저출산·고령화 정책 등의 출산 장려 프로그램에서도 적용되고 있다.

카이로 회담의 선언은 인구 정책에서 우선순위를 바꾸는 혁명조치였다. 가족계획 정책의 수립·집행 과정에서 신맬서스주의와 페미니즘은 인구안정화와 여성 개인의 복지(자율성과 재생산 건강)를 위한 출산 억제라는 '공통 기반'(common ground)을 공유하였지만, 서로 궁극적으로 추구하는 바는 달랐다. 신맬서스주의자에게 주된 목표 곧 종속변수는 인구 통제이며, 젠더는 인구 통제를 수행하기 위한 수단 곧 독립변수이다. 반면 페미니스트는 출산과 사망과 같은 인구학적 변수를 여성의 권리와 권한 부여 및 젠더 불평등과 같은 젠더 변수를 설명하는 독립변수로 간주한다. 최종 목표 곧 종속변수는 여성의 권리와 복지 향상이다(Presser, 1997; Riley, 1997). 신맬서스주의와 페미니즘은 궁극적으로 추구하는 바가 다르므로, 그들의 정책에서 우선순위는 당연히 차이가 나기 마련이다. 그런데 카이로 회담에서는 인구안정화 정책에 대해 여성의 복지와 성평등

〈그림 3-1〉 2021년 세계인구 현황 보고서

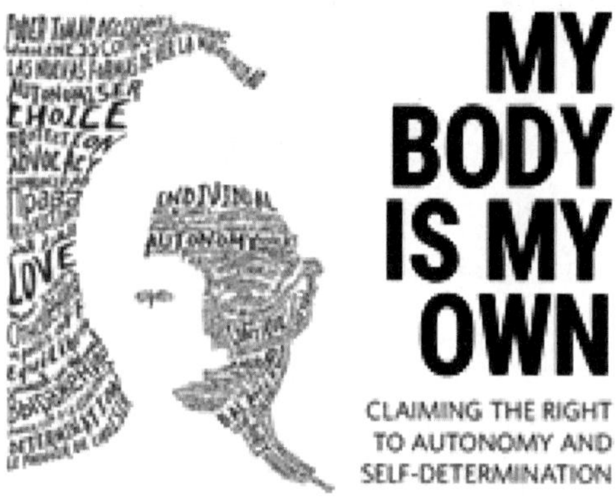

자료: 유엔인구기금(UNFPA)이 발간한 2021년 세계 인구 현황 보고서 『내 몸은 나의 것』 표지/유엔인구기금 홈페이지(조선일보, 2021년 4월 15일).

전략, 즉 젠더 문제에서 그 해결책을 찾아야 한다는 사실을 선언하였다. 인구 정책의 수립과 실행 과정에서 페미니즘이 신맬서스주의를 압도하는 시대가 열린 것을 알리는 신호탄이었다(Hodgson and Watkins, 1997). 오늘날까지 젠더는 인구 정책에서 최우선순위가 되고 있다(〈그림 3-1〉 참조).

인구 통제와 젠더의 우선순위가 바뀔지라도, 신맬서스주의와 페미니즘이 특정 행위에 대한 인식이 동일할 경우에는 문제가 발생하지 않을 수 있다. 대표적인 한 예가 1960~1970년대 한국 가족계획 정책 당시 인공임신중절이다. 그 당시 신맬서스주의 접근방식의 가족계획 정책은 출산 억제를 위해 인공임신중절을 장려하였고, 페니미즘은 출산에 대한 여성의 신체 자기결정권 향상을 위해 정부 정책에 적극 협력하였다(조은주, 2018). 신맬서스주의 정부 정책과 페미니즘 사이에는 상충된 이해가 발생하지 않았다. 그런데 페미니즘 내에서 정부의 인공임신중절 정책은 여성의 신체 자기결정권(자율성)을 침해하는 행위라는 인식이 부상하면서, 페미니즘과 신맬서스주의 간의 동맹은 서서히 무너졌다. 오늘날 저출산·고령화 정책에서도, 일부 인구학자들은 출산 장려를 위해 인공임신중절을 제한할 필요성을 주장하지만 대부분의 여권운동가들은 그런 제한이 여성의 재생산 권리를 침해하는 조치임을 강력하게 부각시킨다.

여하튼, 모든 인구 정책은 여성 개인의 자율성과 권리를 향상시키는 방식으로 전개해야 한다. 출산 억제의 가족 정책에서는 가족 내에서 여성의 의사결정권 – 특히, 자녀 출산과 양육에 관련된 – 을 향상시켜 원하지 않는 자녀의 출산을 통제함으로써 출산율을 하강시키는 전략을 꾀하였다. 출산 장려 정책도 여성의 자율성과 권리를 향상시키거나 최소한 제한하지 않는 방향에서 추진되어야 한다(McDonald, 2006). 한국의 출산 장려 정책도 자녀의 출산과 양육으로 인해 여성의 자율적인 삶이 침해되지 않는 방향에서 전개되고 있다. 정부는 성평등 정책에 입각하여 여성이 출산과 양육으로 인해 받을 수 있는 불이익과 비용을 제거해 줌으로써, 여성이 자녀를 출산하고 양육할 수 있는 사회적 환경을 조성해 주어야 한다. 정부의 양육과 보육 및 육아휴직 정책 등이 대표적인 사례이다. 정부가 그러한 환경을 조성해 주지 않으면, 여성은 출산 파업을 할 수 있다. 이처럼 인구 정책은 페미니즘에 부속되거나 종속되어 수립되어야 한다. 그렇지 못한 인구 정책은 카이로 인구회담의 보편 규칙에 위배되는 것이다.

그런데 젠더는 개인의 특성이 아니라 문화적 구성체이다(Riely, 1997). 문화적 구성체로서의 젠더 개념은 페미니스트 경험주의(feminist empiricism)[22]의 인구

22 페미니스트 경험주의자에게 비판의 대상이 되는 것은 잘못된 방법론을 사용한 '나쁜 과학'이다. 이들에게 좋은 과학이란 가치중립적이며 객관성과 공공성을 추구하는 과학이다. 이들에게 인식의 주체는 원화자된, 자율적인 개인이므로 자유 페미니즘을 지향한다(조주연, 2018; 하딩, 2009).

학 연구에서 사용되는 '여성' – 특히, 개인적 차원에서 여성의 지위나 권리를 여성의 교육 수준이나 소득 등으로 양화한 변수들에서의 여성(젠더) – 과는 그 의미가 본질적으로 다르다(조주연, 2018; 하딩, 2002, 2009). 젠더는 개인의 성별에 관한 속성 이상의 것을 나타내고, 특정 문화 속의 사회적 관계에서 형성된다. 젠더 개념은 '가치중립적인 보편 진리'를 지향하는 근대성 혹은 실증주의 접근방식이 아니라, 젠더가 구체적인 사회적 맥락 속에서 생성된다는 '사회 구성체주의'(social construction)에서 탄생하였다. '하나의 보편' 여성이란 개념에 전제하는 (카이로 인구회담의) 자유 페미니즘과 달리, 탈근대 페미니즘의 젠더 개념은 자신이 살아온 역사와 사회적 환경을 초월하지 않는 삶을 사는 '다수의 여성(젠더)들'을 가정한다(노성숙, 2005; Riely and McCarthy, 2003).

자유 페미니즘 인구학 연구에는 혜택과 비용이란 양면이 있다. 자유 페미니즘 인구학 연구는 여성의 자율성과 재생산 권리의 향상이 제3세계에서 출산율과 영유아 사망률 하강에 매우 유의미한 영향을 미쳤다는 사실을 밝혀냈다. 출산 변동에 피임과 같은 기술적(technical) 요인이나 경제적 요인보다, 원하는 자녀 수에 맞게끔 피임도구를 자발적으로 사용할 수 있게 하는 가족 문화의 변동이 결정적 역할을 미쳤다(Pritechett, 1994).

이러한 유형의 연구들을 통해 자유 페미니즘은, 강제적으로 제도화한 정부의 신맬서스주의 인구 정책 대신, 서구의 성적(sexual) 혁명 이념 – 맬서스주의 결혼 체제(맥팔레인, 2014; 이성용, 2013) – 을 수출함으로써, 제3세계 여성이 그것을 자발적으로 수용하게 하는 새로운 유형의 식민주의 인구 정책을 탄생시켰다(Grimes, 1998; Johannson, 1995). 이러한 자유 페미니즘 유형의 제3세계 출산 통제 정책에 대해, 흑인 페미니즘은 제3세계 여성의 자궁을 통제함으로써(Mass, 1976), 유색인종의 인구와 그 영향력을 제한시키는 전략(Gordon, 1974, 1990)이라는 혹독한 비난을 한다. 제3세계 여성의 출산력 감소는 또한 여성들의 노동시장 참여를 활성화시켜, 값싼 비용의 여성노동력을 활용하여 막대한 이윤을 추구하려는 세계 자본 시장의 논리에도 부합되는 것이다(Mass, 1977). 사드가 그의 저서『오리엔탈리즘』에서 언급한 것처럼, 식민주의 인구 정책은 '인식'의 지배를 통해 성공리에 마무리될 수 있다.

자유 페미니즘 기반의 인구 정책은 우선순위가 바뀐 탓에 의도하지 않는 결과들을 초래할 수 있다. 우선적으로 자유 페미니즘 인구 연구는 개인의 자율성을 선험적 가정으로 전제한 탓에, 개인의 역량 부재나 사회경제적 복지환경에서 배제되어 자율성(특히, 경제적)을 획득하지 못한 여성 – 특히, 사회경제적 지위가 낮은 – 들은 출산이나 혼인과 같은 인구학적 행위를 수행하지 못할 가능성이 높다. 이런 연유로 출산과 혼인은 특권화될 수 있다. 또한 개인의 자율성에 대한 강조는 개인이 어려움에 빠졌을 때 도움을 제공할 수 있는 가족을 포함한 주변 사람들과의 관계를 약화시킬 위험이 있다. 만일 출산행위가 전적으로 여성의 자율적인 의사결정과 재생산 권리에 의한 것이라면, 출산한 자녀에 대한 부(남성)의 책임은 자연스럽게 약화되거나 심지어 사라질 수 있다.

자유 페미니즘은 여성의 자율성을 불변의 보편 정의(正義, justice)로 가정하는 탓에, 이것을 침해하거나 간섭하는 가족 구성원들 간의 상호 부조 규범을 부도덕한 것으로 간주할 위험이 있다. 개인의 자율성을 선험적 가정으로 전제로 하는 자유 페미니즘과 확대가족과 같은 집합적 삶을 인정하는 탈식민(흑인) 페미니즘은 '미덕(美德)과 악덕(惡德)' – 옳고 그름 – 이 서로 다를 수 있다. 이를테면, 효(孝)는 부모와 자식 간의 관계를 부부관계보다 중시하는 확대가족에서는 미덕으로 자랑스러워할 수 있지만, 부부관계를 중시하는 서구의 핵가족(특히, 맬서스 혼인 체제)에서는 개인(특히, 여성)의 자율성을 저해하는 악덕으로 인식될 수 있다.[23] 요컨대, 여성의 자율성에 기반한 인구 정책이 가족주의 문화의 제3세계에 적용될 때 생각하지 못한 위험과 부작용이 발생할 수 있다.

1980년대 이후 페미니즘은 자유 페미니즘과 탈근대[24](탈식민 혹은 흑인) 페미니즘으로 갈라지기 시작하였다. 갈라진 배경에는 상이한 '여성' 개념이 있다. 전자는 '대문자 여성(Woman)', 후자는 '소문자 여성(woman)' 개념에 정초한다. 자유 페미니즘이 정초하는 대문자 여성은 하나의 보편 여성, '서구의 중산계층 백인 여성'을 나타내며, 무엇보다 개인의 자율적인 삶을 우선시하는 여성의 삶을 추구한다. 자율적인 여성의 삶을 침해하는 것(여성의 신체자기결정권을 침해하는 정부의 인구 정책을 포함하여), 특히 비서구 사회의 가부장제는 타파의 대상이 된다. 탈근대 페미니즘이 강조하는 소문자 여성은 하나의 보편 여성과 상이한 방식으로 삶을 꾸려나가는 다양한 여성들(특히, 유색인종)을 나타낸다. 여성의 자율성을 저해하는 요인에는 가부장제 외에도 인종, 계급 등 다양한 요인들이 있다. 가부장적 가족제도는 개인주의 관점에서 보면 여성의 자율성을 저해하지만, 가족주의 관점에서 보면 여성에게 보호막을 제공하는 긍정적

23 최근 우리 사회에서 트롯 열풍이 일고 있다. 청중들에게 깊은 감명을 주는 트롯 가수의 노래들 중 상당수가 자식에 대한 부모의 헌신에 고마움을 표하는 내용을 포함하고 있다. 자녀에게 무조건적인 헌신을 하는 부모의 이미지는 자신의 이해와 자아실현을 최우선적으로 추구하는 경제인이나 자아성취 여성의 이미지와는 상반된 것이다. 그런데 우리나라 출산 장려 정책은 자아성취와 자기 이해를 최우선시하고 그리고 자녀 출산마저 자신의 경제적 이해타산에 근거하여 결정하는 오늘날 개인주의 합리적 여성 이미지 – 그리하여 우리나라 국민들에게 공감을 받기 어려운 – 에 정초하고 있다. 출산 관련 논문으로 박사학위를 받고 줄곧 출산을 연구해 온 인구학자로서 솔직한 심정은, 과연 우리 국민들에게 공감을 받을 수 없는 여성상에 근거한 출산 장려 정책이 우리나라 여성의 출산율 상승을 인도할 수 있을지에 극히 의구심이 든다.

24 포스트모더니즘은 '도덕적으로 자율적인 개인'이란 근대성을 해체하는 입장에서 나왔다. 가장 대표적인 해체론 입장의 페미니스트는 스피박(Gayatri Spivak)일 것이다. 그녀는 데리다의 해체주의에 근거하여 탈식민 페미니즘을 전개하였다. 포스트모더니즘에 영향을 받은 탈식민 페미니즘과 흑인 페미니즘은, 자유 페미니즘과 달리 근대성, 즉 서구 중간 계층의 백인 여성을 가정하는 '하나의 보편 여성' 개념을 부정하는 공통적 입장을 취한다. 이러한 의미에서 20세기까지 탈식민, 흑인 그리고 탈근대 페미니즘은 엄격하게 구분되지 않았다고 할 수 있다. 하지만 최근 들어, 하딩(Harding, 2019)은 과학(지식)의 인식론을 기준으로 삼아 탈식민(de-colonial) 페미니즘과 포스트식민주의(post-colonial) 페미니즘을 구분하고 있다.

인 측면도 있다(이성용, 1997; Cain, 1991; Kanddiyoti, 1988).

'대문자 여성' 개념에 정초하는 자유 페미니즘은 단 하나의 변수 곧 젠더가 다른 모든 것을 압도하는 주인(master) 변수가 되는 젠더 본질주의(gender essentialism) 특성을 가진다(김미덕, 2012). 젠더는 여성의 삶과 정체성 설명에서 가장 중요하고 궁극적인 변수로 가정된다. 이를테면, 가정폭력이나 빈곤 등의 다양한 여성 문제들은 계급이나 인종과 같은 여타의 요인들보다 성차별과 같은 젠더 문제에 의해 근본적으로 야기되는 것으로 해석하고 설명한다.

글릭과 피스케(Glick and Fiske, 1996)는 양가적 성차별주의(ambivalent sexism)라는 개념을 통해 성차별의 양면성을 밝힌다. 하나는 적대적 성차별주의(hostile sexism)이다. 이것은 여성이 전통적 성역할을 따르지 않고 남성의 권위나 영역을 침범하는 것을 처벌하는 기능을 수행한다. 남녀관계는 적대적인 구조에 있다.

'대문자 여성' 개념과 적대적 성차별주의를 연계시키면, 우리나라를 포함한 제3세계 여성은 다음의 이미지로 나타난다(모한티, 2005; 이숙인, 2007). 제3세계 여성은 남성에게 희생당하는 피해자이고, 가부장적 가족제도와 전통 종교에 의해 억압받는 무기력한 집단의 성원으로, 주체적인 삶을 살지 못하고 남성에게 의존적이며 수동적인 삶을 살아가는 미성숙한 여성이다. 한편, 제3세계 남성은 힘없는 여성들(자신의 아내, 딸, 여자형제 그리고 어머니)에게 폭력이나 행사하는 '비열한 악마' 이미지로 재현될 위험의 소지가 있다.[25] 이런 까닭에

25 이러한 이미지는 간혹 현실에서 나타날 수 있다. 저자는 2~3년 전 여성 관련 자문회의에 참석하였을 때, 어떤 젊은 남성 학자에게서 "당신 세대는 그런 가부장적 삶을 살아오지 않았느냐"는 당혹스런 질문을 받은 적이 있다. 하지만 나는 물론이고 나의 동년배 남성들에서, 자신에게 순종하지 않는다고 여성에게 폭력을 행사하는 남성과 그런 폭력을 순종적으로 받아들이는 여성들을 거의 접한 적이 없다. 저자는 그 당시 너무 당혹해 미처 생각하지 못하였던 질문, "당신의 아버지는 어머니에게 그렇게 폭력을 행사하였고 또 어머니는 그런 폭력을 순순히 받아들였는지?"를 그 페미니즘 학자에게 묻고 싶다. 완전 누워서 침 뱉기이다. 저자의 세대(1950년대생)와

제1세계의 여성과 남성들 그리고 제3세계 자유 페미니즘 운동가들은 비열한 제3세계 남성들의 가부장적 착취와 차별로부터 희생당하는 제3세계 여성들을 구원해 주는 '구세주'가 된다.

다른 하나는 온정적 성차별주의(benevolent sexism)로, 전통적 성역할에 순종하는 여성들에게 온정주의에 입각하여 애정과 보호를 제공함으로써 기존의 성역할 체제를 유지하는 기능을 수행한다. 이 경우 여성은 적대적 관계가 아니라 긍정적 관계로 인식되므로, 동일한 성차별 행동일지라도 덜 차별적이거나 심지어 차별적으로 느끼지 않을 수 있다.

자유 페미니스트들은 우리나라 여성을 포함한 제3세계 여성을 재현하는 특징으로 '온정적 성차별'을 언급한다(이숙인, 2007). 온정적 성차별주의 패러다임에서 재현되는 제3세계 여성은 다른 사람들(이를테면, 제1세계 사람들이나 자유 페미니스트)이 일깨워주지 않으면 자신들이 남성들에게 이용당하는지조차 모르는 '무뇌'의 수동적 희생자이다. 이러한 재현을 통해, 자유 페미니즘은 제3세계 여성들을 그들의 가부장적 문화에서 희생당하는 비참한 삶에서 구원해야만 한다는 결론을 도출한다. 하지만 이러한 결론은 제3세계를 제국주의 질서에 가담시키는 위험한 결과를 생산할 수 있다(Mohanty, 1988; 모한티, 2005).

젠더를 문화적 구성체로 간주하는 탈근대 페미니즘은 '도덕적으로 자율적 개인'이란 서구의 개인 이미지에 정초하여 제3세계 여성을 포함하여 세계의 모든 여성을 설명하는 서구 특유의 이원론을 부정한다. 서구의 이원론은 육

••••••••

그 이전 세대의 남성들(가부장적 유교의 삶에서 일생을 마친 우리의 할아버지들도 포함하여)은 자유 페미니즘의 이미지가 표상하는 '비열한 악마' 집단의 구성원이 결코 아니다. 유교의 가부장적 가족제도에서 삶을 마무리한 우리의 조상 할머니들도 자유 페미니스트들이 구원해 주어야 할 '미성숙한 여성' 집단의 구성원처럼 결코 보이지 않는다. 우리와 우리의 조상 모두는 우리가 처한 방식에서 나름대로 주체적인 삶을 살아왔다. 그런데 자유 페미니즘은 '대문자 여성' 개념에 근거해 우리의 정체성과 자부심을 철저하게 해체하는 작업에 전념하는 것처럼 보인다. 불행히도 자유 페미니즘은 우리나라 페미니즘에서 주류이다.

체와 정신을 구분한 데카르트의 회의론에서 출발하여 '도덕적으로 자율적인 개인'을 주창한 칸트에 의해 완성되었다(이성용, 2020). 자유 페미니즘, 페미니스트 경험주의, 근대성 인구학 연구는 이러한 서구 특유의 이원론 인식론에 정초하고 있다. 따라서 탈근대 페미니즘은 ① 세계의 모든 여성들, 단 하나의 여성으로 보는 단일 범주의 여성과 ② 젠더 관계를 남성일반(Men)과 여성일반(Women)으로 나뉘는 지배/피지배의 이분법을 해체하거나 거부한다(노성숙, 2005). 탈근대 페미니즘의 관점에서 보면, 젠더 정체성 하나로 모든 여성을 완전히 설명하려는 자유 페미니즘의 기획은 실패할 수밖에 없고 포기되어야만 한다(Haraway, 1991).

하나의 보편 여성과 서구의 이원론을 부정하고 세계 여성들의 차이를 인정하는 것은 탈근대 페미니즘의 가장 큰 장점이지만, 다른 한편으로는 가장 큰 단점이 될 수 있다. 탈근대 페미니즘은 서구 이원론의 근대성을 해체함으로써 세계의 여성들이 자신의 방식대로 주체적인 삶을 살고 있음을 이야기한다. 이런 이야기에 내재한 가장 큰 문제점은 어떻게 제3세계 여성들의 삶을 재현(representation)할 수 있는지, 즉 재현에 필요한 거울 이미지(인식론)의 부재에 있다. 왜냐하면 탈근대 페미니즘은 자유 페미니즘이 제3세계 여성의 재현에 사용해 왔던 거울 이미지(인식론)를 해체시켰을 뿐, 이를 대체할 인식론을 제시하지 않았기 때문이다. 이런 까닭에, 샌드라 하딩과 도나 해러웨이(Donna J. Haraway) 등이 주축이 된 소위 페미니스트 입장 이론(feminist standpoint theory)은 젠더 개념을 여성의 다양한 경험과 현실을 고려하는 것에서 한걸음 더 나아가, 여성 경험 그 자체를 인식론과 지식(과학)의 출발점으로 삼으려는 이론적 시도를 행하고 있다(조주현, 2018).

최근 샌드라 하딩(Harding, 2019)은 포스트모더니즘(포스트식민주의) 페미니즘을 뛰어넘어 탈식민 페미니즘을 형성하려면 산토스(Santos, 2014)가 주창하였던 남반부(South) – 특히, 라틴아메리카 – 인식론에 정초해야 한다는 사실을 주장한다. 하지만 산토스의 남반부 인식론은 서구 주류의 근대성 인식론 – '도덕적으로 자율적인 개인' – 과 공약 불가능성이란 커다란 문제점이 있다. 사실 여성과 남성은 전통적으로 사회에서 '경쟁의 자율적 개인'이기보다 서로 '상호 부조의 사회적 관계'를 형성하고 유지하여 왔다. 특히, 출산이나 혼인과 같은 가족 관련 행위들은 여성 개인보다 사회적 관계에서 의사결정되고 형성되는 경향이 있다. 따라서 우리의 인구학 연구는 서구 근대화론과 자유 페미니즘의 '도덕적으로 자율적 개인' 인식론보다 오히려 '상호 부조의 자율적 개인' 인식론에 정초하여 전개될 필요가 있다(이성용, 2020).

3.5. 요약과 함축

인구는 흔히 '탈' 정치적이고 과학적 연구의 대상으로 흔히 인식되고 있지만, 이 장의 전반적인 논의에서 살펴보았듯이, 결코 '자연적'(natural)이거나 주어진 현상이 아니다. 전체(entity)로서 정의되고 있는 인구 개념은 최근의 공적 논쟁과 정치적 의사결정 및 (특히, 서구) 학계 연구의 산물이며, 20세기에 들어와서야 구체적으로 형성되었다. 그러한 인구 개념의 인식 형성과 그에 기반한 인구 정책 수립 과정에서, 서구의 사회과학자들은 오늘날 우리나라를 포함한 제3세계의 많은 인구 관련 쟁점들 – 인구 성장과 인구 성장에 대한 패턴, 자연자원과 환경 및 인구, 이주(국내와 해외), 재생산과 재생산 건강, 센서스 집계 방식 등 – 에 지대한 영향을 미쳐 왔다. 그 결과 우리나라를 포함한 많은 제3세계에서 인구 관련 문제들을 생각하고 해결하는 방법들은 서구 학자들의 개인적인 전문지식, 정치적 태도, 그리고 종교적 이데올로기 입장에 입장에 의존하고 있는 실정이다.

인구는 푸코의 통치성과 인구 이론에서 언급한 바와 같이, 매우 오랜 역사 기간 동안 그리고 최근에도 정부의 통치 대상이 되어 왔다. 인구 사상은 국가(정부)의 통치 기술에 정당성을 제공하는 지배 담론의 역할을 하여 왔다. 그런데 오늘날 서구의 인구 이론들에 가장 커다란 영향력을 끼치고 있는 맬서스와 마르크스 사상들은 서구의 식민 지배와 제국주의가 절정으로 갔던 시대의 산물이다. 푸코의 주장처럼, 특히 18세기 이후 서구 인구 사상의 역사는 어떻게 국가, 사회, 그리고 개인들이 인구의 질과 양을 관리하고 통제해야 하는지에 관한 아이디어의 역사라 할 수 있다(Argast et al., 2016). 이런 까닭에, 우리는 서구 인구 이론에 토대를 둔 인구 연구와 인구 정책을 수동적으로 수용하기 전에 지피지기의 관점에서 서구 인구학 패러다임들에 대한 지적 얼개를 고찰할 필요가 있다.

성직자였던 맬서스의 인구론은 인간의 이성이 신의 섭리 내에 존재해야 한다는 그 당시 자연주의 신학에서 배태되었다. 인구는 기하급수적으로, 식량(자원)은 산술급수적으로 증가한다는 맬서스의 인구 항상성 법칙은 신정론에 근거한다. 신이 일깨워 준 인간의 이성 곧 도덕적 자제는 경제적 자립의 가구를 형성할 때까지 결혼을 연기하고 책임질 수 없는 자녀 출산은 억제하는 것이다. 그런데 그 방안은 서유럽 특유의 혼인문화(맬서스 결혼 체제)에 근거한다.

마르크스의 자본론은 맬서스의 인구론과 그것에 근거한 1834년 신구빈법을 반박하고 공격하기 위한 것이다. 신의 섭리는 시공간을 초월한 보편법칙으로 특정 사회의 역사적 상황을 전혀 고려하지 않는다. 그 당시 빈민들의 증가는 부르주아가 프롤레타리아들의 노동을 착취하는 자본주의 사회의 사회경제적 조건에 기인한 것이다. 실제로 18세기 후반 산업혁명 이후 잉글랜드에서 임금노동으로 자신을 부양하였던 프롤레타리아 인구는 급증하였다. 하지만 프롤레타리아 인구의 급증에는 마르크스가 언급하였던 분배보다, 인클로저와 산업혁명 및 도시화로 인해 프롤레타리아 인구의 '적소' 형성의 방식이 바뀌면서 일어난 출산율과 자연증가율의 증가가 결정적 역할을 하였다.

푸코의 전 생애 걸친 관심사는 '진리–해체'와 주체 예속화이었다. 에피스테메 개념을 통해, 푸코는 개인의 정상적·자율적 행위들이 실제로는 그것들을 가능하고 실천하도록 인도하는 지식 체제에 종속되어 있다는 사실을 밝혀냈다. 주체 예속화는 자유주의 통치성과 인구에 대한 논의로 확장된다. 18~19세기 유럽에서 자유주의가 확산되면서, 국가(군주)는 시민(개인)의 자유를 중시하면서 국부를 증진시킬 수 있는 통치성을 찾아야 하였다.

자유주의에서 개인의 부는 국부로 직결된다. 개인(인구)의 욕망을 자연적 소여로 가정하는 자유주의는, 한쪽이 이득이 있으면 다른 쪽이 손해를 본다는 제로섬이 아니라, 쌍방이 혜택을 본다는 윈윈(win-win) 게임을 가정한다. 고전정치경제학이 지배 담론으로 부상하였던 18~19세기 유럽 제국주의 사회에서, 유럽 각국의 경쟁은 유럽 각국에게 국부를 크게 증진시켰다. 하지만 그 시기 아프리카와 아메리카 그리고 아시아 대륙은 유럽의 국부 증진을 위해 막대한 비용과 희생을 치루어야 하였다(이성용, 2018a, 2018b). 자유주의는 유럽 시장만을 놓고 볼 때는 분명 윈윈 게임이었지만, 세계 시장 차원에서는 제로섬 게임이었다(푸코, 2012).

자유주의 시대 경제가 가족에서 인구로 이전되면서, 인구는 통치 대상이 되었고 정치경제학이 부상되었다. 경제가 인구(국가)로 이전되면, 경제는 자연히 정치가 된다. 자유주의 국가들은 개인들에게 이해와 욕망을 추구하도록 방치함으로써, 그리고 이해 추구와 욕망을 인간의 본질적 이성으로 간주함으로써, 국부를 증진하는 통치전략을 꾀하였다. 반면 신자유주의는 자유주의와 마찬가지로 경제인 개념을 수용하지만, 개인의 이해 추구를 시민 사회를 통해 제한하는 자연적 소여란 통치성 대신, 경쟁을 통해 이해 추구를 극대화하는 사업가 통치성으로 본질적인 인식론 변동을 꾀한다. 인구 정책은 가족과 같은 시민 사회의 통제가 아니라 개인의 인적 자본과 관련시켜 펼쳐야 한다. 이를테면, 출산 장려 정책은 여성의 인적 자본 곧 경력을 손상시키지 않는 방향에서 수립되고 집행되어야 한다. 자유주의와 마찬가지로, 신자유주의 인구 정책에서도 개인(여성)의 자율성은, 외관상 주체적인 것 같지만 실제로는 (신자유주의와 자유 페미니즘 에피스테메) 지식과 그 지식에 근거한 권력 기술에 예속화되어 있다.

신맬서스주의는 맬서스의 과잉인구 개념은 동의하지만, 출산 억제를 혼인 연기와 같은 개인의 자율성에 맡기기보다 피임 보급과 같은 정부 개입을 선호한다. 그 결과 출산 억제 방식은 혼인력보다 유배우 출산율 통제에 초점을 맞춘다.

1920년대 신맬서스주의는 마거릿 생어의 여권운동과 연맹을 맺으면서 세력의 발판을 마련하였다. 1950년대 이후 제3세계에서 가족계획 정책이 실시되면서 신맬서스주의의 입지는 크게 강화되었고, 여성의 지위 향상을 통해 출산을 억제하려는 신맬서스주의 인구 정책은 페미니즘의 이해와 부합되어 신맬서스주의와 페미니즘 간의 연맹은 확고해졌으며, 주도권은 1970년대까지 신맬서스주의가 장악하였다. 출산 억제라는 인구 문제 해결이 여성의 재생산 권리 증진이라는 페미니즘의 의도를 압도하였다. 하지만 1994년 카이로 인구회담은 인구 정책이 여성의 재생산 권리를 증진시키는 방향에서 집행되어야 함을 선언하였고, 그 이후 인구 정책의 수립과 집행에서 페미니즘이 주도권을 장악하게 되었다.

이 과정에서 페미니즘은 자유 페미니즘과 탈근대(탈식민 혹은 흑인) 페미니즘으로 갈라졌다. 왜냐하면 제3세계에서 여성의 자율성은 젠더뿐 아니라 인종과 계급 등 다양한 요인들에 의해 제한될뿐더러, 여성의 재생산 권리에 대한 지나친 강조는 자녀의 출산과 양육에서 여성에게 주된 보호막을 제공해 왔던 남성 배우자는 물론 가족 구성원들의 도덕적 책무마저 상실시킬 위험이 있기 때문이다. 하지만 해체주의 입장의 탈근대 페미니즘은 단지 개인(여성)의 자율성을 기본 전제로 하는 서구 근대성의 해체만을 요구할 뿐, 그 대안적 인식론을 제공하지 않는다. 최근 탈식민 페미니즘은 자유 페미니즘의 인식론을 대체할 수 있는 제3세계의 역사적 경험에 기초한 인식론을 제안한다.

다음 단원에서는 서구 인구학에서 주류를 형성하는 (신)맬서스주의와 자유 페미니즘 인식론이 현저하게 배태되어 있는 고전 인구 변천 이론과 그 이론이 비서구 사회에 적용되었을 때 나타나는 한계들을 고찰할 것이다. 서구의 근대성에 근거한 보편원칙의 한계를 밝힘으로써, 우리나라를 포함한 비서구 사회의 인구 현상을 보다 적절하게 이해하려면 지피지기의 인구학 곧 제3의 인식론이 필요하다는 사실을 주장하고자 한다.

4

인구 변천과 인구 정책: 보편원칙과 현실

"이미지가 현실을 지배(재단)하는 시대가 도래한 것이다."

(프랑스 포스트모던 철학자, 장 보드리야르)

제2차 세계대전 이후 서구 사회는 맬서스의 인구 항상성 법칙에 근거하여
비서구 사회에 가족계획 정책의 수립을 강요하였다.
비서구 사회의 인구는 서구의 보편원칙에 일치하게 변천하였나?
인구 변천의 끝(결과)은 일치하였을지라도, 중간(과정)은 상이하였다.
그러나 우리나라 인구(출산) 정책 전문가들은 끝(정점의 북서유럽)만 보고
중간 과정(우리 특유의 상황)은 생략하곤 한다.

4.0. 들어가기

2020년 한국 사회는 사망자 수가 출생아 수보다 많은 인구감소 시대에 접어들었고, 합계출산율은 0.8명으로 1명도 안되어 세계에서 가장 낮은 출산율 수준을 보이고 있다. 이런 까닭에 제1차(2006~2010) 20조 원, 2차(2011~2015) 61조 원, 3차(2016~2020) 108조 원으로 지난 15년간 189조 원이란 막대한 예산이 투자되었던 저출산·고령화 정책은 신랄한 비난을 받고 있다. 이 예산은 2020년 우리나라 가계부채 비용의 10%에 해당한다. 그럼에도 불구하고 제4차 저출산·고령화 정책(2021~2025)에 또다시 196조 원의 막대한 예산이 투입될 예정이다.

저출산·고령화 인구 현상이 우리의 현재와 미래 삶에 미칠 중대한 영향력은 어느 누구도 부정하기 어렵다. 그러므로 지난 15년 동안 우리나라 인구 구조 변동에 긍정적 영향보다 오히려 부정적 영향을 미친 것으로 평가되는 저출산·고령화 인구 정책의 주된 내용들은 우리 현실에 비추어 비판적으로 고찰될 필요가 있다. 중대할수록 신중해야 할 것이다. 그 주된 이유의 하나는 우리 인구 정책의 주된 방향과 내용이 서구의 인구 이론에 의해 인도되기 때문이다. 이른바 많은 인구 관련 전문가들은 선진국인 서구 사회에서 성공하였던 방식이니 우리도 그 방식을 그대로 수용하여 따르면 성공할 것이란 주장을 자주 펼치곤 한다. 이런 주장들은 대개 정답형 보편법칙의 근대화론과 발달이상주의 사고에 근거하고 있다(〈이야기 상자 6: 발달이상주의〉 참조). 그런데 불행히도 근대 이후 인구 변천의 역사적 경험들이 보여 주었듯이, 서구의 보편원칙과 역사주의 원칙에 근거한 서구의 고전 인구 변천 가정들이 20세기 후반 비서구 사회는 물론 유럽 사회의 역사적 경험들에서조차 불완전한 일치를 보이고 있다. 그 인구 변천 가정들은 오늘날 출산과 사망 등 인구 관련 행위들에 대한 인구 이론들에 토대를 제공하고 있다.

흥미롭게도, 오늘날 (특히, 우리를 포함한 제3세계에서) 인구 정책 내용의 근간을 이루고 있는 서구의 인구(이론) 연구들은 20세기 후반 제3세계에서 가족계획 정책이 수행되는 과정에서 그 특성이 '학문 지향'에서 '정책 지향'으로 전환되었다(Hodgson, 1983). 이미지가 현실을 지배(재단)하는 시대가 도래하였다. 인구학에서 학문 지향과 정책 지향 특성은, 맬서스와 마르크스의 인구 이론에서 볼 수 있듯이, 역사적으로 밀접하게 관련되어 전개되어 왔다. 하지만 두 활동이 궁극적으로 추구하는 바는 다르다. 학문 지향 활동은 특정 인구 현상 – 이를테면, 출산율 하강 – 을 발생시킨 조건 곧 '무엇인지'(what is)에 관심을 가지지만, 정책 지향 활동은 현재의 조건들을 정책자들이 원하는 상태로 바꾸는 것 곧 '무엇이 되어야 하는지'(what can be)에 초점을 맞춘다. 그 결과 정책 지향 인구 연구와 인구 정책들은 그 목표의 달성 과정에서 발견되는 이론과 현실 간의 모순을 개혁의 대상으로 삼고, 그 모순에서 발생하는 부작용과 반대급부에는 거의 신경을 쓰지 않는다(이성용, 2020). 20세기 후반 (세계에서 가장 단기간에 출산율을 하강시킨) 한국과 중국의 가족계획 정책 집행 과정에서, 그로 인해 오늘날 급격하게 진행되는 인구고령화에 관해 우려를 나타냈던 인구학자는 전무하였다.

일반적으로 정책 지향의 (서구 인구 이론) 연구들은 그 정책이 (우리 사회에) 가져다 줄 혜택 측면들을 부각하여 보여 주지만, 비용과 부작용 측면들은 언급조차 하지 않는 경향이 있다. 학문과 현실의 지피지기 입장에서 보면, 우리의 인구학자들은 정책 지향의 인구(이론) 연구들이 홍보하는 혜택뿐 아니라 비용과 부작용의 측면도 함께 이야기하는 도덕적 책무를 지녀야 할 것이다(이성용, 2015, 2020).

이 장은 보편원칙의 근대화론과 역사주의에서 배태된 서구의 고전 인구 변천 이론이 제3세계의 현실을 얼마나 (인구 정책을 통해) 적합하게 인도하고 설명하였는지를 이야기할 것이다. 우선 UN 자료를 활용해 생성한 세계 각 지역과 특정 나라들에서의 1950~2020년 인구 변천 경험들이 서구 인구 변천 가정들에 일치하거나 불일치한 정도를 논의할 것이다. 그런 다음 인도와 중국, 그리고 한국의 인구 변천 및 출산정책을 보다 구체적으로 고찰할 것이다.

이야기 상자 6

발달이상주의

손턴(Thornton, 2001)은 2001년 미국인구학회 회장취임 연설에서 (1) 발달 패러다임과 (2) 역사 제쳐놓기 및 (3) 비교문화(cross-cultural) 자료 등 세 가지 요소들이 병합하여 인구·가족 연구에 미쳐왔던 병리적 현상에 대해 이야기하였다. 발달 패러다임과 역사 제쳐놓기 그리고 그런 인식론하에서 비교문화 자료들을 분석하여 내린 사회과학자들의 결론은, 이 세 요소들의 결합이 우리 삶의 전반에 걸친 변동에 거대한 힘을 미치는 아이디어들의 패키지, 소위 발달이상주의(developmental idealism)를 생성한다는 것이다. 발달이상주의는 지난 수세기 동안 세계 도처에서, 일반 사람들(ordinary people)들의 출산행위, 결혼과 이혼 행태, 젠더 관계, 세대 간 관계 등을 변화시키는 데 결정적 역할을 해왔다.

발달 패러다임(developmental paradigm)은 발달 궤적에 근거한 해석을 정당화한다. 발달의 정점에는 항상 북서유럽이 있고, 발달로의 변동은 자연적, 획일적, 필연적, 지향적(directional)으로 이야기된다. 진화론적 접근방식의 수많은 사회과학 연구들에서 보듯이, 학자들의 주된 업무는 흔히 수세기 동안 사회 발달의 궤적을 기술하는 것으로 그려져 왔다.

비교문화 자료(cross-cultural data)는 유럽 우월주의 혹은 유럽 중심주의에 타당성을 제공하였다. 서구의 탐험가, 선교사 및 여행자들은 수세기 동안, 특히 제국주의 시대 이후, 아시아와 아프리카에서 그들의 생활관습들을 기술하고 설명함으로써, 그들 사회에 대한 비교문화 정보들을 꾸준히 수집·축적하여 왔다. 경제적으로 낙후된 비서구 사회(야만 사회)의 정보 자료들은 유럽인의 (문명 사회) 세계관에 중대한 과업을 남겼다. 서구인들은 산업혁명과 근대화를 이룬 서구의 이성(곧 근대성)에 위배되는 비서구인의 삶의 방식을 일깨워주는 계몽주의 담론을 통해, 비서구인들을 근대화의 길로 인도해야 한다는 사명감을 불러일으켰다. 그리하여 근대성은 사회학을 포함한 사회과학에서 폭로하기 혹은 비판적 고찰의 기준이 되었고, 이러한 사회과학 지식들의 대중교육 – 특히, 암기주입식 교육방식 – 은 우리나라를 포함한 비서구 사회의 일반사람들에게 유럽 우월주의의 수용을 자연스럽게 만들었다.

역사 제쳐놓기(reading history sideways)는 발달 패러다임과 비교문화 자료의 분석 연구와 밀접한 관계를 가진다. 사회과학자들은 세계 각국의 역사적 자료들이 불충분하고 제한된 까닭에, 그 대체물(proxies)로 수집된 많은 비교문화 자료와 정보들을 활용하며 세계역사의 윤곽을 그려왔다. 횡적으로 수집된 세계 각국의 자료들로 세계 역사를 구성하는 방식은, 자연스럽게 종적인 특성을 가지는 각국의 역사를 옆으로 제쳐놓도록 만들었다. "역사 제쳐놓기는 공간(지역들)의 변이를 시간의 변이로 대체함으로써, 공간적 이질성들을 동질적인 발달 형태로 전환하는 역사지리학(historical geography)이다(Thornton, 2001: 451). 일단 오늘날 세계 도처의 사회들을 (예를 들어, 각국의 GDP를 활용하여) 발달 순서로 정렬하면, 이러한 지리적인 시간의 연속선(geographical-temporal sequence)에서 세계 역사를 인류의 시작부터 오늘날까지 읽는 작업을 간단하게 처리할 수 있다.

역사 제쳐놓기는 오늘날 세계의 사회들을 발달 궤적에 따라 순서화하는 체제(system)를 요구한다. 북서유럽은 발달의 정점에 있고, 유럽과 가장 상이한 사회들은 연속선에서 가장 덜 발달된 사회들로 위치한다. 이렇게 체계화한 발달 궤적의 역사지리학에서, 학자들 – 특히, 인구학자를 포함한 사회과학자 – 은 비서구 사회의 현재를 읽고 또 아시아와 아프리카의 미래를 예측할 수 있다고 믿는다.

발달이상주의는 다음의 네 가지 기본 명제를 수반한다. ① 근대 사회는 좋고 도달해야 하는 것이다. ② 근대 가족은 좋고 도달해야 하는 것이다. ③ 근대 가족은 근대 사회의 원인이자 결과이다. ④ 개인들은 자유롭고 평등해야 하며, 사회적 관계는 동의(consent)에 근거해야 한다. 이 명제들은 사회과학자는 물론 일반사람에게 광범위한 일련의 행위와 관계들을 안내하는 믿음 체제를 제공한다. 여기서 중요한 쟁점은 그 명제들의 진위(眞僞)가 아니라 사람들이 그 명제들을 믿고 동기화되는지 여부이다.

발달이상주의의 전파는 국제적으로 사회, 인구학적, 정치적 변동에 강력한 영향을 준다(Thornton, 2005). 발달이상주의 확산에 의해 영향을 받은 변동에는 교육, 민주주의, 젠더 평등, 젊은이의 자율성 등이 있다. 이 변동들은 인권, 자유 시장경제, 혼인과 출산 하강 등의 전파 속도를 발달이상주의 확산과 관련시킨다. 발달이상주의는 세계가 어떻게 작동하고 사람들이 그 세계에서 어떻게 살아가야 하는지에 대한 세계관, 믿음, 가치, 계획(schema) 등을 말해 준다. 발달이상주의는 좋은 삶은 무엇이며, 성취해야 할 목표는 무엇이며, 그리고 그 목표를 성취할 수단은 무엇인지를 구체화한다.

4.1. 인구 변천 이론

인구 변천 이론에 따르면, 사회가 근대화되면서 고출산과 고사망으로 특징짓는 전근대(전통) 사회에서 저출산과 저사망으로 특징짓는 근대 사회로 진보한다. 하지만 근대화가 사회경제적 변동만 의미하는지 아니면 그 변동이 수반한 문화적 특성까지 포함하는지는 불분명하다(Kirk, 1996). 인구 변천 이론은 개발도상국가의 인구 변천 과정을 예측하거나 설명하기 위해 널리 사용되는 하나의 모형이지만, 실제로는 약 200년에 걸쳐 유럽 국가들에서 일어난 출산과 사망들을 분석·연구하여 일반화한 모형이다. 발달이상주의의 전형이다.

인구 변천 이론은 원인변수인 경제 발전이 결과변수인 출산 변천을 야기하였다는 가정하에 출발하였지만, 선진국이 개도국의 출산 변천을 인도하는 가족계획 정책 과정에서 경제 발전은 결과변수로 출산 변천은 원인변수로 바뀌었다(Hodgson, 1983). 경제 발전을 성취하려면, 출산 하강을 먼저 이끌어 내야 한다. 이 과정에서 제3세계에서 고출산을 유지시켜 왔던 사회적 기제 곧 전통문화 – 산업혁명을 일으켜 서구를 부국으로 인도하였던 서구의 이성 곧 개인(특히, 여성)의 자율성을 저해하는 – 는, 출산 변천과 경제 성장, 근대화를 저해하는 악덕 혹은 악습으로 인식되기 시작하였다. 서구 문화가 비서구 문화보다 우월한 삶의 방식이란 이데올로기, 곧 '서구화'(westernization)와 발달이상주의를 탑재한 대중교육과 대중매체는 우리나라를 포함한 많은 제3세계에서 출산 변천에 결정적 역할을 수행하였다(Caldwell, 1982; Thronton, 2001, 2005). 세계 출산력 조사를 분석한 결과에 의하면(Cleland and Wilson, 1987), 제3세계에서 출산 변천을 야기하였던 주된 요인은 경제적 요인이 아니라 문화적 요인, 특히 교육 수준의 향상이었다. 그 결과 서구 주도하에 진행되었던 비서구 사회의 인구 변천은 서구 사회와 매우 상이한 인구 현상을 낳았다.

1) 이론적 인구 변천 모형들

인구 변천 모형에 대한 아이디어는 1929년 영국의 톰슨(Warren Thomson)에 의해 처음으로 제기되었다. 그는 1908~1927년 유럽 15개국, 미국, 오스트레일리아, 인도, 일본 및 러시아 자료 그리고 1896~1927년 독일, 프랑스, 잉글랜드, 이탈리아, 스웨덴 자료 등을 근간으로 세계 국가를 인구 성장 패턴에 따른 세 집단 – 집단 A, 집단 B, 집단 C – 으로 구분하였다(민경희, 2016; Kirk, 1996).

[1] 집단 A(북서유럽과 미국). 19세기 후반에서 1927년까지 이 집단의 나라들은 자연증가율이 높은 수준에서 낮은 수준으로 이동하였다. 조만간 인구 성장률이 0인 정지인구(stationary population)에 도달할 것이다.

[2] 집단 B(이탈리아와 스페인, 그리고 중앙유럽의 슬라브계 민족). 출산율과 사망률은 모두 감소하기 시작하였고, 사망률이 출산율보다 먼저 그리고 훨씬 빠르게 하강할 것이다.

[3] 집단 C(나머지 세계 국가). 출산율과 사망률에 어떤 통제도 보이지 않는 맬서스주의(즉, 농경 사회) 사회를 뜻한다. 이 집단은 그 당시 세계 인구의 70~75%를 차지한다. 그 당시 자료 수집이 가능하였던 일본, 러시아, 인도를 비교하면서, 일본[1]은 약간의 변동 기미를 보이지만

1 톰슨은 자신의 인구 변천 모형 관점에서, 그 당시 인구가 증가하는 일본이 증가하는 인구만큼 증가하는 자원을 확보해야 한다는 세계관(인식론)에서 일본의 동남아 식민지 정복을 정당화하였다(Hodgson and Watkins, 1997: 477). 이와 같이 맬서스주의 근대화론 접근방식은 한편으로 강자의 입장과 행위를 합리화시켜 주는 강점이 있지

러시아와 인도는 전혀 보이지 않는다고 주장하였다. 러시아가 인도보다 많은 자원을 가지고 있으므로, 인도가 러시아보다 높은 인구 성장률을 보일 것으로 예측하였다(Kirk, 1994).

톰슨은 맬서스 이론에 근거하여, 출산율과 사망률에 대한 자발적 통제가 결핍되면, 식량의 양(量)이 허락하는 한 인구는 계속 증가할 것이라 주장하였다. 하지만 그 당시 미국은 과잉인구보다 낮은 출산율을 보여 주었던 시기라 톰슨의 이야기는 주목을 끌지 못하였다. 톰슨과 프랑스 인구학자 랑드리(A. Landry)가 제2차 세계대전 이전에 이미 인구 변천 상태를 진술하였지만, 오늘날 고전 인구 변천 이론으로 인정받는 것은 1945년 노테스타인(Frank Notestein)의 인구 변천 모형이다(민경희, 2016; Kirk, 1996). 이것 역시 발표 당시에는 관심을 끌지 못하였지만, 제2차 세계대전 이후 세계(특히, 제3세계)의 급격한 인구 성장이 세계적인 관심사가 되면서 각광을 받기 시작하였다. 노테스타인의 3단계 인구 변천 모형은 다음과 같다.

[1] 고성장 잠재력 단계(high growth potential)

출생률−조출생률(CBR)−과 사망률−조사망률(CDR) − 이 높고, 출생률이 전혀 하강할 징후가 보이지 않는 인구를 말한다. 이 단계의 인구는 성장 가능성이 높지만, 현재는 고출산과 고사망의 결합으로 낮은 혹은 제로 인구 성장을 보인다. 인류 역사에서 가장 오랫동안 지속되어 왔던 형태의 인구이다. 일본을 제외한 아시아 국가들, 남아프리카공화국을 제외한 아프리카 국가들, 그리고

만, 다른 한편으로는 강자의 행위로 인해 고통을 받아야 하는 약자의 입장을 거의 고려하지도 배려하지도 않은 커다란 단점이 있다(이성용, 2018a, 2018b, 2020).

대부분 남미 국가와 중동 국가들이 여기에 속한다.

[2] 과도기적 성장 단계(transitional growth)

출생률과 사망률이 비교적 높은 수준에 머물고 있지만, 사망률이 점차 감소하면서 출생률의 감소가 확실시되는 인구이다. 인구증가율은 비교적 높은 수준에 있다. 향상된 영양 상태, 효율적인 의학 발달, 공공위생과 같은 외적 요소들로 인해 사망률이 먼저 하강하기 시작하였고, 출산율도 이어서 떨어지기 시작한다. 사망률이 하강하지만 출산율은 여전히 높은 수준을 유지하는 시기에 높은 인구 성장을 가져온다. 그런데 출산율의 하강이 시작하면, 인구 성장률이 감소한다. 종전 당시 동유럽, 구소련, 일본, 그리고 남미의 일부 국가들이 이 단계에 속하였다.

[3] 인구감소의 발달 단계(incipient decline)

출생률이 대체 수준 혹은 대체 수준 이하로 떨어져 인구증가가 정지된 상태이거나 감소하는 경향을 보이는 인구이다. 조출생률과 조사망률은 모두 10 수준에 머문다. 낮은 출산율과 낮은 사망률로 새로운 균형 상태의 정지인구를 맞이한다.

그 당시 북유럽, 서유럽, 중유럽, 오스트레일리아, 뉴질랜드가 인구 변천을 마무리한 이 단계에 속한다고 보았다. 노테스타인에 따르면, 서유럽과 중유럽의 인구는 1950년대, 남유럽은 1970년대 최고치에 이르렀다가 감소할 것으로 예측하였다. 또한 2000년 세계 인구를 33억 명으로 예측하였다. 하지만 2000년 세계 인구는 66억 명으로 추정되었다.

노테스타인의 고전 인구 변천 모형은 발표 당시에는 맬서스의 인구법칙에 근거한 단지 '기술'(description)에 불과하였지만, 근대화 이론을 도입하면서 인과관계를 '설명'하는 인구 이론으로 진보하였다(Week, 2012). 근대화 이론은 기본적으로 산업화와 도시화로 인한 사회경제적 변동이 그 이전까지 전통에 의해 지배받았던 삶의 방식 – 특히, 출산과 사망에 관련된 – 에 변동을 가져왔다는 가정을 전제한다. 출생과 사망 등의 인구 사상과 연계하여 보면, 근대 이전의 전통 사회에서는 출산율과 사망률이 높았지만, 산업화와 도시화가 진행되면서 출산과 사망이 떨어지므로, 근대 사회에서 출산율과 사망률이 낮아진다. 이처럼 근대화 인구 변천 이론은 거시적 차원의 '사회경제적 변동'이 개인의 삶 – 출산, 사망, 혼인 등의 인구 관련 행위 – 을 바꾸고 결정한다는 거시 이론(macro-level theory)이다(Week, 2012).

발달이상주의에서 지적된 바와 같이, 근대화 이론은 특정 장소와 시점에서의 경제 발달을 특정한 일련의 과정 – 유럽이 선진화를 이루기 위해 거쳐 간 경로 – 을 통해 성취해야 하는 '진보' 의미의 경제 발달로 간주한다. 근대화론 관점에서 진보, 즉 경제 발달은 종적이 아니라 횡적으로 놓여진다. 경제 발달(진보)은 공간들 – 지역들, 서구와 비서구 사회 – 간의 변이를 시간 – 이를테면, 문명과 야만과 같이 진보의 의미를 가진 – 의 변이로 바꾸었다(Reily and McCarthy, 2003; Thronton, 2001). 단 하나의 경로에서 '북서유럽'을 정점으로 한 유럽 중심주의(Eurocentrism)가 생성되었고, 그 경로에 대한 굳건한 믿음은 오늘날 유럽 중심주의를 굳건하게 지켜주고 있다. 단 하나의 경로(보편원칙)를 함축하는 근대화론과 유럽 중심주의는 세계 각국의 인구 변천 과정을 통해 각국의 사회경제적 발달(근대화) 수준을 평가하고 이야기하는 수많은 연구들이 잘 보여준다.

1950년대 이후 노테스타인의 인구 변천 모형은 변천 과정을, ① 단계 1의

〈그림 4-1〉 인구 변천의 4단계

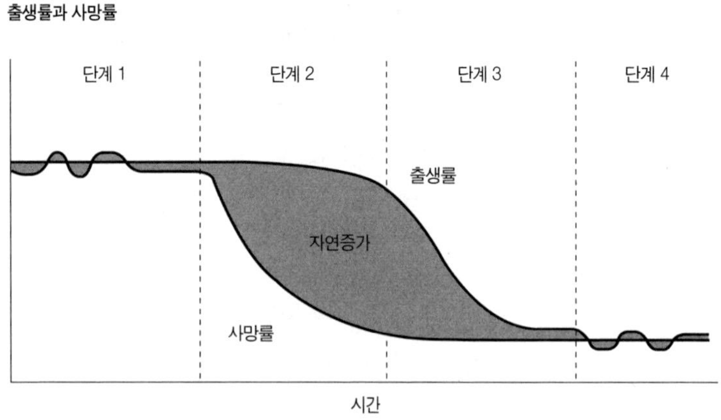

자료: PRB(2011), 〈그림 2〉.

변천 이전(pre-transitional) 체제, ② 단계 2와 단계 3의 변천(transitional) 체제, ③ 단계 4의 변천 이후(post-transitional) 체제의 3단계로 구분하는 표준 모형으로 진보하였다(〈그림 4-1〉 참조). 단계 1의 인구 변천 이전 체제는 전통 사회에서, 이를테면 빈번한 전쟁이나 기근에 의해 오르락내리락하는 까닭에 변동치는 높은 사망률과 비교적 안정적인 높은 출생률로 특징지어진다. 출생률과 사망률이 모두 높기 때문에 인구 성장은 비교적 균형 상태를 이룬다. 인구 변천 체제는 단계 2와 단계 3으로 구분되며, 변천 이전의 전통 사회에서 도시화와 산업화를 진행하는 과정에서 나타난다. 사망률과 출생률이 모두 감소하지만 사망률 감소가 출생률 감소보다 시간적으로 먼저 발생한다. 이로 인해 사망률과 출산율 간 균형 상태는 파괴되며 인구증가가 발생한다. 변천 과정의 전반부인 단계 2에서 인구는 급격하게 성장한다. 단계 4의 변천 이후 체제는 성숙한 산업 사회의 특성으로 사망률과 출생률이 모두 낮은 수준에 다다르게 되어, 출산율과 사망률은 다시 균형 상태를 이룬다.

그런데 최근 우리나라 - 〈그림 1-3〉 참조 - 와 일본 그리고 일부 유럽 국가들은 출산율이 사망률보다 하락하여 균형 상태를 이루지 못하고, 인구가 감소하는 현상이 나타났다. 혹자는 이러한 현상을 제2차 인구 변천이라 명명한다(민경희, 2016; 정성호, 2009; Van de Kaa, 1987). 그래서 고전 인구 변천은 제1차 인구 변천으로 불리기도 한다.

이러한 인구 변천의 역사적 흐름을 통해, 우리나라의 제2차 인구 변천(초저출산)은 단지 최근의 사회경제적 변동의 결과물이 아니라 1960년대 이래 지속되어 온 출산 변천의 역사적 결과물이란 사실을 알 수 있다. 따라서 초저출산을 극복하기 위한 우리나라 출산 장려 정책은, 단순히 북서유럽 모형에 근거하기보다, 우리나라의 역사적 출산 변천 과정을 면밀히 검토함으로써 우리 사회에 적합한 우리 고유의 모형으로 수립되어야 할 것이다(4.4 "한국의 출산 정책" 참조).

인구감소 국가들은 한편으로 출산력 상승을 꾀하지만, 다른 한편으로 노동력 수입으로 인구감소의 문제를 해결하려는 노력을 시도한다. 이들 국가들은 흔히 혼인이나 노동을 목적으로 하는 외국인을 유입하려는 이민 정책을 펼친다. 대규모의 외국인 유입은 특정 유입 국가에서 인종·민족 구성이 급격하게 변하는 현상을 초래할 수 있다. 이런 인구 현상은 제3차 인구 변천이라 불린다(민경희, 2016).

인구 변천 모형의 가정들을 요약하면 다음과 같다. 첫째, 변천 이전에는 고출산과 고사망으로 인구가 균형 상태를 유지한다. 인구 성장은 0에 가깝기 때문에 정지인구의 모습을 띤다. 둘째, 변천이 시작하면 사망률이 먼저 하강하고, 이어서 출산율이 하강한다. 사망률이 하강하지만 출산율은 여전히 높은 수준을 유지하는 단계 2에서 급격한 인구 성장이 이루어진다. 출산율이 하강하기 시작하는 단계 3에 접어들면서 인구성장률이 감소하기 시작한다. 셋째, 출산율과 사망률이 모두 하강하여 낮은 수준에 머물면서 인구는 다시 균형 상태를 이루게 된다. 최근에는 일부 국가들에서 출산율이 사망률보다 떨어져 인구가 감소하는 제2차 인구 변천 현상이 일어나고 있다. 이들 제2차 인구 변천 국가들은 자국의 인구감소 현상을 메꾸기 위해 해외에서 노동력을 수입하는 이민 정책을 수립·집행하곤 한다. 그러면 조만간, 우리나라에서 증가하는 다문화 가족에서도 엿볼 수 있듯이, 제3차 인구 변천 현상이 일어날 수 있다.

2) 역사·경험적 인구 변천 모형들

〈그림 4-2〉와 〈그림 4-3〉은 세계의 주요 대륙과 나라들의 인구 변천을 보여 준다. 2020년 현재 사하라 아프리카 지역의 나이지리아와 콩고공화국 같은 일부 지역을 제외하고는, 세계의 모든 국가에서 출산율이 하강하였다. 1950년 이후 세계의 거의 모든 국가들이 고출산과 고사망에서 저출산과 저사망으로 변천하고 있다. 시작(1950)과 끝(2020)이 일치하기 때문에, 대부분의 근대화론 인구학자들은 "모든 인구가 역사의 한 시점에서 인구 변천 과정을 경험한다"는 인구 변천의 주된 주장을 일반화한다. 세계 도처에서 출산율과 사망률이 하강한다는 보편 현상은 분명 사실이지만, 각 지역의 인구 변천 패턴들은 다양한 차이를 보인다. 시작과 끝은 유사하지만 중간 과정은 상이하다.

근대화의 인구 변천 이론은 변천 과정의 시작과 끝은 기술하였지만, 불행히도 변천(특히, 출산)의 중간 단계에서 일어나는 인구 변동의 연속성에 대해서

〈그림 4-2〉 세계 각 대륙에서의 인구 변천: 1950~2020

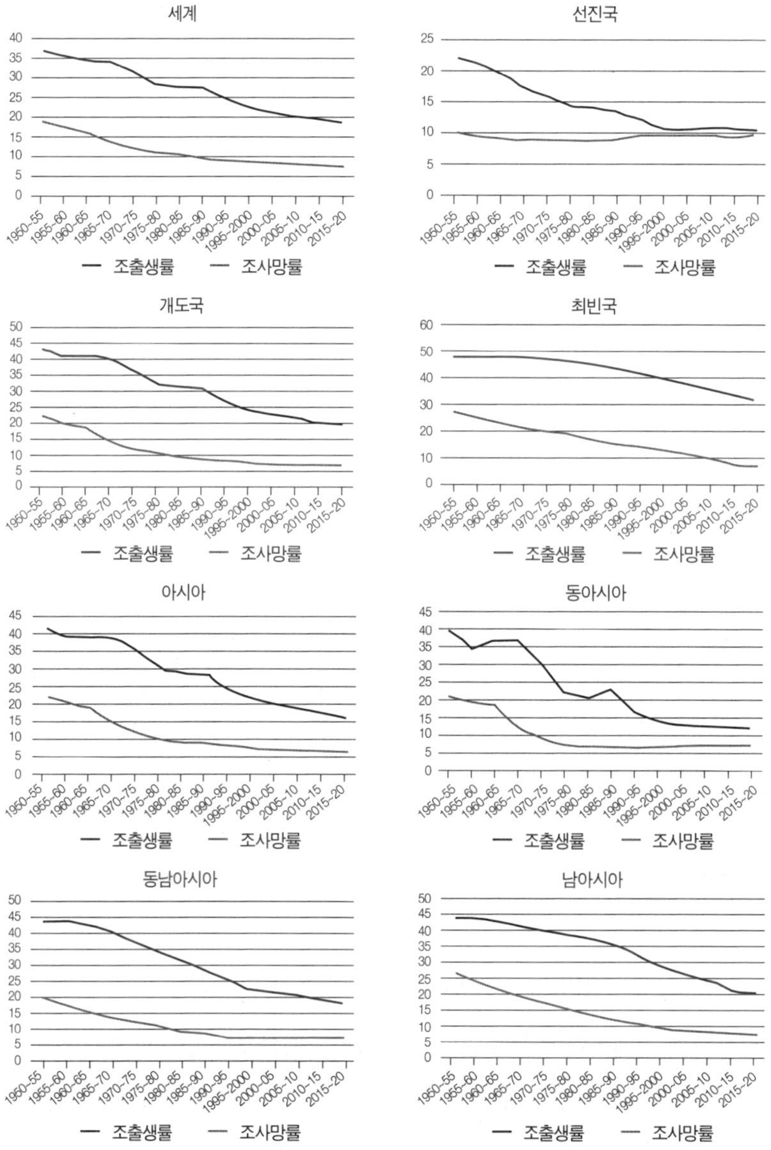

〈그림 4-2〉 계속

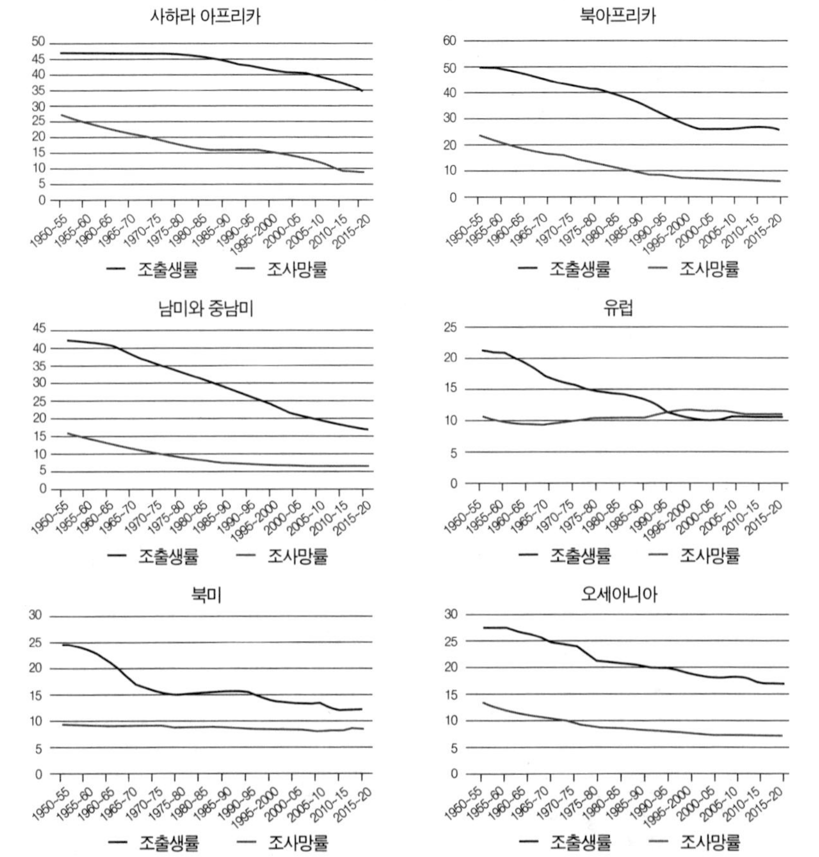

원자료: United Nations(2019), *World Population Prospects: The 2019 Revision.*

는 명료한 대답을 제공하지 못하였다. 특히, 출산 하강을 불러일으키는 발단을 정확하게 구체화하지 못하였다. 그 발단은, 대부분의 인구학자들이 커다란 관심을 가지는, 바로 인구학적 변동(특히, 사망률 하강)과 사회경제적 발달에 관련된 출산 변동의 시점이다(Kirk, 1996; Mason, 1997; Riely and McCarthy, 2003). 뒤에서

〈그림 4-3〉 세계 주요국들의 인구 변천: 1950~2020

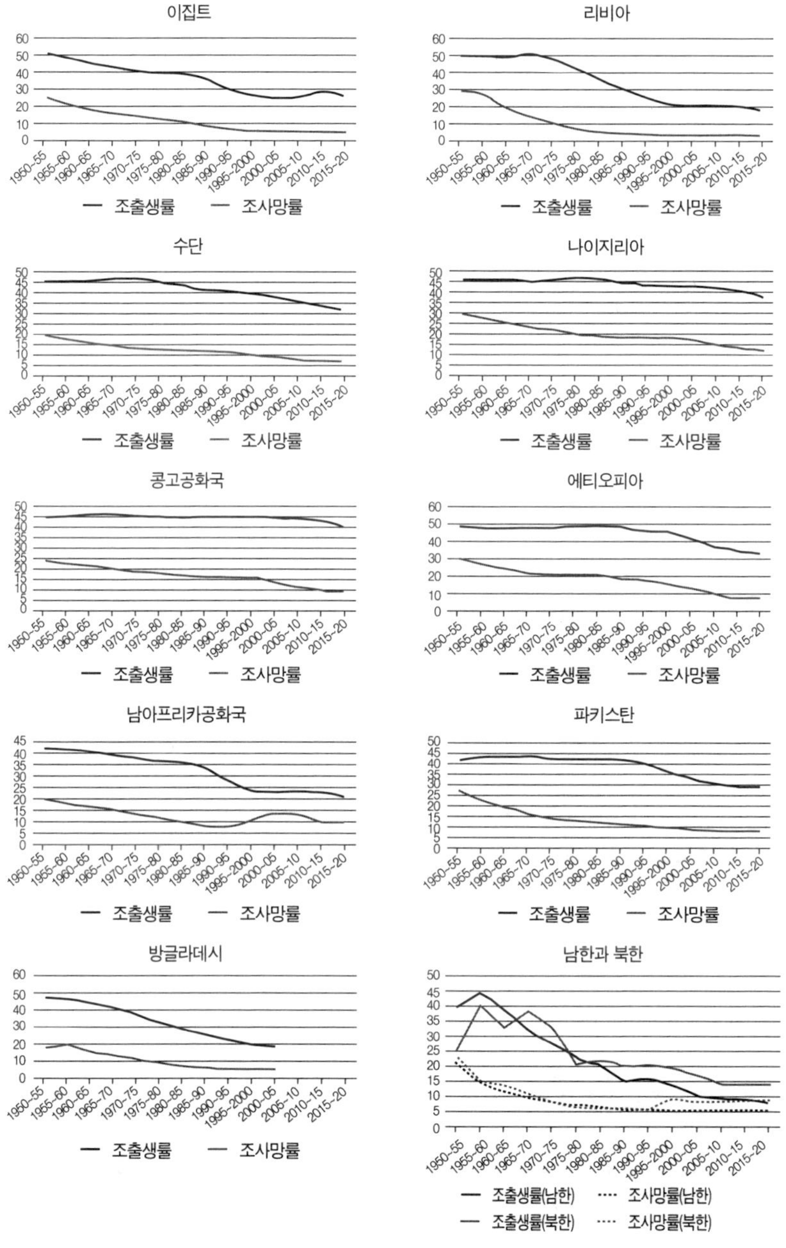

〈그림 4-3〉 계속

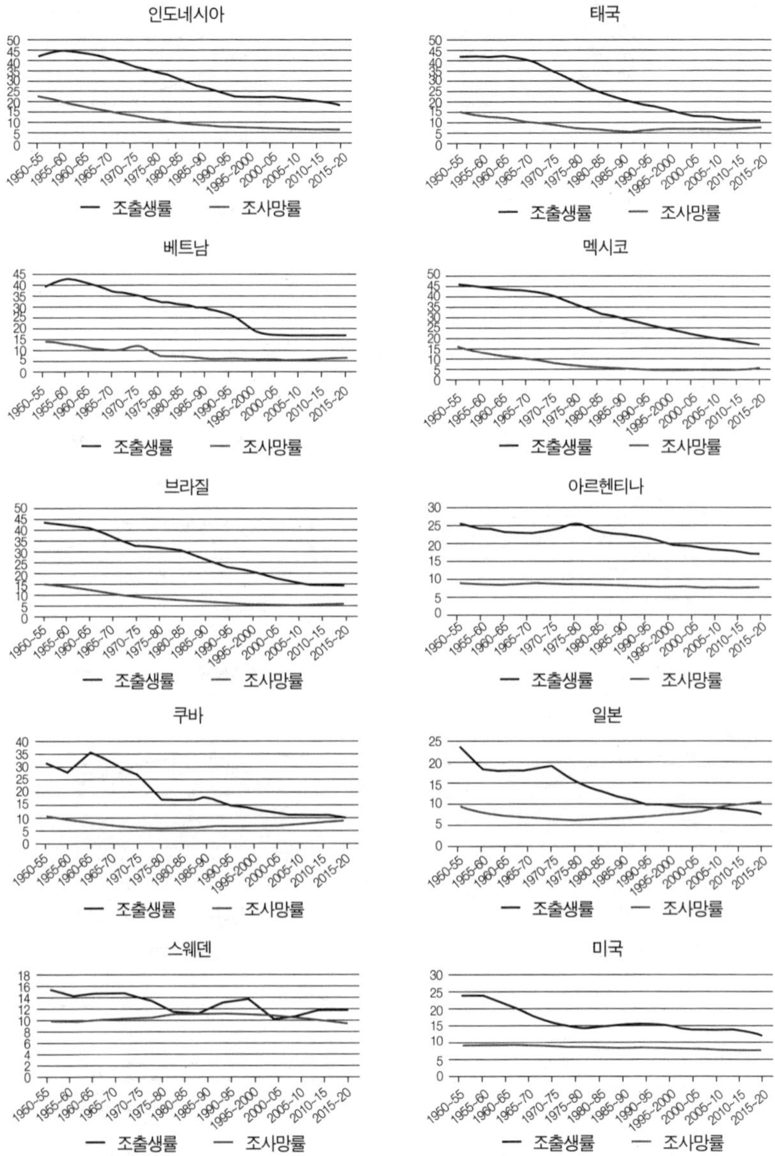

원자료: United Nations(2019), *World Population Prospects: The 2019 Revision*.

살펴보겠지만, 많은 곳 – 비서구는 물론 유럽조차 – 에서 사망률이 반드시 출산율보다 먼저 하강한 것은 아니고, 사회경제적 발달 수준이 매우 상이한 지역에서 인구 변천이 유사하게 진행되기도 하였다.

근대화론의 보편성은 하나의 원칙 – 고출산과 고사망에서 저출산과 저사망으로 변천 – 을 부각시키지만, 포스트모더니즘의 다양성은 각 지역과 나라의 문화와 역사에 기초한다. 따라서 동일한 인구 현상일지라도, 인구학자가 어느 인식론 – 근대화론 혹은 포스트모더니즘 – 에 정초하느냐에 따라 상이한 해석(인구 이론)과 인구 정책을 제시할 수 있다. 〈그림 4-2〉와 〈그림 4-3〉은 세계 각 지역과 나라들에서 보여 주는 유사성과 상이성을 드러내 보여 준다. 불행히도, 근대화론과 발달이상주의에 입각한 우리나라의 대부분 인구 정책 관련자들은 시작과 끝에 중점을 둘 뿐, 우리나라 특유의 역사성과 문화를 나타내는 중간은 역사 제쳐놓기를 하는 경향이 있다.

전 세계 차원에서의 인구 변천을 보면, 1950년에서 2020년 사이 출산율과 사망률은 모두 높은 수준에서 낮은 수준으로 하강하고 있음을 알 수 있다. 하지만 선진국과 개발도상국을 구분하면, 서로 상이한 인구 변천 패턴을 볼 수 있다. 선진국은 1950~1955년에 조출생률[2] 22.3으로 비교적 낮은 수준에서 출산 변천을 시작하였다. 개발도상국의 조출생률은 1950~1955년 44에서 점차 감소하여 2005~2010년 22.3 곧 1950~1955년 선진국의 수준에 도달하였고(UN, 2019), 그 후에도 계속 감소 추세를 나타낸다. 지난 70년간 개발도상국의 출산 변천은 선진국에 비해 훨씬 높은 수준에서 시작하여 큰 폭으로 하락하였고, 오늘날에도 여전히 높은 수준의 출산율을 보이고 있다.

2 조출산(사망)율은 인구 천 명당 특정 연도의 1년 동안 몇 명이 출산(사망)하였는지를 말하는 인구지표이다.

세계의 조사망률은 1950~1955년 19에서 계속 감소하여 2015~2020년 7.5 수준에 머물고 있다. 출산율과 마찬가지로 사망률도 선진국과 개발도상국은 상이한 패턴을 보인다. 선진국은 (조)사망률이 1950년대 이래 9~10 수준에서 머물고 있는 반면, 개발도상국은 1950~1955년 23에서 계속 감소하여 2015~2020년 7에 도달하였다. 흥미롭게도, 1990~1995년을 기점으로 선진국이 개도국보다 높은 조사망률을 보인다. 비록 기대수명은 선진국 – 2015~2020년 79.2세 – 이 개도국 – 70.7세 – 보다 높지만, 자연성장률에 영향을 미치는 조사망률도 선진국이 높다. 선진국의 인구고령화로 인해 젊은 인구의 개도국이 선진국보다 조사망률이 낮다.

최근 유엔은 개발도상국과 최빈국을 구분하여 인구 자료를 발표하고 있다. 그것은 개발도상국에는 한국, 싱가포르, 홍콩과 같이 20세기 후반 급격한 경제 성장과 인구 변동을 경험한 나라들과 그렇지 않은 나라들이 함께 포함되어 있기 때문이다. 최빈국은 개발도상국들 중 오늘날까지도 국민 대다수가 빈곤 상태에 머물고 있는 나라들을 포함한다.

개도국과 최빈국을 비교하면, 최빈국은 개도국에 비해 1950~1955년 이래 오늘날까지 훨씬 높은 수준의 출생률을 보인다. 조출생률은 2000년도가 넘어서야 40 미만으로 떨어졌고 최근에도 높은 수준을 보인다. 사망률도 개도국에 비해 1950~1955년 이래 계속 높은 수준을 보여 주었지만 최근에는 거의 유사한 수준에 접근하고 있다. 이런 상이한 형태의 인구 변천은 개도국에 비해 최빈국이 훨씬 높은 인구증가율을 보여 주는 근거를 알려준다.

이제는 대륙별과 나라별로 인구 변천 패턴을 고찰하여 보자. 우선적으로 최빈국이 가장 많이 몰려 있는 아프리카를 살펴보면, 주로 개발도상국들로 구성된 북아프리카와 최빈국들로 구성된 사하라 아프리카는 상이한 인구 변천 형태를 보인다(정성호, 2006, 2008). 사하라 아프리카에서 조출생률은 1950~1955년에서 1985~1990년까지 45 이상을 유지하였지만, 1990년 이후 서서히 감소하여 2015~2020년 35.5를 보이고 있다. 여전히 세계에서 가장 높은 수준이다. 반면 북아프리카의 조출생률은 1950~1955년에는 사하라 아프리카보다 높은 수준을 보였지만, 그 후 급격히 감소하여 2000~2005년 25.2로 최저 수준에 도달한 후 오르락내리락하고 있다. 조사망률은 사하라 아프리카가 북아프리카보다 높은 사망률 수준에서 감소 추세를 보이며, 감소 패턴에도 약간 차이가 난다. 사하라 아프리카는 1980년에서 2000년 사이 사망률은 거의 정체 수준을 보였다.

하지만 지역 내 모든 나라들이 동일한 패턴을 보이는 것은 아니다. 북아메리카 지역에서 이집트, 리비아, 수단을 비교해 보자. 이집트와 리비아에 비해, 수단이 완만한 인구 변천을 보여 준다. 출생률과 사망률이 거의 평행선을 그리면서 하강하고 있다. 이집트와 리비아는 1980년대 이후 출산 하강 추세를 보인다. 〈그림 4-3〉에서 보여 주는 조출생률 패턴이 함축하듯이, 이집트의 합계출산율[3]은 1970~1975년까지 6명 이상이었고, 1975~1980년 5.7명이었다. 리비아의 합계출산율은 1980년 이전까지 7명이 넘는 높은 수준을 유지하였지만, 1980~1985년에서 1985~1990년 사이 6.7명에서 5.7명으로 감소하였다. 출산 변천은 리비아가 이집트보다 급격하게 진행되었다. 조출생률은 1985~1990년에서 2015~2020년 사이, 이집트는 36에서 26.5, 리비아는 32.3에서 19, 수단은 42에서 32.3으로 감소하였다. 합계출산율의 경우 동기간, 이집트는 5명에서 3.3명, 리비아는 5.7명에서 2.5명, 수단은 6.3명에서 4.4명으로 감소하였다. 조사망률은 지난 70년 사이 리비아가 이집트와 수단에 비해 큰 폭으로 감소하였다.

3 합계출산율은 가상코호트를 사용하여 특정 연도의 특정 사회에서 한 여성이 몇 명의 자녀를 출산할지를 나타낸 인구지표이다.

사하라 아프리카의 나라들도 동일한 인구 변천 패턴을 보이는 것은 아니다. 나이지리아, 콩고공화국, 에티오피아, 남아프리카공화국 등 서부와 중부, 동부, 남부 아프리카 인구 강국들을 비교해 보자. 남아프리카공화국과 달리, 콩고공화국과 나이지리아 그리고 에티오피아는 오늘날에도 높은 수준의 출산율을 보여 준다. 에티오피아는 2000년 이후 비교적 뚜렷한 감소 추세를 보이지만, 2015~2020년 조출생률 32.6, 합계출산율 4.3명으로 여전히 높은 수준을 보인다. 콩고공화국은 에티오피아는 물론 나이지리아에 비해 높은 조출생률을 보인다. 2015~2020년 조출생률과 합계출산율은 나이지리아 38과 5.4명, 콩고공화국은 41.4와 5.96명이다. 약간 차이는 있지만, 두 나라는 세계에서 가장 높은 수준의 출산력을 보인다. 남아프리카공화국의 출산 변천은 1980년대 시작하여 오늘날 비교적 낮은 수준을 보인다. 2015~2020년 남아프리카공화국의 조출생률은 20.6, 합계출산율은 2.6명이다. 사하라 아프리카의 남동부 지역에 위치한 모리셔스(Mauritius)가 사하라 아프리카에서 가장 낮은 출산율을 보인다. 합계출산율은 1995~2000년 대체 수준 이하에 도달하였고, 2015~2020년 1.39명이다. 조사망률을 보면, 남아프리카공화국이 1990년대까지는 나이지리아와 에티오피아, 콩고공화국에 비해 훨씬 낮은 수준을 보였으나 1995~2005년 사이 급격하게 상승하여 에티오피아보다 높은 콩고공화국의 수준을 보인다.

북아프리카와 남아시아는 1950년에서 2020년 사이 출산율과 사망률이 거의 평행으로 하강하고 있다. 이는 사망률이 먼저 하강한 후 출산율이 따라 하강한다는 전형적인 유형의 인구 변천과 상이한 현상이다. 그런데 선진국을 제외한 세계의 대부분 지역에서 인구 변천이 진행되지 않았을 것으로 가정되는 1950~1955년, 출산율이 사망률보다 훨씬 높은 수준을 보인다. 인구 변천도 고전적 인구 변천 이론에서 가정되는 출산율과 사망률이 거의 동일한 폭이 아니라, 출산율이 사망률보다 큰 폭으로 하강하였다. 이런 현상들은 변천 이전 출산율과 사망률이 높은 수준에서 균형 상태를 이루었다는 고전 인구 변천 이론에 의구심을 불러일으킨다.

남아시아에서 출산율과 사망률이 병행하여 하강하는 형태의 인구 변천이 보편적인지를 분석할 필요가 있다. 인도의 인구 변천은 다음 단원에서 살펴볼 것이다. 파키스탄과 방글라데시의 인구 변천들을 비교하면 그것이 보편적이지 않다는 사실을 알 수 있다. 두 나라는 출산 하강 시점이 다르다. 파키스탄은 1960년대 가족계획 도입을 통해 출산 하강을 시도하였으나 실패하고 1990년대 이후 출산율이 하강하기 시작하였다. 방글라데시는 1990년 이전에는 파키스탄보다 높은 출산율을 보였으나, 그 이후 급격하게 하강하였다. 사망률도 지난 70년간 두 나라 모두에서 감소하였지만, 감소 패턴은 약간 상이하다. 1950년대와 1990년대 이후에는 파키스탄이 방글라데시보다 높은 수준을 보이지만, 1960~1980년대에는 낮은 수준을 보인다. 방글라데시는 1970~1975년 조사망률이 급상승하였다. 파키스탄과 방글라데시는 인도에서 갈라져 나온 이슬람 국가라는 동일한 역사적 특성을 가진 나라들이지만, 독립 후 두 정부의 상이한 인구 정책이 상이한 인구 변천 형태를 초래하였다는 사실을 보여 준다. 방글라데시는 파키스탄에 비해, 극단적인 빈곤이 존재하였고 이를 극복하기 위해 방글라데시 정부는 서구화 지향의 인구 정책을 펼쳤다(Kirk, 1996).

동아시아는 매우 특이한 형태의 인구 변천 그래프를 보인다. 이는 동아시아 인구에서 매우 높은 비율을 차지하는 중국의 출산 정책과 밀접한 관계를 가진다. 파키스탄과 방글라데시와 유사하게, 한국과 북한도 상이한 인구 변천 형태를 보인다. 남한과 북한은 광복 이후 한국전쟁과 상이한 정치·사회경제적 환경으로 인해 상이한 인구 변천이 일어났다. 광복 이후 한국전쟁 전까지 출생률을 보면, 북한은 완만하게 남한은 급증하는 현상을 나타냈다. 한국전쟁 기간 동안, 북한은 출생아 수가 뚜렷하게 줄어든 반면 남한은 전쟁 중 이주자의 영향으로 인해 1952년 이후에는 오히려 출생아 수가 늘었다(김형석, 2018). 1950~1955년 조출생률은 북한(25.2)이 남한(39.7)보다 무려 15나 낮았다. 전후 남한과 북한 모두 출산율이 급상승하였다. 남한은 1960년대 가족계획이 도입된 후 세계에서 가장 단기간에 출산 변천을 마무리하였고, 오늘날 세계에서 가장 낮은 출산 수준을 보이고 있다. 북한은 1970년대 출산율이 급하강하였지만, 남한보다 높은 수준의 출산율 – 합계출산율이 2 – 을 유지하고 있다(김형석, 2018). 사망률은 전쟁 이후 1995년까지 거의 유사한 패턴으로 하강하였지만, 고난의 행군기가 시작된 1996년 이후 북한은 남한보다 훨씬 높은 사망률을 오늘날까지 보이고 있다. 한국과 중국처럼, 타이완과 홍콩은 20세기 후반에 급격한 출산 변천을 경험하였다.

동남아시아는 남아시아와 서아시아보다는 낮은 수준에서 출산 변천을 경험하지만 동아시아보다는 높은 수준에서 출산 변천을 경험하고 있다. 사망률도 1950년 이래 계속 감소하는 추세를 보인다. 하지만 다른 지역과 마찬가지로, 동남아시아 역시 나라별로 매우 상이한 인구 변천 형태를 보인다(이성용, 2010). 태국과 베트남, 인도네시아를 비교해 보자. 태국의 출산 변천은 우리나라보다 늦은 시기에 출발하였지만 아주 유사하게, 1970년대 이후 매우 단시간에 마무리되었다. 1990년대 초 합계출산율이 대체 수준으로 떨어졌고, 그 이후에도 계속 감소하고 있다. 2015~2020년 태국의 합계출산율은 1.5명이다. 인도네시아는 태국에 비해 완만한 형태의 출산 변천을 보인다. 대체 수준보다 높은 수준의 합계출산율 – 2015~2020년 2.3명 – 을 보인다. 베트남은 1980년대 후반 이후 출산율이 감소하였고, 2015~2020년 합계출산율 2.05로 대체 수준을 유지하고 있다. 흥미롭게도 전쟁을 경험하였던 우리나라와 다른 나라들과 달리, 베트남은 전후 베이비붐을 경험하지 않았다(이성용, 2010). 1950년 이후 태국, 베트남, 인도네시아는 사망률이 감소하였지만, 1970년대 전쟁으로 인해 베트남은 사망률이 증가하였다. 그런데 내란과 전쟁으로 인한 사망률 변동이 인구에 미친 영향은 베트남보다 캄보디아에서 훨씬 컸다(이성용, 2010).

남미와 중남미는 동남아시아와 유사하게, 사망률보다 출산율이 감소의 폭이 크고 속도가 빠른 패턴을 보인다(정성호, 2006). 인구 변천을 마무리하고 들어선 안정 단계의 인구 변천 4단계에 도달한 것처럼 보인다. 사망 변천은 전쟁과 내란으로 인해 굴곡 형태를 보이는 동남아시아와 달리, 남미와 중남미에서는 거의 선형으로 감소하는 형태로 나타난다. 다른 대륙들과 마찬가지로, 중남미와 남미의 국가들이 보편 형태의 인구 변천을 나타내지는 않는다(정성호, 2006). 이를테면, 멕시코, 브라질, 아르헨티나, 쿠바를 비교해 보자. 지난 70년 사이 조출생률은 멕시코와 브라질에서 큰 폭으로 하강한 반면, 아르헨티나는 비교적 낮은 수준에서 시작한 탓에 그 감소폭은 멕시코와 브라질의 27% 수준에 불과하였다. 멕시코 정부는 1972년까지 가족계획을 반대하는 입장을 취하였다. 가족계획 수립 후 출산율은 급감하여 1992년의 합계출산율 3.2명이 되었다. 그 후에도 계속 감소하여 2015~2020년 조출생률 17.9, 합계출산율 2.14명이다(UN, 2019). 브라질도 1960년대 전반까지 합계출산율이 6명 수준을 유지하였지만 그 후 계속 하강하였다. 조출생률은 1965~1970년 37.2에서 2015~2020년 14로, 합계출산율도 동기간 5.3명에서 1.74명으로 감소하였다. 쿠바의 출산 변천은 매우 급격한 형태를 보인다. 쿠바는 공식적인 가족계획 프로그램이 부재한 상태에서, 1964~1974년 조출생률이 40%가 떨어졌다. 1978년에는 조출생률이 15.3으로 하강하였다. 이 현상은 피임과 인공임신중절을 자율적으로 사용할 수 있는 여성 인권의 향상에 기인한 것으로 이야기되고 있다(Swanson, 1981). 한국과 마찬가지로 인공임신중절은 출산율 하강에서 주된 역할을 행하였다(Noble and Potts, 1996). 쿠바는 2015~2020년 조출생률 10.2, 합계출산율 1.62명으로 네 나라 중 가장 낮은 출산율을 보인다.

개발도상국과 마찬가지로, 선진국도 동일한 형태의 인구 변천을 경험하지 않는다. 대륙별로 보아도 유럽, 북미, 오세아니아의 인구 변천 형태는 서로 상이하다. 2000년 이후를 보면, 유럽은 사망률이 출산율보다 높아 인구감소 현상을 보여 주는 반면 북미와 오세아니아는 동아시아보다 높은 수준의 출산율, 자연증가율을 보여 준다. 일본, 스웨덴, 미국을 비교해도 상이한 인구 변천 형태를 볼 수 있다. 1950~1955년 스웨덴은 일본과 미국에 비해 조출생률이 10 정도 낮았다. 미국은 1960년대 이후 1975~1980년까지 출산율이 감소하였지만 그 후 정체 상태를 보이다가 2005~2010년 이후 감소 추세를 보인다. 일본의 조출생률은 1950년대 급감한 후 정체하였다가 약간 증가하는 현상을 보이다가 1970년대 이후 계속 감소하는 추세를 보인다. 스웨덴은 1980~1985년까지 미국과 일본보다 낮은 조출생률을 보이지만 1985~1990년 이후에는 일본보다 높은 조출생률을 보인다. 사망률은 2010~2015년까지 스웨덴이 가장 높은 수준을 보였지만, 2010~2015년 이후에는 일본이 더 높은 수준을 보인다. 일본은 2000~2005년 이전까지는 스웨덴은 물론 미국보다도 낮은 수준의 사망률을 보였지만, 2005년 이후 급증하는 추세를 보인다. 일본의 조사망률 상승에는 일본의 급격한 인구고령화 현상이 영향을 미쳤다.

이상과 같은 〈그림 4-2〉와 〈그림 4-3〉의 분석을 통해, 우리는 무엇보다 먼저 세계의 각 지역에서 인구 변천이 다양한 형태로 일어났다는 사실을 알 수 있다. 19세기 유럽 사회의 인구 경험을 기반으로 만들어진 고전 인구 변천 모형은 아시아, 라틴아메리카, 아프리카 등에 적용할 때 상당한 수정이 요구된다. 이는 선진국과 개발도상국의 상이한 형태의 사회경제적 발달과 문화적 차이에 기인한다. 또한 유럽과 일본 그리고 우리나라에서 보는 바와 같이, 최근 일부 국가들에서 인구 변천은 새로운 균형 상태가 아닌 출산율이 대체 수준 이하로 떨어지는 인구감소의 시대, 즉 제2의 인구 변천 시대로 접어들고 있다.

3) 인구 변천 이론의 비판적 고찰들

오늘날 세계 많은 국가에서의 인구 정책들에서 거의 근간이 되는 고전 인구 변천 모형은 맬서스의 인구법칙과 근대화론에 정초한다. 유럽과 상이한 문화를 가진 많은 사회들에서는, 그런 인구 정책들은 의도한 바와 상이한 인구 결과물을 배출하곤 한다. 고전 인구 변천 이론의 주된 비판들은 주로 이론과 역사·경험적 증거 간의 불일치 발견, 그리고 인구 변천의 원인을 사회경제적 발달 곧 근대화 관점에서 설명하는 인식론적 측면에서 나온다.

〈그림 4-2〉와 〈그림 4-3〉에서 보여 주는 바와 같이, 1950년 이후 세계의 많은 지역과 나라들에서 발생하였던 인구 변천은 고전 인구 변천 모형의 '원칙'(가정)들처럼 진행되지 않았다. 특히, 출발점과 중간 과정이 상이하였다. 인구 변천 모형은 유럽인의 역사적 경험과 종교적 이념 – 이를테면, 항상성 원칙을 배출한 신정론 – 이 농축되어 있다. 그럼에도 불구하고 서구의 근대화론 인구학자들은, 흔히 공간(지역들)의 변이를 시간(근대화)의 변이로 전환시킨 '진보'와 '보편원칙'의 패러다임(인식론)하에서, 인구 변천 이론이 아시아, 아프리카, 라틴아메리카 지역 등의 비서구 사회들에 적용될 수 있을 뿐만 아니라 비서구 사회의 미래를 위한 인구 정책의 방향도 안내해 줄 수 있다고 믿는다.

변천의 '시작' 이전에도 토양이 상이하였다. 맬서스와 그의 후계자 고전 인구 변천 이론가들의 가정과 다르게, 출산과 사망 수준은 균형 상태가 아니었다. 인구 변천 이전 사회라고 가정되는 1950~1955년 비서구 지역과 국가들에서 모두 하나같이 조출생률이 조사망률보다 높았다. 이 현상들은 출생과 사망 간의 균형 상태를 가정하는 맬서스의 인구 항상성 원칙과 그 원칙에 뿌리를 둔 많은 서구의 출산 이론들, 그리고 인구 항상성 원칙과 서구 출산 이론의 주장들에 입각하여 수립된 인구 정책들의 효용성에도 전반적인 의구심을 자아나게 한다.

서구 학자들은 비서구 사회에서 자연증가율 – 조출생률과 조사망률의 차이로 계산 – 이 높은 주된 이유의 하나로, 변천 이전에 비서구 사회가 유럽 사회보다 높은 출산율을 보이기 때문이라고 가정한다. 이를테면, 19세기 초 스웨덴의 합계출산율은 5.0이지만 사하라 아프리카의 합계출산율은 8.0이라는 것이다(Kirk, 1996). 이러한 서구 학자의 주장과 달리, 최근의 역사인구학 연구는 변천 이전 시대에 중국, 한국 그리고 일본의 유배우 출산율이 서유럽의 것보다 낮았다고 주장한다(이성용, 2013). 예를 들어, 혼인한 여성이 그녀의 생애 동안 낳은 평균 자녀 수를 의미하는 총유배우 출산율은 서유럽 7.5~9명인 반면, 중국은 6명도 안되었다(리·펑, 2012). 그 주된 이유의 하나는 비서구 사회의 기혼여성들은 전통적으로 서구 사회의 기혼여성보다 수유기간이 훨씬 길다. 긴 수유기간은 출산 간격을 늘리어, 가임기간에 낳을 수 있는 자녀 수를 감소시킨다(이성용, 2013).

수유기간은 경제적 특성이 아니라 문화적 특성이다. 부모와 자식 관계보다 배우자 간의 관계를 우선시하는 맬서스 결혼 체제에서 오랜 기간의 수유는 여성에게 아름다운 유방의 훼손 곧 배우자 관계에서 매우 중시되는 성적 매력에 치명적 손실을 가져올 수 있다(Young, 2005). 반면 배우자 관계보다 부모와 자식 간의 관계를 우선시하는 가족주의 연합가족 문화에서 모(母)의 유방은 여성의 성적 매력보다 자녀의 건강을 위해 존재할 것이다(이성용, 2013). 혼인력과 출산력 변동을 주로 그 당시 경제 상황에 관련시켜 설명하여 왔던 서구의 인구 변천(출산) 이론 및 경험적 연구(Lee, 1980)와 달리, 비서구 사회의 출산은 경제적 요인보다 문화적 요인에 의해 결정되었다. 이는 제3세계의 출산 하강이 경제적 요인보다 고출산을 지지하여 왔던 문화적 기제(특히, 가족문화)의 파괴와 해체를 통해 이루어졌다는 사실을 알려준다.

우리는 흔히 출발점과 발단(토양)이 다르면 중간의 진행 과정과 끝(결과)이 다를 것으로 생각하기 쉽다. 그런데 놀랍게도, 근대화 인구 변천 이론가들은 자신들의 보편원칙을 따르면 중간의 진행 과정에서 상이성이 나타날 수 있지만 끝(인구 변천 이후의 인구 현상)에는 유사성을 보인다고 주장한다.

인구 변천의 중간 과정은 〈그림 4-2〉와 〈그림 4-3〉에서 보여 준 바와 같이 상이하였다. 많은 비서구 사회에서 인구 변천은 사망률이 먼저 하강한 후 출산율이 하강한다는 인구 변천의 두 번째 원칙처럼 일어나지 않았다. 〈그림 4-2〉에서 북아프리카와 남아시아는 출산율과 사망률이 동시에 하강하였다. 게다가 프랑스는 인구 변천 과정에서 사망률 하강보다 출산율 하강이 오히려 먼저 일어났다(Kirk, 1996).

이처럼 변천의 중간 과정에서 수많은 상이성들이 발견되었음에도 불구하고, 근대화 인구 변천 이론 연구자들은 여전히 인구 변천의 변천 이후 – 끝 – 에서 보여 주는 유사성을 부각시킨다. 〈그림 4-2〉와 〈그림 4-3〉에서 보는 바와 같이, 오늘날 세계의 모든 지역에서 고출산과 고사망에서 저출산과 저사망으로 인구 변천을 하고 있다는 사실이다. 그래서 근대화론 인구학자들은 인구 변천의 경험적 증거들에서 상이성보다 유사성에 초점을 맞출 것을 강조한다(Kirks, 1996; Watkins, 1986: 449).

유사하게, 북서유럽의 출산 모델에 근거한 출산장려 정책의 도입 필요성을 부르짖는 우리나라의 많은 출산 연구자와 인구 정책자들도 '중간 과정은 무시한 채 끝만' 우리 사회에 부각시키고 강조하고 있다. 이런 까닭에 지피지기의 학문(인구학)이 필요하다.

분명, 변천 이전의 서구 사회와 비서구 사회는 고출산을 유지하여 왔던 문화적 기제가 달랐다. 개인의 출산행위에 결정적인 영향을 미치는 가족문화는 (서)유럽은 개인주의 맬서스 혼인 체제이고 대부분 비서구 사회는 가족주의 확대가족 체제이었다. 하지만 제2차 세계대전 이후 많은 비서구 국가들은 근대화 인구 변천 이론에 근거하여, 인구 변천과 경제 발달(근대화)을 이루기 위해 '보편원칙 곧 유럽이 밟아왔던 길'을 그대로 따라왔다. 토양(발단)과 중간 단계(변천 과정)가 달라도, 유사한 결과(저출산과 저사망의 인구 현상)를 얻었다.

여기서 다음의 논쟁 질문들이 나온다. 오늘날 세계의 대부분 지역에서 출산율과 사망률이 하강하였다. 그렇다면 출산율과 사망률의 저하, 즉 인구 변천을 추동한 주된 요인은 무엇인가? 경제적 혹은 문화적 요인인가? 변천 이전에는 서구와 상이한 문화가 존재할지라도, 사회경제적 발달을 하면 서구와 유사한 인구 변천 단계에 이르는가? 그렇다면 근대화와 서구화는 동일시되나?

고전 인구 변천 이론의 주된 비판은 인구 변천 – 특히, 출산 변천에 관련하여 – 을 추동하는 주된 원인으로 근대화(사회경제적 발달)를 간주하는 가정들에 있다. 노테스타인의 인구 변천 이론은 흔히 사회경제적 요인 – 특히, 산업화와 도시화, 공공교육과 공공의료 등 – 에 치중하여 문화적 요인을 등한시하였다는 비판을 받는다. 이러한 비판에 대해, 근대화론 인구학자들은 노테스타인이

"근대화 과정에 관련된 가치관과 규범의 변동을 언급하였다는 점에서 타당하지 않다"(Kirk, 1994: 364)고 반박한다.

이런 반박은 경제 발달이 문화적 가치를 동반한다는 경제결정론 인식에 정초한다. 하부 구조(경제)가 상부 구조(문화)를 결정한다는 마르크스의 주장에서 보듯이, 오늘날 신자유주의 경제 인구학 연구에서 자주 접하는 경제결정론 접근방식은 맬서스와 상이한 방식으로 진보와 근대화를 접근하였던 칼 마르크스에 의해 유도되었다(Inglehart and Baker, 2000). 물론 맬서스와 맬서스 결혼 체제에서 강조되는 개인의 자율성도 개인의 경제적 자립에 기초한다. 결론적으로, 우파(맬서스 후계자)이건 좌파(마르크스 후계자이건)이건 간에, 근대화 접근방식의 인구학 연구는 문화적 요인을 단지 경제적 요인에 종속된 부산물로 가정하는 경향이 있다.

근대화 인구 변천 이론가들은 대개 산업화와 도시화 및 사회경제적 발달은 확대가족과 같은 전통적 가치를 핵가족의 개인주의적 가치관으로 변동시킨다고 가정한다. 근대화는 자동적으로 서구화를 동반하므로, 근대화와 서구화를 동일시한다. 근대 가족[4]은 근대 사회의 원인이자 결과이다(Thornton, 2001).

여기서 우리는 근대화론에서 다음의 가정을 도출할 수 있다. "문화 변동은 경제 변동에 종속·수반되어 발생하기 때문에, 사회경제적 변동이 부재하거나 독립된 상태에서 일어나지 않을 것이다." 그런데 만일 이 가정이 위배되는 사례(역사·경험적 증거)들이 발견된다면, 인구 변천 연구에서 근대화론 접근

4 인구에 관련된 사회과학 이론들 대부분이 근대 가족과 밀접한 관계가 있음에도 불구하고, 우리 사회와 학계에서 근대 가족, 즉 서유럽의 맬서스 결혼 체제 문화가 구체적으로 무엇인지에 대한 논의와 연구는 거의 부재한 실정이다. 지피지기의 관점에서 볼 때, 서구(상대방)를 모르는 상태에서 서구의 삶의 방식을 무비판적으로 받아들이는 일은 우리가 전혀 생각하지 않았던 위험을 초래할 수 있다(이성용, 2015, 2020). 서구 특유의 근대 가족은 제3장의 〈이야기 상자 4: 맬서스주의 결혼 체제〉에서 간략하게 언급되었다. 보다 자세한 이야기는 이성용(2013)의 글과 맥팔레인(2014) 책을 참조.

방식은 치명적 한계를 드러내거나 심지어 부정될 수조차 있다.

최근의 역사·경험적 연구들은 많은 지역에서 출산 하강이 사회경제적 발달(근대화) 수준에 상관없이 발생하고 있다는 사실을 밝히고 있다. 여러 유럽 지역에서 출산 하강은 그 지역의 사회경제적 조건과는 독립적으로 문화적 요인에 의해 일어났다(van de Walle and Knodel, 1980). 콜드웰(Caldwell, 1982)은 자신의 부의 흐름(wealth flows) 이론에서 출산 하강의 주된 원인을 부의 흐름이 '자녀에게서 부모로' 향하였던 전통 방식에서 '부모에게서 자녀로' 흐르는 방식의 변화라고 주장한다. 물론 이러한 부의 흐름 변화에 사회경제적 발달이 유의미한 영향을 미친 것을 부정할 수 없지만, 결정적 역할을 한 사회적 기제는 그런 이념의 변화를 야기한 대중교육과 대중매체이다. 클리랜드와 윌슨(Cleland and Wilson, 1987) 역시 개도국의 인구 변천에는 근대화의 요소보다 문화적 요인이 훨씬 중요한 역할을 하였다고 주장한다. 여성의 교육과 지위 향상 및 새로운 아이디어의 보급(즉, 서구화)이 경제적 요소보다 인구 변천에 훨씬 유의미한 영향을 미쳤다는 것이다.

초기 근대화론은 경제 발전(근대화)이 가치관의 변동을 통해 출산 저하를 가져온다고 가정하였다. 근대화 인구 이론의 기본 사고는 "경제 발달이 최상의 피임이다"는 표어에서 잘 나타난다. 그런데 제3세계에서 경제 발전을 통해 출산 저하를 유도하려면 너무 오랜 시간과 막대한 비용이 요구되었다. 가족계획 정책의 방향을 획기적으로 바꾸기 위한 역발상이 절실하였다. 경제 성장이 아닌 (적은 비용으로 단기간에 효과를 낼 수 있는) 다른 무엇으로 출산을 하강시켜야 하였다. 근대화와 서구화를 동일시하였던 근대화 관점의 인구정책자들은 경제 발달이 선(先)이고 가치관의 변동이 후(後)이었던 근대화론의 인과순서를 역으로 만들어 가치관의 변동(서구화)을 통해 경제 발전을 꾀하고자 하였다. 가족계획 정책에서 인구 통제는 독립변수 그리고 경제 발전은 종속변수가 되었다(Hodgson, 1983). 이는 제3세계 지도자들의 가족계획 정책 수용에 결정적 영향을 미쳤던 콜과 후버(Coale and Hoover, 1958) 연구가 잘 보여 준다(4.3의 '후기 변천기' 참조). 그들은 비서구 사회에서 고출산을 유지하여 왔던 전통문화를 서구의 개인주의 문화로 대체하는 '서구화'를 통해 출산 하강을 시도하였고, 그 시도는 많은 나라에서 성공리 수행되었다. 요컨대, 초기 근대화 인구 변천 이론가들은 경제 성장을 통해 인구 통제를 시도한 까닭에 근대화와 서구화를 동일시하였지만, 가족 정책을 효율적으로 수행하는 과정에서 경제 성장(근대화)이 부재한 서구화로 인구 변천을 꾀하였다.

그럼에도 불구하고, 20세기 후반 50년간 인구학 연구들을 전반적으로 분석하였던 반데카(Van De Kaa, 1996)는 인구학의 거의 모든 이론화 작업들이 인구 변천이란 거대 서사에 대한 일련의 하위 서사들에 불과하다고 결론을 내린다. 근대화론 관점의 대부분 출산 관련 경험적 연구들은 '인구 변천(출산 변천)이 사회경제적 발달에 기인한다'는 거대 서사를 미세조정하고 있을 뿐이다. 그 미세조정은 인구 변천의 중간 단계가 장소마다 약간씩 다를 수 있지만, 시작과 끝은 문화와 상관없이 유사하다는 것이다(Mason, 1997; Riely and McCarthy, 2003). 심지어 문화적 요인을 강조하는 유형의 인구학 연구조차 흔히 중간 단계의 인구 변천에 유의미한 영향을 미치는 것으로 가정되는 경제적 요인들의 한계를 밝히는 데 관심을 가진다.

아이러니하게도 근대화론 인구 변천 이론 연구자들은 한편으로 이론적 측면에서 진보라는 목표달성을 위한 '과정'(보편원칙)을 강조하고, 다른 한편으로 경험적 측면에서 오늘날 세계의 거의 모든 곳에서 출산율이 하강하고 있다는 '끝 혹은 결과'들을 제시함으로써 인구 변천 이론의 타당성을 입증하고자 노력하고 있다. 반면 포스트모더니즘(탈식민주의)[5] 관점의 인구학 연구들은, 이와 같은 근대화론자의 이론과 경험적 증거 간의 상호 모순을 지적하면서, 인구 변천의 '끝'(특히, 출산 하강에 관련하여)이 근대화론이 강조한 보편원칙 – 단 하나의 과정(길) – 과 사회경제적 발달보다 오히려 고출산을 지지하여 왔던 문화적 기제의 해체 – '다양한 중간 과정' – 에 기인한다고 이야기한다(Riely and McCarthy, 2003; Thronton, 2001).

우리나라를 포함한 대부분 세계 각 지역의 인구학 학계에서 근대화론은 주류이고 포스트모더니즘은 거의 한계에 가깝다. 인구 연구와 정책에서 근대화론 접근방식은 여전히 주류 세력을 확보하고 있다. 근대화론 접근방식의 인구학은 출산, 사망, 이주와 같은 전통 분야를 넘어 혼인과 이혼 등의 혼인력까지 영역이 확대되고 있다. 그 적용 지역의 범위도 서구뿐 아니라 서구와 상이한 가족문화가 존재하는 비서구까지 포괄한다. 비서구 사회의 인구학적 행위를 경제결정론 입장에서 해석하고 이야기하는 것은 물론, 근대화론 관점의 인구 정책을 수립하고 집행하는 데 결정적 역할을 수행하고 있다. 이러한 (세계적인) 추세로 말미암아, 인구학 연구에서 서구와 상이한 비서구의 고유한 문화와 역사적 경험은 점점 부산물이 되고 있다. 그러나 비서구 사회에서 그곳 특유의 문화와 역사적 경험들은 여전히 그곳의 인구학적 행위들에 매우 유의미한 영향을 미치고 있다. 이런 까닭에, 비서구 사회의 인구·사회 현상을 서구의 관점이 아니라 비서구의 관점에서 해석하고 이야기할 제3의 인식론이 점점 요구되고 있다(이성용, 2020). 지피지기의 인구학에서는 북서유럽의 결과물인 '끝' 보다

5 포스트모더니즘은 서구의 근대성, 개인의 자율성 인식론에 대한 해체나 거부를 요구한다. 해체주의자 입장의 포스트모더니즘 사회과학은 단순히 서구 근대성의 해체를 주장하는 반면, 탈식민주의 입장의 포스트모더니즘은 개인의 자율성의 서구 인식론을 대체할 제3의 인식론을 요구한다(이성용, 2020).

'중간' 곧 비서구 사회(한국) 특유의 문화와 역사적 경험들에 대한 관심이 훨씬 더 요구된다.

4.2. 중국과 인도의 인구 변천과 인구 정책

근대화론 접근방식의 인구학자들은 흔히 변천 이전의 전통 사회를 고출산과 고사망으로 인구가 균형을 이루었던 사회로 가정한다. 이를테면, 인도의 경우 18세기 초 인구를 2억 명으로 추계하고, 19세기에는 높은 출산율과 사망률로 비교적 균형 상태에 있었고, 인구 성장은 19세기 말에 서서히 일어나기

〈그림 4-4〉 중국과 인도의 인구 변천

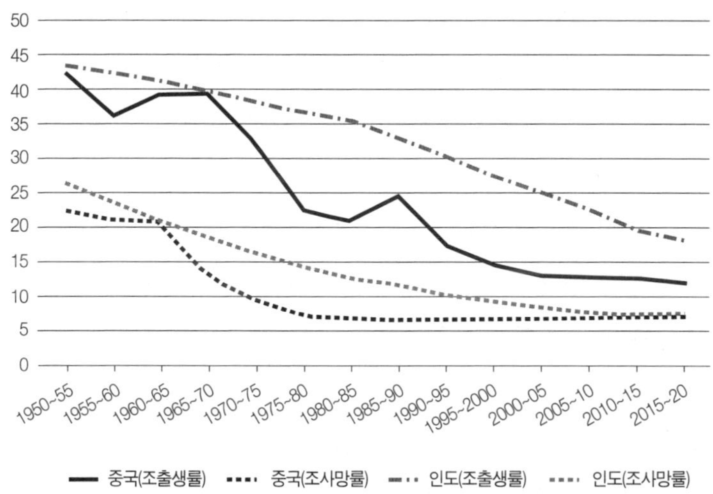

원자료: UN(2019), *World Population Prospects 2019*.

시작하였다고 가정한다(Harb and Sharma, 2006). 이러한 맬서스 접근방식의 인구 추계와 달리, 중국과 인도의 인구는 변천 이전에 상당한 변동을 경험하였다. 이에 관해서는 다음 5장에서 자세히 살펴볼 것이다.

〈그림 4-4〉는 1950~1955년에서 2015~2020년까지 중국과 인도의 인구 변천을 보여 준다. 인도는 출산율과 사망률이 완만한 형태에서 하강하는 추이를 보이지만, 중국은 출산율과 사망률 모두 굴곡적인 형태의 추이를 보여 준다. 이는 출산 변천과 사망 변천이 맬서스 이론에서 강조하는 개인적 차원의 변수 – 결혼 연기, 비혼 등 – 뿐 아니라 그 나라의 구조적 차원, 즉 사회경제적 그리고 문화(이념) 변동과도 밀접한 관계가 있다는 사실을 함축한다고 할 수 있다.

1) 중국의 인구 변천

UN(2019)에 따르면, 2020년 현재 중국의 인구는 약 14억 4,100만 명으로 추계된다. 만일 세계 각국의 화교들까지 포함하면, 세계 인구(78억 명)에서 4~5명 중 한 명이 중국인이다. 중국 인구는 1500년 8,400만 명, 1750년 2억 2,000만 명, 1850년에 4억 3,000만 명, 1900년에 4억 2,000만 명으로 추계된다(Riely, 2004). 19세기 후반에는 놀랍게도 인구가 감소한 것으로 추정된다. 중국의 인구는 20세기에 급증하였지만, 인구 급증은 주로 20세기 후반에 일어났다. 1950년 5억 4,000만 명에서 2000년 13억 명으로 급증하였다. 20세기 급증한 중국 인구 9억 명 중 3분의 2가 20세기 후반에 증가하였다.

중국은 20세기 전반, 계속되었던 내란과 전쟁으로 인해 인구성장률은 평균 1% 이하로 추계된다. 중화인민공화국 수립 당시 1949년, 중국의 인구는 5억 4,000만 명이었고, 평균 수명이 40세, 합계출산율이 6.1명, 인구증가율 1.6%였다. 1949~1957년 8년 동안, 중국 인구는 사망률 감소와 높은 출생률로 급증하였다. 연평균 인구성장률은 2에 근접하였고, 8년 사이 1억 명의 인구가 보태졌다(UN, 2019). 이 시기 태어난 아이들이 중국의 일차 베이비붐 세대이다.

중국 정부가 수립 직후 추구하였던 인구 정책은 "광대한 영토, 풍부한 자원 그리고 큰 규모의 인구"(dida wubo rendou)를 의미하였다(Tien, 1983). 중화인민공화국 건국 당시 인구 정책은 출산율보다 사망률 저하에 초점을 맞추었다. 강력한 중앙정부는 우선적으로 전 국민에게 최소한의 식량을 보급하였고, 공중보건 체제를 수립하여 의료혜택을 제공하였다. 중국 정부는 부족한 의료 전문직 수요 충원을 위해, 소위 '맨발의 의사'들을 육성하여 농촌 지역에 파견하였다. '맨발의 의사' 육성사업은 중학교 수준의 교육을 받은 사람들을 선발하여 단기 보건교육을 수료하게 한 후 공중보건 요원으로 봉사하게 하는 제도이다. 중국 정부는 또한 영·유아의 기본 예방접종을 전국적으로 보급함으로써 사망률을 낮추었다(Peng, 1991).

중국 정부는 건국 초기, 인구를 자연자원이나 토지와 마찬가지로 사회적 자원으로 인식하였던 마오쩌둥(毛澤東)의 정책에 따라, 노동력의 확보를 위한 출산장려 정책을 펼쳤다. 서구 공산주의에 깊은 영향을 받은 마오쩌둥은, 비록 중국식 공산주의를 추구하였지만, 중상주의 이래 인구를 노동력과 동일시하여 왔던 서구의 인구 개념을 받아들인 듯하다. "인구가 많을수록, 더 많은 손들(노동력)의 공급 그리하여(국가의) 총생산이 커진다"(Tien, 1983: 10).

1950년도 중반부터는 너무 빠른 인구증가가 경제 발전을 둔화시키고 모자보건 증진을 저해시킨다는 이유로 인구 억제 정책을 시도하였다. 1953년 낙태가 허용되었고, 1956년 가족계획사업을 착수하였다. 이 최초의 가족계획 정책은 1958년 대약진 운동(Great Leap Forward)으로 일단 종결되었다. 그 당시, 급증하는 인구증가로 인해 발생할 수 있는 경제적 문제들을 지적하였던 사람들은 "맬서스주의자(Malthusianist) – 마르크스 이론은 맬서스의 인구론을 반박하기 위한 것이었다. –"라는 호된 비난을 받아야 하였다(Tien, 1983).

1958~1961년 '대약진 운동' 경제 정책의 실패는 중국에 심각한 식량 부족을 초래하였고, 이로 인해 높은 사망률과 낮은 출산율이 수반한 인구감소를 경험해야 하였다. 1958~1961년 대약진 운동 기간 동안 3,000만 명 이상의 사람들이 사망한 것으로 추정되고 있다(Becker, 1996; Kane, 1988). 1962년 이후 경제가 회복되면서 출산율은 증가하고 사망률은 감소하여 유래 없는 높은 수준의 인구성장률을 경험하였다. 1963~1970년 사이 중국 인구는 1963년 6.9억 명에서 1970년 8.3억 명으로 증가하여 1억 4,000만 명의 인구가 보태졌다. 1965~1970년 연평균 인구성장률은 2.67로 1950년 이래 가장 높았다(UN, 2019). 이 시기에 태어난 세대를 중국의 이차 베이비붐 세대(1963~1970)라 일컫는다.

1970년 이후 중국 정부가 펼친 강력한 인구 억제 정책들은 인구성장률과 출산율을 급격하게 떨어뜨렸다. 1960년대의 제2차 베이비붐 세대 이후, 중국 정부는 급격한 인구 성장을 억제하고자, 1972년 소위 삼소(三少) – '(결혼을) 더 늦게, (출산 간격) 더 길게, (출산아) 더 적게' – 인구 정책을 펼쳤다. 1970년대 말까지 지속된 삼소 정책은 구체적으로 여성의 늦은 결혼(농촌 23세, 도시 25세), 3년 이상의 출산 간격, 2명 출산 후 단산을 장려하였다(Riely, 2004).

삼소 정책에도 불구하고, 중국의 합계출산율은 1970년대 말 대체 수준(2.1명)보다 훨씬 높은 2.7명을 보였다. 게다가 1950대 출생한 제1차 베이비붐 코호트가 출산연령에 접근함에 따라, 높은 인구증가율이 지속될 것으로 전망되었다. 보다 강력한 인구 억제 정책이 필요하였다. 중국 정부는 1979년 '한 자녀 운동'(one-child campaign)이란 세계 유사 이래 가장 강력한 가족계획 정책을 도입하였다. 이 정책의 의도는 빠른 시일 내에 출산율을 대체 수준 이하로 떨어뜨려 2000년 총인구가 12억 명을 넘지 않게 하는 것이었다. 중국 인구는 1992년 12억을 넘었고, 2000년에는 거의 13억 명에 도달하였다(UN, 2019).

하지만 한 자녀 정책은 모든 곳에서 일률적으로 행해진 것은 아니다. 한 자녀를 원칙으로 하되, 여러 예외들을 둠으로써 중국 인구의 절반이 둘째 아이를 출산할 수 있게끔 하였다. 이를테면, 대부분의 농촌 가정에서 첫 아이가 딸인 경우 둘째 아이의 출산을 허용하였고, 한족이 아닌 소수 민족에게는 이 정책을 강요하지 않았다(Riely, 2004).

한 자녀 정책으로 인해, 중국의 연평균 인구성장률은 1970~1975년 2.25, 1975~1980년 1.53, 1980~1985년 1.46, 1995~2000년 0.78, 그리고 2015~2020년 0.46으로 급격하게 떨어졌다. 자연증가율도 1965~1970년 26.7에서 1975~1980년 22.7, 1980~1985년 15.3으로 급격하게 감소하였고, 감소 추이는 그 후에도 계속되었다. 1965~1970년을 기준으로 하면, 자연증가율은 1995~2000년 7.9로 30% 수준으로, 2015~2020년 4.9로 18% 수준으로 급감하였다.

성공 정책은 반대급부가 있기 마련이다. 중국 정부의 강력한 출산 억제 정책은 두 가지 커다란 부작용을 낳았다. 하나는 1990년 이후에 나타난 출생 성비 불균형 현상이다. 계속되는 남아 선호, 태아 성감별을 위한 의료기구의 보급, 그리고 인공임신중절의 보편화로 출생 성비는 1990년 이후 상당한 불균형을 초래하고 있다. 특히, 중국 남동부 해안 지역의 출생 성비[6]는 125를 넘었다. 둘째는 미래에 닥쳐올 급격한 인구고령화 현상이다.

중국 인구의 또 다른 특성은 인구 분포의 편중이다. 중국 인구는 동부 해

6 출생 성비는 지난 1년간 여아 100명당 남아가 몇 명 태어났는지를 말한다.

안 지역과 양자강 유역, 사천성 중심의 중남부 지역에 집중되어 전체 인구의 절반이 8.2%의 땅에 몰려 사는 편중된 인구 분포를 보이고 있다(Riely, 2004).

중국의 인구 정책은 인민공화국 설립 초기부터 인구이동과 도시인구의 성장을 억제해 왔다. 이를 위해 거주지 등록을 실시하였고 또 농촌과 도시의 거주자들을 구분하여 인구이주를 엄격히 통제하였다. 생활필수품의 공급, 공교육, 공중의료 및 보건 혜택이 등록된 거주지에서만 가능하게 하는 호구(*hukou*) 제도를 제정함으로써, 농촌인구가 도시로 이주하는 것을 방해하였다. 거주지를 바꾸는 것은 정부의 승인을 받아야 하였고, 특히 농촌에서 도시로 거주지를 옮기는 것은 그 승인조차 받기 매우 어려웠다. 한편, 도시에서 농촌으로 이주하는 것은 농촌 발전에 도움이 된다고 하여 장려하였다. 문화혁명 시기(1966~1976)에는 강제로 고등학교 졸업 이상의 학력소지자를 도시에서 농촌으로 이주시키기도 하였다. 문화혁명 기간 동안 1,200만 내지 2,000만 명이 강제로 도시에서 농촌으로 이주된 것으로 추정된다. 문화혁명이 끝난 후에도 도시의 인구증가 억제 정책은 계속되었다(Riely, 2004).

그런데 1978년 시작된 중국의 시장경제 개방 정책은, 특히 농촌 지역에서 농민들의 생존방식과 인구이주에 막대한 영향을 끼쳤다. 시장경제 체제로 전환됨에 따라 지역들 간의 경제성장률 격차가 커지고, 집단 농장의 해체는 많은 농촌 사람들에게 농사일 대신 다른 새로운 일자리를 찾도록 만들었다. 이들 중 많은 사람들이 경제적으로 급성장하는 도시로 일자리를 찾아 떠났다. 중국 정부도, 개혁 이전까지는 농촌 거주자의 도시 이입을 엄격하게 막았지만, 1980년대에는 인구이주 통제를 완화하였다. 오히려, 농촌 거주자들이 도시로 일자리와 교육을 받기 위해 이주하는 것을 암묵적으로 허용하는 것처럼 보였다.

1980년대 이후 가속화된 도시화와 유동인구(floating population) 급증은 계획

경제에서 시장경제로 전환한 대변혁의 산물이다(Fan, 2008). 유동인구는 등록거주지와 실제거주지가 상이한 인구를 말한다. 유동인구의 대부분은 농민공이다. 농민공은 고향(농촌)에 거주지 등록(*hukou*, household registration)이 남아 있는 상태에서, 도시에 일을 하러 일시적으로 떠난 농촌 출신 이주노동자를 말한다. 농민공은 도시에 거주지 등록이 없기 때문에, 등록거주지에서 당연히 받을 수 있는 여러 혜택들을 받을 수 없음은 물론, 도시에서 일자리를 구하고 일을 하는데 있어 시장의 작동원리와 정부의 제도적 기제에 의해 각종 착취와 차별을 받기 쉽다(Chen and Hoy, 2011; Gu et al., 2007; Knight and Song, 2005).

중국의 유동인구는 1993년 7,000만 명에서 2003년 1억 4,000만 명으로, 10년 만에 2배로 급증하였다. 1억 4,000만 명 중 85%인 1억 2,000만 명이 농촌에서 도시로 이주한 노동자(농민공)들이다(Gu et al., 2007). 2013년 유동인구는 2억 7,000만 명에 이르렀고, 농촌가족의 15%는 가족 구성원 중 최소한 한 명이 도시로 떠난 이주노동자이다(Zhang et al., 2016). 중국인 6명 중 1명이 이주노동자, 유동인구에 속한다.

이주노동자들의 상당수는 25~49세의 젊은 성인들이다. 이들은 자신의 자녀를 고향에 남겨두거나 아니면 같이 도시로 이주하기 쉽다. 2010년 중국 센서스에 의하면, 이주노동자의 17세 이하 자녀 인구는 1억 명에 달한다. 이 중 6,100만 명이 농촌에서 부모와 떨어져 사는 유수 아동(left-behind children)이며, 3,600만 명이 부모와 함께 이주하여 사는 이주 아동(migrant children)이다. 중국 전체 아동 중 22%, 중국 농촌 아동 중 38%가 유수 아동에 해당된다(Zhang et al., 2016).

흥미롭게도, 인구 통제가 가장 엄격하게 적용되었던 일차 대도시에서 국내 이주자의 비율이 가장 높다. 이를테면, 2012년 전체 인구 중 유동인구(국내 이주자)의 비율은 베이징과 상하이 등 일차 대도시들에서는 40%가 넘었지만 우한과 항주 등의 이차 대도시에서는 30% 수준이었다. 이런 점에서 볼 때, 중국의 유동인구에는 거주지 등록과 같은 제도적 장치보다 시장 기제가 큰 영향을 미쳤다고 볼 수 있다(Huang et al., 2018).

유동인구(이주노동자)의 급증은 도시화 – 전체 인구 중 도시거주 인구의 비율 – 를 가속화시켰다. 도시화 비율은 1990년 26.4%에서 2010년 50%로, 연평균 1.2%가 증가하였다(UN, 2014). 농민공 중 상당수는 도시에서 거주지 등록을 획득하였다. 2002년 도시에서 거주지 등록을 획득한 영구이주자 농민공은 중국 도시인구 중 20%를 차지하였다(Gu, 2014).

중국은 1990년대 후반 이후 합계출산율 1.6 수준의 저출산을 지속적으로 보이고 있다. 저출산의 지속은 자연스럽게 인구고령화를 가속화시킨다. 중국에서는 저출산과 급증된 유동인구가 결합한 인구 현상이 일어나고 있다. 저출산의 지속으로 도시와 농촌 모두에서 인구고령화가 가속화되고 있지만, 농촌이 도시보다 훨씬 급격하다. 마치 21세기 한국의 농촌에서처럼, 유동인구의 증가는 농촌에서 젊은 노동력의 지속적인 유출을 의미한다. 2010년에서 2030년 사이, 농촌의 노동력은 45% 그리고 도시의 노동력은 34%가 축소될 것으로 전망된다. 중국의 도시화 비율은 2030년 71%로 증가할 것으로 예상된다(Chen et al., 2017).

이상과 같이 중국의 인구 변동은 정부가 계획하고 강력하게 집행한 인구 정책들 주도하에 이루어졌다고 할 수 있다. 정부의 통치성에 따라 출산이 장려되거나 억제되기도 하였고, 농촌에서 도시로의 인구이주를 철저하게 억제하거나 느슨하게 통제하기도 하였다. 중국 인구는 맬서스가 언급한 것처럼 경제적으로 자율적인 개인들이 출산과 사망을 관리·통제함으로써 생성된 결과물이 아니라, 푸코가 언급한 것처럼 통치의 대상이었다(Thompson, 2012).

2) 인도의 인구 변천

인도는 남아시아 국가 중 가장 큰 나라이지만, 땅의 면적은 중국의 1/3, 지구의 2.4%[7]에 불과하다. 그런데 인구는 2020년 13억 8,000만 명으로 세계 인구의 17.7%를 차지하고 있다. 2000년 중국에 이어 두 번째로 인구가 10억 명을 돌파하였다. 2020년 현재 인구수는 두 번째이지만, 빠른 인구 성장으로 조만간 중국 인구를 초월할 것으로 전망된다. 인도는 오랜 기간 인구가 많은 지역이었지만, 인구 성장은 중국과 마찬가지로 20세기, 특히 후반에 일어났다. 인도 인구는 20세기 초 2억 4,000만 명에서 1950년 3억 8,000만 명, 2000년 10억 5,000만 명으로 증가하였다(UN, 2019).

인도의 인구성장률을 1970년대와 1980년대 초반에 절정을 이루었다. 그 당시 인도의 자연증가율은 22~23 수준이었다. 그 후 감소하여 1995~2000년 18.4, 2015~2020년 10.8이 되었다. 인구성장률도 1970~1975년 2.3에서 1995~2000년 1.8, 2015~2020년 1.04로 감소하였다. 하지만 중국보다 훨씬 높은 인구성장률을 보인다. 그 결과 인도 인구는 2020년대 중국 인구를 초월할 것으로 전망된다(UN, 2019).

흥미롭게도 인도의 인구 변천은 비교적 문화의 동질성을 보이는 중국과 달리, 지역 간의 편차, 즉 북부 지역과 남부 지역 간에 출산율과 사망률이 심한 편차를 보인다. 남부 지역은 북부 지역에 비해 일반적으로 낮은 출산율과 사망

7 인도는 3억 3,000만 헥타르(남한의 32배), 중국은 9억 6,000만 헥타르(세계 4위, 한국의 96배).

률(특히, 영유아사망률)을 보인다. 이런 차이는 근대화론의 인구 정책 관점에서, 남부 지역의 사회경제적 특성, 즉 여성의 자율성과 높은 교육 수준에 기인한 것으로 주로 설명되어 왔다(Caldwell, 1986; Caldwell et al., 1982; Jejeebhoy, 2001). 한편, 남부와 북부 지역 간의 상이한 문화적 요인 곧 친족 체계(kinship system)가 그러한 인구학적 차이들 발생에 결정적 역할을 하였다는 연구들도 많다. 왜냐하면 인구학적 행위들에 매우 유의미한 영향을 미치는 여성의 자율성이, 대중교육과 같은 근대화보다 북부와 남부 지역의 친족문화에 의해 결정될 수 있기 때문이다(Basu, 1992; Dyson and Moore, 1983).

인도 북부 지역의 가족·친족 체제에서 큰 특징은 족외혼(exogamy)이다. 부계 혈통의 가부장적 가족문화[8]가 유지되지만, 같은 마을 내의 사람들 간의 혼인이 금지된다. 딸은 다른 마을에 시집을 보내고 며느리는 다른 마을에서 데리고 온다. 그리하여 혼인인척(affine)과 부계의 혈연인척(agnate)이 엄격하게 구분된다. 여성은 결혼을 하면, 태어난 친족집단을 완전히 떠나 남편의 친족집단으로 들어간다. 여성이 자신이 태어난 집안(이를테면, 카스트)보다 높은 집안으로 시집을 가는 상승혼(hypergamy) 문화가 있다. 여성의 상승혼 문화는 시모가 며느리를 통제하는 데 도움을 준다. 여성은 결혼을 통해 시댁의 구성원이 되기 때문에, 여성은 결혼 후 자신의 자율적 행위에 상당한 제한·통제를 받을 가능성이 매우 높다(Basu, 1992; Dyson and Moore, 1983).

남부 지역의 주된 혼인풍습은 족내혼(endogamy)이다. 가장 보편적인 혼인 형태는 같은 마을에 자랐던 사촌들 간 결혼이나 신부와 그녀의 외삼촌 간에 이루어지는 결혼이다. 후자가 전자보다 선호되는 형태의 결혼이다. 이 경우 시모

8 인도 북부 지역 모두에서 가부장적 가족문화를 유지하고 있는 것은 아니다. 북동부에 위치한 메갈라야(Meghalaya)주에는 모계 사회가 존재하고 있다(Bhutia and Liarakou, 2018; Soanes and Marak, 2013).

는 외조모이고 장모는 친누나이다. 이처럼 여성은 어렸을 적부터 잘 아는 사람 – 같은 마을의 가까운 친척 남성 – 과 결혼을 하는 경향이 있다. 그 결과 여성은 결혼 후에도 새로운 집에서 자유로울 뿐 아니라, 그녀의 생가 성원들도 자주 접촉을 하고 적지 않은 지원도 받을 가능성이 높다. 혼인인척과 혈연인척이 북부 지역과 달리 엄격하게 구분되지 않은 까닭에, 여성의 자율성은 혼인 후에도 높은 수준에서 보장된다(Basu, 1992; Dyson and Moore, 1983).

(1) 출산 변동

인도는 세계에서 가족계획을 가장 먼저 실시한 나라의 하나이다. 1952년 실시하였다. 그 당시 여성은 평균 6명의 자녀를 두었다. 합계출산율은 1950~1955년 6.0명에서 서서히 감소하여 2015~2020년 2.24명이다. 현재까지 대체 수준에 도달하지 못하였다. 조출생률은 1950~1955년 43.6에서 서서히 감소하여 2015~2020년 18 수준에 도달하였다(UN, 2019).

2010년 인도 전체의 합계출산율은 2.5명이며, 농촌 지역은 2.8명, 도시 지역은 1.9명이다. 농촌과 도시 간의 합계출산율 차이는 0.9명이다. 인도의 지역별 출산율 차이는 농촌과 도시 간보다 북부와 남부 간에서 더 크게 나타난다. 인도 인구의 40%를 차지하는 북부의 4개 주, 우타르프라데시(Uttar Pradesh) 3.5명 – 농촌 3.7명, 도시 2.7명, 비하르(Bihar) 3.7명 – 농촌 3.8명, 도시 2.7명, 라자스탄(Rajasthan) 3.1명 – 농촌 3.3명, 도시 2.2명, 마디아프라데시(Madhya Pradesh) 3.2명 – 농촌 3.5명, 도시 2.2명으로 모두 3명 이상의 높은 출산율을 보인다. 반면 남부의 케랄라주(Kerala) 1.8명 – 농촌 1.8명, 도시 1.8명, 타밀나두주(Tamil Nadu) 1.7명 – 농촌 1.8명, 도시 1.6명으로 대체 수준 이하이다. 북부와 남부 지역 간에서 합계출산율 차이가 더 크게 나타난다(Pradhan and Sekher, 2014).

그런데 북부의 모든 지역이 높은 출산율을 보이는 것은 아니다. 북동부에 위치한 서벵골주(West Bengal) – 전체 1.8명, 농촌 2.0명, 도시 1.3명과 북서부에 위치한 히마찰프라데시주(Himachal Pradesh) – 전체 1.8명, 농촌 1.9명, 도시 1.3명은 대체 수준 이하의 출산율을 보인다. 일반적으로 북부 지역이 남부 지역보다 높은 출산율을 보여 주지만, 서벵골주와 히마찰프라데시주는 남부의 케랄라주와 타밀나두주만큼 낮은 수준의 출산율을 보인다.

놀랍게도 북부 지역의 서벵골주와 히마찰프라데시주의 도시 지역은, 남부 지역의 케랄라주와 타밀나두주의 도시 지역보다도 낮은 출산율로, 합계출산율이 1.3명 이하인 초저출산을 보여 준다. 북부 주의 초저출산 현상은 한 자녀 가족의 높은 비율로 설명된다. 많은 한 자녀 부모들 – 특히, 높은 수준의 교육을 받은 중류층 – 은 자녀가 아들이건 딸이건 상관없이, 자신보다 나은 삶을 살 수 있도록 자녀를 키우려면 상당히 높은 수준의 자녀투자 비용이 요구되기 때문에 더 이상 자녀를 출산하지 않고 한 자녀로 만족해야 한다는 것이다(Basu and Desai, 2016; Pradhan and Sekher, 2014).

이처럼 인도는 출산율에서 비교적 동질성을 보여 주는 중국과 달리, 지역에 따라 매우 이질적인 출산율을 나타낸다. 이러한 이질성은 인도의 다양한 가족·친족문화에 기인하는 것처럼 보인다.

(2) 초혼연령: 문화적 요인 가우나

인도 여성의 조혼은 전통적으로 잘 알려져 있다. 인도는 식민지 정부 시절부터 조혼 풍습을 막기 위해 법정 최소 결혼연령을 제정하여 왔다. 영국의 식민인도정부는 법정 최소 결혼연령을 여 14세, 남 18세로 「아동결혼금지법」(Child Marriage Restraint Act)을 제정하였다. 그 후 1978년 법정 최소 결혼연령을 여

18세, 남 21세로 상향 규정한 법령을 통과시켰다. 이러한 법적 의도와는 달리, 상당수의 인도 여성들은 관행적으로 법정 최소연령 이전에 결혼을 하였다. 1961년 10~14세 소녀 중 20%가, 15~19세 여성 중 71%가 결혼을 하였다. 2001년에 10~14세 소녀 중에는 결혼한 사람이 거의 전무하였지만 15~19세 여성은 3명 중 2명이 결혼을 하였다(Haub and Sharma, 2006). 또한 UNICEF(2014)에 의하면, 20~49세 여성 가운데 58%가 법정 최소 결혼연령 18세 이전에 그리고 25% 이상이 만 15세 이전에 결혼을 하였다. 이에 2020년 인도수상 나렌드라 모디(Narendra Mody)는 현재 18세인 여성의 법정 혼인연령을 21세로 상향 조정하겠다고 발표하였다(*The Print*, 2020. 9. 4).

일반적으로 여성의 조혼은 여성의 가임기간을 늘리어 출산율을 높인다고 알려져 왔다. 출산 억제를 지향하는 인구(가족) 정책은 여성의 혼인연령에 관심을 가진다. 출산율을 떨어뜨리기 위해 혼인연령을 상승시킬 필요가 있다. 게다가 인도에서 혼인은 보편혼이다. 인도의 경우 만 50세까지 결혼 경험이 없는 여자는 1% 이내에 불과하다(Haub and Sharma, 2006).

여성의 조혼은 일반적으로 다음의 두 가지 중대한 사회 문제들을 야기한다고 이야기된다. 첫째, 여성의 교육기회를 방해함으로써 여성의 지위를 약화시키고, 출산을 증가시켜 인구 통제를 어렵게 만든다는 것이다. 둘째, 산모는 물론 자녀의 건강과 사망에까지 유의미한 영향을 미칠 수 있다는 것이다(Streatfield et al., 2015). 이 이야기가 암시하는 바와 같이, 인도에서 여성의 혼인연령에 대한 법적 조치는 신맬서스주의가 주창하는 인구 통제를 통한 국가 발전 그리고 자유 페미니즘이 주창하는 여성의 성적·재생산 권리에 의해 강력한 지지를 받고 있다(Bhatia and Tambe, 2014).

남부와 북부 지역을 비교하면, 북부 지역 여성이 남부 지역 여성보다 어린

〈표 4-1〉 인도 북부와 남부 지역에서의 혼인연령 및 첫 출산연령 차이

자표들의 평균값	북부의 우타르프라데시(n=642)				남부의 타밀나두(n=578)			
	연령 집단				연령 집단			
	15~29	30~49	50+	전 연령	15~29	30~49	50+	전 연령
혼인연령	9.8	8.2	7.8	8.9	16.4	16	15.4	16.1
실질 혼인연령	14.7	15.2	15.7	15	16.5	16.2	16.7	16.4
실질 혼인과 첫 출산 사이 간격(개월)	45	54	72	50	22	32	50	29
첫째아 출산연령	17.8	19.3	21.2	18.7	17.8	18.5	20.5	18.4

자료: Basu(1992), p. 78 〈표 4.4〉.

나이에 결혼을 하는 경향이 있다. 〈표 4-1〉을 보면 확실히 남부 지역의 여성보다 북부 지역의 여성들이 훨씬 어린 나이에 결혼을 하는 것을 알 수 있다. 놀랍게도 북부 지역의 평균 혼인연령은 만 10세 미만이다. 결혼을 성관계와 동일시하는 결혼관에서 볼 때, 10세 미만의 신부와 성관계를 갖게 하는 결혼풍속은 도저히 이해될 수 없는 악덕의 사회적 관행이다. 그러나 인도에서는 많은 경우, 오늘날까지도, 결혼식이 신랑과 신부의 합방과 동일시되지 않는 결혼문화가 있다. 인도의 결혼 상태는 혼인을 공식화하는 결혼 의례와 부부간의 성관계 시작을 알리는 가우나(gauna) 의례로 구분된다. 결혼 의례는 어느 연령에도 일어날 수 있지만, 가우나 의례는 반드시 여성의 성적 성숙기(puberty)를 넘긴 연령에서 일어난다. 〈표 4-1〉의 '실질 혼인연령'은 가우나 의례 연령을 뜻한다. 따라서 인도의 결혼 의례는 부부 간의 성관계를 의미하는 의례가 아니라 집안끼리 혼인을 정하는 약혼이라 할 수 있다.

〈표 4-1〉에서 볼 수 있듯이, 결혼 의례 연령이 어리면 혼인연령과 실질 혼인연령(가우나 의례 연령) 간의 격차가 크다는 사실을 알 수 있다. 확실히 그 격차

는 남부 여성보다 북부 여성에서 훨씬 크다. 정상적인 월경을 한 후 결혼을 하는 남부 지역의 타밀나두 여성들은 결혼 의례와 가우나 의례 간의 간격이 거의 미미한 수준이다. 실질 혼인연령은 남부 지역 여성이 북부 지역 여성보다 높은 편이다. 성관계를 시작하는 실질 혼인연령은 타밀나두 여성이 높지만, 첫째아 출산연령은 두 지역에서 거의 차이를 보이지 않는다. 오히려 북부의 우타르프라데시 여성이 약간 높다. 이런 까닭에 첫째아 출산 간격 – 실질 혼인연령에서 첫째아 출산연령까지의 간격 – 은 북부 지역 여성은 50개월로 남부 지역 여성의 29개월보다 훨씬 길다. 결론적으로, 인도의 북부와 남부 지역 여성들은 결혼 의례의 혼인연령과 첫째아 출산 간격에서는 매우 큰 이질성을, 가우나 의례의 실질 혼인연령에서는 약간의 이질성을 보이지만, 첫째아 출산연령에서는 거의 동일성을 보이고 있다.

바수(Basu, 1992, 1993)는 〈표 4-1〉의 발견을 통해, 법정 최소 결혼연령을 올리는 법적 조치는 인도의 출산 하강에 거의 아무런 영향을 미치지 않는다고 주장한다. 가우나 의례는 오늘날에도, 특히 농촌 지역에서 여전히 행해지고 있지만 도시 지역에서는 거의 사라졌다. 2005/2006년 국가가족건강조사(National Family Health Survey-3) 자료의 분석에 의하면, 17세 이전에 결혼한 여성들 중 73%가 혼인 후 2년 이상을 자신의 생가에서 거주하였다(Dommaraju, 2011: 22).

(3) 남아 선호

중국은 인도보다 훨씬 높은 출생 성비를 보인다(〈그림 4-5〉 참조). 중국은 1990년대 이후 출생 성비는 급상승하여 2000년대 초반 116~117에 머물렀다가 2015~2020년 113으로 낮아졌다. 인도는 중국에 비해 완만한 형태로 출생 성비의 변동을 보인다. 인도의 출생 성비는 1980년 이후 매우 서서히 증가하여

〈그림 4-5〉 중국과 인도에서의 출생 성비 변동

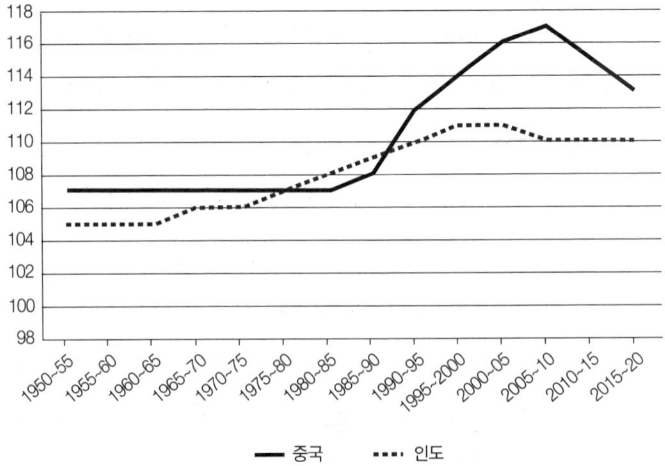

원자료: UN(2019), *World Population Prospects 2019*.

1995~2005년 최고점 111을 찍은 후 다시 서서히 하강하는 추이를 보인다. 전반적으로 볼 때, 인도는 중국에 비해 남아 선호와 출생 성비가 커다란 사회 문제가 아닌 것처럼 보일 수 있다. 이는 인도의 지역별 상이한 남아 선호와 출생 성비에 기인한다. 중국은 거의 전 지역에서 남아 선호와 높은 출생 성비를 보인다. 반면 인도는 지역별로 상이한 출생 성비를 보인다. 북부 지역은 높은 출생 성비를, 남부 지역은 정상 수준의 출생 성비를 보인다. 이는 인도 북부와 남부 지역 간 상이한 친족·가족문화에 기인한다.

출생 성비는 북서부의 대부분 주, 특히 부유한 주인 펀자브(Punjab)와 하리아나에서 가장 높은 성비를 보인다. 2001년 당시 5세 이하 유아의 성비는 펀자브 125, 하리아나가 122이었다. 이는 2000년 중국 전체의 4세 이하 유아 성비

(120.2)보다 높은 수준이다. 북서부 지역의 높은 성비는 상당 부분 성감별에 의한 여아 인공임신중절에 기인한다. 출산율, 즉 원하는 자녀수가 감소한 상황에서 반드시 아들이 있어야 한다는 남아 선호가 결합하여 성감별 여아 인공임신중절에 매우 유의미한 영향을 미쳤다. 2011년 합계출산율이 낮은 펀자브(1.8명)와 하리아나(2.3명)는 5세 이하 유아 성비가 2001년 정점을 찍은 후 정체 혹은 약간 감소하였지만, 비교적 출산율이 높은 우타르프라데시(2011년 합계출산율 3.2명)에서 유아 성비는 2001년 109에서 2011년 111로 증가하였다. 만일 우타르프라데시에서 출산율이 감소하면, 유아 성비는 높아질 것으로 전망된다(Guo et al., 2016).

북부 지역과 달리, 인도의 다른 지역들은 비교적 정상 수준의 유아 성비를 보인다. 북동부 지역의 서벵골주와 남부 지역의 케랄라주와 타밀나두주는 인도에서 가장 낮은 수준의 출산율을 보이지만, 이들 지역의 유아 성비는 2001년과 2011년 정상 수준(104~106)을 나타낸다.

(4) 사망 변동

인도의 사망률은 비교적 서서히 감소하였다. 전염병과 콜레라, 기근 그리고 1918년과 1919년 인플루엔자 – 일명, 스페인 독감 – 는 기대수명을 낮추고 인구성장률도 미미한 수준으로 만들었다. 1918년과 1919년 인플루엔자는 그 당시 인도 인구의 5%에 해당하는 1,600만 명에서 2,000만 명을 사망하게 하였다. 1921년 이후 콜레라와 전염병이 서서히 통제되면서 사망률도 감소하기 시작하였다(Haub and Sharma, 2006).

2020년 인도의 출생시 기대수명은 인도는 69세(남 68세, 여 70세)이며, 중국의 77세(남 75세, 여 79세)보다 훨씬 낮다(PRB, 2020). 1901년 인도의 기대수명은 남 22.6

세, 여 23.3세로 매우 낮은 수준이었으나, 1951년 남 41.9세, 여 40.6세, 그리고 1971년 남 50.5세, 여 49.0세로 서서히 증가하였다. 이 당시에는 남성이 여성보다 기대수명이 높았지만, 기대수명이 점차 향상하면서 여성의 기대수명이 남성보다 높게 되었다(이장영, 2016). 영아사망률은 1970년대까지도 130으로 매우 높은 수준이었지만, 그 후 감소속도가 빨라지면서 2020년 33 – 중국은 9 – 이 되었다(PRB, 2020).

인도는 출산력과 마찬가지로, 사망력도 남부와 북부 지역이 격차를 나타낸다. 남부 지역이 높은 기대수명을, 북부와 동부 지역은 낮은 기대수명을 보여 준다. 1999~2003년 남부의 케랄라주 기대수명은 73.6세로 70세가 넘는 반면, 북부의 마디아프라데시(57.1세)와 우타르프라데시(59.3세)는 60세가 안된다. 하지만 북부 펀자브주의 기대수명은 68.6세로 케랄라주 다음의 높은 수준을 보이고, 남부의 타밀나두주는 65.4세로 북서 지역의 마하라슈트라주(66.4세)보다 낮은 기대수명을 나타낸다(Haub and Sharma, 2006).

영아사망률에서도 남부 케랄라주가 가장 낮은 수준을 보인다. 2003년 케랄라주의 영아사망률은 13으로 거의 선진국 수준이다. 반면 북부의 마디아프라데시(88)와 우타르프라데시(88)는 가장 높은 수준의 영아사망률을 보여 준다(김민자, 2006).

일반적으로 영유아사망률은 남아가 여아보다 높은 것으로 알려져 있다. 그런데 1994~1998년 1~4세 유아사망률을 보면 아삼(Assam) – 남, 21.4, 여 16.9 – 과 케랄라 – 남 6.0, 여 4.5 – 를 제외한 거의 모든 지역에서 여아사망률이 남아사망률보다 높게 나타났다. 특히 펀자브(Punjab)주 – 남 5.9, 여 23.8 –, 하리아나주(Haryana) – 남 13.8, 여 30.2 – 가 가장 심각한 여아와 남아 격차를 보여 준다(김민자, 2006).

인도의 남부와 북부 간 사망력 격차는 일반적으로 지역 간 교육 수준(특히, 여성) 격차와 보건서비스 접근 가능성으로 설명되고 있다(Haub and Sharma, 2006). 여성의 문자해득률을 보면, 케랄라는 70%를 넘지만 비하르는 30%에도 못 미친다(이장영, 2016). 영유아사망률은 기대수명의 계산에 결정적 영향을 미친다. 남부에서 기대수명이 높고 영유아사망률이 낮은 주된 이유는, 여성의 지위가 높은 남부 지역 여성들이 낮은 북부 지역 여성에 비해 자녀가 아플 때 자율적으로 주변의 병원이나 보건소에 데리고 가 치료를 받게 할 가능성이 높아 영유아사망률을 낮추기 때문이다(Caldwell, 1986). 하지만 인도에서 여성의 지위와 자율성은 근대화 못지않게 북부와 남부 지역의 상이한 가족·친족 체제와 밀접한 관계가 있다.

(5) 지역별 인구 분포와 도시화

인도의 인구는 북쪽 주의 충적(沖積) 평원에 집중되어 있다. 북쪽의 집약경작지 평원 지대의 우타르프라데시와 비하르주, 수풀 지대의 마디아프라데시와 라자스탄주에 2011년 인도 인구의 38%가 살았다(이장영, 2016). 이 네 주는 BIMARU로 불린다(Haub and Sharma, 2006). 인도 인구의 전체 성장에서 BIMARU가 차지하는 비율은 1991~2001년 47%로 매우 높다. 하지만 그 비율은 2001~2011년 37%로 감소하였다. 인구가 가장 많은 주는 우타르프라데시주로 2011년 인구수는 1억 9,958만 명이다. 인도 전체 인구의 16.5%를 설명하여, 브라질, 파키스탄, 방글라데시 등보다 인구가 많다(이장영, 2016; Haub and Sharma, 2015).

북부 지역에 비해 남부 지역은 인구수와 인구증가율이 낮다. 2001년과 2011년 남부 지역 – 안드라프라데시, 카르나타카, 케랄라, 타밀나두주 – 의 인구는 인도 전체 인구의 21%를 차지하지만, 인구 성장에는 단지 14%만 기여하였다(Haub and Sharma, 2006, 2015).

인도에서 도시화는 매우 서서히 진행되어 왔다. 도시화 수준은 1901년 10.8%, 1941년 13.9%, 1961년 18.0%, 1981년 23.3%, 2001년 27.5%, 2020년 35%이다. 2020년 인도 인구의 65%가 농촌으로 분류된 지역에 살고 있다. 인도인 대부분은 비교적 소지역에서, 농업이나 농업에 관련된 직업에 종사한다. 2001년 인도 인구 중 58%가 농업에 종사하고 있다(Haub and Sharma, 2006).

도시 거주자에 비해 농촌 거주자는 교육 수준이 낮고, 높은 수준의 사망률과 출산율 그리고 빈곤율을 보인다. 농촌의 높은 빈곤율은 농촌–도시 간의 인구이동을 활성화시킬 수 있다. 인도에는 건기에 많은 농촌 남성들이 도시로 이주해 일을 하다가 우기에 농촌으로 귀환(혹은 순환)하는 오랜 전통이 있다. 귀환(순환)이주의 전통은 인도뿐 아니라 많은 동남아시아 국가들에 남아 있다. 계절 귀환이주에서, 농촌의 기혼 남성들 대부분이 홀로 도시로 이주하고 그들의 아내와 자식들은 생활비를 절약하기 위해 농촌에 남기 때문에, 인도 도시에서 남성의 비율이 일반적으로 높다. 물론 남성이 홀로 도시로 이주하는 배경에는 도시의 심각한 주거 부족도 있다. 따라서 인도에서 오랜 전통의 계절 순환이주와 도시의 주거 부족은 많은 농촌 사람(가족)들에게 도시로의 영구이주를 제한함으로써, 인도의 느린 도시화에 유의미한 영향을 미쳤다.

인도의 도시화는 낮은 수준이지만, 2001년 인도인의 11%만이 인구수가 100만 명이 넘는 대도시에 거주하고 있다. 또 인구수가 1,000만 명이 넘는 메가도시(megacity)도 네 곳이나 있다. 2015년 인구수는 델리(Delhi) 2,570만 명, 뭄바이(Mumbai) 2,100만 명, 캘커타(Kolkata, Calcutta) 1,490만 명, 방갈로르(Bangalore, Bengalulu) 1,010만 명이다. 델리는 세계에서 가장 오래된 도시이며, 1931년 이래 인도의 수도이다. 뭄바이와 캘커타는 식민 시대에 만들어진 도시이다. 서벵골에 위치한 캘커타는 영국의 동인도회사에 의해, 마하라슈트라(Maharashtra)주에 있는 뭄바이는 포르투갈 식민 정부에 의해 만들어진 항구도시이다. 방갈로르는 인도 남부의 카르나타카주의 주도이다. 다섯 번째로 큰 도시는 첸나이(Chennai)로 남부 타밀나두에 위치해 있고 영국 식민 정부가 건설하였다. 2015년 첸나이 인구는 990만 명으로 조만간 인도의 다섯 번째 메가시티가 될 것이다. 여섯 번째 큰 도시는 안드라프라데시주의 주도 하이데라바드(Hyderabad)로 2015년 현재 인구는 890만 명이다. 그 외에도 2015년 인구 300만 명이 넘는 도시로는 인구 730만 명의 구자라트(Gujarat)주 아마다바드(Ahmadabad), 570만 명의 마하라슈트라주 푸네(Pune), 570만 명의 구자라트(Gujarat)주 수라트(Surat), 350만 명의 라자스탄주 자이푸르(Jaipur), 그리고 300만 명의 우타르프라데시의 러크나우(Lucknow)와 칸푸르(Kanpur) 등이 있다(Haub and Sharma, 2015).

2001년 센서스에서 최초로 인도의 슬럼(slum)인구가 4,300만 명으로 집계되었다. 슬럼은 도시 하부 구조(infrastructure)가 부적합하고 상하수도가 적절히 구비되지 않는 열악하고 비위생적인 주거 지역에서 인구가 밀집되어 사는 빈민 도시 지역을 말한다. 인도의 슬럼인구는 인도 도시 전체 인구의 15%에 해당한다. 슬럼인구가 가장 많은 도시는 뭄바이(650만 명)이고, 그 다음이 델리(190만 명), 캘커타(150만 명), 첸나이(80만 명) 순이다. 가장 많은 슬럼인구가 있는 뭄바이는 2001년 전체 인구의 54%가 슬럼 지역에 살고 있다(Haub and Sharma, 2006). (인도 슬럼 지역의 생활은 2008년 영화「슬럼독 밀리어네어」(Slumdog Millionaire)에서 엿볼 수 있다.)

인도에는 남부와 북부의 상이한 가족·친족제도 이외에도, 인구 현상과 관련하여 관심을 두어야 할 인도의 특유성들이 존재한다. 하나는 종교와 언어의 다양성이고, 다른 하나는 카스트에서 배제된 사람이다. 인도의 공식 국어는 힌두어이지만, 225개의 지역어가 존재한다. 그중 15개의 지역어는 많은 인구가 사용하고 있다. 한편, 고등교육을 받은 많은 사람들은 영어를 사용한다. 인도인의 80%는 힌두교도이지만, 힌두교도가 50%에 못 미치는 지역도 8개 주가 된다. 오랜 카스트 전통의 인도에는 카스트에서 배제된 가장 낮은 신분계층에 속하는 지정카스트(scheduled caste)가 있다. 지정카스트는 달리트(Dalit) 혹은 불가촉천민으로 불린다. 2001년 센서스에 의하면, 인도 인구의 16%가 지정카스트로 구성되었다. 이들은 북부의 주, 히마찰프라데시, 펀자브, 우타르프라데시, 서벵골 등에 많이 거주하고 있다(김민자, 2006; 이장영, 2016).

이상과 같이 중국과 인도를 비교해 볼 때, 중국의 인구 변천은 근대화를 표방한 정부의 강력한 인구 정책에 의해 급속하게 진행된 반면, 인도의 인구 변천은 지역 간, 특히 남부와 북부에서의 서로 다른 가족·친족제도에 의해 상이하게 그리고 서서히 전개되었다는 사실을 알 수 있다. 두 나라 모두, 고전 인구 변천 이론에서 주장하는 바와 같이, 개인의 자발성에 의해 인구 변천이 이루어진 것처럼 보이지 않는다. 그럼에도 불구하고 두 나라의 인구 정책은 공통적으로 인구 변천(특히, 출산 변천)을 저해하여 왔던 요인, 특히 출산과 영유아사망률을 낮추기 위해 (서구의 개인주의 관점에서) 요망되는 여성의 자율성을 제한하여 왔던 가족·친족문화 곧 가부장적 가족문화를 타파하는 데 초점을 맞추어 왔다. 결론적으로, 중국과 인도의 가족 정책은 모두 신맬서스주의와 자유페미니즘의 연맹에 의해 진척되었다고 볼 수 있다.

4.3. 한국의 인구 변천

한국의 인구 변천은 흔히 다섯 단계로 구분된다(김두섭, 2002, 2016). 즉, 전통

〈그림 4-6〉 한국의 인구 변천

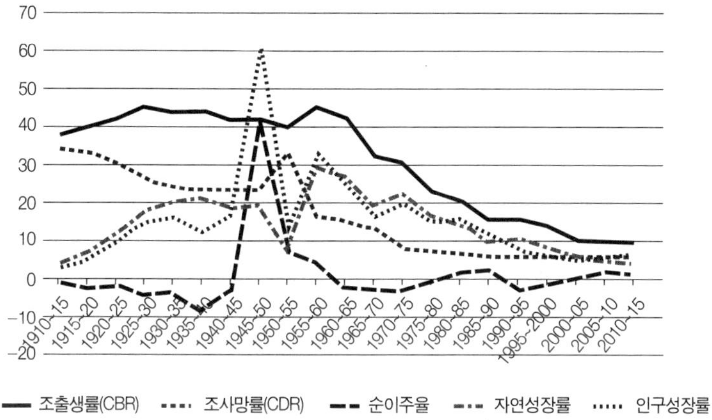

자료: 김두섭(2016); Kwon et al.(1975); 통계청 자료.

적 성장기(1910년 이전), 초기 변천기(1910~1945), 혼란기(1945~1960), 후기 변천기(1960~1985), 그리고 후기 과도기(1985년 이후)이다. 그러나 후기 과도기는 재안정기(1985~2000)와 제2차 인구 변천 시기(2000년 이후)로 재분류될 수 있다. 〈그림 4-6〉은 1910년 이래 한국의 인구 변천을 나타낸다.

1) 전통적 성장기: 1910년 이전

서구의 인구 변천 이론에서 묘사되는 변천 이전 전통 사회의 이미지에 근거하여, 많은 인구 관련 연구자들은 1910년 한일합방 이전 한국 사회 – 1392년부터 1910년까지 500년이 넘는 오랜 기간 유지되었던 조선 사회 – 를 단순하게 높은 출산율과 높은 사망률로 균형 상태가 유지되거나 매우 완만한 인구 성장

〈그림 4-7〉 조선 시대 인구 추계

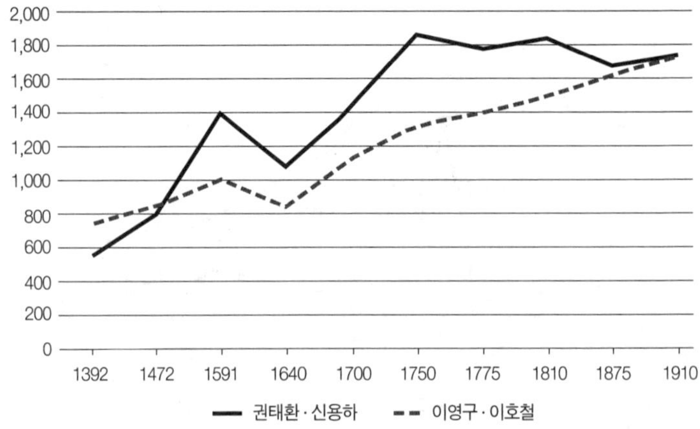

자료: 권태환·신용하(1977); 이영구·이호철(1987).

상태를 보이는 전통적 성장기의 사회로 가정하는 경향이 있다(김두섭, 2016; 이영구·유병규, 2004). 김두섭(2002, 2016)은 조선 초기에서 말기까지 대체적으로 인구가 정체된 전형적인 농업 사회로 이야기한다. "조선 시대 500년간 인구는 연평균 0.2% 정도의 완만한 속도로 늘어났다. 이러한 인구 성장은 당시 세계 인구의 평균 성장 수준과 크게 다르지 않다"(김두섭, 2016: 858). 조출생률(CBR)은 35~45%, 조사망률(CDR)도 30~35% 높은 수준에서 유지되었을 것으로 가정한다. '역사 제쳐놓기'의 전형이다.

그런데 역사적 연구들은 조선 인구가 500년간 완만한 형태로 증가되지 않았음을 보여 준다(〈그림 4-7〉 참조). 조선 인구는 건국 당시(1392) 550~750만 명으로 추정된다(권태환·신용하, 1977; 이영구·이호철, 1987). 그 후 조선의 인구는 계속 증가하여 200년 후인 임진왜란 직전 1591년 1,410만 명으로 추계된다. 조선 초기 몇 개의 반란 – 이를테면, 세조 시기 이중옥의 난(1453)과 이시애의 난(1467) 등 – 과 삼포왜란(1510) 및 기근과 역병이 일어났음에도 불구하고, 인구는 초기 200년간 2~3배로 증가하였다(권태환·신용하, 1977). 임진왜란(1592~1598)과 병자호란(1636~1637)을 거치면서 인구는 400만 명이 감소하였다. 1650년 조선의 인구는 1,089만 명으로 추정된다. 그 이후 1696~1697년 대기근과 역병으로 인구가 200만 명이나 크게 감소하였었지만, 조선의 인구는 급증하여 1750년 1,866만 명에 도달하였다. 이 수치는 조선 시기 전체를 통틀어 가장 큰 인구수로 기록된다(권태환·신용하, 1977; 박상태, 1987).

〈그림 4-7〉에서 보여 주는 바와 같이, 권태환·신용하(1977)는 조선의 인구 성장률이 조선 전기가 조선 후기보다 높았을 것으로, 이영구·이호철(1987)은 반대로 조선 후기가 더 높았을 것으로 가정한다. 그럼에도 불구하고 이들 모두는 조선의 인구 성장을 맬서스 법칙에 근거한 인구와 자원 간의 관계로 설명하는 공통분모를 가진다. 조선 초기의 높은 인구성장률을 주장하는 학자들(권태환·신용하, 1977; 이태진, 2002)은 조선 초기 국가 차원에서 대대적으로 전개한 토지개간운동이 가져온 농경지 확대가, 조선 후기의 높은 인구성장률을 지지하는 연구자들(이영구·이호철, 1987, 1988; 이영구·유병규, 2004)은 이양법의 보급과 상업적 농업의 발전 등의 농업생산력 발전이 인구를 크게 성장시킨 자원을 제공하였을 것이라고 가정한다.

이들 모두는 18세기 급증한 인구증가로 인해 19세기 인구 압력 – 맬서스 덫에 빠진 조선 인구 – 에 빠졌다는 사실에는 동의하지만, 그 강도는 차이가 있다. 권태환·신용하(1977)은 19세기 조선의 인구가 정체 혹은 감소 상태에 머물렀다고 주장하고, 경제사학자(박희진, 2006; 우대형, 2003; 이우연, 2003)들은 19세기 인구증가가 계속 진행되었다고 주장한다. 따라서 후자는 전자보다 19세기 조선의 인구 압박을 훨씬 강하게, 맬서스 덫을 훨씬 깊게 가정한다. 경제사학자들은, 19세기 중국처럼(제5장 참조), 19세기 조선은 산림황폐화로 인해 자연생태학적 한계에 부딪치고(이우현, 2003) 혹은 기술혁신이 부재한 상태에서 계속된 인구증가로 인한 토지 소유의 영세화를 초래함은 물론 토지생산성마저 감소함으로써(박희진, 2006; 우대형, 2003), 맬서스 덫은 한층 강화되었다고 이야기한다.[9] 불행히도, 조선의 농업생산성이 정체되었다거나 서구와 달리 기술혁신의 부재로 인해 맬서스 덫에 한층 깊게 빠졌다는 이런 유형의 경제사학 이야기들 – 특히, 식민지 근대화 관점의 – 은 "조선 사회의 정체성론의 이론적 근거를 마련하여 일제의 식민지 통치를 합리화"(이영구·유병규, 2004: 44)하는 역할을 수행한다는 비난을 받곤 한다(〈이야기 상자 7: 『일성록』 헌민수 이야기〉 참조).

역사인구학에서 중시되는 것은 특정 시점 인구에 대한 절대적 수치보다 시대 흐름에 따른 인구 추이라고 할 수 있다. 그것은 인구가 자원과 상호 작용한다는 점에서 볼 때, 인구 추이는 그 당시의 사회경제·정치·역사적 상황을 해석하는 인구사회학의 이론적 함의를 함축하기 때문이다. 더욱이 과거 특정 시점의 인구를 정확하게 추계하는 작업은 어느 누구도 확신을 가지고 할 수 없는 불가능한 일이다(Michell, 1989). 특정 시점의 인구는 연구자가 추계 모형에 선정된 변수들 – 연구자의 인식론(세계관)에서 인구 변동에 결정적인 영향을 미쳤을 것이라 간주되는 사회경제적 요인들 – 과 사용된 자료에 의해 결정되기 때문에, 연구자가 어떤 변수들과 자료를 선정하였는지에 따라 상이해질 수밖

9 이러한 이야기는 (제5장에서 언급한 바와 같이) 중국이 맬서스의 덫에서 벗어나지 못해 서구와 달리 부국의 길로 가지 못하였다는 서구 학자들의 주장을 목표로 정하고, 우리의 조선 역사를 그 주장에 꿰어 맞춘 것이나 다름없다고 할 수 있다. 주(主)이어야 할 우리의 현실을 객(客)이나 도구로 삼고, 서구 이론을 주(主)로 놓은 전형적인 주객전도의 바나나 지식인 이야기이다(이성용, 2015). 바나나 지식인은 겉모습(얼굴)은 황인종인지만 속(정신)은 백인종인 지식인을 말한다. 우리의 역사와 현실은 서구 사회 이론의 타당성을 검증하기 위한 '실험장'이 아니다.

에 없다.

맬서스 덫은 인구와 자원 간 괴리라는 하나의 보편법칙에 근거하며, 주로 특정 국가 내부의 경제적 요인 – 타국의 침입(예, 임진왜란과 병자호란)으로 인한 외부적 요인 혹은 정부 부패와 같은 정치적 요인보다 – 에 의해 야기되는 인구 변동을 함축한다. 하부 구조가 상부 구조를 결정한다는 마르크스의 유물론에서 엿볼 수 있듯이, 근대화론의 서구 사회과학자(인구학자를 포함한)들은 경제적 요인이 사회·문화적 요인을 결정하는 것으로 가정하곤 한다. 사회·문화적 요인을 고려할지라도, 그것은 부차적인 것이다. 보편성의 맬서스 법칙에 근거한 조선 인구의 경제사학 연구들은 서구와 매우 상이하였던 조선의 특유한 역사적·문화적·정치적 상황을 고려하지 않는 경향이 있다. '역사 제쳐놓기'이다. 그런데 조선의 실학자들은 잉여인구와 관련되는 빈곤과 기아는, 맬서스보다 오히려 마르크스 입장에 근접하게, 근본적으로 불합리한 토지제도와 불공평한 조세제도 및 관료들의 고질적인 부정부패에 기인한다고 보았다(박상태, 1987). 정치가 주(主)이고, 경제는 부(副)이었다.

또한 제5장에서 자세히 살펴보겠지만, 서구의 인구 성장 이론은 자원의 효율성을 증폭시킨 기술혁신과 같은 긍정적 의미의 경제적 요인에 초점을 맞추는 경향이 있다. 따라서 이성용(2018a)의 주장과 같이, 이런 유형의 서구 이론들은 외부의 침략이나 식민 지배로 인해 자원에 대한 개인의 자율성을 상실하였을 때 발생할 수 있는 막대한 인구 손실을 간과하는 커다란 한계가 있을 수 있다. 인구감소에 영향을 미칠 수 있는 부정적 의미의 경제적 요인들에 대한 설명은 소홀히 하는 경향이 있다. (서구의 사회 이론은 대체로 성공 지향적이라, 실패에 대한 대비는 약한 편이다.) 더욱이 조선 사회는 서구 학자들이 가정하는 맬서스주의 개인주의 방식이 아니라 공동체적 집단주의 방식으로 운영되었다.

이야기 상자 7

『일성록』 헌민수 이야기

정조 때부터 편찬된 『일성록』 '헌민수'는 1782~1892년 110년간 거의 매년, 한성 5부와 8도 및 제주 3읍의 호수(戶數)와 남녀별 구수(口數)를 알려 주는 유일한 시계열 자료이다. 헌민수(獻民數)는 글자 그대로 백성의 수를 바친다는 것을 뜻한다. 그 수는 지역별로 3년마다 호적을 편찬하면서, 조사된 식년(式年) 호구수에 그 해의 사망·출생·인구이동을 더해서 얻어진 것이다. 『실록』에 실린 식년 호구수는 서울과 전국의 호수·구수만 간략히 기재한 경우도 있지만, 헌민수 자료는 몇 차례 예외를 제외하고는 매년 도별 원호와 남녀 구수를 확인할 수 있다. 그러나 헌민수 자료는 조선 후기의 인구 통계를 위해 수집된 것이 아니다. "호적에 기재된 지역별 호구수란 실제 인구가 아니라, 중앙에서 요구하는 부세와 지방 경비의 총액을 지역 내에서 자율적으로 균등하게 배분·징수하는 과정에서 생겨난, 전략과 협상의 산물"(서호철, 2007: 217)이었다. 헌민수 곧 조선의 호적은 자연호가 아니라 편제호이었다(〈이야기 상자 2: 한국의 호구조사와 인구조사〉 참조). 그것의 주된 관심사는 군역·부세의 대상인 인적 자원을 파악하고, 그에 근거하여 군역·부세를 지역과 직역(職域)별로 책정·할당하는 데 있었다. 요컨대, 조선 후기 호적 자료는 조선 인구 추계에 타당한 자료가 아니다.

19세기 전반 전국 호구수의 변동에 대한 지역적 분해(1805~1830)

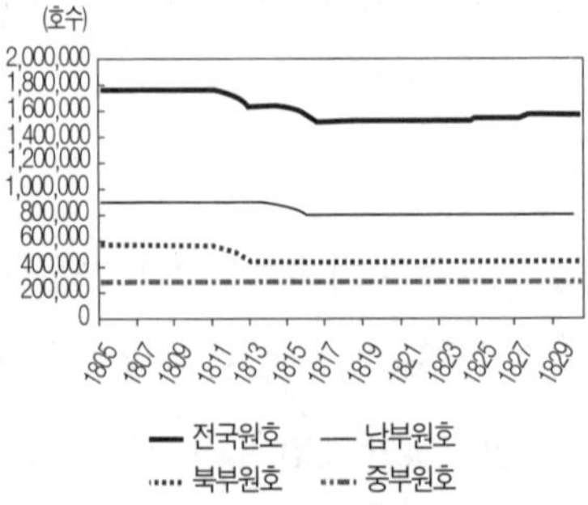

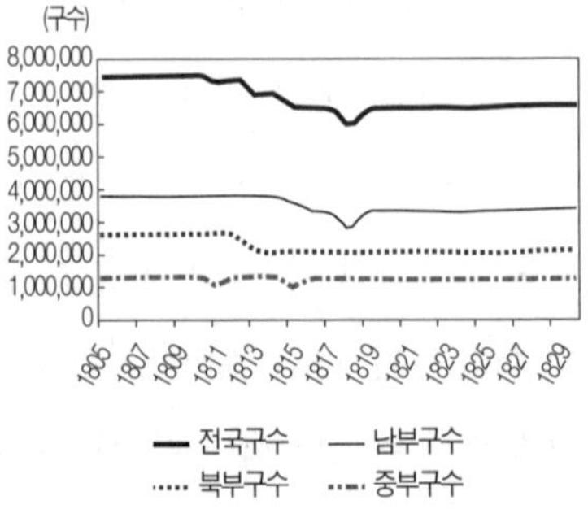

헌민수(호적) 자료가 조선 인구 추계에 타당한 자료가 아니라는 사실은, 지역별 호수의 변동(왼편 그림)과 구수의 변동(오른편 그림)을 분석하면, 그것이 조선 전체의 인구수라기보다 군역·부세를 배정할 호수와 구수의 변동을 뜻한다는 사실을 통해 알 수 있다. 남부는 경상·전라·충청 지역을, 중부는 서울·경기·강원 지역을, 북부는 황해·평안·함경도 지역을 말한다.

19세기 초반 인구 변동이 지역별로 다른 패턴을 보인다. 왼편 그림의 호수보다 오른편 그림의 구수가 심한 변동을 나타낸다. 다른 지역에 비해 중부의 호수 변동은 매우 완만한 패턴을 보인다. 1809~1810년 흉년 피해는 역시 벼농사 지대인 남부에 집중되었지만, 남부 지역의 호구수는 즉각적인 변동을 보이지 않고 1814~1818년에 호수와 구수가 감소 추세를 보인다. 북부의 평안도 구수는 1811~1812년 홍경래 난으로 인해 1811년과 1813년 사이 130만에서 75만으로 급격하게 감소하였다. 이러한 추세는 그 지역의 인구 변동보다 군역·부세를 부담해야 하는 그 지역의 호수와 구수의 변동을 나타내는 것처럼 보인다. 또한 1821년 전국으로 확산되어 많은 인명을 앗아갔을 콜레라의 영향도 호수와 구수와 같은 헌민수 자료에는 잘 드러나지 않는다. 전염병 피해가 아동연령대에 집중되어 호적 기재에 누락되어 그럴 가능성이 있다는 해석도 있지만(권태환·신용하, 1977: 297), "1809~1810년 흉년의 경우와 마찬가지로, 조선 후기 호구 기록에는 다른 논리가 작용한 탓" (서호철, 2007: 224) 때문에 그럴 가능성이 훨씬 높다. 아동은 군역·부세의 대상자가 아니었다.

이런 점에서 볼 때, 맬서스 덫과 같은 서구 개인주의 관점의 이론에 정초하여 조선의 호적 자료를 분석·해석함으로써 공동체·집단주의 성향을 가진 조선의 인구 현황과 사회 현상을 이야기하는 행위는 마치 사과의 특성으로 배의 품질을 평가하는 헛소리가 될 가능성이 높다. 더욱이 이런 유형의 경제사학 이야기들은 대체로 우리의 오랜 전통에서 흘러나오는 우리의 정체성과 자부심을 상실시키는 경향이 있다. 경제사학자들이 강력하게 주장하는 객관성과 참(true)은 영원한 것이 아니라, 푸코의 에피스테메 개념에서 보여 주듯이, 그 시대(혹은 사회)의 주된 인식론에 의해 바뀔 수 있는 것이다. 이제 우리는 이완용이 매국노라는 단편적인 암기식 교육만을 행하는 단계에서 벗어나, 한때 서재필과 함께 독립협회 설립을 주도할 정도로 애국청년이자 그 당대 지식인이었던 이완용을 매국노로 바꾼 인식론에 주목할 필요가 있다(윤덕한, 1999; 이성용, 2020).

2) 초기 변천기: 1910~1945년 식민 시기

대부분의 인구학자들은 한국의 인구 변천을 한국전쟁 이후 사망률이 감소하고 1960년대 이후 출산율이 급격하게 하락하면서 본격적으로 진행되었다고 가정하는 경향이 있다. 그러나 일부 학자(김두섭, 2016; 박인택, 2008)들은 한국의 인구 변천이 1960년대가 아니라 1910년 한일합방을 기점으로 시작되었다고 주장한다. 〈그림 4-6〉에서 보는 바와 같이, 출생률은 1910년 한일합방 직후 상승하여 식민 시기 내내 높은 수준을 유지하였고 사망률은 식민 시기 내내 감소하여 식민 시기 말(1940~1945) 조사망률은 식민 초기의 3분의 2 수준이 되었다. 그 결과 한반도의 인구는, 수백만 명의 해외 유출 인구가 있었음에도 불구하고, 1910년 1,750만 명에서 1944년 2,512만 명으로 급증하였다. 자연성장률도 1910~1915년 4에서 1920~1925년 12, 1935~1940년 21로 급증하였다.

식민 시기의 사망률 저하와 높은 인구성장률은, 특히 (식민지) 근대화론 입장의 사회과학자들에 의해 명시적이건 암묵적이건 간에, 일본의 식민 통치가 한반도 조선인 삶의 여건 향상에 기여하였다는 학문적 주장의 경험적 증거들로 제시되어 왔다. 한일합방이 되면서 서구의 보건제도와 의술 그리고 의약품이 전국적으로 확산되면서 〈그림 4-6〉에서 보는 바와 같이, 특히 식민 시기 초기에 사망률이 떨어지고 인구가 증가하였다. 출생률은, 특히 식민 초기에 일제의 보건개혁과 서양 의술의 확산에 힘입어 상승하는 효과마저 나타내었다. 사망률 저하와 높은 출산율은 자연스럽게 높은 인구성장률을 지속시켰다.

그런데 이러한 근대화론 입장의 초기 변천 이야기들은 다음과 같은 문제점들이 있다. 첫째, 자료의 중대한 결함을 소홀히 다루는 경향이 있다(허수열, 2011). 식민 초기 – 1910년대와 1920년대 초반 – 의 인구 성장과 사망률을 살펴보자. 〈그림 4-6〉의 식민 시기 인구증가율은 조선의 호적 통계에서 계산한 연평균 인구의 자연증가율이 2%라는 가정과 일제 국세조사에서 계산한 1925~1930년 연평균 인구의 자연증가율이 18.7%라는 정보를 이용하여 추계한 것이다(Kwon et al., 1975: 7). (인구증가율의 추계방식에 대해서는 제5장 〈이야기 상자 9: 인구 성장의 추계〉 참조).

박인택(2008)은 권태환과 달리 식민 시기 초기의 인구 추이를 인구증가율이 아니라 생잔율(survival rate) – 1911~1925년 사망자 통계에 근거한 – 을 사용하여 추계하였다. 〈그림 4-6〉과 달리, 그는 식민 시기 조사망률은 1910년대 상승하였다가 1920~1930년대 완만한 하락 추세를 보였음을 밝힌다. 그런데 1920년대 초반에는 지속적인 사망률의 하강 추이에 의구심을 들게 하는 역사적 사건들이 있었다. 1918년 세계적 전염병인 스페인 인플루엔자(김택중, 2017; 천명선·양일석, 2007) – 최소 조선 인구의 0.82%인 14만 명이 사망 – 와 1919년과 1920년에 창궐한 콜레라와 두창(천연두)은 한반도의 사망률 상승에 유의미한 영향을 미쳤다(허수열·육소영, 2016).

따라서 〈그림 4-6〉의 식민 초기 사망률 하강의 상당 부분은, 사망률의 향상보다는 오히려 심각한 사망자 누락과 새로운 인구집계 방식 – 조선의 호구집계에서 일제 통치를 위한 개인집계로 전환 – 에 기인할 수 있다. 왜냐하면 식민 초기의 조사망률은 분자 '사망자 수'는 축소되고 분모 '조선 총인구'는 확대하는 방식으로 계산되었기 때문이다.

실제로 1910년 호구조사의 인구는 1925년 첫 국세조사 자료를 사용하여 추정한 인구의 79%에 불과하고, 인구 동태가 본격적으로 시작한 1937년에도 사망신고 비율은 71%에 그친다. 식민 시기 국세조사의 주된 목적은, 단순히 인구집계가 아니라 식민지 조선의 자원과 노동력을 착취하기 위한 식민 통치와 치안유지에 있었다. 국세조사는 오늘날처럼 인구집계원이 아니라 경찰에 의해 이루어졌다(박경숙, 2009, 2012). 조사의 주된 목적이 인구집계가 아니라면, 『일성록』의 헌민수 자료에서 보듯이, 그것에 근거한 인구 통계 분석은 심각한 어긋남(bias)을 초래할 가능성이 높다. 따라서 식민 시기에 발생하였던 사망률 하강과 높은 인구성장률에 대해서는 진지한 재고(再考)와 비판이 필요한 것처럼 보인다.

둘째, 개인주의 접근방식에서 인구와 자원(토지) 간의 관계나 맬서스 덫에 초점을 맞추는 맬서스 전통의 근대화론 역사인구학과 경제사학 연구들은, 칼 마르크스와 이성용(2018a)이 언급한 바와 같이, 분배나 착취에 관련된 사회의 구조적·제도적 측면과 문화적 특성들을 소홀히 하는 경향이 있다. 이러한 연구들은, 특히 그 분석 대상이 제국주의 국가의 인구가 아니라 식민지 인구일 때, 연구 결과의 해석에 매우 조심할 필요가 있다. 왜냐하면 서구 근대화론은 (제국주의 국가) 개인들의 경제적 자율성을 기본 전제로 가정하지만, 식민지 개인들은 자국의 자원을 스스로 통제할 수 있는 자율성이 사회구조적·제도적으로 크게 제한되거나 상실될 수 있기 때문이다(이성용, 2018a). 푸코가 언급한 바와 같이, 어떤 행위가 자유(자율적)인지는 그 당시의 통치 담론과 권력기술에 의해 결정된다.[10)]

서울대 낙성대연구소의 경제사학자들은 식민 시기에 일인당 GDP(국내총생산)가 증가하였다는 경험적 증거를 제시함으로써, 일본의 식민 지배가 조선의 근대화에 기여하였다는 주장을 펼치곤 한다(김낙년, 2006; 이영훈 외, 2019). 식민 시기에 일본인은 물론 조선인도 일인당 GDP가 증가하였다는 주장(주익종,

10 한일 간 위안부 논쟁에서 가장 문제시 되는 것은 위안부의 자율성이다. 이를테면, 『반일종족주의』 저자들은 흔히 위안부의 강제성을 부정하고 위안부를 '자발적 매춘부'로 기술하였다는 비판을 받는다. 푸코에 의하면 무엇이 자발성인지는 통치 담론이 결정한다. 일제 식민 지배 통치 담론에 의해, 일제 식민 시절 위안부 모집 상인은 그들의 행위에 자율성이 인정되었지만 조선의 독립운동가들은 그들의 행위에 자율성이 인정되지 않았다. 달리 말해, 위안부의 자율성에 대한 가정은 일제의 조선 식민 통치의 정당성을 수용하고 인정하는 세계관(이를테면, 식민지 근대화론 인식론)에서만 가능한 것이다. 게다가 식민 시절, 부와 권력이 있는 일부 집안의 여성들은 위안부 모집 상인으로부터 자율성을 지킬 수 있었겠지만, 일제 식민지 찬탈로 가난과 굶주림에 빠진 대부분의 식민지 조선 여성들은 모집 상인의 강제와 유혹으로부터 자신의 자율성을 지키는 것이 매우 어려웠을 것이다. 통치 담론(인식론)이 바뀌면 특정 행위의 자율성과 합리성 그리고 무엇이 정상 행위인지도 바뀐다. 해방 후 위안부 모집 상인의 행위는 비난의 대상(비정상)이 되고 독립운동가의 행위는 찬양(정상)이 되었다. 이런 이유로, 포스트모더니즘과 탈식민주의 이론가들은 근대화론에서 정상 혹은 자율성이라 간주하는 (특히, 여성의) 행위들은 지배 집단의 통치 담론(서구의 개인주의 인식론)하에서 정상이고 자율성일 수 있다는 점, 그리고 자율성을 지킬 힘이 없는 개인들은 (타인[약자]에 대한 배려가 부재한) 적자생존의 사회에서 자연도태가 될 수 있다는 점을 지적하고 비판한다(이성용, 2020).

2006)과 달리, 조선인의 생활 수준은 향상되지 않았다는 경험적 연구들도 있다(허수열·육소영, 2016; 육소영, 2017). 그런데 일인당 GDP는 경제적 측면으로만 생활 수준을 언급하기 때문에, 생활 수준에 유의미한 영향을 미치는 비물질적인 측면 – 화폐적 가치로 수치화할 수 없는 것, 이를테면 식민통치자로부터 받는 부당한 제약과 차별 – 들을 간과할 뿐 아니라, 단지 평균을 언급함으로써 분포(distribution)의 측면을 소홀히 한다. (특정 집단에 만일 재벌2세가 포함되면 평균 자산(소득)이 급등할 수 있듯이, 대부분의 조선인들 소득은 변함이 거의 없을지라도 극소수의 지주들이 착취를 통해 소득이 급증하면 전체 평균 소득, 즉 일인당 GDP는 올라갈 수 있다.)

식민지 조선은 산업 사회가 아니라 농촌 사회였다(최재성, 2017). 농촌 사회는 1910년 이래 전반적으로 하강 현상이 일어났다. 한일합방 직후 실시하였던 1910년대 토지조사사업과 1920년대 산미증식계획은 조선 농민의 태반을 하층민으로 전락시켰다. 조선총독부 자료에 의하면, 1914년과 1928년 사이에 지주는 1.8%에서 3.7%로 2배 증가하였지만, 중간층인 자작농과 자·소작농은 63.1%(22%와 41.1%)에서 50.3%(18.3%와 32%)로 감소하였고, 소작농은 35.1%에서 44.9%로 10%가 증가하였다. 1930년대에는 더욱 심해져, 1932년에 자·소작농은 25.3%로 1928년의 절반 수준으로 감소하고, 소작농은 52.8%로 1928년에 비해 8%가 증가하였다(최재성, 2017). 해방 직전 1942년 자·소작농은 23.9%로 감소하고 소작농은 53.8%로 증가하였다(허수열, 2011: 354). 토지의 소유권이 일부의 지주들에게 집중되어, 농가의 대부분(77%)은 소작농으로 전락하였다. “전체 인구의 80%가 농민인데 그중 76.9%가 전혀 토지가 없는 소작농이거나 토지가 부족한 자작겸 소작농이 되었다”(김철, 1965: 40, 여기서는 박경숙, 2008: 43에서 재인용). 해방 당시 한반도 전체 자산의 85%가 일본인 자산이었다. 1930년 조선총독부의 통계에 의하면 한반도 인구의 2.45%에 불과하였던 일본인이 한반도 전체 저금액의 86%

를 보유하였다(유타카, 2019). 이처럼 식민 시기 조선에서처럼 개인들의 자산과 소득 분포가 한쪽으로 지나치게 치우치는 경우, 평균값은 대표성에 문제가 있을 수 있다. 평균의 GDP보다, 오히려 중앙값(median)의 GDP가 식민 시기 조선인의 생활 수준 변화를 적합하게 나타낼 수 있다.

실제로, 제국주의 국가가 토지개혁을 통해 식민지의 토지를 사유화하는 경우, 식민지의 소작농들은 시간이 갈수록 더욱 영세화되지만 정복국의 식민지 정주자들은 식민 정부로터 토지를 불하받아 대지주가 되는 경우가 많다. 경제적 자립 역량을 빼앗긴 빈민들의 증가 사례들은 식민지 조선(최재성, 2017), 제5장에서 언급한 식민지 인도와 미국 서부개척 당시 인디언, 프랑스 식민 지배하의 베트남(김종욱, 2000) 그리고 잉글랜드 지배하의 아일랜드(Donnelly, 2001)에서 엿볼 수 있다.

식민지 조선에서 인구는 지속적으로 증가하였지만 전반적인 농가경제는 점점 악화되었다. 그런 까닭에, 특히 농촌 – 대다수[11]의 농민들이 경제적 자립 역량을 상실한 소작농들인 – 에서 인구 압박과 대량의 인구 유출이 발생하였다. 박경숙(2009)에 의하면, 1910~1945년 기간의 35년 사이 조선의 인구는 1,260만 명이 증가하였지만 증가한 인구 중 69%(870만 명)가 한반도에 거주하였고 무려 31%(380만 명)는 해외로 나갔다. 해방 직후 만주와 일본에 체류한 조선인 수는 400만 명이 넘는다. 식민기간 35년 동안, 일본 거주 조선인 수는 1909년 790명에서 1945년 210만 명으로, 만주 거주 조선인 수는 1910년 22만 명에서 해방 직후 216만 명으로 증가하였다. 다른 추정치도 있다. 박기주(2000)는 1940년 해

11 "전체 인구의 80%가 농민인데 그중 76.9%가 전혀 토지가 없는 소작농이거나 토지가 부족한 자작겸 소작농"이라는 진술은 식민지 조선 농민의 96%(76.9/80)가 경제적 자립 역량을 상실한 빈민이었다는 사실을 의미할 수 있다. 재벌가 자제 한 명의 소득이 학급 혹은 학교 전체의 평균 소득을 끌어 올릴 수 있듯이, 3.4%의 지주들도 조선 농민 전체의 평균 소득을 상승시킬 수 있다.

외 거주 조선인 수는 295만 명이며, 그중 145만 명이 만주, 119만 명이 일본, 31만 명은 기타 지역에 거주한다고 밝힌다.

한반도의 인구 유출은 식민 초기보다 인구 압박과 농가경제 악화가 심해졌던 1930년대 이후에 가속화되었다. 식민 초기에는 북부의 함경도 농민들이 주로 새로운 농토를 찾아 만주로 이동하였다. 1930년대 중반 이후에는 만주로 이주하는 조선인들은 전국적으로 확산되어 크게 증가하였다. 박경리의 『토지』에서 볼 수 있듯이, 남부 지역의 많은 농민들도 만주로 집단이주를 하였다. 1930년대 후반 만주로의 순이주자는 50만 명으로 추정된다(권태환·김두섭, 2002; 김두섭, 2016). 다른 연구들도 1930년대 후반 만주로 많은 조선인들이 이주하였다는 사실을 보여 준다(박경숙, 2009). 그 당시 연평균 순 국제 이주율은 –8.9‰에 이르렀다(김두섭, 2016). 1930년 후반에는 국내 이주도 크게 증가하여 그 비율이 그 이전보다 3~4배로 증가하였다(박기주, 2000).

한편, 1940~1945년 만주로의 이주에는 의견이 엇갈리고 있다. 권태환과 김두섭은 이 시기 만주로의 이주 규모가 미미하였다고 이야기한다. 왜냐하면 1940년대 일본이 제2차 세계대전에 참여함에 따라 해외 이동은 주로 징병 및 징용의 형태로 이루어졌기 때문이다(김두섭, 2016). 반면 다른 연구들은 1940년 이후에도 만주에서 조선인 인구는 증가하였다고 주장한다. 박창욱은 1944~1945년 사이 50만 명, 김게르만은 18만 명이 증가하였다고 말한다(박경숙, 2009에서 재인용).

식민 시기, 특히 1930년대 이후 크게 증가한 국내 이주와 해외 이주는 목적지(도시와 해외)의 유입(pull) 조건보다 출발지(특히, 한반도 내의 농촌)의 유출(push) 조건에 크게 기인한다(권태환·김두섭, 2002; 박기주, 2000). 일제의 식민 정책들 – 1910년대 토지사업조사, 1920년대 산미증식계획, 1930년대 농공병진 정책과 엔

블록경제권 – 은 조선의 농가들을 점점 영세화시키고 생계유지조차 어렵게 만든 까닭에, 점점 더 많은 사람들이 고향을 떠날 수밖에 없게 되었을 것이다. 1930년대 급증한 국내 이주와 해외 이주 현상들은 한반도 내 조선인들의 삶이 일제 식민 통치하에서 한층 어렵게 되었다는 사실을 반증한다. 이는 또한 식민 시기 일인당 GNP 증가 추세가 함축하는 "일제의 식민지 근대화 정책은 조선인의 삶을 전반적으로 향상시켰다"는 식민지 근대화론자의 주장과 상반되는 식민 조선의 현실 모습이라 할 수 있다.

이상과 같은 발견들에 비추어 볼 때, 식민 조선에서 인구와 사회경제적 조건(자원) 간 관계를 제국주의·개인주의 관점 – (식민지) 근대화론 입장 – 에서 분석한 학문적 실증연구도 필요하겠지만, 그보다 오히려 식민 지배로 인해 수난의 역사를 경험하였던 제3세계의 인식론(세계관 혹은 패러다임)에 정초한 학문적 실증연구의 요구가 더욱 절실한 것처럼 보인다(이성용, 2020).

3) 혼란기: 1945~1960년

제2차 세계대전 직후 우리나라는, 제국주의 국가들로부터 식민 지배를 받았던 많은 제3세계 국가들과 함께 광복을 맞이하였다. 하지만 광복은 우리의 힘만으로 획득한 것이 아니었기에, 38선으로 남과 북이 갈라지고, 1940년대 후반 정치적 혼란 그리고 1950년대 초반 한국전쟁을 맞이하였다. 이러한 혼란스러운 우리의 역사적·정치적 경험들은, 오늘날 사회과학에서 주된 관심을 보이는 경제적 요인들보다 훨씬 극적인 인구 변동을 야기하였다.

〈그림 4-6〉에서 엿볼 수 있듯이, 1945~1949년 남한 인구는 1,614만 명에서 2,017만 명으로 증가하였고, 연평균 증가율은 60.8%로 추산된다. 이는 우리 역

사상 가장 높은 인구증가율이다. 이런 엄청난 인구증가는 무엇보다 광복 이후 만주와 일본으로 이주하였던 해외 조선인의 대규모 귀환이주 – 210~250만 명 – 에 기인한다(권태환·김두섭, 2002). 해방 후 일본 거주 조선인 중 3분의 2(140만 명), 재중 조선인 중 2분의 1(105만 명)이 조선으로 귀환하였다. 이들 귀환 인구수는 그 당시 한반도 인구의 10%에 달하였다(박경숙, 2009).

일본과 만주에서 귀환하였던 사람들은 귀국 후 고향 농촌 지역으로 돌아가기보다는 출신 지역의 도시에 정착하는 경향이 강하였다. 그리하여 1945~1949년 우리나라의 거의 모든 도시에서 인구 급증 현상을 경험하였다(권태환·김두섭, 2002).

한국의 인구 변동은 1950년대 초 한국전쟁에 의해 막대한 영향을 받았다. 전쟁기간(1950~1953) 동안 165만 명의 사망자가 발생하였고, 남한에서 북한으로 이주한 사람들이 30만 명, 북한에서 남한으로 이주한 사람들이 65만 명으로, 남한의 순이주는 35만 명에 달하였다. 결과적으로 전쟁기간 손실된 남한 인구는 130만 명으로 추산된다. 피난민들은 주로 북쪽 지역의 도시, 즉 서울과 경기 및 강원 지역의 도시들에 정착함으로써, 이들 도시의 급격한 인구 성장에 결정적 기여를 하였다(권태환·김두섭, 2002).

1945~1949년 다음으로 1955~1960년이 높은 인구성장률을 보인다. 1955~1960년 연평균 인구성장률은 28.6%로, 해외 유입인구의 영향을 받지 않은 상황에서 우리나라 역사상 최고의 수준을 보인다. 출생률과 사망률 간의 차이를 말하는 자연증가율도 29로 한국 역사상 가장 높은 수치를 보인다. 이는 1950년대 후반 베이비붐 출생과 사망률의 하강에 기인한다. 다른 나라와 달리, 우리나라는 전후 곧바로 베이비붐이 일어나지 않았다. 그것은 한국전쟁은 종전이 아니라 휴전이었기 때문에, 휴전 직후 젊은 군인들이 제대하지 못하였기 때문이

다. 이런 까닭에, 혹자들은 전쟁참전 군인들이 본격적으로 제대한 시기인 1957년부터 베이비붐이 일어났다고 주장하기도 한다. 하지만 편의상 오늘날 많은 인구 관련 전문가들은 1955년을 베이비붐 시작 기점으로 잡는다. 조사망률은 1950~1955년 33에서 1955~1960년 16으로 절반 수준으로 떨어졌다. 급격한 사망률 하강은 전쟁기간과 후에 항생제를 비롯한 새로운 의약품들이 대량으로 반입되고 확산됨으로써, 1950년대 중반부터 사망률, 특히 영아 및 유아사망률을 급속히 떨어진 결과에 기인한 것으로 가정되고 있다(김두섭, 2016).

4) 후기 변천기: 1960~1985년

한국의 인구 변천이 식민 시기에 시작되었다는 앞의 주장과 달리, 많은 인구 관련 전문가들은 1960년대 본격적으로 진행되었다고 가정한다. 그것은 1960년대 이전까지 유지되어 왔던 고출산율이 급격하게 하락하였을 뿐 아니라 사망률도 하강하였기 때문이다. 게다가 도시화마저 급속하게 진행되었다. 출산율 하강과 사망률 하강 그리고 도시화까지 20여 년의 단기간에 발생하였기 때문에, 이 기간은 '압축성장기'라고 불리기도 한다.

후기 변천기 기간(1960~1985)에 출산력이 사망력보다 급격하게 하강한 결과, 인구증가율이 빠른 속도로 감소하였다. 연평균 자연증가율은 1960년 28.7에서 1985년 16.4로, 연평균 인구증가율은 1960~1965년 2.65%에서 1980~1985년 1.55%로 1.1%p가 감소하였다(권태환·김두섭, 2002). 조출생률은 1960~1965년 42명에서 1980~1985년 20명으로, 합계출산율은 1960년 6명에서 1985년 1.67명으로 불과 20여 년이란 단기간에 급속도로 하강하였다. 한국의 합계출산율은 1983년에 대체 수준 2.1명 이하 수준에 도달하였다. 출산율이 1965년 이후 본격적으로 하강하였다는 사실에 근거하면, 우리나라는 불과 18년 만에 고출산에서 저출산으로의 출산 변천을 마무리하였다고 할 수 있다. 〈그림 4-3〉의 태국과 함께, 우리나라는 전 세계에서 가장 단기간에 급속도로 출산 변천을 마무리한 나라의 하나로 손꼽힌다.

한국의 가족계획사업은 경제발전계획의 일환으로 1962년 출발하였지만, 본격적으로 사업이 진행된 것은 1965년 이후이다. 가족계획사업은 정부의 주도하에 매우 강력하게 추진되었다. 정부의 강력한 추진 배경에는 '출산율 감소가 경제 성장을 가져 온다'는 서구 인구학자의 연구 결과들, 그런 연구 결과물에 근거한 UN 인구기금과 선진국(특히, 미국) 연구재단들의 강력한 설득, 그리고 그 기관들의 경제적 지원들이 있었다(조은주, 2018).

콜과 후버(Coale and Hoover, 1958)는 맬서스 이론을 인도의 자료들에 적용하여 인구성장률이 어느 수준을 초과하면 그 증가 수준에 따라 경제성장률(특히, 일인당 GDP)이 감소한다는 시나리오 유형의 연구 결과를 발표하였다. 이들의 연구 결과와 상반되게, 우리나라를 포함한 일본, 대만, 홍콩, 태국 등 아시아 국가들은 20세기 후반 인구성장률보다 훨씬 높은 수준으로 경제성장률을 이룩하였다(이성용, 2006a). 이들 나라들의 현실은 급격한 인구 성장이 항상 경제 성장에 부정적 영향을 미친다는 주장을 반증하는 경험적 증거이다. 그럼에도 불구하고 콜과 후버의 연구 결과는 그 당시(1950~1970년대) 자국의 경제 성장에 커다란 관심이 있었던 제3세계 정치지도자들에게 결정적 영향을 미쳤다. 서구의 연구재단들도 서구와 비서구 학자들에게 연구지원금을 제공함으로써, 가족계획사업에 우호적인 많은 연구 결과물들 – 이를테면, 콜과 후버의 주장을 지지하는 – 을 양산하였다. 그리하여 '이미지가 현실을 지배'한다는 프랑스 포스트모던 철학자 장 보드리야르의 주장과 같이, 서구의 사회 이론이 목표가

되고 비서구 사회 현실은 도구가 되는 주객전도의 연구 형태들 – 콜과 후버의 인도 사례 연구방식처럼 – 이 서구뿐 아니라 비서구 사회의 통치 담론(가족계획사업에 관련된)을 지배하게 되었다(이성용, 2015, 2020).

서구의 사회 담론을 통한 비서구 사회의 지배에 대해, 에드워드 사이드(2015)는 그의 저서 『오리엔탈리즘』(*Orientalism*)에서 서양은 인식론 체계를 통해 동양을 지배하였다는 주장으로 말한다. 서구 제국의 식민화 방식이 총칼에서 인식의 문제로 전환되었다는 것이다. 사이드의 주장처럼, 비서구의 사회 담론은 식민주의 지배 권력을 정치·경제적 방식으로 영속시키는 데 기여하는 지식 담론의 인식 체제에 비판의 초점을 맞추는 방식으로 새로이 태어나야 할 것이다(이성용, 2020; Harding, 2019; Santos, 2014).

우리나라를 포함한 제3세계 많은 국가들에서 가족계획사업을 성공적으로 수행할 수 있었던 배경에는, 서구 인구학에서의 패러다임 전환, 즉 '학문 지향적 – 무엇인지(what is) –' 에서 '정책 지향적 – 무엇이 되어야 하는지(what can be) –' 으로의 전환이 있었다(Hodgson, 1983). 가족계획사업의 성공을 위해, '무엇이 출산감소의 원인인가?'와 같은 이해의 과학적(혹은 보편원칙) 진술보다 비서구 사회의 출산율을 감소하려면 '어떤 조치를 행해야 하는가?'와 같은 실용적인 제안이 요구되었다.

앞의 단원에서 말한 바와 같이, 고전 인구 변천 이론 – 경제 발달이 출산감소의 주된 동인(動因, key driver)이다. – 에서 경제 성장은 독립변수(원인), 인구 통제(출산력 감소)는 종속변수(결과)이었다. 그러나 효율적인 가족계획사업의 수행을 위해, 인구를 독립변수로 경제 성장을 종속변수로 바꾸었다. 그리고 경제 발달보다 훨씬 효율적인 인식의 변화, 즉 대중교육과 대중매체가 전파하는 서구화 곧 근대 가족의 수용 – 핵가족의 우월성과 여성의 젠더혁명(조은주,

2018) – 을 주된 전략으로 활용하였다. 만일 가족계획 정책 혹은 제1차 인구 변천에서 부모와 자식 간 관계보다 배우자 관계가 우선시하는 근대 가족 이념이 수용되지 않았더라면, 근대 가족에서 한층 진화된 자아실현과 자아성취의 개인화(individualization) – 오늘날 초저출산의 주된 원인으로 간주되는 – 가 오늘날 한국 사회에 존재하기란 불가능하였을 것이다.

킹슬리 데이비스(Kingsley Davis)는 제3세계에서의 가족계획사업을 지도하는 과정에서, 제3세계 여성이 자신이 원하는 자녀수보다 많은 자녀를 출산하고 있다는 사실을 발견하였다. 이 발견을 통해, 데이비스는 가족계획사업의 초점 방향을 사회경제적 발달과 같은 거시 차원에서 자녀 출산에 대한 여성 개인의 의사결정이란 미시 차원으로 바꿀 것을 권고하였다(Hodgson, 1983). 여성이 원하는 자녀수만큼 자녀를 출산하고 출산 통제를 위한 피임을 실천하려면, 출산 관련 행위를 가족 구성원들(시부모는 물론 남편까지 포함하여)의 통제를 받지 않고 스스로 결정할 수 있는 여성의 자율성 곧 여성의 성적 혁명이 요구된다. 여성의 자율성과 젠더혁명은 사회경제적 발달보다 오히려 문화(이념) 변동 – 근대화론에 입각한 개인주의와 핵가족으로의 변동 – 에 근거한다.

한국의 가족계획사업은 피임 기술을 보급하여, "근대적 출산 조절을 실천함으로써 재생산과 성을 향유하는 여성의 주체화 과정이었다"(조은주, 2018: 33). 그런데 여성의 주체화 과정은, 푸코의 통치성 이론이 함축하듯이, 다른 한편으로는 주체의 예속화 과정이기도 하다. 개인주의 관점에서 볼 때 여성의 자율성이 주체적인 것은 분명하지만, 그것은 서구의 개인주의 담론에서나 가능한 것이다. 지배 담론이 가족주의인 제3세계에서 여성들이 서구 담론이 말하는 자율성을 획득하려면, 제3세계의 지배 담론이 개인주의로 바뀌어야 한다. 제3세계 여성의 주체화(자율성)는 지배 담론이 가족주의에서 개인주의로 전환하는 주체의 예속화 과정에서만 가능한 것이다. 게다가 여성의 주체화 방식은 개인 간의 경쟁을 중시하는 서구의 개인주의와 구성원 간의 상호 부조를 중시하는 동양의 가족주의에서 상이하다(이성용, 2020). 개인주의적 여성의 주체화(자율성)는, 가족주의와 확대가족하에서는 불가능한 것은 아니지만, 동일한 방식으로 이루어지지는 않을 것이다. 더욱이 가족계획사업이 제3세계에서 의도하고 추구하는 여성의 자율성은, 비서구 사회의 오랜 전통에 내재된 '상호 부조의 자율성'이 아니라 서구 특유의 '경쟁의 자율성' – 적자생존 혹은 자연도태가 암시하듯이 – 을 의미한다(이성용, 2020). 서구의 인구학자(사회과학자)나 가족계획을 후원하는 국제기구의 지도자 관점에서 볼 때, 비서구 사회의 가족주의와 확대가족 문화는 자녀출산에 대한 여성의 자율성과 인권을 침해하는 그래서 타파되어야 하는 불합리한 제도(문화)에 불과할 수 있다. 가족계획사업의 성공 여부, 제3세계에서 출산율 저하의 성공 여부는 여성의 자율성을 제한하는 제3세계의 전통문화와 이념을 어느 정도 타파할 수 있을지에 달려 있었다. 세계 출산력 조사를 분석한 연구 결과에 의하면, 제3세계의 출산 저하는 경제적 요인보다 문화·이념적 요인에 의해 결정되었다(Cleland and Wilson, 1987).

요컨대, 가족계획사업의 성공 반대편에는, 제3세계 사람들이 오랜 역사 속에서 생성하고 유지하여 왔던 그들 고유의 전통문화와 이념 그리고 그것에서 배태된 그들 고유의 정체성과 자부심의 상실이 그 대가로 존재하고 있다. 어쩌면 자국 전통에 대한 자부심과 정체성을 빠르게 저버리고 서구의 개인주의 이념, 서구화를 빠르게 받아들였던 집단일수록 급격한 출산 변천의 경험을 하였을 수 있다.

후기 변천기에는 출생률과 더불어 사망률도 상당히 떨어졌다. 남성과 여성의 평균 기대수명은 1960~1965년 48.5세와 55.9세에서 1985년에는 65.9세와

72.7세로 증가하였다. 영아사망률도 1960~1965년에 1,000명당 87명에서 1985년에는 23.7명으로 급격하게 떨어졌다(권태환·김두섭, 2002: 267). 이 시기 사망력 저하에는 경제 발전으로 인한 생활 수준의 향상과 보건·의료시설의 확장이 기여한 것으로 가정된다. 또한 의료보험과 같은 보건제도의 도입도 사망 수준의 저하에 한 역할을 하였을 것이다. 가족계획사업과 페미니즘의 확산은 직·간접적으로 여성사망률의 저하에 큰 공헌을 하였던 것으로 평가된다(김두섭, 2016). 이 시기의 사망력 저하와 관련하여 주목해야 할 사항의 하나는 주된 사망 원인이 1980년대 만성질환으로 변화하였다는 점이다. 1966년의 주된 사망 원인들은 호흡기 질환, 소화기 질환, 감염성 및 기생충 질환이었지만, 1980년대 들어서면서 주된 사망 원인으로 악성신생물(암), 순환기계 질환이 등장하였다(Kim, 1999; 조성일, 2016). 그 후 전체 사망 원인 중 암과 순환기계 질환의 비중은 계속 증가하였다.

1960~1970년대 한국의 초유한 경제 성장 – 연평균 경제성장률은 1960년대 10.4%, 1970년대 22.8%로, 세계 역사상 장기간 지속된 가장 높은 경제성장률로 손꼽히는 '한강의 기적' – 은 출산과 사망 변동뿐 아니라 급격한 인구이동도 수반하였다. 우리나라 도시인구의 비율은 1960년 28%에서, 1970년 41.1%, 1980년 57.2% 그리고 1985년 65.4%로 급증하였다. 25년 만에 37.4%가 증가하였다. 도시인구의 증가에는 무엇보다 농촌에서 도시로의 이주자 급증이 커다란 역할을 하였다. 농촌 → 도시 전출자 수와 규모는 1965~1975년에 급증하였다. 후기 변천기의 농촌 → 도시 이주에는, 식민 시기와 달리 농촌의 유출 요인보다 도시의 유입 요인이 크게 작용하였다(권태환·김두섭, 2002: 270~271). 1965~1975년 당시 크게 유행하였던 용어인 '무작정 상경'이 함축하는 바와 같이, 많은 젊은이들이 일자리를 찾아 도시로 왔다. 그리고 농촌의 많은 베이비붐 세대들이 성장

하면서, 도시의 상급학교에 진학하였다. 이 당시 무작정 상경하여 일자리를 잡았던 많은 젊은이들은 농촌에 남아 있던 사람들(특히, 동생들)에게 자신보다 높은 수준의 교육 – 농촌과 도시에서 – 을 받게끔 경제적 지원을 제공하였다. 도시에서의 취업과 진학은 후기 변천기 젊은이들을 도시로 이주하게 한 주된 유입 요인이라 할 수 있다. 이 시기 도시로 이주해 온 젊은이들 대부분은 도시에 남음으로써, 1990년대 이후 농촌은 도시보다 급격한 인구고령화와 세대 분리 현상을 점차 초래하기 시작하였다.

1980년대 후반까지, 우리나라에서 해외 이주의 비율은 미미한 수준이었기 때문에 우리나라 인구 구조는 해외 이주에 의해 거의 영향을 받지 않았다. 그 당시 연 해외 이주 비율은 –1.0%를 넘지 않아, 1985년 이전까지 한국의 인구는 출생과 사망에 의해 결정되는 폐쇄인구(closed population)로 가정해도 무방할 것이다(권태환·김두섭, 2002: 258).

5) 후기 과도기와 제2차 인구 변천: 1985~2000년과 2000년 이후

한국 인구 변천의 마지막 단계인 1985년 이후 오늘날까지 시기는 흔히, 권태환·김두섭(2002)과 김두섭(2016)의 분류 기준에 근거하여, '후기 과도기'란 하나의 단계로 일컬어지고 있다. 이런 분류는 고전 인구 변천 이론에 기초한 것으로, 한국의 인구가 1980년대 후반 출산력과 사망력이 모두 낮아진 인구 변천의 세 번째 단계에 진입하였다고 가정한다. 하지만 저자는 2000년 이전과 2001년 이후는 구분될 필요가 있다고 생각한다. 그 주된 이유의 하나는, 2001년 이후 한국 사회의 출산율은 소위 초저출산으로 분류되는 합계출산율 1.3명 이하에서 계속 머물고 있다는 사실이다. 다른 이유는, 한국의 인구가 출산율과 사망률의 균형 상태에서 벗어나 사망률이 출생률을 초과하는 인구감소 시대를 맞이하고 있다는 사실에 근거한다. 실제로 2021년 통계청 발표에 따르면, 2020년 출생아 수는 27만 2,400명으로 사망자 수 30만 5,100명보다 작았다(2022. 2). 이러한 이유로 2000년 이후 한국 사회의 인구 변천은 '제2차 인구 변천 시대'로 보는 것이 타당할 것이다.

한국의 합계출산율은 1980년대 중반 이후 1990년대까지 1.6명 내외에서 비교적 안정적 상태를 유지하여 왔다. 이에 정부는 1996년 그동안 추진해 왔던 인구억제 정책을 공식적으로 폐지하고 '인구의 자질 향상 및 복지증진'을 도모하는 인구 정책으로 전환하였다(김두섭, 2016). 그런데 1997년 외환위기를 거치면서 2001년 이후 합계출산율은 1.3명 이하의 초저출산 수준이 지속적으로 유지되었다. 이에 정부는 2006년 출산율을 장려하기 위한 제1차 저출산·고령사회기본계획(2006~2010)을 실시하였다. 저출산·고령사회기본계획은 2차(2011~2015), 3차(2016~2020)에 걸쳐 오늘날까지 지속적으로 진행되고 있다.

김대중 정부는 외환위기 당시 IMF의 권고를 받아들여 한국 사회에 신자유주의 경제 정책을 본격적으로 도입·추진하였다. 신자유주의 경제는 푸코의 주장처럼, 출산과 혼인과 같이 그 이전까지 경제적 이해타산이 침투하지 않았던 시민 사회의 행위들마저 개인의 경제적 이해에 근거하여 의사결정을 행하는 사회경제적 환경을 조성한다. 개인이 어려움을 닥쳤을 때 도움을 제공해 왔던 가족과 공동체 등 시민 사회 유대들이 파괴되었기 때문에, 개인들은 스스로 그 난관을 극복할 수 있는 개인적 자립 역량 곧 인적 자본(human capital)을 키워야 한다. 그렇지 못하면 자연도태가 될 수 있다. 정부의 사회복지가 그런 위험에 빠진 개인들에 보호막을 제공할 수 있지만, 한국 사회의 복지 역사는 매우 짧고 복지 수준은 신뢰할 수준에 도달하지 못하였다. 개인 스스로가 자신의 삶을 설계하고 책임져야 하는 개인화(individualization), 즉 자아실현이 중시되는 제2차 인구 변천의 시대 – 혹은 각자도생의 시대 – 가 온 것이다.

제2차 인구 변천 논의에서 부각되었던 혼인과 출산에 대한 가치관 – 특히, 자아실현과 개인화에 관련된 – 변화들은 2000년 이후 우리 사회 곳곳에서 볼 수 있다(정성호, 2009). 결혼과 자녀 출산은 더 이상 당위적 행위가 아니라 선택사항이 되었다(이성용, 2006c, 2009, 2012, 2019). 개인화의 확산은 혼인과 출산에 대한 가치관 변화 말고도, 21세기 급증한 1인가구의 비율에서도 볼 수 있다.

가족계획사업에서 도입된 근대 가족의 이념에서, 경제적 자립 역량이 없는 젊은 남녀들은 결혼과 자녀 출산을 할 수 있는 도덕적 자격을 갖지 못한 사람들이 된다(맥팔레인, 2014). 신자유주의 경제의 노동시장 유연성과 소득 불안정성은 개인의 경제적 자립 역량을 위험하게 만들고, 이러한 위험 사회는 결혼과 출산을 할 수 있는 도덕적 자격을 갖춘 젊은이들을 점점 감소시킬 가능성이 크다. 그러면 혼인율과 출산율은 자동적으로 떨어질 것이다.

경제적 이해타산에 근거하여 개인의 행위를 결정하는 신자유주의 경제와 함께, 혼인과 출산보다 (특히, 여성의) 자아실현을 우선시하는 자유 페미니즘은 김대중 정부 이후 우리 사회에서 지배 담론의 위치를 공고히 하고 있다. 만일 혼인과 출산 행위가 자신의 경제적 이해 혹은 자아실현에 위배되고 개인 스스로 책임을 질 수 없다면, 그것은 거부되어야 한다. 그런데 21세기 들어 혼인과 출산이 개인(특히, 여성)의 경제적 이해에 위반될 뿐 아니라 자아실현을 저해한다는 인식은 우리 사회(특히, 젊은 세대)에서 확산되는 것처럼 보인다. 결혼과 자녀 출산은 점점 특권화되고 있다(이성용, 2006c, 2009, 2012, 2019).

다시금 말하지만, 제2차 인구 변천의 개인화 가치관은 서구의 개인주의와 핵가족에서 진화한 것이다(van de Kaa, 1987; Lesthaeghe, 1995). 만일 1960~1970년대 가족계획사업이 우리 삶의 방식 혹은 전통가족 문화(개인의 이해보다 구성원 전체의 이해를 우선시하는 가족주의 확대가족 문화)를 서구화를 통해 개인주의 방식 혹은 집단주의(가족주의)와 개인주의가 혼재하는 방식으로 바꾸지 못하였더라면, 개인화와 제2차 인구 변천은 불가능하였을 것이다(Basu and Desai, 2016; McNicoll, 2009). 요컨대, 서구화와 발달이상주의를 수반한 1960~1970년대 가족계획사업이 오늘날 21세기 한국 사회의 개인화와 제2차 인구 변천(초저출산)을 위한 발판을 마련해 주었다고 할 수 있다.

따라서 한국의 초저출산 극복 인구 정책은, 인구 변천의 '끝'에만 초점을 맞추는 북서유럽의 출산장려 정책에 근거하기보다, 우리의 전통 가족주의 확대가족이 일차적으로 1960년대 가족계획사업에서의 근대 가족 이념을 통해 변화가 진행되었고, 특히 1990년대 말 외환위기 이후 신자유주의와 개인화와 접목함으로써 불과 반세기 만에 다양한 이념들이 압축되어 형성한 우리 특유의 역사적인 가족 경험에 근거하여 수립되어야 할 것이다. 앞의 단원에서 살펴보았듯이, 대부분의 비서구 사회들에서 일어난 인구 변천 패턴들은 북서유럽 경험에 근거한 보편원칙의 인구 변천 패턴과는 상이한 방식으로 전개되었다. 이런 사실들은 우리나라의 인구 정책이, 발달이상주의의 정점에 있는 북서유럽 모형에만 의존하여 수립하기보다는, 우리 고유의 역사적 경험 곧 '중간'을 보고 수립할 필요성을 말한다.

〈그림 4-6〉에서 보는 바와 같이, 1980년대 이후 사망률은 매우 완만한 속도로 감소하고 있다. 조사망률은 1985~1990년 5.7명에서 2005~2010년 5.1명으로 미미한 감소 추이를 보였다. 이러한 완만한 상태의 사망률 저하 추이는 부분적으로는 인구고령화로 인해 높아진 고령인구의 비율에 기인한다. 2010년대에

는 인구고령화가 가속화되면서, 조사망률은 미미한 증가 추이를 보인다. 조사망률은 2015~2020년 5.9명으로 반등하였다. 출생 시 기대수명은 1985년 68.9세(남 64.6세, 여 72.3세), 2000년 76세(남 72.3세, 여 79.7세), 그리고 2020년 82.5세(남 80.5세, 여 86.5세)로 증가하였다. 기대수명은 1985~2000년이 7.1세(남 7.7세, 여 7.4세)로 2000~2020년 6.5세(남 8.2세, 여 6.8세)보다 높은 증가폭을 보였다. 1990년 이후에는 악성신생물, 뇌혈관 질환, 심장질환 등 만성질환 관련 질환들이 주된 사망 요인으로 고정되었다. 인구고령화가 되면서 폐렴 관련 사망 원인이 점차 증가하고 있다. 이를테면, 호흡계통의 질환으로 사망할 확률은 1999년 7.3%에서 2020년 16.8%로 지난 30년 사이 두 배 이상 증가하였다(통계청, 2021. 12a).

국제 순이주 비율은 1990년대에 들어와서 1970~1980년대보다 낮은 수준을 유지하고 있다. 1990년대는 1970~1980년대에 비해, 해외 이출인구가 해외 이입인구보다 많았다. 우리나라는 1980년 중반까지만 해도 외화벌이를 위해 자국민을 외국으로 내보내는 나라였지만, 1980년 말 이후부터는 1970년대 이래 계속된 경장 성장으로 인해 외국인 노동자들을 받아들이는 나라가 되었다(이정환·이성용, 2007). 국내에 유입된 외국인 노동자 규모는 1990년 2만 명에 불과하였지만, 비록 외환위기 직후 그 규모가 일시적으로 감소하기는 하였지만, 그 후 크게 증가하여 2014년 75만 명을 넘었다(이혜경, 2016). 또한 국제결혼 건수도 외환위기 이후 급격하게 증가하였다. 1995년대 전반까지는 외국인 남성과 혼인하는 한국 여성들이 국제결혼에서 대다수를 차지하였지만, 1995년 특히 21세기 들어서는 외국인 여성과 혼인하는 한국 남성들이 국제결혼에서 절대적 우위를 차지하고 있다(이윤석, 2016). 그 결과, 오늘날 한국 사회에서는 길거리에서 외국인들과 한국인과 외국인 사이에서 태어난 다문화가족 아이들을 흔히 접할 수 있다.

4.4. 한국의 출산 정책

앞에서 언급한 바와 같이, 오늘날 우리 사회의 초저출산은, 단지 외환위기 이후 세계화와 신자유주의 경제가 초래한 최근의 사회경제적 변동의 결과물이기보다, 오히려 1960년대 이래 지속되어 온 우리의 출산 변천과 가족·인구 정책이 낳은 역사적 결과물이라 할 수 있다. 따라서 이 단원은 어떻게 한국의 출산 정책이 1960년대 이래 서구의 보편주의 근대성 인구 이론, 인구 정책과 밀접하게 연관되어 설정되고 수행되어 왔는지를 살펴볼 것이다.

정부는 출산장려를 위해 2006년 이후 2022년 현재까지 280조 원의 막대한 예산을 쏟아부었지만, 출산율은 향상되지 않고 오히려 악화되었다. 2020년과 2021년 합계출산율은 0.8명 수준이다. 그 결과 일부 전문가를 포함한 많은 사람들은 백약이 무효인 상황이 초래되었다고 이구동성으로 말한다. 그런데 어이없게도 그 백약에는 돈에 관련된 보육과 복지, 주거비, 일자리 등의 경제적·제도적 요인들만 포함될 뿐, 인간관계와 관련한 이념적 요인은 배제되어 있다. 인간 역사에서 결혼과 출산은 인간관계의 출발점이었다. 출산 관련 많은 이론과 연구들은 출산 변동이 경제적(물질적) 요인보다 이념적 요인에 의해 야기되었다는 사실을 밝히고 있다.

출산 변동을 야기한 가장 중요한 이념적 요인의 하나는 여성의 지위 혹은 여성의 자율성으로 알려져 있다. 인구학과 페미니즘은 역사적으로 밀접한 관계를 가진다(Presser, 1997; 이성용, 2020). 특히, 1994년 카이로 인구회담과 1995년 베이징 세계여성대회는 출산 정책을 포함한 인구 정책이 젠더 혹은 여성의 재생산 건강과 권리에 근거해 수립하고 펼칠 것을 선언하였다.

그런데 여성의 자율성과 개인화(자기결정권)에서 진화된 젠더 이념은 우리나라를 포함한 비서구 사회의 오랜 전통에서 중시되고 당연시되어 왔던 인간관계와 대척점이 있다. 예를 들어, 유교의 근본 개념 인(仁)은 사람(개인)들 간 관계를 함축한다. 남성과 여성은 남녀 각자의 생존(자율성)을 우선시하는 경쟁의 관계가 아니라 상호 부조의 관계에 있다. 타인을 배려하지 않은 개인의 자율성 이념 곧 근대성은 비서구 사회에서 중시하여 왔던 전통적인 인간관계 – 가족관계를 포함한 – 를 파괴할 위험을 다분히 내포하고 있다.

우리나라는 1960년대 가족계획사업부터 여성의 재생산 건강과 권리를 향상시킴으로써 출산 변동을 꾀하였다. 흥미롭게도, 우리나라 출산 정책에서 여성의 자율성(지위) 향상은 1960~1970년대 가족계획사업에서는 출산율 하강 요인으로 그리고 21세기 일–가정 양립 정책에서는 출산율 상승 요인으로 가정되었다. 여성의 자율성은 인구 정책자의 주문에 따라 한 나라의 출산율을 자유자재로 하강 혹은 상승시킬 수 있는 만능의 도끼인가? 그렇지 않다. 〈그림 4-8〉은 우리나라에서 여성의 자율성 향상은 1960년대 가족계획사업 이후 출산율 상승을 추구하였던 최근의 일–가정 양립 정책까지 출산율과 부적 관계를 가진다는 사실을 보여 준다.

인구 정책자들은 북서유럽의 경험에 근거한 일–가정 양립 정책 – 여성의 경제적 자립역량을 향상시키는 – 을 통해 출산율 상승을 꾀하였지만, 출산율은 오히려 하강하였다. 유럽의 역사적인 출산 경험에서 형성된 인구 변천 이론과 유사하게, 일–가정 양립 이론과 정책은 비서구 사회 – 남유럽을 포함 – 에서는 북서유럽과 상이한 결과를 초래하는 경향이 있다. (북서)유럽의 경험에 토대한 인구변천과 일–가정 양립 이론은, 서구와 비서구 사회에서 동일한 결과를 산출하는 보편원칙이 아니라, 북서유럽 특유의 이론이라 할 수 있다.

〈그림 4-8〉에서 보여 주는 일–가정 양립 정책의 기대치와 세계 최저 수준

〈그림 4-8〉 출산율과 여성의 자율성, 젠더

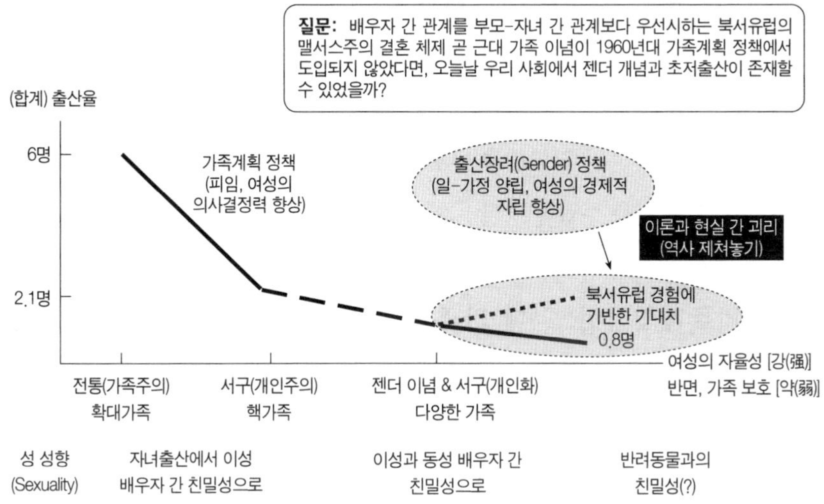

의 우리나라 합계출산율(0.8명) 간 격차는 서구 출산 이론과 그것이 적용된 우리나라(비서구 사회) 현실 간 괴리를 나타낸다고 할 수 있다. 서구 이론은 그것이 우리 사회에 적용되었을 때 발생할 수 있는 혜택은 말하지만 비용과 부작용은 말하지 않는다. 이성용(2021)은 그 비용과 부작용을 밝혀내는 작업을 한국사회이론이라고 정의하였다. 이 단원에서는, 서구의 출산 이론과 출산장려 정책(특히, 일-가정 양립 정책과 관련된 젠더-출산 이론)을 우리 사회에 적용할 때 발생할 수 있는 비용과 부작용을 밝히는 데 초점을 맞춘다.

저자의 생각에, 오늘날 우리는 서구의 인구 이론이나 인구 정책을 모방하는 수준에서 벗어나, 우리의 현실에 적합한 우리의 인구 이론과 정책을 수립해야 할 것이다. 그러기 위해, 먼저 우리나라 인구 정책이 어떤 방식으로 수립되고 집행되었는지를 역사적으로 고찰할 필요가 있다. 현대자동차는 초창기 외국차를 모방함으로써 출발하였지만 오늘날에는 우리 고유의 자동차를 생산하고 있다. 이와 유사하게, 우리의 출산 이론과 정책도 초창기인 가족계획사업에서는 서구의 인구 이론과 인구학자들의 지도편달을 받아 출발하였지만, 이제는 그동안 축적된 경험들을 발판으로 삼아 우리의 현실에 적합한 우리의 인구 이론과 정책을 수립해야 할 단계에 왔다.

1) 가족계획사업: 근대 가족의 도입, 섹슈얼리티와 자녀출산 간 분리

우리나라 인구 정책, 특히 출산 정책은 출발점부터, 많은 제3세계 국가들과 마찬가지로 서구의 출산 이론과 밀접한 관계를 가진다. 1960년대 우리나라 가족계획사업은 우리나라 인구학자보다 서구 인구학자들의 주도하에 그 내용이 수립되고 집행되었다. 그 집행 과정에서 재정적 지원은 물론, 그들로부터 지도·감독도 받았다(조은주, 2018).

제2차 세계대전 이후 아시아와 라틴아메리카 등의 제3세계 국가에서 인구가 급증하였다. 맬서스 인구 이론과 도미노 이론에 의하면, 이들 국가에서의 인구 급증은 빈민을 대량으로 산출하여 공산주의 국가가 될 가능성이 높고, 그렇게 된다면 서구의 민주주의 안보 체제를 위험에 빠뜨릴 수 있다. 이러한 인식하에 서구 선진국과 유엔은 제3세계 인구 급증을 제어할 가족계획사업을 진척시켰다. 가족계획사업은 우리의 이해보다 서구의 이해가 깊이 뿌리박혀 있었다.

우리나라를 포함한 제3세계의 가족계획 정책은 발족 당시 인구 변천 이론에 근거하여 그 목표가 수립되었다. "근대화(경제 성장)는 출산 하강을 인도한다." 경제 성장이 수단(원인변수)이었고 인구(출산)는 목표(결과변수)이었다. 그러나 경제 성장을 통해 인구를 감소시키기 위해서는 너무나 긴 시간과 커다란 비용이 요구되었다. 단기간에 값싼 비용으로 비서구 국가에서 출산 하강을 가져올 새로운 전략의 필요성이 대두되었다. 서구 인구학자들은 만일 인구성장률이 얼마만큼 감소하면 일인당 국민소득이 얼마만큼 증가한다는 식의 시나리오를 비서구 사회의 지도자들에게 홍보하였다(Coale and Hoover, 1958). 이 시나리오에서 인구는 수단(원인변수)이 되고 경제 성장은 목표(결과변수)로 뒤바뀌어졌다(Hodgson, 1983).

제3세계에서 가족계획사업을 집행하는 과정에서, 서구의 인구학자들은 그 지역에서 수많은 여성들이 원하지 않는 자녀를 출산하고 있음을 발견하였다. "피임과 낙태를 통해 원하지 않은 자녀들의 출산을 방지하면, 출산율이 하강할 것이다." 그리하여 가족계획사업은 여성들이 원하지 않는 자녀들을 출산하지 않도록 피임 도구를 제공하고, 그것을 여성이 자율적으로 사용할 수 있도록 여성의 지위를 향상시키는 방향으로 그 내용을 전면 수정하였다. 피임과 낙태는 원하지 않는 자녀출산을 막는 기술(technical) 도구이지만, 여성의 자율성(지위) 향상은 이념(가족문화) 변동을 수반해야 하는 것이다. 피임 도구를 무료로 제공할지라도, (다자녀관으로 인해) 여성 개인이 출산을 통제할 의지가 없거나 (출산에 관한 다른 가족 구성원들의 통제로 인해) 그것을 사용할 자율성이 없다면, 무용지물이나 다름없게 된다.

콜드웰(Caldwell, 1982)의 가족 세대 간 부의 흐름 이론에 따르면, 출산 변천은 부의 흐름이 '자녀에서 부모에게'가 '부모에서 자녀에게'로 바뀌면서 시작한다. 전자의 흐름은 가족주의 확대가족에서 그리고 후자의 흐름은 개인주의 핵가족에서 발생한다. 근대화(경제적 요인)와 서구화(문화적 요인)는 세대 간 부의 흐름을 바꾸는 데 결정적 역할을 하며, 대중교육과 대중매체는 서구화를 전파한다. 서구화(Westernization)는 서구의 핵가족 문화가 비서구의 확대가족 문화보다 우월하다는 인식을 심어 주는 과정 곧 가족 이념 변동을 뜻한다. 콜드웰은 출산 하강 요인을 경제적 요인(근대화)과 문화적 요인(서구화)으로 구분하였지만, 두 요인이 밀접하게 연관되어 출산 변동을 야기하는 것으로 생각하였다. 그런데 세계출산력 자료 분석 결과에 의하면, 제3세계의 출산 변동은 사회경제적 요인과 상관없이 이념적 요인에 의해 야기된 것으로 드러났다(Cleland and Wilson, 1987).

가족계획사업이 추구하였던 가족 이념 변동은 출산과 피임 행위를 여성의 '성적 자기결정권'으로 인식하는 가족혁명을 함축한다. 가족혁명은 부모와 자녀 간 관계가 배우자 간 관계보다 우선시되는 가족주의 확대가족에서 배우자 간 관계가 부모와 자녀 간 관계보다 우선시되는 개인주의 핵가족 곧 근대가족으로의 전환을 뜻한다. 가족계획사업은 근대 가족 이념에 근거하여 배우자 간 친밀성을 우리 사회에 홍보하고 교육하였다. 여기서 여성의 성적 욕구는 자녀출산을 위한 것이 아니라 배우자 간 친밀성을 유지하고 향상시키는 '자연적인 것'이 된다. 맬서스의 인구 항상성 원칙에서 "남녀 간 욕정은 필연적"이란 어구에서 보듯이, 서구 근대 가족에서 개인(여성)의 섹슈얼리티 곧 성적 욕망은 자녀출산과 관계없이 추구해야 하는 인간의 '타고난' 본능이다. 이처럼 가족계획사업의 근대 가족 이념은 우리나라에서 여성들의 성적 욕구를 자연적인 것으로 만들어 섹슈얼리티와 재생산(자녀출산)을 분리시켰다(조은주, 2018). 근대 가족에서 여성의 자율성(성적 자기결정권)은 이성애 부부의 가족관계 속에서 존재하였을 뿐, 오늘날 개인화 이념에서처럼 여성이 전적으로 책임지고 결정할 사안은 아니었다.

반면 배우자 간 친밀성보다 부모와 자녀 간 관계가 우선시되는 가족주의 확대가족 세계관에서는 섹슈얼리티와 재생산의 분리는 물론 여성의 성적 자기결정권도 불가능하다. 우리나라의 전통적인 가족주의 확대가족에서 자녀 생산은 가족집단의 계승 곧 가족 구성원 전체의 관심사가 된다. 그러므로 성행위와 자녀출산 그리고 출산을 억제하는 피임 행위는 여성이 자율적으로 결정할 사안이 아니라 오히려 가족이란 집단 차원에서 결정되어야 할 문제이었다. 집안의 가장이자 웃어른들인 시부모가 결혼한 성인 자녀의 출산 행위와 섹슈얼리티 및 피임 사용을 간섭하고 통제하는 행위는 그들의 가계계승을 위한 도덕적 책무이었다.

가족혁명을 통해 자녀출산(그와 관련된 피임 도구 사용)이 더 이상 가족 구성원의 전체 관심사가 아니고 단지 근대 가족의 부부가 결정하고 책임지는 사안이 되면, 시부모를 포함한 다른 가족 구성원들이 젊은 부부의 섹슈얼리티와 자녀출산에 대해 간섭할 책임과 권리는 없게 된다. 자녀출산이 부부의 몫이면, 자녀 양육과 교육도 부부의 몫이다. 그러면 확대가족 이념하에서 자녀 양육과 교육에 도움을 주어 왔던 다른 가족 구성원들(조부모를 포함하여)의 돌봄과 지원도 서서히 약화되거나 사라지기 마련이다. 콜드웰(Caldwell, 1982)의 가족 세대 간 부의 흐름 이론에서 함축하듯이, 확대가족에서 핵가족으로의 가족혁명은 자녀 양육과 교육에 대한 비용을 급증시켜 세대 간 부의 흐름을 역전시키고 출산하강을 인도할 수 있다.

결론적으로, 1960~1970년대 가족계획사업은 발달이상주의와 서구화를 통해 우리 사회에서 지배적인 가족 이념을 전통적인 가족주의 확대가족에서 서구의 개인주의 핵가족으로 전환시켰고, 핵가족으로의 전환은 자연스럽게 부모와 자녀 간의 관계보다 배우자 간의 관계를 중시하는 반려자 문화를 동반하였다. 반려자 문화는 섹슈얼리티의 일차적 목적을, 부모세대와 자녀세대 간의 연계를 함축하는 자녀 생산이 아니라 가족 간 세대를 분리하고 배우자 간 친밀성을 최우선시하는 것으로 방향을 바꾸었다. 근대 가족 이념의 도입은 우리나라 여성에게 원하는 수의 자녀를 출산하게끔 피임 도구를 자율적으로 사용할 수 있는 사회적 환경을 조성하여 주었다. 출산율은 하강하였고, 섹슈얼리티와 자녀출산을 동일시하였던 가족주의 이념은 힘을 잃어 갔다.

2) 세계에서 가장 낮은 수준의 출산율: 출산의 당위성이 선택으로

한국의 합계출산율은 1983년 대체 수준 이하로 떨어진 이후, 1997년 외환위기 이전까지는 1.6~1.8명대에 머물렀다. 그러나 1997년 외환위기 이후 신자유주의 경제와 개인화 이념이 본격적으로 도입·확산되면서, 합계출산율은 2001년 이후 1.3명 미만의 초저출산 수준으로 지속되고 있다. 오늘날 우리나라의 출산율은 전 세계에서 가장 낮은 수준이다.

사라 맥란한(Sara McLanhan)은 2004년 미국인구학회 회장취임연설에서, 좋은 집안에서 태어나 최고 수준의 교육을 받은 여성, 즉 골드미스들은 혼인도 하고 출산도 하지만 열악한 집안에 태어나 낮은 수준의 교육을 받은 여성은 결혼도 출산도 낳지 못하는 추세로 전환되고 있는 미국의 인구학적 현상을 지적하였다. 미국 사회에서 결혼과 출산이 점점 특권이 되는 현상을 경고한 것이다. 그녀는 그런 특권화 현상에 시장경제(신자유주의)와 복지 정책 그리고 (자유) 페미니즘이 결합하여 결정적 기여를 했다고 주장하였다.

불행히도 외환위기 이후 신자유주의와 개인화가 도입되고 확산되면서, 우리나라에서도 결혼과 출산의 특권화 현상이 나타나고 있다. 우리나라에서 교육 수준이 낮은 여성은 비교적 최근까지 교육 수준이 높은 여성에 비해 높은 혼인율을 보여 왔다. 그런데 2010년 인구주택총조사의 분석에 따르면(이성용·황명진, 2014), 우리나라에서 시장경제 및 최근 유행과 이데올로기를 선도하는 서울 강남지역에서 30대 여성들이 교육 수준이 높을수록 혼인율이 높고 낮을수록 혼인율이 낮은, 소위 '새로운 패턴의 사회경제적 혼인'(new socioeconomic pattern of marriage)을 나타내었다(Goldstein and Kenney, 2011).

출산의 선택(특권화) 현상은 이보다 일찍 외환위기 이후 2000년대 초에 나타났다(이성용, 2006). 한국보건사회연구원이 3년마다 실시하는 『전국 출산력 및 가족보건·복지실태조사』에 의하면 자녀를 '반드시 가져야 한다'는 비율은 1991년 90.3%, 1997년 73.7%, 2000년 58.1%, 2012년 46.3%로 계속 감소해 왔다. 반면 '반드시 가질 필요가 없다'는 비율은 1991년 8.5%에서 1997년 26.0%, 2000년 41.5%, 2012년 53.5%로 증가하였다(이성용, 2019). 외환위기 직후 2000년대 초 자녀출산의 당위성 인식이 급격하게 감소하였음을 보여 준다. 유사하게 젊은 남녀의 비혼 구성비도 외환위기 이후 상승하고 있다. 1995년과 2015년 사이 35~39세 비혼구성비는 여성 3.3%에서 19.2%로 남성 6.6%에서 33%로 증가하였다.

이러한 의미에서 아시아에서 가장 낮은 초저출산을 보이는 우리나라와 1.3명의 초저출산 다른 아시아 지역(중국과 인도의 대도시) 사이의 주된 차이는 자녀출산에 대한 '당위성'과 '선택'이라 할 수 있다. 두 지역 모두 자녀에 대한 과중한 (경제적) 부담으로 인해 자녀 수를 1명으로 제한하는 경향이 있다. 그러나 자녀출산의 당위성이 여전히 유지되고 있는 중국과 인도 대도시와 달리, 우리나라의 1명 미만 합계출산율은 자녀출산을 당연시하는 부모의 비율이 점점 줄어들고 개인화에 따른 선택성의 부모가 점점 늘고 있다는 현상을 보여 준다.

반면 섹슈얼리티가 자녀출산과 동일시되고 부모와 자녀 간 관계가 배우자 관계보다 우선시되는 가족주의 확대가족에서는, 결혼과 출산이 당위성이 아니라 선택이 될 가능성은 희박하다. 오늘날 결혼과 출산의 특권화는, 만일 가족계획사업이 서구의 근대 가족을 우리나라의 지배적인 가족문화로 대체하지 않았으면 불가능한 현상이다. 달리 말해, 우리나라 전통적 가족주의 가치관이 약화되고 사라질수록, 결혼과 출산의 특권화 현상은 가속화될 것이고 그러면 혼인율과 출산율도 더욱 떨어질 것이다.

3) 근대 가족과 신자유주의: 부동산과 사교육비

앞에서 언급하였듯이, 외환위기 이후 우리나라에서도 결혼과 출산은 점점 당위성에서 선택성으로 옮겨가고 있다. 근대 가족과 신자유주의 이념에 발맞추어, (1) '결혼 후 함께 살 최소한의 안락한 집 곧 적소'와, (2) '자녀가 차후에 생존 가능한 인적 자본을 키워줄 경제적 역량'이 결혼과 출산에 대한 도덕적 자격으로 되고 있다. 우리의 전통 가족문화인 확대가족에서는 신혼부부가 결혼 후 부모의 집에서 함께 살기 때문에, 결혼 후 독립된 거주지 문제는 결혼과 출산 결정에 거의 유의미한 영향을 미치지 않았다. 만일 공교육이 우리의 자녀들에게 생존과 자립 역량을 키워줄 수 있다면, 후자의 도덕적 자격은 힘을 상실할 수 있다.

(1) 부동산과 적소

근대 가족 곧 북서유럽의 맬서스주의 결혼 체제에서는 결혼을 경제적으로 독립된 가구의 형성과 동일시하는 전통이 있다. 경제적으로 독립된 가구 곧 결혼 후 가족이 함께 살 최소한의 안락한 집 – 적소 – 을 마련하지 못하면, 마련할 때까지 결혼을 연기해야 하였다. 역사적으로 볼 때, 경기불황기에는 젊은이들이 만혼을 하거나 독신 비율이 높아 출산율이 낮았던 반면 호황기에는 평균 결혼연령이 내려가고 독신율도 낮아 출산율이 높아졌다(Wrigley, 2016).

20세기 중반 이후 근대 가족 이념은 가족계획사업을 통해 우리나라를 포함한 많은 비서구 사회에 확산되고 깊숙이 뿌리 박혀가고 있다. 특히, 바나나 지식인 – 겉은 황인 모습이지만 속은 백인 정신세계 – 들은 서구의 근대 가족을 비서구 사회가 서구 선진국처럼 진보하려면 반드시 수용해야 하는 세계 표준(global standard) 혹은 보편원칙으로 홍보하고 교육하고 있다. 근대 가족 곧 맬서스주의 결혼 체제가 지배적인 가족문화가 될수록, 결혼과 경제적으로 독립된 가구 형성을 동일시하는 인식은 더욱 보편화될 것이다.

결혼과 경제적 독립된 가구 형성을 동일시하는 근대 가족 세계관에서 보면, 적소의 어려움이 가중될수록 혼인율과 출산율은 하강한다. 혼외출산율이 낮은 우리나라에서, 결혼연령 상승과 비혼율 증가는 출산율 하강과 직결될 것이다. 앞에서 언급하였듯이, 외환위기 이후 35~39세 젊은 남녀의 비혼율은 급증하였다. 외환위기 이후 우리나라 합계출산율 추이를 살펴보면, 신자유주의 이념의 부동산 자율화 정책으로 부동산 가격이 급등하였던 김대중 정부에서 합계출산율이 우리나라 역사상 최초로 초저출산 수준인 1.3명 미만으로 떨어졌다. 합계출산율은 1998년 1.47명에서 2001년 1.3명, 2003년 1.18명으로 5년 사이 0.29명이 떨어졌다. 이와 유사하게 부동산 가격이 급등하였던 문재인 정부에서도 합계출산율은 2016년 1.17명에서 2021년 0.81명으로 5년 사이 0.36명이 떨어졌다.

그런데 우리나라에서 부동산 가격의 급등 곧 적소 형성의 어려움은 혼인보다 자녀출산에 영향을 미친듯하다. 왜냐하면 2015년에도 35~39세 전체 여성 중 유배우 여성의 비율이 80% 이상이므로, 서구 사회에 비해 보편혼이 높은 수준으로 유지되고 있기 때문이다. 부모와 자녀 간 관계보다 배우자 간 관계를 우선하는 근대 가족은 자연스럽게 자녀의 이해보다 부모의 이해를 우선할 것이다. 그러면 자녀출산은 부모의 생존 이후의 문제가 된다.

2000년 이후 미친 듯이 급상승하는 부동산 가격 상승은 젊은 부부에게 미래 삶에 대한 불안감에 휘말리게 하였고, 이런 불안감은 자녀에 대한 강한 책임감과 결합하여 출산 회피에 대한 공감대를 급격하게 형성해 주었다. 자녀출산과 양육보다 자신의 삶과 경력(자아실현)을 중시하는 페미니즘도 여성의 출산 회피를 정당화할 수 있는 명분을 제공한다. 이처럼 근대 가족과 개인화, 페미니즘 그리고 신자유주의는 결합하여, 젊은 부부들에게 일차로 자신의 경력을 쌓고 자신의 적소 문제를 해결한 뒤에야 비로소 자녀출산을 생각할 여력이 있다는 사고가 만연할 수 있는 사회적 환경을 조성해 주었다. 결혼과 자녀출산은 점점 선택과 특권이 되어 간다.

(2) 사교육비와 인적 자본

적소 형성 못지않게 자녀의 생존역량(경쟁력)을 키워줄 부모의 경제적 역량 – 자녀의 비용 – 도 우리나라 초저출산에 영향을 미쳤다. 푸코의 인구사상에서 언급하였듯이, 신자유주의 경제에서 인간 곧 경제인은 적자생존을 위해 경쟁해야 하는 존재이다. 개인의 몸값을 의미하는 인적 자본 개념은 그런 세계관을 잘 보여 준다. 개인은 자연도태와 적자생존의 경쟁 사회에서 살아남기 위해 자신의 경쟁력 곧 인적 자본을 끌어올려야 한다. 노동자가 자신의 노동에 자본을 투자하여 자신의 몸값과 경쟁력을 올리듯이, 부모는 자녀가 경쟁력 있는 인적 자본을 형성할 수 있게끔 자녀의 양육과 교육에 투자해야 한다. 신자유주의 경제에서, 자녀의 인적 자본을 형성해 줄 경제적 역량은 부모가 자녀 출산을 할 도덕적 자격이 되고 있다.

외환위기 이후 가속화된 세계화는 생존에 필요한 경쟁 상대를 우리나라에서 세계로 확대하는 데 크게 일조하였다. 세계화 시대 자녀의 생존에 필요한 인적 자본은 국내뿐 아니라 세계적으로도 경쟁력이 있어야 한다. 그런데 문제는 부모가 공교육보다 사교육에 의존하여 세계화 시대 생존 가능한 자녀의 인적 자본을 키워주는 우리의 현실에 관건이 있다. 세계화에서 치열해지는 경쟁이 부모에게 의미하는 바는, 그런 인적 자본을 키워줄 사교육비의 기하급수적인 증가이다.

우리나라에서 자녀의 사교육비는 부모의 사회경제적 지위가 높을수록 기하급수적으로 증가하는 경향이 있다. 통계청의 가계동향조사 자료를 분석한 결과, 2021년 자녀의 평균 사교육비는 상위 20% 가구는 87.2만으로 하위 20%의 10.8만의 8배 이상이었다.[12] 하지만 보다 상류층으로 갈수록, 사교육비는 천정으로 뛴다. KB금융 경영연구소가 발표한 "2012년 한국 부자 보고서"에 따르면, 부동산이나 기타 실물자산 외에 금융자산이 10억이 넘는 한국 부자 14만 명은 자녀 교육비로 월 1,000만 원 이상을 지출하는 것으로 나타났다.[13] 또한 재벌을 포함한 일부 고위층 자녀들이 많이 다니는 국제학교의 학비는 연 5,000만 원에 달한다. 학비에 사교육비까지 합치면, 미국에서의 유학비용과 유사한 수준으로, 1년에 1~2억 원이 한 자녀의 인적 자본 형성에 투자되어야 한다. 상위 1%의

12 동아일보, 2022년 1월 25일 "상위 20% 사교육비, 하위 20%의 8배 … 소득-교육 격차 악순환."
13 이데일리, 2012년 7월 4일 "10억 부자 14만 명 자녀교육비 월 1,000만 원 이상."

소득자 – 그의 연봉은 2.7억이지만, 세금을 빼고 손에 쥐는 건 1.8억 – 일지라도, 매년 1~2억의 사교육비는 결코 쉽게 감당할 수 있는 수준의 것이 아니다.

일부 좌파 지식인들은 이러한 사교육의 양극화 현상, 그리고 세계화의 신자유주의 깃발 밑에서 국경 없는 자본이 한국의 교육 시장을 공략하고 사교육을 부추김으로써 우리나라 공교육의 입지를 좁게 만드는 현상을 비판한다. 그러나 저자의 생각에, 다음의 질문이 그런 비판보다 앞서야 할 것이다. "왜 우리나라 고위층 부모들은 그들조차 감당하기 어려운 높은 수준의 사교육비를 감당하면서 굳이 자녀를 외고나 특목고 혹은 해외에 유학을 보내려고 하는가?" 그 대답은 분명 외고와 국제학교 같은 특목고 그리고 서구의 학교들이, 우리나라의 공교육에 비해 훨씬 경쟁력 있는 인적 자본을 형성해 준다는 믿음과 관련될 것이다.

어쩌면, 우리나라 공교육을 책임지지만 공교육의 내용이 세계화에서 경쟁력 혹은 생존 가능성이 취약하다는 사실을 확실하게 인식하는 고위층 인사일수록 더욱 많은 사교육비를 자녀에게 투자할 가능성이 높다. 반면 그런 경쟁력의 인적 자본을 키워줄 역량이 없는 대부분의 부모들은 태어날 자녀의 앞날이 불투명해 보인다. 미래가 불투명하거나 심지어 희망이 없는 사회에서는, 5장의 「중남미의 식민주의」 단원에서 언급하듯이, 자녀출산을 포기하는 부모들이 기하급수적으로 증가할 수밖에 없다. 이런 까닭에, 우리의 미래 세대들에게 세계화 속에서 생존 가능한 경쟁력 곧 인적 자본을 형성해 줄 수 있는 공교육의 강화는 출산장려뿐 아니라 우리 민족의 생존과 미래가 달린 중대한 문제라 할 수 있다.

(3) 아노미 가족: 가족해체

우리나라를 포함한 동아시아 부모들의 높은 자녀 교육열은 널리 알려져 있다. 자녀의 성공은 부모(특히, 엄마)의 성공이다. 자녀와 부모의 성공을 동일시하는 가족문화는 분명 가족주의 전통에 기인한다. 맥팔레인(2014)에 따르면, 서구인은 자녀를 사랑으로 키우고 동양인은 이해로 키운다. 서구인에게 자녀는 차후에 거의 보상이 없는 '애완동물'(pet)과 유사하지만, 동양인에게 자녀는 부모는 물론 가족 구성원 전체의 이해와 생존에 직결되는 존재이다. 성공한 자녀는 부모는 물론 가족 구성원의 영광이자 자랑이 된다. 근대 가족이 지배적인 가족문화가 된 오늘날에도, 자녀의 이해와 부모의 이해를 동일시함으로써 자녀에 대한 부모의 무한한 책임을 함축하는 가족주의 전통은 여전히 우리 사회에 남아 있다. 결혼을 경제적으로 독립된 가구의 형성을 의미함으로써 결혼 후(심지어 독신이라도 성인이 되면) 부모세대와 자녀세대의 분리를 당연시하는 서구의 근대 가족 이념과 달리, 우리 사회의 많은 부모들은 결혼 후에도 결혼한 자녀의 성공을 위해 손자녀의 돌봄을 제공하고 심지어 결혼한 자녀 가족의 보다 윤택한 삶 – 이를테면, 아파트 구입[14] – 을 위해 경제적 도움을 제공하기도 한다. 그런데 서구 근대 가족과 개인화 이념으로 무장한 많은 젊은 부부들은 놀랍게도, 이러한 부모의 도움을 요구하고 심지어는 그것을 당연시하기도 한다. 성공은 자녀세대가 홀로 독차지하지만 어린 자녀 돌봄의 고통은 부모세대가 함께할 것을 요구하는 정말로 아노미 가족의 이율배반적 행위이다. 아노미 가족은 가족주의와 개인주의 가족문화가 혼재된 상태에서 각 가족 구성원이 자

14 최근에도 신랑이 부모의 도움으로 마련한 신혼집 아파트가 자가가 아니라 '전세'라는 이유로 신혼여행을 다녀온 후 결별을 통보한 여성이 있다(동아일보, 2022년 6월 23일 " '신혼집이 전세?' 신혼여행 중 홀로 돌아와 신랑에게 '헤어지자' ").

신의 이해에 따라 가족주의 혹은 개인주의 이념 중 하나를 선택하여 자신의 행위를 정당화하고 합리화하는 무규범 상태의 가족을 뜻한다.

아노미 가족의 성공한 자녀의 이율배반적 행위의 반대편에는 또 다른 슬픈 현상이 있다. 자신이 성공하게끔 경제적 도움과 돌봄을 제공하지 못한 부모들에 대한 성인 자녀들의 불평이다. 자신을 제대로 키울 (경제적) 능력도 없으면서 왜 낳았냐는 것이다. 근대성은 개인의 자율성을 강조하지만, 우리나라에서 근대성 교육은 우리의 성인 자녀들에게 '자신의 탓이 아닌 남의 탓에 익숙한 의존성'만을 키운 듯하다. 이러한 불평과 의존성은, 성공한 자녀의 이율배반적 행위와 함께, 자녀와 부모의 삶을 동일시하는 가족주의 이념과 경제적 자립에 성공한 사람만이 탑승할 도덕적 자격을 획득하는 '구명보트 윤리' 곧 서구의 근대 가족 윤리가 합쳐진 아노미 현상에서 나온 것처럼 보인다(이성용, 2015). 상반된 가족주의와 개인주의 가족 이념하에서, 개인 – 부모와 자녀 모두 – 은 각 상황마다 자신의 이해에 부합되는 이념을 선택하여 자신 행위의 정당함을 부르짖는다.

근대성은 개인의 자유와 해방만을 외침으로써, 개인의 자유와 해방을 가능하게 만들었던 시민 사회(특히, 가족)를 파괴하였다. 근대성은 시장경제와 정부 복지를 통해 개인들에게 시민 사회로부터의 자유와 해방을 제공하였지만, 역설적으로 개인이 어려움에 닥쳤을 때 힘을 합해 어려움을 극복하거나 정작 도움을 제공하였던 시민 사회를 제거하였다(Wolfe, 1989). 이런 까닭에, 오늘날 우리 젊은 세대의 이율배반적 행위와 부모세대의 무한정 의존성, 즉 아노미 가족은 근대성의 역설로 인한 잔재라고 할 수 있다.

4) 출산장려 정책: 일과 가정의 양립, 아내와 어머니로서의 정체성은?

(1) 일-가정 양립 정책의 이론적 배경과 한국의 현실

일-가정 양립 정책은 북유럽에서 여성의 경제적 자립 역량을 향상시킴으로써 출산율 상승을 이끌었던 출산장려 정책이다. 그 주된 내용은 신자유주의 경제와 성찰적 근대화 이념에 토대하고 있다. 신자유주의 경제는 노동시장의 유연성을 수반함으로써 개인에게 경제적 불확실성을 가져왔다. 성찰적 근대화 곧 개인화는 개인의 역량을 향상시켜 자아를 실현하는 개인의 정체성을 중시하지만, 자신의 그런 행위가 초래하는 위험은 자신이 전적으로 책임져야 한다. 경제적 불확실성이 가중되고 그로 인한 위험을 개인이 전적으로 책임지는 위험 사회에서, 정부는 그 위험에 보호막을 제공해야 한다. 여성의 경우, 신자유주의 경제하에서 자녀출산과 양육으로 인한 경력단절로 말미암아, 남성에 비해 훨씬 높은 수준의 경제적 불안정성을 경험할 수 있다. 일-가정 양립 정책은 여성에게 이러한 위험을 미연에 방지해 줌으로써 자녀를 출산하고 양육할 수 있는 사회적 환경을 조성해 주는 데 그 목적이 있다.

가족계획사업은 출산 하강 그리고 일-가정 양립 정책은 출산 상승이란 상반된 목표를 가졌지만, 흥미롭게도 두 정책은 모두 여성의 자율성 향상을 통해 출산 변동을 의도하였다는 공통점이 있다. 물론 의도된 여성의 자율성은 차이가 있다. 가족계획사업은 유배우 여성이 다른 가족 구성원들의 통제에서 벗어나 자율적으로 피임 도구를 사용할 수 있는 의사결정권 곧 여성의 지위 향상을 추구하였다. 반면 일-가족 양립 정책은 여성의 자율적인 삶을 뒷받침할 수 있는 여성의 경제적 자립에 초점을 맞추었다. 여성이 출산과 결혼을 결정하는 가족 관념을 비교하면, 가족계획사업에서 여성과 의사소통하는 가족 구성원들은 비교적 우월하거나 동등한 위치로 그려지지만, 일-가정 양립 정책에서 그들은 여성의 자율적인 결정에 유의미한 영향을 미치는 인물로 비춰지지 않는다. 전자와 달리, 후자에서 여성은 출산과 양육에 관한 책임과 권리를 거의 전적으로 가진다.

우리나라에서도 외환위기 이후 신자유주의와 개인화가 본격적으로 도입되면서, 노동시장의 유연성이 강조되고 가족해체 곧 이혼율이 급증하였다. 평생 직업으로 전환을 강조하는 노동시장의 유연성은 비교적 안정된 일자리가 보장되었던 평생직장의 부모세대와 달리, 젊은 세대에게 언제 해고될지 모르는 경제적 불안정성을 안겨다 주었다. 2000년대 이후 정규직 일자리는 줄고 비정규직 일자리는 증가하였다. 흔히 언론과 학교에서는 헤드헌터를 통해 좋은 일자리로 옮겨 높은 보수를 받고 자아실현을 성취하는 사람들을 강조하고 이야기하지만, 그런 사람들은 소수이다. 퇴출된 대부분 사람들은 상향이동보다 하향이동을 할 가능성이 높다.

신자유주의와 개인화를 통해 경제적 어려움을 맞이할 위험은 높아졌지만, 어려움을 맞았을 때 도움을 제공하는 조력자들, 특히 가족보호는 감소하였다. 외환위기 직후 개인(여성)의 자아성취와 행복을 무엇보다 우선시하는 페미니즘과 개인화 이념의 확산에 발맞추어, 이혼율은 급상승하였다. 과거 부부가 동고동락을 함께 하였던 전통가족과 달리, 배우자보다 자신의 행복과 이해가 우선시되는 합류적 사랑의 개인화에서는 나의 행복을 저해하는 배우자의 행위는 이혼의 대상이 된다. 홀로 경제적으로 자립된 삶을 살 수 있는 상황에서, 짐이 되는 배우자와 사는 것은 분명 나의 이해와 행복에 위반될 수 있다. 나의 행복과 이해가 최우선하는 결혼 세계관에서, 만일 배우자가 나의 이해와 행복을 충족시키지 못하는 사람으로 전락하면, 해체를 통해 나의 불행을 최소화하는 것은 극히 합리적이다. 그런데 이러한 사고는 상대방 배우자도 마찬가지이다. 경제적 자립의 개인화 부부에게, 상대방의 실직은 나의 경제적 부담으로 이어지고 나의 행복을 급격하게 저하시킨다. 자신의 행복을 최우선시하는 개인화의 젊은 세대 부부에게, 경제적 자립 역량의 상실을 의미하는 실직이 중대한 이혼의 사유가 되는 것은 당연해 보인다.

우리나라는 1960년대 이후 50~60년이란 짧은 시간에 압축적인 근대화를 이룩한 탓에, 전통적 가치와 서구 근대성이 혼재되어 있다. 신자유주의 도입 이후, 우리나라 많은 지식인들과 그들에게 교육을 받은 많은 젊은이들은 평생직업을 이론적으로 당연시하지만, 현실에서는 안정된 평생직장을 찾고 있다. 또한 앞에서 언급한 이율배반적 태도와 행위에서 보듯이, 우리나라에는 가족주의와 개인주의 가치관이 혼재되어 있다. 배우자가 경제적·신체적 자립을 상실하였음에도, 그(녀)를 돌보며 함께 사는 사람들도 많다.

(2) 일-가정 양립 정책의 부작용

개인주의 관점의 서구 이론과 가족주의 전통이 남아 있는 우리 현실 간의 괴리는 의도하지 않은 부작용과 비용을 초래할 수 있다. 북유럽의 일-가정 양립 정책은 자녀의 출산과 양육을 여성이 거의 전적으로 책임질 사안으로 가정하는 경향이 있다. 만일 우리나라에서 여성이 자녀의 출산과 양육에 대한 의사결정과 책임을 배우자를 포함한 다른 가족 구성원들과 공유하거나 심지어 그들에게 의존한다면, 일-가정 양립 정책은 생각하지 못하였던 부작용과 비용을 가져올 수 있다.

그 부작용과 비용은 다음과 같다. 우선적으로 무엇보다 가장 중요하게,

일-가정 양립 정책은 여성에게 취업을 장려하고 그 혜택을 취업여성에게 집중하고 전업주부에게는 미미하거나 심지어 제외시킴으로써, 어머니나 가정주부로서 지녔던 여성의 정체성과 자부심을 훼손 혹은 부정할 위험이 존재한다. 자녀는 부모의 돈만 들어가는 기계가 아니다. 자녀는 부모에게 기쁨과 보람을 제공함으로써, 부모(어머니)됨에 자부심을 느끼고 자랑스럽게 만든다. 일-가정 양립 정책은 자녀의 비용 측면에만 초점을 맞출 뿐 자녀의 혜택 측면을 놓치고 있다. 여성의 경제적 자립 역량을 유지시켜 출산율을 회복시키고자 하는 일-가정 양립 정책의 의도와는 반대로, 정책에 탑재된 페미니즘은 여성에게 '아내'와 '어머니' 이외의 것에서 새로운 정체성을 찾게 함으로써 출산행위에 부정적 영향을 미칠 수 있다(이성용, 2019; McLanahan, 2004).

2020년 결혼생활 5년 이내의 신혼부부 통계에 의하면, 맞벌이 부부의 비중은 전체 신혼부부에서 절반 수준에 불과하다(2019년 49.1%, 2020년 52%). 하지만 평균 자녀 수와 유자녀 비중은 경제활동을 하지 않는 전업주부(0.79명, 63.2%)가 결혼한 취업여성(0.6명, 49.8%)보다 훨씬 높다(통계청, 2021. 12).[15] 우리나라에서 일-가정 양립 정책에서 그 혜택은 신혼부부의 절반에 해당하는 취업주부에게로 치우쳐 있지만, 혜택에서 제외된 전업주부가 결혼한 취업여성보다 높은 출산율을 보인다. 요컨대, 우리나라에서 일-가정 양립 정책은 의도하였던 출산장려가 아니라 생각하지 못하였던 출산 하강에 오히려 유의미한 영향을 미친 것처럼 보인다.

또한 일-가정 양립 정책은 일부 취업여성들에만 긍정적 혜택을 제공할 뿐 나머지 대부분 취업여성들에는 반대급부의 부정적 영향을 미칠 위험이 있다.

15 통계청(2021. 12), "행정자료를 활용한 「2020년 신혼부부통계」 결과."

일–가정 양립 정책은 보편복지를 지향하지만, 우리나라에서 육아휴직자의 3분의 2는 대기업이나 공기업과 같은 '좋은 일자리'에 집중되어 있다. 비정규직 비율이 높은 5인 미만의 사업체나 중소기업에 근무하는 여성들 대부분은 그 혜택에서 제외됨으로써, 상대적 박탈감마저 느낄 수 있다.

최근 노동계와 여성계는 장기간의 육아휴직을 요구한다. 비록 무급이지만, 여성 공무원은 3년이란 긴 기간을 육아휴직에 사용할 수 있다. 많은 대기업들도 1년의 육아휴직 기간을 제공한다. 그런데 1년 심지어 3년의 장기간 육아휴직은 육아휴직자의 일을 대체할 인원이 존재하는 큰 조직에서나 가능한 것이다. 육아휴직의 가능성은 타인이 단기간에 그 휴직 여성의 일을 배워 대체할 수 있다는 사실에서 나온다. 대체 가능성이 크면 클수록, 그 일자리의 전문성은 떨어질 것이다. 이를테면, 4~5명의 교수들로 구성된 우리나라 대학의 많은 학과 현실에서, 한 전임교수의 1년 휴직은 다른 교수와 학생들에게 커다란 피해를 줄 위험이 있다. 그녀의 전공 실력(곧 자아실현 역량)이 탁월하다면, 대체 인력을 찾기란 불가능에 가깝다. 5인 미만의 사업장도 유사한 패턴을 보일 것이다. 대체 불가능한 업무역량을 가진 여직원의 장기간 휴가는 회사 자체를 도탄에 빠뜨릴 수 있다. 이런 연유로 정부의 강제적인 장기간 모성 휴가조치는 대체인원이 없거나 모성휴가로 인한 재정적 압박을 가질 수 있는 많은 중소기업 대표들에게 여성들의 신규 취업을 꺼리도록 만들 수 있다. 다른 한편으로 장기간 모성휴가는 여성에게 경력 손실을 야기할 수 있다. 장기간 휴직 후 복귀하면, 일의 방식과 일자리 환경이 바뀔 가능성이 높고 그러면 일의 숙련도는 떨어지기 마련이다.

(3) 돌봄과 가족 정체성

우리나라 저출산 정책에서 예산의 70%가 육아휴직과 같은 아동보육 비용으로 투자되고 있지만, 자녀 돌봄은 단지 여성의 경제적 자립이나 자녀 양육에 관련된 복지의 문제로 국한되지 않는다. 자녀 돌봄은 아동 돌봄에 대한 도덕적 책무를 수행해야 하는 아동의 가족이 누구인지에 관한 가족 정체성의 문제와 결합된다.

조부모는 자신의 가족 세계관이 개인주의인지 가족주의인지에 따라 손자녀 양육에 상이한 사고를 보일 수 있다. 개인주의 세계관의 조부모는 결혼한 자녀가 스스로 손자녀의 양육을 책임지는 행위를 자신의 출산과 양육 행위를 스스로 책임지는 믿음직한 행위로 해석하고 자랑스러워할 수 있다. 만일 자신에게 손자녀의 양육과 돌봄을 부탁하면, 그 부탁을 결혼한 부부의 의존적 행위이자 노부모를 힘들게 하는 행위로 간주할 것이다. 반면 가족주의 세계관의 조부모는 이와는 다른 사고를 보일 것이다. 조부모는 결혼한 성인 자녀와 그들의 자녀(손주)는 모두 자신의 가족이라 생각한다. 만일 결혼한 성인 자녀가 자신에게 손주 돌봄을 부탁하지 않으면, 이는 자신을 결혼한 성인 자녀의 가족과는 별개의 가족 구성원으로 인정하는 바와 다름없다고 생각할 수 있다. 가족(손자녀 돌봄)에 대한 책무를 수행하지 않는 사람은 가족(조부모)이 될 권리도 도덕적 자격도 없다. 조부모와 손자는 서로 상이한 가족의 구성원이 된다.

환언하면, 개인주의 가족관에서 돌봄 – 손자녀 혹은 노부모 – 은 돈과 복지를 통해 개인(특히, 여성)의 자율성 유지와 향상을 위해 해결해야 할 단순한 문제에 불과할 수 있지만, 가족주의 가족관에서 돌봄은 결코 돈이나 복지로 해결될 수 있는 것이 아니다. 왜냐하면 '누가 돌봄의 대상이고 누가 돌봄을 제공해야 하는지'는 바로 '내가 도덕적 책무를 수행하고 요구해야 할 나의 가족 구성원이 누구인지'에 관한 가족 정체성의 문제로 직결되기 때문이다. 구하라법이 함축하듯이, 자녀에 대한 책무를 행하지 않는 모(母)는 더 이상 가족이 아니며 어머니의 권리도 없다. 유사하게, 손자녀 돌봄을 제공하지 않은 조부모도 더 이상 "손자녀와 같은 가족이 아니고 또 조부모의 권리를 요구할 수 없다"는 인식을 손자녀에게 심어줄 수 있다. 가족주의 세계관의 조부모는 이런 인식을 두려워하고 우려하지만, 결혼한 성인 자녀와 노부모를 별개의 가족으로 간주하는 근대 가족관의 조부모는 당연하게 생각할 수 있다.

5) 젠더 개념의 모호성: 어머니됨과 아내됨의 정체성 훼손 혹은 부정

북서유럽에서 출산장려에 성공하였던 일-가정 양립 정책이 우리 사회에서 성공하지 못한 주된 이유로, 특히 페미니즘 여성학자들에 의해 우리나라와 북서유럽 간 젠더 차이가 주로 지적되어 왔다. 일-가정 양립 정책에서는 여성의 경제적 자립 역량을 강조하지만, 우리나라에서는 소득이 훨씬 높은 맞벌이 부부가 낮은 외벌이 부부보다 낮은 출산율을 보인다는 점에서 볼 때, 여성의 경제적 자립역량은 출산율 향상에 유의미한 긍정적 영향을 미치는 것 같지 않다. 게다가 우리나라에서 남편의 경제적 요인(좋은 일자리와 높은 소득)은 출산율에 긍정적인 영향을 주지만 아내의 경우에는 부정적 영향을 미친다는 사실을 밝히는 경험적 연구도 있다(이성용, 2006, 2009, 2019). 그러므로 여성학자들이 주로 지적하는 젠더 차이를 경제적 요인이 아니라 젠더 이념과 섹슈얼리티 관점에서 점검할 필요가 있다.

페미니스트들은 젠더를 선천적으로 결정된 생물학적 성이 아니라, 사회적으로 구축된 사회적 성으로 이야기한다. 단지 사회적으로 구축된다는 젠더의 개념은 상당히 모호성을 가진다. 페미니스트는 젠더의 모호성이 사회적 성에 대한 불충분한 이해에서 발생한다고 주장할 수 있다. 그러나 사회적 성은 페미니즘 이전의 인류 역사에서 전혀 들어보지 못하였던 생소한 개념이다. 이에 다음의 질문들이 제기될 수 있다. 사회적 성(gender)과 생물학적 성(sex)을 명료하게 구분하는 기준은 무엇인가? 사회적 성은 남녀의 생물학적 차이를 완벽하게 부정하나? 젠더가 사회적으로 구축되었다면, 페미니즘 이전 지구상에서 당연시해 온 생물학적 남녀 차이에 근거해 형성된 사회적 성도 페미니스트가 말하는 젠더의 개념에 포함되는가? 젠더 개념이 구축된 곳은 어디인가?

(1) 젠더의 고향: 보편성 혹은 특수성?

젠더가 사회적으로 구축되었다면, 그 개념이 구축된 곳을 찾아 살펴봄으로써 젠더가 의미하는 바를 구체적으로 고찰할 수 있다. 그곳은 바로 구미 선진국(Global North) – 특히, 스웨덴 – 이며, 개인의 자율성과 성적 자기결정권, 젠더 평등 및 친밀성이 중시되는 (가족) 문화의 토양을 가지고 있다. 젠더가 구미 선진국에서 발생한 아이디어이자 문화적 관행이란 것은 우리가 그동안 놓치고 있었던 중요한 사실이다(Nygren et al., 2018). 구미 선진국, 특히 북서유럽은 개인의 경제적 자립을 중시하고 개인주의 반려자 결혼을 당연시하는 가족문화를 천년 가까이 유지해 왔던 역사적 전통이 있다(맥팔레인, 2014; 이성용, 2013). 가족의 이해보다 개인의 이해를 우선시하는 개인화와 젠더 이념은, 그런 역사적 전통이 부재하고 개인의 이해보다 가족공동체의 이해가 우선하는 가족주의가 만연한 곳에서는, 발생할 수도 용납될 수도 없는 것이다. 이런 의미에서 보면, 오늘날 우리 사회 그리고 UN의 인구 정책에서 세계 표준으로 간주되는 젠더는 특정 사회의 특정 맥락에서 생성된 특정 개념일 뿐, 보편 규범이 아니다. 쥬디스 버틀러와 낸시 프레이저 등과 같은 서구의 저명한 페미니스트들도 젠더가 상황적 정의라는 사실을 인정하고 강조한다.

(2) 자연적인 가족

젠더 이념에서 주된 논쟁은 20세기 이전 세계의 거의 모든 곳에서 '자연적'(natural)이고 당연시되어 왔던 생물학적 성, 곧 '여성'과 '남성'이란 고정된 범주에 던진 도전에 관한 것이다. 생물학적 성에 대한 도전은 자연스럽게 남녀의 생물학적 특성(차이)에 따라 구분된 역할을 수행하는 서구뿐 아니라 비서구 사회에서도 오랜 기간 유지되어 왔던 '자연적인 가족'(natural family)에의 도전으로 이어진다. '자연적인 가족'의 해체 혹은 부정은 서구 근대 가족에 대한 페미니스트 가족 담론에서 볼 수 있다. 페미니스트는 근대 가족을 단지 한 유형의 정상가족으로 간주하며, 다양한 유형의 정상가족들 – 이를테면, 한부모 가족, 일인가족, 동성애자를 포함한 성소수자, 반려동물 가족 등 – 이 존재한다고 주장한다. (흥미롭게도, 가부장적 확대가족뿐 아니라 모중심(matrifocal) 확대가족도 페미니스트의 다양한 가족에는 빠져 있다. 단지 경제적으로 독립된 가구를 의미하는 맬서스 결혼체제에서 한층 진화된 가족 유형들만이 페미니스트의 다양한 가족에 포함되어 있다.)

20세기 페미니즘의 선구자 시몬 드 보부아르는 "여성은 타고난 것이 아니라 만들어지는(*becomes*) 것"이라고 주장하였다. 여성의 정체성과 역할은 사회적으로 구축된다는 것이다. 이 주장을 계승한 페미니스트들은 모성애를 부정한다. 모성애도 타고난 것이 아니라, 가부장적 권력이 여성의 행위를 통제하기 위해 '만들어진 것'이다. 만일 모성애가 타고난(자연적인) 것이라면, 집안일은 여성이 바깥일은 남성이 담당하는 가부장제는 가장 이상적인 가족문화가 될 것이다. 모성애를 부정하는 페미니스트 이론은, 생물학적 차이에 따른 남녀의 상이한 역할을 부정하는 성평등 이론 그리고 일-가정 양립 정책과 맥을 같이 하여, 남녀가 각자의 이해와 행복 그리고 권리를 놓고 갈등하고 경쟁하는 젠더 이미지를 상정한다. 반면 생물학적 성은 남녀를 상호 협력자로 간주하고 남녀의 역할을 분담하는 가족관의 이미지를 제시한다. 그러므로 젠더 이념은 자연적인 남성성과 여성성에 근거한 남녀의 상호 부조 관계'를 파괴함으로써, '자연적인 가족'의 해체에 기여한다.

20세기 이전 곧 페미니즘이 부상하기 전, 지구상의 대부분 나라에서 남녀의 정체성과 역할은 전통적으로 당연시되었던 남녀 차이 곧 생물학적 성에 근거하여 생성되고 유지되어 왔다. 그런데 페미니즘의 젠더 이념에 의하면, 그러한 남녀 차이 – 이를테면, 모성애 – 가 사회적으로 구축된다. 생물학적 성을 부정하면서 남성성과 여성성이 사회적으로 구축된다는 젠더 이념은, 과거 생물학적 성 차이에 근거하여 살아온 전통적 삶의 방식을 부정하고 그것의 잘못됨을 일깨워주는 계몽사상과 다름없다. 이런 계몽의 젠더 이념은 고정된 성 역할의 전통 삶의 방식에서 살아온 비서구 사회의 여성들의 정체성과 자부심을 훼손하거나 심지어 부정하게 만든다. 그러므로 젠더 이념은, 소위 2015년 프란시스 교황이 주창하였던, '이념적 식민화'(ideological colonization) 현상을 초래할 위험이 다분히 존재한다.[16] 그러므로 여타 지역의 상이함과 특수성을 배제한 상태에서, 북서유럽의 독특한 젠더와 섹슈얼리티만을 '보편 기준'으로 제시하는 페미니스트는 백인우월주의에서 구체화된 젠더 개념과 젠더 평등이란 환

16 놀랍게도 일부 페미니스트들은 우리의 이성애 가족을 백인 이성애자 남성의 규범적 이미지 혹은 식민지적 우월성 규범을 내면화하는 것이라 비판한다. 우리는 자신 안에 있는 이 거짓된 이성애 가족규범에서 벗어나야 한다는 것이다. 그러나 우리는 서구화되기 훨씬 이전, 조선 시대와 그 이전에도 동성애 가족이 아닌 이성애 가족만을 정상가족으로 간주하였던 전통이 있다.

상을 강화하고 그 환상을 계몽 담론으로 전 세계에 전파하는 이념적 식민화의 전도사 역할을 수행한다는 비판을 받는다(McDowell and Sharp, 2016).

젠더 이념은 인류 역사에서 가장 오래 기간 당연시되어 왔던 남녀의 성 관행을 바꿀 것을 요구한다는 점에서, 어느 것보다 혁명적 이념이라 할 수 있다. 생물학적 성에 근거한 삶의 방식에서 정체성과 자부심을 찾아왔던 사람들에게 젠더 이념에 대한 반발은 극히 당연하다. 그리고 수백 심지어 수천 년 동안 조상 대대로 살아왔던 삶의 방식을 부정하고 폄훼하는데, 아무런 논쟁도 없이 젠더 이념을 무비판적으로 수용하는 현상이 오히려 더 이상하고 비정상적일 것이다.

(3) 성적 자기결정권

모성애와 생물학적 남성성과 여성성의 부정에서 파생된 '자연적 가족'의 해체보다 큰 논쟁을 불러일으키는 것은 젠더 이념의 섹슈얼리티, 특히 성적 자기결정권이다. 젠더 개념에서 성(sex)은 고정된 것이 아니라 유동적이다. 인간은 남성성과 여성성이 상호 교차적이고 얽혀 있기 때문에, 남성은 더 이상 남성적이지 않고 여성도 더 이상 여성적이지 않다. 젠더 이념에서 주창되는 LGBTQ – 레즈비언(L), 게이(G), 양성애자(B), 트랜스젠더(T), 퀘어(Q)의 약자 – 의 권리에서 볼 수 있듯이, 개인은 자신의 성적 지향과 성적 자기결정권에 따라 해부학적 성에서 벗어나 자유로이 사회적 성을 선택할 수 있다. 이처럼 젠더는 인간에게 타고난 성(sex) 곧 남성과 여성이란 두 가지 성만 존재한다는 사고를 단호히 거부한다.

1950년대 킨제이 보고서 이후, 인간에게 다양한 성적 취향이 있다는 사실은 공고하게 되었다. 이성애는 동성애와 마찬가지로 단지 하나의 성적 취향일 뿐이다. 성적 취향은 타고난 생물학적 성이 아니라 학습되는 사회적 성이다. 이성애자와 동성애자 간 차이는 단지 '친밀성을 느끼는 사람이 이성인지 동성인지'에 존재할 뿐이다(기든스, 1994). 이처럼 동성애의 정당성은 친밀성의 상대를 결정하는 성적 취향과 자기결정권에 근거한다.

부모와 자녀 간 관계보다 배우자 간 관계가 우선시되는 북서유럽의 맬서스주의 결혼 체제에서 친밀성의 반려자(배우자) 정의에 이성애자뿐 아니라 동성애자도 포함된다면, 동성애는 사회적으로 용납될 수 있는 정상 행위가 된다. 반면 배우자 간 관계보다 부모와 자녀 간 관계가 우선시되고 섹슈얼리티의 주된 목적이 자녀출산으로 가정되는 가족주의 사회에서, 자녀출산이 불가능한 동성애는 결코 사회적으로 용납될 수 있는 행위가 될 수 없다. 자녀출산이 불가능한 LGBTQ는 비정상 행위이다. 유사한 맥락에서 동성애 혐오증(homophobia)은, 동성애자에 대한 감정적 혐오에서 나오는 것이 아니라, 섹슈얼리티의 주된 목적을 자녀출산으로 간주하는 이성애 가족관에서 자녀출산이 불가능한 동성애를 비정상 행위로 보는 시각에서 나온 것이라 해석될 수 있다. LGBTQ는 성적 자기결정권에 근거하여 친밀성의 배우자를 이성애에서 동성애로 확대할 수 있는 개인화의 젠더 개념에서는 정상이 되지만, 섹슈얼리티의 목적을 자녀출산에 두는 사회에서는 비정상이 되기 마련이다. 요컨대, LGBTQ 행위가 정상인지 비정상인지 그리고 그 행위의 부정이 차별인지 아닌지는 전적으로 섹슈얼리티의 목적을 자녀출산 혹은 배우자 친밀성 중 어느 것으로 가정하는 가족 세계관에 달려 있다.

〈그림 4-8〉에서 보듯이, 섹슈얼리티는 1960년대 근대 가족 그리고 개인화와 젠더 이념이 도입되면서 급격한 변화를 맞이하였다. 근대 가족은 섹슈얼리티의 목적을 자녀출산에서 배우자 간 친밀성으로 전환시켰고, 개인화와 젠더

개념은 친밀성을 이성애에서 동성애까지 확대시켰다. 우리나라를 포함한 많은 비서구 사회의 입장에서 보면, 가족주의 확대가족에서 개인주의 핵가족으로 전환은 '가족혁명'을, LGBTQ의 젠더 개념은 '성적(sexual) 혁명'을 초래하였다. 그러나 만일 가족계획사업을 통해 가족혁명이 일어나고 수용되지 않았다면, 서구의 근대 가족에서 진화한 성적 혁명 – 가족혁명의 연장선에 있는 – 은 불가능하였을 것이다.

페미니스트는 흔히 "여성은 아이를 낳는 기계가 아니다"라는 사실을 주장하고 강조한다. 이는 섹슈얼리티의 목적이 자녀출산에 있지 않다는 사실을 잘 나타낸다. LGBTQ 차별금지법도 친밀성의 배우자를 이성애로 국한하지 않고 출산이 불가능한 레즈비언, 게이, 양성애자, 트랜스젠더, 퀘어까지 확대해야 한다는 주장을 내포한다. 이러한 젠더 이념은, 여성에게 집안일보다 바깥일에서 자아실현과 자아성취를 이룰 것을 강조하는 일-가정 양립 정책과 더불어, 아내됨과 어머니됨으로 획득한 여성의 정체성과 자부심을 훼손하거나 부정하고 있다.[17] 이성애 결혼을 통해 자녀출산을 함으로써 부모됨을 자랑스러워하기는커녕 심지어 폄하하는 젠더 개념은 출산 하강에 도움을 주면 주었지 출산장려에는 결코 도움이 되지 않는다. 인구 정책이 젠더에 근거해야 한다는 UN 선언은 출산장려 정책이 아니라 출산억제 정책에 적합한 것처럼 보인다. 달리 말해, 젠더가 출산장려 정책의 토대가 된다는 주장은 정말로 어불성설이다. 출산장려 정책에서 인구와 젠더는 결혼이 아니라 이혼해야 한다.

17 과거 몇 년 전 저자는 자신의 인생을 실패한 사람 한 명을 제시하고 그 이유를 간략하게 이야기하라는 과제를 냈던 적이 있다. 놀랍게도 한 여학생은 자신의 어머니를 실패한 사람으로 제시하였다. 주된 이유는 자신을 포함한 삼 남매에게 헌신함으로써 자아실현을 이루지 못하였다는 것이다.

이야기 상자 8

당신은 페미니스트인가? 그러면 성적 자기결정권은 어디까지?

질문: 우리 남편 혹은 아버지가 갑자기 성전환 수술을 한다면, 그리고 다른 남성과 동성애 결혼을 한다면, 우리는 그 행위를 격려하고 자랑스러워할 수 있을까?

위 사진의 부르스와 케이틀린 제너는 동일인물이다. 케이틀린이 성전환 수술을 하기 이전의 이름이 부르스이다. 그(녀)는 1976년 몬트리올 올림픽 10종 경기의 금메달리스트이었고, 미국에서 수년간 방영되었던 캐다시안 패밀리의 아버지로 저명인사이다. 그(녀)는 "모든 점에서 나는 여자"였고, "젊은 시절 어머니나 여자 형제들의 옷을 입고 싶은 욕구가 강하였고 항상 성 정체성을 겪었다"고 말하였다. 가족들은 제너의 성전환 수술에 큰 버팀목이 되었다. 어머니는 "지금이 더 자랑스럽고 항상 사랑한다"며 성전환을 지지하였다. 의붓딸 킴은 그(녀)의 선택에 100% 지지를 보냈고, 친아들 로버트도 "아버지는 언제나 나의 롤 모델"이라 말하였다. 성전환 수술을 반대하였던 친딸 켄들과 카일리마저, 아버지가 너무 자랑스럽고 나의 영웅이라고 지지의 메시지를 보냈다. 그렇다면 페미니스트인 여러분도 자신의 아버지 혹은 남편이 성전환 수술을 한다면 그러한 지지와 응원의 메시지를 보낼 수 있을까?

남편이나 아버지의 성전환 수술에 회의적이거나 적대적이라면, 여러분은 어쩌면 젠더 이념에 진지하게 고민해야 할 것이다. 왜냐하면 젠더 이념은 섹슈얼리티에 대한 개인의 선택(혹은 자율성)을 존중하고 당연시하기 때문이다.[18)] 한편, 우리나라 사람들 대부분이 남편이나 아버지의 성전환 수

---

18 어느 기독교 지식인은 나에게 30여 년 전 미국 TV 방송에서 본 놀라운 경험을 말하였다. 남편이 부인에게 "여

술을 격려하지도 않고 자랑스러워하지도 않는다면, 이는 젠더에 대한 우리의 현실과 서구 젠더 이념(그리고 자유페미니즘) 간 상당한 괴리를 나타내는 바와 다름없다.

오늘날 우리는 섹슈얼리티의 목적이 자녀출산이 아니라 친밀성인 세계관 – 근대 가족, 개인화 그리고 페미니즘 – 에서 사는 것처럼 보인다. 그렇다면 우리의 친밀성과 성적 자기결정권은 어디까지 가능한가? LGBTQ의 젠더 이념에서 보면, 이성애자를 뛰어넘어 사람들 사이에서 행해질 수 있는 모든 유형의 섹슈얼리티와 친밀성은 이제 성적 자기결정권의 한계 내에 있는 것처럼 보인다. 그 한계는 동성애를 뛰어넘어 동물과의 성행위를 뜻하는 '수간'까지 확대될 수 있을까? 2018년 현재 동성애를 합법화한 나라들은 모두 수간을 금지하고 있다.[19] (핀란드와 캐나다에서 동물에게 고통을 주지 않는 성행위는 처벌 대상이 아니다. 우리나라에서도 많은 견주들은 자신의 반려동물에게 입맞춤과 포옹을 하고 침대에서 같이 잠을 자기도 한다. 수간을 제외한 동물과의 섹슈얼리티와 친밀성이 이미 널리 퍼진 것으로 해석될 위험이 있다). 1969년 수간을 합법화하였던 독일마저 수간은 불법이다. 이에 독일의 수간 옹호자 집단은 사람과 동물과의 성관계를 금지한 법이 성행위에 관한 자기결정권에 어긋난다고 독일 헌법재판소에 이의를 제기하였다. 독일 헌재는 고통을 주는 성행위로부터의 동물보호권이 원고가 거론한 성적 자기결정권보다 우선한다는 이유로 원고의 위헌심판 청구를 각하하였다. 하지만 수간과 수간에 대한 성적 자기결정권은 불법 곧 비정상으로 보지 않았다.[20] 이는 성적 자기결정권에 한계를 두지 않으면, 동성애를 넘어 수간까지 확대될 위험이 있다는 사실을 함축하는 것처럼 보인다.

이처럼 젠더 이념은 그 이전에 접하지 못하였던 생소한 개념과 이론에 근거하여, 인류 역사에서 당연시해 왔던 우리의 일반적인 가족 이미지와 섹슈얼리티에 혁명을 요구하고 있다. 아마 LGBTQ 차별금지법과 다양한 가족들을 전제로 한 가족법 개정은 그 대표적인 사례가 될 수 있다. 그것들은 법으로 강제하고 힘으로 밀어붙일 사안이 아니라, 그 법이 구체적으로 의미하는 바와 그로 인한 혜택과 부작용을 놓고 열띤 토론을 반복하면서 국민들에게 의사를 묻고 또 물어야 할 사안처럼 보인다.

••••••••

보 미안해, 나는 게이야"(Honey, I am sorry. I am Gay)하고 말하고 집을 나간 뒤, 해변에서 다른 남성과 포옹하고 있는 장면을 방영하는 TV 방송에서 보고 너무나도 큰 문화 충격을 느꼈다는 것이다.

19 한겨레, 2018년 10월 20일, "동성결혼 합법화한 후 수간 합법화한 나라는 없다."

20 목장드림뉴스, 2016년 3월 2일, "독일서 '수간을 허락해달라, 동물에 끌린다' 위험소송. 독일 헌재 '안돼'.

6) 한국 출산 정책에 대한 함축과 제언

> 배우자 간 관계를 부모-자녀 간 관계보다 중시하는 북서유럽의 맬서스주의 결혼 체제, 곧 근대 가족 이념이 1960년대 가족계획사업에서 도입되지 않았다면, 오늘날 우리 사회에서 젠더 개념과 초저출산이 출현할 수 있었을까?

"아니다." 이 단원은 위 질문의 대답을 제시하고자 시도되었다. "북유럽은 20세기 후반 일-가정 양립 정책을 통해 저출산 사회 중 유일하게 출산율을 끌어올리는 데 성공하였다. 그러니 그 정책을 우리 사회에 도입하여 실시하면 우리도 출산율을 상승시킬 수 있다." 이러한 사고는 2006년 당시 우리나라 출산장려 정책에 참여하였던 소위 수입상(수입 학문) 인구전문가(?)들에서 대세였다. 대부분의 인구전문가들은, 우리의 역사적 경험 – 특히, 우리의 전통 가족문화와 상치되는 근대 가족 이념을 가족계획사업이 수용하고 전파 – 은 제쳐놓은 상태에서, 단지 '서구' 출산 이론과 정책에 의존하여 출산장려 정책 곧 일-가정 양립 정책을 수립하고 집행하였다. 그 결과물은 세계 최저 수준의 우리나라 출산율이다. 일-가정 양립 정책은 북서유럽에서는 출산장려에 성공하였지만 우리나라를 포함한 타 지역의 국가들에서는 실패하였다. 인구 변천 이론과 마찬가지로, 일-가정 양립 정책도 '세계 표준'이 아니다.

20세기 중반 가족계획사업은 우리 사회에 우리의 확대가족보다 서구 핵가족이 우월하다는 인식을 심었다. 이런 서구화와 발달이상주의를 통해, 우리의 지배 가족 이념은 가족주의 확대가족에서 개인주의 핵가족으로 전환되었고, 자연스럽게 부모와 자녀 간의 관계보다 배우자 간의 관계를 중시하는 반려자

가족문화(맬서스주의 결혼 체제)로 옮아갔다. 반려자 문화는 섹슈얼리티의 목적을 자녀 생산에서 배우자 간 친밀성으로 바꾸었다. 가족계획사업의 근대 가족 이념은 여성이 출산행위를 시부모를 포함한 확대가족 전체 구성원이 아니라 단지 배우자와의 상의를 통해 결정할 수 있는 가족 토양을 형성해 주었다. 더욱이 20세기 말 외환위기 이후, 신자유주의와 개인화 그리고 페미니즘은 '성적 자기결정권'을 강조함으로써, 근대 가족의 토양에서 남성 배우자마저 제거해 주었다. 자녀를 임신하고 출산할 수 있는 "나의 몸은 나의 것"(My Body is My Own)이므로, 내(여성)가 통제해야 한다. 이 세계관에서 남성은 자녀를 요구할 권리도 자격도 없다. 요약하자면, 우리나라에서 여성의 출산행위 자율성은 일차적으로 가족계획사업에서 배우자 이외의 가족 구성원들이 제거하고, 이차적으로 신자유주의와 개인화 그리고 페미니즘에서 배우자마저 제거함으로써 극적으로 향상되었다고 할 수 있다.

현실적 측면을 배제하고 이론적 측면으로 볼 때, 위의 요약은 타당한 것으로 해석될 수 있다. 그러나 우리 국민은 정부가 무엇을 강제한다고 해서 그것을 무작정 수용하는 수동적인 사람들이 아니다. 서구인과 마찬가지로, 앞에서 언급하였던 개인의 이율배반적 행위에서 보듯이, 개인의 이해에 근거해 정부의 요구를 수용 혹은 거부하는 능동적인 행위주체자(active agents)이다. 그렇기에 우리나라의 가족 이념은, 정부 정책과 세계적인 대세에서 거부될 수 없는 유일한 진보의 진로, 즉 확대가족에서 핵가족으로 그리고 개인화 가족으로 변화하지 않았다. 우리의 가족 삶에서 확대가족, 근대 가족, 개인화 이념은 아노미 상태로 혼재되어 있다.

개인화를 지향하는 일-가족 양립 정책이 우리 사회에서 출산장려에 실패한 주된 이유는, 아마 우리 가족문화의 아노미 특성을 간과하였기 때문이다.

그렇다면 해결책은 두 가지이다. 하나는 '세계 표준'에 맞추어 우리 사회를 완벽하게 개혁(백인화)하는 것이다. 바로 바나나 지식인의 해결책이다. 그러나 우리는 백인으로 완벽하게 탈바꿈할 수 없다. 수백 혹은 수천 년에 걸친 우리의 오랜 전통적 삶에서 형성되고 유지되어 온 '우리의 혼'도 상실하고 싶지 않다.

다른 하나는 지피지기 관점의 한국사회이론 형성이다. 저자의 생각에, 이제 우리의 학문과 정부 정책은 우리의 현실을 더 이상 서구 이론의 실험장으로 삼는 관행에서 벗어나야 한다. 주객이 전도되어야 한다. 서구의 이론과 정책 – 이를테면, 일과 가정의 양립 정책 – 이 주(主)이고 우리의 현실이 객(客)인 패러다임은 우리 현실이 주가 되고 서구 이론이 객 혹은 도구가 되는 패러다임으로 전환되어야 한다(이성용, 2015). 서구 이론들은 그것이 우리 사회에 적용되었을 때 발생할 수 있는 혜택은 말하지만, 비용과 부작용은 말하지 않는다(이성용, 2015, 2020). 일-가정 양립 정책과 젠더 이론에서 볼 수 있듯이, 그것들은 여성의 경제적 자립과 성적 자기결정권이 제공할 수 있는 혜택은 부각시켜 강조하지만, 그 혜택으로 인해 여성이 우리의 오랜 역사와 전통에서 '아내됨'과 '어머니됨'으로 획득하여 왔던 정체성과 자부심을 폄훼하거나 심지어 부정할 수 있다는 사실에는 거의 묵비권이다.

동성애와 젠더는 섹슈얼리티의 주된 목적이 자녀출산인 세계관에서는 절대 용납될 수 없는 행위이자 개념이다. 동성애가 이성애와 마찬가지로 정상적인 섹슈얼리티가 되려면, 우선적으로 섹슈얼리티를 이성애에 국한하고 그 주된 목적을 자녀출산으로 가정해 왔던 우리 오랜 전통의 가족주의 이념을 철저하게 타파해야 한다. 생물학적 성과 모성애를 부정하는 젠더 개념도 마찬가지다. 젠더 개념과 페미니즘 패러다임하에서, 우리는 더 이상 어머니의 '낳은 정'에 감사할 필요가 없다. 즉, 효(孝)의 근본이 부정된다. 왜냐하면 우리 자녀는 단지 부모가 배우자 간 친밀성을 확인하는 과정에서 태어난 부산물에 불과하기 때문이다. 푸코의 주장처럼, 무엇이 정상적인 행위인지는 상당 부분 그 행위를 해석하는 세계관에 달려 있다. 동성애와 젠더는 서구 개인주의 세계관에서는 정상이지만, 비서구 사회의 가족주의에서는 비정상이 된다.

보편원칙이라 생각하는 행위와 태도는 패러다임에 따라 보편원칙(정답)이 아닐 수 있다. 만일 특정 세계관이나 패러다임을 우리의 보다 나은 삶의 설계에 사용될 도구라고 생각한다면, 우리는 특정 패러다임에 얽매이지 않고 우리 현실에 맞춰 상이한 패러다임들을 융합하여 새롭게 사용할 수 있다.

오늘날 많은 사람들은 자신에게 행복을 줄 사람을 동료와 결혼대상자로 삼는 경향이 있지만, 과거 우리 조상들은 전통적으로 행복보다 자신이 어려움에 닥쳤을 때 함께 고생을 하며 어려움을 극복하는 데 도움을 주는 사람을 최고의 동료와 결혼대상자로 생각하였다. 동고동락을 함께 하는 부부나 어려움을 함께 한 배우자를 중시하는 조강지처에서 이를 엿볼 수 있다. 자신의 위험을 돈이나 제도(복지)를 통해 해결하려는 근대성 패러다임과 달리, 우리의 조상은 사람에 의지하여 위기를 극복하고 해결하는 세계관에서 살았다.

동고동락의 가족은 전통적으로 개인의 행복보다 위험에 닥쳤을 때 도움을 제공하는 인간관계의 출발점이었다. 이는 결혼과 자녀출산을 개인(특히, 여성)의 이해와 행복 관점에서 결정하는 것을 당연시하는 근대성과 페미니즘과는 근본적으로 다른 유형의 가족 패러다임을 나타낸다. 신자유주의와 개인화는, 비록 복지가 도움을 준다고 하지만 개인의 위험을 전적으로 개인이 책임져야 하는 것으로 가정한다. 만일 개인이 경제적 자립 역량 곧 자율성을 상실함으로써 위험에 닥치면, 돈도 없고 정부 복지도 받지 못하는 개인은 그 위험을 극복할 방안이 없다. 불행히도 신자유주의의 경제적 불안정성과 개인화가 초래한 가족해체는 개인들을 그런 위험에 점점 많이 노출시킨다. 이러한 위험은 돈과 제도보다, 오히려 사람들에 의해 극복될 수 있다. 달리 말해, 개인의 위험이 돈과 복지(제도)보다 인간관계에 의해 극복될 수 있다는 세계관이 확산될수록 비혼과 초저출산의 문제는 수월하게 될 것이다. 왜냐하면 결혼과 자녀 출산이 전통적으로 개인이 위험에 처하였을 때 가장 먼저 도움을 제공해 왔던 가족이란 일차적 인간관계를 형성하는 출발점이기 때문이다. 출산장려 정책에서 인구는 젠더와 이혼해야 한다.

4.5. 요약과 함축

고전 인구 변천 이론은 맬서스의 인구 항상성 법칙을 전제(前提, premise)로 하며, 출산과 사망 및 이주 등 인구학의 여러 분야 이론들이 정초하는 모범답안의 정전(正典, canon)이라 할 수 있다. 다음 장에서 살펴보겠지만, 제2차 세계대전 이후 세계 인구(특히, 아시아를 포함한 비서구)는 급증하였다. 맬서스의 인구 항상성 법칙에 따르면, 급증하는 세계 인구는 지구상의 자원(식량)이 감당할 수 없는 과잉인구를 초래함으로써, 특히 가난이 만연한 비서구 사회에서 대규모의 빈민인구 곧 대참사를 발생시켜야 한다. 이러한 공포 수준의 우려하에서, 제3세계에서 출산율 하강을 목표로 하는 가족계획사업이 추진되었다.

고전 인구 변천에 따르면, 인구 변천은 다음의 세 단계에 의해 이루어진다. 첫 번째 단계는 근대 이전의 전통 사회로, 높은 출산율과 높은 사망률로 인구는 균형 상태를 이룬다. 두 번째 단계는 산업화와 도시화가 진행되면서 사망률이 먼저 하강한 뒤 출산율이 서서히 하강하기 시작한다. 이 과정에서 인구는 급증한다. 세 번째는 출산율과 사망률이 모두 하강하여 낮은 수준에서 인구 균형 상태를 이루는 근대 사회이다. 제2차 세계대전 직후, 서구 사회는 세 번째 단계에 있었지만, 대부분의 비서구 사회는 두 번째 단계에 진입하는 과정에 있다고 서구의 인구학자들과 가족계획 정책 관련자들은 가정하였다.

오늘날 세계의 거의 모든 지역에서 출산율과 사망률이 하강하는 패턴을 보이고 있다. 이러한 '시작과 끝' 패턴들에 근거하여, 맬서스 계승자들인 근대화론자들은 보편법칙의 인구 변천 이론이 지지되고 있다고 주장하곤 한다. 하지만 〈그림 4-2〉와 〈그림 4-3〉에서 보듯이, 세계 각 지역들 중 상당수는 사망률이 먼저 하강한 뒤 출산율이 하강하는 고전 인구 변천의 보편법칙과 상이한 패턴의 인구 변천을 나타냈다. 사망률이 하강한 뒤에 출산율이 하강하지 않고, 사망률과 출산율이 병행하여 하강하거나 심지어 출산율이 먼저 하강하기도 하였다. 그리고 변천 이전에도 출산율이 사망률보다 높은 수준에 머물러 인구는 균형 상태를 보이지 않았다. 고전 인구 변천을 지지하는 유일한 증거는 단지 세계 각 지역에서 출산율과 사망률이 모두 하강하고 있다는 사실뿐이었다.

확실히 비서구 사회는 북서유럽의 고전 인구 변천 이론과는 상이한 패턴으로 인구 변천이 일어났다. 시작부터 달랐다. 근대 사회로의 변천 이전 전통 사회의 인구는 장기간 균형 상태가 아니었다. 우리나라의 경우, 조선 500년은 사망과 출산이 균형 상태를 보이면서 서서히 인구가 증가하는 사회가 결코 아니었다. 조선 초기 200년 인구가 급증하였다가 임진왜란과 병자호란 시기 인구가 급감하였다가 그 후 인구는 다시 급증하였다. 19세기 조선의 열악한 상황에 대해, 일부 식민지 근대화론자들은 18세기 혹은 19세기까지 인구가 급증하여 맬서스 덫에 빠진 것이 기인한다고 주장하지만, 그들의 주장을 뒷받침하는데 사용된 경험적 증거, 곧 호적의 호는 인구수를 함축하는 자연호가 아니라 편제호이다. 또한 조선 시기의 인구 변동에는, 경제적 요인보다 전쟁과 홍경래의 난과 같은 정치적 불안과 관료들의 부패가 더 큰 영향을 끼쳤다.

비서구 사회의 인구 변천에는 산업화와 도시화 같은 사회경제적 발달보다는 문화적 요인 혹은 정치적 요인이 더 큰 영향을 미쳤다. 특히, 중국과 인도 그리고 한국과 같은 비서구 사회의 출산 변천에는 개인적 차원의 합리성과 사회경제적 발달과 같은 경제적 요인 – 인구와 자원 간의 균형 – 보다, 오히려 문화적 요인 – 서구화나 발달이상주의에 근거한 근대 가족 이념 확산 – 과 정치적 요인 – 전쟁, 식민지 지배, 정부 정책 – 이 훨씬 유의미한 영향을 미쳤다.

맬서스 후계자들인 근대화론 인구 변천 이론 연구자들은 한편으로 이론적 측면에서 '진보'라는 목표 달성을 위한 '과정'(보편원칙)을 강조하고, 다른 한편으로 경험적 측면에서 오늘날 세계의 거의 모든 곳에서 출산율이 하강하고 있다는 '끝 혹은 결과'들을 제시함으로써 인구 변천 이론의 타당성을 입증하고자 노력하고 있다. 그러나 포스트모더니즘(탈식민주의) 관점의 인구학 연구들은, 근대화론자의 이론(보편원칙)과 경험적 증거(세계 각국의 역사적 현실) 간 상호 모순을 지적하면서, 인구 변천의 '끝'(특히, 출산 하강에 관련하여)이 근대화론이 강조한 보편원칙 – 단 하나의 과정(경로) – 과 사회경제적 발달보다 오히려 고출산을 지지해 왔던 문화적 기제의 해체 – '다양한 중간 과정' – 에 관심을 가진다.

한국의 출산 정책에서는 서구의 근대성 보편원칙 – 근대 가족, 젠더, 일-가정 양립 정책 – 을 토양이 다른 비서구(한국) 사회에 적용하였을 때 발생할수 있는 혜택과 비용을 분석하였다. 기대하였던 대로, 근대 가족의 가족계획사업과 개인화와 젠더의 일-가정 양립 정책은 여성의 자율성 향상에 기여하였지만, 반대급부로 '아내됨'과 '어머니됨'으로 표상되는 여성의 정체성과 자부심은 폄훼 혹은 부정하는 사회적 현상을 동반하였다. 그러나 출산장려 정책이 목표로 하는 혼인율과 출산율의 상승은, 여성의 자아실현보다 '아내됨'과 '어머니됨'이란 여성의 정체성과 자부심 향상에서 인도될 수 있다.

다음 장에서는 1950년 이후 세계 대륙과 각 지역에서의 인구 성장을 기술할 것이다. 그런 다음 서구의 근대성 이론이 20세기 이전 세계 각 대륙과 지역에 미친 영향을 논의한다. 놀랍게도 산업혁명 이후 유럽 대륙과 신세계 백인인구는 급증하였지만, 타 대륙의 유색인구는 정체하거나 심지어 감소하기까지 하였다.

5

세계의 인구:
현재와 미래
그리고 역사적 경험

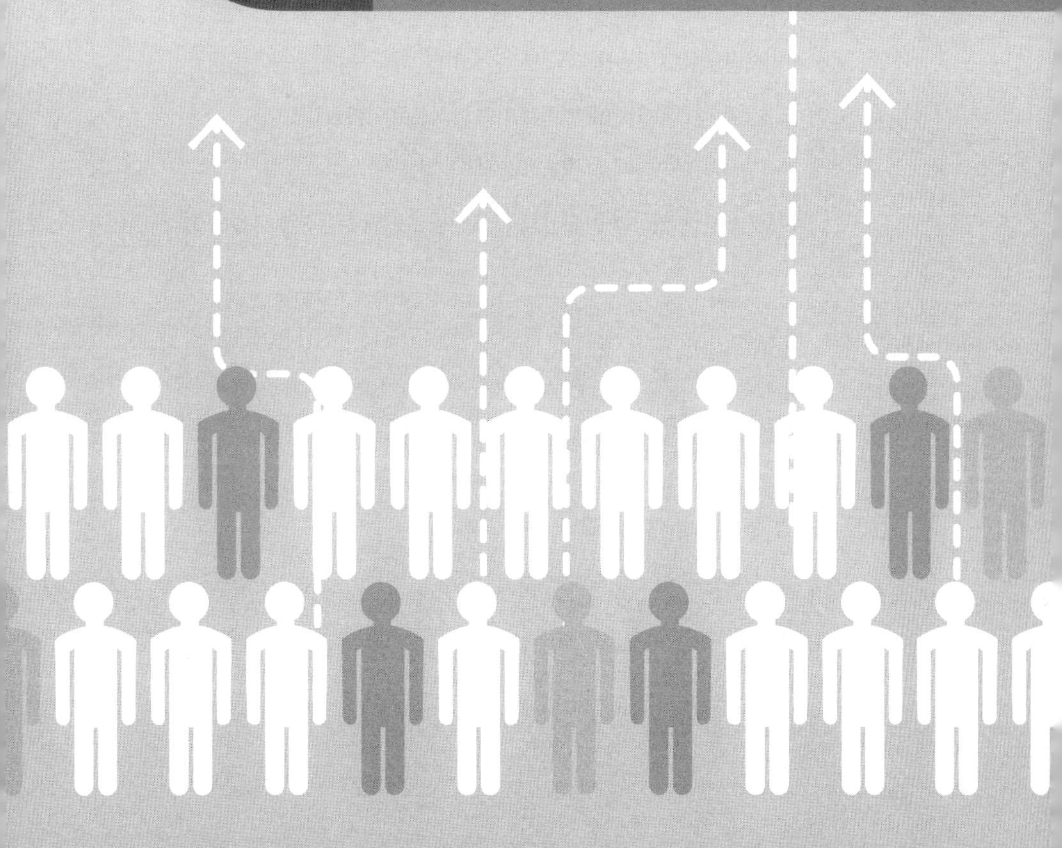

자본주의 사회에서 공짜 점심은 없다.

윈윈(win-win)보다 제로섬(zero-sum)이다.

세계 인구는 산업혁명 이후 증가하였다고 이야기되지만,

유럽과 신대륙의 백인인구는 급증한 반면,

타 대륙의 유색인구는 감소하거나 정체하였다.

산업혁명을 통해 유럽을 부국으로 인도하였던 서구의 이성(근대성)은

세계 각 대륙의 인구 변동에 어떤 방식으로 영향을 미쳤나?

서구 근대성의 혜택과 비용은

각 대륙에서의 사망, 인구이주, 출산 등 인구 변동을 통해 생생하게 엿볼 수 있다.

5.0. 들어가기

인구학에서 세계 인구에 관해 이야기하거나 강의할 때, 우리는 세계, 각 대륙 그리고 몇몇 인구 강국들(특히, 중국과 인도)에 관한 현재 시점의 인구 상태 및 미래의 인구 추세를 언급하는 것으로 마무리하곤 한다. 이때 사용되는 주된 자료는 대개 유엔이나 미국 인구국(PRB)에서 발간하는 인구 통계들이다. 숫자 혹은 통계는 탈정치적이고 객관성을 보장하는 것처럼 보인다.

그런데 제3장 3.3의 '푸코의 인구 이론'에서 살펴본 바와 같이, 인구는 국가(정부) 통치의 대상이다. 글로벌 시대 세계경제나 UN의 입장에서 볼 때, 특정 국가의 인구는 통치 혹은 관리의 대상이 될 수 있다. 자유주의 이후 경제는 가족에서 국가로 이전되었고, 각국은 세계 시장 경쟁 체제에서 국부 곧 국가경쟁력 향상에 최선을 다하고 있다. 세계경제 대국들은 세계경제에서 그들의 주도권을 유지하기 위해 자국뿐 아니라 타국의 인구들도 관리하고 통치할 필요가 있다. UN 인구 자료 – 객관적이고 과학적이라 평가받는 – 와 그 자료를 해석하는 인구학 지식 – 보편법칙과 역사주의에 근거한 – 은, 제4장에서 논의된 비서구 사회의 출산억제(가족계획) 정책에서 보듯이, 약소국(특히, 아시아, 아프리카, 중남미 지역)의 인구를 관리하고 통치하고자 하는 서구 강국들의 권력 기술에 정당성을 제공할 수 있다. 이런 연유로 푸코의 진술처럼, 약소국의 인구와 개인들은 도덕적으로 자율적인 행동을 하는 것처럼 보이지만 실제로는 강국의 권력 기술에 '주체 예속화'되어 있을 수 있다. 그렇다면 인구 자료들은, 탈정치적이고 객관적인 것이 아니라, 오히려 암암리 서구의 인구학 관점 – 특히, 보편법칙과 역사주의의 근대화론 – 과 이해관계가 내포된 것이라 할 수 있다. 그러므로 우리는 세계의 인구 자료들을 서구인뿐 아니라 비서구인의 역사적

관점과 이해관계에서도 해석하고 활용할 필요가 있다.[1)]

서구의 많은 인구학 교재들은 18세기 중반 산업혁명을 기점으로 유럽 인구가 먼저 급성장하기 시작하였고, 유럽의 기술혁신이 나머지 세계로 전파되면서 세계 인구가 급증하였다고 이야기한다(Carter, 2016; 리비-바치, 2009; Poston and Bourvier, 2010; Weeks, 2012; Weinstein and Pillai, 2016). 그러나 이러한 일반화 진술은 18세기 이후 나타났던 유럽과 다른 대륙들 – 특히, 아시아 – 간의 상반된 역사적 인구 추세들을 무시하고 있다(이성용, 2018a, 2018b). 18세기 말에서 19세기 초 – 특히, 1810~1820년 – 는 구미 국가들은 부국으로 그리고 아시아를 포함한 다른 대륙들의 대부분 국가들은 빈국으로 가는 대분기가 일어났던 시기이다(포머란츠, 2016; 마르크스, 2014; 프랑크, 2003).

인구학에서 경제 성장과 인구 성장 간의 밀접한 관계는 매우 중시되는 기본 가정 중 하나이다. 따라서 우리는 세계 각 대륙이, 특히 1492년 신대륙 발견 이후 진행되었던 유럽의 세계경제 체제(세계화)하에서 각 대륙이 경험하였던

••••••••

1 최근 코로나 사태는 서구의 권력 기술(근대화론 혹은 발달이상주의)이 갖는 정당성과 타당성에 커다란 금을 그었다. 코로나의 세계적 대유행(pandemic) 직후인 2020년 초 세계보건기구(WHO)와 미국 질병통제센터(CDC)는 건강한 사람은 마스크를 쓸 필요가 없고 손 씻기와 사회적 거리두기를 하면 감염을 예방할 수 있다는 안내지침을 발표하였다. 세계보건기구 사무처장은 2020년 3월 말 "일반인의 마스크 착용 효과는 과학적 근거가 없다"는 주장을 통해 마스크의 유용성을 공식적으로 부정하였다. 그러나 이들 기관의 안내지침 및 주장과는 상반되게, 마스크의 유용성은 그 유용성을 부정하였던 서구 사회를 포함한 세계 도처에서 경험적 증거(곧 현실의 삶)를 통해 과학적으로 증명되고 널리 인정되었다.

이미 밝혀진 바와 같이, 세계보건기구와 미국 질병통제센터의 마스크 무용성 주장은 상당 부분 서구 사회의 마스크에 대한 부정적 문화에 근거한 것이다. 서구에서 마스크는 중환자가 쓰거나, 혹은 범죄자가 쓰는 '복면'에 가깝다는 인식이 있다. 이것이 함축하는 바는, 동일한 인구 통계 결과일지라도 연구자의 인식(세계관)에 따라 상반되게 해석되고 또 상반된 인구 정책을 제시할 수 있다는 사실이다. 푸코의 이론이 함축하듯이, 과학적 지식은 연구자의 형이상학(인식론 혹은 세계관)에 정초한다.

그런데 불행히도 우리나라의 일부 근대화론 엘리트들 – 특히, 암기식 교육을 통해 자신들의 지위를 획득한 바나나 지식인들 – 은 서구 선진국의 주장을 우리의 삶에 유일한 정답을 제공하는 보편원칙(정답)인 양 가정하고 대중을 설득하는 경향이 있다. 2020년대 초 일부 지식인들은 미국과 WHO 발표에 근거해, "과학이 미국과 한국과 다르지 않다" 혹은 "마스크 착용이 감염방지에 효과가 있다는 과학적 증거는 없고, 이건 의학과는 별 관계 없는 사회학적 현상"이란 주장을 펼침으로써, 마스크 유용성을 주장한 한국 의사(한국인)를 서구 의사(서구인)에 비해 열등한 사람(민족)으로 만드는 데 일조하기도 하였다.

역사적 관점에 기초해 각 대륙의 인구 변동을 분석하고 고찰할 필요가 있다. 16세기 이후 세계 각 대륙에서의 인구 변동은 신대륙 발견과 유럽 제국주의에서 배태된 세계경제 체제에 의해 독립적이 아니라 타 대륙들과의 긴밀한 관계에서 일어났다. 따라서 16세기 이후 세계 각 대륙의 인구 변동은, 그것을 타 대륙과 분리된 하나의 독립(independent) 장면으로 보고 분석하는 대신, 지난 500년간 세계의 각 대륙이 제국주의와 식민주의를 통해 서로 관계해 왔던 전반적인 흐름의 방식, 달리 말해 '세계경제 체제하에서 전개된 각 대륙의 인구 변동들을 펼쳐 보여 주는 파노라마 방식' 하에서 각 장면(각 대륙의 인구 변동)을 설명하고 해석해야 할 것이다.

이 장은 세계 각 대륙과 국가의 현재 인구와 현재 상태에서 미래 인구를 추계한 UN의 세계 인구 – 보편법칙에 근거한 – 를 먼저 살펴본 뒤, 특정 지역의 역사적 경험들과 관련지어 추계한 세계 각 지역의 인구들 – 역사적 조건에 따라 차이와 다양성이 나타나는 – 을 함께 고찰함으로써, 세계 인구를 기존의 주류 인구학 교재들과는 구별되는 다른 방식으로 논의할 것이다.

5.1. 세계 인구의 성장

1) 세계 인구의 역사와 미래 전망

인간은 약 20만 년 전부터 지구상에 존재하였던 것은 기록되어 있다(Cann and Wilson, 2003). 인류의 역사는 구석기 시대까지의 수렵채집 시대, 신석기 시대부터의 농업 시대, 그리고 산업혁명 이후의 산업화 시대로 크게 세 단계로 나누어질 수 있다. 지구상의 인구 성장은 기원전 8000년 전의 농업혁명과 18세기 후반의 산업혁명과 깊은 관계가 있다. 이런 설명은 인구와 자원(식량) 간의 균형을 강조하는 맬서스의 인구 항상성 원칙에 근거한다.

인류가 지구상에 존재하였던 대부분의 시기 – 19만년, 즉 인류 역사의 95% 이상 – 는 수렵채집 시대였다. 수렵채집 시대는 고출산과 고사망으로 특징이 지워졌고, 인구 성장도 매우 느렸다. 만일 인간이 수렵채집으로만 생계를 유지하여 왔다면, 인간의 수는 아마 수백만이 넘기 어려웠을 것이라는 주장이 있다(Coale, 1974; McEvedy and Jones, 1978).

약 9000~12000년 전에 일어났던 농업혁명 당시 인구는 400만 명으로 추정된다. 400만 명은 그 당시 사람들이 지구상에서 수렵채집으로 생계를 유지하기에는 너무 많은 인구수이었다. 달리 말해, 지구의 수용 능력(carrying capacity)을 넘었다(Cohen, 1977; Harris and Ross, 1987; Sanderson, 1995). 수용 능력이란 가용한 물리적 자원과 사람들이 그 자원을 사용하는 방식이 주어졌을 때, 그 지역에서 생존을 유지할 수 있는 사람의 수를 말한다(Miller, 2009). 수렵채집은 사람들이 생계유지를 위해 여기저기 떠돌아다녀야 하기 때문에 생존에 필요한 자원(특히, 땅)이 많이 요구될 수밖에 없다. 자원은 집약적이 아니라 광범위하게 활용된다. 지구의 수용 능력을 초과하는 인구수, 인구 압력은 인류에게 지구의 수용 능력을 증가시킬 수 있는 기술혁신을 요구한다. 그 기술혁신은 수렵채집 시대보다 좁은 땅에서 생계를 유지할 수 있는 새로운 삶의 방식, 즉 농업혁명[2]을 말한다. 그 당시는 빙하기가 끝나고 지구온난화가 시작되었고, 이는 인류가 농

2 농업혁명은 자원과 인구 간의 함수 변화(수용력 증가)를 말한다. 지구상 자원(특히, 토지)의 효율적인 이용이 인구증가를 가져왔다. 농업혁명에서의 인구증가는 사망률 감소보다 출산율 증가에 기인한다. 수렵 시대에 비해 농업 시대는 사람들의 영양 상태를 향상시켜 사망률을 감소시킨 것이 아니라 출산율을 증가시켜 인구를 증가시켰다(리비-바치, 2009).

〈그림 5-1〉 기술혁명 단계별 인구증가

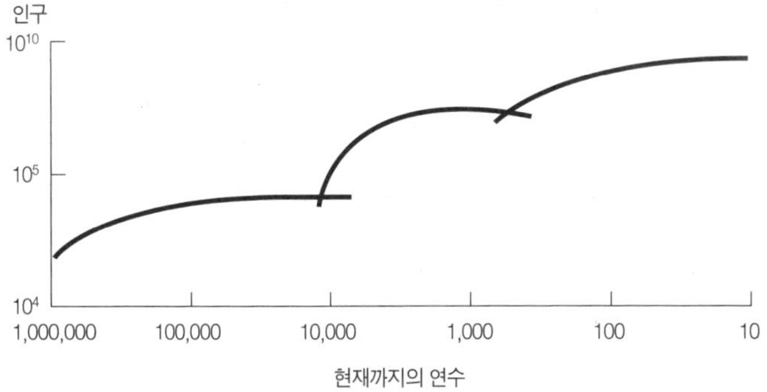

출처: 리비-바치(2009: 36), 〈그림 1-11〉.

업·목축의 시대로 이동하는 데 결정적인 역할을 하였다.

인구와 자원 간의 밀접한 관계는 인정되지만, 그 인과적 순서에는 많은 논쟁이 있다. 한편에서는, 빙하기가 종결되고 지구온난화가 시작되면서 농경문화가 가능하게 됨에 따라 인구수가 증가하였다고 가정한다. 농업혁명 곧 자원개발이 인구증가를 초래하였다. 다른 한편에서는, 지구의 수용 능력 한계를 초월한 인구 급증이 새로운 기술혁명을 유발하였다고 주장한다. 인구증가가 자원개발을 가져왔다. 인구 급증으로 야기된 인구 압력은 신기술의 발달을 유발한다는 후자의 주장은, 인간의 행위주체(agency)를 강조하는 마르크스 접근방식과 일치한다. 반면 기술 발달이 인구수를 증가시킨다는 전자의 주장은, 환경에의 적응 측면을 중시하는 구조기능주의 혹은 맬서스주의자 접근방식과 궤를 같이 한다.

〈그림 5-1〉에서 보는 바와 같이, 지구상의 인구는 1만 년 전 빙하기 이후 점차 증가하였다. 기원전 8천년부터 기원전 5천년 사이 연평균 성장률은 0.01

로, 연간 1만 명당 1명이란 매우 작은 수준으로 증가하였다. 지구상의 인구가 2배로 되는 기간은 약 9천년으로 추정되었다. 그러나 B.C. 4000~3000년경 중국, 인도, 이집트, 메소포타미아 등 세계 4대 문명이 발생하는 시점에 이르러서는 세계 인구가 2,700만 명으로 성장하였다(Carter, 2016). 이 시기 연평균 성장률은 0.05 이상으로 증가하여, 인구수가 2배로 되는 기간이 약 천년으로 크게 줄어들었다. 그리하여 서력기원에는 지구상의 인구는 2억 5,000명이 되었고, 연평균증가율도 0.14로 크게 증가하여 매년 약 30만 명의 인구가 지구상에 보태졌고 배가기간도 500년으로 감소하였다. 하지만 5세기 세계 인구는 2억 명으로 감소하였는데, 그것은 전염병으로 인한 사망력의 증가에 기인한 것으로 해석된다. 로마제국이 붕괴되면서 지중해 지역의 인구는 감소되었고, 중국의 한나라는 홍수, 기근과 폭동으로 나라가 와해되고 있었다(McEvedy and Jones, 1978). 그 후 세계 인구는 다시 증가하였지만 14세기 중반 유럽 전역으로 확산된 흑사병은 유럽 인구를 감소시켰다(Cantor, 2001). 혹자는 흑사병이 전 세계로 전염되기 직전인 1347년 세계 인구수를 4.45억 명으로 추정하며, 흑사병이 확산되면서 2억 명이 사망하였다고 말한다(Carter, 2016: 41). 흑사병 세력이 약화되어 사라지면서 세계 인구는 1500년 4.25억 명으로 다시 증가하였다. 1650년에서 1850년 사이 유럽은 전반적으로 인구 폭증을 경험하였는데, 이는 흑사병이 사라지고 아메리카 신대륙에서 감자와 옥수수가 도입되어 식량이 증가하였기 때문이라 설명되어 왔다(Cohen, 1977). 유럽에서 인구 성장은 1750년경 산업혁명 시대 이후로 확연히 나타났다. 1850년경 세계 인구는 최초로 10억 명을 넘었고, 평균 증가 인구수도 200만 명을 넘었다.

수용 능력의 관점 – 특히, 인간의 행위주체성을 중시하는 마르크스 접근 방식 – 에서 볼 때, 유럽에서 산업혁명의 발생은 상당 부분 인구 폭증에 기인

〈그림 5-2〉 세계 인구의 변동

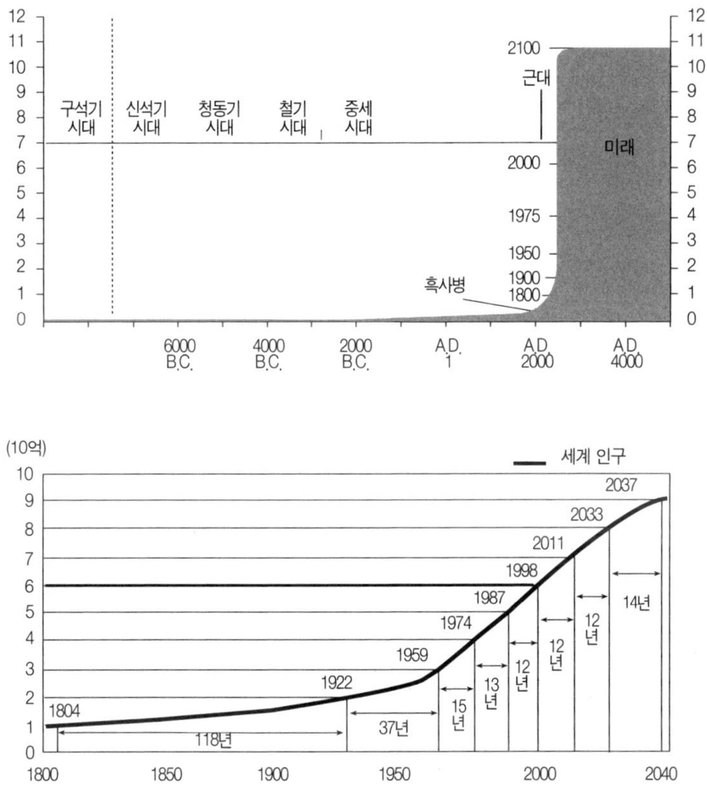

자료: PRB(2004); PRB(2014).

한다. 그 당시 유럽 인구는 농업 사회의 수용 능력을 초과하였을 뿐 아니라, 계속 성장하는 유럽 인구는 농업 사회의 수용 능력을 크게 초과하여 맬서스 덫에 빠질 위험이 점차 크게 인식되었다. 이에 유럽 사회는 자원을 보다 집약적으로 활용할 수 있는(즉, 수용 능력을 크게 줄일 수 있는) 새로운 기술이 요구되었다

(Harrison, 1993). 산업혁명은 인구 압력이 만들어 낸 새로운 기술혁명이며, 그것을 가능하게 만든 것이 바로 근대성(서구의 이성)이다. 유럽은 화석연료의 발견을 통해 맬서스 덫에 빠지지 않고, 오히려 수용 능력을 크게 증가시켜 인구가 급증하게 되었다(포머란츠, 2016; Carter, 2016; Weeks, 2012). 이처럼 서구의 인구학과 사회과학은 산업혁명과 유럽의 발흥을 가능하게 만든 요인으로 단지 유럽 내부의 요인에 초점을 맞출 뿐 유럽 외부의 요인들 – 신대륙 자원과 아프리카 노예노동력 – 을 간과하는 경향이 있다(이성용, 2018a, 2018b).

어쨌든 250년 전의 산업혁명 이래 세계 인구는 극적으로 증가하였다. 〈그림 5-2〉, 〈그림 5-3〉, 〈그림 5-4〉에서 보는 바와 같이, 최근 300년간의 인구증가는 가히 인구 폭발(population explosion)이라 할 수 있다. 1800년 세계 인구는 10억 명에 약간 못 미치는 수준이었지만, 불과 220년 만에 8배 가까운 2020년 78억 명으로 증가하였다(UN, 2019). 세계 인구가 2억 명 내지 2.5억 명으로 추정되었던 서력기원에서 2배가 되는 5억 명이 되는 기간은 1700년이 걸렸다. 그런데 산업혁명 이후 5억 명에서 10억(1804년대) 명이 되는 기간은 180년으로 급격하게 줄어들었다. 세계 인구에 10억 명이 보태지는 기간도 획기적으로 감소하였다. 10억 명에서 20억(1922) 명이 되는 데는 118년이 걸렸지만, 그 후 37년 뒤인 1959년에 30억 명을 돌파하였고, 불과 15년 뒤 1974년 40억 명, 13년 뒤 1987년 50억 명, 12년 뒤 1999년 60억 명, 12년 뒤 2011년 70억 명을 돌파하였다. 이러한 인구 폭발은 당분간 계속될 것으로 전망된다. 〈그림 5-2〉에서 보는 바와 같이, 세계 인구는 2023년 80억 명, 2037년 90억 명 그리고 2056년 100억 명을 돌파할 것으로 전망된다(UN, 2019). 이런 전망은 현재의 출산율과 사망률을 중간 수준으로 계산한 것이기 때문에, 만일 현재의 높은 출산 수준이 계속된다면 세계 인구는 2050년에 100억 명이 넘을 수도 있다.

〈그림 5-3〉 세계 인구의 성장률

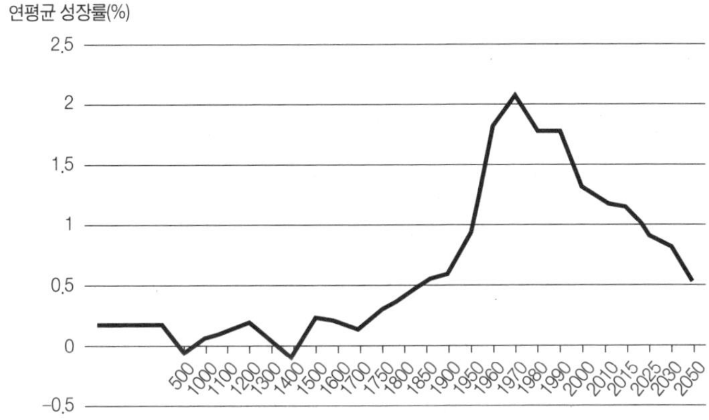

원자료: 리비-바치(2009); UN 자료.

〈그림 5-4〉 세계 인구의 배가기간

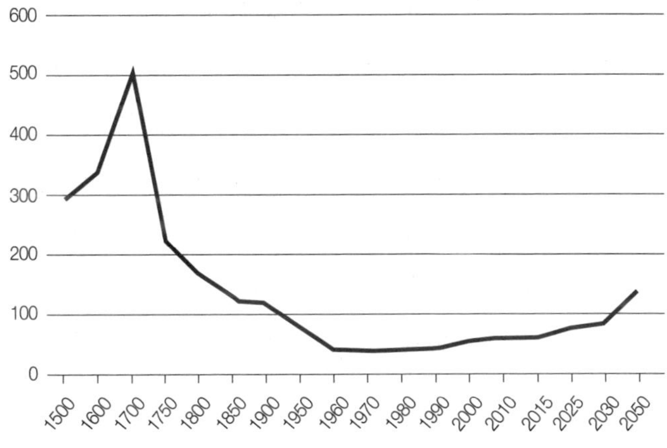

원자료: 리비-바치(2009); UN 자료.

2) 대륙별 인구 분포와 인구 강대국

(1) 대륙별 인구

2020년 세계 인구는 77억 9,400만 명으로 추정된다.[3] 2050년에는 97억 3,500만 명으로 증가할 것으로 전망된다. 2020년 현재 세계 인구 10명 중 8명(83.7%)이 개발도상국에 거주하고 있다. 그 비율은 계속 증가하여 2050년 86.9%, 2100년 88.6%가 될 것으로 전망된다. 1950년대까지만 해도, 세계 전체 인구 중 선진국 인구가 차지하는 구성비는 32%이었지만, 그 구성비는 2020년에 1950년의 절반 수준인 16.3%로 감소하였고, 2050년 13.1%, 2100년 11.4%로 감소할 것으로 추정된다(UN, 2019). 1950년대 이래, 세계 인구 중 선진국의 인구 비율은 계속 감소하지만, 개발도상국의 인구 비율은 증가하는 추세를 보여 준다.

〈그림 5-5〉에서 보는 바와 같이, 인구성장률은 선진국에 비해 개발도상국이 훨씬 높다. 개도국은 1960년대 정점을 찍은 후 감소 추세를 보이고 있지만 선진국보다 훨씬 높은 수준에서 감소를 하고 있다. 대륙별로 인구성장률을 비교하면 아프리카가 다른 대륙들보다 훨씬 높은 수준의 인구성장률을 보여 주고 있다. 아시아와 중남미는 20세기 중반까지는 높은 수준의 인구성장률을 보였지만 그 후 계속적인 감소 추세를 보인 결과 오늘날에는 북미보다 낮은 수준을 보인다. 하지만 유럽보다는 높은 수준이다. 유럽은 1950년대 이래 타 대륙보다 훨씬 낮은 수준의 인구성장률을 보이고 있다.

〈표 5-1〉은 1950~2000년과 2000~2020년 세계 지역별 인구증가와 증가율을

3 이 추정치는 유엔의 것이다. 반면 제1장 〈표 1-1〉 2020년 세계 인구 77.93억 명은 미국 인구국(PRB)에서 추정한 것이다. 발표기관마다 인구 추정방법에 미미한 차이가 있는 탓에, 세계 인구와 각 대륙의 인구 그리고 나라별 추정치는 약간의 차이가 날 수 있다.

〈그림 5-5〉 선진국과 개도국 그리고 대륙별 인구성장률 추세: 1950~2020년

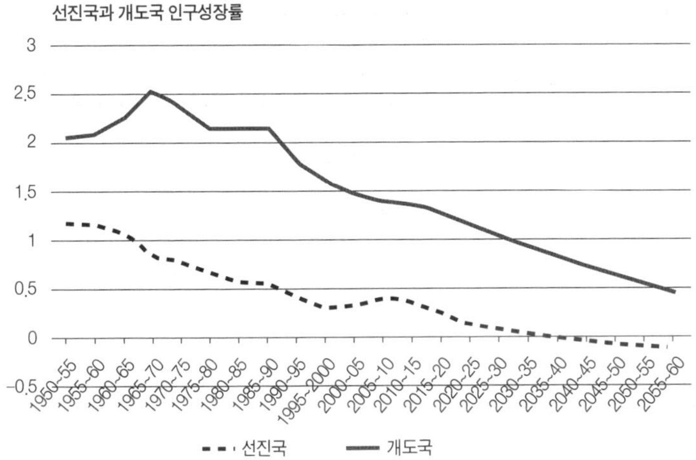

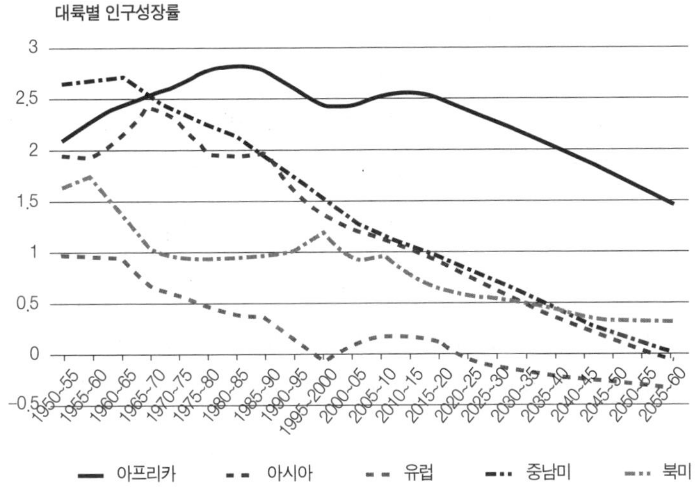

원자료: UN(2019).

〈표 5-1〉 세계 지역별 인구증가: 1950~2000년, 2000~2020년

	1950~2000		2000~2020	
	증가 인구(명)	백분비(%)	증가 인구(명)	백분비(%)
세계	36.1억	100	16.5억	100
선진국	3.7억	10.4	8,500만	5.1
개발도상국	32.3억	89.6	15.7억	94.8
아프리카	5.8억	16.1	5.3억	32.1
아시아	23.7억	64.8	9억	54.5
유럽	1.8억	4.8	2,200만	1.3
중남미	3.5억	9.8	1.3억	8
북미	1.4억	3.9	5,600만	3.4

원자료: UN(2019).

나타낸다. 1950년 이후, 선진국은 가족계획 정책을 통해 제3세계 인구를 억제하려는 시도를 꾀하였지만, 개발도상국이 세계 인구의 증가에서 주도적인 역할을 하였다. 개발도상국의 인구증가는 1950~2000년 32.3억 명으로 2000~2020년 15.7억 명의 2배이지만, 세계 인구증가에서 차지하는 증가분은 2000~2020년 94.8%로 1950~2000년 89.6%에 비해 훨씬 높다. 대륙별 인구증가를 보면, 아시아가 압도적으로 높은 비율을 차지하고 있지만 그 비율은 21세기 들어 감소하였다. 반면 아프리카 인구가 세계 인구 증가분에서 차지하는 비율은 16.1%에서 32.1%로 2배 증가하였다. 이런 까닭에 21세기 세계 인구에서 아시아 인구의 비율은 감소하고 아프리카 인구의 비율은 증가할 것으로 전망된다(〈표 5-3〉 참조).

한편, 선진국 증가인구의 비율은 10.4%에서 5.1%, 즉 절반 수준으로 감소하였다. 특히, 유럽 인구의 경우 1950~2000년에는 증가인구 1.8억 명으로 그 비중이 4.8%를 차지하였으나 2000~2020년 증가인구 2,200만 명으로 그 비중이

1.3%에 불과하다. 북미 인구는 1950~2000년 증가인구와 그 비중이 1.4억 명과 3.8%, 2000~2020년 5,600만 명과 3.4%로, 유럽에 비해 비교적 양호한 편이다. 제3장에서 논의되었던 바와 같이, 특정 지역의 인구는 그곳의 부와 군사력 곧 안보에 직접적인 관계를 가진다. 이런 까닭에 인구감소는 단지 출산과 사망 변동이 야기한 사람들의 감소만을 의미하지는 않는다. 중남미 인구는 아시아 인구와 유사하게, 세계 인구에서의 증가분은 20세기 후반에 비해 21세기에 감소하였다. 그것은 아시아와 마찬가지로, 20세기 후반 급격한 출산 변천이 이루어졌기 때문이다.

(2) 인구 강대국

2020년 현재 중국은 14.4억 명으로 세계 인구의 18.5%를 차지한다. 그 다음이 인도로 인구수는 13.8억 명이다. 중국과 인도의 인구가 세계 인구의 36.2%를 차지한다. 3위는 미국 3.31억 명, 4위는 인도네시아 2.73억 명, 5위는 파키스탄 2.21억 명, 6위는 브라질 2.12억 명, 7위는 나이지리아 2.06억 명, 8위는 방글라데시 1.65억 명, 9위는 러시아 1.46억 명, 10위는 멕시코 1.29억 명이다. 이들 10개국의 인구를 모두 합치면 세계 인구의 57.8%를 차지한다. 인구 크기가 20위까지인 국가들 인구를 모두 합치면 세계 인구의 70.1%를 구성한다.

1950년에는 러시아와 일본이 세계 인구 순위 4위와 5위를 차지하였다. 그 당시 6위 독일, 9위 영국, 10위 이탈리아는 2020년 10대 인구 강국에서 탈락하였다. 인구 10대 강국의 구성은 또다시 변동을 칠 것이다. 2050년이 되면 인도(16.4억 명)는 중국(14.02억 명)보다 인구가 2.37억 명이 많고, 나이지리아(4.01억 명) 3위, 미국(3.79억 명) 4위의 인구 대국으로 부상할 것을 전망된다. 파키스탄(3.38억 명) 5위, 인도네시아(3.31억 명) 6위, 브라질(2.29억 명) 7위, 에티오피아(2.05억 명)

〈표 5-2〉 세계 20대 인구 강국: 1950~2100년

(단위: 백만 명)

	1950		2020		2050		2100	
1	중국	544	중국	1,439	인도	1,639	인도	1,447
2	인도	376	인도	1,380	중국	1,402	중국	1,065
3	미국	158	미국	331	나이지리아	401	나이지리아	733
4	러시아	103	인도네시아	273	미국	379	미국	434
5	일본	82	파키스탄	221	파키스탄	338	파키스탄	403
6	독일	70	브라질	212	인도네시아	331	콩고공화국	362
7	인도네시아	70	나이지리아	206	브라질	229	인도네시아	321
8	브라질	54	방글라데시	165	에티오피아	205	에티오피아	294
9	영국	51	러시아	146	콩고공화국	194	탄자니아	286
10	이탈리아	47	멕시코	129	방글라데시	192	이집트	225
11	프랑스	42	일본	126	이집트	160	앙골라	188
12	방글라데시	38	에티오피아	115	멕시코	155	브라질	181
13	나이지리아	38	필리핀	110	필리핀	145	니제르	165
14	파키스탄	38	이집트	102	러시아	144	방글라데시	151
15	우크라이나	37	베트남	97.3	탄자니아	129	필리핀	146
16	스페인	28	콩고공화국	89.5	베트남	110	수단	142
17	멕시코	28	튀르키예	84.3	일본	106	멕시코	141
18	폴란드	25	이란	84	이란	103	우간다	137
19	베트남	25	독일	83.8	튀르키예	97	러시아	126
20	튀르키예	21	태국	70	케냐	92	케냐	125
5개국		50%	46.7%		42.7%		37.5%	
10개국		61.5%	57.8%		54.6%		51.2%	
20개국		74.2%	70.1%		67.2%		65.0%	

원자료: United Nations Population Division, *World Population Prospects 2019*. 2020년 10월 8일 (https://population.un.org/wpp/Download/Standard/Population/).

8위, 콩고공화국(1.94억 명) 9위, 그리고 방글라데시(1.92억 명) 10위로 등극할 것으로 전망된다. 20대 인구 강국 중 선진국의 수는 미국, 러시아, 일본의 3개국으로 줄어들고 나머지 17개국은 개도국이 차지한다. 2100년이 되면 20위 안에 드는 선진국은 미국만이 될 것으로 전망된다. 아프리카의 높은 인구성장률이 반영된 결과, 인구 10위 내에 5개국, 그리고 20위 내에 10개국의 아프리카 나라가 포함될 것이다. 한편, 세계 인구 중 5대, 10대, 20대 인구 강국이 차지하는 비율은 2020년에서 2100년 사이 46.7%에서 37.5%, 57.8%에서 51.2%, 70.1%에서 65%로 감소할 것으로 예측된다.

3) 보편법칙 인구 성장 이론의 한계

앞에서 언급한 맬서스의 인구 항상성 법칙에 근거하여 인구 성장을 단순히 인구와 자원 간 관계로 설명하는 인구 이론들은 구체적인 역사적 상황들과 무관하게 적용될 수 있는 하나의 보편법칙을 가정한다. 보편법칙의 인구 이론은 몰역사적 입장을 취한다. 인구증가나 인구감소를 초래하였던 그 당시의 사회경제적 조건, 즉 인구 변동에 영향을 미칠 수밖에 없었던 특정 사회들에서의 구체적인 역사적 사건들을 간과하는 한계를 가진다.

특정 국가의 인구증가나 감소는 그 나라의 내적 요인뿐 아니라 외적 요인들에 의해 중대한 영향을 받을 수 있다. 1492년 콜럼버스가 발견한 신대륙의 자원과 노동력은 유럽의 부(자원)를 크게 향상시키는 데 결정적 역할을 하였다. 외부에서 유입된 부는 자연스럽게 내부(유럽)의 인구증가에 매우 유의미한 영향을 미칠 것이다. 유럽 혹은 세계의 인구성장을 가능하게 한 경제성장은 특정 국가의 자원 발달(혹은 그것을 가능하게 한 근대성)이란 내부의 특정 요인들이 아니라, 내부 요인과 외부 요인들이 접속한 조합의 결과로 일어날 수 있다(블라우트, 2008a, 2008b). 또한 맬서스 이론에 근거한 인구 성장 이론은 내부 사람들이 내부의 자원들을 자발적으로 사용할 수 있는 자원 통제력을 가정한다. 반면 식민지배를 받았던 많은 제3세계 국가들은 자국의 자원들을 자국의 국민들을 위해 사용할 수 있는 자원 통제력을 상실하였다. 이처럼 특정 지역의 인구 변동은, 그 지역의 내부 요인들뿐만 아니라, 1492년 콜럼버스 신대륙 발견 이후 전개된 세계경제 체제에서 특정 국가와 다른 국가 간의 역사적 관계들도 고려해 추정해야 할 것이다(이성용, 2018a). 따라서 이 장에서는 1950년 이전 세계 각 대륙의 인구 변동들에 대한 이야기는 제국주의와 식민주의가 각 대륙의 인구와 자원(생활환경) 간 관계에 미친 영향을 세계사 관점에서 연대기 방식이 아니라 파노라마 방식으로 전개할 것이다.

4) 세계 지역별 인구의 역사적 추세와 추계 방식

인구학 교재와 연구에서 세계 인구의 역사를 논의할 때 제시되는 대표적 연구의 하나는 1979년 비라벤(Biraben)의 추정치이다. 그의 추정치는 멕브디와 존스(McEvedy and Jones, 1978)의 저서와 두란드(Durand, 1967, 1977) 연구의 추정치를 수정·보완한 것이다.

이들 연구자들은 모두 그 이전의 연구들이 제시하였던 세계 인구의 추정치는 인구성장률이 지역별·시기별에 따라 유의미한 차이들이 있음에도 그 차이들을 단지 무작위로 가정하고 선형 혹은 지수함수로 추정하였다고 비판한다(〈이야기 상자 9: 인구 성장의 추계〉 참조). 엄밀히 말해, 장기간의 인구성장률은 추상화된 개념이다. 왜냐하면 인구수가 추계기간 동안 실제로는 크게 요동들

이야기 상자 9

인구 성장의 추계[4)]

인구는 출생, 사망, 이주가 서로 결합하여 증가하거나 감소한다. 이런 방식으로 인구 성장을 조사하는 방식을 구성성분 방법(components method)이라 한다. 왜냐하면 출산과 사망과 같은 동태 사건들이 변동의 구성성분이기 때문이다. 구성성분들에 의한 성장을 살펴보기 전에, 인구수의 차이로 인구 성장을 추계하는 방식을 이야기하자.

[1] 인구 차이로 인구 성장 추계하기

인구학에서 인구 성장은 대개 인구 변동을 의미한다. 우리는 인구가 증가하지 않았을지라도 그것을 인구 성장이라 칭한다. 인구 성장(G)은 후기 시점에서 집계한 인구(P_{t+n})와 초기 시점에서 집계한 인구(P_t)의 차이로 추정한다.

$$G = P_{t+n} - P_t$$

예를 들어, 1950년과 2000년 두 시점에서의 세계 인구와 1950년과 2000년 두 시점에서의 한국 인구로 인구 성장을 논의하자. 세계 인구는 1950년 25억 명, 2000년 60억 명이다. 50년 기간에서의 인구 성장은 다음과 같이 표현된다.

$$G = P_{2000} - P_{1950} = 60 - 25 = 35\text{억}$$

50년 기간에 35억 명의 인구가 더해졌다. 한국 인구는 1950년[5)] 2,020만 명, 2000년 4,610만 명이었다. 그 기간에서의 성장은 다음의 등식으로 표현된다.

$$G = P_{2000} - P_{1950} = 4{,}610 - 2{,}020 = 2{,}590\text{만}$$

이러한 절댓값의 인구 성장은 흥미로운 정보를 제공하지만, 상이한 인구나 시대에서의 인구 성장을 비교하는 데는 문제가 있다. 이런 이유로 상댓값, 그 기간에서의 성장을 백분비로 바꿀 필요가 있다. 이를테면,

4 Weinstein and Pillai(2001, 8장: 227~231); Week(2012: 38~39) 참조.
5 정확히 말해서는 1949년 센서스의 인구이기 때문에 1949년 인구이나 편의상 1950년 인구로 대체함.

$$G / P_0 \text{는 비율로, } G / P_t \times 100 \text{은 백분비}$$

지난 50년간, 세계 인구와 한국 인구는 다음과 같이 성장하였다.

세계: $G / P_t = 3.5 / 2.5 = 1.4$, 또는 $1.4 \times 100 = 140\%$(2배가 넘는다)

한국: $G / P_t = 2{,}590 / 2{,}120 = 1.22$, 또는 $1.22 \times 100 = 122\%$

이로부터 우리는 지난 50년간 한국의 인구는 세계 인구보다 서서히 증가하였다고 말할 수 있다. 세계 인구는 한국 인구의 1.15배 빨리 증가하였다.

이런 식으로 지난 50년간의 인구 성장을 백분비로 계산하였으면, 연간 인구성장률을 추론하는 것이 가능하다. 이 추론에서 주의할 점은 실제 연간 성장률과 평균 연간 성장률이 상이하다는 점이다. 실제 연간 성장률은 실제 자료가 있으면 계산할 수 있다. 이를테면, 한국 인구가 1999년 4,880만 명이라면, 1999년과 2000년 사이의 인구 성장은 30만 명이고, 백분비 성장은 30/4,880=0.0061, 0.61%이다.

하지만 두 시점의 간격이 1년이 넘을 경우에는, 그 기간에 인구가 어떤 방식으로 성장하는지에 대한 가정이 필요하다. 세계 인구는 지난 50년간 140% 증가하였다. 아무런 정보가 없다면, 성장 패턴이 어떤 방식으로 일어났는지를 알 수 없다. 이 경우에는 매년 동일한 인구 혹은 동일한 비율로 인구가 증가한다고 가정한다. 하지만 이를테면 1950~1975년 전반부에는 거의 성장 기미를 보이지 않다가 1976~2000년 후반부에 폭증할 수 있다. 후자의 가정에서는 후반부에 30억 명 이상이 증가하였다고 가정할 수 있다. 혹은 전반부에 30억 명, 후반부에 5억 명이 증가하였다고 가정할 수 있다. 이렇게 수많은 가정들하에서, 연간 평균 인구성장률이 어떠한 역사적 흐름을 뜻하는지를 정확하게 말할 수는 없지만, 그럼에도 불구하고 우리는 추정치를 만들어 낼 수 있다.

지난 50년간 세계 인구의 성장을 추정하는 과정에서 여러 패턴들에 대한 가정들이 사용될 수 있다. 여기서는 가장 보편적인 방식인 선형 모형과 지수 모형을 소개한다. 선형 모형은 맬서스가 '산술급수적 성장'(arithmetic growth)으로 언급한 것에 근거한 것으로, 동일한 백분비의 사람들이 그 기간 동안 매년 모집단에 더해진다고 가정한다. 이를테면, 50년 기간 동안 매년 동일한 백분비의 사람들이 세계 인구에 더해졌다고 가정한다. 만일 n이 시작 시점인 1950년과 종착 시점인 2000년 사이의 연수를 나타낸다면, (선형) 평균 연성장률(lineal average annual growth rate)은

$$r = (\text{비율 성장}) / n, \text{ 또는 \%로 } (\text{백분비 성장}) / n$$

따라서 1950년과 2000년 사이, 세계와 한국 인구의 연평균 성장률은

세계: 1.40/50 = 0.028 또는 2.8%

한국: 1.22/50 = 0.024 또는 2.4%

선형 모형에 근거하여, 우리는 세계 인구는 매년 2.8% 증가하는 반면 한국 인구는 매년 2.4% 증가하였다고 말한다. 한국 인구는 $P_{2000} = 2{,}020 \times 0.024 \times 50 = 4{,}610$.

다른 모형은 지수 성장(exponential growth)이다. 이 모형은 맬서스의 '기하급수적 성장'(geometric increase)에 관련된다. 이 모형에서 인구는 그 기간 동안 고정된 비율로 증가하지 않는다. 오히려 초반부에는 서서히 증가하다가 인구가 증가하면서 급격히 증가한다. 이 모형에서 추론된 평균 성장률은 특정 연도의 실제 성장률이 어떤 다른 연도의 것과 다르다는 사실을 가정한다. 이러한 비율에 대한 공식은

$$r = \ln(P_{t+n} / P_t) / n$$

ln은 $\log_e$이다. 1950년과 2000년 사이 세계 인구의 평균 연평균 비율은

$$r = \log_e \frac{6.0}{2.5} / 50 = [\log_e (2.4)]50 = 0.875/50 = 0.0175 \text{ 또는 } 1.75\%$$

한국의 비율은

$$r = \left[\log_e \frac{4610}{2020}\right] / 50 = [\log_e (2.29)]50 = 0.0166 \text{ 또는 } 1.66\%$$

1950~2000년 사이 한국 인구는 세계 인구보다 낮은 연평균 인구성장률을 보였다.

특정 시점의 인구수 추계는

$$P_{t+n} = P_t \times (e^{rn}),\ e = 2.71828$$

세계 인구는

$$P_{2000} = 25 \times [2.718^{(0.0175 \times 50)}] = 2.5 \times = 60\text{억}$$

일반적으로 지수 비율은 산술 비율보다 작다. 지수 모형이 인구 성장이 일어나는 방식에 가깝기 때문에 일반적으로 사용된다(〈그림 5-3〉 참조).

[2] 배가기간(doubling time)

이는 어떤 인구가 주어진 (지수) 비율에서 크기가 2배가 되는 데 걸리는 연수를 말한다. 이는 초기인구의 두 배가 되는 시점의 인구($P_{t+n} = 2P_t$)를 가정함으로써 n을 구하는 것이다.

$2P_t = P_t e^{rn}$, $\log_e 2 = rt$. 양변을 r로 나누면 $t = \log_e 2 / r$. 그런데 $\log_e 2$는 0.693.

따라서 배가기간(DT)는

$$DT = 0.693 / r$$

위에서 계산한 지수 모델의 성장 비율은 0.0175이다. 그러므로 세계 인구의 배가기간은 0.693/0.0175=39.6년.

0.693은 0.70에 매우 근접한 수이고, 성장 비율은 백분비로 표현할 수 있다. 이런 이유로 DT가 이른바 '70의 규칙' (the rule of 70)이라 칭하는 것에 매우 근접하다는 것을 안다. 즉, 70을 지수 연간 성장 백분비로 나누어 배가기간을 계산한다. 매년 1% 증가하는 인구는 배가하는데 70년이 걸리고, 2% 성장 인구는 35년이 걸린다. 2000년 60억 세계 인구가 변함없이 매년 1.4% 증가한다면, 2050년에는 세계 인구가 120억이 될 것이다(〈그림 5-4〉 참조).

을 치고 있는데 추계 모형은 그 요동들을 무작위적 변이들로 가정하기 때문이다. 이를테면, 만일 1750~1950년 아프리카의 인구성장률을 1,000명당 37명으로 가정하였을 경우, 1865년 노예제도 폐지 이전 대서양 노예무역으로 인한 아프리카의 인구감소와 1900년 이후 인구증가를 구분하지 못하고 일정한 증가 추세를 나타낼 것이다. 이와 같이 단순히 선형이나 지수함수로 계산한 추계 추정치들은 인구학적 자기 규제 기제들에 막대한 영향을 미쳤던 특정 시기의 역사적 상황을 고려하지 않음으로써 인구증감 추세를 잘못 나타낼 수 있다. 실제로

위의 연구자들은 추계기간 동안 인구 변동에 영향을 미칠 수 있는 역사적 사건을 고려함으로써 어림잡아 개산(概算)한 추계 추정치(projected estimate)들을 제시하였다.

인구의 역사학적 추정치는 두 종류가 있다. 하나는 특정 시점의 인구수에 관련된 자료들로부터 추론된 기준점 추정치(benchmark estimate)이다. 기준점 추정치는, 이를테면 오늘날 인구로부터 과거 특정 시점의 인구를 추계한 수치이다. 다른 하나는 기준점 추정치를 사용하여 얻는 추계 추정치이다. 이는 과거 특정 시점의 인구가 얼마라는 기준점 추정치를 사고하거나 추측한 후, 그 추정치를 연구자의 추계 모형에 접목시켜 그 특정 시점 이후 시기의 인구들을 추계하는 방식이다. 추계 추정치는 이처럼 단순 선형이나 지수함수를 사용하여 계산하거나 역사적 사건을 고려하여 어림잡아 계산한다(Durand, 1977).

인구 추계에 있어 기준점 추정치는 추계될 추정치의 함수 계산이 시작되는 절편에 해당한다. 즉, 기준점을 얼마로 잡느냐에 따라 특정 시점의 인구 추계 추정치는 당연히 달라지기 마련이다. 최고의 기준점을 제공하는 인구학 자료는 특정 지역의 전체 인구를 포괄하는 양질의 센서스나 인구기록부(population register)이다. 최악의 기준점 추정치는 단순하게 특정 지역의 경제, 기술 수준, 사회정치적 수준을 고려하여 인구 크기나 인구 밀도를 추론한 것이다. 하지만 대부분의 나라들이 센서스를 시행한 덕택에, 각 지역에서 최초로 시행된 센서스를 기준점 추정치로 사용하여 그 이전의 인구들을 추계하는 경우가 많다. 물론 기준점으로 사용되는 센서스의 질은 다양하다(이성용, 2018a).

5.2. 유럽의 인구 변동[6)]

1) 유럽의 인구 성장과 맬서스 결혼 체제

세계 인구가 산업혁명 이후 급속하게 성장하였다는 인구학의 보편 진술과 일치하게, 유럽 인구는 1750년 이후 급증하였다. 〈표 5-3〉에서 보듯이, 유럽 인구는 산업혁명의 조짐이 서서히 보이기 시작하였던 1750년 1억 4,600만 명에서 1800년 1억 9,000만 명, 1850년 2억 880만 명, 1900년 4억 2,200만 명, 그리고 1950년 5억 4,900만 명으로 급증하였다. 유럽 인구 – 특히, 영국 – 는 제국주의가 가장 강성하였던 시기인 19세기 후반에 가장 높은 인구성장률을 보였다(Moch, 2003; Wrigley, 2016).

인구 성장은 자연증가(출산과 사망의 변동)와 이주의 변동에 의해 이루어진다. 산업혁명 이후 20세기 초까지 유럽은 타 대륙에서의 이입자보다 타 대륙으로의 이출자가 훨씬 많았다. 20세기 초까지 유럽의 인구 성장은 주로 자연증가에 의해 이루어졌다. 이를테면, 영국의 인구는 1680~1820년 사이 490만 명에서 1,150만 명으로 133% 증가하였는데, 이는 주로 그 기간에 0에서 1.6으로 증가하였던 높은 인구성장률에 기인한다(Wrigley, 1983: 122).

자연증가로 인한 인구 성장은 사망률의 감소와 출산율의 증가로 이루어진다. 유럽의 인구 성장에 사망력의 향상과 출산율 증가 중 어느 것이 주된 원인인지에는 많은 논쟁들이 있다. 고전 인구 변천 이론에서 보듯이, 유럽 인구 성장(혹은 인구 변천)의 결정적 요인은 사망력 변동으로 설명되어 왔다. 특히, 맥

6 유럽, 아메리카, 아프리카 인구 변동은 이성용(2018b)의 글에 전적으로 의존하였다.

〈표 5-3〉 세계 인구의 지역적 분포: 기원전 400년부터 2060년까지

	시대에 따른 각 지역에서의 인구수												
	-400	0	500	1000	1500	1600	1750	1850	1900	1950	2000	2020	2060
중국	19	70	32	56	84	110	220	435	415	544	1,290	1,439	1,333
일본	1	2	5	4	10	11	26	30	45	82	127	126	98
인도(파/방)	30	46	33	40	95	145	165	216	290	452	1,327	1,766	2,209
동남아시아	42	47	41	33	23	30	28	31	38	168	525	668	803
나머지 아시아	3	5	8	19	33	42	61	78	115	151	472	641	846
유럽	32	43	41	43	84	111	146	288	422	549	725	748	689
북아프리카	10	14	11	9	9	9	10	12	43	49	171	246	408
사하라 아프리카	7	12	20	30	78	104	94	90	95	179	640	1,094	2,497
북미	1	2	2	2	3	3	3	25	90	172	312	369	439
남미와 중남미	7	10	13	16	39	10	15	34	75	168	522	654	767
오세아니아	1	1	1	1	3	3	3	2	6	13	31	42.7	61.6
세계	153	252	207	253	461	578	771	1,241	1,634	2,525	6,143	7,794	10,151
	시대에 따른 각 지역 인구의 백분비												
중국	12.4	27.8	15.5	22.1	18.2	19.0	28.5	35.1	25.4	21.5	21.0	18.5	14.4
일본	0.7	0.8	2.4	1.6	2.2	1.9	3.4	2.4	2.8	3.2	2.1	1.6	1.0
인도(파/방)	19.4	18.3	15.9	15.8	20.6	25	21.4	17.4	17.7	17.9	21.6	22.6	21.8
동남아시아	27.4	18.6	19.8	13.4	5.0	5.2	3.6	2.5	2.5	6.6	8.5	8.6	7.9
나머지 아시아	2.0	2.0	3.9	7.2	7.1	7.3	7.9	6.3	7.0	5.9	7.7	8.2	8.3
유럽	20.9	17.1	19.8	17.0	18.2	19.2	18.9	23.2	25.8	21.7	11.8	9.6	6.8
북아프리카	6.5	5.6	5.3	3.6	2.0	1.5	1.3	1.0	2.6	1.9	2.8	3.2	4.0
사하라 아프리카	4.6	4.8	9.7	11.9	16.9	18.0	12.2	7.3	5.8	7.1	10.4	14.1	24.6
북미	0.7	0.8	1.0	0.8	0.7	0.5	0.4	2.0	5.5	6.7	5.1	4.7	4.3
남미	4.6	4.0	6.3	6.3	8.5	1.7	1.9	2.7	4.6	6.6	8.5	8.4	7.6
오세아니아	0.7	0.4	0.5	0.5	0.7	0.5	0.4	0.2	0.4	0.5	0.5	0.5	0.5
세계	100	100	100	100	100	100	100	100	100	100	100	100	100

주: 인도(파/방)은 인도/파키스탄/방글라데시를 의미한다. 1950년부터 동아시아에 한국과 몽골이, 남아시아에 아프가니스탄, 부탄, 이란, 네팔, 스리랑카가 포함된다. 따라서 1950년부터 나머지 아시아 지역에서 동남아시아, 한국과 몽골, 아프가니스탄, 부탄, 이란, 네팔, 스리랑카는 빠진다.

자료: 1970년까지는 Biraben(1979), 〈표 2〉 참조. 그 이후는 UN 자료.

커운(McKeown, 1976)은 사망력의 감소를 18세기와 19세기 유럽 인구증가의 주된 원인이라고 주장한다. 영양 상태의 실질적인 개선을 통해 사망률이 현저하게 감소하였고, 그로 인해 인구가 급증되었다. 하지만 그는 의료기술과 공공보건의 향상을 사망률 향상의 주된 원인으로 가정하지는 않는다. 사망률의 감소는 사회경제적 발달에 따른 영양 상태와 면역 체제 향상에 기인하였다.

반면, 20세기 말 케임브리지 학파의 연구들은 18~19세기 인구 성장이 사망률 감소보다 출산력 증가에 기인하였다는 경험적 증거를 제시하였다(맥팔레인, 2014; Smith, 1981; Wrigley, 1983; Wrigely and Schofield, 1989; Wrigely et al., 1997). 맥팔레인(2014)의 주장에 따르면, 산업혁명 이후 100년 동안 급증한 인구증가는 혼인력 변동 – 혼인연령의 감소와 혼인의 보편성 – 이 수반한 출산율 증가가 75%를, 사망률 감소는 단지 25%를 설명한다.

잉글랜드에서 초혼연령은 1750년을 기점으로 하락하였다. 초혼연령은 1650~1750년 사이 평균 혼인연령은 남성 27.5~28세, 여성 26~26.5세로 큰 변동이 없었지만, 1750년에서 19세기 전반 사이 남성은 25.3세로 2.5년, 여성은 23.4세로 3.1년이 내려갔다(이성용, 2013; Wrigely et al., 1997: 255). 이와 병행하여, 여성의 40~44세 비혼 구성비도 감소하였다. 여성의 평생 독신 비율은 17세기 중반 24%로 매우 높은 수준으로 상승하였지만, 그 후 감소하여 18세기 중반 10%로 뚝 떨어져 19세기 중반까지 5~10% 수준을 유지하였다(이성용, 2013; Wrigely and Schofield, 1989: 195; Wrigley et al., 1997: 260).

맬서스 접근방식의 계승자들은 흔히 산업혁명 이후 발생한 인구증가를 단순하게 혼인력과 출산력의 향상으로 설명하는 성향이 있다. 이러한 설명은 영국의 혼인력과 출산력이 경제적 요인과 밀접한 관계가 있다는 사실을 가정할 뿐, 그런 관계가 존재하게 한 북서유럽 특유의 가족문화, 즉 맬서스 결혼 체제에 관한 이야기는 간과하고 있다. 헤이널(Hajnal, 1965)은 서유럽 가구 형성 혹은 맬서스 결혼 체제의 주된 특징으로 만혼과 낮은 혼인율을 지적하였다. 서유럽의 맬서스 결혼 체제에서 혼인은 경제적으로 독립된 가구 형성을 의미한다. 서유럽인(특히, 영국인)들은 자급자족을 할 수 있는 '적소'(適所, niche)에 도달할 때까지 혼인을 연기한다. 혼인은 경제적 독립을 획득한 사람들이 할 수 있다는 의미에서 특권이었다(Fertig, 2005).

2) 프롤레타리아 인구증가: 적소 마련 방식의 변동

영국의 인구 성장은, 특히 산업혁명 이후 임금노동으로 자신을 부양하였던 프롤레타리아 인구증가에 상당 부분 기인한다(Levine, 1984, 1987; Tilly, 1984). 프롤레타리아는 자신의 토지 혹은 점포가 아니라 임금노동으로 자신의 삶을 유지하는 남성과 여성 노동자들을 말한다(Moch, 2003: 66). 1524~1525년에서 1850년 사이 영국의 인구는 240만 명에서 1,800만 명으로 7배가 증가하였다. 한편, 프롤레타리아와 그들의 부양가족의 수는 16세기 초에는 인구의 25%인 60만 명으로 추정되었지만, 1850년에는 전체 인구 1,800만 명 중 78%인 1,400만 명이 되었다. 프롤레타리아 인구는 무려 23배로 증가하였다(Levine, 1984).

영국뿐 아니라 독일 중동부의 작센(Saxon) 왕국에서도 프롤레타리아 인구는 급증하였다. 1550년에서 1750년 그리고 1843년 사이 농촌에서는 날품팔이와 같은 농촌의 임금노동자 비율이 7%에서 48% 그리고 71%로, 도시의 의존노동자(dependent worker) 비율도 16%에서 45% 그리고 52%로 증가하였다. 전체 인구 중 프롤레타리아의 비율은 1750년 이후보다 이전에 증가하였지만, (울타리치기로 인해) 프롤레타리아 인구가 1750년 이전에 급증한 까닭에, 프롤레타리아 인구가 전체 인구 성장에 미치는 영향은 1750년 이후에 더 컸다.

유럽 전체도 이와 유사한 형태를 보였다. 1550년에서 1750년 그리고 1843년 사이, 유럽에서 프롤레타리아 인구의 비율은 농촌이 26%에서 61% 그리고 79%로, 도시는 16%에서 45% 그리고 52%로, 전체 인구로는 24%에서 58% 그리고 71%로 증가하였다. 300년 사이 유럽의 전체 인구는 7,100만 명에서 1억 3,100만 명 그리고 2억 1,000명으로 3배가 증가하였지만, 프롤레타리아 인구는 1,700만 명에서 7,700만 명 그리고 1억 5,000만 명으로 9배 가까이 증가하였다. 프롤레타리아 인구의 절대 수는 1750년 이전보다 그 이후 훨씬 증가하였다. 농촌과 도시를 비교하면, 300년 사이 증가된 1억 3,100만 명의 프롤레타리아 인구 중 1억 명이 농촌에서 발생하였고 단지 3,100만 명이 도시에서 발생하였다. – 비록 1750년 이후 도시에서 프롤레타리아 추세가 가속화되었지만. 따라서 1850년 이전 프롤레타리아를 대량으로 배출한 곳은 도시보다 농촌이라 할 수 있다(Tilly, 1984: 31~34).

산업혁명은 이전 사회와 이후 사회를 획기적으로 구분시킨 혁명적 사건이 아니라 영국 사회에서 점진적으로 진행해 온 사회적 과정으로 인식할 필요가 있다(Tilly, 1984; Levine, 1987). 영국에서 봉건 사회에서 산업 사회로의 전환은 18세기 중반의 산업혁명이란 획기적인 사건에 의해 단기간에 발생한 것이 아니라, 오히려 16세기 이후 발생하였던 울타리치기(Enclosure), 프롤레타리아 인구 증가, 기술혁신, 그리고 식민지 지배 등 다수의 사건이 중첩되면서 장기간에 걸쳐 진행된 사회적 과정이다.

만일 산업혁명을 장기간에 걸친 사회적 과정으로 받아들인다면, 유럽의 인구 성장은 맬서스 이론이 근거한 농부 인구학 모형(the peasant demography model)에서 프롤레타리아 인구학 모형(the proletarian demography model)으로 전환한 결과물이라 할 수 있다(Levine, 1987). 두 모형의 주된 차이는 '적소' 형성 방식이다. 전자의 모형에서 개인들은 상속받은 토지나 서번트(혹은 도제) 생활로 축적한 자산으로 마련한 점포로, 후자의 모형에서 임금노동으로 혼인가구의 경제적 자립을 이루었다. 전자에서 후자로의 전환은 적소의 마련을 용이하게 만들었고, 그리하여 혼인연령과 비혼 비율은 감소하였고 이를 통해 인구는 급성장하였다.

그러므로 우리는 적소의 의미를 변경시킨 유럽(특히, 산업혁명이 최초로 발생하였던 영국)의 사회경제적 변동들을 역사적으로 고찰할 필요가 있다. 영국에서 울타리치기는 두 차례에 걸쳐 일어났다. 첫 번째는 15세기 중엽 지주계급이 종래의 농민보유지, 공유지, 황무지 등을 울타리로 경계 표시를 만들고 사유화함으로써 이루어졌다. 두 번째는 18세기 중엽 새로운 농업기술의 도입과 대농경영을 통해 농업생산성[7]을 향상시키고자 하는 목적으로 이루어졌다. 울타리치기는 자기 소유의 땅을 획득하려는 사람들의 감소, 곧 농촌 임금노동자의 증가를 의미하였다. 한편, 길드의 쇠퇴는 독립 점포를 열 수 있는 사람들의 감소를 의미하였다. 두 번째의 울타리치기가 첫 번째의 것보다 프롤레타리아 증가에 훨씬 큰 영향을 발휘하였다. 1750년 이전까지는 프롤레타리아가 하나의 계급을 형성하지 않았다(Tilly, 1984).

7 영국의 농업생산성은 급성장하였다. 1750년에서 1850년 사이 밀, 보리, 귀리 등과 같은 온대작물의 생산량은 동기간 급증한 인구의 식량을 자급자족시킬 수 있는 수준으로 증가하였다. 하지만 이러한 영국의 온대식품 자급자족에는 아일랜드가 큰 기여를 하였다. 또한 19세기 전반 아일랜드의 축우(cattle) 수출은 많은 영국인(특히, 런던)들에게 소고기를 공급하였다(Wrigley, 2016: 51~60). 신세계에서의 감자 도입은 유럽인의 영양 상태를 개선시켜 사망률을 낮추고, 작은 땅에서의 농사로도 자신의 식구들을 부양할 수 있는 여건을 만들어 줌으로써 혼인연령과 비혼율을 낮추는 데 기여를 하였고 그리하여 출산율을 향상시켰다. 아일랜드의 경우, 아메리카 작물인 감자는 주식이 되었고 그리하여 빈민층의 사망과 출산 향상에 큰 기여를 하였다. 1840년대 중반, 최빈민층은 전체 아일랜드인이 먹었던 감자 중 75%를 소비하였다. 아일랜드 인구는 1750년에서 1845년(대기근 바로 직전) 사이 260만 명에서 850만 명으로 325%가 증가하였다(Donnelly, 2001).

울타리치기(소작농들의 토지 수용)는 농업의 목적을 생계경제에서 이윤 추구 경제로 전환하였다. 최고조에 달하면서, 토지로 경제적 자립을 도모하였던 생계경제의 소작농들은 대량으로 프롤레타리아 – 농촌과 도시에서 임금노동자 – 로 전락하였다. 마르크스는 울타리치기의 법제화는 봉건주의에서 자본주의로의 혁명적 전환에 결정적 역할을 하였다고 주장한다.

마르크스에 따르면, 프롤레타리아는 자본이란 생산수단에서 분리된 노동자로 경제적 자립의 능력을 상실한 사람을 말한다. 대량의 프롤레타리아 발생은 급작스런 사회경제 구조 변동으로 인해 많은 사람들이 자본 혹은 토지라는 생산수단에서 분리되었다는 사실을 말한다. 이러한 마르크스의 이론은 사회구조의 변동에 의해 생성된 프롤레타리아들에만 초점을 맞출 뿐, 프롤레타리아 인구의 자연증가가 초래하였던 프롤레타리아 인구증가를 도외시하는 한계가 있다. 울타리치기나 기술혁신으로 인한 사회 구조적 변동보다 자연증가율이, 특히 1800년 이후 프롤레타리아 인구증가에 큰 역할을 하였다(Levine, 1984). 어쨌든, 수많은 프롤레타리아들을 양산하였던 두 차례의 울타리치기는 그들에게 자신의 노동력만을 유일한 자신의 자산으로 만들었다. 부르주아는 임금을 지급함으로써 그들을 고용하였고 노동력을 통제하였다. 생산수단에서 분리된 까닭에, 프롤레타리아는 경제적 자립 능력을 상실하고 부르주아가 제공하는 임금에 의존하여 생계를 유지할 수밖에 없게 되었다.

그러나 마르크스를 포함한 19세기 구미의 정치경제학자들과 20세기 근대화론자들은 대체로 어떻게 유럽의 자본주의자들이 소작농의 토지를 수용하고 또 면직물 공장과 같은 자동화 공장을 만들 사업자금을 모았는지에 대한 설명을 소홀히 하곤 한다. 포머란츠(2016)는 18~19세기 유럽에서 인구가 급증하였음에도 불구하고 맬서스 덫을 탈출하게 된 요인을 유럽(특히, 영국)에게 식량과 원자재를 제공하였던 신대륙의 땅, 소위 '귀신 토지'(ghost acres)로 가정한다. 윌리엄스(2014) 또한 귀신 토지인 신대륙 사탕수수 플랜테이션에서 아프리카 노예 노동력을 통해 거두어들인 부는 18세기와 19세기 영국의 산업혁명 견인에 상당한 자본을 제공하였다고 주장한다. 식민지의 부는 영국에서 이윤 추구의 대농 경영이 가능하게끔 농경지를 목축지로 전환하는 울타리치기 운동을 촉진하였고(카슬과 밀러, 2013: 157), 제임스 와트의 증기기관 연구에도 연구지원금을 제공하는 등 제조업 발달에 큰 기여를 하였다(윌리엄스, 2014). 식민지 부는 유럽에서 울타리치기의 농업혁명과 산업혁명의 발판을 형성해 주었지만, 그로 인한 거대한 사회 구조 변동들은 임금노동자(프롤레타리아 인구)를 대량으로 생산하였다. 요컨대, 많은 서구 학자들은 제국주의 자본가 계급들이 울타리치기와 산업혁명을 수행하게끔 막대한 자금을 제공하였던 반대급부, 곧 식민지 신대륙에서의 노동력과 자원 착취 그리고 이로 인한 타 대륙의 막대한 인구손실에 대한 (다음 단원의) 이야기들을 간과하는 경향이 있다. 유럽 중심주의에 머물고 있다.

흥미롭게도, 프롤레타리아의 혼인율과 출생률은 마르크스의 주장과 모순된 패턴을 보여 준다. 마르크스가 급격한 사회 구조적 변동으로 인해 경제적 자립의 능력을 상실하였을 것이라 가정하였던 프롤레타리아들이, 혼인이 경제적으로 독립된 가구 형성을 의미하는 맬서스 결혼 체제에서, 오히려 농부보다 높은 혼인율과 출생률을 보여 주었다. 이는 마르크스의 주장과 달리, 영국의 자본주의자들은 프롤레타리아 가족 구성원들에게 임금노동을 통해 경제적으로 자립된 가구를 형성할 수 있는 일자리를 대량으로 제공하였다는 사실을 의미한다(Tilly, 1984: 53~54). 귀신 토지에서 획득한, 이른바 프랑크(2003)의 아메리카 화폐는 여기서 기초자금이 되었다.

프롤레타리아는 농부들보다 더 일찍 결혼하였고 평생 비혼 비율이 낮았고 또 유배우 출산율도 높았다. 농부 인구 모형에서는 25세에 결혼하여 평균 4.75명을 출산하였지만, 프롤레타리아 인구 모형에서는 23세에 결혼하여 5.12명을 출산하였다. 평생 비혼 비율도 프롤레타리아 인구 모형(5%)이 농부 인구 모형(10%)보다 낮다. 또한 조혼은 세대길이(length of generation)을 줄임으로써 인구증가를 가속화한다. 따라서 봉건 사회에서 산업 사회로의 전환, 즉 농부 인구 모형에서 프롤레타리아 인구 모형으로의 전환은 16세기 이후, 특히 1780년 이후 급격한 인구 성장을 가져왔다(Levine, 1984, 1987).

적소 마련 수단이 토지나 점포가 아니라 임금노동으로 바뀌면서, 프롤레타리아들은 혼인 전 경제적으로 독립된 가구의 형성을 위해 혼인을 연기할 인센티브가 없어졌다. 그들은 이전 세대보다 일찍 혼인을 하고 더 많은 자녀를 낳았다. 하지만 인구 성장을 단지 혼인력 변동과 관련시키는 설명은 '자녀의 가치'와 '가족경제'에 관한 이야기를 간과한다.

농부 인구학 모델에서 자녀는 애완견과 같은 단지 사랑의 대상이었고 이해관계(interest)의 대상은 아니었다(맥팔레인, 2014). 자녀의 부(富) 혹은 소득이 부모에게로 흘러가지 않았다. 그러나 프롤레타리아 인구학 모형에서는, 콜드웰(Caldwell, 1982)의 주장처럼, 부(富)가 자녀에서 부모에게도 이동하였다. 자녀는 이해관계(혜택)의 대상이 되었다.

가족 형성과 혼인의 전제조건이 재산(property)이 아니라 소득(earning)이 되면, 가족경제가 부상한다. 남편의 소득뿐만 아니라 아내와 (어린) 자녀의 소득도 가족 생계에서 매우 중요한 역할을 한다. 자녀의 소득이 주요한 가족 수입원이 되면서, 자녀들은 다른 곳에서 서번트 생활을 하지 않고 집에서 머물게 되었다. 자녀를 다른 곳으로 보내는 생애주기 농업 서번트는, 울타리치기 운동이 최고점에 이른 시기(1760~1832) 이전 1660년에서 1760년 사이에 가장 번성하였지만(Kussmaul, 1981), 1760년 이후 50년간 급격하게 소멸되었다(Levin, 1987: 57). 특히, 1780년대 이후 본격적으로 성장한 면직물 자동화 공장은 모든 가족 구성원의 소득으로 가족경제를 꾸리는 프롤레타리아 인구학 모델을 공고히 하였다(Levine, 1987: 147).

프롤레타리아 인구학 모형의 가족경제에서, 더 많은 임금소득자들은 더 많은 가족소득을 의미한다. 게다가 한 명(즉, 가장)의 임금소득만으로는 가족 전체 구성원을 부양할 수 없었다. 여성과 자녀들의 소득은 대부분의 가족에서 중요한 가족 소득원이었다. 여성과 자녀들은 많은 돈을 벌었을 뿐만 아니라 많이 일을 하였다. 여성과 어린아이들의 고된 노동은 영국 산업혁명 시대의 악명 높은 특징이었고, 이는 많은 문헌들에서 보여 주고 있다. 이런 까닭에, 프롤레타리아들은 일찍 결혼을 하였고 많은 자녀들을 출산하였다(Levine 1987: 119~123).

3) 유럽인의 대탈출: 프롤레타리아 인구의 대량 송출

유럽인의 대규모 해외 이주는 유럽의 세계경제 체제가 형성된 이후 유럽과 신대륙 식민지 간 이주로 나타난 현상이다. 18세기까지 농촌의 급격한 인구 성장과 울타리치기는 사회 하향 이동을 통해 프롤레타리아들을 대량으로 발생시켰지만, 대량의 해외 이주를 본격적으로 발전시키지는 않았다. 18세기 12만 5,000명의 독일인이 북미(오늘날 필라델피아)로 이주하였고, 1760년에서 1775년 사이 12만 5,000명의 영국인이 아메리카로 이주하였다(Moch, 2003). 신대륙(특히, 북미)으로 간 유럽 이주자들의 상당수는 강제계약 노동자(indentured labor)이거나 범죄자들로 비자발적 이주노동자들이었다. 강제계약 노동자들은 계약기간의 일을 마치면 자유인이 되었지만, 그들의 상황은 매우 열악하였다. 그들은 계약기간에 노예처럼 판매되거나 경매되었다. 많은 고용주들이 그들을 사적 재산처럼 취급하였다. 이런 연유로, 이들 유럽인 강제계약 노동자들은 간혹 '백인 노예'라고 불린다(Don and Walsh, 2008). 계약 만료 후 자유인이 된 자들도 있었지만, 80%가 계약기간(주로 3년에서 10년)을 넘기지 못하고 사망하였다(Bade, 2003).

1846년에서 1932년 사이, 6,000만 명 이상의 유럽인들이 다른 대륙으로 이주를 하였다. 영국과 아일랜드에서 1,800만 명, 이탈리아에서 1,100만 명, 스페인과 포르투갈에서 645만 명, 오스트리아와 헝가리에서 520만 명, 독일에서 490만 명, 폴란드와 러시아에서 290만 명, 스웨덴과 노르웨이에서 200만 명이 이 대열에 합류하였다. 그 당시 유럽인의 해외 이주는 대탈출(exodus)이라 부를 수 있다. 아일랜드인은 1846~1932년 사이 550만 명이 해외 이주를 하였는데, 1845년 당시 아일랜드의 인구는 830만 명이었다. 해외 이주가 시작된 시점 인구의 66%가 해외로 이주한 것이다. 이러한 해외 이주의 비율은 이탈리아와 포르투갈 50%, 스웨덴과 스페인 33%, 독일, 오스트리아, 헝가리가 16%에 달하였다.

유럽인들이 이주한 나라들을 보면, 67% 북미(미국 3,420만 명, 캐나다 520만 명), 21% 라틴아메리카(아르헨티나 640만 명, 브라질 440만 명, 우루과이 71만 명, 쿠바 86만 명), 6% 호주(291만 명)와 뉴질랜드(60만 명)로 이주를 하였다(Chsnais, 1992: 163~164).[8] 이들 이주자들 중 상당수는 나중에 고국으로 귀환이주를 하였다. 이러한 대탈출은 19세기 중반 급상승한 자연증가율의 20%를 상쇄시키는 효과를 가져왔

8 남아프리카공화국에는 85만 명, 모리셔스에는 57만 명이 이주하였다. 유럽 이출자의 90%가 미국, 아르헨티나, 브라질, 캐나다, 호주로 이주하였다.

다. 하지만 1900년에서 1915년 사이 유럽인의 연간 해외 이주자 비율은, 비록 나라마다 상당한 차이가 나기는 하였지만(이탈리아는 1,000명당 15명, 남유럽은 1,000명당 5명), 대체로 1,000명당 3명을 넘지는 않았다(Chsnais, 1992: 183).

유럽인의 대탈출은 18세기 중반 이후 대량으로 배출된 프롤레타리아들의 이주가 주류를 형성하였다. 이들의 대다수는 종교적·정치적 이유도 있었지만, 보다 나은 삶, 즉 경제적 이유로 이주를 선택하였다. 유럽에서는 전례 없게 수많은 프롤레타리아들이 공급되고 있었고, 식민지 신세계에서는 이들에 대한 노동력 수요가 넘쳐나고 있었다. 세계 체제의 관점에서 보면, 핵심 지역의 잉여 인간 곧 프롤레타리아들을 신대륙 노동 시장에 재배치를 하였다.

1840년에서 제1차 세계대전 이전까지 유럽인의 대탈출은 상당 부분 아메리카의 막대한 노동력 수요에 반응하였다. 1862년 미국의 홈스테드(Homestead) 법령은 토지(경제적 자립)에 굶주린 수백만 명의 유럽인들을 미국의 대평원 – 미시시피강에서 로키산맥 사이 – 으로 이주하도록 유혹하였다. 미국의 중공업, 건축업, 광산업, 도시건설과 서비스 등 각종 산업의 발달도 많은 노동 수요를 요구하였다. 아르헨티나의 곡창 지대와 브라질의 커피 플랜테이션 역시 막대한 노동력을 필요로 하였다. 이처럼 신세계로의 유럽인 이주는 신세계의 비즈니스 경기에 반응하였다(Moch, 2003).

5.3. 식민지 아메리카의 인구 변동

1) 아메리카 원주민 인구의 대참사

〈표 5-3〉에 의하면, 라틴아메리카 인구는 1500년 3,900만 명에서 1600년

〈표 5-4〉 1492년 당시 아메리카 원주민 인구에 대한 다양한 추정치들

(단위: 백만 명)

지역	크로버 (Koreber)	로젠블랫 (Rosenblat)	스튜어드 (Steward)	새퍼 (Sapper)	데네반 (Denevan)	도빈스 (Dobyns)
북미	0.90	1.00	1.00	2.00~3.50	3.79	9.80~12.25
멕시코 문명	3.20	4.50	4.50	12.00~15.00	17.17	30.00~37.50
중앙 아메리카	0.10	0.80	0.74	5.00~6.00	5.63	10.80~13.50
캐리비언	0.20	0.30	0.22	3.00~4.00	3.00	0.44~0.55
안데스 문명	3.00	4.75	6.13	12.00~15.00	15.70	30.00~37.50
저지대 남미	1.00	2.03	2.90	3.00~5.00	8.62	9.00~11.25
전체	8.40	13.38	15.49	37.00~48.50	53.90	90.04~112.55

자료: Denevan(1992: 3), 〈표 0.1〉.

1,000만 명으로 급감하였다가 그 후 서서히 증가하여 1750년 1,500만 명이 되었고, 1750년 이후에는 비교적 높은 인구증가율을 보인다. 반면 북미 인구는 1500년 이후 1750년까지 300만 명을 유지하다가 그 후 급속하게 증가하는 추세를 보인다.

〈표 5-3〉의 1500년 중남미와 북미 아메리카 인구에 대한 비라벤 추정치는 〈표 5-4〉의 다른 연구자들의 것과 상당한 변이를 보인다. 이러한 변이는 단지 연구자가 사용하였던 역사적 자료와 인구 추계방법론에만 기인한 것은 아니다. 오히려 상당 부분 유럽 제국주의에 대한 그들의 세계관을 반영한다. 왜냐하면 콜럼버스 접촉 이전 아메리카 원주민 인구의 커다란 추정치는 유럽 정복자들의 잔학성이 높은 강도로 유행병처럼 폭넓게 실행되었다는 사실을 학계의 과학적 절차에 근거해 객관적인 숫자로 평가한 역사·경험적 지표로 간주되기 때문이다(Ginzberg, 2018). 사망자의 수보다 정복자의 잔학성을 확실하게 보여 주는 지표는 없다. 따라서 큰 수의 원주민 인구추정치는 산업혁명과 근대화

의 주역이란 유럽인의 자부심과 정체성에 심한 손상을 입힐 수밖에 없다.

정복 이전 아메리카 원주민의 인구를 적게는 840만 명(Kroeber), 가장 많게는 1억 1,250만 명(Dobyns)으로 추정한다. 도빈스(Dobyns, 1966)는 유럽 정복 후 1650년 사이 정복 전 9,000만 명에서 1억 1,200만 명 사이로 추정되었던 원주민 인구는 450만 명으로 감소하였다고 주장한다. 유럽 정복 후 원주민의 수는 전반적으로 95%가 감소하여 불과 4~5%만 남은 재앙 수준으로 감소하였다는 것이다. 놀랍게도 이런 극단의 주장이 가장 많은 학자들의 지지를 받고 있다(Albornoz, 1974; Dobyns, 1983; Stannard, 1993). 이 양 극단에서 데네반(Denevan, 1992)은 아메리카 인구를 5,730만 명으로 그리고 손턴(Thornton, 1987)은 7,200만 명으로 추정한다.

우선 아즈텍 제국이 존재하였던 멕시코와 중앙아메리카 인구를 살펴보자. 두 지역을 합한 인구의 추정치는 크로버(Koreber) 330만 명, 로젠블랫(Rosenblat) 530만 명 그리고 도빈스(Dobyns) 4,000~5,000만 명으로 매우 큰 차이를 보인다. 그런데 그보다 최근의 버클리학파 분석 자료에 의하면, 정복 당시 멕시코 인구는 1,800만 명에서 3,000만 명으로 추정되고 있다(Cook and Borah, 1974).

쿡과 버라(Cook and Borah, 1974)에 의하면, 아즈텍 제국이 존재하였던 중앙멕시코 인구는 1519~1523년의 4년간 800만 명이 사망하였고, 1548년에는 단지 200만 명이 남았다. 그 후에도 인구는 계속 감소하였고 1630년에는 최초 접촉 당시 인구 2,500만 명의 3%에 불과한 75만 명으로 줄어들었다. 급격한 인구감소는 스페인 정복 후 아즈텍 멕시코(Aztec Mexico) 지역의 과세 대상 인구감소에서도 엿볼 수 있다. 과세 대상 인구는 1532년 1,690만 명에서 1568년 260만 명, 1595년 140만 명, 1608년 100만 명(최초 접촉 인구의 6%)으로 감소하였다(Ginzberg, 2018). 만일 〈표 5-4〉에서 중앙값인 새퍼(Sapper)의 멕시코 인구 추정치 1,250만 명에서

75만 명으로 감소하였다는 가정을 받아들인다면, 인구는 90% 이상이 줄어들었다. 쿡 등을 포함한 버클리학파는 정복 당시의 인구와 정복 백년 후 인구의 비율을 33:1로 가정한다(Albornoze, 1989).

캐리비언 지역은 네 개의 커다란 섬 – 쿠바, 히스파니올라[9](Hispaniola, 아이티와 도미니카공화국을 포함한 섬), 자메이카, 푸에르토리코(Puerto Rico) – 과 수많은 섬들로 이루어진 군도이다. 도빈스는 콜럼버스가 접촉 당시 캐리비언 인구를 약 50만 명으로 추정하지만, 그 추정치는 최저 50만 명에서 1,000만 명 이상까지 다양하다. 〈표 5-4〉에서 캐리비언 인구 추정치는 최소 20만 명에서 300만~400만 명이란 매우 큰 변이를 보이고 있지만, 쿡과 버라(Cook and Borah, 1974)는 그 범위를 훨씬 뛰어넘은 800만 명을 콜럼버스가 접촉 당시 인구 추정치로 제시하고 있다.

캐리비언의 대참사는 말로 형언할 수 없을 지경이다. 1492년 콜럼버스가 도착하였고 그 후 몇 년간 통치하였던 히스파니올라섬의 원주민 타이노(Taino)족은 접촉 당시 인구가 수백만 명으로 추정되었지만, 콜럼버스가 임기를 마치고 떠날 즈음인 1500년 10만 명, 1514년 2만 2,000명으로 감소하였다. 1542년 기록에는 200명만이 살아남았다. 종국에는 완전 멸종되었다(처칠, 2010: 18). 원주민이 소멸한 까닭에, 유럽 정복자들은 이곳 플랜테이션 – 사탕수수와 같은 현금작물을 재배하였던 – 에서 일할 노동력을 확보하기 위해 아프리카인 노예들을 사들여만 하였다.

〈표 5-4〉에서 잉카 제국이 존재하였던 안데스 지역의 인구 추정치는 300만 명에서 3,000만 명이란 큰 범위를 보이고 있다. 잉카 제국 인구의 추정에도 많

....

9 스페인어로는 에스파뇰라(Espanola)섬이다.

은 어려움이 존재한다. 잉카의 언어는 더 이상 해독이 되지 않기 때문이다. 쿡(Cook, 2004)에 따르면, 스페인 정복 당시 900만 명으로 추정되었던 페루 인구가 1570년 130만 명으로, 그리고 1620년 67만 명으로 감소하였다. 중앙안데스의 인구는 100년 만에 정복 전 인구의 7% 수준으로 감소하였다. 물론 지역마다 인구 감소 비율이 다르다. 해안 지역에서 인구감소가 더 컸다. 1620년 페루에서 해안 지역 인구는 8.7만 명, 고산 지역 인구는 58.5만 명이었다.

오늘날 브라질 지역을 포함한 저지대 남미 지역의 인구 추정치 역시 다양한 변이를 보인다. 최저 100만 명에서 최고 1,125만 명에 이른다. 접촉 당시 브라질 지역 인구 추정치는 다른 지역의 것들과 마찬가지로 많은 논쟁을 가져왔다. 하지만 가장 최근 연구에 따르면, 안데스산맥과 대서양 해안 사이 지역의 인구는 800만 명에서 1,100만 명 사이로 추정되고 있다(Ginzberg, 2018). 1500년 페드루 알바르스 카브랄이 도착하였을 당시 300만 명으로 추정되었던 브라질 원주민 인구 – 산발적으로 퍼져 있었던 – 는 19세기 초 100만 명 아래로 감소하였다(Livi-Bacci, 2008).

북미 원주민 인구 추정치도 〈표 5-4〉에서 90만 명에서 1,250만 명 사이로 큰 차이를 보인다. 오늘날 유럽인과의 접촉 이전 북아메리카 인디언 인구의 추정치는 무니(Mooney, 1928)의 연구에 근거하고 있다. 무니는 유럽인과 광범위한 접촉 이전 북아메리카 인디언의 인구수를 115만 명으로 추정하였다. 그는 본격적인 서부 개척 이전의 초기 접촉기간에는 아메리카 원주민의 인구가 크게 감소하지 않은 것으로 가정하였다. 실제로 인디언 인구의 90% 이상이 감소한 인종말살(genocide)은 유럽인의 식민 프로젝트가 본격화되면서 일어났다(Dunbar-Ortiz, 2014: 40). 하지만 도빈스(Dobyns, 1966)는 접촉 이전의 북아메리카 원주민의 인구수를 980만~1,225만 명으로 추정한다. 심지어 그의 저서(Dobyns,

1983)에서는 1,800만 명으로 증가시켰다. 그 주된 이유는 북미에 비교적 전염병이 부재하였을 뿐 아니라, 약초와 수술이 행할 정도로 의술이 발전하였고 또 목욕을 습관화해서 청결 상태를 유지하였기 때문이다. 목욕 관행은 멕시코에서 시작되어 북미 전역에 퍼져 있었다(Dunbar-Ortiz, 2014: 17). 이에 대해, 손턴은 도빈스의 추정치가 맬서스의 저압 체제(적극적 억제와 예방적 억제를 함께 고려하지 않고)가 아니라 고압 체제(적극적 억제만 고려)를 가정함으로써 북아메리카 인디언의 인구수를 부풀렸다고 비평한다. 그러면서 그 당시 인구수를 700~800만 명으로 추정한다(Thornton, 1987: 32). 하지만 맬서스는 유럽이 아닌 다른 지역의 인구는 저압 체제가 아니라 고압 체제에 의해 인구와 자원 간의 균형을 유지하여 왔다고 주장하였다.

콜럼버스 이전의 아메리카 원주민 인구와 그 감소율은 지역에 따라 차이가 나겠지만, 원주민의 감소율을 고압 체제의 비율인 20~25 대 1로 가정하고 이에 동의하는 연구자들이 많다(Albornoz, 1974; Cook, 2004; Cook and Borah, 1974; Dobyns, 1983). 앞에서 언급한 바와 같이, 중남미 아메리카의 많은 지역에서 유럽인과의 접촉 후 원주민 인구가 10% 미만으로 줄어들었다. 게다가 유럽인과의 접촉 후 아예 멸종된 인종들 – 앞에서 언급한 바 있는 캐리비언 지역의 타이노족 – 도 많다.

오늘날 라틴아메리카는 인종도가니라고 불린다. 그것은 그 땅에 살고 있었던 인디오 후손들, 스페인과 포르투갈 등 백인 정복자들 후손들, 원주민 노동력을 대체하기 위해 끌려온 아프리카 흑인 후손들, 그들 인종 사이에서 태어난 혼혈인들, 19세기 이후 이입 온 유럽계 후손들과 아시아 이민자들의 후손들이 모두 한데 어울려져 형성된 것이다. 물론 인종들의 구성 분포는 각 나라의 정복 후 역사적 상황과 밀접한 관계가 있다.

중남미 지역의 인종 분포는 유럽인의 노예무역과 식민 지배 역사와 매우 밀접한 관계를 가진다. 마야문명이 존재하였던 멕시코와 중남미 지역 그리고 잉카문명이 존재하였던 안데스 지역 국가에서는 원주민과 메스티조의 비율이 비교적 높다. 멕시코, 페루, 볼리비아, 과테말라에서는 원주민의 비율이 30%, 45%, 54%, 44%로 비교적 높지만, 백인과 원주민 사이에서 태어난 혼혈아(메스티조)의 비율도 60%, 37%, 32%, 56%로 상당히 높다. 엘살바드로와 온드라스에서 메스티조의 비율은 무려 94%와 90%를 차지한다. 칠레(75%)와 베네수엘라(67%)도 상당히 높다. 반면 아르헨티나와 우루과이는 20세기 초 유럽에서 많은 사람들이 이입한 관계로 백인의 비율이 85%와 88%로 매우 높다. 한편, 식민지 시대에 사탕수수 농업이 번성하였던 브라질과 캐리비언 국가에서는 아프리카 흑인들이 대량으로 이입된 까닭에 흑인들의 후손과 물라토(백인과 흑인 사이의 혼혈아)의 비율이 매우 높다. 흑인과 물라토를 합친 비율은 브라질 50%, 쿠바 62%, 도미니카 84%이다(임상래 외, 1998: 76). 자메이카에서 흑인의 비율은 90%가 넘는다(Robert, 1974).

중남미 인종의 복잡성은 아메리카 원주민과 아프리카 여성들에 대한 유럽인의 성적 착취를 나타낸다. 식민지 시절 아메리카 원주민 남성과 아프리카계 흑인 남성들은 자신의 종족 여성들을 유럽인들로부터 지켜주고 보호해 주기는커녕 자신들의 안녕조차 장담할 수 없었다. 오히려 식민지 아프리카계 여성들이 유럽인들로부터 자신의 가족들(그리고 정체성)을 지켜내려 애썼고, 심지어 노예반란까지 일으켰다(Bush, 1990; Lee, 1995). 이러한 역사적 경험으로부터, 라틴아메리카에서는 피부 색깔이 백인에 가까울수록 사회경제적 지위를 높게, 그리고 원주민이나 흑인에 가까울수록 그 지위를 낮게 인식하는 인종위계(racial hierarchy)가 존재하고 있다(임상래 외, 1998: 77).

2) 인구소멸의 주된 원인: 전염병 혹은 식민주의

신세계 아메리카의 원주민 인구소멸은 주로 유럽인 전염병의 도입과 확산으로 설명되어 왔다. 아메리카 원주민 소멸의 주된 원인이 전염병이라는 주장을 설파한 가장 대표적인 학자 중 한 명은 역사인구·보건학자인 윌리엄 맥닐(William McNeill)이다. 맥닐(1992)은 신세계 아메리카 대륙은 사실상 고립된 땅이었다고 주장한다. 중남미에는 가축이 없었고, 이로 인해 이곳 원주민들은 유럽 가축의 세균에 대한 면역이 결핍되어 있었다.[10] 유럽인과의 접촉 후 천연두와 같은 유럽 전염병이 발생하였을 때, 유럽인들은 그 전염병에 대한 면역성이 있었지만 원주민들은 면역성이 없는 탓에 대규모의 사망을 맞이하곤 하였다. 이런 방식으로 전염병에 대한 면역성이 있는 문명권 사람들이 면역성이 없는 비문명권 사람들을 정복하는 효과를 '맥닐의 효과'[11]라고 부른다(주경철,

10 유라시아 가축인 소와 말은 없었어도 칠면조, 오리, 라마 등의 가축은 있었다. 로마에 가면 로마법에 따르라는 말이 있지만, 유럽인들은 식민지에서 유럽인의 생활방식을 원주민들에게 강요하였다.

11 맥닐의 법칙은 오늘날 코로나 시대에도 여전히 힘을 발휘하고 있다. 최근 백신 접종자들은, 백신 미접종자들에 비해 격리기간의 면제 혹은 '노마스크'라는 특혜를 받고 또 그런 권리를 요구·주장하는 경향이 있다. 그 주된 이유의 하나는 자신들은 백신을 접종하였기 때문에 코로나에 걸릴 가능성과 그로 인한 사망 가능성이 낮아졌다는 것이다. 그런데 백신접종은 그것이 미접종자를 포함한 다른 사람들에게 코로나를 전파할 가능성이 없다는 사실을 의미하지 않는다. 백신 미접종자와 마찬가지로 접종자도 코로나 바이러스를 전파할 수 있다. 단지 코로나 바이러스에 감염되었을 때 나타나는 결과만 상이할 뿐이다. 면역성을 생성한 백신 접종자들(신대륙의 유럽인들처럼)은 감염시 경증으로 끝날 수 있지만 면역성이 취약하거나 부재한 사람들(신대륙의 인디오들처럼)은 중증이나 사망이란 위험 가능성이 높다. 이처럼 맥닐의 법칙과 그에 근거한 코로나 정책은 적자생존과 자연도태의 보편원칙하에서 타인(특히, 약자)을 배려하지 않고 자신의 이해만 추구하는 근대성의 한계를 전형적으로 보여 준다고 할 수 있다(중앙일보 2021년 6월 14일, 이성용, "집단 면역 때까진 백신접종자 '노마스크' 신중해야" 참조).

실제로, 자기 이해와 행복(쾌락)을 위한 자유(자율성)의 추구를 우선시하는 근대성의 개인은 타인의 감염을 우려하여 자신의 불편함을 감수하려는 행위, 이를테면 마스크 착용 행위를 이해하기 어렵다. 어쩌면 그들은 타인을 위해 불편함을 감수함으로써 자신의 이해와 행복이 제한되는 행위를 개인의 자율성과 자유를 침해하는 행위라고 인식할 수 있다. 또한 그런 행위를 강제하는 사회는 자유민주주의를 위해 반드시 타파해야 할 전제주의 사회라고 생각할 수 있다. 그러나 가족주의 혹은 집단주의(공동체) 사회에서는 타인을 배려하는 행위가 개인의 이해 추구 행위보다 우선시되는 문화와 전통이 있다. 이처럼 '무엇이 옳고 그르냐' 곧 정의(justice)는 그들 사회의 세계관에 따라 상이해질 수 있다.

2008: 398). 게다가 맥닐에 의하면, 원주민들이 역병을 극복할 가능성은 그들의 독특한 음식문화와 환경으로 인해 감소되었다. 원주민의 옥수수 가공방식은 많은 소화 문제를 일으켰고 그래서 신체적, 정신적 복원력을 감소시켰다.

맥닐은 유럽 정복자들의 군사적 잔인성과 가혹한 식민 통치가 원주민의 높은 사망률에 중대한 역할을 하였지만, 원주민 인구소멸의 주된 원인은 아니라고 주장한다. 왜냐하면 스페인 정복자들은, 원주민을 소멸 대상으로 인식하였던 북미 유럽인의 인식과 달리, 노동력의 착취 대상으로 삼았기 때문이다. 스페인은 세금(부역), 노동력을 제공하는 인디언의 감소에서 얻을 이익이 없었다. 인디언 소멸(감소)에서 "가장 결정적인 역할을 한 것은 전염병"(맥닐, 1992: 235)이다. "아메리카 대륙의 원주민과 비슷하게 외부 세계와 떨어져 지낸 주민이 유럽 사람들과 접촉하면 언제나 많은 사망자를 냈다. … 아메리카 대륙의 역사는 좀 규모가 큰 사태에 불과하다"(맥닐, 1992: 247).

크로스비(Crosby, 2006)에 의하면, 인디언의 사망률이 가장 높았던 시기는 유럽인과 처음 접촉하기 시작한 첫 백년 사이였다. 1520년에서 1600년 사이 멕시코에는 14차례, 페루에서는 17차례 정도 역병이 발생하였다. 스페인 사람들이 중남미에 역병을 전파하였다면, 영국인들은 카리브해와 북아메리카의 대서양 연안 지역에 전파하였다. 아메리카 지역에서 유럽인들과 접촉한 곳의 인디언 인구들은 눈에 띄게 감소하였다. "원주민들은 역병에 전혀 저항력을 갖지 못하였다"(크로스비, 2006: 106). 그는 원주민 인구소멸의 진정한 원인은 역병이라고 주장하였다. 역병은 단지 질병으로 인한 사망만을 야기한 것이 아니다. 역병은 인디언 제국의 구조 자체를 뒤흔들었고 사회 자체를 파괴하였다. 무엇보다 중요한 것은 유럽인(기독교)을 자신보다 우월한 인종(종교)으로 인식하도록 만들었다. 그 결과 스페인은 마야와 잉카 제국을 쉽게 정복할 수 있었다. 맥닐과 마찬가지로 크로스비도, 스페인이 원주민의 노동력을 신대륙 자원(특히, 은)처럼 유럽의 부를 가져다주는 대상으로 간주하였고 그래서 원주민의 인구 감소는 스페인에게 아무런 이득을 가져주지 않기 때문에, 인종말살의 의도가 없었다는 것이다. 그는 스페인이 중남미 아메리카 원주민의 인종말살에 직접적인 책임이 있다는 주장을 거부한다.

『총, 균, 쇠』의 저자인 제러드 다이아몬드(Jared Diamond, 2013)도 맥닐과 크로스비와 유사한 주장을 한다. 다이아몬드에게 동식물의 가축화와 작물화는 더 많은 식량과 인구를 의미한다. 동물을 가축화한 사람들은 가축의 병균에 일차 희생자가 되지만 결국에는 그 질병에 대한 저항력을 가지게 된다. 수백 명의 스페인 군대가 수백만 명의 인디언 제국을 무너뜨릴 수 있었던 것은 가축 전염병의 면역성이 있는 유럽 민족이 면역성이 없는 아메리카 원주민 민족에게 퍼트린 질병 때문이다. "천연두, 홍역, 인플루엔자, 발진티푸스, 페스트를 비롯한 유럽 고유의 전염병들은 다른 대륙의 많은 민족을 몰살시킴으로써 유럽인들의 정복에 결정적인 역할을 담당하였다. … 그렇게 죽어간 아메리카 원주민의 수는 콜롬비아 정복 이전 인구의 95% 수준으로 추정된다"(Diamond, 2013: 107~108). 크로스비와 다이아몬드는 모두 '맥닐의 법칙'을 받아들였다.

이들 외에도 많은 인구학자와 역사학자들이 맥닐의 법칙에 근거하여 1492년 콜럼버스의 정복 후 100년 기간에 일어났던 아메리카 원주민 인종말살을 이야기하고 있다. 쿡과 버라(Cook and Borah, 1974)도 아메리카 인구를 급격히 감소시킨 주된 원인을 역병으로 간주한다. 그 주된 근거의 하나는, 앞에서 말한 저자들과 마찬가지로, 스페인은 신대륙 자원의 착취를 위해 인디언 노동력을 보존할 필요가 있어 인디언을 살해할 동기가 없었다는 것이다. 노블 데이비드 쿡(Noble David Cook)도 그의 1998년 저서에서 아즈텍과 잉카 제국을 멸망시킨 것은 유럽인의 무기가 아니라 원주민 인구의 90%를 소멸시켜 원주민 사회를 와해시킨 전염병이라고 주장한다. 도빈스(Dobyns, 1983)도 역병이 인구감소의 주된 원인이라는 '역병 패러다임'(epidemic paradigm)을 지지하였다.

반면 최근 일부 학자들(Cameron et al., 2015)은 역병 패러다임이 아메리카 원주민 말살에 대한 유럽인의 죄와 책임을 면제시켜 준다고 주장한다. 서구의 주류 학계에서 지지를 받아왔던 '맥닐의 법칙', 즉 역병 패러다임은 최근 여러 연구들에 의해 그 문제점들이 제시되고 반박되고 있다(Ginzberg, 2018). 첫째, 역병 패러다임은 원주민의 대량 사망이 역병 이전에 발생하였다는 인과순서에 의해 반박되고 있다. 리비-바치(Livi-Bacci, 2008)는 1492년 최초의 유럽 정복자들이 정착하였던 히스파니올라섬에서 역병과 사망력 간의 관계를 분석하여 역병 패러다임에 갖는 인과적 순서의 문제점을 밝혔다. 최초의 역병(천연두)은 정복자들이 정착한 지 25년 뒤인 1518~1519년에 발생하였다. 역병은 정복 초기 수백만 명 혹은 수십만 명에 달하였던 원주민 인구가 불과 수천 명으로 급락한 인구소멸 후에 발생하였다. 이러한 리비-바치의 지적은 존 헤밍(Hemming, 2003)의 페루 잉카 연구에서도 지지된다. 그는 페루에서 스페인과의 접촉 이전에도 전염병이 존재하였다는 사실을 밝힌다. 정복 후 40년간 일어났던 인구감소 – 900만 명에서 100만 명으로 감소 – 의 일차 원인은 전염병이 아니라, 정복이 가져온 심각한 문화적 충격과 무자비한 정부의 행정에 기인한다. 사실, 북미 인디언의 제노사이드도 유럽인(영국인)과의 첫 접촉이 이루어진 16세기 초가 아니라 그로부터 100년이 지난 독립전쟁 이후 본격적으로 발생하였다.

유럽의 정복 후 발생하였던 아메리카 원주민의 인구소멸을 단지 유럽인의 전염병 전파 탓으로만 간주하는 '맥닐의 법칙' 혹은 '역병 패러다임'은 전염병의 치명적 역할을 너무 과장한 것처럼 보인다. 크로스비(Crosby)조차 천연두와 같은 역병의 사망률은 30% – 그것도 역병의 유행이 아주 극심하였을 때 – 에 불과하며(크로스비, 2006: 20), "별도의 간섭이 없으면"(크로스비, 2006: 27) 그 질병에 대한 저항력이 생기고 사망률도 떨어져 "그 인구수는 곧 이전 수준을 회복하게"(크로스비, 2006: 27) 된다고 말한다. 원주민 인구의 90% 이상이 소멸된 현상을 단지 전염병에 기인한다는 설명은 "중세 유럽에서 흑사병이 최고점에 달하였을 때 유럽 인구의 3분의 1에서 2분의 1이 소멸하였던 사실에 비추어 볼 때, 비논리적이고 비역사적"(Dunbar-Ortiz, 2014: 40)이라는 것을 알 수 있다. 맥닐의 법칙은 유럽인 정복자들이 아메리카 원주민들의 사망에 중대한 역할을 하였던 '식민주의'의 악영향을 숨긴다.

산업혁명과 마찬가지로, 전염병도 대량 사망을 초래하는 하나의 사건 – 유럽인과 접촉한 후 단기간에 발생하는 – 이 아니라 과정으로 인식할 필요가 있다(Hutchinson, 2016). 전염병은 그 당시 유럽인의 식민주의가 초래하였던 원주민의 비참한 사회경제적 환경과 결합하여 인종말살이라는 처참한 상황을 가져왔다. 특정 사회 현상(인종말살)의 주된 원인을 단 하나의 주된 요인으로 가정하는 인과성 이론은 그 현상의 다른 주요 원인들과 그것들 간의 결합 효과 – 그리하여 그 결합 효과가 일어났던 역사적 과정도 – 를 간과한다.

(1) 중남미의 식민주의

아메리카의 인종말살은 북미와 중남미에서 상이한 방식으로 진행되었다. 무엇보다, 원주민(인디언) 인종말살에 영향을 미친 스페인과 미국(영국) 정부의 식민주의 방식은 상이하였다. 스페인 정부가 식민지에서 추구한 것은 '부'와 '선교'이다. 콜럼버스 항해의 주된 목적은 '부'와 더불어, 이슬람 세계에 대한 '재정복'(reconquista),[12] 즉 기독교 세계의 확대에 있었다. 인디언 역시 '선교'의 대상이었다. "교황은 '인디언은 진정한 인간이며, 가톨릭 신앙을 이해할 수 있을 뿐 아니라, 우리의 정보에 의하면 가톨릭 신앙을 수용할 것을 갈구하고 있다'고 선언하였다"(크로스비, 2006: 52). 중남미에서 인디언은 유럽의 부를 위해 노동을 제공할 뿐 아니라 선교할 필요성이 있는 존재였다. 스페인 식민 정부는 부를 원주민의 노동력을 통해 이룩하고자 하였기 때문에, 본국민의 식민지 정착에는 그다지 관심이 없었다. 반면, 북미로 이주해 온 유럽인은 인디언 원주민이 아니라 자신과 자신의 동산인 흑인 노예의 노동력을 통해 부, 혹은 '경제적 자립'을 이루고자 하였다. 이 과정에서 인디언의 토지는 유럽 이주자의 부와 경제적 자립을 위해 절대적으로 필요한 자원이었다. 유럽 이주자의 견해에서 볼 때, 자신들에게 토지를 빼앗기지 않으려는 인디언들은 자신의 부와 경제적 자립을 저해하는 방해물이자 제거(몰살)의 대상이 되었다. 이런 의미에서 볼 때, 미국의 서부 개척 역사는 정착자의 식민주의, 즉 유럽인 이주자와 인디언 간의 토지 전쟁이라고 할 수 있다(처칠, 2010; Dunbar-Ortiz, 2014: 2). 하지만 유럽인 정복자들 – 스페인인 혹은 북미 유럽 이주자이건 간에 – 은 아리스토텔레스의 노예관(觀)에 근거하여, 아메리카 원주민들을 '영혼'이 없는 존재 – 즉, '타자' – 로 간주한 까닭에 그들을 노예로 삼거나 죽이는 것은 문명인인 유럽인의 신성한 책무로 간주하였다(Hanke, 1959; Rob, 1989). 이러한 전체주의적 사고관은 유럽 식민주의자들에게 인디언의 인종말살을 정당시하는 한나 아렌트(Hannah Arendt)가 언급하였던 '악의 평범성'(banality of evil)을 낳았다고 볼 수 있다.

....

12 재정복은 이베리아 반도에서 전개된 십자군 운동을 말한다. 1492년 1월에 재정복은 끝났지만, 재정복 말기 기독교 세력은 이슬람 영토를 정복한 사람을 그 지역의 통치자로 임명하고 지역 주민들을 동원하여 영리(榮利)를 추구할 수 있는 권리를 부여하였다. 이 방식은 신세계를 정복한 유럽 정복자들에게도 그대로 적용되었다.

스페인 정부가 중남미에서 부와 선교를 동시에 추구하였다는 사실은 식민주의 정책에서 여실히 드러난다. 스페인은 정복 후 정복자들이 원주민 노동력을 강제로 동원하는 체제인 '레파르티미엔토'(repartimiento, '할당'을 의미)와 '엔코미엔다'(encomienda, '위탁'을 의미)라는 강제노역 체제를 발달시켰다(송병건, 2014: 215). 스페인 정복자는 아시엔다(hacienda) – 원주민의 토지나 미개척지를 수탈하여 형성한 스페인 정복자들의 대규모 목장과 농장 – 를 생성하고, 원주민들을 그곳에 강제로 정착시켜 노동력을 제공하도록 하였다. 이러한 체제들을 통해, 원주민들은 선교를 통한 구원 및 식량과 거처를 제공받는 대가로, 유럽인 정복자들에게 농장(들판)이나 광산에서 힘든 일을 해야만 하였다. 수많은 원주민들이 광산업과 아시엔다에 강제로 동원·수용되어 고된 노동으로 사망하였기 때문에, 정복 이전에 존재하였던 원주민의 농업구조 – 토지를 공동으로 소유하고 경작하였던 자급자족의 생계농업 – 는 철저하게 파괴되었다(Stein and Stein, 1970: 32). 아메리카 원주민의 공동체적 사회 안전망과 자원 통제력은 붕괴되었다.

스페인이 원주민 노동력을 착취하게 된 계기는 농·목장보다 금·은을 채굴하기 위한 광산업과 관련된다. 1545년 발견된 남미 최대의 은 생산지 포토시(Potosi)는 해발 3,300m의 고지대에 위치하고 있었지만, 은의 발견으로 1570년 인구 15만 명에 달하는 대규모 광산 도시로 성장하였다. 신세계에서 채굴된 은의 절반이 이곳에서 채굴되었다. 포토시 은의 스페인 정복자에게는 부의 근원지였지만, 인디언 노동자에게는 지옥의 입구였다. 3세기 동안 포토시에서 800만 명에 달하는 원주민이 사망하였다. 광산 작업에 동원된 인디언 10명 중 7명이 사망하였다(마르크스, 2014). 제로섬 원칙에서 보면, 유럽인에게 막대한 부를 제공하였던 광산업의 성공은 그것의 반대급부로 원주민들의 막대한 희생과 피해를 요구하였다.

스페인의 원주민 재배치는 원주민들이 고향을 떠나 스페인의 부를 위해 노동을 제공하고 하나님의 '구원(?)'을 받기 위해 좁고 열악한 공간에 밀집하여 사는 것을 의미하였다. 전염병의 확산과 그로 인한 사망은 환경과 사회 변동과 밀접한 관계를 가진다(Ginzberg, 2018: 205~215). 와트(Watt, 1997: 91)에 따르면, 노동을 위해 원주민을 좁은 공간(특히, 광산)에 밀집시켜 재배치하는 것은 안데스에서 전염병을 확산시켜 대량의 사망을 야기하였던 촉매제였다.

스페인은 원주민을 선교하기 위해 종교집회(congregation)를 시행하였다. 종교집회는 공간적으로 조밀한 공동체에 원주민들을 재배치하여, 스페인인의 식민주의적 사회, 문화, 경제 패턴을 이식하기 위한 것이다. 하지만 이러한 선교집회 활동은 또 다른 방식으로 원주민 인구소멸에 기여를 하였다. 선교공동체는 다른 공동체보다 훨씬 높은 전염병에 의한 사망률을 보였다(Jackson, 1994: 121).

예수회 선교단(Jesuit missionaries)의 주된 임무 중 하나는 인디언의 세계관을 바꾸어, 공물과 세금을 통해 인디언의 노동력과 잉여생산물을 빨아들이는 식민 지배의 질서를 확립하는 것이다. 그러기 위해 선교단은 인디언의 전통적 종교관을 철저하게 파괴해야 하였다(Jackson, 1994). 게다가 원주민과 달리 거의 사망에 이르지 않는 유럽인의 전염병 면역성은 유럽인의 신이 원주민의 신보다 우월하다는 것을 증명해 보이는 듯 하였다. 전염병과 더불어 유럽 정복자의 거주지 재배치와 선교활동은 원주민 사회와 삶의 방식을 철저하게 와해하였다. 잭슨(Jackson, 1994: 139)에 의하면, 원주민 사회의 붕괴로 인한 원주민의 정체성 상실이 인디언 인구소멸의 주된 원인이다. 선교활동이 강하게 집행된 공동체일수록, 원주민은 사회조직과 삶의 방식에서 훨씬 급격한 변동을 경험하였고,

이로 인해 더 높은 사망률과 인구 와해를 가져왔다(Jackson, 1994).

원주민 사회의 와해와 정체성 상실은 고사망뿐만 아니라 출산력의 감소도 가져왔다. 정복 후 원주민의 평균 자녀의 수는 3~5명에서 평균 1명 미만으로 떨어졌고 또 비혼율도 증가하였다(Albornoz, 1974: 54). 정체성 상실과 미래 희망의 부재는 높은 자살률을 초래하였을 뿐 아니라 잉카의 결혼제도를 위태롭게 만들었고 출산율을 떨어뜨렸다. 원주민 여성은 자신의 자녀를 유럽 정복자들의 노예들로 만들 수 없다는 생각으로 자녀를 살해하기도 하였다(Albornoz, 1974: 54~55; Hemming, 2003: 350). 원주민의 악화된 건강 상태와 손상된 성적 역량도 출산율 저하에 상당한 영향을 미쳤다(Watt, 1997: 110).

그렇다면 유럽인의 인디언 인종말살을 정당시함으로써 악의 평범성을 조장하게 하였던 전체주의적 이데올로기는 무엇인가? 바로 원주민을 '타자화' 한 서구의 근대성(자연법)이다(두셀, 2011; Ginzberg, 2018). "인디언에 대한 스페인의 통치는 의심할 바 없이 자연법의 권위하에서 정당화되었다"(Ginzberg, 2018: 178). 아리스토텔레스의 주장에 근거한 자연법에 따르면, 문명인(유럽 정복자)은 야만인(인디언)을 반드시 통제해야만 하며, 야만인은 반드시 문명인의 권위하에 있어야만 한다. 아메리카 원주민은 노예와 마찬가지로 본성적으로 문명인에게 통제를 받아야만 생명체이다. 따라서 스페인인은 원주민의 정복을 스페인인뿐 아니라 원주민에게도 혜택을 주는 것으로 보았다(두셀, 2011). 유럽 정복자가 "타자에게 행사하는 지배(전쟁, 폭력)란 실제로는 야만인을 문명화하고 발전시키고, '근대화'시키는 해방이자 '이익'이고 '선'이다"(두셀, 2011: 94). 야만스러운 원주민을 문명화하고 근대화한다는 그럴듯한 명분하에서 타자(원주민)가 겪는 온갖 희생과 고통은 정당화된다. 전쟁(즉, 인디언의 대량 사망)을 정당화하는 것 중의 하나는 바로 "본성적으로 남의 지배를 받아야 하지만 이를 거부하는 자들을 복종시키는 책무이다. … 아메리카 원주민의 문명화 작업을 스페인인들이 떠맡은 것은 너무나 당연하고 신이 그들에게 부여한 신성한 의무이기도 하다"(Ginzberg, 2018: 179).

(2) 북미의 식민주의: 서부 개척지에서 유럽 이주자들의 '적소' 찾기

〈표 5-3〉에서 북미 인구는 1750년 이후 300만 명에서 1850년 2,500만 명, 1900년 9,000만 명으로 증가하였다. 미국의 인구 변동에 대해 미국 인구학 교재는 다음과 같이 진술하고 있다.

> 미국 인구는 독립 이후 1790년과 1860년 사이 급증하였다. 1790년 390만 명에서, 1800년 530만 명, 1830년 1,290만 명, 1860년 3,140만 명으로 증가하였다. 1790년과 1860년 사이 60년 동안 미국 인구는 매 10년마다 30%가 증가하였다. 동기간 동안 미국의 인구성장률은 유럽의 2배에 달하였다. 이러한 미국의 급격한 인구성장률은 높은 수준의 이입(immigration)과 자연증가율에 기인한다. 예를 들어, 합계출산율은 1800년 7.0이었고, 1850년에도 단지 5.4로 떨어졌다.
>
> … 19세기 중반까지 인구의 대부분은 앵글로색슨계 백인이었다. … 아프리카계 미국인 수는 1800년 100만 명에서 1900년 880만 명으로 증가하였다. 이들이 전체 인구에서 차지하는 비중은 1800년 19%에서 1900년 11.6%로 감소하였다. 그 이유의 하나는 이들의 사망력이 백인보다 높았고, 다른 이유는 수많은 백인들이 유럽에서 이입한 반면, 1808년 노예무역이 종식 후 아프리카에서 오는 이주자들이 매우 적었기 때문이다(Poston and Bouvier, 2010: 288~290).

위의 설명은 북미의 인구증가가 주로 유럽계 백인과 아프리카인의 이입,

그리고 그들의 자연증가율에 기인하였다는 것을 말한다. 북미 인디언 인구의 변동에 관한 이야기는 없다. 그 이유는 아메리카 원주민이 1890년 센서스까지 집계되지 않았기 때문이다. 또한 미국에서 자연증가와 이입을 야기하였던 사회경제적 요인에 대한 설명도 부재하다. 그들 대부분이 맬서스 혼인 체제의 앵글로색슨계 백인이었다면, 자연증가와 이입을 야기하였던 것이 '적소 획득 가능성의 원활함'과 관련될 것이다. 이에 대한 구체적 설명이 필요하다.

1840년에서 1932년 사이 3,420만 명의 유럽인 이주자들이 북미로 이주하였다(Livi-Bacci, 2012: 53). 이들 대부분은 19세기 초 급증한 인구 압력으로 본국에서 '적소의 획득,' 즉 경제적 자립이 어렵게 된 프롤레타리아들이다(Moch, 2003). 이들은 신대륙에서 "토지 소유를 염원하는 강렬한 욕망과 (경제적) 자립에 대한 강한 열정"(윌리엄스, 2014: 63), 즉 적소의 획득을 위해 이주를 택하였다. 물론 여기에는 19세기 중반 감자 기근으로 본국에서 삶이 어렵게 된 아일랜드 이주자도 포함된다.[13] 감자 기근과 그 직후인 1846~1854년 아일랜드 인구 20%에 달하는 175만 명이 북미로 이주하였다. 19세기 말까지 미국에 이주해 온 아일랜드인은 400만 명에 달하며, 이들의 80~90%는 소작농, 날품팔이 농촌 노동자들이었다(Bade, 2003: 104~105).

놀랍게도, 본국에서 궁핍을 탈피하기 위해 신대륙으로 이주한 프롤레타리아들이 신세계에서 본국 유럽인보다 높은 출산율을 보였다. 그것은 이주자(식민주의자)가 본국의 유럽인보다 신세계에서 '적소'를 획득할 가능성이 높았

13 1840년대 이후 미국으로의 대량 이주는 아일랜드에서 시작하였다. 아일랜드 이민자의 수는 1840년대 78만 명, 1850년대 91.4만 명으로 급증하였다. 잉글랜드 이민자 수는 1870년 이전에는 아일랜드보다 적었지만, 1870년대와 1880년대에는 64만 명으로 증가되어 아일랜드와 필적하는 수준이 되었다. 독일인의 대량 이민은 1840년대 44만 명, 1850년 95만 명, 1860년대와 1870년대 잠시 주춤하였지만 1880년대 150만 명으로 증가하였다. 남유럽과 동유럽의 이민자 수는 1880년대 이후 증가하였다. 남유럽인들은 북미로 이주해 왔지만, 그보다 중남미로 더 많이 이민을 갔다(Moch, 2003: 147~149).

음을 의미한다. 신세계의 무한한 땅은 수많은 식민주의자 – 특히, 개척민(frontier) – 들에게 경제적으로 자립할 수 있는 '적소'(즉, 토지)를 제공하였고, 이로 인해 이들은 본국의 유럽인보다 높은 혼인율을 보였을 뿐 아니라 어린 나이에 결혼을 하였고 그래서 더 많은 자녀를 출산하였다(Klein, 2004; Smith, 1980). 신세계에서 적소는 임금이 아니라 토지의 획득으로 이루어졌기 때문에, 인구 모형은 프롤레타리아 인구학이 아니라 농부 인구학이 되었다. 그러나 이러한 설명은 신세계의 광대한 땅으로 인해 적소의 획득 가능성이 높았다는 사실을 암시할 뿐, '적소' 획득 과정에서 정복 이전까지 그 땅('적소')의 주인이었던 아메리카 원주민들과 얽힌 복잡한 이야기는 하지 않는다.

라틴아메리카의 식민주의자와 달리, 북미 식민주의자는 그 땅에 정착하고자 이주하였다. 따라서 북미 인구 성장은 이 지역에 이입된 유럽계와 아프리카계 이주자 인구의 증가 및 북미 원주민 인구의 소멸을 동시에 고려해야 한다. 이를 위해 유럽계 식민주의자와 원주민 간의 토지 전쟁이 논의될 필요성이 있다. "인종말살 문제는 정착민 식민주의에 대한 논의와 결코 동떨어진 것은 아니다. 땅은 삶 그 자체였다. – 적어도, 땅은 삶에 필수였다"(Dunbar-Ortiz, 2014: 2). 맬서스주의 결혼 체제에서의 백인에게 땅은 적소의 형성을 위해 필수였다.

독립 당시 대서양 연안의 13주 식민지에서 출발하였던 미국이 오늘날과 같은 거대한 영토로 확대된 과정에는 두 번의 결정적 계기가 있었다. 하나는 1803년 프랑스로부터 루이지애나 매입이다. 루이지애나는 애팔레치아산맥 서쪽 미국 중서부에 위치한 광대한 땅으로, 그 크기는 오늘날 미국 영토의 4분의 1에 해당한다. 루이지애나의 획득으로 미국 중부에서 15개의 주가 생겨났다. 다른 하나는 멕시코와 전쟁의 승리 대가로 얻은 남서부 지역 – 텍사스와 캘리포니아 – 의 획득이다. 하지만 이러한 영토 팽창은 유럽계 백인들 간의 조약에 의해 이루어졌고, 그곳에 원래 거주하고 있던 아메리카 인디언들은 그 조약에 의해 조상 대대로 살던 땅에서 축출되어 전혀 새로운 곳으로 재배치되었다(처칠, 2010; Dunbar-Ortiz, 2014).

서부 개척사에서 많이 이야기되는 백인(문명인)과 인디언(야만인) 간의 전쟁은, 식민주의자에게 땅을 빼앗기고 그곳에서 추방되었던 인디언들의 저항에서 나온 것이라 할 수 있다. 실제로 미국 연방정부에 기록된 40건의 '인디언 전쟁'은 모두 토지 전쟁이었다. 게다가 미국 상원은 서부 개척이 본격적으로 이루어졌던 1778년에서 1871년 사이, 아메리카 원주민이 미국 정부에 토지를 양도한다는 내용이 담긴 조약을 370여 건이나 비준하였다(처칠, 2010: 177).

북미에서 서부로의 팽창은 지역별 인구 분포의 변동을 가져왔다. 1790년 독립 당시 13주 인구는 미국 전체 인구의 97%를 차지하였지만, 1860년에는 그 비율이 50% 수준으로 감소하였다. 1790년에 유럽계 인구가 전혀 없었던 오하이오, 인디아나, 일리노이, 미시건, 위스콘신 등을 포함한 미국 북동부 지역의 인구 비율은 1860년에 미국 전체 인구의 22%가 되었다. 밀과 같은 곡식을 생산하는 농업 지역은 이전의 대서양 중부 지역에서 북동부 지역으로까지 확장되었다. 1790년 이후 개발된 새로운 지역은 면화 생산지인 '최(最)남부'(deep South) 지역이다. 최남부 지역은 남동부와 남서부 지역으로 나누어진다. 1860년경 미국 전체 인구의 이곳의 인구 비율은 18%였고, 아프리카 노예의 절반이 이곳에 거주하였다. 이러한 이동이 의미하였던 바는 국가 인구의 중심이 변함없이 서쪽으로 움직였다는 것이다(Klein, 2004: 91).

1860년대 시민 전쟁 직후 미국의 인구 성장은 잠시 주춤하였지만, 1880년 이후 다시 이주자의 수는 급증하였다. 그로 인해 외국 태생 인구의 상대적 중요성이 부각되었다. 미국 내 외국 태생 인구의 비율은 1850년 10%(220만 명)에 불과하였지만, 1890년에는 15%(920만 명)로 증가하였다. 그들 대부분은 유럽 태생이었다(Klein, 2004: 129~130). 특히, 캘리포니아 등 서부로의 이주는 1860년에서 1910년 사이 급증하였다. 그 결과 미국 전체 인구 중 서부 지역 인구의 비율은 1860년 15%에서 1910년 30%로 증가하였다(Klein, 2004: 134~135). 하지만 서부 개척지로 향한 이주자의 주축은 미국 태생 백인이었다. 그 이유는 정부가 땅을 이민자들보다 미국에서 태어난 사람들에게 우선적으로 배분하였기 때문이다. 유럽인 이민자들 대부분은 농촌에 거주하지 않고, 도시에서 산업 분야 노동자로 일을 하였다(Bade, 2003: 103).

서부에 땅이 있다는 설명은 서부의 유입 요인만 이야기할 뿐 동부의 유출 요인은 말하지 않는다. 미개간지에 정착을 원하는 개척민은 어떤 사람들인가? 기존 정착지에서 적소를 획득하지 못한 사람들이다. 이들을 역사적으로 살펴볼 필요가 있다. 1820년까지 미국으로 이주를 온 유럽인들의 상당수는 신세계에 도착 후 자신의 노동으로 빚 – 이주경비 포함 – 을 갚아야 하는 백인 노예, 즉 '강제계약 노동자'(indentured servants)들이었다. 미국 독립 당시 북미로 간 영국인 이주자의 3분의 2가(포머란츠, 2016: 154~155), 그리고 독일 이주자의 50~60%가 강제계약 노동자였다(Bade, 2003). 17세기와 18세기에 영국에서 30만 명이 넘는 백인 노예들이 북미로 보내졌다. 이들 중 절반이 넘는 사람들이 신세계에서 힘든 노동으로 사망하였다(Don and Walsh, 2008).[14] 계약 만료 후 자유인이 된 백인 노예들은 미개척지에 정착하여 – 즉, 적소를 획득하여 – 소규모 자영농민이 되어, 서부 지역으로 세력을 확장하는 개척자가 되었다(윌리엄스, 2014: 77).

17~18세기 북미로 이주를 갔던 식민주의자들은 땅을 획득해 적소(경제적

14 캐리비언에 간 백인 노예들은 80%가 고통스런 계약기간(주로 3~10년)을 넘기지 못하고 사망하였다(Bade, 2003).

자립)를 마련하였기 때문에 일찍 결혼하고 더 많은 자녀를 낳았다(Wells, 1992). 식민주의자 1세대는 엄격하게 (농부 인구학의) 맬서스 결혼 체제를 따랐다. 1세대의 높은 출산율은 땅을 자녀들에게 상속하는 과정에서 2세대의 자녀들의 혼인연령을 늦추고, 땅을 상속받지 못하는 – 적소를 획득하지 못하는 – 자녀들을 발생시켰다. 땅을 상속받지 못한 자녀들은 정부가 개방하는 미개간지에 정착함으로써 적소를 형성해야 하였다. 정부의 미개간지는 1803년 루이지애나의 획득 그리고 멕시코의 텍사스와 캘리포니아의 양도 덕택으로 점차 서부로 확대되었다. 미국의 서부 개척사는, 영국에서 인클로저로 인한 농업 임금노동자들이 도시로 이주하였듯이, 기존 정착지에서 적소를 획득하지 못한 빈민 백인(남성)들이 주축이 되어 정부가 개방하였던 서부의 미개척지 땅을 차지하고 개간하여 정착하는 과정이라 할 수 있다.

비록 미국 초기 식민주의자들이 인디언 땅을 호시탐탐 노리고 있었지만, 인디언을 그들의 거주지에서 쫓아내지는 못하였다. 그럴만한 힘이 없었다. 하지만 19세기 초 앵글로색슨계 미국인 인구가 급증하면서 상황은 바뀌었다. 1830년 미국 앤드류 잭슨[15] 대통령이 「강제이주법」(Indian Removal Act)에 서명한 이후, '인디언 보호구역'으로의 인디언 강제 이주는 본격적으로 진행되었다. 일차 표적 집단은 체로키족, 크리크족, 치카소족, 촉토족, 세미놀족 등 동남부 5개의 문명화된(백인 정착에 협조하고 상호 교류하였던) 인디언 부족이었다. 1840년

15 미국은 독립전쟁 후 "원주민들을 식민화하는 것보다 절멸하는 것을 선호하였다(Quijano and Wallestein, 1992: 552). 미국의 초대 대통령 조지 워싱턴은 이러쿼이족의 공격을 지시하면서 "인디언 부락이 완전 절멸될 때까지 평화의 서곡을 울리지" (Stannard, 1993: 119) 말도록 명령하였다. 1828년 당선된 앤드류 잭슨 대통령은 인디언을 "야만적인 개"라고 부르면서 자신이 죽인 인디헤나의 머리 가죽들을 수집하고 있다고 자랑하였다. 그는 1814년 "남녀노소를 불문하고 자신과 부하들이 죽인 800명이 넘는 크리크족의 시체를" 마구잡이로 훼손하였으며, 숨어 있는 인디헤나 여인들과 아이들을 조직적으로 찾아내어 죽여서 절멸시키려고 하였다(Stannard, 1993: 121).

무렵 강제 이주가 거의 완료되었다. 인디언 강제 이주 정책은 인디언들에게 가혹한 피해를 가져다주었다. 체로키족 1만 7,000명은 '눈물의 행로'로 이주 도중 8,000명이 질병과 추위 및 굶주림으로 사망하였다. 백인에게 가장 우호적이었던 촉토족은 인구의 15%가, 그리고 크리크족과 세미놀족은 인구의 50%가 사망하였다. 치카소족이 가장 큰 손실을 입었다. 강제 이주 정책의 과정에서 일부 인디언 부족들은 저항하였지만 그 대가는 처참하였다. 1832년 '블랙호크 전쟁'을 벌인 일리노이 색족과 폭스족은 몰살당하였다. 인디언의 고통과 그로 인한 사망은 강제 이주의 과정에서뿐 아니라 '인디언 보호구역'의 열악한 환경으로 인해 더욱 심해졌다(처칠, 2004: 183~184).

하지만 인디언의 고통과 인구 손실은 멕시코가 전쟁 패배 후 양도하였던 텍사스와 캘리포니아 등 서부 지역의 정복이 본격화하면서 한층 심화되었다. 1846년에서 1873년 사이 캘리포니아 인디언 인구는 15만 명에서 3만 명으로 줄어들었다. 1769년 캘리포니아 인디언 인구는 31만 명으로 추정된다. 1769년에서 1846년 사이 77년 스페인 지배기간 인디언 인구는 50%가 소멸되었고, 27년 미국 통치기간에는 무려 80%가 소멸되었다. 1880년 센서스에 기록된 캘리포니아 인디언 인구는 불과 16,277명에 불과하였다(Madley, 2016). 34년 만에 10% 수준으로 감소하였다.

식민주의자 개척자들이 서부 지역을 점령한 지 30년도 안되어 그 지역 아메리카 인디언들은 거의 멸종되었다. 일부 서부 영화들은 인디언의 폭력성과 야만성을 강조하지만, 서부로의 이주 도중 사망한 사람들의 4%만이 인디언 싸움에 기인한다(Madley, 2016). 인디언들은 백인들과의 싸움에 승산이 없음을, 그리고 백인을 죽이면 그 보복으로 인디언 부족에의 대량 살상이 뒤따른다는 사실을 잘 알고 있었다. 오히려 백인 개척민들이 인디언 보호구역을 침입하여 인디언 공유지를 무단으로 차지하였고, 인디언 여성들을 성적 욕구의 대상으로 삼았고 어린아이들을 납치하여 노예로 팔았다(Lindsay, 2015). 게다가 인디언의 대량 살상에 참여하였던 백인 시민군은 처벌 대신 주정부와 연방정부에서 포상을 받았다(Madley, 2016).[16] 즉, "캘리포니아에서 원주민의 제노사이드는 캘리포니아주의 백인(서부 개척자)들에 의해 자행되었다"(Lindsay, 2015: 14).

19세기 중반 골드러시 당시, 명칭은 금 광산이었지만, 개척민들이 실제로 얻고자 하는 것은 금이 아니라 땅이었다(Lindsay, 2015). 물론 금을 발견하여 부자가 된 사람들도 있었지만 그들은 극소수였다. 개척민 대부분은 광산노동자들에게 제공되었던 땅, 즉 적소의 회득을 위해 서부로 왔다. 맬서스 결혼 체제의 유럽 식민주의자들에게 '경제적 자립' 혹은 '적소'가 매우 중요한 것은 분명해 보이지만, 그들이 아무런 명분도 없이 인디언의 땅을 찬탈하기 위해 인디언 대량 살상에 참여한 것처럼은 보이지 않는다. 그들의 그런 행위를 정당화하였던 무언가가 있어 보인다. 쉘던 월린(Wolin, 1960)에 따르면, 미국 제정헌법에 토대를 제공하였던 로크의 재산권 자유주의 이념 곧 맥퍼슨(1991)이 언급한 '소유적 개인주의'(possessive individualism)는 정치 인간(*homo politicus*)을 경제인(*homo economicus*)으로 바꾸어, 도덕과 윤리를 내포하고 있던 정치사상 고유의 전통을 상실하게 하였다고 비판한다. "유럽계 미국인들은 … 민주주의를 이용하여 땅을 소유함으로써 부와 보장(security)이라는 새로운 꿈을 성취하였다"(Lindsay, 2015: 179). 로크의 자유민주주의와 자본주의 사회에서는 경제논리가 정치논리를 선행한다.

16 인디언 말살은 사적 차원뿐만 아니라 공적 차원에서 이루어졌다고 할 수 있다. 예를 들어, 1860년대 다코타 정부는 인디언 머리 가죽을 가져오면 200달러의 보상금을 지불하였다. 또한 텍사스 정부도 인디언 머리 가죽에 현상금을 내걸었다. 이러한 인디언 머리 가죽 매입은 인디언이 전투 중에 사망한 전사들보다 민간인 사망자가 더 많을 수 있음을 시사한다(Mooney, 1910: 286~287; 여기서는 처칠, 2004: 188~189에서 재인용).

스페인이 인디언 정복의 정당성을 자연법과 선교에 두었듯이, 모든 전쟁이나 인종말살에는 명분이 있기 마련이다. 북미 식민주의자들은 그 명분을 자연법과 적소를 형성하기 위한 '토지의 사적 재산권'에서 찾았다. 특히, 존 로크(John Locke)의 재산권 이론은 미국 식민주의자에게 원주민의 토지를 찬탈할 수 있는 법적 그리고 이데올로기적 정당성을 제공하였다(강정인, 1998; 강철구, 2009; 허재훈, 2014; Lindsay, 2015).

미국의 아메리카 원주민의 토지 수탈은 '발견자 우선주의'(Doctrine of Discovery)와 '명백한 운명'(Manifest Destiny)에 의해 정당화되었다. 1823년 연방대법원장 존 마샬이 제출하였던 '발견자 우선주의'는 1452년 로마 교황의 교서에 기원을 둔다. 로마 교황은 비기독교국과의 전쟁을 하여 점령한 땅과 그곳의 통치권을 점령자에게 부여하였다. 콜럼버스도 이 교서에 근거하여 자신이 발견하였던 히스파니올라섬의 통치권을 스페인 왕국으로부터 부여받았다.

이 법령에 의하면 비기독교인인 인디언은 토지소유권, 즉 재산권이 부정된다. 그 주된 근거는 인디언이 적법한 사회를 형성하지 못하였기 때문이다. 로마법에 의하면 사회란 재산에 기초해 있는 것이고 재산 관계는 시민들의 교환을 형성하는 기본이다. 따라서 재산 관계를 갖지 못한 아메리카 원주민 사회는 부적합 사회이므로 유럽 정복자에게 재산권을 주장할 수 없다. 원주민의 땅은 그들이 소유한 땅이 아니라 우연히 살게 된 열린 공간이다(강철구, 2009). 자연법에 따라 토지재산권은 점유가 아니라 노동에 의해 결정되어야 한다.

유럽 식민주의자 – 맬서스 결혼 체제에서 성장한 – 에게 사적 소유권은 자연법에서 중심 원리를 차지한다. "소유가 없는 곳에는 정의도 없다. … 소유의 개념은 모든 사물에 대한 권리이며, 부정의(不正義)는 그런 권리에 대한 침해이자 위반이다"(Locke, 1975: 549; 허재훈, 2014에서 재인용). 여기서 문제의 관건은 소유하지 못한 사람들이다. 로크의 소유적 개인주의 입장에서 보면, 토지(적소) 획득을 못해 경제적 자립을 하지 못한 유럽 이주자들은 자유인이 아니라 자연 도태의 대상이 된다. 그러나 고맙게도, 미국 정부는 인디언에게서 빼앗은 땅을 그들에게 나누어 주었다. 그래서 배제와 절멸의 대상이 되었던 중남미 아메리카 원주민들(허재훈, 2014)과 영국 구빈원의 빈민들과 달리, 북미 신세계 유럽 이주자들은 아메리카에서 경제적 자립을 이루고 자유인이 될 수 있는 기회를 가졌다. 결국, 땅은 아메리카 인디언뿐만 아니라 유럽 이주자(개척민)들에게도 삶과 생존 그 자체였다.

토지 재산권은 점유가 아니라 노동을 통해 획득된다. 경작이란 노동을 통해 토지에서 과실을 딸 수 있는 사람만이 토지 재산권을 갖는다. 따라서 경작하지 않은 상태에서 '비어 있는' 아메리카의 땅은 주인이 없다. 아메리카 원주민에게는 토지에 대한 재산권이 없다.

또한 재산'권'은 개인적인 점유를 뜻하는 전유(專有, appropriation), 즉 사적 소유권을 의미한다. 땅의 소유는 '울타리치기'를 전제로 한다. 개인은 땅에 울타리를 치고 자신의 선으로 만들어야 한다. 따라서 인디언들이 사냥을 위해 유럽 식민주의자들이 만들어 놓은 울타리를 넘거나 파괴하는 것은 그들의 사유 재산권을 침해하는 행위로, 소유적 개인주의 입장에서 보면 마땅히 처벌받아야 할 범죄행위이었다. 산업화 이전의 유럽에서 가장 중대한 범죄의 하나는 왕과 귀족 등 지배층 재산에 손상을 가한 범죄였다. 평민이 지배층의 땅에서 사냥 혹은 낚시를 하거나, 땔감을 구하거나, 과일을 줍는 행위는 사형에 처해졌다. – 반면, 살인은 돈만 주면 면죄될 수 있는 행위였다(기든스, 1994: 143~144). 유럽 개척민들은 본국에서 받았던 처벌을 인디언에게 가하였다.

멕시코와의 전쟁에서 승리 후, 미국은 '명백한 운명'을 선포한다. 명백한 운명이란 백인이 하느님의 섭리에 따라 신대륙을 지배할 운명이 지워져 있다는 것을 의미한다. 이는 백인이 원주민을 보호하고 지배해야 한다는 유럽인의 우월의식을 나타낸다.

하지만 사적 소유권은 보편적인 재산권 형태가 아니다. 사적 소유권과 소유적 개인주의는 특정한 역사적 상황의 산물(맥퍼슨, 1991) 혹은 잉글랜드 특유의 맬서스 결혼 체제에서 생성된 산물(이성용, 2013; 맥팔레인, 2014)이다. 게다가 인디언의 토지사용 방식과 유럽의 토지소유 방식은 양립 불가능한 것이었다. 토지를 소유하고 개발하는 유럽인의 토지소유 방식과 달리, 아메리카 인디언은 토지는 자연친화적으로 사용하는 것이므로 이윤 추구의 대상이 아니었다 (Cronon, 2003).

5.4. 아프리카 인구 변동: 노예무역

〈표 5-3〉에서 사하라 아프리카 인구는 16세기 인구가 크게 증가하여 1600년 세계 인구의 18%를 차지하였지만, 그 후 1850년까지 감소한 후 19세기 후반 증가세로 돌아선 뒤 20세기 들어와 크게 증가하였다. 아프리카 인구의 비율도 1600년에서 1850년 사이 18%에서 5.8%로 급격하게 감소한 뒤 20세기 들어 증가하고 있다. 한 연구(Maddison, 2007)에 의하면, 1500년에서 1820년 사이 사하라 아프리카의 연평균 인구증가율은 0.16%로 서유럽 0.26%와 아시아 0.29%에 비해 훨씬 낮았다. 그 원인은 상당 부분 유럽인의 대서양 노예무역에 기인한다.

필립 커틴(Curtin, 1969)의 분석은 오늘날에도 여전히 아메리카의 아프리카인 노예들의 수 추정에서 기본 자료로 활용되고 있다. 그는 1451~1870년 대서양을 횡단하여 아메리카에 도착한 판매된 노예들의 수를 957만 명으로 추정하였다. 이 수치에는 아메리카에 도착한 노예들의 수만 포함하고 있어, 항해 도중 사망한 노예들의 수는 빠져 있다. 만일 대서양 항해 도중 사망한 노예들의 사망률을 20%로 가정하면, 커틴의 추정치는 1,200만 명으로 상승한다(Lovejoy, 2011). 엘티스와 리처드슨(Eltis and Richardson, 2010: 2)은 약 2만 6,000회의 노예무역 항해 기록에 근거하여 아메리카로 송출된 아프리카인 노예의 수를 1,250만 명으로 추정한다. 한편, 보리에(Borrie, 1970: 86)는 더 큰 수인 1,500만 명으로 추정한다. 그런데 이들 수치에는 노예선에 승선하여 항해 도중 사망하였던 아프리카인들은 포함되지만, 승선 이전의 포획 과정에서 사망하였던 사람들은 포함되지 않는다.

연구자들의 기간별 송출 인구 분포를 보면 다음과 같다. 커틴(Curtin, 1969: 268)은 159만 명(16.4%)이 1700년 이전, 605만 명(63.2%)이 1701~1810년, 190만 명(19.5%)이 1811~1870년에 송출되었다고 추정한다. 엘티스와 리처드슨(Eltis and Richardson, 2010: 22)은 16~17세기 215만 명(17%), 18세기 650만 명(52%), 그리고 1801~1867년 388만 명(31%)이 아메리카로 보내졌다. 보리에(Borrie, 1970: 86)는 16~17세기 370만(24%), 18세기 700만(47%), 1801~1865년 400만(27%) 명의 아프리카인이 아메리카로 수송되었다고 추정한다. 이 연구들은 노예무역의 절정기가 18세기 후반과 19세기 초반이었다는 사실을 말해 준다.

엘티스와 리처드슨은 1750년과 1825년 사이 대서양을 횡단한 아프리카인 노예 수를 582만 명(대서양 횡단 노예의 46.5%)으로 추정하였는데, 그 기간에 포르투갈이 236만 명(41%), 영국이 187만 명(32%)을 운송하였다. 보리에(Borrie, 1970: 86)도 수출된 1,500만 명 중 포르투갈 450만 명(30%), 영국 450만 명(30%), 프랑스 200만 명, 네덜란드 180만 명, 스페인과 미국이 각기 100만 명을 운송하였다고 밝히고 있다.

1650년까지 포르투갈이 대서양 노예무역에서 주도권을 잡았지만, 그 후 북서유럽이 노예무역에 진입하면서 노예무역 산업은 급격히 팽창하였다. 영국과 포르투갈이 가장 많은 노예들을 송출하였지만, 특정 나라가 주도권을 완벽하게 장악하지는 못하였다.

아프리카인 노예의 송출 지역을 살펴보면, 오늘날 세네갈에서부터 카메룬에 이르는 아프리카 서부 지역이 노예무역의 최대 송출 지역이었다(주경철, 2009: 313). 엘티스와 리처드슨(Eltis and Richardson, 2010)에 따르면, 628만 명(50%)이 서부 아프리카 해안 지역 – 북부 기니(Upper Guinea), 기니 해변의 황금 해안(Gold Coast), 베닌(Benin), 오늘날 나이지리아 지역의 비아프라(Bight of Biafra) – 에서, 569만 명(45%)이 남중부 아프리카에서, 그리고 54만 명(5%)이 남동 아프리카(오늘날 모잠비크와 탄자니아 지역)에서 노예선으로 선적되었다.

노예들이 가장 많이 도착한 곳은 서인도 제도이다. 1450년에서 1900년 사이 노예들의 도착지들을 분석한 토마스(Thomas, 1997) 연구에 의하면, 전체 노예 1,200만 명 가운데 36%인 410만 명이 서인도 제도, 35%의 400만 명이 브라질, 22.1%인 250만 명이 스페인령 아메리카 지역, 4.4%인 50만 명이 영국령 북아메리카에서 하선하였다. 서인도 제도와 브라질이 주요 노예 수요지가 된 이유는, 16세기 후반 포르투갈령 브라질에서 그리고 17세기 초반 영국령 바베이도스 섬에서 사탕수수 재배가 본격화되었기 때문이다(Eltis, 2001). 설탕산업은 17세기 황금알을 낳는 세계 최대의 상품이었다.

대규모 사탕수수 플랜테이션을 효율적으로 운영하기 위해 절대적인 것은 많은 노동력 확보이다. 사탕수수는 토질을 고갈시키는 특성이 있어 새로운 경작지를 찾아 이동해야만 하였고 작물의 특성상 수확 후 빠른 짧은 시간 내에

수액을 추출해야 하였기 때문에, 매우 고된 노동[17]을 해야 하는 많은 노동력들이 필요하였다. 신세계 플랜테이션 초기에는 백인 계약노동자와 아메리카 원주민들이 제공하였지만, 경제적 효율성으로 인해 얼마 후 흑인노예들로 대체되었다. 사탕수수 플랜테이션의 확장은 아프리카인 노예들의 수요증가를 의미하였다. "1701년부터 1810년에 이르기까지 겨우 166평방마일에 해당하는 바베이도스섬에서 노예 25만 2,500명을 사들였다. 1655년에 영국이 점령한 자메이카는 … 109년 동안 66만 2,400명의 노예를 사들였다"(민츠, 1998: 129). "설탕이 없었다면 브라질이 없었을 것이고, 노예가 없었다면 설탕이 없었을 … 것이다"(애론슨·부드호스, 2013: 46). "노예무역과 사탕수수 플랜테이션은 처음부터 뗄 수 없는 관계를 맺고 있었다"(가와기카 미노루, 2003: 59). 서인도 제도와 브라질에서 노예 노동력을 통해 설탕산업의 수입은 기하급수적으로 증가하였다. 민츠(1998)와 윌리엄스(2014)에 의하면, 신대륙 설탕산업의 부는 산업혁명의 토대자금을 제공하였다.

서인도 제도와 브라질에 비해 북미의 노예 수요는 상대적으로 늦었다. 그것은 이들 지역에 비해 플랜테이션 발달이 지체되었기 때문이다(주경철, 2009: 316). 하지만 독립전쟁 이후 18세기 말부터, 특히 1790년에서 1860년대 시민 전쟁 사이 특히 남부에서, 서부 개척지의 확장과 그로 인한 면화 플랜테이션 농장들이 증가하면서 노예들의 수요가 급증하였다(베커트, 2018; Baptist, 2014). 〈표 5-5〉는 미국 영토가 서부로 확장되면서 각 주에 유입된 노예들의 수를 나타낸다.

17 설탕 플랜테이션이 다른 플랜테이션보다 노동 강도가 훨씬 심하였다는 사실은 그곳의 높은 사망률로 알 수 있다. 노예 해방 당시 설탕 섬의 아프리카인 인구는 감소하였지만, 북미 – 특히, 면화농업 – 에서는 증가하였었다(애론슨·부드호스, 2013: 77~78). 미국에서도 노예 해방 당시 면화농업이 주류를 이루었던 주들에서 노예인구는 증가하였지만, 유독 설탕 플랜테이션이 있었던 루이지애나에서는 감소하였다(애론슨·부드호스, 2013: 110).

〈표 5-5〉 미국 각 주에 유입된 노예의 수

지역	1790~1799	1800~1809	1810~1819	1820~1829	1830~1839	1840~1849	1850~1859	합계
앨라배마			35,500	54,156	96,520	16,532	10,752	213,460
아칸소			1,000	2,123	12,752	18,984	47,443	82,302
플로리다			1,000	2,627	5,833	5,657	11,850	26,967
조지아	6,095	11,231	10,713	18,324	10,403	19,873	-7,876	68,763
켄터키	21,636	25,837	18,742	-916	-19,907	-19,266	-31,215	-4,173
루이지애나		1,159	20,679	16,415	29,296	29,924	26,528	124,001
미시시피		2,152	9,123	19,556	101,810	53,028	48,560	234,229
미주리			5,460	10,104	24,287	11,406	6,314	57,571
사우스캐롤라이나	4,435	6,474	1,925	-20,517	-56,683	-28,947	-65,053	-158,366
테네시	6,645	21,788	19,079	31,577	6,930	4,837	-17,702	73,154
텍사스						28,622	99,190	127,812
10년별 총수	38,811	68,641	123,221	134,365	211,241	140,650	128,791	845,720

자료: Michael Tadman(1989), *Speculators and Slaves: Masters, Trades, and Slaves in the Old South*, p. 12. 여기서는 Baptist(2014: 3)의 〈표 1.1〉.

80년 기간 동안 85만 명의 노예들이 유입되었다.

면화 플랜테이션 사업은 설탕산업과 마찬가지로 초기부터 노예 노동력과 밀접한 관계가 있다. 영국에서 기계화된 면직물 생산과 1793년 휘트니의 조면기 발명은 면화 수요를 급증시켰다. 1793년 이후 미국 사우스캐롤라이나와 조지아에서 면화 플랜테이션 농장이 확대되었고, 이와 병행하여 노예인구도 증가하였다. 1790년대 조지아에서 노예인구는 2배로 늘어 6만 명이 되었다. 사우스캐롤라이나의 면화 재배 지역에서 노예인구는 1790년 2.1만 명에서 1810년 7만 명으로 증가하였다. 면화 플랜테이션의 확산은 사우스캐롤라이나 북서부에서 전체 인구 중 노예 비율을 1790년 18.4%에서 1860년 61.1%로 증가시켰다

(베커트, 2018: 178).

1803년 루이지애나 매입은 애팔래치아산맥 동쪽 해안가 13주에 살고 있던 백인(특히, 경제적 자립의 역량이 없는 빈민 백인)들에게 서쪽 지역의 땅을 소유할 기회와 희망을 제공하였다. 1810년대와 1820년대 수많은 백인들은 미시시피주, 앨라배마주, 루이지애나주로 이주하여 대규모의 면화 플랜테이션을 생성하였다. 서부로의 이주는, 〈표 5-5〉에서 보듯이, 1830년대 절정을 이루었다. 1830년 인디언 「강제이주법」은 면화 개척민 6만 명에게 미시시피 서쪽에 있는 2,500만 에이커의 땅을 제공하였다(Baptist, 2014: 261). 서부 개척은 지역별 면화 생산량의 비율을 변화시켰다. 사우스캐롤라이나와 조지아 서쪽 지역에서 생산한 면화의 비율은 1811년 6.25%에서, 1820년대 33%, 1860년 75%로 상승하였다(베커트, 2018: 179). 이와 병행하여, 〈표 5-5〉에서 보여 주듯이, 1790~1860년 84만 5,000명의 노예들이 서부로 이주하였고, 이 중 25%가 1830년대에 이루어졌다.

이와 같이 중남미의 사탕수수 플랜테이션뿐만 아니라 미국의 면화 플랜테이션 산업의 확장은 노예 수요의 증가를 의미하였다. 아메리카에서 노예 수요가 증가하면 그에 발맞추어 아프리카에서 노예 공급이 증가하기 마련이고, 이는 자연스럽게 아프리카 인구의 감소를 초래할 가능성이 높다.

그런데 놀랍게도, 손턴(Thorton, 1998)은 노예 생산·공급의 일차적 결정 요인이, 유럽 세계경제 체제에서의 수요가 아니라 아프리카 내의 종족들 간 투쟁의 부산물 – 납치 혹은 포획된 사람들의 수 – 이라고 말한다. 노예무역은 유럽인이 아니라 아프리카인이 통제하였다. 이러한 손턴 주장의 한계는, 아프리카인 노예공급이 유럽 식민주의자의 플랜테이션 산업에서 증가한 수요에 맞추어서 증가할 수 없다는 점이다. 왜냐하면 아프리카에서 생산·공급된 노예들은 내전의 결과물이기 때문이다.

매닝(Manning, 1990)은 1700년에서 1850년 사이 노예무역으로 인한 사하라 아프리카의 인구 손실을 무려 5,000만 명으로 추정하였다. 만약 노예무역이 없었다면 1850년 사하라 이남 아프리카 인구는 약 1억 4,000만 명이 되었을 것으로 추정한다(Manning, 2010: 246). 매닝의 추정치는 다른 사람들의 추정치인 1억 명[18]보다 40%가 높다. 〈표 5-3〉에서 보는 바와 같이, 18세기부터 본격적으로 이루어진 노예무역으로 인해 1850년 사하라 아프리카 인구는 1600년은 물론 1700년보다 낮다. 사하라 아프리카 인구의 손실은 1730~1850년에 서아프리카와 중앙아프리카에서 집중적으로 일어났지만, 1820~1880년에는 동아프리카에도 확산되었다(Manning, 2010: 250).

이러한 매닝의 주장과 달리, 일부 학자들은 노예무역이 아프리카의 인구 손실에 영향을 거의 주지 않았다고 주장한다. 아일리프(2002: 247~248)는 우선적으로 0.5%의 인구성장률을 추정한 매닝의 인구통계학적 모델은 근거가 없을 뿐만 아니라 추측에 지나지 않는다고 비판한다. 유럽인이 전래해 주었던 아메리카의 작물, 특히 카사바와 메이즈(Maize)가 인구 성장에 긍정적 영향을 미쳤다(아일리프, 2002; Maddison, 2007). 그런데 전염병으로 인한 높은 사망률이 "아메리카 작물이 허용한 (긍정적) 인구 성장 몫을 크게 깎아"(아일리프, 2001: 249) 버렸다는 것이다.

매닝(Manning, 1990)에 따르면, 서아프리카에서 젊은 남성들이 집중적으로 송출된 노예무역으로 인해 강화된 복혼제는 여성 노예들의 출산력을 감소시켜 인구 성장을 떨어뜨리고 전통적인 사회 구조들에 영향을 미쳤다. 하지만 손턴(Thornton, 1980)은 오히려 복혼제가 출산율을 증가시켰다고 주장한다. 여성 노

18 1850년 아프리카 인구를 윌콕(Wilcox, 1931)은 1억 명으로, 카 샌더스(Carr-Saunders, 1964)는 9,500만 명으로 추정하였다.

예들은 신대륙 시장보다 아프리카 시장에서 더 높은 값을 받아 서아프리카 해변의 지배층 남성들에게 팔렸기 때문에, 이들의 출산율이 향상되었다는 것이다. (이런 주장에서는 여성 노예들을 송출시킨 사회의 비극과 같은 도덕적·윤리적 관심은 찾아보기 힘들다. 결과물은 단지 서구의 보편원칙, 이를테면 적자생존 원칙에 의해 설명될 뿐이다.) 강화된 복혼제로 인한 출산율의 증가는 노예 수출이 초래한 대규모의 인구감소를 상쇄시킴으로써 서아프리카 인구를 감소하지 않게 만들었다. 그러나 최근 연구(Lamie, 2007)는 그 당시 사회적 환경은 노예 여성들의 출산에 결코 우호적이지 않았고, 복혼제는 노예 여성의 출산에 긍정적인 영향보다 부정적으로 영향을 미쳤다는 사실을 밝히고 있다.

대서양 노예무역은 유럽과 아프리카 상인들이 '동산(動産) 혹은 상품'인 노예들을 사고파는 단순한 거래가 아니었다. 노예무역을 위한 노예사냥은 아프리카 사회의 전반적인 붕괴를 가져왔다. 부족들 간의 전쟁을 통해 승리한 부족은 패배한 부족의 사람들을 노예로 팔아넘기고, 심지어는 같은 부족 내에서도 다른 부족 구성원을 납치하여 노예로 팔아넘기는 행위들이 수백 년간 아프리카 거의 전 지역에서 지속되었다. 노예 상인들은 마을을 침입하여 노예들을 포획하고 납치하는 과정에서 많은 사람들이 죽고 심한 부상을 입기 마련이다. 포획 혹은 납치된 사람들 중 상당수는 해안으로 이송 중 사망하였다. 백년 이상 지속된 극단적인 사회 혼란들 속에서, 식량 부족 문제를 해소할 유용한 작물들의 재배가 이루어졌다고 할지라도, 인구가 증가하였다거나 균형을 유지하였다는 주장은 받아들이기가 어렵다.

최근의 한 연구(Ntloedibe, 2018)는 노예무역이 아프리카 상인과 유럽인 상인 간의 노예 거래로 이루어졌다는 주장의 허구성을 밝힌다. 노예무역은 노예 거래가 아니라 습격(raiding)과 납치(kidnapping)로 이루어졌다. 패터슨(Patterson, 1982)

이 17세기 말에 종결되었다고 언급한 '조직화된 납치'(organized kidnapping)를 통한 아프리카 노예 포획은 18세기와 19세기까지 지속되었다. 유럽 노예 상인들은 '거래'라는 허울 아래, 아프리카 노예 상인들이 '납치와 습격'으로 포획한 노예들을 거래하였다. 노예무역에서 '거래'는 단지 '납치와 습격'의 잔인성을 감추기 위한 위장막에 불과하였다. 만일 아프리카 노예 상인들이 습격과 납치를 통해 충분한 노예들을 포획하여 데려오지 않으면, 유럽 노예 상인들은 동업자였던 아프리카 상인들과 그들의 가족과 친척들마저 신세계에 노예로 보냈다. 이러한 비도덕적 상거래는 흔하였다. 유럽 노예 상인들은 그들의 파트너인 아프리카 노예 상인에게마저 공포의 대상이었다.

노예무역이 납치와 습격에 의해 이루어졌다는 주장은 아프리카 노예 상인들이 총기류 수입을 통해 노예 포획의 생산량을 한층 향상시켰다는 '총-노예 가설(gun-slave hypothesis) – 이른바 와틀리(Whatley, 2018)가 언급한 –' 에 의해서도 지지된다. 유럽인들은 아프리카 파트너들이 납치와 습격을 통해 노예들을 효율적으로 포획할 수 있도록 많은 총기류를 제공하였다(Inikori, 1977; Kea, 1971; Whatley, 2018). 아프리카로의 총기 수출은 포르투갈에 의해 시작되었지만, 곧 북서유럽 국가들로 확대되었다. 18세기 말, 영국은 일 년에 15~20만 정의 총기류를 수출하였다(Inikori, 1977). 노예무역이 점차 확대되었던 시기인 1680년에서 1780년 사이 총기류 수출은 연간 2만 정에서 20만 정으로 10배가 증가하였다(Elitis and Jennings, 1988). 아프리카 노예 상인들은 수입한 총기류를 통해 마을을 습격하여 노예들을 포획·납치하여 노예 해안선까지 끌고 올 수 있는 생산성을 크게 향상시켰다(Whatley, 2018). 만일 이러한 노예 사냥 과정에서 사망한 사람들까지 합친다면, 대서양 노예무역에서 희생된 아프리카인의 수는 최소 2,600만 명이 될 것이다(Whatley and Gillezeau, 2011).

매닝은 자신이 추정한 1850년 1억 4,000만 명의 인구에 근거하여, 1850년에서 1920년 사이 아프리카 인구는 거의 변동이 없었다고 주장한다. 미국의 링컨 대통령이 남북전쟁 직후 1865년 노예제 폐지를 선언한 후 노예제 폐지 열풍은 전 세계로 확산되었다. 그럼에도 불구하고 소규모의 노예 거래는 1870년대에도 지속되었다. 마침내 1888년에 브라질에서 노예들이 해방되면서 4세기 동안 지속되었던 신대륙 노예제도가 종식되었다. 하지만 아프리카 지역에서는 1888년 이후에도 제한적이지만 노예들이 거래되었다. 요약컨대, 대서양으로의 노예 수출은 1880년에 종식되었지만, 아프리카 내부에서는 노예 거래가 1900년까지 지속되고 있었다(Manning, 1990: 157). 1900년까지 지속된 노예제 존속과 그로 인한 잔인한 폭력성으로 말미암아 아프리카는 인구 성장이 1920년대까지 지체되었다(Manning, 2010).[19]

5.5. 아시아 인구 변동[20]: 1950년 이전

유럽의 제국주의와 식민주의는, 비록 신대륙 아메리카와 아프리카와는 상이한 방식이지만 아시아의 인구 변동에도 부정적인 영향을 미쳤다. 식민지

19 아프리카 인구 침체에는 대서양 노예무역 외에도 다양한 요인들이 영향을 미쳤다. 우선적으로 대서양 노예무역 못지않게 많은 수의 아프리카인이 동방무역으로 통해 북아프리카를 포함한 다른 동방 지역으로 노예로 이출되었다. 1884~1885년 베를린회의에서 벨기에 국왕 레오폴드 2세의 개인 식민지로 확정된 콩고공화국에서는 1876~1920년 사이 무려 1,000만 명이 학살되어, 인구가 절반 수준으로 감소하였다. 노예무역과 서구 열강의 식민 지배로 인한 계속된 사회 불안정은 아프리카 전통의 사회 안전망마저 파괴시켰다. 아프리카에서는 빈번한 가뭄으로 인해 식품저장 기술이 매우 발달하였다. 건기에는 숲속에 피난을 가서 생존의 기회를 찾았지만, 노예무역과 그로 인한 사회 불안이 지속되면서 사람들은 도시로 피난을 갔다. 그로 인해 가뭄으로 인한 식량 부족 사태를 해결해 왔던 사회 안전망마저 해체가 되었다(오스타 함멜, 2021).

20 '아시아 인구 변동'의 내용은 이성용(2018a)의 글에 전적으로 의존하였다.

신대륙의 자원과 노동력 착취를 통해 이룩한 유럽의 부, 소위 프랑크(2003)가 칭한 '아메리카 화폐'는 중국과 인도 그리고 동남아시아 국가들을 포함한 아시아 지역에서의 식민화를 위한 발판을 제공하였다. 아메리카 화폐는 "아메리카 원주민들을 동원하여 캐낸 금·은과 서인도 제도와 브라질의 사탕수수 플랜테이션에서 아프리카인 노예 노동력으로 일구어낸 막대한 수익 자금"(프랑크, 2003: 435)을 말한다. 유럽은 아메리카 화폐를 등에 업고 아프리카와 신대륙뿐 아니라 결국에는 아시아마저 복속시키는 유럽 중심의 세계경제 체제를 이루었다. "서양은 아시아 경제라는 열차의 3등 칸에 달랑 표 한 장을 끊어 올라탔다가 얼마 뒤 객차를 통째로 빌리더니 19세기에는 아시아인을 열차에서 몰아내고 주인 행세를 하는 데 성공하였다"(프랑크, 2003: 106). 유럽이 아시아 열차표를 구입하였던 돈은 '아메리카 화폐'이다. 유럽 중심의 세계경제 체제는 자연스럽게, 특히 유럽 제국주의가 세력을 펼치던 18세기와 19세기에, 아시아의 인구 변동을 유럽과 상이한 형태로 인도하였다.

〈표 5-3〉에서 보면, 세계 인구에서 아시아 인구의 비중은 1500년 53.1%에서 1750년 64.9%로 급증하여 1850년까지 높은 수준을 유지하였지만, 19세기 중반 이후 급감하여 20세기 전반에는 52~55% 수준이 되었다. 아시아 인구의 비중이 18세기 후반에 정점이었다는 사실은 여러 연구들에서 보여 준다. 두란드(Durand, 1967, 1977)는 아시아 인구의 비중이 1750년 66%, 마르크스(Marks, 2014)는 1800년 67%, 그리고 클라크(Clark, 2009)는 18세기에 66% 수준에 달하였다고 주장한다. 반면 유럽 인구의 비중은 1500~1750년 18~19% 수준에 머물렀다가 1850년 23.2%, 1900년 25.8%로 증가하였다. 요약컨대, 1500~1750년 사이 아시아 인구의 비중이 증가하고 유럽 인구의 비중은 정체에 머물렀지만, 1850년 이후에는 아시아 인구의 비중은 급감하고 유럽 인구의 비중이 급증하는 추세를 보였다. 이

는 18세기 후반에서 19세기 사이 아시아 인구에 커다란 변혁이 발생하였었다는 사실을 함축한다.

아시아 인구의 변동과 관련해 특히 주목해야 할 점은 〈표 5-3〉에서 보여주는 바와 같이, 세계 인구에서 인도 인구와 중국 인구가 각기 차지하는 비중이 상이하게 변화하는 추세이다. 1750년을 기점으로 중국과 인도는 그 인구수가 역전되었다. 이러한 역전은 중국 인구와 인도 인구가 세계 인구에서 차지하는 비중도 바꾸어 놓았다. 인도 인구의 비중은 1600년에서 1750년 사이 25%에서 21.4%로, 그리고 1850년에는 17.4%로 크게 감소하였다가 1900년에 17.7%로 약간 증가하였다. 중국 인구의 비중은 인도와 상반되게, 1600년 19%에서 1750년 28.5%, 1850년 35.1%로 크게 증가하였다가 1900년에 25.4%로 크게 감소하였다.

유럽과 아시아, 그리고 중국과 인도는 인구 비중뿐 아니라 인구성장률에서도 유사한 특성을 보인다. 아시아와 유럽을 비교하면, 1750년 이전에는 아시아가, 1750년 이후에는 유럽이 높은 인구성장률을 보인다. 인구 비중과 마찬가지로 인구성장률도 중국과 인도는 상이한 추세를 보인다. 중국의 인구성장률은 1650~1850년에 매우 높았지만 1850~1900년에 5%로 급감하였다. 인도의 인구성장률은 1700년을 기점으로 급감하였지만 1850년 이후에는 어느 정도 회복하였다. 반면 유럽은 1750년 산업혁명 이후 급증하는 추세를 보인다.

세계 인구의 인구성장률은 1500년에서 1850년까지 계속 증가하였다가 1850~1900년에 감소하는 현상을 보인다. 이 현상은 인구 강국인 중국의 인구성장률이 부적으로 바뀐 영향을 반영한다. 세계 인구가 1750년(산업혁명) 이후 급증하였다는 인구학에서의 보편적인 진술과 달리, 아시아의 인구 강국 중국과 인도는 그 보편적 진술의 근원인 유럽과는 상이한 인구 성장 패턴을 역사적으

〈표 5-6〉 클라크의 세계 인구 변동

	인구수(단위: 100만 명)					인구성장률(단위: %)			
	1600	1650	1700	1750	1800	1600-1650	1650-1700	1700-1750	1750-1800
세계	498	516	641	731	890	3.6	24.2	14	21.7
유럽	83	90	106	130	173	8.4	17.7	22.6	33
아시아	303	311	420	484	590	2.6	35	15.2	21.9
중국	150	100	150	207	315	-33	50	38	52.2
인도	100	150	200	200	190	50	33	0	-0.5

자료: Clark(1977), 〈표 3-1〉.

로 경험하였다. 이를 위해 19세기 이전 유럽과 아시아(중국과 인도) 인구 변동을 좀 더 세부적으로 살펴볼 필요가 있다.

클라크(Clark, 1977)는 1600~1800년을 세분하여 각 지역의 인구성장률을 분석하였다. 17세기 후반을 제외하면, 유럽이 아시아보다 높은 인구성장률을 보인다. 17세기 전반에는 중국 인구의 감소로 아시아가 유럽보다 낮은 인구성장률을 보였다. 명나라 말기, 17세기 초 중국은 사회 혼란과 기근 등으로 인구가 감소하였다(Durand, 1977). 18세기에는 인도의 정체된 인구성장률로 인해 아시아가 유럽보다 낮은 인구성장률을 보였다. 비록 데이비스(Davis, 1951)는 인도 인구가 1600~1750년 정적(靜的) 상태이었고 그 이후 서서히 증가하였다고 주장하였지만, 대부분의 연구들은 그와 반대로 17세기에는 증가하였고 18세기에 들어와 정체하였거나 감소하였다고 가정한다. 클라크에 의하면, 인도의 인구성장률은 17세기에 중국과 유럽보다 훨씬 높았으나 18세기에는 정체되거나 심지어 감소되었다. 〈표 5-6〉에서 인도의 인구성장률은 18세기 전반 0%, 후반 -0.5%이다. 다타(Datta, 1960)는 경작지의 증가, 무역의 증가 그리고 소금 소비량의 증가에 관한 역사적 자료를 인용하면서 1600년에서 18세기 초까지는 인구가 증가하였다고 주장한다. 다스 굽타(Das Gupta, 1972)도 무굴 제국이 강성하였던 17세기 전반 75년 동안에는 인구가 증가하였지만 1675년에서 1800년 사이에는 인구 성장이 멈추었다고 말한다. 영국의 식민지 지배 – 영국 동인도회사는 1765년 무굴 제국으로부터 토지징세권 인수 – 는 인도의 인구성장률을 정체시켰고, 이로 인해 아시아의 인구성장률은 1750~1800년을 기점으로 고속에서 저속으로 바뀌었다(Nam and Gustavus, 1976: 11). 한편, 유럽의 인구성장률은 1750년 이전에는 0.3~0.4%에 머물렀지만, 1750~1800년에는 연간 1.6%로 급증하였다(프랑크, 2003). 1800년까지 높은 인구성장률을 보여 주었던 중국은 19세기, 특히 후반 이후 인구가 급감하였다. 이런 점에서 볼 때, 중국과 인도의 인구 변동은 자국의 경제적 변동보다 외세와의 정치적 변동과 밀접한 관계가 있어 보인다. 달리 말해 폐쇄된 특정 국가 내에서 인구와 자원 간의 관계를 분석하였던 맬서스의 인구 항상성 법칙은, 최소한 18세기 산업혁명 이전 시기 중국과 인도의 역사적 사례에서 보면 적합한 설명(해석) 틀을 제공하는 것처럼 보이지 않는다.

1) 맬서스 덫과 대분기 이론, 그리고 무력자본주의

서구의 인구역사학자들에 따르면(포머란츠, 2016; 마르크스, 2014), 유럽은 산업혁명, 즉 기술혁신을 통해 맬서스 덫을 탈출하였고 그 결과 18세기 후반 이후 인구가 급격히 성장하였던 반면, 아시아(특히, 중국)는 18세기 급증한 인구로 인해 19세기 맬서스 덫에 빠졌고 그 결과 인구가 정체 혹은 감소하였다. 산업혁명은 생산성 증가를 인구증가보다 훨씬 뛰어넘게 만들었고, 그로 인해 유럽인은 인류 역사상 최초로 맬서스 덫에서 벗어났다. 그런데 많은 서구의 사회과학자들은, 이러한 증기기관의 발명과 같은 기술혁신보다, 그것을 발휘하게 한 유럽의 독특한 문화적 요인들 곧 근대성 – 자율성, 프로테스탄티즘, 기술과 변화에 대한 개방성 및 창의성 등 – 을 유럽과 아시아를 부국과 빈국으로 갈라놓은 대분기(특히, 산업혁명)의 일차적 결정 요인으로 가정한다(클라크, 2007; 랜즈, 2009; 펠프스, 2016).

블라우트(2008a, 2008b)는 이러한 유럽 중심주의 가정과 주장을 강력하게 부정하며, 오히려 유럽의 발흥은 신대륙에서의 자원과 노동력의 착취 및 저발전 그리고 지리적 이점에 기인하였던 것이라 주장한다. 이러한 블라우트의 연구는 유럽의 발흥을 유럽 중심주의가 아니라 세계 체제 방식에서 접근하는 연구의 분위기를 조성하는 데 큰 기여를 하였다.

대분기 이론은 산업혁명의 기술혁신이나 근대성을 유럽 발흥의 근원으로 간주하는 것을 유럽 중심주의 시각이라고 비판하며 세계(경제) 체제의 접근방식을 지향한다(프랑크, 2003; 포머란츠, 2016; 마르크스, 2014). 세계(경제) 체제 접근방식의 이론가들은 생태학적 접근방식에 근거하여 유럽이 맬서스 덫을 벗어나게 된 요인들을 밝히고 있다. 영국(유럽)은 토지에 대한 인구의 압력, 즉 생태학적 압력을 벗어날 수 있는 새로운 동력원을 개발하였고, 식민지의 '귀신 토지'(포머란츠, 2016)는 영국이 생산했어야 할 식량과 면화 등 천연자원을 제공하였다는 것이다. 유럽 중심주의 연구는 식민지에서 찬탈한 자원들, 그 자원들의 개발을 위해 노동력을 착취당한 아메리카 원주민과 아프리카 노예들, 그리고 아편 전쟁으로 인한 부당한 이득 등이 유럽의 발흥에서 갖는 중요성을 경시한다. 만일 식민지의 귀신 토지와 아메리카 화폐(프랑크, 2003)가 없었다면, 유럽은 석탄과 산업혁명이 있었더라도 토지가 인구에 부과하는 생태학적 한계, 즉 맬서스 덫을 벗어날 수 없었다는 것은 분명해 보인다.

맬서스의 가정에 따르면, 인구 성장은 증가분의 인구를 부양할 수 있는 추가 자원을 요구한다. 아시아는 인구 성장과 함께 생산성도 증가하였었다(프랑크, 2003; 마르크스, 2014). 18세기 후반, 세계 인구의 3분의 2를 차지하였던 아시아는 세계 생산의 80% 그리고 유럽을 포함한 아프리카와 아메리카는 20%를 담당하였었다. 전 세계에서 생산되는 제조품도 유사하게, 1750년 중국이 33%, 인도와 유럽이 각각 23%를 생산하였었다. 하지만 세계경제의 판도는 18세기 말부터 급격하게 변화하기 시작하였다. 세계경제에서 차지하는 생산량의 비중에서 인도는 1750년 이후 그리고 중국은 1800년 이후 감소하면서 유럽의 비중은 점차 증가하였다. 1900년에 이르면 전 세계의 제조품 생산량에서 차지하는 비중은 인도는 2%, 중국은 7%로 급격하게 감소하였지만 유럽은 60%, 그리고 미국이 20%를 차지하였다(마르크스, 2014).

이러한 생산량 변동 추세와 병행하여, 비록 인도가 중국보다 한 세기 먼저 인구침체기를 맞이하였지만 인도와 중국은 모두 20세기 초까지 유럽보다 훨씬 낮은 인구성장률을 보였다. 반면 유럽은 1750년 이후 계속적인 인구 성장 추세를 보였다. 유럽의 인구성장률은 1750년까지 낮은 수준이었다. 1600~1750년의 인구성장률(0.15%)은 그보다 1세기 뒤인 1750~1850년(0.63%)의 4분의 1 수준이었다(리비-바치, 2009). 이러한 추세를 놓고 프랑크는 그의 저서 『리오리엔트』에서 다음과 같이 말하고 있다. "아시아의 낮은 인구성장률은 … 아시아 쇠락의 징표이며 … 유럽의 폭발적인 인구 성장은 경제적인 '유럽의 발흥'을 나타내는 확연한 징표가 아닐 수 없다"(프랑크, 2003: 479).

맬서스는 인도와 중국 같은 비서구 사회는 영국의 맬서스 혼인 체제와 같은 예방적 억제가 부재한 까닭에 맬서스 덫에 빠질 수밖에 없다고 주장하였다(맥팔레인, 2014). 그러나 최근 연구들은 중국과 인도에서 남성의 높은 비혼율, 유럽에 비해 낮은 유배우 출산율, 여아살해 등이 인구 통제를 하는 항상성 기제로 작용하였다는 사실을 밝히고 있다(이성용, 2013; 중국은 리·펑, 2012; 인도는 Das Gupta, 1995). 동양에서는 사망에 관련된 적극적 억제가 주된 항상성 기제였다는 맬서스의 주장과 달리, 사망률도 동양이 유럽보다 높지 않았다. 레이블리와 웡(Lavely and Wong, 1998)의 연구는 19세기까지 중국인의 기대수명이 유럽인의 기대수명보다 높았다는 것을 보여 준다. 18세기 인도는 북유럽보다 기대수명이 낮았다고 하지만, 사망과 밀접한 관계가 있는 영양 상태는 오히려 남인도의 노동자(그리고 중국인)가 유럽의 노동자보다 나았다(포머란츠, 2016; Parthasarathi, 1998). 이러한 연구들은 중국과 인도가 인구를 통제하는 항상성 기제의 부재로 인해 맬서스 덫에 빠졌다는 맬서스 주장을 부정한다. 동양과 서양은 모두 인구 압력에 능동적(자율적)으로 대처하는 항상성 기제가 존재하였지만, 그 대처방식이 상이하였다(Bengtsson et al., 2004; Tsuya et al., 2010; Lundh et al., 2014). 서양이 개인주의적 방식에서 대처하였다면, 동양은 가족주의 혹은 집단주의(공동체주의) 방식에서 대처하였다고 할 수 있다(이성용, 2013; Goody, 1996).[21]

만일 동양과 서양이 모두 인구 압력에 능동적으로 대처하는 방식(사회 안전망)이 존재하였다고 가정한다면, 그 자율적인 방식을 파괴함으로써(급격한 인구 성장과 함께) 아시아(여기서는 인도와 중국)를 맬서스 덫에 빠뜨린 결정적 요인 - 전통적인 사회 안전망을 파괴시킨 외부적 요인 - 이 무엇인지를 살펴볼 필요가 있다. 동양이건 서양이건, 인구 압력에 대처하는 전통적 방식은 그들의 오랜 역사적 문화에서 자율적으로 생성되었을 것이다. 맬서스 덫의 위험을 최소

21 동양과 서양에서 인구 압력에 대한 상이한 대처방식은 그들의 상이한 전통적 가족·혼인 문화와 밀접한 관계가 있고, 이는 또한 상이한 가족생존윤리와도 연관된다. 다스 굽타(Das Gupta)는 북서유럽의 직계가족 (개인주의) 윤리를 '구명보트 윤리'로, 중국과 인도의 연합가족 (가족주의) 윤리를 '법인윤리'로 명명하였다(이성용, 2013).

화하는 전통적 방식이 외부의 침략이나 지배에 의해 파괴된다면, 맬서스 덫은 한층 강화되어 사망률을 급증시킬 것이다. 우리는 맬서스 덫의 위험을 최소화 혹은 미연에 방지하여 왔던 아시아의 전통적 사회 안전망이 유럽의 식민주의에 의해 파괴됨으로써 야기되었던 인구 변동(특히, 이환율과 사망률)에 관심을 가질 필요가 있다. 계몽주의와 근대성은 경제발전을 위해 새로이 바꿀 무언가를 요구하지만, 그 변동이 초래할 수 있는 부작용에 대해서는 대체로 아무런 언급을 하지 않는다(이성용, 2015).

유럽과 중국은 모두 18세기에 인구가 급증하였는데, 유럽과 달리 왜 아시아(특히, 중국)는 맬서스 덫에서 빠져 나오지 못하였는가? 서구의 인구역사학자들 – 특히, 대분기 접근방식의 – 은, 그 주된 이유로 서구(유럽)는 자원을 보다 효율적으로 이용할 수 있는 산업경제로 옮겨갔지만 중국은 여전히 농업경제에 머물러 있었다는 사실을 강조한다. 마르크스(2014)에 의하면, 19세기 초 중국은 인구가 급증하였지만 농업 세계의 생물학적 구 관리 체제(biological old regime)에 계속 머물러 있은 까닭에 맬서스 덫을 벗어나지 못하였다. 18세기 중국 인구가 급격하게 증가한 배경에는 중국의 놀라운 농업생산성이 있었다. 중국의 농업은 작물의 수확량과 씨앗의 비율이 20 : 1에 이를 정도로 매우 생산적이었다. 논농사는 유럽과 달리 토지가 비옥해질 때까지 휴경지로 만들 필요가 없었고, 중국의 남부지방은 일 년에 이모작 혹은 삼모작까지 하였다. 게다가 17세기 중엽부터 18세기 말 사이 중국의 농토는 3.2배로 확장되었고[22] 이로 인해 농업생산성은 크게 증가하였다(Jin et al., 2015). 그런데 1800년대에 이르러 중

....

22 홍성화(2015)는 18세기 중국이 이런 "내부 변경"(internal frontier)을 개간한 까닭에, 중국이 맬서스 덫을 탈출하지 못한 것은 토지의 생태적 압박이 아니라 기술혁신의 부재라고 주장한다. 맬서스 덫을 탈출하지 못한 주된 이유를 토지의 생태적 압박 혹은 기술혁신이라 하는 주장은 모두 무력자본주의에 의한 자원 통제 능력의 상실이 갖는 중요성을 간과한다.

국은 생물학적 구 관리 체제 내에서 성장할 수 있는 한계에 달하였다. 그 한계는 맬서스가 언급하였던 대재앙의 임박이 아니라 토지의 공급 측면에서 발생하였다. 중국에서 맬서스 덫을 초래하였던 토지의 생태적 한계는 농업경제에서 토지생산성을 최대한으로 향상할지라도 토지 공급의 부족으로 생기는 위기로, 이는 맬서스가 미처 생각하지 못하였던 방식으로 맬서스 덫(자원의 부족)을 야기하였다(포머란츠, 2016).

토지에서 나오는 자원들, 즉 식량, 의복, 거주지, 연료는 경쟁관계에 있다(Miao et al., 2016). 식량 증산을 위한 토지의 개간은 자연스럽게 연료용 나무 양의 감소로 이어진다. 재배할 작물들의 분포 변화는 생산된 작물 양의 변화로 나타난다. 주된 작물이 벼에서 목화로 바뀌면 의복 재료의 양은 증가하지만 벼의 수확량이 줄어든다. 그 역도 마찬가지다. 이러한 방식의 생물학적 구 관리 체제의 한계에 도달하면, 이를 해결할 방법이 없다. 왜냐하면 하나를 해결하면 다른 하나가 문제로 나타나기 때문이다. 19세기 중국의 생물학적 구 관리 체제는 생태학적 한계에 부딪쳤고, 그 한계는 맬서스 덫을 야기하였고 그리하여 경제침체와 인구정체(혹은 감소)를 맞이해야 하였다(마르크스, 2014).

유럽은 중국과 마찬가지로 생물학적 구 관리 체제의 한계를 맞이하였지만 노동력 절감의 기술혁신, 즉 산업혁명 덕택으로 맬서스 덫을 벗어날 수 있었다. 흥미롭게도 포머란츠와 프랑크를 비롯한 많은 서구 역사학자들에 의하면, 높은 비율의 인구/토지 자원(맬서스 덫)이 유럽에서는 기술혁신을 통한 생산성 증대로 이어져 긍정적으로 작용하였던 반면, 아시아에서는 값싼 노동력을 이용하는 노동집약적 농업 체제로 향하게 함으로써 기술혁신에 부정적으로 작용하였다는 것이다. “유럽은 임금 수준이 높고 제품의 수요가 많았던 데다 자본조달이 용이하였으므로 노동절약적 기술개발에 과감히 투자할 수 있었고 또 그렇게 하는 것이 합리적 선택이었다"(프랑크, 2003: 470). 포머란츠는 "경제적 차이(서유럽 노동자들은 자유롭고 상대적으로 높은 임금을 받았다는 사실) 때문에 유럽 사람들(특히, 영국인)이 노동력 절감에 집중한 반면, 다른 사회에서는 노동력을 절감할 필요가 거의 없었다"(포머란츠, 2016: 103~104)고 말한다. 이는 "유럽인들이 반드시 더 창의적이었던 것이 아니라 높은 임금이 실질적 변화를 창출하는 촉매역할을 하였다"(포머란츠, 2016: 104)는 것이다. 유럽에서는 높은 노동임금이 보저럽(Boserup, 1981)[23] 효과를 유발시키는 촉매역할을 하였다는 것이다.

반면 아시아(중국)에서는 높은 인구 성장이 유럽과 반대로 기술혁신의 걸림돌로 작용하였다. 노동 비용이 저렴하였기 때문에 노동절약적인 기계에 대한 기술혁신의 필요성을 느끼지 못하였다. "대규모 인구로 인해 값싼 노동력, 비싼 자원, 희소한 자원은 노동절약적인 기술에 대한 투자를 비합리적·비경제적으로 만들었다. 그것이 바로 함정이었다"(프랑크, 2003: 468~469). 유럽과 달리, 중국의 높은 인구 성장은 낮은 노동 비용을 지향함으로써 보저럽 효과를 유발하지 못하였다는 것이다. 그러나 이런 주장은 유럽에서 중국과 달리 높은 인구 성장(노동력 공급)이 높은 노동임금(노동력 수요)으로 연계될 수 있었던 과정, 보저럽 효과(기술혁신)가 가능할 수 있었던 사회경제적 배경들을 말하지 않는다.

노동력 절감을 요구하는 기술혁신과 그로 인한 맬서스 덫의 탈출을 이야

23 보저럽은 급격한 인구증가 혹은 인구 압력이 기술혁신을 유발하여 가용에너지를 획기적으로 증가시킨다는 수확체증의 법칙을 주장한다. 이러한 보저럽 효과는 증가된 인구가 맬서스 덫을 벗어나게 함은 물론 인구증가까지 지속시킬 수 있다. 보저럽 효과를 유발하지 못하고 인구가 급증한 사회(이를테면, 19세기 청나라)는 맬서스 덫에 빠져 인구가 감소할 것이다. 보저럽 효과는 맬서스보다 마르크스 입장을 계승하였지만, 맬서스 법칙과 마찬가지로 세계경제 체제하에서 외부 요인이 특정 국가의 인구 변동에 미치는 유의미한 영향을 고려하지 않는다.

기하는 서구 학자들의 주장은 기술혁신이 수요를 창출하였다 – "새로운 방직 기술은 원면에 대한 수요를 창출"(포머란츠, 2016: 112) – 는 가정을 함축한다. 그런데 이 가정은 '귀신 토지'가 해결해 준 병목 현상을 숨긴다. 산업혁명은 수요(면직물)를 급증시킬 수 있지만, 공급(면직물 원자재)이 그 급증한 수요를 맞추지 못한다면 가격이 폭등할 수밖에 없다. 달리 말해, 산업혁명과 같은 기술혁신은 공급이 수요를 따라가지 못해 물가가 상승하는 병목 현상을 초래할 수 있다. 유럽에는 병목 현상을 해소할 수 있는 토지가 없었다. 게다가 영국은 목화재배에 적합한 기후나 토양을 가지고 있지 않았고 노동력도 없었다. 앞 단원들에서 언급한 것처럼, 아메리카 신대륙의 광활한 토지와 아프리카 노예들은 그 병목 현상을 해결해 주었다. 이런 까닭에 영국의 면화산업은, 중국이나 인도와 달리 이례적으로 병목 현상과 관계없이 급격한 성장세를 보였다. 달리 말해, 유럽이 맬서스 덫, 즉 생태적 압박을 벗어나게 한 것은 단지 산업혁명과 근대성이 아니라 그와 함께 산업혁명의 원자재를 제공하였던 신대륙과 아프리카 노동력이었다.

유럽(특히, 영국)이 맬서스 덫을 벗어나게 하는 것은 산업혁명이나 근대성과 같은 내적 요인이 신대륙에서 착취한 식민지 자원과 노동력 등의 외적 요인과 접속·결합되어 그 가치를 배가시킨 영국 제국주의의 자본이었다. 이를 버뱅크와 쿠퍼는 다음과 같이 말하고 있다(버뱅크와 쿠퍼, 2016).

> "영국 경제를 밀고 나간 것은 본국 자원과 제국 자원의 상보성이었다. 사탕수수는 카리브해에서 재배되었고, 노동력은 아프리카에서 실려 왔다. 그런 까닭에 영국에서 노동자를 먹이는 일은 국내 토지와 노동력의 한계로 인한 제약을 받지 않았다. … 19세기 초에 미국 남부에서 노예가 생산한 목화는 영국

> 제도의 토지나 영국 본국의 노동력을 필요로 하지 않았다.
>
> … 중국의 제국 체제는 토지에서 세금을 징수하는 방식을 지향하였고, 토지와 노동 둘 다 체제 내부에 있었다. 영국이 한결 쉽게 구할 수 있었던 석탄이 영국 산업의 성장에 중요하게 작용하기는 하였지만, 영국이 뚜렷한 우위를 점할 수 있었던 것은 토지와 노동의 기회비용을 해외에 전가하는 역량 덕분이었다"(버뱅크와 쿠퍼, 2016: 357).

흔히 대분기 이론은 유럽 중심주의를 벗어나 세계(경제) 체제 관점에서 대분기의 근본 원인을 논의하였다고 주장하지만, 여전히 유럽 중심주의에 머물러 있는 것처럼 보인다. 그 주된 이유는 유럽을 성공(유럽의 발흥과 인구 성장)의 준거집단으로 삼고 아시아를 비교집단으로 삼은 비교연구에서 초래된다. 그 결과 대분기 연구자들은 유럽이 부국의 길로 가게 된 특정 요인들 – 유럽에는 있지만 아시아에는 없는 것 – 을 유럽의 입장에서 이야기할 뿐 아시아가 빈국의 길로 가게 된 특정 요인들 – 중상주의 유럽 제국의 식민주의 정책에 의해 아시아에서 발생하였던 것 – 에 대한 이야기들은 소홀히 하였다. 대분기 이론은 서구의 세계관인 서구의 근대성에 근거하기 때문에 자원의 통제 능력, 즉 자율성을 당연시하는 기본 가정을 배태하고 있다. 이런 까닭에 대분기 이론은 유럽 중심주의일 수밖에 없고, 유럽 제국의 식민주의로 인한 서양과 동양의 주된 차이인 '자원의 통제 능력'을 간과하기 마련이다.

18세기 초에 일어난 급격한 '은의 흐름' 변동은 맬서스 덫을 특정 지역이 아니라 세계경제 체제에 관련시켜 해석할 필요성을 제기한다. 1500년부터 1750년 사이 아시아가 세계경제 체제에서 절대적 우위를 차지하는 데는 유럽이 아메리카 신대륙 – 이를테면, 남미의 포토시 – 에서 착취한 은이 큰 기여를 하였다. 신세계에서 생산된 은의 4분의 3이 중국으로 유입되었다. 그런데 은의 흐름은 18세기 후반부터 중국에서 유럽으로 유출되기 시작하였고, 1820년대부터는 중국에서 유입된 양보다 유출된 양이 많아졌고 그 후 그 적자 폭은 급격히 증가하였다. 인도는 1820년대 과거 주력 수출 상품이었던 면직물 산업이 '산업공동화'(deinstralization)라 불릴 정도로 철저히 붕괴되었다.

이러한 은의 흐름이 맬서스 덫에 작용하였다면, 여기서의 자원은 맬서스가 말하는 자원과 두 가지 측면에서 차이가 있다. 하나는 자원의 형태가 식량이 아니라 식량(자원)을 구입할 수 있는 '돈'이라는 것이다. 자원(국고)은 기술혁신을 통해 증가할 수도 있지만, 무력중상주의가 강제한 불공정 무역협정을 통한 무역수지 흑자나 식민지 자원의 찬탈에 의해서도 증가할 수 있다. 반대로, 식민지 사회는 인구가 증가하지 않을지라도 제국주의 국가의 수탈로 자원이 더욱 부족해질 수 있다. 다른 하나는 자원의 증감이 독립된 특정 사회의 기술혁신보다 오히려 세계경제 체제하의 무역수지에 의해 형성된다는 것이다. 무역수지는 인구감소를 야기하였던 아시아의 맬서스 덫이 세계경제 체제의 변동에 의해 야기될 수 있다는 사실을 함축한다. 대분기 이론이 언급하는 맬서스 덫의 탈출 요인들 – 기술혁신, 석탄, 신대륙, 노예제 – 의 조합은, 18세기 인구가 급증하였던 농업경제의 아시아가 생산성 향상의 부재 혹은 토지 한계로 인해 맬서스 덫에 빠질 수밖에 없었던 이유를 설명할 수 있을지 몰라도, 그 덫의 압력이 (무역수지의 적자로 인해) 더욱 강화되었던 역사적 과정들에 대해서는 등한시한다.

무역수지의 향방은 특정 상품의 경제적 경쟁력 – 기술혁신으로 이룩한 – 뿐 아니라 전 세계의 무역망을 형성하고 주도권을 행사하는 나라의 국력에 의해서도 결정될 수 있다. 베커트(2018)가 언급한 '무력자본주의'(war capitalism)[24]는

19세기 세계경제 체제에서 국력의 힘을 이용하여 식민지와 패전국에서 자원을 무자비하게 찬탈하였던 중상주의 유럽 제국주의 국가들의 자본축적 방식을 말한다. 유럽이 구 관리 체제의 맬서스 덫을 벗어나게 결정적인 역할을 하였던 아메리카 화폐는 무력자본주의의 형성에 기여를 하였고, 거기서 얻는 자본 – 이 단원의 초반부에 언급한 프랑크 아시아 열차표 – 을 가지고 세계경제 체제에 진입하여 아시아와 경쟁을 하였으며, 그 경쟁에서 패한 아시아는 무력자본주의에 의해 자국의 자원 통제 능력마저 상실함으로써 더욱더 깊은 맬서스 덫으로 빠지게 되었다.

2) 식민지 인도의 인구 변동

맬서스에 따르면, 유럽과 달리 인도는 높은 출산력으로 인구가 과잉되어 맬서스 덫에 빠졌고, 기근으로 인한 사망들이 급증하여 인구가 감소됨으로써 인구와 자원 간의 균형 상태를 유지하게 된다. 이런 맬서스 가정과 달리, 18세기 이전 인도는 중국과 마찬가지로 기근과 같은 적극적 억제(positive check)로 인구와 자원 간의 균형 상태를 유지하였던 고압 체제가 아니었다. 인도는 중국, 일본과 마찬가지로, 출산 변천 이전의 합계출산력이 서구보다 높지 않았다(Crook, 1989). 출산력은 형제가 한 명의 아내를 공유하는 비공식적인 일처다부제와 여아살해, 임신중절 등과 같은 항상성 기제들을 통해 통제되었고, 인구와 자원 간의 재조정은 개인적 차원이 아니라 집단적 차원(마을공동체, 친족, 가구)에서 이루어졌다(Das Gupta, 1995; Guha, 2010; Parthasarathi, 2011).

24 베커트(2018)의 책을 번역한 김지혜는 무력자본주의를 '전쟁자본주의'로 번역하였다.

반면, 18세기 이후 식민지 인도에서 사망률 증가와 그로 인한 인구침체(감소)는 기근과 밀접한 관계가 있다. 한 연구에 따르면(Maitra, 2015), 영국의 식민 지배를 받던 18세기부터 20세기 중반까지 식민지 인도 – 오늘날 인도, 파키스탄, 방글라데시 지역으로 구성된 – 에서 기근으로 인한 사망자 수는 최소 6,000만 명에 이른다. 기근은 일반적으로 사망률의 급격한 증가를 동반하는 식량 부족으로 정의되며, 사망률의 수준은 기근의 심각성을 말한다(Dyson, 1991; Sen, 1981). 일반적으로 역사인구학자들은 식민지 기간 내내 반복되었던 기근과 전염병들로 인해 높은 사망률이 나타났다고 가정한다(Visaria and Visaria, 1983).

기근(식량 부족)은 그 자체만으로도 사망을 야기할 수 있지만, 보다 일반적으로는 그로 인한 영양 부족과 영양 결핍 상태가 사람들을 홍역, 말라리아, 콜레라 등 전염병(infectious disease)에 취약하게 함으로써 많은 사망자들을 발생하게 한다. 전염병으로 인한 대량 사망은 식량 부족으로 면역력이 취약해진 인구집단에서 발생한다. 영양 상태가 양호한 인구집단은 전염병에 저항할 면역력이 있는 탓에 대량의 전염병 사망자가 발생할 가능성은 매우 낮다. 굶주림과 아사도 구분할 필요가 있다. 아사로 인한 대량의 사망자들은 평상시 생계를 간신히 유지할 정도의 영양섭취를 하였던 빈민들이 기근으로 인해 먹을 식량이 없어 굶주릴 때 단기간에 일어난다. 평상시 영양 상태가 양호하였던 사람들이 일시적인 굶주림으로 단기간에 대량으로 아사할 가능성은 낮다(Zurbrigg, 1997; Guha, 2010). 기근이 동반한 굶주림과 전염병이 초래하는 대량의 사망은 평상시 근근이 생계유지 수준의 음식을 섭취하였던 집단의 사람들이 갑자기 기근으로 인한 전염병이나 굶주림을 맞이할 때 단기간에 일어난다. 식민주의의 높은 조세율로 인해, 인도의 많은 가난한 농부들은 농사가 잘 되었을 때조차 겨우 생계를 유지할 수 있는 수준의 영양을 섭취하였다.

인도의 몬순기후는 흔히 인도의 기근과 그것이 동반한 전염병의 확산을 초래하는 주된 원인으로 간주되곤 하였다(Dyson, 2002). 인간이 어쩔 수 없는 자연재해로 수많은 사람들이 사망하는 대재앙이 반복되기 때문에, 혹자는 인도(방글라데시와 파키스탄을 포함하여)를 재앙의 땅이라고 말하기도 한다. 이러할 때, 기근으로 인한 대량 사망은 자연재앙일 뿐 결코 인재가 아니다. 그런데 인도의 기근에 대한 최근 연구들에 의하면, 식민지 인도의 맬서스 덫(즉, 기근)은 단지 몬순기후와 같은 자연재앙이 아니라 오히려 자연재앙을 한층 더 악화시킨 영국의 중상주의 식민 정책 – 이를테면, 과도한 세금, 토지사유화 및 농업의 상업화 – 에 초래하였던 인재였다(데이비스, 2008; Ambiraijan, 2007; Iyer, 2013). 독립 후 인도에서 기근으로 인한 대량의 사망이 사라진 사실은 이런 주장을 뒷받침한다.

18세기 후반 인도는 국내가 전쟁터가 되었던 1757년 영국과 프랑스 간의 플라시 전투, 아프가니스탄과의 전쟁 그리고 1770~1771년 벵골(Bengal) 기근으로 매우 고통스러운 기간이었다. 이러한 고통스런 사건들은 모두 18세기 인도의 인구 정체(감소)에 영향을 미쳤을 것이다. 하지만 전쟁 사망자들에 대한 정보는 얻지 못한 까닭에 그에 대한 논의는 제외한다. 벵골 기근은 그 지역 전체 인구의 35%, 경작자의 50%에 달하는 1,000만 명의 죽음을 초래하였다(Jones, 2003: 29). 이러한 엄청난 수의 사망에는, 애덤 스미스가 『국부론』에서 지적한 바와 같이, 동인도회사의 약탈적 경제 정책(높은 토지세)이 크게 기여하였다(Datta, 1994).

영국 동인도회사는 1765년 무굴 제국으로부터 벵골(Bengal), 비하르(Bihar), 오리사(Orissa) – 후에 주요 아편 생산 지역이 되었던 – 등 인도의 동부 지역에서 토지징세권을 인수받았다. 동인도회사와 같은 상업 기업에게, 최대한의 조세 찬탈은 높은 수익을 의미하였다. 식민 정부(동인도회사)의 조세율은 인수 첫 해(1765~1766)에 과거 무굴 제국의 2배이었고, 1790~1791년에는 3.5배가 되었다. 영국의 높은 조세율은 식민 시기 내내 지속되었다. 심지어 영국 동인도회사는 기근 절정 시기(1770~1771)에 그 이전 시기(1769~1770)보다 오히려 더 많은 세금을 징수하였다(Damodaran, 2007). 수없이 많은 사람들이 죽어 가는 기근 시기에, 인도인의 곤경을 경감시켜 주는 노력 대신 그 곤경을 기회로 삼아 더 큰 이득을 추구하였다(Parthasarathi, 2011: 78~79). 자기 이해 추구가 우선되는 서구의 근대성과 그에 입각한 인구 정책은 타인(특히, 약자)에 대한 배려가 취약할 가능성이 높다. 영국이 징수한 토지세 총액은 1800~1801년 420만 파운드에서, 1911~1912년 1,530만 파운드, 1936~1937년 2,390만 파운드로 증가하였다(Meena, 2016). 인도의 한 지역마을(Pune) 조사에 의하면, 1698년에서 1915년 사이 조세증가율은 496%에 달하였지만, 과세가 된 토지의 증가는 단지 15%에 불과하였다(Guha, 1993: 168).

식민지 인도인(특히, 농촌 농부)이 부채에 허덕이는 가난한 삶을 지속하게 하는 데는 높은 조세율뿐 아니라 조세징수 방법도 한 몫 하였다. 우선, 동인도회사는 점령 지역에서 토지사유화 제도를 통해 토지세를 부과할 주체들을 분명히 하였다. 무굴 제국에서 마을 단위로 부과되었던 세금은 토지사유화 개혁을 통해 개별 가구주에게 부과되었다.[25] 동인도회사의 토지사유화 개혁은 이전에 놀던 땅을 경작지로 만들어 경작지를 넓혔고 또 토지 가격의 상승을 부추겼다. 이로 인해 동인도회사는 토지세 수입을 기하급수적으로 늘릴 수 있었다(베커트, 2018). 토지사유제와 개별 가구주에게 부과하는 토지세 징수방식은 마

25 한일합방 후 일제가 시행하였던 토지개혁 정책은 영국의 동인도회사 토지사유화 방식을 토대로 하여 설정되었다.

을공동 소유의 토지를 일소시킴으로써 기근과 같이 어려울 때 서로 돕는 마을 구성원들 간의 결속력을 크게 약화시켰다.

둘째, 영국 식민 정부는 모든 토지세를 현금으로 지불하도록 강제하였다. 토지보유자가 세금을 지불할 돈이 없으면 대부자에게 빌려 내야 하였다. 대부자들은 '기생충'이었다. 세금은 대개 추수가 끝나기 전에 내야 하였기 때문에 대부분 농부들은 대부자에게 추수할 식량을 담보로 잡히고 고이자로 돈을 빌려 세금을 내야 하였다. 결혼식과 같은 일이 있을 때는 토지 저당을 잡히고 높은 이자로 돈을 빌려야 하였다. 그리하여 인도 농부들은 고리대금업자의 함정에서 빠져 나올 수 없었고, 이렇게 지속되는 농가 부채는 장기적으로 인도 마을의 사회적 기반을 파괴하였다. 영국 식민 정부는 이러한 대부자들(대부분 높은 카스트)을 지원하였다(Meena, 2016). 하지만 식민지 이전 대부자들은 '숙주'였다. 그들은 흉작과 어려운 상황이 닥쳤을 때 거의 무이자 수준으로 피해난민들에게 돈을 빌려줌으로써 재기의 기회를 제공하였다. 경쟁을 통해 개인에게 최대한의 이윤 추구를 장려하는 유럽의 중상주의(시장경제) 이데올로기와 달리, 식민지 이전 인도의 마을 공동체는 이러한 대부자의 행위를 찬양하고 격려하였었다.

셋째, 조세는 부자이건 빈민이건, 경기가 좋건 나쁘건 상관없이, 모든 가구주들에게 동일한 수준으로 부과되었다(스캇, 2004). 식민 정부의 변함없는 높은 조세율은 흉작일 때 조세 부담을, 특히 빈민 농부들에게 한층 가중시켰는데, 이마저 세금을 현금으로 내야 하는 식민 정부의 정책으로 인해 대부자에게 높은 이자로 빌려 내야 하였다. 이상과 같이 식민 정부의 높은 조세율과 조세징수 방식은 기근 피해를 더욱 극심하게 만들었다.

식민지 인도에서 거두어들인 막대한 조세수익은 영국의 '무력자본주의'

를 강건하게 하는 중요한 기초자금이 되었다. 동인도회사가 징수한 조세수익의 상당 부분은 중국 수출용 아편 재배뿐 아니라, 아편 전쟁에 투입될 용병들을 고용하고 증기 포함(steam gunboat)을 구입하는 군사력 자금으로도 사용되었다. 영국이 식민지 통치 과정에서 가장 많은 인력을 장기적으로 고용한 곳은 세포이(Sepoy), 즉 식민지 용병군대였다. 비록 세포이들은 1857년 인도항쟁운동을 일으켰지만, 인도를 포함한 다른 지역(특히, 중국과의 아편 전쟁)을 무력으로 진압하는 데 큰 기여를 하였다. 그리고 동인도회사는 인도의 식민 지배 경영 과정에서 일할 상업·무역 일꾼뿐 아니라 식민 지배에 도움을 줄 수 있는 행정 일꾼이 필요해짐에 따라 현지에서 그런 일꾼들을 교육시킬 수 있는 학교까지 세웠다. 그 학교의 운영자금은 식민지 인도에서 찬탈한 조세수입으로 충당되었다. (맬서스는 동인도회사가 인도 식민 지배에 기여할 행정관을 양성하고자 설립하였던 동인도 대학의 역사학과 정치경제학 교수였다.)

인도의 쇠락과 기근으로 인한 대참사는 상당 부분 영국과 영국 상인들의 경제적 이익을 최대한 추구하기 위해 인도를 수탈하였던 (동인도회사가 시작하였던) 중상주의 식민 정책, 즉 무력자본주의에 기인한다. 18세기 영국의 정치경제학 이론과 사상들(즉, 근대성), 특히 애덤 스미스의 '자유방임주의', 맬서스의 '인구론'(특히, 빈곤관), 리카도의 비교우위 개념은 영국의 식민주의 정책에 이론적 틀을 제공하였다(데이비스, 2008; Ambiraijan, 2007; Hall-Matthews, 1996; Iyer, 2013).

영국 관료들과 지식인들은 인도 기근의 원인을 그들의 개인주의적 시장경제 접근방식에서 생각하였고, 그 방식에서 해결책을 제시하였다(Damodaran, 2007). 그들은 인도의 기근이 곡물 시장과 운송의 부재로 그 심각성이 한층 강화되었다고 생각하였다. 시장경제 이론에서 볼 때, 만약 풍작이 된 곳에서 식량을 구입하여 흉작으로 기근이 된 지역으로 운송하여 판매한다면 기근 지역의 사람들은 식량을 구매하여 굶주림을 해결할 수 있다. 정부의 공적 개입보다 자유방임의 사적 거래가 기근 문제를 해결하여 그로 인한 사망을 크게 줄일 것이라고 식민 정부는 생각하였다. 자유방임 원칙은 기근기간을 포함한 식민 지배 기간 내내 엄격하게 지켜졌다. "실제로 100년 동안 형성되고 실행되었던 기근 정책들에 관련된 기록들을 살펴보면, 모두 애덤 스미스와 존 스튜어트 밀의 견해가 언급되어 있다"(Ambirajan, 2007: 100). 그리고 다른 유럽 국가들도 자유방임 원칙을 동남아 지역의 식민 정책에 적용하였다.

철도 건설과 통신 체제 등의 근대화와 자유방임 정책은 기근의 피해를 완화시키기보다 오히려 악화시켰다. 수요와 공급의 원리에 의하면, 상품이 희소할 때, 특히 그 상품이 식량일 때는 식량 부족에 대한 공포와 식량 사재기로 인해 가격은 기하급수적으로 상승한다. 이러한 가격의 급상승은 기근 지역의 사람들이 식량을 구입할 수 없게끔 만든다. 센(Sen, 1981)의 '자격 이론'(entitlement theory)에 따르면, 기근 지역의 사람들에게 가장 큰 문제는 수입된 식량을 구입할 돈이 없다는 것이다. 기근으로 인한 대량 사망은 '식량'의 기근이 아니라 식량을 구입할 '돈'의 기근에서 발생한 것이다.

영국의 고전경제학자의 생각과 달리, 수요와 공급에 의해 가격이 결정되는 시장은 인도의 기근 지역에서는 존재할 수 없었다. 기근 지역에 식량을 송출할 상인 입장에서 볼 때, 식량을 구입할 돈조차 없는 가난한 지역에 식량을 보내는 일은 결코 효율적이지도 합리적이지도 않다. 잘못되면 그곳에 보낸 쌀마저 굶주린 피해 난민들에게 약탈을 당할 수 있다. 게다가 식량을 수입해야 할 기근 지역의 상인들은 규모가 작아 멀리 있는 다른 지역에서 식량을 수입할 자금은 물론 그런 경험도 없었다. 기근 지역의 상인들은 거의 패닉 상태에 빠져 있었고, 새로이 식량을 구입하여 판매하기보다는 이전에 구입하였던 식량을 판매하지 않고 자신들의 가족과 친족들을 위한 비상용으로 비축해 두고 있었다. 식량 수출상도 식량 수입상도 기근 지역에는 없었다(Hall-Matthews, 1999).

그럼에도 불구하고, 영국의 무력자본주의는 애덤 스미스의 자유방임 원칙에 근거해 식량과 원자재를 (기근 지역의) 인도에서 영국으로 보내고 인도(빈민들)가 영국의 생산품을 구입하는 자유 무역(free trade) 시장 체제의 구축을 강요하였고, 그리고 데이비드 리카도의 비교우위 개념을 통해 인도를 수출을 위한 식량과 원자재를 수출하는 곳으로의 전락을 강제하였다. 무력자본주의는 자유방임을 가장하지만, 식민지 인도는 무엇을 선택하여 재배하고 판매할 자율성이 전혀 없었다. 반면 영국인들은 식민지 인도에서 최대한의 이윤을 추구할 수 있는 (도덕적 그리고 비도덕적) 자율성이 있었고, 영국 정부는 그 자율성에 힘을 실어주었다. 무력자본주의하의 식민지 인도에는, 애덤 스미스가 그의 저서 『도덕감성론』에서 그토록 강조하였던 '동감'(sympathy)이나 '공평한 관찰자'(impartial spectator)의 개념은 아예 존재하지 않았다.

인도가 영국의 면직물 산업을 위한 주요 원자재 수출국으로 세계 시장에 등장하였던 시기는 1861년 미국의 시민 전쟁 이후이다. 영국은 시민 전쟁으로 미국으로부터 원자재(목화) 수입이 와해되자 원자재 값은 급상승하였고, 그래서 인도를 원자재 수출 지역으로 기획하였다. 영국 식민지 정부는 인도의 영토를 과세 대상이 되는 작은 토지들로 분할하여 현금작물인 목화를 재배하도록 강제하였다. 식민지 인도는 놀라울 정도로 빠르게 세계경제에 빨려 들어갔다. 19세기 후반 원자재 가격은 세계 시장에서 매우 요동쳤다. 원자재 가격이 폭락할 때마다 인도는 기근을 맞이하는 고통을 받아야만 하였다. 원자재 가격이 떨어지고 식량 가격이 상승하였던 시기에 대량의 사망을 초래하였던 기근들이 발생하였다. 1870년대 기근에는 600만 명 내지 1,000만 명, 1890년대 기근에는

1,900만 명의 인도 농부들이 사망하였다(베커트, 2018).

중상주의 제국주의 정부와 동인도회사에게 있어, 식민 지배의 일차적 목적은 국력(즉, 무력자본주의)을 통해 식민지에서 무자비하게 최대한의 이윤을 꾀하는 경제적 측면이었기 때문에, 기근 발생시 피해 난민에 대한 구호는 치가 떨릴 정도로 열악한 수준에서 행해졌다. 1770~1771년 벵골(Bengal) 기근에서 동인도회사는 6개월 동안 단지 4,000파운드의 구호기금을 기부하였는데, 그것도 다음 해 수확한 곡물을 압류하는 조건하에서 행하였다(Damodaran, 2007). 식민기간 내내 영국의 통치자들은 겨우 목숨을 유지하게 하는 수준의 구호를 계속 유지하였다. 이런 열악한 수준의 구호 정책에는 "가난은 개인의 게으름과 나태로 생긴다"는 맬서스의 빈민관이 그 정당성을 제공하였다(Hall-Mattews, 1996). 맬서스의 빈민관이 열악한 구호를 정당화하였다는 주장은 다음의 글이 뒷받침해 준다.

> "수 많은 인도인들이 영국인들이 소비할 많은 양의 밀이 기차에 실리는 모습을 바라보며 죽어 갔지만, 영국 식민정부는 구호활동을 거부하였다. 그 이유는 그런 구호활동이 인도인에게 나태와 게으름을 장려함으로써 '도덕적 특성'(character)을 약하게 할 수 있다는 믿음(즉, 맬서스의 빈곤관)에 있었다"(마르크스, 2014: 241).

식민지 인도에서 영국의 "정치경제학의 법칙은 실제로는 변명으로써 사용되었다. 이론적 주장의 배후에는 식민지 정부가 기근 동안 수 많은 사람들을 먹여 살려야 하는 엄청난 재정적 책임을 떠안을 수 있다는 두려움이 있었다"(Hall-Matthews, 1999: 332~333). 이러한 역사적 사실은 자기 이해가 우선되는 근대성, 즉 서구 이론과 사상에는, 특히 제로섬의 원칙에서 볼 때 비서구인에게 해가 될 수 있는 서구인의 이해관계가 배태되어 있을 수 있다는 매우 중요한 경고를 우리에게 암시해 준다.

사실, 인도와 같이 오랜 역사를 지닌 나라는 그 지역 특유의 몬순기후가 오랜 기간 반복적으로 초래하였던 기근에 대해 사회적 안전망이 있기 마련이다. 사회적 안전망은 인도의 오랜 삶의 방식(즉, 전통문화)에 근거해 형성되었을 것이다. 하지만 영국(동인도회사)이 강제한 상업화와 근대화, 그리고 그것에 정당성을 제공하였던 근대성은 인도의 전통적인 기근 보장 체제와 생태계를 철저하게 파괴하였다(Damodaran, 2007). 인도의 전통적인 사회 안전망의 파괴는 기근으로 인한 피해를 한층 강화시켰다. 이를테면, 식민지 이전에는 기근이 발생하면 피해 난민들에게 매우 낮은 이자로 돈을 빌려 주어 재기의 발판을 제공하였던 대부자들은, 식민 시절에는 기근 발생시 빚이 있는 가난한 많은 농부들이 아사하는 데 기여를 하였다.

요약컨대, 식민지 인도에서의 인구감소(혹은 정체) 곧 기근으로 인한 대량 사망은 맬서스가 언급하였던 높은 출산율이나 (많은 사람들이 이야기하듯이) 몬순기후가 가져온 자연재앙(기근)에 의한 것이 아니다. 오히려 식민지 인도의 기근과 그로 인한 대량 사망은, 영국의 식민주의 정책이 오랜 기간 인구와 자원 간의 균형을 유지시켜 왔던 인도의 항상성 기제를 철저하게 파괴시킨 상황에서, 식민정부의 과도한 조세 정책과 원자재(면화) 수출 정책이 인도인에게 야기한 '돈의 기근'에 의해 발생하였던 결과물이라 할 수 있다. 돈의 기근으로 초래된 인도의 맬서스 덫은 한편으로 영국이 국력을 통해 식민지 인도에서 무자비하게 최대한의 이윤을 수탈하는 '무력자본주의'로 인해, 다른 한편으로 위기 상황에 피해 난민들의 생계를 유지할 수 있게끔 전통적으로 도움을 주었던 인도의 사회적 안전망 – 과거 위기 상황에서 피해 난민들에게 세금을 면제해 주고 구호를 베풀었던 자국의 정부와 그들에게 도움을 제공하였던 상부상조의 마을(들)의 전통 – 이 파괴됨으로써 한층 더 깊어졌다.

여기서 우리(비서구 사회의 사람들)가 기억해야 할 사실은 아마, 식민주의 정책에 이론적 근거를 제공하였던 서구의 근대성(애덤 스미스의 자유방임, 맬서스의 인구론, 리카도의 비교우위론)이 유럽에는 부와 인구 성장을 (비도덕적인 방식으로) 제공하였지만, 인도에는 대재앙을 초래하였다는 점이다. 이는 동양 사회의 전통적인 삶의 방식과 무관하게 형성된 서구 이론의 정책을 동양 사회에 강제하였을 때, 소위 '정책형 비정상'(이성용, 2015)으로 인해 일어날 수 있는 예기치 않은 위험을 알려준다.

3) 중국의 인구 변동: 중국 공산당 정부 수립 이전

중국은 17세기 중반에서 18세기 말, 특히 강희제(1662~1722), 옹정제(1678~1735), 건륭제(1736~1796)의 시기는 세계에서 가장 강성한 나라였다. 이는 1793년 건륭제가 영국 특사를 통해 조지 3세에 보낸 친서에서 엿볼 수 있다. "귀국의 특사가 두 눈으로 똑똑히 보았을 테지만 우리에게는 없는 물건이 없다. 짐은 희한한 물건, 기발한 물건을 대수롭지 않게 여기며, 귀국의 제품은 우리에게 아무 쓸모가 없다. … 따라서 우리의 물건을 보내고 그 대신 야만인이 만든 제품을 수입할 필요성을 느끼지 못하는 것이다"(프랑크, 2003). 그러던 중국이 19세기 초부터 급격하게 쇠퇴하기 시작하였다.

앞에서 말한 바와 같이, 유럽과 달리 중국이 맬서스 덫에 빠진 주된 이유는 기술혁신을 통한 생산성 향상의 부재(홍성화, 2016), 값싼 노동력으로 인한 기술혁신의 필요성을 못 느낀 것(프랑크, 2003), 혹은 토지의 한계(마르크스, 2014) 등으로 가정되고 있다. 이러한 가정들은 유럽을 준거집단으로 아시아를 비교집단으로 하는 비교연구를 통해 유럽에는 있지만 아시아에는 없는 것을 발견함으로써 추론된 유럽 중심주의적 결과물일 수 있다. 대분기 이론은 유럽 중심주의 관점에서 유럽이 중국과 달리 부국으로 가게 한 특정 요인들 – 특히, 기술혁신을 통한 생산성 향상과 토지의 한계를 극복하게 한 외적 요인들 – 에 초점을 맞출 뿐, 중국의 관점에서 맬서스 덫의 탈출을 방해하고 오히려 그 덫을 더욱 깊게 만들어 빈국의 길로 인도하였던 특정 요인들 – 빈국의 길로 가는 데 결정적 기여를 하였던 역사적 사건들과 그로 인한 사회·정치·경제·문화적 조건들의 변동 – 은 등한시하는 경향이 있다.

인도의 인구 정체(감소) 사례에서 보았듯이, 중국의 인구 정체(감소)에는 인구 성장 이론에서 언급되지 않았던 특정 요인들 – 이를테면, 자원 통제 능력의 상실과 전통적 사회 안전망의 붕괴 – 이 다른 특정 요인들과 접속하여 결정적인 영향을 미칠 수 있다. 따라서 여기서는 19세기에 중국의 자원 통제 능력의 상실과 전통적 사회 안전망의 붕괴에 결정적인 영향을 미쳤던 역사적 사건들을 중점적으로 이야기한다.

1820년 이전까지만 해도 중국은 영국과의 무역에서 커다란 흑자를 보았다. 이 당시 중국의 주된 수출품은 차와 비단이었다. 특히, 동인도회사에서 주요 수입품목으로 여겼던 차의 수출은 중국에서 18세기 내내 증가하고 있었다. 영국의 차 수입량은 1760년 500만 톤에서 1800년 1,200만 톤으로 급증하였다(마르크스, 2014). 이에 영국은 계속되는 중국과의 적자를 메꿀 상품을 찾았고, 그 돌파구가 식민지 인도에서 생산한 아편이었다.

영국은 식민지 인도에서 대량으로 생산된 아편들을 낮은 가격으로 중국에 밀수출하였고, 낮은 가격의 아편 판매는 중국에서 아편의 수요를 급증시켰고 이는 공급할 아편의 생산량을 확대시켰다. 중국에서 아편중독자들이 급증하는 만큼, 영국에게는 큰 수익을 가져왔다. 중국이 수입한 아편상자(한 상자에 140파운드의 아편이 적재)의 수는 1820년 이전의 연평균 4,000 상자에서 1831년 2만 상자로 증가하였고, 제1차 아편 전쟁(1839~1842년) 직전에는 4만 상자에 이르렀다(Lovell, 2011).

영국의 입장에서 볼 때, 아편 밀매는 중국과의 교역에서 오랜 기간의 무역적자를 무역흑자를 만들어 준 획기적인 돌파구였다. 1752년에서 1800년까지 1억 500만의 은화(silver dollar)가 영국에서 중국으로 유입되었지만, 1808년에서 1856년까지 3억 8,400만의 은화가 중국에서 영국으로 유입되었다(Lovell, 2011). 게다가 제2차 아편 전쟁(1856~1860)은 중국에서 아편 거래를 합법화로 만들었다. 그로 인해, 중국의 아편 수입은 1859년 5만 8,000 상자에서 1879년 10만 5,000 상자로 증가하였다(Hanes and Sanelle, 2004). 아편 거래의 증가는 중국의 사회경제적 혼란과 위기를 한층 가속화시켰고, 이에 중국 정부는 1871년 영국에게 아편 수출의 중지를 간청하였다. 영국 정부는 도덕적 측면에서는 이런 중국의 간청을 수긍하였지만, 경제적 측면에서는 아편 수출을 계속 강행하였다. 아편중독자의 수는 20세기 초까지 계속 증가하였다. 일본이 중국을 침략하였을 당시, 1937년 중국 인구의 10%인 4,000만 명이 아편에 중독되어 있었고, 특히 홍콩에서는 30%의 인구가 아편에 의존하였다(Hanes and Sanello, 2004: 296; Lovell, 2011).

아편 밀매는 중국의 은을 영국으로 본격적으로 유출하게 하였고, 중국과의 무역수지를 단기간 내에 적자에서 흑자로 바꾸었다. 그래서 한 역사학자는 "아편 거래가 형성된 1780년에서 1842년의 시기가 바로 대영제국이 건설된 시기"(Trocki, 1999)였다고 주장한다. 만약 영국이 아편 거래를 하지 않았더라면, 중국을 무너뜨리고 아시아 시장을 장악하지 못하였을 것이고, 또 서양이 부국으로 아시아가 빈국으로 가는 대분기도 일어나지 않았을 것이다. 그랬더라면, 아시아를 포함한 세계 각 지역에서의 인구 추세도 바뀌었을 것이다(Trocki, 1999).

아편 전쟁의 패배는 중국인에게 모국에 대한 자부심의 상실과 굴욕감을 안겨다 주었고, 또 청이 쇠퇴와 몰락의 길로 전격 진입하게 되는 계기가 되었다. 아편 전쟁이 초래한 부의 유출과 외세에 대한 혐오는 중국 남부가 본거지이었던 태평천국의 난에 정당성을 부여하였다. 물론 아편 거래가 태평천국의 난을 일으킨 유일한 원인은 아니다. 청의 부패와 1847~1852년 사이의 기근(중국 남부해안 지역의 복건과 광동)도 난을 일으키는 데 큰 기여를 하였다. 하지만 태평천국의 난을 일으킨 본거지가 제1차 아편 전쟁으로 강제로 개방된 항구도시들이 위치한 중국의 남부지방이었고, 이곳에 아편중독자가 집중되었었다는 역사적 기록은 아편 전쟁이 태평천국의 난을 반발하게 한 주된 원인의 하나라는 사실을 부정하기 어렵게 만든다. 게다가 태평천국의 지도자는 매년 중국의 수만 톤의 은과 금이 아편과 바뀌는 사회적 현실을 강조한 반(反)-아편과 난징 불평등조약이 초래한 반(反)-외세 감정을 지지자들에게 호소하였다. 태평천국의 난으로 인한 사망자의 수는 일반적으로 2,000~3,000만 명으로 추정되고 있지만, 최근 일부 중국 학자들은 그 수가 1억 1,800만 명이 된다고 주장한다(McKeown, 2014: 283).

1876~1879년 중국 북부에서 청의 역사상 최악의 기근이 발생하였다. 그 지역 인구 1억 800만 명 가운데 900~1,300만 명에 달하는 사람이 아사하였거나 질병으로 고통을 받았다. 그 기근의 발생지인 상하이 지역에서는 인구의 3분의 1이 사망하거나 다른 곳으로 도망쳤다(Watkins and Menken, 1985). 1896~1900년 기근

에도 약 1,000만 명이 사망하였다. 그리하여 1870년대와 1890년대 기근으로 인한 중국인 사망자 수는 무려 2,000~3,000만 명으로 추정된다(데이비스, 2008). 기근의 근원을 피해 당사자의 나태나 게으름이 아니라 통치자의 무능으로 생각하였던 청 정부는 피해 난민들에게 구호를 제공하려 하였으나, 그 당시 중국의 정치정세는 외세의 침략에 대항하기 위해 군사비의 증액이 요구되고 있는 상황이라 난민 구호가 제대로 이루어질 수 없었다. 그리고 정부(왕)가 피해 난민의 구호를 책임지어 왔던 중국의 유구한 전통에서 탈피하는 데 서구의 근대성(맬서스의 빈곤관)[26]은 크게 일조를 하였다(Edgerton-Tarpley, 2013).

1850~1870년대 중국은 아편 전쟁과 태평천국의 난으로 인해 중국(특히, 남부 지역)의 농업경제는 거의 황폐화되었다. 이는 중국인(특히, 복건과 광동 지역의)의 해외 이주를 촉진시켰다(허핑티, 1994). 1840년에서 1940년 사이 2,000만 명의 중국인들이 해외로 이주를 갔다. 그들 중 90%가 동남아시아로, 나머지는 대부분 북미로 갔다(Mckeown, 2004, 2010). 태평천국 반란군이 복건을 점령하였던 시기인 1853년, 1만 3,000명의 이주자들이 싱가포르에 도착하였다(Ota, 2014: 194).

19세기 이래 유럽은 아시아에서 수탈한 물품(특히, 원자재)을 유럽에 보내고 유럽의 완제품을 아시아에 들여오는 지점인 동남아시아 지역(특히, 항구도시)에서 식민지 건설 붐을 일으켰다. 그로 인해 많은 일자리가 생겼고, 경제적 어려움에 처해 있던 중국 남부 지역의 많은 사람(Cantonese)들이 그곳으로 이주를 하였다. 그들이 바로 오늘날 동남아시아 화교들의 선조이다.

19세기 중엽 미국은 남북 전쟁 후 노예제도의 폐지로 노동력이 부족하였

26 맬서스의 빈곤관과 고전 경제학자의 자유방임 정책에 근거한 빈민구호 정책은, 19세기 후반 중국 그리고 앞에서 언급한 식민지 인도뿐 아니라 1840년대 감자기근 당시 식민지 아일랜드에서도 대참사를 가져왔다(Donnelly, 2001).

고, 그로 인해 계약노동자들을 찾고 있었다. 그리하여 많은 중국인들이 강제 계약 노동자로 북미와 호주로 이주하여 철도 건설에 종사하였다. 그러나 1880년대 미국과 호주에서 중국인 이주 금지법이 생기면서, 중국인의 국제 이주는 점점 아시아 지역으로 향하였다(McKeown, 2010).

결론적으로, 19세기 후반에서 20세기 전반까지 중국 인구의 감소(정체)는 외부적으로는 아편 전쟁의 패배가 가져온 난징 불평등조약을 통해 자유방임의 세계경제 체제에 진입함으로써 서구 열강들이 본격적인 찬탈(그리하여 중국의 자율적인 자원 통제 역량의 상실), 내부적으로는 아편 전쟁, 태평천국의 난, 기근, 청의 부패 등으로 인한 경제침체, 자국민을 지켜줄 국력의 상실과 사회적 안전망의 붕괴가 가져온 결과물이라 할 수 있다. 즉, 1820년대 발생하였던 맬서스 덫은 아편 전쟁과 그 참패가 가져온 유럽 제국주의 찬탈 그리고 자국민의 이해를 지켜줄 정부와 국력의 상실이 가져온 사회적 동요들로 인해 한층 깊어졌다고 할 수 있다.

4) 동남아시아의 인구 변동: 1950년 이전

동남아시아의 인구 추세에 대한 신뢰할 만한 정보는 19세기 이후부터 얻을 수 있다. 그 이전 시기에는 자료가 거의 부재하였다. 퍼트넘(Putnam, 1953)은 무모할 정도로 단순하게 서력기원 동남아 인구를 500만 명으로 추정하였다. "자료가 없어 500만 명으로 정한다"(Durand, 1977: 278, 재인용). 흥미롭게도 이 숫자를 다른 학자들(Biraben, 1979; Clark, 1977)은 거의 그대로 수용하였다. 그 근거는 동남아시아에서 인구와 자원 간의 관계를 말하는 '수용 능력'이 1킬로 평방미터당 1명에 불과하다는 가정이다.[27] 리드(Reid, 2001)는 1600년 동남아시아 인구를 2,200만 명으로 추정하였는데, 그 근거는 당시 수용 능력이 5명 미만이라는 가정이다. 그는 1800년까지 동남아시아 인구는 연평균 인구성장률이 0.2% 수준으로 매우 서서히 증가하였다고 주장한다. 최근 연구들도 1800년까지 동남아시아에서 인구가 매우 서서히 증가하였다는 주장에 동의한다. 하지만 1800년과 1900년의 인구 추정치는 비라벤(Biraben, 1979)과 클라크(Clark, 1977)의 것보다 훨씬 높다. 동남아시아 인구는 1600년 2,500만 명에서 1800년 3,500만 명으로 서서히 증가하였지만, 1900년 8,500만 명으로, 그리고 2000년 5억 명으로 급증하였다. 동남아시아의 연평균 인구성장률은 1600~1800년 0.1~0.2%에서, 19세기 1%, 그리고 1930년 이후에는 2% 수준으로 급증하였다(Boomgaard, 2014).

19세기 말에서 20세기 초반 사이 동남아시아의 해양 국가와 내륙 국가는 상이한 인구성장률을 보였다. 해양 국가인 인도네시아, 필리핀, 말레이시아에서 인구성장률은 연평균 인구성장률이 2~3% 수준으로 매우 높았다(Xenos, 1996). 그 당시 일본을 포함한 선진국의 어느 나라도 연평균 인구성장률이 1.5%를 넘은 곳은 없었다. 반면 이런 높은 인구성장률은 프랑스 식민지였던 베트남, 캄보디아, 라오스에게는 적용되지 않는다. 1880년에서 1900년 사이 인도차이나(베트남, 캄보디아, 라오스) 인구성장률은 1.6%였다(Attane and Barbieri, 2009). 다른 연구도 19세기 말부터 20세기 초 사이 동남아시아 각국에서 인구가 급증하였지만 인구성장률이 인도차이나가 가장 낮았다는 사실을 보여 준다. 1891년

27 두란드(Durand, 1977: 278~279)는 다음과 같이 진술한다. "비교적 발달한 원시 상태에 있었던 일본의 인구는 200만 명으로 추정되며, 이 추정치는 1킬로 평방미터당 5명 이상의 인구 밀도를 함축한다. 서력기원 당시 동남아에는 집약적 농업과 문명화가 된 일부 지역들이 있었지만, 대부분 지역들은 거의 발달이 되지 않았고 인구도 산발적으로 퍼져있었다." 두란드는 1970년대 당시(현 시점)의 일본과 동남아의 경제 수준에 근거하여 서력기원 당시(과거 역사)의 일본과 동남아 인구를 추정하였다. 이런 추정치는 손턴의 발달이상주의에 근거한 제3세계의 역사인구에 대한 연구를 전형적으로 보여 주는 사례라 할 수 있다. 서력기원 당시 일본의 수용 능력이 동남아보다 5배 이상으로 발달되었다는 경험적 증거(역사적 자료)를 제시하지 않은 채, 연구자는 단지 자신의 추측에 의존해 동남아 인구를 추계하였다.

에서 1931년 사이에 미얀마는 777만 명에서 1,467만 명(189%), 말라야(Malaya, 싱가포르 포함)는 171만 명에서 435만 명(254%), 태국은 667만 명에서 1,150만 명으로(172%), 인도네시아는 3,380만 명에서 6,073만 명(180%), 인도차이나는 1,340만 명에서 2,145만 명(160%), 필리핀은 763만 명에서 1,340만 명(176%)으로 증가하였다(Huff and Angles, 2011). 동남아시아에서 지역에 따른 상이한 인구 변동 추세는 1950년 이후 오늘날에도 지속되고 있다(이성용, 2010).

유럽의 식민주의 세계경제 체제는 동남아시아에서 급격한 도시 성장을 가져왔다. 싱가포르, 자카르타, 방콕, 마닐라, 사이공(오늘날 호치민), 양곤과 같은 대도시들은 항구에 위치하고 있다. 이 항구도시들은 주변국(중국과 인도, 그리고 동남아시아 지역)에서 생산된 1차 상품(원자재)들을 체제의 중심국들(즉, 유럽)에 보내고 그곳에서 가공·생산된 2차 상품(완제품)을 수입하여 주변국들로 수출하는 최적의 지리적 장소에 위치하였다. 이런 지리적 위치는 운송 비용을 낮추고 운송기간을 단축시키기 때문에, 동남아시아 항구 대도시들은 19세기 이래 식민지 경제와 유럽 경제 간을 연계시키는 운송교점의 역할을 담당함으로써 급격한 도시 성장을 하였다(Bosma, 2014; Huff and Angles, 2011).

이들 지역에서 항구 건설, 선박의 하역 노동, 철도와 도로 건설 등은 많은 일자리들을 창출하여 노동 시장 참여율을 높였고, 많은 일자리는 유입 요인으로 작용하여 많은 이주노동자들을 끌어들였다. 이주노동자들은 주로 인도와 중국의 이민자들과 그 주변 지역에서의 이주자들이었다. 높은 노동 시장 참여율과 무역 거래 활성화는 이들 지역의 경제 성장(즉, 일인당 소득)을 주도하였다. 하지만 그런 성장을 주도하고 기획한 것은 그 지역의 원주민이 아니라 식민 지배 유럽 국가였다. 경제 성장도 유럽인의 경제적 이득을 위한 것이지, 아시아인을 위한 것은 아니었다. 아시아인의 경제 혜택은 단지 유럽과 식민지 간의 운송교점 역할을 수행하는 과정에서 얻는 부산물에 불과하였다. 식민 시기 동남아시아의 경제 성장은 서구 형태의 근대화가 아니라 식민주의에 기인한 것이었다(Bosma, 2014).

식민주의 경제 성장에 의해 촉진된 도시화는 운송교점 지역의 항구도시 인구들을 증가시켰다. 1891년에서 1931년 사이, 싱가포르는 15.3만 명에서 44.6만 명으로, 쿠알라룸푸르는 1.9만 명에서 11.1만 명으로, 방콕은 10만 명에서 40만 명으로, 자카르타는 12.7만 명에서 53.3만 명으로, 수바라야는 10만 명에서 16.6만 명으로, 사이공은 8.1만 명에서 25.6만 명으로, 마닐라는 15.4만 명에서 46.2만 명으로 급증하였다. 미얀마에서 항구도시인 양곤은 18만 명에서 40만 명으로 증가하였지만, 과거 수도였던 내륙도시 만달라이는 18.8만 명에서 14.8만 명으로 감소하였다(Huff and Angles, 2011).

식민주의 경제 성장은 동남아시아의 사망력, 출산력, 이주와 같은 인구 과정에 영향을 미쳤다. 19세기 이후 가속화된 동남아시아(특히, 교점 지역에 위치하였던 네덜란드령 해양 국가)의 인구증가는 주로 사망률 감소로 인한 자연증가율로 설명되어 왔다(Boomgaard, 2014). 사망률을 감소시킨 주된 네 가지 요인들은 종족 간 전쟁을 종식시킨 제국주의 평화(*pax imperica*), 서구의 의료 체제(천연두 백신과 말라리아 약인 키니네)와 위생 체제의 도입, 아메리카 작물(옥수수, 감자, 카사바)의 확산 재배, 통신 체제와 교통수단의 발달 및 경제 성장과 일인당 소득의 증가이다(Attane and Barbieri, 2009; Boomgaard, 2014). 교통수단과 통신수단의 발달은 식량 운송을 원활하게 함으로써 기근의 영향을 방지 혹은 약화하는 데 기여하였다. 무역 거래와 경제 성장은 일인당 소득을 증가시켜 시장에서 식량구입을 용이하게 하였다. 식민기 이전에는 기근(흉작)이 변덕스러운 기후(특히, 가뭄)와 종족 간 전투와 전염병 등으로 자주 야기되었지만, 제국주의 평화와 의료 체제 도입은 그런 기근의 충격을 약화시켰다.

동남아시아 교점 지역의 대도시는 강물이 바다로 흘러들어가는 해안가 습지 지역에 위치한다. 물은 인간 생존에 필수불가결한 것이지만, 모기가 번식하는 최적의 장소를 제공한다. 항구도시는 도착한 선박의 여행객들이 가져오는 전염병(천연두, 발진티푸스, 콜레라)이나 그 세균을 동반한 벼룩과 쥐들에도 취약하다. 항구도시의 가난한 지역에는 흔히 대규모의 인구가 집중되어 거주하고 있다.

19세기 후반부터 증기선의 발달로 여행객과 무역거래의 양이 급증하였다. 19세기 말부터 20세기 초까지 말라리아, 콜레라, 천연두와 같은 전형적인 전염병들이 꾸준히 정기적으로 출현하였다. 예를 들어, 1902~1903년 필리핀에서 주요 5대 사망 원인이 말라리아, 결핵, 설사, 질병, 천연두이었다(De Bevoise, 1995: 135). 1820년에서 1880년 사이 60년 동안 인도네시아 자바에서 전염병(특히, 콜레라, 천연두, 발진티푸스, 말라리아)과 기근으로 사망률은 90%가 넘었다(Boomgaard, 1987). 19세기 말 세균 이론과 의료 발달은 천연두 백신과 키니네와 같은 의료처방을 전 세계로 확산시켰다. 그리하여 천연두, 콜레라, 발진티푸스와 같은 전염병으로 인한 사망은 훨씬 덜 중요하게 되었다. 하지만 세계에서 5,000만 명의 사망자들을 발생시킨 1918년 세계적으로 번진 스페인 독감은 인도네시아에서 150만 명, 미얀마 40만 명(인구의 2~3%), 필리핀 8만 5,000명, 말레이 3만 5,000명 등을 사망시켰다. 동남아시아 식민정부는 철저한 검역제도를 통해 여행객의 전염병이 동남아시아로 전파되는 것을 최대한 저지하였다(Walker, 2014).

19세기에 동남아시아에서 전반적으로 출산율이 얼마나 증가하였는지를 말하기는 어렵지만, 지역적 – 자바(Java) – 으로 증가되었다는 징조는 있다. 동남아시아에서 여성의 혼인연령은 낮았고 혼인은 보편적이었다. 하지만 출산이 오랜 수유기간, 임신중절과 영아살해 등 다양한 방식으로 통제되었던 까닭에 1800년 이전에는 비교적 낮은 출산율을 보였다. 19세기 들어 이러한 출산 통제들이 완화되어 출산율이 증가하였다(Henley, 2005).

출산력 증가는 노동력 수요의 증가에 의해 유발되었다. 동남아시아의 경제 성장은 식민주의에서 기획되었기 때문에, 강제적이고 보상이 제대로 이루어지지 않았던 많은 부문들에서 노동력 수요의 증가를 유발하였다. 1830년대 수출용 현금작물을 재배하는 플랜테이션에 노동력을 공급하기 위해 경작 체제(Cultivation System)가 시행되었다. 경작 체제는 수렵채집 혹은 화전 농업을 정착 쌀농사로의 전환하는 데 기여를 하였다. 농촌뿐 아니라, 세계무역의 교점지역인 항구도시도 많은 노동력들이 요구되었다. 노동력 수요는 젊은 남성들에게 신부 값을 지불할 돈을 벌게 해줌으로써 여성의 혼인연령을 낮추었고 이는 출산율을 증가시켰다. 노동력 수요 증가는 또한 아동노동의 수요도 높였다. 아동노동 수요의 증가는 부모에게 임신중절과 영아살해를 감소시켰고 출산아의 수를 증가시키는 데 기여하였다(Boomgarrd, 2003).

동남아시아의 인구증가에는 자연증가 못지않게 순이주도 상당한 영향을 미쳤다. 19세기 말과 20세기 초, 앞에서 언급한 바와 같이, 기근과 사회적 대혼란으로 생계가 어렵게 된 수많은 중국인과 인도인들이 일자리를 찾아 동남아시아로 이주를 하였다. 맥커운(McKeown, 2004)의 추정에 따르면, 1846~1940년 사이 동남아시아와 인도양 및 남태평양으로 타국에서 이주한 이주자들의 수는 4,800만~5,200만 명이며, 그중 인도인은 2,900만 명, 중국인은 1,900만 명이다.

인도와 중국 이주자들은 주로 도시로 이주를 하였다. 1931년 미얀마의 센서스에 따르면, 1911년 이후 가장 많은 인구가 증가한 양곤의 경우 주민들 중 절반이 인도인 이주자들이었다. 해외 이주자들에게 가장 인기가 있었던 말레이의 1931년 인종 분포를 보면, 3분의 2가 중국인, 5분의 1이 인도인, 8분의 1이 말레이인이었고, 싱가포르는 4분의 3이 중국인이었다(Huff and Angles, 2011).

인도인의 해외 이주는 식민정부 영국이 모집에서 운송까지의 모든 과정에서 주도적인 역할을 하는 과정에서 이루어졌다. 특히, 19세기 말 남부 인도의 대기근은 많은 인도인들에게 새로운 대농장 생산 지역으로 이주를 촉발시켰다. 말레이의 사탕수수 대농장들은 1850년부터 인도의 강제계약 노동자들을 대량으로 유입하였다. 더욱이 19세기 후반 증기선 발달로 인해 많은 인도인들이 값싼 운송 비용으로 동남아시아로 이주할 수 있었다(Amrith, 2014). 1840년에서 1940년 사이, 1,500만 명이 미얀마, 400만 명이 말레이, 800만 명이 실론, 그리고 100만 명이 동남아시아의 다른 지역과 인도양과 남태평양 섬나라로 이주를 하였다(McKeown, 2004).

중국 이주자의 대부분은 남부 지역(광동과 복건)의 출신들이다. 약 1,100만 명이 옛 영국령 동남아시아 식민지(Straits Settlements)로 이주하였다. 약 400만 명이 태국, 200~300만 명이 프랑스령 인도차이나 반도, 100만 명 넘는 중국인들이 네덜란드령 식민지로, 그리고 100만 명이 조금 안되는 중국인이 필리핀으로 이주를 하였다(McKeown, 2004). 20세기 말 아시아에 거주하는 화교인구는 2,400만 명으로 추정되며, 이 중 1,800만 명이 3개의 동남아시아 국가(인도네시아 700만 명, 태국 600만 명, 말레이시아 500만 명 이상)에 살고 있다(Poston and Bourvier, 2010). 이는 19세기 중반부터 20세기 초까지의 화교이주가 동남아시아 인구 성장에 얼마나 큰 기여를 하였는지를 잘 보여 준다.

이러한 점으로 미루어 볼 때, 19세기 후반 이후 동남아시아의 인구 성장을 경제 성장과 근대화가 가져온 의료보건 체제의 도입 등으로 인한 사망률의 저하가 가져온 자연증가의 탓으로만 설명하는 서구 학자의 주장에는 무리가 있어 보인다. 동남아시아의 인구 성장에는 19세기 후반 이후 교점 지역으로 성장한 대도시들의 성장과 수출용 원자재들을 경작하기 위한 대농장 건설, 그로 인한 경제 성장이 초래한 출산율 증가와 대량의 인구 유입이 큰 기여를 하였다. 그러나 동남아시아의 경제 성장은 서구 방식의 근대화가 아니라 식민주의에 의한 것이다.

흥미롭게도 19세기 후반 인도와 동남아시아는 동일하게 식민주의 지배를 받았지만, 식민주의가 초래한 기근으로 인한 대재앙을 맞이하였던 인도와 달리, 동남아시아는 경제 성장과 유래 없는 급격한 인구 성장을 경험하였다. 무엇이 그러한 차이를 발생시켰는지를 알면, 이는 아시아의 인구학 연구에 있어 귀중한 정보와 지식이 될 수 있다.

스콧(Scott, 2004)에 따르면, 경제침체(기근)는 세계 시장의 수출상품을 위해 전념하였던 농촌 사회에 커다란 재앙을 안겨다 준다. 19세기 말 인도의 기근 대참사는 세계 시장에서 원자재(특히, 목화) 가격의 하락과 식량 가격의 상승으로 인한 것이었다(베커트, 2018). 그런데 놀랍게도 인도와 달리,[28] 수출용 현금작물 재배에 전념하였던 동남아시아의 많은 농촌 사회들은 경제침체로 인한 대재앙을 거의 경험하지 않았다(Henley, 2005; Ian, 2005). 인도네시아에서 수출용 현금작물의 생산은 생계농부(substance farmer)들의 식량안보를 위협하지 않았다. 자유방임 수출주도경제 식민주의는, 인도처럼 대참사가 아니라 타 지역(이를테면, 1920년대 싱가포르)에서 쌀을 수입하여 국내 식량 부족을 막아주었다. 교통

28 비라벤의 〈표 5-3〉에서 인도는 1850년에서 1900년 사이 2억 1,600만 명에서 2억 9,000만 명으로 비교적 크게 증가한 것으로 나타나 있다. 하지만 그 기간 동안 태평천국의 난, 제2차 아편 전쟁, 기근, 대량의 인구유출을 경험하였던 중국과 유사하게, 인도는 1857년 대영항쟁(세포이의 난), 1870년대와 1890년대 대기근, 그리고 대규모의 인구유출을 경험하였다. 따라서 비라벤의 추정치와 달리, 19세기 후반 인도는 중국과 유사하게 인구가 정체 혹은 감소하였을 가능성이 높다.

수단과 통신 체제의 발달은 식량안보를 한층 높여 주었다.

유럽 중심 근대화 입장의 학자들은 식민정부가 주도하였던 수출주도의 농업경제와 교점무역[29]을 통한 경제 성장과 교통 및 통신 체제의 발달 등의 근대화를 동남아시아 인구 성장의 주된 근원이라 주장한다(Henley, 2005; Reid, 2001). 이를테면, 19세기 네덜란드 식민정부는 권력이 제한되어 있어 식민지의 농부들에게 강제적인 착취를 행할 수 없었고(Adas, 1981; Reid, 1998), 미얀마 식민정부는 경제침체기간에 과도한 세금을 징수하지 않았고 또 미얀마 농부들은 세금징수세관, 지주, 대부업자들의 부당한 요구들에 저항을 하였다(Ian, 2005). 현금(상업) 작물은 세계경제 체제의 역동성, 즉 세계 시장의 수요에 반응하여 소작농들이 자발적으로 생산한 상품이었다(Henley, 2005; Ian, 2005; Popkin, 1979). 식민시기, 미얀마와 메콩델타 지역의 베트남 농부들은 자기 이해를 극대화하는 합리적 선택 행위에 근거하는 수출용 작물을 재배하였고, 경제침체에 대비하여 생계경제(substance economy)[30]를 병행하였다. 그들은 결코 수동적인 피해자들이 아니었다(Ian, 2005; Popkin, 1979).

개인주의 합리적 선택에 근거한 근대화 주장은 얼마나 서구의 개인주의 이데올로기에 근거한 식민주의 정부 정책이 식민지의 전통적인 집단문화(혹은 제임스 스콧이 언급한 도덕경제)를 파괴하였는지에 관한 중요한 정보를 완벽하게 무시한다. 동남아시아의 집단주의 문화를 고려할 때, 농부들은 개개의 이윤을

....

29 동남아를 교점으로 제국주의 유럽 국가와 식민지 아시아 국가를 연결하는 무역.

30 '생계경제'는 공동체 구성원의 전체 생계가 일차이고 개인적인 이해 추구 곧 개인의 부(富)는 이차가 되는 '도덕경제'를 바탕으로 한다(스콧, 2004). 개인의 이윤 추구가 일차적으로 추구되는 유럽과는 대립되는 도덕성을 가진다. 그러므로 개인주의 이데올로기에 기초한 중상주의 식민 정책의 강제는 생계경제를 통해 마을 전체 구성원의 복지를 일차 목표로 삼았던 전통 삶의 방식(도덕경제)을 붕괴시킬 수 있다. 붕괴된 상황에서, 만약 경제적 어려움(예, 기근)이 발생하면, 도덕경제란 전통적 사회 안전망을 통해 어려움과 위기를 극복해 왔던 빈민들은 생계를 위협받는 커다란 위험에 빠질 수 있다.

최대화하는 개인주의 방식이 아니라 집단(친족이나 마을공동체) 구성원 전체의 생계를 우선적으로 보장하고 유지하는 집단주의적 방식으로 일을 하였다 (Brocheux and Hemery, 2011).

마을의 전통문화, 즉 마을이 경제적 역경에 부딪쳤을 때 그것을 극복하였던 역량(그리고 마을 구성원들 간의 신뢰)과 역사적 경험이 얼마나 유지되고 보존되었는지는 동일한 식민지 지역일지라도 그 지역의 마을마다 차이가 있을 수 있다. 식민주의 정책이 과거 마을 사람들이 힘을 합쳐 역경을 극복하게 하였던 마을 전통과 역사 그리고 마을 구성원들의 신뢰를 얼마나 파괴하였는지를 아는 것은 매우 중요하다. 파괴 정도가 크면 클수록 마을 공동체 구성원들이 힘을 합쳐 역경을 극복할 가능성이 낮다. 반면 파괴 정도가 낮으면 마을 구성원들이 힘을 합쳐 경제침체를 극복할 가능성이 높다. 그렇다면 한두 사례의 사례 연구를 통해 경제침체에 대응하였던 동남아시아 농업 사회의 경제적 특성들을 일반화하는 대신, 경기 체제(기근)로 인한 피해의 수준이 마을 공동체 구성원들 간 신뢰 수준과 그런 신뢰를 오랜 기간 뒷받침해 주었던 전통문화가 얼마나 유지되었는지에 따라 상이해질 수 있다는 사실을 지적해야 할 것이다. 식민지 이전의 인도에는 경제적 어려움에 부딪쳤을 때 마을 내 구성원들뿐 아니라 마을들 간에 서로 도움을 제공하였던 전통문화(마을들 간 상호부조의 문화)가 있었는데, 동인도회사의 자유방임 정책은 이런 모든 전통을 파괴하였고 그리하여 1770년 벵골 기근은 걷잡을 수 없는 대참사를 가져왔다(Damodaran, 2007).

결론적으로, 동남아시아에서 식민 정책의 근대화와 경제 성장은 인구 성장을 동반하였지만, 그런 관계는 (특히, 내륙 동남아시아 지역에서) 무력자본주의 폐해를 최소화해 줄 수 있는 전통적 사회 안전망(혹은 도덕경제) – 집단주의의 생계경제 – 이 있을 때 가능하였다. 미얀마에서 많은 외부인(인도인)의 이주로 전통적 사회 안전망이 취약해졌던 양곤 지역은, 전통이 유지되었던 지역들에 비해 기근으로 인한 피해가 컸다(Richell, 2006). 공동체 전체 구성원의 생계를 우선시하는 '생계경제'와 마을 구성원들 간 상호부조의 전통이 파괴될수록 위기 시 맞이해야 하는 재앙의 수준은 더욱 커졌다. 식민주의 정책으로 생계경제가 강제로 수출용 현금작물 농촌경제로 전환하였던 인도는 세계경제 체제의 자유방임과 근대성으로 인해 커다란 재앙을 맞이하였지만, 생계경제와 그 전통이 유지되었던 동남아시아의 농촌 지역들은 피해를 최소화할 수 있었다.

서구의 근대성은 자국의 자원을 지킬 수 있음은 물론 타국의 자원까지 수탈할 수 있는 강력한 국력을 가진 유럽에서는 놀라운 경제 성장과 높은 인구성장률에 큰 기여를 하였지만, 자국의 자원을 지키기는커녕 약탈당하기 바빴던 아시아 지역에서는 오히려 자원 통제 능력의 수탈로 인한 경제침체와 인구침체(감소)에 일조하였다. 그러나 야만적인 무력자본주의하에서 생계경제(도덕경제)와 마을 구성원들 간 상호부조의 전통을 유지하였던 동남아시아의 일부 지역들은 19세기 후반 세계경제 체제가 초래하였던 경제침체(기근)나 경제침체로 인한 대참사를 그나마 미연에 방지할 수 있었다.

5.6. 요약과 함축

인구학에서 세계 인구 논의는 대체로 두 관점으로 나누어진다. 하나는 UN 자료에 근거해 현재 세계와 각 지역의 인구는 어떤 상태이고, 그 상태가 지속되면 미래 인구는 어떤 모습으로 나타날지에 관한 것이다. 다른 하나는 세계 인구가 역사적으로 기술혁신을 통해 성장해 왔다는 이론적 진술이다. 이 두 관점은 서로 별개처럼 보이지만, 실제로는 밀접한 관계를 가진다. 왜냐하면 두 관점은 모두 발달이상주의에 근거한 방식으로, 공간(특정 지역의 역사적 특성 혹은 문화)의 변이를 배제한 상태에서 근대성과 역사주의에 근거하여 시간의 흐름 곧 인구 변동을 이야기하고 있기 때문이다.

세계 인구의 성장과 변동은, 맬서스와 마르크스 인구 이론에서 주된 관심사들이었던, 인구와 자원 간 관계 그리고 그 관계를 획기적으로 변화시킨 기술혁신(특히, 산업혁명)으로 설명되어 왔다. 특히, 18세기 중엽 영국의 산업혁명은 그 당시 7.7억 명 세계 인구를 오늘날 78억 명으로, 300년도 안되는 기간에 10배로 급상승시킨 근본 원인으로 가정되고 있다. 이런 가정하에서 산업혁명의 유발에 결정적인 기여를 수행한 것으로 가정되는 서구의 이성 곧 근대성 – '도덕적으로 자율적인 개인'이란 이미지 – 은 오늘날 비서구 사회에서 경제성장과 향상된 삶을 성취하려면 반드시 따라야 할 정답의 모범 답안으로 인식되는 경향이 있다.

그런데 최근 역사학의 대분기 이론은 그동안 사회과학에서 당연시해 왔던 근대성 가정들의 한계를 지적하고 심지어 부정하기도 한다. 그리고 포스트모더니즘도 단 하나의 정답으로 간주되어 왔던 서구의 이성(근대성)을 부정하는 데서 나왔다. 대분기 이론에 따르면, 17~18세기 세계 시장에서 주도권을 장악하였던 곳은 유럽이 아니라 중국과 인도이며, 유럽의 발흥은 단지 내부 요인인 산업혁명과 근대성에 기인한 것이 아니라 그런 내부 요인이 신대륙 자원 획득과 노예제, 유럽의 지리적 위치 등과 같은 특정의 외부 요인과 우연히 접속한 조합에 의해 일어났다(블라우트, 2008a). 유럽의 발흥과 인구 성장이 단지 내부 요인인 근대성과 산업혁명에 기인한 것은 아니다. 그러므로 내부 요인인 근대성과 산업혁명은 단지 유럽의 발흥과 인구 성장에 정당성을 제공해 왔던 허위의식에 불과할 수 있다.

인구학은 유럽 중심주의 시각에서 세계 인구에 대한 보편원칙을 발견하고 강조하려는 풍조 탓에 비서구 사회에서의 역사적 경험과 세계관을 소홀히 하여 왔다. 예를 들어, 대분기 이론이 지적한 매우 중요한 사실, 즉 18세기에서 20세기 전반까지 유럽은 높은 경제 성장과 인구성장률을 이룩하였던 반면, 인도와 중국은 18~19세기 맬서스 덫에 빠져 경제 쇠퇴와 인구 정체(감소)를 맞이하였다는 사실은 인구학 교재에서 대체로 간과되고 있다.

비서구 사회에서의 역사적 경험들을 살펴보면, 서구의 근대성은 비서구 사회에서 발생한 사회 문제에 대한 해결책으로 강제하였을 때 혜택보다 비용이 큰 경우가 많았다. 그 주된 이유의 하나는 비서구 사회에서 사회 문제는 서구 개인주의 특성인 근대성의 위반이 아니라 사회 구조적 차원에서 주로 발생하기 때문이다. 이를테면 18~19세기 인도와 중국이 맬서스 덫에 빠진 주된 원인은 맬서스가 강조하였던 나태와 같은 미시 차원의 개인적 특성(내부 요인)이 아니라 그 당시 거시 차원의 사회·정치·경제적 조건(외부 요인)이었다. 식민지 인도의 경우, 기근으로 인한 대참사는 높은 출산력에 의한 인구 과잉과 몬순 기후보다 오히려 영국의 무력자본주의가 식민지 인도에서 무자비하게 자원을 수탈하는 과정에서 발생하였고 악화되었다. 이때 서구의 근대성은 자원 통제 역량을 상실한 식민지 인도에서 유럽인들이 무자비하게 최대한 수익을 찬탈하는 데 그럴듯한 변명을 제공함으로써, 기근으로 인한 대참사에 결정적 역할을 하였다. 그리고 19세기 중국의 맬서스 덫은 대분기 이론이 제시한 기술혁신의 부재와 토지의 한계에 의해 초래되었다 할지라도, 19세기 초부터 시작된 영국의 비도덕적인 무역행위(아편 밀수)와 무력자본주의(아편 전쟁과 불평등조약), 그리고 태평천국의 난으로 인해 더욱 깊어졌다는 사실을 부정하기 어렵다.

동남아시아는 19세기 이래 인구가 급성장하였다. 동남아시아의 인구 성장에는 유럽의 식민주의 정책이 주도한 경제 성장과 근대화가 기여하였다. 그런데 인도와 달리, 동남아시아의 많은 지역에는 세계 체제의 시장경제로 인한 위험을 최소화할 수 있는 생계경제와 전통적인 사회 안전망이 존재하였다. 18~19세기 아시아 인구는 그 사회에서 자원 통제 역량의 상실 정도가 클수록 정체하거나 감소할 가능성이 컸다고 할 수 있다. 서구의 근대성은 유럽의 부와 인구 성장에 큰 기여를 하였지만, 자율성(자원 통제 역량)이 상실하였던 아시아에는 대재앙을 가져왔다.

1492년 콜럼버스의 아메리카 발견은 인류 역사상 가장 위대한 발견으로 손꼽힌다. 유럽의 관점에서 보면, 콜럼버스의 신대륙 발견은 분명 유럽을 부국의 길로 출발시킨 위대한 업적이었다. 하지만 다른 대륙, 특히 아메리카와 아프리카 원주민에게는 대참사의 개막을 알리는 신호탄이었다. 유럽의 부를 위한 아메리카 원주민 대참사의 서곡은, 발견자 우선주의의 원칙에 의해 콜럼버스가 발견하였던 히스파니올라섬에서 연주되었다. 마야 제국과 잉카 제국의 멸망은 중남미 원주민의 인종말살이 본격적으로 시작되었음을 알리는 전주곡이었다.

15세기 이후 각 대륙의 인구 변동을 지역별이 아니라 시기별로 살펴보면, 각 대륙의 인구 변동이 특정 지역의 사회경제적 변동이 아니라 유럽의 세계경제 체제 차원에서 이루어졌음을 확실히 알 수 있다. 먼저 산업혁명 발생(혹은 대량의 프롤레타리아들이 발생하기 직전) 시점인 1780년대 이전을 살펴보자.

프랑크(2003)가 언급하였듯이, 중남미에서 광산을 채굴하여 획득하였던 아메리카 화폐(특히, 은)는 유럽의 발흥을 가능하게 하였다. 스페인은 16세기 초 정복 직후, 광산 채굴 및 선교를 위해 아메리카 원주민들을 재배치하였고, 원주민들을 밀집하여 재배치한 열악한 환경은 전염병과 힘든 노역을 유발하고 그들의 정체성을 상실시킴으로써 아메리카 원주민의 인종말살에 기여하였다.

윌리엄스(2014)와 민츠(1998)에 의하면, 17세기 서인도 제도의 설탕산업은 영국에서 인클로저를 가능하게 한 자금을 제공함으로써 산업자본주의의 종자 자금을 제공하였다. 사탕수수 플랜테이션은 힘든 막대한 노동력을 요구하는 사업이다. 신대륙에서 사탕수수 플랜테이션은 포르투갈이 1560년대 브라질 북부 지역에, 영국이 1640년대 바베이도스섬에 진출하면서 본격적으로 이루어졌다(Eltis and Richardson, 2010). 유럽인들은 사탕수수 플랜테이션 경작을 위해 아메리카인 노예들을 대량으로 유입하였다.

신대륙에서의 사탕수수 플랜테이션 사업은 대서양 노예무역을 활성화시켰다. 아프리카에서 아메리카로 수출된 노예들 중 90%가 브라질과 서인도 제도로 갔다. 1,300만 명의 아프리카인들이 노예로 아메리카로 수출되었고, 아프리카에서 노예 포획 과정에서 희생된 사람들까지 합친다면 대서양 아프리카 노예무역은 최소 2,600만 명 이상을 희생시켰다. 이런 까닭에 노예무역으로 인한 아프리카 인구 손실은 최소 5,000만 명으로 추정된다.[31]

신대륙에서 유입된 부는 유럽에서 인클로저와 산업혁명을 유발하게 함으로써, 맬서스 결혼 체제를 농부 인구 모형에서 프롤레타리아 인구 모형으로

31 독일 나치의 아이히만 그리고 아메리카의 인디언을 말살시켰던 북미의 개척자처럼, 유럽 노예 상인들도 그들에게 주어진 소명 – 푸코의 에피스테메에 근거한 –, 노예 상인의 책무를 충실히 수행하였던 사람들일 수 있다. 그들은 아마 아메리카의 유럽인 플랜테이션 농장주들에게 부족한 노동력을 공급해 줌으로써 그들과 자신들 그리고 본국에 부를 증진시키는 역할을 하였다는 자부심도 느꼈을 것이다. 아프리카에서 노예들을 공급받는 일 그리고 그들을 노예선에 선적하여 대서양을 횡단하는 일 모두 위험을 감수해야 하는 사업이었다. 노예 상인들은 잔학한 행위가 아니라 정당한 일을 하고 정당한 보수를 받았다고 생각하였을 수 있다. 유럽 노예 상인의 '악의 평범성'에는 아마 소유적 개인주의의 '경제인' 사고와 기독교의 선민 사상(인종우월주의), 즉 '타자'의 배려가 부재한 서구의 근대성이 독일의 나치주의처럼 전체주의 역할을 하였을 것이다. 오늘날 서구의 저명인사들 가운데 그들의 선조가 노예 상인이었던 사람들이 많다.

전환시켰다. 북서유럽인이 전통적으로 가장 자부심을 가지는 도덕적 덕목인 경제적 자립, 즉 '적소'를 땅의 상속이나 가계 창업이 아니라 임금을 통해 형성하기 시작하였다. 적소 획득방식의 전환은 프롤레타리아들에게 조혼과 보편적 혼인을 가능하게 하였고 그로 인해 18세기 중반 이후 유럽 인구(특히, 프롤레타리아 인구)는 급증하였다. 유럽은 18세기 중반 아메리카 화폐와 기술혁신으로 맬서스 덫을 탈출하였지만, 그 이후 계속된 급증된 인구로 인해 19세기에 인구 압력에 빠지게 되었다. 인구 압력은 증기선의 발명과 함께 19세기 중반 이후 유럽의 프롤레타리아들을 신세계에 대량으로 이출시킨 주된 유출 요인이다.

유럽에서 경제적 자립, 즉 적소 획득에 실패한 많은 프롤레타리아들은 적소를 찾아 신대륙으로 이주하였다. 이들 프롤레타리아 이주자들이 신대륙에서 적소를 획득하였다는 사실은 북미 개척민이 본국의 유럽인보다 출산율이 높았고 비혼율도 낮았다는 역사적 자료를 통해 입증된다. 적소 획득이 가능한 북미의 무한한 땅은 유럽 프롤레타리아들에게 '경제적 자립'이란 아메리카 이주의 꿈을 실현할 수 있다는 아주 매력적인 유입조건이었다.

불행히도 미국 정부가 제공하였던 토지는 주인이 없는 땅이 아니라 북미 아메리카 원주민의 땅이었다. 원주민의 막대한 희생은 불가피하였다. 캘리포니아 인디언 인구는 서부 개척이 본격적으로 이루어졌던 시기인 1846~1880년 불과 34년 만에 15만 명에서 1.6만 명으로 거의 90%가 소멸하였다. 원주민을 노예로 만들었던 스페인과 달리, 미국 정부는 원주민 말살의 정책을 꾀하였다. 원주민들로부터 빼앗은 서부 토지는 면화 플랜테이션(남부)과 밀·옥수수 농장 플랜테이션(중북부)으로 변모하였다. 특히, 남부에서 생산된 면화는 영국에 수출함으로써 세계의 면직물 산업의 병목 현상을 막아주는 데 큰 기여를 하였다.

결과적으로, 유럽의 세계경제 체제 관점에서 보면, 유럽의 아메리카 정복은 19세기에 세계경제를 독점·지배할 수 있는 막대한 부를 유럽에게 가져다주었지만, 그 반대급부로 중남미는 원주민의 인종말살과 유럽인의 성적 착취로 인한 인종 도가니 현상을, 아프리카는 상품화된 노예들의 공급처로 전락하는 막대한 희생을 치러야만 하였다. 한편, 신대륙에서 유입된 부는 유럽에서 산업혁명과 인구(특히, 프롤레타리아) 성장을 촉진시켰고, 그로 인해 19세기에 가속화된 인구 압력은 유럽에서 넘쳐나는 잉여 인간들을 아메리카 신대륙으로 유출시켰다. 북미에 유입된 유럽 잉여 인간(프롤레타리아)들은 신대륙에서 적소를 획득하는 과정에서 북미 원주민의 인종말살에 결정적 역할을 하였다. 북미는 원주민이 아니라 백인과 흑인 사회가 되었다.

이 장이 함축하는 바는 다음과 같다. 첫째, 세계 각 지역에서의 역사적 인구 변동은 상당 부분 1492년 콜럼버스가 아메리카를 발견 이후 생성된 유럽 세계경제 체제의 확산과 그 지배 영향력에 기인한다는 것이다. 유럽의 산업혁명은 제쳐두고라도, 아메리카 신대륙 정복을 통해 이루어진 광산(은) 발견과 사탕수수 플랜테이션 농장, 대서양 노예무역, 미국 남부의 면화 플랜테이션 산업 등이 16세기 이후 유럽, 아메리카, 아프리카 그리고 아시아의 인구 변동에 미친 커다란 영향을 부정하기란 어렵다. 프랑크(2003)가 언급한 바와 같이, 유럽이 세계경제 체제의 은본위 제도에서 중국을 제치고 패권을 장악하는 데는 신대륙의 은이 결정적 역할을 하였고, 아편 전쟁 역시 중국과 영국 간의 은 흐름을 역전시키기 위한 것이었다. 이런 까닭에 단지 유럽의 기술혁신과 서구의 개인주의(맬서스주의 결혼 체제에서의 근대성)에 근거한 서구의 추상적·보편적 인구 이론은 비서구 사회 인구 변동에 결정적인 영향력을 미쳤던 중대한 역사적 사건들을 간과하고 있다.

'지피지기'의 인구학(사회과학)은 서구를 알고 우리를 알고자 하는 시도에서 출발하였다. 손자병법에 있는 지피지기의 뒷말은 '백전백승'이 아니라 '백전불태(百戰不殆)'이다, 즉, 상대방을 알고 나를 알아야 하는 목적은 적을 무찌르기 위한 것이 아니라 우리 자신을 지키기 위한 것이다. 따라서 지피지기 인구학의 주된 목표는 서구 근대성이 주도하는 세계 학계에서 우리나라(그리고 비서구 사회)의 역사적 경험에 근거한 우리의 학문(인구학)을 형성함으로써 그에 대한 정체성과 자부심을 생성하고 유지하는 것이라 할 수 있다. 이를 위해 우리는 맬서스주의 결혼 체제의 분석이 보여 주듯이(이성용, 2013), '어떻게 서구인들은 그런 획기적인 사고(추상적 개념)를 생각해 낼 수 있는지'에 대한 사회학적 '폭로하기'와 그에 대한 '역-폭로하기' 작업이 병행될 필요가 있다(이성용, 2015, 2020). 이 장은 서구의 세계 인구 이론에 관한 '역-폭로하기' 작업에 초점을 맞추었다.

지피지기 학문을 위한 역-폭로하기 작업에서 반드시 관심을 두어야 할 사항은 서구 이론에 정초되어 있는 서구 이성의 주된 특성(즉, 도덕적으로 자율적인 개인)이다(이성용, 2015). 서구의 존재론적 근대성을 비서구 사회에 무비판적 혹은 강제적으로 적용될 때는, 그것의 전체주의 특성으로 인해 '악의 평범성'과 같은 생각하지 못한 위험을 초래할 수 있다. 서구의 전통적 존재론을 대표하는 '나는 생각한다, 고로 존재한다'는 데카르트의 명제에서 보듯이, 존재론적 사유 안에는 타자가 끼어들 여지가 없다. 개인주의 경제적 접근방식의 출산과 혼인 이론에는 주체(당사자)를 제외하고는 타자 – (시)부모는 물론이고 심지어 배우자와 자녀조차 – 는 비집고 들어갈 틈이 없다. 서구의 근대성 이론에는 주체의 의지에 따라 타자를 재단하고 강제하는 폭력성이 잠재되어 있다. 이런 까닭에, 출산, 사망, 이주 등에 관한 개인주의 관점의 서구 인구 이론들을 무비판적으로 수용하기보다 비판적으로 고찰할 필요가 있다.

참고문헌

강미라(2019), “주체에 대한 푸코의 바깥의 사유,” 『현대유럽철학연구』 53, pp. 1~28.

강정인(1998), “로크사상의 현대적 재조명: 로크의 재산권 이론에 대한 유럽 중심주의적 해석을 중심으로,” 『한국정치학회보』 32(3), pp. 53~75.

강창익(2016), “등록센서스,” 한국인구학회 편(계봉오·김중백·이성용·최슬기·황선재 편), 『인구대사전: 전면개정판』, 통계청, pp. 134~138.

강철구(2009), 『강철구의 우리 눈으로 보는 세계사 1』, 서울: 용의숲.

권내현(2006), “조선후기 호적·호구의 성격과 새로운 쟁점,” 『한국사연구』 135, pp. 279~303.

_____(2014), “조선후기 호적에 대한 이해 논쟁과 과제,” 『한국사연구』 165, pp. 301~327.

권태환(2016), “인구사상: 맬서스 이전,” 한국인구학회 편(계봉오·김중백·이성용·최슬기·황선재 편), 『인구대사전: 전면개정판』, 통계청, pp. 484~488.

권태환 · 김두섭(2002), 『인구의 이해』 개정판, 서울: 서울대학교 출판부.

권태환 · 신용하(1977), “조선왕조시대 인구추정에 관한 일시론,” 『동아문화』 14, pp. 289~330.

김규성(2009), “인구주택총조사 대안 방법으로의 순환총조사,” 『조사연구』 10(2), pp. 97~114.

김낙년(2010), “식민지 조선경제의 제도적 유산,” 『정신문화연구』 33(4), pp. 359~393.

김낙년 편(2006), 『한국의 경제성장, 1910-1945』, 서울: 서울대학교 출판부.

김동환 · 김다윗(2018), “공간 빅데이터를 위한 동태적 시각화 모형의 개발과 적용,” 『한국지리정보학회지』 21(1), pp. 57~70.

김동회(2016), “인구동태통계,” 한국인구학회 편(계봉오 · 김중백 · 이성용 · 최슬기 · 황선재 편), 『인구대사전: 전면개정판』, 통계청, pp. 450~454.

김두섭(2002), “인구의 성장과 변천,” 김두섭 · 박상태 · 은기수 편, 『한국의 인구』, 통계청.

_____(2016), “한국의 인구성장,” 한국인구학회 편(계봉오 · 김중백 · 이성용 · 최슬기 · 황선재 편), 『인구대사전: 전면개정판』, 통계청, pp. 857~862.

김미덕(2012), “한국 페미니즘이 서구중심적이라는 비판에 대한 (여성주의적) 고찰,” 『민주주의와 인권』 12(2), pp. 211~258.

김민경(2002), “인구센서스의 발전과 특징,” 김두섭 · 박상태 · 은기수 편, 『한국의 인구』, 통계청.

_____(2016), “경제활동조사,” 한국인구학회 편(계봉오 · 김중백 · 이성용 · 최슬기 · 황선재 편), 『인구대사전: 전면개정판』, 통계청, pp. 50~54.

김민자(2006), “인도의 인구,” 한국인구학회 편(김태헌 · 전광희 · 이윤석 · 조영태 편), 『인구대사전』, 통계청, pp. 521~528.
김병조(2016), “국가안보와 인구,” 한국인구학회 편(계봉오 · 김중백 · 이성용 · 최슬기 · 황선재 편), 『인구대사전: 전면개정판』, 통계청, pp. 70~74.
김선철 · 임병준(2016), “GIS를 활용한 은행점포의 입지선정과 시장점유율 추정에 관한 연구,” 『부동산학보』 65, pp. 191~205.
김영희(2015), “푸코의 후기 ‘권력’에 관한 연구 – 전쟁이론에서 ‘통치성’으로,” 『문화와 융합』 37(2), pp. 369~393.
김종욱(2000), “프랑스 식민 지배하의 베트남 사적토지소유 – 하동성 메찌 사례,” 『동양사학연구』 69, pp. 211~239.
김택중(2017), “1918년 독감과 조선총독부 방역정책,” 『인문논총』 74(1), pp. 163~214.
김형석(2018), “1945-2014년 북한의 인구변천 추정,” 『한국인구학』 41(3), pp. 1~40.
김흥주 · 이성용(2016), “문화와 인구,” 한국인구학회 편(계봉오 · 김중백 · 이성용 · 최슬기 · 황선재 편), 『인구대사전: 전면개정판』, 통계청, pp. 152~155.
노성숙(2005), “포스트모더니티와 여성주의에서 본 젠더와 정체성,” 『인간연구』 8, pp. 5~39.
도승연(2011), “우리 시대가 ‘위험에 빠진 신체’에 대처하는 방식: 푸코의 『안전, 영토, 인구』를 중심으로,” 『도시인문학연구』 3(2), pp. 203~231.
_____(2013), “영혼사목으로부터 인구의 통치로: 미셸 푸코의 통치성의 계보학을 통한 윤리적 저항의 의의,” 『한국여성철학』 20, pp. 231~269.
민경희(2016), “인구변천이론,” 한국인구학회 편(계봉오 · 김중백 · 이성용 · 최슬기 · 황선재 편), 『인구대사전: 전면개정판』, 통계청, pp. 461~470.
박경숙(2003), 『고령화 사회, 이미 정해진 미래』, 서울: 의암출판.
_____(2009), “식민지시기(1910-1945년) 조선의 인구동태와 구조,” 『한국인구학』 32(2), pp. 29~58.
_____(2012), “일제의 인구조사와 인구통치: 1908-1936년 재만 일본영사경찰의 인구 집계 자료를 중심으로,” 『사회와 역사』 95, pp. 71~116.
박기주(2000), “1930년대 조선의 산업변화와 인구이동,” 『경영사학』 28, pp. 73~104.
박명규 · 서호철(2003), 『식민권력과 통계: 조선총독부의 통계체계와 센서스』, 서울: 서울대학교 출판부.
박상태(1987), “조선후기의 인구 – 토지압박에 관하여,” 『한국사회학』 21(겨울), pp. 101~120.
_____(2004), “동아시아의 인구사상: 홍량길과 맬서스의 비교,” 『한국인구학』 27(1), pp. 171~201.
_____(2007), 『인구사상과 인구정책』, 서울: 서강대학교 출판부.
_____(2016), “인구사상: 동양,” 한국인구학회 편(계봉오 · 김중백 · 이성용 · 최슬기 · 황선재 편), 『인구

대사전: 전면개정판』, 통계청, pp. 480~484.
박선일 · 문운경 · 정우석 · 이경주(2015), "HPAI 모니터링을 위한 국내 철새 도래지 공간표집방법론에 관한 연구," 『한국지도학회지』 15(1), pp. 25~35.
박유성 · 김기환 · 김성용(2010), "우리나라 공식인구의 신뢰성 및 문제점에 대한 고찰," 『조사연구』 11(2), pp. 71~95.
박윤덕(2012), "중농주의와 왕정의 개혁," 『동국사학』 52, pp. 323~361.
박인택(2008), "식민지기 조선인 인구 추계의 재검토 – 1910-1940," 『대동문화연구』 63, pp. 331~373.
박희진(2006), "조선의 인구," 『고문서연구』 28, pp. 369~389.
손동욱 · 이연수(2012), "지리정보시스템(GIS)을 이용한 커피전문점 최적입지의 시각화 정보 개발 방법론 연구," 『국토계획』 47(7), pp. 21~30.
손병규(2016a), "호적과 족보," 한국인구학회 편(계봉오 · 김중백 · 이성용 · 최슬기 · 황선재 편), 『인구대사전: 전면개정판』, 통계청, pp. 889~893.
_____(2016b), "가족재구성," 한국인구학회 편(계봉오 · 김중백 · 이성용 · 최슬기 · 황선재 편), 『인구대사전: 전면개정판』, 통계청, pp. 15~18.
_____(2016c), "산 자와 죽은 자의 기재: 호적과 족보에 대한 인구역사학의 관점," 『조선시대사학보』 79, pp. 39~71.
송병건(2014), 『경제사: 세계화와 세계 경제의 역사』 제2판, 서울: 도서출판 해남.
서우석 · 이명진(2008), "주민등록자료와 인구주택총조사의 연령별 비교에 관한 연구," 『조사연구』 9(3), pp. 23~53.
서호철(2007), "조선 후기의 인구와 통치 – 『일성록』 '헌민수' 자료의 검토," 『사회와 역사』 74, pp. 215~250.
신인철(2009), "기혼여성의 자녀출산계획에 대한 공간효과 분석," 『한국인구학』 32(2), pp. 59~85.
심은영 · 임정훈 · 탁지연 · 우혜경 · 김남훈 · 정남수 · 조영태(2015), "스마트센서스의 가능성 모색: 스마트폰 위치정보를 통한 사용자의 거주지 파악," 『한국인구학』 38(1), pp. 125~142.
안현수(2014), "푸코의 권력이론의 양상과 '주체'의 문제," 『한국동서철학회논문집』 72, pp. 303~329.
_____(2019), "푸코의 주체와 자기 생성의 문제," 『문화와 융합』 41(2), pp. 1051~1082.
오규식 · 정승현(2018), 『GIS와 도시분석』, 서울: 한울 아카데미.
오수웅(2017), "루소의 정치경제: 부의 개념과 자유," 『문화와 정치』 4(2), pp. 181~212.
우대형(2003), "조선후기 인구압력과 상품작물 및 농촌직물업의 발달," 『경영사학』 34, pp. 3~29.
우현지 · 김영훈(2009), "Geodemographics의 연구기법을 활용한 서울시 지역유형 분석 연구," 『한국

지역지리학회지』 15(4), pp. 510~523.
육소영(2017), "식품수급표 분석에 의한 20세기 한국 생활수준 변화에 대한 연구," 충남대학교 대학원 경제학과 박사학위논문.
윤덕한(1999), 『이완용 평전: 애국과 매국의 두 얼굴』, 서울: 도서출판 중심.
이　건(2007), "읍면동수준에서 인구주택총조사와 주민등록의 집계인구 비교," 『통계』 33(1), pp. 37~54.
이건학 · 김감영(2016), "공간통계 기업을 이용한 현주인구 추정 모델링," 『한국지도학회지』 16(2), pp. 71~93.
이명호 · 홍상기 · 신동빈(2019), "서울특별시 소지역 상권 매출에 영향을 미치는 요인분석을 위한 공간가중회귀모형 적용에 관한 연구 –공간 빅데이터 활용을 중심으로–," 『국토지리학회지』 53(2), pp. 213~224.
이문수(2012), "통치성 관점에서 본 신자유주의적 행정개혁: 행정개혁론의 '기업가적' 관료에 대한 비판적 연구," 『한국행정연구』 21(4), pp. 43~72.
이성용(1997), "가족전략의 관점에서 본 효 행위: 합리적 선택이론의 적용," 『성균사회학』 2집, pp. 89~114.
_____(2003), 『여론조사에서 사회조사로』, 서울: 책세상.
_____(2004), "성선호 원인에 대한 한국과 자메이카의 비교연구," 『한국사회학』 38(3), pp. 109~141.
_____(2006a), "인구학과 사회과학," 한국인구학회 편(김태헌 · 전광희 · 이윤석 · 조영태 편), 『인구대사전』, 통계청, pp. 508~512.
_____(2006b), "비즈니스 인구학," 한국인구학회 편(김태헌 · 전광희 · 이윤석 · 조영태 편), 『인구대사전』, 통계청, pp. 132~135.
_____(2006c) "경제위기와 저출산," 『한국인구학』 29(3), pp. 111~137.
_____(2007), "성선호와 자녀의 가치의 인과성에 대한 이론화 작업," 『사회와 이론』 11(2), pp. 123~167.
_____(2009), "출산순위별 출산증가 요인분석," 『한국인구학』 32(1), pp. 51~70.
_____(2010), "동남아의 인구변동: 1950-2050년," 『동남아시아연구』 20(3), pp. 147~182.
_____(2012), "한국의 혼인상태 변동: 1995-2010년," 『가족과문화』 24(3), pp. 34~64.
_____(2013), "서유럽 특유의 가구 형성규칙과 맬서스주의자의 항상성 모형: 인구학 패러다임의 탈종속화," 『한국인구학』 36(2), pp. 1~26.
_____(2015), "이론과 현실의 주객전도 바로잡기: 한국(비서구) 사회과학의 탈식민지화와 새로운 패러다임 형성을 위한 이론화방법론," 『사회와 이론』 26, pp. 55~103.

_____(2016a), “인구학,” 한국인구학회 편(계봉오 · 김중백 · 이성용 · 최슬기 · 황선재 편), 『인구대사전: 전면개정판』, 통계청, pp. 612~616.

_____(2016b), “진화론적 인구학,” 한국인구학회 편(계봉오 · 김중백 · 이성용 · 최슬기 · 황선재 편), 『인구대사전: 전면개정판』, 통계청, pp. 754~758.

_____(2016c), “성선호,” 한국인구학회 편(계봉오 · 김중백 · 이성용 · 최슬기 · 황선재 편), 『인구대사전: 전면개정판』, 통계청, pp. 302~305.

_____(2016d), “맬서스이론과 그 파급효과 – T. R. 맬서스 탄생 250주년,” 『지식의 지평』 20, pp. 1~18(http://www.jipyeong.or.kr/view.php?ho=20&pid=133).

_____(2018a), “유럽의 세계경제 체제가 아시아 인구변동에 미친 영향, 1700-1950,” 『한국인구학』 41(1), pp. 135~178.

_____(2018b), “유럽의 세계경제 체제가 유럽, 북 · 중미 아프리카 인구변동에 미친 영향: 1492-1950,” 『한국인구학』 41(4), pp. 1~28.

_____(2019), “최적가임기 기혼여성의 인공임신중절에 부부의 사회경제적 지위가 미치는 영향,” *Journal of Health Informatics and Statistics* 44(2), pp. 152~159.

_____(2020), “사회과학자의 존재이유 II–무엇이 기본인가?–,” 『현상과 인식』 44(3), pp. 115~146.

_____(2021), “인구학 패러다임과 인구정책에 관한 일고찰–지피지기의 관점에서,” 『한국인구학』 44(1), pp. 47~82.

이성용 · 황명진(2014), “교육수준에 따른 비혼구성비 추세분석: 서울시 강남과 비강남 비교연구,” 『사회과학연구』 25(1), pp. 15~34.

이숙인(2007), “한국 여성(주의) 지식의 식민성 비판,” 『철학연구』 28, pp. 197~227.

이연수 · 이만출 · 나경범 · 강준모(2014), “공간 · 지리적 자료의 공간자기상관성을 최소화하는 공간샘플링 기법에 관한 연구,” 『대한토목학회논문집』 34(4), pp. 1317~1325.

이영구 · 유병규(2004), “조선전기의 인구와 농업생산력 연구,” 『농업사연구』 3(2), pp. 39~59.

이영구 · 이호철(1987), “조선시대의 인구규모 추계(I),” 『경영사학』 2, pp. 183~210.

_____(1988), “조선시대의 인구규모 추계(II) – 17,8세기 인구증가율 추계를 중심으로,” 『경영사학』 3, pp. 137~185.

이영훈 · 김낙년 · 김용삼 · 주익종 · 정만기 · 이우연(2019), 『반일 종족주의–대한민국 위기의 근원』, 서울: 미래사.

이우연(2003), “18 · 19세기 산림황폐화와 농업생산성,” 『경제사학』 34, pp. 31~57.

이윤석(2016), “국제결혼,” 한국인구학회 편(계봉오 · 김중백 · 이성용 · 최슬기 · 황선재 편), 『인구대사전: 전면개정판』, 통계청, pp. 76~80.

이장영(2016), “인도의 인구,” 한국인구학회 편(계봉오·김중백·이성용·최슬기·황선재 편), 『인구대사전: 전면개정판』, 통계청, pp. 627~632.
이정환·이성용(2007), “외국인 노동자의 이주 특성과 연구 동향,” 『한국인구학』 30(2), pp. 147~168.
이종열·류제정(2016), “지리정보체제,” 한국인구학회 편(계봉오·김중백·이성용·최슬기·황선재 편), 『인구대사전: 전면개정판』, 통계청, pp. 748~754.
이태진(2002), 『의술과 인구 그리고 농업기술: 조선 유교국가의 경제발전모델』, 서울: 태학사.
이한구(2014), 『칼 포퍼의 열린사회와 그 적들 읽기』, 서울: 세창출판사.
이혜경(2016), “한국의 외국인근로자,” 한국인구학회 편(계봉오·김중백·이성용·최슬기·황선재 편), 『인구대사전: 전면개정판』, 통계청, pp. 848~853.
이흥탁(1994), 『인구학: 이론과 실제』, 파주: 법문사.
이희연(2016), “인구지리학,” 한국인구학회 편(계봉오·김중백·이성용·최슬기·황선재 편), 『인구대사전: 전면개정판』, 통계청, pp. 597~602.
임상래·김우성·박종탁(1998), 『중남미 사회와 문화』, 부산: 부산외국어대학교 출판부.
장대익(2008), 『쿤&포퍼: 과학에는 뭔가 특별한 것이 있다』, 지식인마을 25, 서울: 김영사.
전세봄·김성용·박우성(2012), “인구통계학적 분석을 이용한 우리나라의 센서스 및 동태자료에 대한 질적 평가,” 『조사연구』 13(1), pp. 1~31.
전영수(2014), 『인구 충격의 미래한국 – 인구 변화가 어떻게 우리의 삶을 바꾸는가』, 서울: 프롬북스.
정남수·전광희(2016), “순환센서스,” 한국인구학회 편(계봉오·김중백·이성용·최슬기·황선재 편), 『인구대사전: 전면개정판』, 통계청, pp. 329~332.
정성호(1997), “중앙아시아 한인의 사회문화적 특성과 과제,” 『한국인구학』 20(2), pp. 161~180.
_____(2006), “개발도상국의 인구변천 유형과 특징,” 『한국인구학』 29(2), pp. 89~113.
_____(2008), “아프리카의 인구변천 유형과 특징,” 『한국인구학』 31(1), pp. 131~150.
_____(2009), “산업국가에서의 제2차 인구변천,” 『한국인구학』 32(1), pp. 139~164.
_____(2016), “정치와 인구,” 『인구대사전: 전면개정판』, 한국인구학회 편(계봉오·김중백·이성용·최슬기·황선재 편), 통계청, pp. 728~731.
정재훈·남진(2019), “위치기반 빅데이터를 활용한 서울시 활동인구 유형 및 유형별 지역특성 분석,” 『국토계획』 54(3), pp. 75~90.
정진영(2001), “18~19세기 호적대장 ‘호구’ 기록의 검토,” 『대동문화연구』 39, pp. 97~126.
조남훈(2016), “가족계획사업,” 한국인구학회 편(계봉오·김중백·이성용·최슬기·황선재 편), 『인구대사전: 전면개정판』, 통계청, pp. 18~21.
조성일(2016), “역학변천,” 한국인구학회 편(계봉오·김중백·이성용·최슬기·황선재 편), 『인구대사

전: 전면개정판』, 통계청, pp. 357~361.
조영태(2016a), 『정해진 미래 – 인구학이 말하는 10년 후 한국 그리고 생존전략』, 서울: 북스톤.
_____(2016b), “응용인구학,” 한국인구학회 편(계봉오 · 김중백 · 이성용 · 최슬기 · 황선재 편), 『인구대사전: 전면개정판』, 통계청, pp. 396~399.
_____(2018), 『정해진 미래 – 시장의 기회』, 서울: 북스톤.
조은주(2018), 『가족과 통치: 인구는 어떻게 정치의 문제가 되었나』, 파주: 창비.
조주현(2018), 『정체성 정치에서 아고니즘 정치로』, 대구: 계명대학교 출판부.
조항덕(2012), “삼봉 정도전의 개혁사상,” 『동양철학연구』, pp. 1~30.
주경철(2008), 『대항해시대』, 서울: 서울대학교 출판부.
주익종(2006), “식민지 시기의 생활수준,” 박지향 · 김철 · 김일영 · 이영훈 편, 『해방전후사의 재인식』, 책세상, pp. 107~144.
차명수(2009), “조선 후기의 출산력, 사망력 및 인구증가,” 『한국인구학』 32(1), pp. 113~137.
천명선 · 양일석(2007), “1918년 한국 내 인플루엔자 유행의 양상과 연구 현황: 스코필드 박사의 논문을 중심으로,” 『의사학』 31, pp. 177~191.
최봉호(2016), “주민등록부” 한국인구학회 편(계봉오 · 김중백 · 이성용 · 최슬기 · 황선재 편), 『인구대사전: 전면개정판』, 통계청, pp. 739~743.
최 순(2016a), “세계출산력조사,” 한국인구학회 편(계봉오 · 김중백 · 이성용 · 최슬기 · 황선재 편), 『인구대사전: 전면개정판』, 통계청, pp. 314~318.
_____(2016b), “인구보건조사,” 한국인구학회 편(계봉오 · 김중백 · 이성용 · 최슬기 · 황선재 편), 『인구대사전: 전면개정판』, 통계청, pp. 470~473.
최재성(2017), “이여성의 1930년대 초 농업문제 인식: 일제 농업정책 인식과 토지분배상황 인식을 중심으로,” 『한국독립연구사연구』 57, pp. 209~243.
통계청(2008. 8), “통계로 본 대한민국 60년의 경제 · 사회상 변화.”
_____(2015), “세계와 한국의 인구현황 및 전망.”
_____(2016. 10), 『한국의 등록센서스 방법론』.
_____(2020. 12), “2019년 생명표,” 통계청 보도자료.
_____(2021. 2), “2020년 인구동향조사: 출생 · 사망통계 잠정결과,” 통계청 보도자료.
_____(2021.12a), “2020년 생명표,” 통계청 보도자료.
_____(2021.12b), “장래인구추계: 2020~2070년,” 통계청 보도자료.
_____(2022. 2), “2021년 인구동향조사: 출생 · 사망 통계[잠정],” 통계청 보도자료.
하봉채(2016), “등록센서스: 한국,” 한국인구학회 편(계봉오 · 김중백 · 이성용 · 최슬기 · 황선재 편), 『인

구대사전: 전면개정판』, 통계청, pp. 138~141.
하상복(2009), 『푸코&하버마스: 광기의 시대, 소통의 시대』, 지식인마을 32, 서울: 김영사.
한주성(2015), 『인구지리학』 제2개정판, 서울: 한울 아카데미.
허 경(2007), "푸코의 에피스테메 개념," 『에피스테메』 1, pp. 209~232.
허수열(2011), 『일제초기 조선의 농업 – 식민지근대화론의 농업개발론을 비판한다』, 서울: 한길사.
허수열 · 육소영(2016), "1910~1925년의 인구 추계 검토 – 식민지근대화론의 인구 추계의 문제점을 중심으로," 『한국사연구』 174, pp. 239~266.
허재훈(2014), "식민주의의 기초: 존 로크와 아메리카, 인디헤나의 수난사," 『철학연구』 130, pp. 381~415.
홍성화(2016), "19세기 淸朝의 경제성장과 위기," 『역사학보』 232, pp. 327~360.
가와기타 미노루 지음, 장미화 역(2003), 『설탕의 세계사』, 서울: 좋은 책 만들기.
고든(Goldon, C.), 푸코(Foucault, M.), 파스퀴노(Pasquino, P.), 버첼(Burchell, G.), 프로카치(Procacci, G.), 동즐로(Donselot, J.), 해킹(Hacking, I.), 에발드(Ewald, F.), 드페르(Defert, D.), 카스텔(Caster, R.) 지음, 이승철 · 심성보 · 이규원 · 유진 · 전의령 · 최영찬 옮김(2014), 『푸코효과 – 통치성에 관한 연구』(*The Foucault Effect: Studies in Governmentality*), 파주: 난장.
기든스(Giddens, A.) 지음, 김미숙 외 옮김(1994), 『현대사회학』 개정판(*Sociology, the second edition*), 서울: 을유문화사.
나이토 노부히로 지음, 임준홍 · 박춘섭 · 김정연 · 김한수 · 임지현 옮김(2017), 『인구감소 시대의 공공시설 개혁 – 마을 만들기가 키워드』, 서울: 한울 아카데미.
다이아몬드(Diamond, J.) 지음, 김진준 역(2013), 『총, 균, 쇠』(*Guns, Germs, and Steel*, 2005), 서울: 문학사상.
데이비스(Davis, M.) 지음, 정병선 옮김(2001), 『엘리뇨와 제국주의로 본 빈곤의 역사』(*Late Victorian Holocausts: El Nino Famines and the Making of the Third World*), 서울: 이후.
덴트(Dent, H.) 지음, 권성희 옮김(2015), 『2018 인구절벽이 온다 – 소비, 노동, 투자하는 사람들이 사라진 세상』(*The Demographic Cliff: How to Survive and Prosper During the Great Deflation of 2014-2019*), 서울: 청림출판.
두셀(Dusell, E.) 지음, 박병규 역(2011), 『1492년, 타자의 은폐 – '근대성 신화'의 기원을 찾아서』, 트랜스라틴 총서 5, 그린비.
드러커(Drucker, P. K.) 지음, 이재규 옮김(2002), 『Next Society: 불확실한 미래를 예측하는 가장 좋은 방법, 미래를 결정하다』(*Managing in the next Society*), 서울: 한국경제신문.
랜즈(Landes, D.) 지음, 안진환 · 최소영 옮김, 『국가의 부와 빈곤』(*The Wealth and Poverty of*

Nations), 서울: 한국경제신문.

로렌(Laurent, C.) 지음, 강유리 옮김(2016), 『인구를 알면 경제가 보인다』(*Tomorrow's World: A Look at the Demographic and Socioeconomic Structure of the World in 2032*), 서울: 윈앤윈북스.

리비-바치(Livi-Bacci) 지음, 송병건 · 허은경 옮김(2009), 『세계인구의 역사』(*A Concise History of World Population*, 3rd.), 서울: 도서출판 해남.

리 · 펑(Lee, J. and W. Feng) 지음, 손병규 · 김경호 옮김(2012), 『인류사분의일』(*One Quarter of Humanity: Malthusian Mythology and Chinese Realities*), 서울: 성균관대학교 출판부.

마르크스(Marks, R. B.) 지음, 윤영호 역(2014), 『어떻게 세계는 서양이 주도하게 되었는가』(*The Origins of the Modern World*, 2007), 서울: 사이.

마스다 히로야 지음, 김정환 옮김(2015), 『지방소멸 – 인구감소로 연쇄붕괴하는 도시와 지방의 생존전략』, 서울: 와이즈베리.

매그너스(Magnus, G.) 지음, 홍지수 옮김(2010), 『고령화시대의 경제학 – 늙어가는 세계의 거시 경제를 전망하다』, 서울: 부키.

맥닐(McNeill, W. H.) 지음, 허정 역(1992), 『전염병과 인류의 역사』(*Plagues and Peoples*), 서울: 한울.

맥팔레인(Macfarlane, A.) 지음, 이성용 · 윤희환 옮김(2014), 『잉글랜드에서의 결혼과 사랑』(*Marriage and Love in England, 1300-1840*), 서울: 나남.

맥퍼슨(Macpherson, C. B.) 지음, 황경식 · 강유원 역(1991), 『홉스와 로크의 사회철학 – 소유적 개인주의의 정치이론 –』(*The Theories of Possessive Individualism*, 1964), 서울: 박영사.

맬서스(Malthus, T. R.) 지음, 이서행 옮김(2011), 『인구론』, 서울: 동서문화사.

모한티, 찬드라(Mohanty, C.) 지음, 문현아 옮김(2005), 『경계없는 페미니즘』, 서울: 여아연.

민츠(Mintz, S.) 지음, 김문호 역(1998), 『설탕과 권력』(*Sweetness and Power: The Place of Sugar in Modern History*), 서울: 지호.

미셸(Michell, T.) 지음, 김혜정 역(1989), "조선시대의 인구 변동과 경제사 – 인구통계학적 측면을 중심으로," 『역사와 경계』 17, pp. 75~107.

밀스(Mills, W. C.) 지음, 강희경 · 이해찬 옮김(2004), 『사회학적 상상력』, 서울: 돌베게.

버뱅크와 쿠퍼(Burbank and Cooper) 지음, 이재만 역(2016), 『세계제국사』(*Empires In World History*), 서울: 책과 함께.

버첼 지음, 고든 외[1] · 이승철 외[2] 옮김(2014), "6. 독특한 이해관계들: 시민사회, 그리고 '자연적 자유

1 고든(Goldon, H. C.), 푸코(Foucault, M.), 파스퀴노(Pasquino, P.), 버첼(Burchell, G.), 프로카치(Procacci, G.), 동즐로(Donselot, J.), 해킹(Hacking, I.), 에발드(Ewald, F.), 드페르(Defert, D.), 카스텔(Caster, R.).

의 체계'를 통치하기," 『푸코효과 – 통치성에 관한 연구』, 파주: 난장, pp. 179~224.

베커(Becker, H. S.) 지음, 이성용 옮김(2005), 『학계의 술책 – 연구자의 기초 생각 다지기』(*Tricks of the Trade: How to Think about Your Research While You're Doing It*), 함께하는 책.

베커트(Beckert, S.) 지음, 김지혜 옮김(2018), 『면화의 제국: 자본주의의 새로운 역사』(*Empire of Cotton: A Global History*), 서울: 휴머니스트.

부르디외(Bourdieu, P.) 지음, 최종철 옮김(1996), 『구별짓기: 문화와 취향의 사회학』(*La Distinction, Critique Sociale du Jugement*), 서울: 새물결.

블라우트(Blaut, J. M.) 지음, 김동택 옮김(2008a), 『식민주의자들의 세계 이해: 지리적 확산주의와 유럽 중심적 역사 서술』(*The Colonizer's Model of the World: Geographical Diffusionism and Eurocentric History*, 1993), 서울: 성균관대학교 출판부.

블라우트(Blaut, J. M.) 지음, 박광식 옮김(2008b), 『역사학의 함정 유럽 중심주의를 비판한다』(*Eight Eurocentric Historians*, 2000), 서울: 푸른숲.

사이드(Said, E. W.) 지음, 박홍규 옮김(2015), 『오리엔탈리즘』, 교보문고.

스콧(Scott, J.) 지음, 김춘동 옮김(2004), 『농민의 도덕경제』, 서울: 아카넷.

아일리프(Iliffe, J.) 지음, 이한규·강인황 역(2002), 『아프리카의 역사』(*Africans: The History of A Continent*, 1995), 서울: 가지않은 길.

애론슨·부드호스(Aronson, M. and M. Budhos) 지음, 설배혼 역(2013), 『설탕, 세계를 바꾸다 – 마법, 향신료, 노예, 자유, 과학이 얽힌 세계사』(*Sugar Changed the World: A Story of Magic, Spice, Slavery, Freedom, and Science*), 서울: 검둥소.

오스타함멜(Osterhammel, J.) 박종일 옮김(2021), 『대변혁 I: 19세기의 역사풍경』, 서울: 한길사.

윌리엄스(Williams, E.) 지음, 김성균 역(2014), 『자본주의와 노예제도』(*Capitalism and Slavery*), 우물이 있는 집.

윌슨(Wilson, E. O.) 지음, 이병훈·박시룡 옮김(1992), 『사회생물학 I – 사회적 진화와 메커니즘』, 서울: 민음사.

윌슨(Wilson, E. O.) 지음, 이한음 옮김(2011), 『인간본성에 대하여』(*Sociobiology: The Abridged Edition*) 개정판(*On Human Nature*), 서울: 사이언스북스.

유타카, 도라우미(2019), 『일본학자가 본 식민지근대화론』, 서울: 지식산업사.

존슨(Jonson, S.) 지음, 김영남 옮김(2020), 『감염도시 – 대규모 전염병의 도전과 도시문명의 미래』(*The Ghost Map: A Street, an Epidemic and the Hidden Power of Urban Networks*), 서울: 김영사.

2 이승철 · 심성보 · 이규원 · 유진 · 전의령 · 최영찬 옮김.

처칠(Churchill, W. L.) 지음, 황건 역(2010), 『그들이 온 이후 – 토착민이 쓴 인디언 절멸사』(*From a Native Son*), 서울: 당대.

카슬과 밀러(Castles and Miller) 지음, 한국이민학회 역(2013), 『이주의 시대』(*The Age of Migration*), 서울: 일조각.

코리건(Corrigan, O.) 지음, 이성용 · 유홍준 · 이정환 · 고성호 · 정기선 · 정태인 옮김(2002), 『소비의 사회학』(*The Sociology of Consumption*), 서울: 도서출판 그린.

크로스비(Crosby, A.) 지음, 김기윤 역(2006), 『콜럼버스가 바꾼 세계 – 신대륙 발견 이후 세계를 변화시킨 교환의 역사』(*The Columbian Exchange: Biological and Cultural Consequences of 1492*), 서울: 지식의 숲.

클라크(Clark, G.) 지음, 이은주 역(2009), 『맬서스, 산업혁명, 그리고 이해할 수 없는 신세계 – 왜 부국의 원조가 빈국의 가난을 해결하지 못하는가?』(*A Farewell to Alms: A Brief Economic History of the World*, 2007), 서울: 한스미디어.

펠프스(Phelps, E.) 지음, 이창근 · 홍대운 옮김(2016), 『대번영의 조건 – 모두에게 좋은 자본주의란 무엇인가』(*Mass Flourishing: How Grassroots Innovation Created Jobs, Challenge, and Change*), 파주: 열린책들.

포머란츠(Pomeranz, K.) 지음, 김규태 옮김(2016), 『대분기』(*The Great Divergence: China, Europe, and the Making of the Modern World Economy*, 2000), 서울: 에코리브르.

포스터(Foster, J. B.) 지음, 김민정 · 황정규 옮김(2016), 『마르크스의 생태학 – 유물론과 자연』(*Marx's Ecology: Materoalism and Nature*), 파주: 인간사랑.

푸코(Foucault, M.) 지음, 오트르망 역, 심세광 · 전혜리 · 조성은 옮김(2011), 『안전, 영토, 인구』(*Securite, territoire, population*), 파주: 난장.

_____(2012), 『생명관리정치의 탄생』(*Naissance de la biopolitique: Cours au College de France 1978~1979*), 파주: 난장.

푸코(Foucault, M.), 고든 외 지음, 이승철 외 옮김(2014), "4. 통치성," 『푸코효과 – 통치성에 관한 연구』, 파주: 난장. pp. 133~156.

프랑크(Frank, A. G.) 지음, 이희재 역(2003), 『리오리엔트』(*ReORIENT: Global Economy in the Asian Age*, 1998), 서울: 이산.

하딩(Harding, S.) 지음, 조주연 역(2009), 『누구의 과학이며 누구의 지식인가』(*Whose Science? Whose Knowledge? Thinking from Women's Lives*), 파주: 나남.

하딩(Harding, S.) 지음, 이재경 · 박혜경 역(2002), 『페미니즘과 과학』(*The Science Question in Feminism*), 서울: 이화여자대학교.

허핑티 지음, 정철웅 옮김(1994), 『중국의 인구』, 서울: 책세상.

홉스타드(Hofstede, G.) 지음, 차재호 · 나은영 옮김(1996), 『세계의 문화와 조직』(*Cultures and Organizations: Software of the Mind*), 서울: 학지사.

Adas, M.(1981), "From Avoidance to Confrontation: Peasant Protest in Precolonial and Colonial Southeast Asia," *Comparative Studies in Society and History* 23, pp. 217~247.

Albornoze, N. S.(1989), "The Population of Colonial Spanish America," in *The Cambridge History of Latin America*, Vol. II: *Colonial Latin America*, edited by Lesile Bethell, Cambridge: Cambridge University Press, pp. 1~36.

Albornoze, N. S. 지음, W. A. R. Richardson 역(1974), *The Population of Latin America: A History*, Berkeley: University of California Press.

Alonso, W. and P. Starr(1982), "The Political Economy of National Statistics," *Social Science Research Council Items* 36(3), pp. 29~35.

Ambirajan, S.(2007), *Classical Political Economy and British Policy in India*, Cambridge: Cambridge University Press.

Amrith, S. S.(2014), "South Indian Migration, c. 1800-1950," in *Globalising Migration History*, edited by J. Lucassen and L. Lucasse, Leiden: Brill, pp. 122~148.

Argast, R., C. R. Unger, and A. Widmer(2016), "Twentieth Century Population Thinking: An Introduction," in *Twentieth Century Population Thinking: A Critical Reader of Primary Sources*, edited by The Population Knowledge Network, London and New York: Routledge.

Attane, I. and M. Barbieri(2009), "The Demography of East and Southeast Asia from the 1950s to the 2000s: A Summary of Changes and A Statistical Assessment," *Population-E* 64(1), pp. 7~146.

Bade, K. J.(2003), *Migration in European History*, translated by Allison Brown, Blackwell Publishing.

Banister, J.(1987), *China's Changing Population*, Stanford, CA: Stanford University Press.

Baptist, E. E.(2014), *The Half has Never been Told: Slavery and the Making of American Capitalism*, New York: Basic Books.

Basu, A. M.(1992), *Culture, The Status of Women and Demographic Behavour: Illustrated with the Caste of India*, Oxford, New York: Clare don Press.

______(1993), "Cultural Influences on the Timing of First Births in India: Large Differences that Add up to Little Difference," *Population Studies* 47(1), pp. 85~95.

Basu, A. M. and S. Desai(2016), "Hopes, Dreams and Anxieties: India's One Child," *Asian*

Population Studies 12(1), pp. 4~27.

Becker, G.(1960), "An Economic Analysis of Fertility," in *Demographic and Economic Change in Developed Countries*, edited by National Bureau of Economic Research, Princeton, NJ: Princeton University Press, pp. 209~240.

_____(1991), *A Treatise on the Family*, enlarged edition, Cambridge, MA: Harvard University Press.

Becker, J.(1996), *Hungry Ghosts: Mao's Secret Famine*, New York: Free Press.

Becker, S., Y. Waheeb, B. El-Deeb, N. Khalaf, and R. Black(1996), "Estimating the Completeness of Under-5 Death Registeration in Egypt," *Demography* 33, pp. 329~339.

Bengtsson, T. and C. Campbell(2004), *Life under Pressure: Mortality and Living Standards in Europe and Asia 1700-1900*, Cambridge, MA: MIT Press.

Bennett, G. and S. Horiuchi(1981), "Estimating the Completeness and Death Registration in a Closed Population," *Population Index*, 47(2), pp. 207~221.

Bhatia, R. and A. Tambe(2014), "Raising the Age of Marriage in 1970s India: Demographers, Despots and Feminists," *Women's Studies International Forum* 44, pp. 89~100.

Bhutia, Y. and G. Liarakou(2018), "Gender and Nature in the Matrilineal Society of Meghalaya, India: Search for Ecofeminist Perspective," *The Journal of Environmental Education* 49, pp. 328~335.

Biraben, J-N.(1979), "Essai sur l'évolution du nombre des hommes," *Population* 34, pp. 13~25.

Bogue, D.(1969), *Principle of Demography*, New York: John Wiley and Sons.

Bohon, S. A.(2018), "Demography in the Big Data Revolution: Changing the Culture to forge New Frontiers," *Population Research Policy Review* 37, pp. 323~341.

Boomgaard, P.(1987), "Morbidity and Mortality in Java, 1820-1880," in *Death and Disease in Southeast Asia: Explorations in Social, Medical and Demographic History*, edited by Norman G. Owen, Oxford: Oxford University Press, pp. 48~69.

_____(2003), "Bridewealth and Birth Control: Low Fertility in the Indonesian Archipelago, 1500-1900," *Population and Development Review* 29, pp. 197~214.

_____(2014), "The Demographic History of Southeast Asia," in *Histories of Health in Southeast Asia – Perspectives on the Long Twentieth Century*, edited by Harper, Tim and Sunil S. Amrich, Bloomington: Indiana University Press, pp. 87~98.

Borrie, W. D.(1970), *The Growth and Control of World Population*, Weidenfeld and Nicolson.

_____(1981), *Population and Technological Change: A Study of Long-term Trends*, Chicago:

University of Chicago Press.

Bosma, U.(2014), "Migration and Colonial Enterprise in Nineteenth Century Java," in *Globalising Migration History*, edited by Jan Lucassen and Leo Lucasse, Leiden: Brill, pp. 151~179.

Brocheux, P. and D. Hémery(2011), *Indochina: An Ambiguous Colonization, 1858-1954*, *Berkerly*, California: University of California Press.

Brunsdon, C. and L. Comber(2015), *An Introduction to R for Spatial Analysis and Mapping*, SAGE Publications Ltd.

Bryan, T.(2004), "Basic Sources of Statistics," in *The Methods and Materials of Demography*, 2nd ed., edited by Jacob S. Siegel and David A. Swanson, San Diego, CA: Elsevier Academic, pp. 9~41.

Bryan, T. and R. Hauser(2004), "Collection and Processing of Demographic Data," in *The Methods and Materials of Demography*, 2nd ed., edited by Jacob S. Siegel and David A. Swanson, San Diego, CA: Elsevier Academic, pp. 43~63.

Bush, B.(1990), *Slave Women in Caribbean Society 1650-1838*, Bloomington: Indiana University Press.

Cain, M.(1991), "Widows, Sons and Old-age Security in Rural Maharashtra," *Population Studies* 45, pp. 519~528.

Caldwell, J. C.(1982), *Theory of Fertility Decline*, London: Academic Press.

_____(1986), "Routes to Low Mortality in Poor Countries," *Population and Development Review* 12(2), pp. 171~220.

_____(1996), "Demography and Social Science," *Population Studies* 50(3), pp. 305~333.

Caldwell, J. C., P. H. Reddy, and P. Caldwell(1982), "The Cause of Demographic Change in Rural South India: A Micro Approach," *Population and Development Review* 8(4), pp. 689~727.

Cameron, C. M., P. Kelton, and Alan C. Swedlund(edited)(2015), *Beyond Germs: Native Depopulation in North America*, Tucson: University of Arizona Press.

Cann, R. L. and A. C. Wilson(2003), "The Recent African Genesis of Humans," *Scientific American Special Edition* 13(2), pp. 54~61.

Cantor, N. F.(2001), *In the Wake of the Plague: The Black Death & the World it Made*, New York: Free Press.

Carter, G. L.(2016), *Population and Society: An Introduction*, Cambridge: Polity.

Cassedy, J.(1969), *Demography in Early America: Beginnings of the Statistical Mind, 1600-1800*,

Cambridge, MA: Harvard University Press.

Charbit, Y.(2009), *Economic, Social and Demographic Thought in the XIXth Century: The Population Debate from Malthus to Marx*, New York: Springer.

_____(2010), *The Classical Foundations of Population Thought: From Plato to Quesnay*, New York: Springer.

Chen, Q., E. Dietzenbacher, and B. Los(2017), "The Effects of Ageing and Urbanization in China's Future Rural and Urban Populations," *Asian Population Studies* 13(2), pp. 172~197.

Chen, Yu and C. Hoy(2011), "Explaining Migrants' Economic Vulnerability in Urban China: Institutional Discrimination and Market Imperatives," *Asian Population Studies* 7(2), pp. 123~136.

Chesnais, J-C.(1992), *The Demographic Transition: Stages, Patterns, and Economic Implications*, Oxford: Clarendon Press.

Clark, C.(1977), *Population Growth and Land Use*, London: Macmillan.

Clark, R. L. and L. S. Ghent(2010), "Strategic HR Management with an Aging Workforce: Using Demographic Models to Determine Optimal Employment Polices," *Population Research and Policy Review* 29, pp. 65~80.

Clarke, A. and Low, B. Low(2001), "Testing Evolutionary Hypothesis with Demographic Data," *Population and Development Review* 27(4), pp. 633~660.

Cleland, J.(1996), "Demographic Data Collection in Less Developed Countries 1946-1996," *Population Studies* 59(3), pp. 433~450.

Cleland, J. and C. Wilson(1987), "Demand Theories of the Fertility Transition: An Iconoclastic," *Population Studies* 41, pp. 5~30.

Cliff, A. D. and P. Haggert(1996), "The Impact of GIS on Espidemiological Mapping and Modelling," In *Spatial Analysis: Modelling a GIS Environment*, edited by P. Longley and M. Batty, New York: John Wiley & Sons.

Coale, A.(1974), "The History of the Human Population," *Scientific American* 231(3), pp. 41~51.

Coale, A. J. and E. M. Hoover(1958), *Population Growth and Economic Development in Low-income Countries: A Case Study of India's Prospects*, Princeton, NJ: Princeton University Press.

Cockings, S., A. Harfoot, D. Martin, and D. Hornby(2013), "Getting the Foundations Rights: Spatial Building Blocks for Official Population Statistics," *Environment and Planning* 45, pp.

1403~1420.

Coghe, S. and A. Widmer(2016), "Colonial Demography: Discourses, Rationalities, Methods," in *Twentieth Century Population Thinking: A Critical Reader of Primary Sources*, edited by The Population Knowledge Network, London: Routledge, pp. 37~64.

Cohen, M. N.(1977), *The Food Crisis in Prehistory: Overpopulation and the Origins of Agriculture*, New Haven: Yale University Press.

Coleman, D.(2013), "The Twilight of the Census," *Population and Development Review* 38(S1), pp. 334~351.

Coleman, J. S.(1990), *Foundations of Social Theory*, Cambridge: Harvard University Press.

Cook, N. D.(1998), *Born to Die: Disease and New World Conquest, 1492-1650*, New York: Cambridge University Press.

_____(2004/1981), *Demographic Collapse: Indian Peru, 1520-1620*, Cambridge: Cambridge University Press.

Cook, S. F. and W. Borah(1974), *Essays in Population History: Mexico and the Caribbean,* Vol. II, Berkerly: University of California Press.

Cronon, W.(2003), *Changes in the Land: Indians, Colonists, and the Ecology of New England*, the revised edition, New York: Hill and Wang.

Crook, N.(1989), "On the Comparative Historical Perspective: India, Europe, the Far East," in *India's Historical Demography: Studies in Famine, Disease and Society*, edited by Tim Dyson, London: Curzon Press.

Curtin, P. D.(1969), *The Atlantic Slave Trade. A Census*, Madison, WI: University of Wisconsin Press.

Damodaran, V.(2007), "Famine in Bengal: A Comparison of the 1770 Famine in Bengal and the 1897 Famine in Chotanagpur," *The Medieval History Journal* 10(1&2), pp. 143~181.

Das Gaupta, M.(1995), "Fertility Decline in Punjab: Parallels with Historical Europe," *Population Studies* 49, pp. 481~500.

Das Gupta, A.(1972), "Study of the Historical Demography of India," in *Population and Social Change*, edited by D.V. Glass and Roger Revelle, London: Edeard Arnold.

Datta, J. M.(1960), "A re-examination of Moreland's estimate of population of India at the death of Akbar," *Indian Population Bulletin* 1 (1), pp. 165~182.

Datta, R.(1994), "Subsistence Crises, Markets and Merchants in Late Eighteenth Century Bengal,"

Studies in History (new series) 10(1), pp. 81~104.

Davis, K.(1951), *The Population of India and Pakistan*, Princetion: Princeton University Press.

Davis, K. and J. Blake(1956), "Social Structure and Fertility: An Analytic Framework," *Economic Development and Cultural Change* 4, pp. 211~235.

De Bevoice, K.(1995), *Agents of Apocalypese, Epidemic Disease in the Colonial Philippines*, Princeton, NJ: Princeton University Press.

De Castro, M. C.(2007), "Spatial Demography: An Opportunity to Improve Policy Making at Diverse Decision Levels," *Population Research and Policy Review* 26(5-6), pp. 477~509.

De Smith, M. J., M. F. Goodchild, and P. A. Longley(2018), *Geospatial Analysis: A Comprehensive Guide to Principles Techniques and Software Tools*, Sixth edition, London: Drumlin Security Ltd.

Deevey, E. S. Jr.(1960), "The Human Population," *Scientific American* 203(30), pp. 195~204.

Demeny, P.(1988), "Social Science and Population Policy," *Population and Development Review* 14(3), pp. 470~471.

Denevan, W. D.(1992), *The Native Population of the Americas in 1492*, Second edition, Madison: University of Wisconsin Press.

Denis, A.(2006), "Collective and Individual Rationality: Robert Malthus's Heterodox Theodicy," *History of Economic Ideas* 14(2), pp. 9~31.

Dobyns, H. F.(1966), "Estimating Aboriginal Population: An Appraisal of Techniques with a New Hemispheric Estimate," *Current Anthropology* 7(4), pp. 395~416.

_____(1983), *Their Number become Thinned: Native American Dynamics in Eastern North America*, Knoxville, TN: University of Tennessee Press.

Dommaraju, P.(2011), "Marriage and Fertility Dynamics in India," *Asia-Pacific Population Journal* 26(2), pp. 21~38.

Don, J. and M. Walsh(2008), *White Cargo: The Forgotten History of Britain's White Slaves in America*, New York: New York University Press.

Donnelly, J. S.(2001), *The Great Irish Potato Famine*, England: Sutton Publishing.

Donzelot, J.(1977), *The Politics of Families*, translated by R. Hurley, Baltimore: The Johns Hopkins University Press.

Dunbar-Ortiz, R.(2014), *An Indigenous Peoples': History of the United States*, Boston: Beacon Press.

Durand, J. D.(1960), "The Population Statistics of China, A.D. 2-1953," *Population Studies* 13(3), pp. 209~256.

_____(1967), "The Modern Expansion of World Population," *Proceeding of the American Philosophical Society* 3, pp. 137~140.

_____(1977), "Historical Estimates of World Population: An Evaluation," *Population and Development Review* 3(3), pp. 253~296.

Dyson, T.(1991), "On the Demography of South Asian Famines: Part I," *Population Studies* 45(1), pp. 5~25.

_____(2002), "Famine in Berar, 1896-7 and 1899-1900: Echoes and Chain Reactions," in *Famine Demography: Perspectives from the Past and Present*, edited by Dyson, Tim and Cormac Ó Gráda, Oxford: Oxford University Press, pp. 93~112.

Dyson, T. and M. Moore(1983), "On Kinship Structure, Female Autonomy and Demographic Behaviour in India," *Population and Development Review* 9(1), pp. 35~60.

Eager, P. W.(2004), "From Population Control to Reproductive Rights: Understanding Change in Global Population Policy(1965-1994)," *Global Society* 18(2), pp. 145~173.

Edgerton-Tarpley, K.(2013), "Tough Choices: Grappling with Famine in Qing China, the British Empire and Beyond," *Journal of World History* 24(1), pp. 135~174.

Ehrlich, P.(1968), *The Population Bomb*, New York: Ballantine Books.

Eltis, D.(2001), "The Volume and Structure of the Transatlantic Slave Trade: A Reassessment," *William and Mary Quarterly* 58(1), pp. 17~46.

Elitis, D. and L. C. Jennings(1988), "Trade Between West Africa and the Atlantic World in the Pre-Colonial Era," *American Historical Review* 9(4), pp. 936~959.

Eltis, D. and R. David(2010), *Atlas of the Transatlantic Slave Trade*, New Haven: Yale University Press.

Entwisle, B.(2007), "Putting People into Place," *Demography* 44(4), pp. 687~703.

Entwisle, B., R. R. Rindfuss, S. J. Walsh, T. P. Evans, and S. R. Curran(1997), "Geographic Information Systems, Spatial Network Analysis, and Contraceptive Choice," *Demography* 34(2), pp. 171~188.

Fan, C. C.(2008), *China on the Move: Migration, the State and the Household*, New York: Routledge.

Fertig, G.(2005), "The Hajnal Hypothesis before Hajnal," in T. Engelen and A. P. Wolf, eds.,

Marriage and the Family in Eurasia: Perspectives on the Hajnal Hypothesis, Armsterdam: Aksant Academic Publishers, pp. 37~50.

Feshbach, M.(1982), "Soviet Union: Population Trends and Dilemmas," *Population Bulletin* 37(3), Washington, D.C.: Population Reference Bureau.

Fienberg, S. and K. Prewitt(2010), "Save Your Census," *Nature* 466(26), p. 1043.

Freedman, D. A.(1991), "Statistical Model and Shoe Leather," in *Sociological Methodology*, Vol. 21, edited by P. V. Marsden, New York: Basil Blackwell Lid. for The American Sociological Association, pp. 291~313.

Fricke, T. E., S. H. Syed, and P. C. Smith(1986), "Rural Punjabi Social Organization and Marriage Timing Strategies in Pakistan," *Demography* 23(4), pp. 489~508.

Ginzberg, E.(2018), *The Destruction of the Indigenous Peoples of Hispano America: A Genocidal Encounter*, Portland, OR: Sussex Academic Press.

Glick, P. and S. Fiske(1996), "The Ambivalent Sexism Inventory: Differentiating Hostile and Benevolent Sexism," *Journal of Personality and Social Psychology* 70, pp. 491~512.

Goldstone, J. B., E. Kaufmann, and M. Toft(2011), *Political Demography: How Population Changes are Reshaping International Security and National Politics*, London: Oxford University Press.

Goldstein, J. R. and C. T. Kenney(2011), "Marriage Delayed or Marriage Forgone: New Cohort Forecast of Marriage for US Women," *American Sociological Review* 64(4), pp. 506~519.

Goodkind, D. M.(2004), "China's Missing Children: The 2000 Census Underreporting Surprise," *Population Studies* 58(3), pp. 281~295.

Goody, J.(1996), *The East in the West*, Cambridge: Cambridge University Press.

Gorden, L.(1974), "The Politics of Population: Birth Control and the Eugenics Movements," *Radical America* 8(4), pp. 61~97.

_____(1990), *Woman's Body, Woman's Right*, Revised Edition, New York: Penguim Books.

Grafen, A.(1984), "Natural Selection, Kin Selection, and Group Selection, in *Behavioral Ecology: An Evolutionary Approach*, edited by J. R. Krebs and N. B. Davis, Sunderland MA: Sinauer, pp. 62~84.

Greene, R. W.(1999), *Malthusian Worlds: U.S. leadership and the Governing of the Population Crisis*, Oxford: Westview Press.

Greenhalgh, S.(edited)(1995), *Situating Fertility: Anthropological and Demographic Inequality*, Cambridge: Cambridge University Press.

Grimes, S.(1998), "From Population Control to 'Reproductive Rights': Ideological Influence in Population Policy," *Third World Quarterly* 19(3), pp. 375~393.

Gu, B.(2014), "Internal Migration Dominates Population Dynamics in China," *Asian Population Studies* 10(1), pp. 1~3.

Guha, S.(1993), *Growth, Stagnation or Decline? Agricultural Productivity in British India*, Delhi: Oxford University Press.

_____(2010), *Health and Population in South Asia*, London: Hurst & Company.

Guo, Z., M. Das Gupta, and S. Li(2016), " 'Missing Girls' in China and India: Trends and Policy Challenges," *Asian Population Studies* 12(2), pp. 135~155.

Hall-Matthews, D.(1996), "Historical Roots of Famine Relief Paradigms: Ideas on Dependency and Free Trade in India in the 1870s," *Disasters*, 20(3), pp. 216~230.

Hammel, E. A.(1990), "A Theory of Culture for Demography," *Population and Development Review* 13(3), pp. 455~488.

Hanes, T. W. and F. Sanello(2004), *The Opium Wars: The Addiction of One Empire and the Corruption of Another*, Illinois: Sourcebooks Inc.

Hajnal, J.(1965), "European Marage Patterns in Perspective," in Population in *History: Essays in Historical Demography*, edited by D. V. Glass and D. E. C. Eversley, Chicago: Aldine Publishing, pp. 101~140.

_____(1982), "Two Kinds of Preindustrial Household Formation System," *Population and Development Review* 8(3), pp. 449~494.

Hanke, L.(1959), *Aristotle and the American Indians: A Study in Race Prejudice in the Modern World*, Chicago, Il: Henry Regency Company.

Haraway, D. J.(1991), *Simians, Cyborgs, and Women: The Reinvention of Nature*, New York: Routledge.

Hardin, G.(1968), "The Tragedy of the Commons," *Science* 162, pp. 1243~1248.

Harding, S.(2019), "State of the Field: Latin American Decolonial Philosophies of Science," *Studies in History and Philosophy of Science* 78, pp. 48~93.

Harris, M. and E. B. Ross(1987), *Death, Sex, and Fertility: Population Regulation in Preindustrial and Developing Societies*, New York: Columbia University Press.

Harris, R., P. Sleight, and R. Webber(2005), *Geodemographics, GIS and Neighborhood Tarketing*, Chichester, England: John Wiley & Sons, Ltd.

Harrison, J. R. and G. R. Carroll(2005), *Culture and Demography in Organizations*, Princeton, NJ: Princeton University Press.

Harrison, P.(1993), *The Third Revolution: Population, Environment and a Substantial World*, London: Penguin Books.

Haub, C. and O. P. Sharma(2006), "India's Population Reality: Reconciling Change and Tradition," *Population Bulletin* 61(3).

_____(2015), "India Approaches Replacement Fertility," *Population Bulletin* 70(1).

Hauser, P. M. and O. D. Duncan(1959), *The Study of Population: An Inventory and Appraisal*, Chicago: University of Chicago.

Hayes, A. C.(2006), "Editorial. Globalization and Demographic Change," *Journal of Population Research* 23(2), pp. 101~105.

Hemming, J.(2003), *The Conquest of the Inca*, New York: Mariner Books.

Henley, D.(2005), "Population and Means of Substance: Explaining the Historical Demography of Island Southeast Asia, with Particular Reference to Sulawesi," *Journal of Southeast Asian Studies* 36(3), pp. 337~372.

Hill, K.(1987), "Estimating Census and Death Registration Completeness," *Asian and Pacific Population Forum* 1(3), pp. 8~24.

Hirschman, C., R. Alba, and R. Farley(2000), "The Meaning and Measurement Count? Interpretation and Error-making in the Decennial Census," *Demography* 37(3), pp. 381~394.

Hodgson, D.(1983), "Demography as Social Science and Policy Science," *Population and Development Review* 9(1), pp. 1~34.

Hodgson, D. and S. C. Watkins(1997), "Feminists and Neo-Malthusians: Past and Present Alliances," *Population and Development Review* 23(3), pp. 469~523.

Horrigan, M. W.(2013), *Big Data and Official Statistics: Presentation for the International Year of Statistics*, Bureau of Labor Statistics, Office of Prices and Living Conditions Washington. DC.

Huang, Y., F. Guo, and Z. Cheng(2018), "Market Mechanisms and Migrants Settlement Intentions in Urban China," *Asian Population Studies* 14(1), pp. 22~42.

Hudson, V. M. and A. M. den Boer(2004), *Bare Branches: Security Implications of Asia's Surplus Male Population*, Cambridge, MA: MIT Press.

Huff, G. and L. Angles(2011), "Globalization, Industralization and Urbanization in Pre-World War II Southeast Asia," *Explorations in Economic History* 48, pp. 20~36.

Hutchinson, D. L.(2016), *Disease and Discrimination: Poverty and Pestilence in Colonial Atlantic America*, University Press of Florida.

Ian, B.(2005), *A Colonial Economy in Crisis: Burma's Rice Cultivators and the World Depression of the 1930s*, London: Routledge.

Inglehart, R. and W. E. Baker(2000), "Modernization, Cultural Change, and the Persistence of Transitional Values," *American Sociological Review* 65(1), pp. 19~51.

Inikori, J. E.(1977), "Firearms and Warfare on the Gold and Slave Coasts from the Sixteenth to the Nineteenth Centuries," *The Journal of African History* 12(2), pp. 185~213.

Iversen, R., F. E. Furstenberg, and A. L. Belzer(1999), "How Much Do We Count? Interpretation and Error-making in the Decennial Census," *Demography* 36(1), pp. 121~134.

Iyer, S.(2013), "Colonial Population and the Idea of Development," *Comparative Studies in Society and History* 55(1), pp. 65~91.

Jackson, R. H.(1994), *Indian Population Decline: The Missions of Northwestern New Spain, 1687-1840*, Albuquerque, NM: Univ of New Mexico.

Jannetta, A. B. and S. H. Preston(1991), "Two Centuries of Mortality Change in Central Japan: The Evidence from a Temple Death Register," *Population Studies* 45, pp. 417~436.

Jejeebhoy, S.(2001), "Women's Autonomy and Reproductive Behavior in India," *in Fertility Transition in South Asia*, edited by Z. A. Sathar and J. F. Phillips, London: Oxford University Press, pp. 221~241.

Jin, Xiaobin, Cao Xue, Du Xindong, Yang Xuhong, Bai Qing, and Zhou Yinkang(2015), "Farmland Dataset Reconstruction and Farmland Hange Analysis in China during 1661-1985," *Journal of Geographical Sciences* 25(9), pp. 1058~1074.

Johannson, S. R.(1995), "Complexity, Mortality, and Policy at Population Summit," *Population and Development Review* 21(2), pp. 361~385.

Jones, E.(2003), *The European Miracle: Environment, Economies and Geopolitics in the History of Europe and Asia*, 3rd., Cambridge: Cambridge University Press.

Kanddiyoti, D.(1988), "Bargaining with Patriarchy," *Gender and Society* 2(3), pp. 274~290.

Kane, P.(1988), *Famine in China, 1959-61: Demographic and Social Implications*, New York: St. Martin's Press.

Katus, J.(1992), "Why the Netherlands Stopped Taking a Census," Presented in the 1992 Annual Meeting of the American Sociological Association, Pittsburgh, PA.

Kea, R. A.(1971), "Firearms and Warfare on the Gold and Slave Coasts from the Sixteenth to the Nineteenth Centuries," *The Journal of African History* 12(2), pp. 185~213.

Kelman, S.(1985), "Why Should Government Gather Statistics, Anyway," *Journal of Official Statistics* 1(4), pp. 361~379.

Kim, T. H.(1999), *Mortality Transition in Korea, 1960-1980*, Seoul: Population and Development Studies Center, Seoul National University.

Kirk, D.(1996), "Demographic Transition Theory," *Population Studies* 50(3), pp. 361~388.

Kitchin, R.(2014), "Big Data, New Epistemologies and Paradigm Shifts," *Big Data & Society* 2014, pp. 1~12.

Klein, H. S.(2004), *A Population History of the United States*, Cambridge: Cambridge University Press.

Knight, J. and L. Song(2005), *Towards a Labor Market in China*, Oxford University Press.

Kreager, P.(1982), "Demography in Situ," *Population and Development Review* 8(2), pp. 237~266.

Kukutai, T., V. Thompson, and R. McMillan(2015), "Whither the Census? Continuity and Change in Census Methodologies Worldwide, 1985-2014," *Journal of Population Research* 32(1), pp. 3~22.

Kumar, N.(2007), "Spatial Sampling Design for a Demographic and Health Survey," *Population Research and Policy Review*, 26, pp. 581~599.

Kussmaul, A.(1981), *Servants in Husbandry in Early Modern England*, Cambridge: Cambridge University Press.

Kwon, T. H., H. Y. Lee, Y. Chang, and E. Y. Eu(1975), *The Population of Korea*, Seoul: Population and Development Center, Seoul National University Press.

Lamie, K.(2007), "The Impact of the Atlantic Slave Trade on West Africa: Polygyny and Female Reproductive Success" (http://digitalcommons.unl.edu/nebanthro/31).

Laslet, P.(1971), *The World We Have Lost*, London: Routledge.

Lavely, W. and R. B. Wong(1998), "Revising the Malthusian Narratives: The Comparative Study of Population Dynamics in Late Imperial China," *Journal of Asian Studies* 57(3), pp. 714~748.

Lazer, W.(1994), *Handbook of Demographics for Marketing and Advertising: New Trends in the American Marketplace*, New York: Lexington Books.

Lee, J. and C. Campbell(1996), *Fate and Fortune in Rural China: Social Organization and Population Behavior in Liaoning 1774-1873*, Cambridge: Cambridge University Press.

Lee, R.(1980), "An Historical Perspective on Economic Aspects of the Population Explosion: The Case of Pre-industrial England," in *Population and Economic Change in Developing Countries*, edited by R. E. Easterlin, Chicago: The University of Chicago, pp. 517~556.

Lee, Sung Yong(1995), *The Effect of the Value of Children on Sex Preference: A Comparative Study of Korea and Jamaica*, Unpublished Doctoral Dissertation, University of Wisconsin at Madison.

Lesthaeghe, R.(1995), "The Second Demographic Transition in Western Countries: An Interpretation," in *Gender and Family Change in Industrialized Countries*, edited by K. O. Mason and A. M. Jensen, Oxford, UK: Clarendon Press, pp. 17~62.

Levine, D.(1984), "Production, Reproduction, and the Proletarian Family in England, 1500-1851," in *Proletarianization and Family History*, edited by Davis Levine, New York: Academic Press, INC., pp. 87~127.

_____(1987), *Reproducing Families: The Political Economy of English Population History*, Cambridge: Cambridge University Press.

Lieberson, S.(1987), *Making It Count: The Improvement of Social Research and Theory*, CA: University of California Press.

Lindsay, B. C.(2015), *Murder State: California's Native American Genocide, 1846-1873*, Lincoln: University of Nebraska Press.

Livi-Bacci, M. 지음, C. Ipsen 역(2008), *Conquest: The Destruction of American Indios*, Cambridge, UK: Polity Press.

_____(2012), *A Short History of Migration*, UK: Polity Press.

Lovejoy, P. E.(2011), *Transformation in Slavery: A History of Slavery in Africa*, Cambridge: Cambridge University Press.

Lovell, J.(2011), *The Opium War: Drug, Dreams and the Making of China*, London: Picador.

Lundh, C. and S. Kurosu(2014), *Similarity in Difference: Marriage in Europe and Asia 1700-1900*, Cambridge, MA: MIT Press.

Lundquist, J. H., D. L. Anderton, and D. Yaukey(2015), *Demography: The Study of Human Population*, (Fourth Edition), Long Grove, IL: Wavelanf Press, Inc.

Maddison, A.(2007), *Contours of The World Economy, 1-2010 AD: Essay in Macro-Economic History*, Oxford: Oxford University Press.

Madley, B.(2016), *An American Genocide: The United States and the California Indian Catastrophe,*

1846-1873, New Heaven: Yale University Press.

Maitra, R.(2015), "British Colonials Starved to Death 60 Million-plus Indians, but, Why?" *Executive Intelligence Review* 42(27), pp. 20~25.

Manning, P.(1990), *Slavery and African Life*, Cambridge University Press, pp. 171, 181~182, 185.

_____(2010), "African Population: Projection, 1850-1960," in *The Demographics of Empire*, edited by Ittmann, Karl, Dennis D. Cordell, and Gregory H. Maddox, Ohio: Ohio University Press, pp. 245~275.

Martin, P. and G. Zucher(2008), "Managing Migration: The Global Challenge," *Population Bulletin* 63(1).

Martins, J. M., F. Yusuf, and D. A. Swanson(2012), *Consumer Demographics and Behaviour: Markets are People*, New York: Springer.

Mason, K. O.(1997), "Explaining Fertility Transitions," *Demography* 34(4), pp. 443~454.

Mass, B.(1976), *Population Target: The Political Economy of Population Control in Latin America*, Toronto: Women's Educational Press.

_____(1977), "Puerto Rico: A Case Study of Population Control," *Latin American Perspectives* 4(4), pp. 66~81.

Matthews, S. A. and D. M. Parker(2013), "Progress in Spatial Demography," *Demographic Research* 28(10), pp. 271~311.

May, J. F. and T. R. Brooke(2014), "Deciphering the Demography of Myanmar," Population Reference Bureau, available at http://www.prb.org/Publication/Articles/ 2014/myanmar-demography.axpx(2015년 3월 5일).

McDonald, P.(2006), "Low Fertility and the State: The Efficacy of Policy," *Population and Development Review* 32(3), pp. 485~510.

McDowell, L. and J. Sharp(2016), *Space, Gender, Knowledge: Feminist Readings*, London: Routledge.

McEvedy, C. and R. Jones(1978), *Atlas of World Population History*, New York: Penguin Books.

McKeown, A.(1976), *The Modern Rise of Population*, New York: Academic Press.

_____(2004), "Global Migration, 1846-1940," *Journal of World History* 15(2), pp. 155~189.

_____(2010), "Chinese Emigration in Global Context, 1850-1940," *Journal of Global History* 5(1), pp. 95~124.

_____(2014), "A Different Transition: Human Mobility in China, 1600-1900," in *Globalising Migration*

History edited by Lucassen, Jan and Leo Lucasse, Leiden: Brill, pp. 279~306.

McLanahan, S.(2004), "Diverging Destines: How Children are Fading under the Second Demographic Transition," *Demography* 41(4), pp. 607~628.

McNicoll, G.(1980), "Institutional Determinants of Fertility Change," *Population and Development Review* 6(3), pp. 441~462.

_____(2009), "Legacy, Policy and Circumstance in Fertility Transition," *Population and Development Review* 35(4), pp. 777~785.

Meena, H. K.(2016), "The Tragedy of Rural Indebtedness in Colonial India," *American International Journal of Research in Humanities, Arts and Social Science* 13(3), pp. 211~216.

Merrick, T. W. and S. J. Tordella(1988), "Demographics: People and Markets," *Population Bulletin* 43(1), Wasington, D. C.: A Publication of the Population Reference Bureau, Inc.

Miao, L., F. Zhu, Z. Sun, J. C. Moore, and X. Cui(2016), "China's Land-Use Changes during the Past 300 Years: A Historical Perspective," *International Journal of Environmental Research and Public Health* 13(9), Sep., p. 847.

Miller, G. T.(2009), *Living in the Environment: Principles, Connections, and Solutions,* 16th Edition, Belmont, CA: Wadworth/Cengage.

Moch, L. P.(2003), *Moving Europeans: Migration in Western Europe Since 1650*, second edition, Bloomington: Indiana University Press.

Mohanty, C. T.(1988), "Under Western Eyes: Feminist Scholarship and Colonial Discourse," *Feminist Review* 30, pp. 61~88.

Mooney, J.(1928), "The Aboriginal population of American North of Mexico," *Smithsonian Miscellaneous Collections* 80, edited by John R. Swanton, pp. 1~40.

Nam, C. B. and S. O. Gustavus(1976), *Population: The Dynamics of Demographic Change*, Boston: Houghton Mifflin.

Noble, J. and M. Potts(1996), "The Fertility Transition in Cuba and the Federal Republic of Korea: The impact of Organised Family Planning," *Journal of Biosocial Science* 28(2), pp. 211~225.

Notestein, F. W.(1953), "Economic Problems of Population Change," *Proceedings of the English International Conference of Agricultural Economists*, pp. 13~51.

Ntloedibe, F. N.(2018), "Revisiting Modes of Enslavement: The Role of Raiding, Kidnapping and Wars in the European Slave Trade," *African Identities*, DOI: 10.1080/14725843.2018.1467749.

Nygren, K. G., L. Marinsson, and D. Muliari(2018), "Gender Equality and Beyond: At the Crossroads of Neoliberalism, Anti-Gender Movements, 'European' Values, and Normative Reiterations in the Nordic Model," *Social Inclusion* 6(4), pp. 1~7.

Østby, L.(2003), "Population Registers," in *Encyclopedia of Population*, II, edited by Paul Demeny and Geoffrey McNicoll, New York: Macmillan Reference USA, pp. 763~765.

Ota, A.(2014), "Toward Cities, Seas, and Jungles: Migration in the Malay Archipelago," in *Globalising Migration History*, edited by Jan Lucassen and Leo Lucasse, Leiden: Brill, pp. 180~214.

Parthasarathi, P.(1998), "Rethinking Wages and Competitiveness in the Eighteenth Century: Britain and South India," *Past and Present* 158, pp. 79~109.

_____(2011), *Why Europe Grew Rich and Asia Did Not*, Cambridge: Cambridge University Press.

Patterson, O.(1982), *Slavery and Social Death: A Comparative Study*, Cambridge: Harvard University Press.

Peng, X.(1991), *Demographic Transition in China: Fertility Trends Since 1950*, Oxgord, England: Clarendon Press.

Pol, L. G.(1987), *Business Demography: A Guide and Reference for Business Planners and Marketers*, London: Quorum Books.

Pol, L. G. and R. K. Thomas(1997), *Demography for Business Decision Making*, London: Quorum Books.

Popkin, Samuel L.(1979), *The Rational Peasant: The Political Society in Vietnam*, Berkeley, CA: University of California Press.

Population Reference Bureau(PRB)(2004), *Transition in World Population*, Population Reference Bureau(www.prb.org).

_____(2011), "The World At 7 Billion," *Population Bulletin* 66(2)(www.prb.org).

_____(2014), *2014 World Population Data Sheet*(www.prb.org).

_____(2015), *2015 World Population Data Sheet*(www.prb.org).

_____(2020), 2020 World Population Data Sheet(www.prb.org).

_____(2021), 2021 World Population Data Sheet(www.prb.org).

Poston, D. L. Jr. and L. F. Bouvier(2010), *Population and Society: An Introduction to Demography*, New York: Cambridge University Press.

Pradhan, I. and T. V. Sekher(2014), "Single-Child Families in India: Levels, Trends and

Determinants," *Asian Population Studies* 10(2), pp. 163~175.

Presser, H. P.(1997), "Demography, Feminism, and the Science-Policy Nexus," *Population and Development Review* 23(2), pp. 295~331.

Preston, S. H.(1987), "The Social Sciences and the Population Problem," *Sociological Forum* 2, pp. 619~644.

Pritchett, L. H.(1994), "Desired Fertility and the Impact of Population Policies," *Population and Development Review* 20(1), pp. 1~55.

Pryor, E. T.(1992), "Why the Census of Canada is Taken Every Five Years," Presented in the 1992 Annual Meeting of the American Sociological Association, Pittsburgh, PA.

Quijano, A. and I. Wallestein(1992), "Americanity as a Concept, or the Americas in the Modern World-system," *International Social Science Journal* 44(4), pp. 549~557.

Randal, S. and E. Coast(2015), "Poverty in Africa Households: The Limits of Survey and Census Representations," *The Journal of Development Studies* 51(2), pp. 162~177.

Reibel, M.(2007), "Geographic Information Systems and Spatial Data Processing in Demography: A Review," *Population Research and Policy Review*, 26(5-6), pp. 601~618.

Reid, A.(1998), "Political 'tradition' in Indonesia: the one and the many," *Asian Studies Review* 22, pp. 23~38.

_____(2001), "Southeast Asian Population History and the Colonial Impact," in *Asian Population History*, edited by T.-J. Liu, J. Lee, D. S. Reher, O. Saito, and W. Feng, London: Oxford University Press, pp. 45~62.

Richell, J. L.(2006), *Disease and Demography in Colonial Burma*, Singapore: NUS Press.

Riley, N. E.(1997), "Gender, Power, and Population," *Population Bulletin* 52(1).

_____(2004), "China's Population: New Trends and Challenges," *Population Bulletin* 59(2).

Riely, N. E. and J. McCarthy(2003), *Demography in the Age of the Postmodern*, Cambridge, UK: Cambridge University Press.

Rob, W.(1989), *The American Indian in Western Legal Thought*, London: Oxford University Press.

Roberts, G. W.(1974), *Recent Population Movement in Jamaica*, Kingston, Jamaica: The Herald Limited.

Ross, E. B.(1998), *The Malthus Factor: Poverty, Politics and Population in Capitalist Development*, London: Zed Books.

Roth, E. A.(2004), *Culture, Biology, and Anthropological Demography*, Cambridge: Cambridge

University Press.

Ruggle, S.(2014), "Big Microdata for Population Research," *Demography* 51, pp. 287~297.

Ruggle, S., R. McCaa, M. Sobek, and L. Ckevekand(2015), "The IPUMS Collaboration: Integrating and Disseminating the World's Population Microdata," *Journal of Demographic Economics* 18(2), pp. 203~216.

Russell, C.(1984), "The Business of Demographics," *Population Bulletin* 39(3), Wasington, D. C.: A Publication of the Population Reference Bureau, Inc.

Ryder, N. B.(1964), "Notes on the Concept of A Population," *American Journal of Sociology* 69(5), pp. 447~463.

Sahoo, P. M., R. Singh, and A. Rai(2006), "Spatial Sampling Procedure for Agricultural Survey Using Geographical Information System," *Journal of the Indian Society of Agricultural Statistics* 60(2), pp. 134~143.

Sanderson, S. K.(1995), *Social Transformations: A General Theory of Historical Development*, Cambridge, MA: Blackwell.

Santos, B. de S.(2014), *Epistemologies of the South: Justice Against Epstemicide*, New York, NY: Routledge.

Sauvy, A.(1978), "Population Theories," *International Encyclopedia of Social Science* 12, pp. 349~358.

Sen, A.(1981), *Poverty and Famines*, Oxford: Oxford University Press.

Siegal, J.(2002), *Applied Demography, Applications to Business, Government, Law and Public Policy*, Orlando, Florida: Academic Press.

Siegal, S. J. and D. A. Swanson(edited)(2004), *The Methods and Materials of Demography*, Second edition, New York: Elsevier Academic Press.

Simon, J.(1977), *The Economics of Population Growth*, Princeton: University Press.

Smith, D. S.(1980), "A Malthuisian-Frontier Interpretation of United States, Demographic History before c.1815," *Urban History Review*, pp. 15~24.

Smith, L. T.(1999), *Decolonizing Methodologies: Research and Indigenous People*, London: Zed Books Ltd.

Smith, R. M.(1981), "Fertility, Economy, and Household in England over Three Centuries," *Population and Development Review* 7(4), pp. 595~622.

Smith, S. K. and P. A. Morrison(2006), "Small-Area and Business Demography," in *Handbook of*

Population, edited by D. L. Poston and M. Micklin, New York: Springer, pp. 761~785.

Snipp, M. C.(2003), "Racial Measurement in the American Census: Past, Practices and Implication of the Future," *Annual Review of Sociology* 29, pp. 563~588.

Snow, J.(1936), *Snow on Cholera*, London: Oxford University Press.

Soanes, R. and Q. Marak(2013), "The Clan System in a Matrilineal Society: Its Organization, Importance and Functions," *The Oriental Anthropologist* 13(1), pp. 99~110.

Spoorenberg, T.(2013), "Demographic Change in Myanmar Since 1983: An Examination of Official Data," *Population and Development Review* 39(2), pp. 309~324.

_____(2014), "Provisional Results of the 2014 Census of Myanmar: The Surprise that Wasn't," *Asian Population Studies*, 11(1), pp. 4~6.

Stack, D.(2018), "'Beyond the Facts': How a U.S. Sociologist Made John Stuart Mill into a 'Neo-Malthusian'," *Historical Research* 91(254), pp. 772~790.

Stannard, D. E.(1993), *American Holocaust: The Conquest of the New World*, Reprint Edition, Oxford University Press.

Starr, P.(1987), "The Sociology of Official Statistics," in *The Politics of Numbers*, edited by W. Alonso and P. Starr, New York: Russell Sage Foundations, pp. 7~57.

Stein, S. J. and B. H. Stein(1970), *The Colonial Heritage of Latin America*, Oxford: Oxford University Press.

Streatfield, P. K., N. Kamal, K. Z. Ahsan, and Q. Nahar(2015), "Early Marriage in Bangladesh: Not as Early as It Appears," *Asian Population Studies* 11(1), pp. 94~110.

Swanson, J. M.(1981), "Birth Planning in Cuba: A Basic Human Right," *International Journal of Nursing Studies* 18(2), pp. 81~88.

Swidler, A.(1986), "Culture in Action: Symbols and Strategies," *American Sociological Review* 51, pp. 273~286.

Thomas, H.(1997), *The Slave Trade: The Story of the Atlantic Slave Trade, 1440-1870*, New York: Simon & Schuster.

Thompson, M.(2012), "Foucault, Fields of Governability, and the Population-Family-Economy Nexus in China," *History and Theory* 51, pp. 42~62.

Thornton, A.(2001), "The Developmental Paradigm, Reading History Sideways, and Family Change," *Demography* 38(4), pp. 449~465.

_____(2005), *Reading History Sideways: The Fallacy and Enduring Impact of the Developmental*

Paradigm on the Family Life, Chicago, IL: The University of Chicago Press.

Thornton, J.(1980), "The Slave Trade in Eighteen Century Angola: Effects on Demographic Structure," *Canadian Journal of African Studies* 14, pp. 417~427.

_____(1998), *Africa and Africans in the Making of the Atlantic World*, Cambridge: Cambridge University Press.

Thornton, R.(1987), *American Indian Holocaust and Survival: A Population History since 1492*, Norman: University of Oklahoma Press.

Tien, H. Y.(1983), "China: Demographic Billionaire," *Population Bulletin* 38(2).

Tilly, C.(1984), "Demographic Origins of the European Proletariat," in *Proletarianization and Family History*, edited by Davis Levine, New York: Academic Press, INC., pp. 1~85.

Tobler, T. W.(1970), "A Computer Movie Simulating Urban Growth in the Detroit Region," *Economic Geography* 46, pp. 234~240.

Tobler, W.(2004), "On the First Law of Geography: A Reply," *Annals of the Association of American Geographers* 94(2), pp. 304~310.

Trivers, R. L. and D. E. Willard(1973), "Natural Selection of Parental Ability to Vary the Sex Ratio of Offspring," *Science* 179, pp. 90~92.

Trocki, C. I.(1999), *Opium, Empire and the Global Political Economy: A Study of the Asian Opium Trade 1750-1950*, (Asia's Transformations), Routledge.

Tsai, C. Y. and C. C. Chiu(2004), "A Purchase-Based Market Segregation Methodology," *Expert Systems With Applications* 27, pp. 265~276.

Tsuya, N. O., W. Feng, and G. Alter(2010), *Prudence and Pressure: Reproduction and Human Agency in Europe and Asia, 1700-1900*, Cambridge, MA: MIT Press.

UN(1998), *Principles and Recommendations for Population and Housing Censuses*, Revision 1, ST/ESA/SER.M/Rev.1, New York: United Nations.

_____(2001), Principles and Recommendations for a Vital Statistics System- Revision 2, New York: Development of Economic and Social Affairs Statistics Division(http://unstats.un.org/unsd/publication/SeriesM/seriesM_19rev2E.pdf, Accessed 15 December 2013).

_____(2002), *Geographical Information Systems For Population Statics, Department of Economic and Social Information Statistics Division Studies in Methods*, New York: United Nations.

_____(2019), *World Population Prospects 2019*, New York: United Nations, Department of Economics and Social Affairs, Population Division.

UNICEF(2001), *Progress Since the World Summit for Children*, New York: UNICEF.

_____(2014), *Ending Child Marriage: Progress and Prospects*, New York: UNICEF.

Van de Kaa, D. J.(1987), "Europe's Second Demographic Transition," *Population Bulletin* 42(1), pp. 1~57.

_____(1996), "Anchored Narratives: The Story and Findings of Half a Century of Research into the Determinants of Fertility," *Population Studies* 50(3), pp. 389~432.

Van de Walle, E. and J. Knodel(1980), "Europe's Fertility Transition: New Evidence and Lessons for Today's Developing World," *Population Bulletin* 34(6).

Visaria, L. and P. Visaria(1983), "Chapter V: Population(1757-1947)," in Dharma Kumar and Meghnad Desai, eds., *The Cambridge Economic History of India*, Cambridge: Cambridge University Press, pp. 463~532.

Voss, P. R.(2007), "Demography as a Spatial Social Science," *Population Research and Policy Review*, 26(5-6), pp. 457~476.

Walker, K.(2014), "The Influenza Pandemic of 1918 in Southeast Asia," in *Histories of Health in Southeast Asia, Perspectives on the Long Twentieth Century*, edited by T. Harper and S. S. Amrich, Bloomington: Indiana University Press, pp. 61~71.

Walters, P. G. P.(1997), "Global Market Segregation: Methodologies and Challenges," *Journal of Marketing Management* 13, pp. 165~177.

Watkins, S. C.(1986), "Chapter 11: Conclusion," in *The Decline of Fertility in Europe*, edited by Coale, A. J. and S. C. Watkins, New Jersey: Princeton Press, pp. 420~449.

Watkins, S. C. and J. Menken(1985), "Famines in Historical Perspective," *Population and Development Review* 11, pp. 647~675.

Watts, S.(1997), *Epidemics and History: Disease, Power and Imperialism*, New Heaven: Yale University Press.

Weeks, J. R.(2012), Population: *An Introduction to Concepts and Issues*, Eleventh Edition. Belmont, CA: Wadsworth/Thomas Learning.

Weiner, M. and M. S. Teitelbaum(2001), *Political Demography, Demographic Engineering*, Berghahn Books.

Weinstein, J. and V. K. Pillai(2016), *Demography: The Science of Population*, Second Edition, London: Rowman & Littlefield.

Weiss, M. J.(2001), *The Clustered World: How We Live, What We Buy, and What It All Means about Who We are*, Boston: Little, Brown Comapany.

Wells, R. V.(1992), "The Population of England's Colonies in America: Old English or New Americans?," *Population Studies* 46(1), pp. 85~102.

Whaley, W. and R. Gillezeeau(2011), "The Fundamental Impact of the Slave Trade on African Economies," in *Economic Evolution and Revolution in Historical Time*, edited by Rhode, Paul, Joshua L. Rosenbloom, and David F. Weiman, Stanford: Stanford Univerisity Press, pp. 86~110.

Whatley, W. C.(2018), "The Gun-Slave Hypothesis and the 18th Century British Slave Trade," *Explorations in Economic History* 67, pp. 80~104.

WHO(World Health Organization)(2012), *World Health Statistics 2012*, Geneva: World Health Organization.

Wilson, K.(2017), "In the Name of Reproductive Right: Race, Neoliberalism and the Embodied Violence of Population Polices," *New Formations* 91, pp. 50~68.

Wolfe, A.(1989), *Whose Keeper: Social Science and Moral Obligation*, Berkeley, CA: University of California Press.

Wolin, S.(1960), *Politics and Vision*, Little Brown.

Wrigley, E. A.(1983), "The Growth of Population in Eighteenth-century England a Conundrum Resolved," *Past and Present* 98(1), pp. 121~150.

_____(2016), *The Path to Sustained Growth: England's Transition from an Organic Economy to an Industrial Revolution*, Cambridge: Cambridge University Press.

Wrigley, E. A., R. S. Davies, J. E. Oeppen, and R. S. Schofield(1997), *English Population History from Family Reconstruction, 1580-1837*, Cambridge: Cambridge University Press.

Wrigley, E. A. and R. S. Schofield(1989), *The Population History of England 1541-1871*, London: Edward Arnold.

Xenos, P.(1996), "Materials for Demographic History of Southeast Asia," *East-West Center: Working Paper*, No. 81.

Yoshihara, S., D. A. Sylva, and N. Eberstadt(edited)(2011), *Population Decline and the Remaking of Great Power Politics*, Washington D.C.: Potomac Books.

Young, I. M.(2005), *On Female Body: "Throwing Like a Girl" and Other Essay*, Oxford: Oxford University Press.

Zhang, N., T. Chandola, L. Becares, and P. Callery(2016), "Parental Migration, Intergenerational

Obligations and the Paradox for Left-behind Boys in Rural China," *Asian Population Studies* 12(1), pp. 68~87.

Zurbrigg, S.(1997), "Did Starvation Protect from Malaria?," *Social Science History* 21(1), pp. 27~58.

찾아보기

[ㄴ]

[ㄷ]

[ㄹ]

[ㅁ]

[ㅂ]

[ㅅ]

[ㅇ]

[ㅈ]

[ㅊ]

[ㅋ]

[ㅌ]

[ㅍ]

[ㅎ]